THÉATRE

CHOISI

DE P. CORNEILLE

Propriété de l'Éditeur.

TOUS DROITS RÉSERVÉS

Lille. — Typographie J. Lefort, rue Charles de Muyssart, 24.

THÉATRE
CHOISI
DE P. CORNEILLE

PREMIÈRE PARTIE

CONTENANT

LE CID — HORACE — CINNA —
POLYEUCTE

avec notes, analyses, appréciations et questionnaires

PAR

LE P. A. SENGLER

de la Compagnie de Jésus.

ÉDITION CLASSIQUE

conforme au nouveau programme
à l'usage des candidats
au baccalauréat ès lettres, aux brevets de capacité
et au diplôme d'études de l'enseignement secondaire
classique et spécial.

LIBRAIRIE DE J. LEFORT

IMPRIMEUR ÉDITEUR

| LILLE | PARIS |
| rue Charles de Muyssart, 24 | rue des Saints-Pères, 30 |

1885

Le texte est celui de l'édition de M. Marty-Laveaux,
dans les *Grands Écrivains de la France*.

PRÉFACE

Bien des fois, en parcourant des éditions classiques de nos grands poètes, des manuels ou des études composées sur les auteurs français du baccalauréat, nous avons été attristé de rencontrer non seulement des appréciations inexactes sur notre sainte religion, mais encore des erreurs très graves sur les points les plus importants de son dogme ou de son histoire.

Nous ne parlons pas des insinuations impies de Voltaire ; les éditions classiques en deviennent plus sobres.

Mais des auteurs plus modernes, historiens, littérateurs ou critiques, Sainte-Beuve, par exemple, pour ne citer qu'un des plus considérables, ont fourni à bon nombre de commentateurs de Corneille et de Racine les idées les plus fausses sur l'hérésie du jansénisme, sur Port-Royal, sur la grâce, sur Dieu tel qu'il s'est révélé dans l'ancienne loi et dans la nouvelle, sur Notre Seigneur Jésus-Christ, sur les martyrs, sur les rapports de l'Église et de l'empire romain.

De pareils ouvrages sont un danger pour la foi; nous avons voulu en préserver la jeunesse catholique.

Tel a été notre but principal en composant *le Théâtre choisi de Corneille et de Racine*.

Nous n'avons rien négligé d'ailleurs pour assurer à cette édition les conditions littéraires exigées aujourd'hui par la préparation du baccalauréat. Comme dans notre *Racine*, des notes nombreuses accompagnent le texte ; chaque pièce est précédée ou suivie d'analyses, d'appréciations et de questionnaires ; le caractère italique signale à nos jeunes lecteurs les vers les plus saillants.

Le volume enfin se termine par une liste assez longue de sujets de compositions littéraires ; on y trouvera la plupart de ceux qui ont été donnés depuis quelques années dans les Facultés aux candidats du baccalauréat ès lettres.

Le théâtre de Corneille est *une école de grandeur d'âme* et d'héroïsme chrétien.

Puisse notre travail contribuer à en faire mieux goûter les sublimes leçons !

NOTICE BIOGRAPHIQUE

SUR

PIERRE CORNEILLE

PIERRE CORNEILLE naquit à Rouen, le 6 juin 1606, d'une famille de robe. Son père, Pierre Corneille, était, depuis 1599, maître des eaux et forêts en la vicomté de Rouen.

Corneille fit ses études au collège des Jésuites de sa ville natale, et s'y distingua par ses succès. En rhétorique, il remporta un prix pour une traduction en vers d'un passage de la *Pharsale* de Lucain. Toute sa vie, il témoigna le plus affectueux attachement à ses maîtres (1).

Au sortir du collège, il étudia le droit; en 1624, il reçut la charge d'avocat général à la table de marbre du Palais, et d'avocat du roi aux sièges généraux de l'amirauté.

Carrière poétique.

C'est en 1629 que s'ouvrit la carrière poétique de Corneille; il la poursuivit pendant près de cinquante ans, jusqu'en 1676, avec un éclat incomparable et une fécondité de génie prodigieuse.

On peut la diviser en quatre périodes.

La 1re est la période d'essai, de 1629 à 1636.

Corneille composa durant ces sept années huit pièces, à savoir, sept comédies et une tragédie :

1629, *Mélite*, com.
1632, *Clitandre*, com.
1633, *La Veuve*, com.
— *La Galerie du Palais*, com.
1634, *La Suivante*, com.
1635, *La Place Royale*, com.
— *Médée*, trag.
1636, *L'Illusion*, com.

(1) En 1664, il leur offrait un hommage de son *Théâtre*, avec cette inscription :
*Patribus Societatis Jesu
Colendissimis praeceptoribus suis
Grati animi pignus
D. D. Petrus Corneille.
Dii... praeceptorem sancti voluere parentis
Esse loco.* (JUV. *Sat. VII.*)

NOTICE

La 2de période va de 1636 à 1652; c'est le plein essor du génie. Dix tragédies, deux comédies, un opéra et une comédie héroïque parurent pendant ce laps de seize ans, et conquirent au poète l'admiration de la France et de l'Europe (1) :

1636, *Le Cid*, trag.	1644, *Rodogune*, trag.
1640, *Horace*, trag.	1645, *Théodore*, trag.
— *Cinna*, trag.	1647, *Héraclius*, trag.
1643, *Polyeucte*, trag.	1650, *Andromède*, opéra.
— *Pompée*, trag.	— *Don Sanche*, com. hér.
— *Le Menteur*, com.	1652, *Nicomède*, trag.
1644, *La Suite du Menteur*, com.	— *Pertharite*, trag.

Pendant la 3e période, de 1652 à 1659, Corneille se tient retiré du théâtre, et achève sa traduction en vers de l'*Imitation de Jésus-Christ* (2). L'insuccès de *Pertharite* avait déterminé cette retraite; le poète n'avait encore que quarante-six ans.

La 4e et dernière période, de 1659 à 1676, est à la fois une résurrection et un déclin. Le génie de Corneille se ranime et jette encore de vives lumières; mais comme le soleil à son couchant, il perd peu à peu sa chaleur et son éclat. Neuf tragédies et un opéra attestèrent encore sa puissance créatrice :

1659, *Œdipe*, trag.	1666, *Agésilas*, trag.
1660, *La Toison d'or*, opéra.	1667, *Attila*, trag.
1662, *Sertorius*, trag.	1670, *Tite et Bérénice*, trag.
1663, *Sophonisbe*, trag.	— *Pulchérie*, trag.
1664, *Othon*, trag.	1674, *Suréna*, trag.

En 1671, Corneille avait aussi prêté son concours à Quinault et à Molière pour la composition de la tragédie-ballet de *Psyché*.

(1) Une mosaïque faite à Florence et offerte au cardinal Mazarin, contenait, aux quatre coins, les portraits des quatre plus grands poètes qui aient illustré les lettres humaines, Homère, Virgile, le Tasse et Corneille. « Ce choix, dit Perrault, a été fait par la voix publique, non seulement de la France, mais de l'Italie même, assez avare de pareils éloges... Il serait malaisé d'exprimer les applaudissements que ses ouvrages (de Corneille) reçurent. La moitié du temps qu'on donnait aux spectacles s'employait en des exclamations qui se faisaient de temps en temps aux plus beaux endroits, et lorsque par hasard il paraissait lui-même sur le théâtre, la pièce étant finie, les exclamations redoublaient et ne finissaient point qu'il ne se fût retiré, ne pouvant plus soutenir le poids de tant de gloire. » (*Hommes illustres*, 1677 et 1678.)

(2) Corneille entreprit cette traduction par un sentiment de foi et dans un but d'édification religieuse. Il disait dans son Epitre dédicatoire à Alexandre VII: « Ces poésies (composées par le pape, encore cardinal) me plongèrent dans une réflexion sérieuse qu'il fallait comparaître devant Dieu et lui rendre compte

Corneille fut reçu à l'Académie française le 22 janvier 1647.

En 1639, il avait perdu son père, anobli deux ans auparavant par Louis XIII.

Son mariage avec Marie de Lampérière, fille du lieutenant général des Andelys, eut lieu en 1640.

Ce ne fut qu'en 1662 qu'il quitta Rouen pour se fixer à Paris; cette même année, il fut porté sur la liste des savants et des écrivains pensionnés par le Roi.

Les dernières années de Corneille furent attristées par des malheurs domestiques. L'aîné de ses quatre fils, blessé une première fois au siège de Douai en 1667, fut frappé mortellement au siège de Grave en 1674. Le troisième, Charles, filleul du P. de la Rue, et enfant de grandes espérances, était mort en 1667, à quatorze ans.

D'autre part, le dénûment se faisait sentir; la pension royale n'était pas payée régulièrement; il fallut, en 1684, la généreuse intervention de Boileau pour rappeler à Louis XIV la dette de la France.

Les succès du jeune Racine avaient aussi, depuis 1669, alarmé quelque peu la gloire du grand poète, sans toutefois exciter en lui l'envie, sentiment que son noble cœur ne connut jamais.

La foi et la piété de Corneille adoucirent ces tristesses. Sa fin fut profondément chrétienne, comme l'avait été toute sa vie. Il mourut en 1684, dans la nuit du 30 septembre au 1er octobre.

Racine, directeur désigné de l'Académie, demanda, mais ne put obtenir l'honneur de faire les frais de ses funérailles. Il s'en consola en faisant magnifiquement son éloge, le 2 janvier de l'année suivante, à la réception de Thomas Corneille, qui avait été élu à l'unanimité pour le fauteuil de son illustre frère (1).

---

du talent dont il m'avait favorisé. Je considérai ensuite que ce n'était pas assez de l'avoir si heureusement réduit à purger notre théâtre des ordures que les premiers siècles y avaient comme incorporées, et des licences que les derniers y avaient comme souffertes; qu'il ne me devait pas suffire d'y avoir fait régner en leur place les vertus morales et politiques, et quelques-unes même des chrétiennes, qu'il fallait porter ma reconnaissance plus loin, et appliquer toute l'ardeur du génie à quelque nouvel essai de ses forces qui n'eût point d'autre but que le service de ce grand Maître et l'utilité du prochain. »

(1) Voir cet éloge plus loin, p. 6.
Pour la vie de Corneille, voir MARTY-LAVEAUX, *Grands Écrivains de France*, Corneille, I; FONTENELLE, *Vie de Corneille*; CHARAUX, *la Critique idéale et catholique*, Corneille, I; LEVALLOIS, *Corneille inconnu*.

Portrait de Corneille par Fontenelle, son neveu.

Corneille était assez grand et assez plein, l'air fort simple et fort commun, toujours négligé, et peu curieux de son extérieur. Il avait le visage assez agréable, un grand nez, la bouche belle, *les yeux pleins de feu, la physionomie vive, des traits fort marqués*, et propres à être transmis à la postérité dans une médaille ou dans un buste. Sa prononciation n'était pas tout à fait nette; *il lisait ses vers avec force, mais sans grâce*.

Il savait les belles-lettres, l'histoire, la politique; mais il les prenait principalement du côté qu'elles ont rapport au théâtre. Il n'avait pour toutes les autres connaissances ni loisir, ni curiosité, ni beaucoup d'estime. Il parlait peu, même sur la matière qu'il entendait si parfaitement. Il n'ornait pas ce qu'il disait; et *pour trouver le grand Corneille, il le fallait lire...*

Il avait l'humeur brusque, et quelquefois rude en apparence; au fond il était très aisé à vivre, bon mari, bon parent, tendre, et plein d'amitié...

Il avait l'âme fière et indépendante, nulle souplesse, nul manège; ce qui l'a rendu très propre à peindre la vertu romaine, et très peu propre à faire sa fortune...

Le génie de Corneille.

Corneille avait le génie de la grandeur.

C'est la grandeur morale qu'il aimait à contempler dans ses héros, pour en fixer l'image dans des types immortels.

Il a été le peintre de l'héroïsme sous toutes ses formes. Dans *le Cid*, il nous présente l'héroïsme de la piété filiale; dans *Horace*, l'héroïsme de l'amour de la patrie; dans *Cinna*, l'héroïsme de la clémence; dans *Polyeucte*, l'héroïsme de la foi; dans *Pompée*, l'héroïsme de l'amour conjugal; dans *Héraclius* et dans *Rodogune*, l'héroïsme de l'amour fraternel; dans *Nicomède*, l'héroïsme de l'honneur national.

Le sublime lui est naturel; il jaillit spontanément de son esprit, de son imagination, de son cœur, de sa plume. Aussi le ressort par excellence de son art, c'est l'admiration, l'admiration de la vertu victorieuse à force de sacrifice (1).

Le XVIIe siècle a justement décerné à Corneille le titre de *grand* (2); la postérité l'a ratifié. Bossuet seul, dans les lettres françaises, partage avec lui cet honneur.

(1) Pour le genre de Corneille et son style, v. plus loin, p. 7.

(2) On trouve cet éloge sous la plume de Fontenelle, de Santeuil et de Furetière, tous trois contemporains de Corneille.

Corneille et le théâtre français.

Corneille fut *le père* et *le législateur* du théâtre français.

Il en fut *le père* par les chefs-d'œuvre qu'il mit sur la scène, et qui servirent de modèles à ses successeurs dans la tragédie, dans la comédie et dans l'opéra (1).

Il en fut aussi *le législateur*, en traçant, avec une rare fermeté de jugement et de style, les règles fondamentales de l'art dramatique dans les trois *Discours* qu'il publia en tête de ses œuvres (1660), et dans les célèbres *Examens* où il fit lui-même la critique loyale de ses ouvrages selon les principes qu'il avait posés (2).

(1) Corneille trouva le théâtre français dans le plus triste état. Hardy (1560-1630) y régnait alors en maître. C'était plutôt, comme on a dit, un entrepreneur dramatique qu'un vrai poète : il avait à fournir de pièces le théâtre du Marais; il lui en donna jusqu'à six cents, d'autres disent huit cents. Mais l'art, les règles, la dignité du style, la décence des mœurs lui importaient peu. Les jeunes contemporains de Corneille, Mairet (1604-1686), Rotrou (1609-1650) et Scudéry (1601-1667) débutèrent avec les mêmes extravagances de paroles et d'inventions. La *Sophonisbe* de Mairet, jouée en 1629, fut la première de nos tragédies régulières.

Corneille donnait la même année *Mélite*, sa première comédie. Dans l'*Examen* qu'il en fit plus tard, il rappela comment il ramena l'art dramatique aux règles et aux convenances. « Cette pièce, dit-il, fut mon coup d'essai, et elle n'a garde d'être dans les règles, puisque je ne savais pas alors qu'il y en eût. Je n'avais pour guide qu'un peu de sens commun, avec les exemples de feu Hardy, dont la veine était plus féconde que polie, et de quelques modernes qui commençaient à se produire, et qui n'étaient pas plus réguliers que lui. Le succès en fut surprenant... Ce sens commun, qui était toute ma règle, m'avait fait trouver l'*unité d'action*, et m'avait donné assez d'aversion de cet horrible dérèglement qui mettait Paris, Rome et Constantinople sur le même théâtre, pour réduire le mien dans une seule ville.

» La nouveauté de ce genre de comédie, dont il n'y a point d'exemple en aucune langue, et le style naïf qui faisait une peinture de la *conversation des honnêtes gens*, furent sans doute cause de ce bonheur surprenant qui fit alors tant de bruit. On n'avait jamais vu jusque-là que la comédie fît rire sans personnages ridicules, tels que les valets bouffons, les parasites, les capitans, les docteurs, etc. Celle-ci faisait son effet par l'humeur enjouée de gens d'une condition au-dessus de ceux qu'on voit dans les comédies de Plaute et de Térence, qui n'étaient que des marchands. »

Ainsi du premier coup, Corneille introduisait, quoique imparfaitement encore, la règle, la décence et la distinction du ton; ses chefs-d'œuvre achevèrent bientôt cette transformation.

Voir ci-après, p. 6, l'important témoignage de Racine.

(2) En 1660, époque où parurent ces *Discours* et ces *Examens*, Racine n'avait que vingt et un ans; Boileau en avait vingt-quatre. Le code dramatique composé par Corneille, précéda de quatre ans la 1re tragédie de Racine, et de quatorze l'*Art poétique* de Boileau.

NOTICE

Corneille poète lyrique.

Corneille a sa place parmi les maîtres de la poésie lyrique. Il en avait l'inspiration, le souffle, le rythme et le grand style, comme le témoignent non seulement les fameuses stances du *Cid* et de *Polyeucte,* mais encore maintes strophes de l'*Imitation* et des *Louanges de la sainte Vierge* (1).

Corneille historien.

Corneille fut aussi grand historien.

Son théâtre est une magnifique galerie où l'on voit reproduites, avec une fidélité et une expression incomparables, les époques les plus brillantes de l'histoire, avec les personnages les plus importants qui les ont illustrées (2).

Horace nous présente le patriotisme romain sous les rois;
Nicomède, la politique extérieure du sénat;
Sophonisbe, la lutte de Rome et de Carthage;
Sertorius, les guerres civiles;
La Mort de Pompée, Pharsale et le triomphe de la dictature;
Cinna, les dernières convulsions de la république et la fondation de l'empire;
Othon, les révolutions militaires de la Rome impériale;
Polyeucte, le christianisme et l'empire persécuteur;
Héraclius, les usurpations du Bas-Empire;
Attila, l'invasion des Barbares;
Le *Cid,* l'Espagne chevaleresque.

Éloge de Corneille par Racine
devant l'Académie française (1684).

Le théâtre avant Corneille. — En quel état se trouvait la scène française lorsque Corneille commença à travailler! Quel désordre! quelle irrégularité! Nul goût, nulle connaissance des véritables beautés du théâtre; les acteurs aussi ignorants que les spectateurs; la plupart des sujets extravagants et dénués de vraisem-

---

(1) Corneille traduisit ces *Louanges* en 1670.
(2) Voir *le Grand Corneille historien,* par Ern. Desjardins.

blance; point de mœurs, point de caractères; la diction encore plus vicieuse que l'action, et dont les pointes et les misérables jeux de mots faisaient le principal ornement; en un mot, toutes les règles de l'art, celles même de l'honnêteté et de la bienséance partout violées.

Le théâtre réformé par Corneille. — Dans cette enfance, ou, pour mieux dire, dans ce chaos du poème dramatique parmi nous, Corneille, après avoir quelque temps cherché le bon chemin, et lutté, si je l'ose ainsi dire, contre le mauvais goût de son siècle, enfin, inspiré d'un génie extraordinaire, et aidé de la lecture des anciens, fit voir sur la scène la raison, mais la raison accompagnée de toute la pompe, de tous les ornements dont notre langue est capable, accorda heureusement la vraisemblance et le merveilleux, et laissa bien loin derrière lui tout ce qu'il avait de rivaux, dont la plupart désespérèrent de l'atteindre, et n'osant plus entreprendre de lui disputer le prix, se bornèrent à combattre la voix publique déclarée pour lui, et essayèrent en vain, par leurs discours et par leurs frivoles critiques, de rabaisser son mérite qu'ils ne pouvaient égaler.

Succès, qualités, style de Corneille. — La scène retentit encore des acclamations qu'excitèrent à leur naissance *le Cid*, *Horace*, *Cinna*, *Pompée*, tous les chefs-d'œuvre représentés depuis sur tant de théâtres, traduits en tant de langues, et qui vivront à jamais dans la bouche des hommes. A dire le vrai, où trouvera-t-on un poète qui eût possédé à la fois tant de grands talents, tant d'excellentes parties, l'art, la force, le jugement, l'esprit? Quelle noblesse, quelle économie dans les sujets! quelle véhémence dans les passions! quelle gravité dans les sentiments! quelle dignité, et en même temps quelle prodigieuse variété dans les caractères! Combien de rois, de princes, de héros de toutes nations, nous a-t-il représentés, toujours tels qu'ils doivent être, toujours uniformes avec eux-mêmes, et jamais ne se ressemblant les uns aux autres! Parmi tout cela, une magnificence d'expression proportionnée aux maîtres du monde qu'il fait souvent parler, capable néanmoins de s'abaisser quand il veut, et de descendre jusqu'aux plus simples naïvetés du comique, où il est encore inimitable; enfin, ce qui lui est surtout particulier, une certaine force, une certaine élévation qui surprend, qui élève, et qui rend jusqu'à ses défauts, si on lui en peut reprocher quelques-uns, plus estimables que les vertus des autres : personnage véritablement né pour la gloire de son pays, comparable, je ne dis pas à tout ce que l'ancienne Rome a eu d'excellents tragiques, puisqu'elle confesse elle-même qu'en ce genre elle n'a pas été fort heureuse ; mais aux Eschyle, aux Sophocle, aux Euripide, dont la fameuse Athènes ne s'honore pas moins que des Thémistocle, des Périclès, des Alcibiade, qui vivaient en même temps qu'eux...

Corneille, gloire du grand siècle. — Lorsque, dans les âges suivants, on parlera avec étonnement des victoires prodigieuses et de toutes les grandes choses qui rendront notre siècle l'admiration de tous les siècles à venir, Corneille, n'en doutons point, Corneille tiendra sa place parmi toutes ces merveilles. La France se souviendra avec plaisir que, sous le règne du plus grand de ses rois, a fleuri le plus grand de ses poètes. On croira même ajouter quelque chose à la gloire de notre auguste monarque, lorsqu'on dira qu'il a estimé, qu'il a honoré de ses bienfaits cet excellent génie ; que même, deux ou trois jours avant sa mort, et lorsqu'il ne lui restait plus qu'un rayon de connaissance, il lui envoya encore des marques de sa libéralité, et qu'enfin les dernières paroles de Corneille ont été des remercîments pour Louis le Grand.

Vertus de Corneille. — Voilà, Monsieur (1), comme la postérité parlera de votre illustre frère ; voilà une partie des excellentes qualités qui l'ont fait connaître à toute l'Europe. Il en avait d'autres, qui, bien que moins éclatantes aux yeux du public, ne sont peut-être pas moins dignes de nos louanges : je veux dire homme de probité et de piété, bon père de famille, bon parent, bon ami. Vous le savez, vous qui avez toujours été uni avec lui d'une amitié qu'aucun intérêt, non pas même aucune émulation pour la gloire, n'a pu altérer. Mais ce qui nous touche de plus près, c'est qu'il était encore un très bon académicien ; il aimait, il cultivait nos exercices ; il y apportait surtout cet esprit de douceur, d'égalité, de déférence même, si nécessaire pour entretenir l'union dans les compagnies. L'a-t-on jamais vu se préférer à aucun de ses confrères ? l'a-t-on jamais vu vouloir tirer ici aucun avantage des applaudissements qu'il recevait dans le public ? Au

---

(1) Thomas Corneille. V. plus haut, p. 3.

contraire, après avoir paru en maître et, pour ainsi dire, régné sur la scène, il venait, disciple docile, chercher à s'instruire dans nos assemblées; laissait, pour me servir de ses propres termes, laissait ses lauriers à la porte de l'Académie; toujours prêt à soumettre son opinion à l'avis d'autrui, et de tous tant que nous sommes, le plus modeste à parler, à prononcer, je dis même sur des matières de poésie...

Jugement de Boileau.

Corneille est celui de tous nos poètes qui a fait le plus d'éclat en notre temps; et on ne croyait pas qu'il pût jamais y avoir en France un poète digne de lui être égalé. Il n'y en a point, en effet, qui ait plus d'élévation de génie, ni qui ait plus composé. » *(Réflexions critiques sur Longin.)*

Jugement de Mme de Sévigné.

Mme de Sévigné écrivait à Mme de Grignan, sa fille :

« Croyez que jamais rien n'approchera, je ne dis pas surpassera, je dis que rien n'approchera des divins endroits de Corneille. » (15 janvier 1672.)

« A propos de comédie (1), voilà *Bajazet* : si je pouvais vous envoyer la Champmêlé, vous trouveriez la pièce bonne; mais, sans elle, elle perd la moitié de son prix.

» Je suis folle de Corneille; il nous donnera encore *Pulchérie*, où l'on reverra

La main qui crayonna
La mort du grand Pompée et l'âme de Cinna.

» Il faut que tout cède à son génie. » (9 mars 1672.)

« Il y a pourtant des choses agréables (dans *Bajazet*), mais rien de parfaitement beau, rien qui enlève, point de ces tirades de Corneille qui font frissonner. Ma fille, gardons-nous bien de lui comparer Racine, sentons-en toujours la différence... Vive donc notre ami Corneille! Pardonnons-lui de méchants vers en faveur des divines et sublimes beautés qui nous transportent : ce sont des traits de maître qui sont inimitables. Despréaux en dit encore

---

(1) Le mot de *comédie* s'appliquait encore à cette époque à toutes les pièces de théâtre, tragédies et comédies proprement dites.

plus que moi, et en un mot, c'est le bon goût, tenez-vous-y. »
(16 mars 1672.)

« Mon fils dit qu'on se divertit fort à Fontainebleau. Les comédies de Corneille charment toute la cour. Je mande à mon fils que c'est un grand plaisir d'y être, et d'y avoir une place. » (31 mai 1680.)

Jugement de la Bruyère (1687).

Corneille ne peut être égalé dans les endroits où il excelle : il a pour lors un caractère original et inimitable; mais il est inégal... *Ce qu'il y a eu en lui de plus éminent, c'est l'esprit, qu'il avait sublime,* auquel il a été redevable de certains vers les plus heureux qu'on ait jamais lus ailleurs, de la conduite de son théâtre qu'il a quelquefois hasardé contre les règles des anciens, et enfin de ses dénouements, car il ne s'est pas toujours assujetti au goût des Grecs et à leur grande simplicité; il a aimé au contraire à charger la scène d'événements dont il est sorti presque toujours avec succès : admirable surtout par l'extrême variété et le peu de rapport qui se trouve pour le dessein entre un si grand nombre de poèmes qu'il a composés...

Corneille nous assujettit à ses caractères et à ses idées, Racine se conforme aux nôtres. *Celui-là peint les hommes tels qu'ils devraient être, celui-ci les peint tels qu'ils sont.* Il y a plus dans le premier de ce que l'on admire, et de ce que l'on doit imiter; il y a plus dans le second de ce que l'on reconnaît dans les autres, ou de ce que l'on éprouve dans soi-même. L'un élève, étonne, maîtrise, instruit; l'autre plaît, remue, touche, pénètre. Ce qu'il y a de plus beau, de plus noble, et de plus impérieux dans la raison, est manié par le premier; et, par l'autre, ce qu'il y a de plus flatteur et de plus délicat dans la passion. Ce sont, dans celui-là, des maximes, des règles, des préceptes; et, dans celui-ci, du goût et des sentiments. L'on est plus occupé aux pièces de Corneille, l'on est plus ébranlé et plus attendri à celles de Racine. Corneille est plus moral; Racine est plus naturel. Il semble que l'un imite Sophocle, et que l'autre doit plus à Euripide...

Jugement de Voltaire.

Corneille, vieux Romain parmi les Français, a établi sur le théâtre *une école de grandeur d'âme.* On ne juge d'un grand homme que par ses chefs-d'œuvre, et non par ses fautes. Si on ne le juge que par les pièces du temps de sa gloire, quel homme ! quel sublime dans ses idées ! quelle élévation de sentiments ! quelle noblesse dans ses portraits ! quelle profondeur de politique ! quelle vérité, quelle force dans ses raisonnements ! Chez lui les Romains parlent en Romains, les rois en rois ; partout de la grandeur et de la majesté. On sent, en le lisant, qu'il ne puisait l'élévation de son génie que dans son âme (1).

Les Théâtres à Paris, au XVIIᵉ siècle.

Pendant la première moitié du xviiᵉ siècle, deux troupes de comédiens français jouaient à Paris : *l'Hôtel de Bourgogne* (2), et *le Théâtre du Marais* (3).

En 1659, la *Troupe de Molière* s'établit au *Théâtre du Petit-Bourbon*, qu'elle partagea avec les *Italiens* introduits par Mazarin ; en 1661, elle obtint de Louis XIV la salle du Palais-Royal. Chassée par Lulli après la mort de Molière, elle s'installa rue Mazarine, à l'Hôtel Guénégaud.

Le théâtre du Marais, qui eut la gloire de produire le premier en public le grand Corneille, fut fermé en 1673, et ses comédiens passèrent les uns à l'Hôtel de Bourgogne, les autres à la Troupe de Molière.

En 1680, Louis XIV réunit l'Hôtel de Bourgogne et l'Hôtel Guénégaud en une seule troupe, appelée *les Comédiens du Roi ;* il l'établit à l'Hôtel Guénégaud, et lui donna le privilège des pièces françaises à Paris. L'Hôtel de Bourgogne resta aux Italiens (4).

(1) Voltaire ne fut pas toujours aussi équitable. Son *Commentaire de Corneille*, à côté de remarques judicieuses et de justes éloges, renferme une infinité de critiques légères, fausses ou injustes, où l'on voit percer sans cesse le dessein de dénigrer un homme dont la gloire lui faisait ombrage.

(2) *L'Hôtel de Bourgogne* appartenait aux confrères de la Passion. Les comédiens qui s'y étaient installés, portaient depuis les premières années de Louis XIII le nom de *Troupe royale des comédiens*. Son caractère semi-officiel lui valut généralement la préférence des auteurs. Ses artistes les plus distingués furent : Baron, Brécourt, Montfleury et la Champmélé.

(3) Ce théâtre prit son nom du quartier *du Marais* (quartier du Temple) où il était établi dès l'an 1600. Son acteur principal était Mondory.

(4) Ces détails sont tirés du *Théâtre français sous Louis XIV*, par E. Despois.

SENTIMENTS DE CORNEILLE
SUR L'ART DRAMATIQUE

Corneille publia dans l'édition qu'il donna de ses œuvres en 1660, trois discours où il expose ses sentiments sur l'art dramatique.

Il est intéressant de voir comment, après une expérience de trente ans, il comprenait la conduite du théâtre, et les règles fondamentales sur lesquelles il repose.

Les extraits qui vont suivre, auront en outre l'avantage de donner une intelligence plus claire des œuvres du grand poète.

Corneille nous explique lui-même, dans une lettre à l'abbé de Pure, la nature de ce travail, le dessein qu'il eut en le composant, et la peine qu'il lui coûta.

« Je suis à la fin d'*un travail fort pénible sur une matière fort délicate*. J'ai traité en trois préfaces les principales questions de l'art poétique sur mes trois volumes de comédies. J'y ai fait quelques explications nouvelles d'Aristote, et avancé quelques propositions et quelques maximes inconnues à nos anciens. *J'y réfute celles sur lesquelles l'Académie a fondé la condamnation du Cid*, et ne suis pas d'accord avec M. d'Aubignac de tout le bien même qu'il a dit de moi. Quand cela paraîtra, je ne doute point qu'il ne donne matière aux critiques : prenez un peu ma protection. »

Corneille indique ensuite le sujet de chacun des trois discours ; puis il continue :

« En ne pensant vous faire qu'un remerciment, je vous rends insensiblement compte de mon dessein. L'exécution en demandait une plus longue étude que mon loisir ne m'a pu permettre. Vous n'y trouverez pas grande élocution ni grande doctrine ; mais, avec tout cela, j'avoue que ces trois préfaces m'ont plus coûté que n'auraient fait trois pièces de théâtre.

» J'oubliais à vous dire que je ne prends d'exemples modernes que chez moi ; et bien que je contredise quelquefois M. d'Aubignac et Messieurs de l'Académie, je ne les nomme jamais, et ne parle non plus d'eux que s'ils n'avaient point parlé de moi. J'y fais aussi une censure de chacun de mes poèmes en particulier, où je ne m'épargne pas. Derechef, préparez-vous à être de mes protecteurs. »

I. DISCOURS
DE L'UTILITÉ ET DES PARTIES DU POÈME DRAMATIQUE.

But de la poésie dramatique : plaire et instruire.

Ce que j'ai avancé dès l'entrée de ce discours, que *la poésie dramatique a pour but le seul plaisir des spectateurs*, n'est pas pour l'emporter opiniâtrément sur ceux qui pensent ennoblir l'art, en lui donnant pour objet de profiter aussi bien que de plaire. Cette dispute même serait très inutile, puisqu'il est impossible de plaire selon les règles, qu'il ne s'y rencontre beaucoup d'utilité. Il est vrai qu'Aristote, dans tout son *Traité de la Poétique*, n'a jamais employé ce mot une seule fois; qu'il attribue l'origine de la poésie au plaisir que nous prenons à voir imiter les actions des hommes; qu'il préfère la partie du poème qui regarde le sujet à celle qui regarde les mœurs, parce que cette première contient ce qui agrée le plus, comme les agnitions (1) et les péripéties; qu'il fait entrer dans la définition de la tragédie l'agrément du discours dont elle est composée; et qu'il l'estime enfin plus que le poème épique, en ce qu'elle a de plus la décoration extérieure et la musique, qui délectent puissamment, et qu'étant plus courte et moins diffuse, le plaisir qu'on y prend est plus parfait; mais il n'est pas moins vrai qu'Horace nous apprend que nous ne saurions plaire à tout le monde, si nous n'y mêlons l'utile, et que les gens graves et sérieux, les vieillards, les amateurs de la vertu, s'y ennuieront, s'ils n'y trouvent rien à profiter :

Centuriæ seniorum agitant expertia frugis.

Ainsi, quoique l'utile n'y entre que sous la forme du délectable, il ne laisse pas d'y être nécessaire, et il vaut mieux examiner de quelle façon il y peut trouver sa place, que d'agiter une question inutile touchant l'utilité de cette sorte de poèmes. J'estime donc qu'il s'y en peut rencontrer de quatre sortes.

1° Sentences et instructions morales.

La première (utilité) consiste *aux sentences et instructions morales* qu'on y peut semer presque partout; mais il en faut user sobrement, les mettre rarement en discours généraux, ou ne les

(1) Les *agnitions*, c.-à-d. reconnaissances; mot vieilli.

pousser guère loin, surtout quand on fait parler un homme passionné, ou qu'on lui fait répondre par un autre ; car il ne doit avoir non plus de patience pour les entendre, que de quiétude d'esprit pour les concevoir et les dire. Dans les délibérations d'Etat, où un homme d'importance consulté par un roi s'explique de sens rassis, ces sortes de discours trouvent lieu de plus d'étendue...

2° **Peinture des vices et des vertus.**

La seconde utilité du poème dramatique se rencontre en la naïve peinture des vices et des vertus, qui ne manque jamais à faire son effet, quand elle est bien achevée, et que les traits en sont si reconnaissables qu'on ne les peut confondre l'un dans l'autre, ni prendre le vice pour vertu. Celle-ci se fait alors toujours aimer, quoique malheureuse; et celui-là se fait toujours haïr, bien que triomphant. Les anciens se sont fort souvent contentés de cette peinture, sans se mettre en peine de faire récompenser les bonnes actions, et punir les mauvaises...

Il est vrai qu'à bien considérer ces actions qu'ils choisissaient pour la catastrophe de leurs tragédies, c'étaient des criminels qu'ils faisaient punir, mais par des crimes plus grands que les leurs...

Notre théâtre souffre difficilement de pareils sujets...

3° **Récompense de la vertu et punition du vice.**
4° **Purgation des passions.**

C'est cet intérêt qu'on aime à prendre pour les vertueux qui a obligé d'en venir à cette autre manière de finir le poème dramatique par la punition des mauvaises actions et la récompense des bonnes, qui n'est pas un précepte de l'art, mais un usage que nous avons embrassé, dont chacun peut se départir à ses périls...

Il est certain que nous ne saurions voir un honnête homme sur notre théâtre sans lui souhaiter de la prospérité, et nous fâcher de ses infortunes. Cela fait que quand il en demeure accablé, nous sortons avec chagrin, et remportons une espèce d'indignation contre l'auteur et les acteurs; mais quand l'événement remplit nos souhaits, et que la vertu y est couronnée, nous sortons avec pleine joie, et remportons une entière satisfaction et de l'ouvrage, et de ceux qui l'ont représenté. Le succès heureux de la vertu, en dépit des traverses et des périls, nous excite à l'embrasser; et le succès funeste du crime ou de l'injustice est capable de nous en augmenter l'horreur naturelle, par l'appréhension d'un pareil malheur.

C'est en cela que consiste la troisième utilité du théâtre, comme la quatrième en la purgation des passions par le moyen de la pitié et de la crainte. Mais comme cette utilité est particulière à la tragédie, je m'expliquerai sur cet article au second volume, où je traiterai de la tragédie en particulier... (Voir le second discours.)

Parties du poème dramatique.

Aristote trouve six parties intégrantes : le sujet, les mœurs, les sentiments, la diction, la musique et la décoration du théâtre.

Sujet du poème dramatique.

Les conditions du sujet sont diverses pour la tragédie et la comédie...

La comédie diffère en cela de la tragédie, que celle-ci veut pour son sujet une action illustre, extraordinaire, sérieuse; celle-là s'arrête à une action commune et enjouée; celle-ci demande de grands périls pour ses héros : celle-là se contente de l'inquiétude et des déplaisirs de ceux à qui elle donne le premier rang parmi ses acteurs. Toutes les deux ont cela de commun, que cette action doit être complète et achevée; c'est-à-dire que dans l'événement qui la termine, le spectateur doit être si bien instruit des sentiments de tous ceux qui y ont eu quelque part, qu'il sorte l'esprit en repos, et ne soit plus en doute de rien. Cinna conspire contre Auguste, sa conspiration est découverte, Auguste le fait arrêter. Si le poème en demeurait là, l'action ne serait pas complète, parce que l'auditeur sortirait dans l'incertitude de ce que cet empereur aurait ordonné de cet ingrat favori... Comme il est nécessaire que l'action soit complète, il faut aussi n'ajouter rien au delà...

La comédie et la tragédie se ressemblent encore en ce que l'action qu'elles choisissent pour imiter, doit avoir *une juste grandeur*, c'est-à-dire *qu'elle ne doit être ni si petite qu'elle échappe à la vue comme un atome, ni si vaste qu'elle confonde la mémoire de l'auditeur et égare son imagination*. C'est ainsi qu'Aristote explique cette condition du poème, et ajoute que *pour être d'une juste grandeur, elle doit avoir un commencement, un milieu, et une fin...*

Cinna conspire contre Auguste et rend compte de sa conspiration à Émilie, voilà le commencement; Maxime en fait avertir Auguste, voilà le milieu; Auguste lui pardonne, voilà la fin.

Mœurs du poème dramatique.

Aristote leur prescrit quatre conditions, qu'elles soient bonnes, convenables, semblables, et égales...

Bonté des mœurs. — S'il m'est permis de dire mes conjectures sur ce qu'Aristote nous demande par là, je crois que c'est le caractère brillant et élevé d'une habitude vertueuse ou criminelle, selon qu'elle est propre et convenable à la personne qu'on introduit. Cléopâtre, dans *Rodogune*, est très méchante; il n'y a point de parricide qui lui fasse horreur, pourvu qu'il la puisse conserver sur un trône qu'elle préfère à toutes choses, tant son attachement à la domination est violent; mais tous ses crimes sont accompagnés d'une grandeur d'âme qui a quelque chose de si haut, qu'en même temps qu'on déteste ses actions, on admire la source dont elles partent. J'ose dire la même chose du *Menteur*. Il est hors de doute que c'est une habitude vicieuse que de mentir; mais il débite ses menteries avec une telle présence d'esprit et tant de vivacité, que cette imperfection a bonne grâce en sa personne, et fait confesser aux spectateurs que le talent de mentir ainsi, est un vice dont les sots ne sont point capables. Pour troisième exemple, ceux qui voudront examiner la manière dont Horace décrit la colère d'Achille, ne s'éloigneront pas de ma pensée. Elle a pour fondement un passage d'Aristote, qui suit d'assez près celui que je tâche d'expliquer. *La poésie, dit-il, est une imitation de gens meilleurs qu'ils n'ont été, et comme les peintres font souvent des portraits flattés, qui sont plus beaux que l'original, et conservent toutefois la ressemblance, ainsi les poètes, représentant des hommes colères ou fainéants, doivent tirer une haute idée de ces qualités qu'ils leur attribuent, en sorte qu'il s'y trouve un bel exemplaire d'équité ou de dureté; c'est ainsi qu'Homère a fait Achille bon.* Ce dernier mot est à remarquer, pour faire voir qu'Homère a donné aux emportements de la colère d'Achille cette bonté nécessaire aux mœurs, que je fais consister en cette élévation de leur caractère...

Convenance des mœurs. — En second lieu, les mœurs doivent être convenables. Cette condition est plus aisée à entendre que la première. Le poète doit considérer l'âge, la dignité, la naissance, l'emploi et le pays de ceux qu'il introduit : il faut qu'il sache ce qu'on doit à sa patrie, à ses parents, à ses amis, à son roi ; quel est l'office d'un magistrat, d'un général d'armée, afin qu'il puisse y conformer ceux qu'il veut faire aimer aux spectateurs, et en éloigner ceux qu'il leur veut faire haïr ; car c'est une maxime infaillible que pour bien réussir, il faut intéresser l'auditoire par les premiers acteurs...

Vérité des mœurs. — La qualité de semblables, qu'Aristote demande aux mœurs, regarde particulièrement les personnes que l'histoire ou la fable nous fait connaître, et qu'il faut toujours peindre telles que nous les y trouvons. C'est ce que veut dire Horace par ce vers :

> Sit Medea ferox invictaque...

Qui peindrait Ulysse en grand guerrier, ou Achille en grand discoureur, ou Médée en femme fort soumise, s'exposerait à la risée publique. Ainsi ces deux qualités, dont quelques interprètes ont beaucoup de peine à trouver la différence qu'Aristote veut qui soit entre elles sans la désigner, s'accorderont aisément, pourvu qu'on les sépare, et qu'on donne celle de convenables aux personnes imaginées, qui n'ont jamais eu d'être que dans l'esprit du poète, en réservant l'autre pour celles qui sont connues par l'histoire ou par la fable.

Égalité des mœurs. — Il reste à parler de l'égalité, qui nous oblige à conserver jusqu'à la fin à nos personnages les mœurs que nous leur avons données au commencement :

> Servetur ad imum
> Qualis ab incepto processerit, et sibi constet.

L'inégalité y peut toutefois entrer sans défaut, non seulement quand nous introduisons des personnes d'un esprit léger et inégal, mais encore lorsqu'en conservant l'égalité au dedans, nous donnons l'inégalité au dehors, selon l'occasion. Telle est celle de Chimène, du côté de l'amour ; elle aime toujours fortement Rodrigue dans son cœur ; mais cet amour agit autrement en la présence du Roi, autrement en celle de l'Infante, et autrement en celle de Rodrigue; et c'est ce qu'Aristote appelle les mœurs inégalement égales...

Sentiments.

Après les mœurs viennent les sentiments, par où l'acteur fait connaître ce qu'il veut ou ne veut pas, en quoi il peut se contenter d'un simple témoignage de ce qu'il se propose de faire, sans le fortifier de raisonnements moraux. Cette partie a besoin de la rhétorique pour peindre les passions et les troubles de l'esprit, pour en consulter, délibérer, exagérer ou exténuer; mais il y a cette différence pour ce regard entre le poète dramatique et l'orateur, que celui-ci peut étaler son art, et le rendre remarquable avec pleine liberté, et que l'autre doit le cacher avec soin, parce que ce n'est jamais lui qui parle, et que ceux qu'il fait parler ne sont pas des orateurs.

Diction.

La diction dépend de la grammaire. Aristote lui attribue les figures, que nous ne laissons pas d'appeler communément figures de rhétorique. Je n'ai rien à dire là-dessus, sinon que le langage doit être net, les figures placées à propos et diversifiées, et la versification aisée et élevée au-dessus de la prose, mais non pas jusqu'à l'enflure du poème épique, puisque ceux que le poète fait parler ne sont pas des poètes....

Musique et décoration.

Le retranchement que nous avons fait des chœurs, a retranché la musique de nos poèmes. Une chanson y a quelquefois bonne grâce, et dans les pièces de machines cet ornement est redevenu nécessaire pour remplir les oreilles de l'auditeur, cependant que les machines descendent...

La décoration du théâtre a besoin de trois arts pour la rendre belle, de la peinture, de l'architecture, et de la perspective. Aristote prétend que cette partie, non plus que la précédente, ne regarde pas le poète; et comme il ne la traite point, je me dispenserai d'en dire plus qu'il ne m'en a appris...

Prologue, épisode, exode.

Le prologue (chez les anciens) est ce qui se récite avant le premier chant du chœur; l'épisode, ce qui se récite entre les chants du chœur; et l'exode, ce qui se récite après le dernier chant du chœur. Voilà tout ce que nous en dit Aristote...

Pour les appliquer à notre usage, le prologue est notre premier acte, l'épisode fait les trois suivants, l'exode le dernier.

Prologue ou exposition.

Je réduis le prologue à notre premier acte, suivant l'intention d'Aristote, et pour suppléer en quelque façon à ce qu'il ne nous a pas dit, ou que les années nous ont dérobé de son livre, je dirai qu'il doit contenir les semences de tout ce qui doit arriver, tant pour l'action principale que pour les épisodiques, en sorte qu'il n'entre aucun acteur dans les actes suivants qui ne soit connu par ce premier, ou du moins appelé par quelqu'un qui y aura été introduit. Cette maxime est nouvelle et assez sévère, et je ne l'ai pas toujours gardée, mais j'estime qu'elle sert beaucoup à fonder une véritable unité d'action, par la liaison de toutes celles qui concourent dans le poème.

Ce premier acte s'appelait prologue du temps d'Aristote, et communément on y faisait l'ouverture du sujet, pour instruire le spectateur de tout ce qui s'était passé avant le commencement de l'action qu'on allait représenter, et de tout ce qu'il fallait qu'il sût pour comprendre ce qu'il allait voir. La manière de donner cette intelligence a changé suivant les temps...

Notre siècle a inventé une autre espèce de prologue pour les pièces de machines, qui ne touche point au sujet, et n'est qu'une louange adroite du prince devant qui ces poèmes doivent être représentés. Dans l'*Andromède*, Melpomène emprunte au soleil ses rayons pour éclairer son théâtre en faveur du roi, pour qui elle a préparé un spectacle magnifique. Le prologue de *la Toison d'or*, sur le mariage de Sa Majesté et la paix avec l'Espagne, a quelque chose encore de plus éclatant...

L'épisode; les épisodes.

L'épisode, selon Aristote, en cet endroit, sont nos trois actes du milieu; mais comme il applique ce nom ailleurs aux actions qui sont hors de la principale, et qui lui servent d'un ornement dont elle se pourrait passer, je dirai que, bien que ces trois actes s'appellent épisode, ce n'est pas à dire qu'ils ne soient composés que d'épisodes. La consultation d'Auguste au second de *Cinna*, les remords de cet ingrat, ce qu'il en découvre à Émilie, et l'effort que fait Maxime pour persuader à cet objet de son amour caché de s'enfuir avec lui, ne sont que des épisodes; mais l'avis que fait donner Maxime par Euphorbe à l'empereur, les irrésolutions de ce prince, et les conseils de Livie, sont de l'action principale; et dans *Héraclius*, ces trois actes ont plus d'action principale que d'épisodes.

Ces épisodes sont de deux sortes, et peuvent être composés des actions particulières des principaux acteurs, dont toutefois l'action principale pourrait se passer, ou des intérêts des seconds amants qu'on introduit, et qu'on appelle communément des personnages épisodiques. Les uns et les autres doivent avoir leur fondement dans le premier acte, et être attachés à l'action principale, c'est-à-dire y servir de quelque chose; et particulièrement ces personnages épisodiques doivent s'embarrasser si bien avec les premiers, qu'un seul intrique (1) brouille les uns et les autres. Aristote blâme fort les épisodes détachés, et dit *que les mauvais poètes en font par ignorance, et les bons en faveur des comédiens pour leur donner de l'emploi*. L'Infante du *Cid* est de ce nombre, et on la pourra condamner ou lui faire grâce par ce texte d'Aristote, suivant le rang qu'on voudra me donner parmi nos modernes...

L'exode ou le dénouement.

Je ne dirai rien de l'exode, qui n'est autre chose que notre cinquième acte.

Je pense en avoir expliqué le principal emploi, quand j'ai dit que l'action du poème dramatique doit être complète. Je n'y ajouterai que ce mot : qu'il faut, s'il se peut, lui réserver toute la catastrophe, et même la reculer vers la fin, autant qu'il est possible. Plus on la diffère, plus les esprits demeurent suspendus, et l'impatience qu'ils ont de savoir de quel côté elle tournera, est cause qu'ils la reçoivent avec plus de plaisir; ce qui n'arrive pas quand elle commence avec cet acte. L'auditeur qui la sait trop tôt, n'a plus de curiosité; et son attention languit durant tout le reste, qui ne lui apprend rien de nouveau...

(1) On disait alors *intrique*, masculin, et *intrigue*, masculin et féminin. Vaugelas avait déjà dit en 1647 : « Il faut dire *intrigue* avec un *g*, et non pas *intrique* avec un *q*, comme force gens le disent et l'écrivent. » (*Remarques*.)

II. DISCOURS DE LA TRAGÉDIE.

Utilité particulière de la tragédie.

Par la pitié et la crainte elle purge de semblables passions. Ce sont les termes dont Aristote se sert dans sa définition, et qui nous apprennent deux choses : l'une, qu'elle excite la pitié et la crainte ; l'autre, que par leur moyen elle purge de semblables passions.

Nous avons pitié, dit Aristote, *de ceux que nous voyons souffrir un malheur qu'ils ne méritent pas, et nous craignons qu'il ne nous en arrive un pareil, quand nous le voyons souffrir à nos semblables.* Ainsi la pitié embrasse l'intérêt de la personne que nous voyons souffrir ; la crainte qui la suit, regarde le nôtre, et ce passage seul nous donne assez d'ouverture pour trouver la manière dont se fait la purgation des passions dans la tragédie. La pitié du malheur où nous voyons tomber nos semblables, nous porte à la crainte d'un pareil pour nous ; cette crainte, au désir de l'éviter ; et ce désir, à purger, modérer, rectifier, et même déraciner en nous la passion qui plonge à nos yeux dans ce malheur les personnes que nous plaignons, par cette raison commune, mais naturelle et indubitable, que pour éviter l'effet il faut retrancher la cause...

Personnes et actions.

En premier lieu, Aristote ne veut point qu'un homme tout à fait innocent tombe dans l'infortune, parce que, cela étant abominable, il excite plus d'indignation contre celui qui le persécute que de pitié pour son malheur ; il ne veut pas non plus qu'un très méchant y tombe, parce qu'il ne peut donner de pitié par un malheur qu'il mérite, ni en faire craindre un pareil à des spectateurs qui ne lui ressemblent pas ; mais quand ces deux raisons cessent, en sorte qu'un homme de bien qui souffre, excite plus de pitié pour lui que d'indignation contre celui qui le fait souffrir, ou que la punition d'un grand crime peut corriger en nous quelque imperfection qui a du rapport avec lui, j'estime qu'il ne faut point faire de difficulté d'exposer sur la scène des hommes très vertueux ou très méchants dans le malheur... L'exclusion des personnes tout à fait vertueuses qui tombent dans le malheur bannit les martyrs de notre théâtre...

Pour nous faciliter les moyens d'exciter cette pitié, qui fait de si beaux effets sur nos théâtres, Aristote nous donne une lumière. *Toute action*, dit-il, *se passe, ou entre des amis, ou entre des ennemis, ou entre des gens indifférents l'un pour l'autre. Qu'un ennemi tue ou veuille tuer son ennemi, cela ne produit aucune commisération, sinon en tant qu'on s'émeut d'apprendre ou de voir la mort d'un homme, quel qu'il soit. Qu'un indifférent tue un indifférent, cela ne touche guère davantage, d'autant qu'il n'excite aucun combat dans l'âme de celui qui fait l'action; mais quand les choses arrivent entre des gens que la naissance ou l'affection attache aux intérêts l'un de l'autre, comme alors qu'un mari tue ou est près de tuer sa femme, une mère ses enfants, un frère sa sœur, c'est ce qui convient merveilleusement à la tragédie.* La raison en est claire. Les oppositions des sentiments de la nature aux emportements de la passion, ou à la sévérité du devoir, forment de puissantes agitations, qui sont reçues de l'auditeur avec plaisir; et il se porte aisément à plaindre un malheureux opprimé ou poursuivi par une personne qui devrait s'intéresser à sa conservation, et qui quelquefois ne poursuit sa perte qu'avec déplaisir, ou du moins avec répugnance...

Dans ces actions tragiques qui se passent entre proches, il faut considérer si celui qui veut faire périr l'autre, le connaît ou ne le connaît pas, et s'il achève, ou n'achève pas. La diverse combinaison (1) de ces deux manières d'agir forme quatre sortes de tragédies, à qui notre philosophe attribue divers degrés de perfection. *On connaît celui qu'on veut perdre, et on le fait périr en effet, comme Médée tue ses enfants, Clytemnestre son mari, Oreste sa mère;* et la moindre espèce est celle-là. *On le fait périr sans le connaître, et on le reconnaît avec déplaisir, après l'avoir perdu;* et cela, dit-il, ou avant la tragédie, comme Œdipe, ou dans la tragédie, comme l'Alcméon d'Astydamas, et Télégonus dans Ulysse blessé; qui sont deux pièces que le temps n'a pas laissé venir jusqu'à nous; et cette seconde espèce a quelque chose de plus élevé, selon lui, que la première. La troisième est dans le haut degré d'excellence, *quand on est prêt de faire périr un de ses proches sans le connaître, et qu'on le reconnaît*

---

(1) Le mot *combinaison* apparaît pour la première fois dans le *Dictionnaire des arts et des sciences* (1694).

assez tôt pour le sauver, comme Iphigénie reconnaît Oreste pour son frère, lorsqu'elle devait le sacrifier à Diane, et s'enfuit avec lui...

Il condamne entièrement la quatrième espèce de ceux qui connaissent, entreprennent et n'achèvent pas, qu'il dit avoir quelque chose de méchant, et rien de tragique, et en donne pour exemple Hémon qui tire l'épée contre son père dans *l'Antigone*, et ne s'en sert que pour se tuer lui-même. Mais si cette condamnation n'était modifiée, elle s'étendrait un peu loin et envelopperait non seulement *le Cid*, mais *Cinna, Rodogune, Héraclius* et *Nicomède*.

Disons donc qu'elle ne doit s'entendre que de ceux qui connaissent la personne qu'ils veulent perdre, et s'en dédisent par un simple changement de volonté, sans aucun événement notable qui les y oblige, et sans aucun manque de pouvoir de leur part. J'ai déjà marqué cette sorte de dénouement pour vicieux; mais quand ils y font de leur côté tout ce qu'ils peuvent, et qu'ils sont empêchés d'en venir à l'effet par quelque puissance supérieure, ou par quelque changement de fortune qui les fait périr eux-mêmes, ou les réduit sous le pouvoir de ceux qu'ils voulaient perdre, il est hors de doute que cela fait une tragédie d'un genre peut-être plus sublime que les trois qu'Aristote avoue...

Je sais que l'agnition est un grand ornement dans les tragédies : Aristote le dit, mais il est certain qu'elle a ses incommodités. Les Italiens l'affectent en la plupart de leurs poèmes, et perdent quelquefois, par l'attachement qu'ils y ont, beaucoup d'occasions des sentiments pathétiques, qui auraient des beautés plus considérables...

Invention.

Examinons le sentiment d'Aristote sur deux questions touchant ces sujets entre des personnes proches : l'une, si le poète les peut inventer; l'autre, s'il ne peut rien changer en ceux qu'il tire de l'histoire ou de la fable.

Pour la première, il est indubitable que les anciens en prenaient si peu de liberté, qu'ils arrêtaient leurs tragédies autour de peu de familles, parce que ces sortes d'actions étaient arrivées en peu de familles; ce qui fait dire à ce philosophe que la fortune leur fournissait des sujets, et non pas l'art... Il semble toutefois qu'il en accorde un plein pouvoir aux poètes par ces paroles : *Ils doivent bien user de ce qui est reçu, ou inventer eux-mêmes...* J'estime donc, en premier lieu, qu'en celles où l'on se propose de faire périr quelqu'un que l'on connaît, soit qu'on achève, soit qu'on soit empêché d'achever, il n'y a aucune liberté d'inventer la principale action, mais qu'elle doit être tirée de l'histoire ou de la fable. Ces entreprises contre des proches ont toujours quelque chose de si criminel et de si contraire à la nature, qu'elles ne sont pas croyables, à moins que d'être appuyées sur l'une ou sur l'autre; et jamais elles n'ont cette vraisemblance sans laquelle ce qu'on invente ne peut être de mise...

L'autre question, s'il est permis de changer quelque chose aux sujets qu'on emprunte de l'histoire ou de la fable, semble décidée en termes assez formels par Aristote, lorsqu'il dit *qu'il ne faut point changer les sujets reçus, et que Clytemnestre ne doit point être tuée par un autre qu'Oreste, ni Eriphyle par un autre qu'Alcméon.* Cette décision peut toutefois recevoir quelque distinction et quelque tempérament. Il est constant que les circonstances, ou, si vous l'aimez mieux, les moyens de parvenir à l'action, demeurent en notre pouvoir. L'histoire souvent ne les marque pas, ou en rapporte si peu, qu'il est besoin d'y suppléer pour remplir le poème; et même il y a quelque apparence de présumer que la mémoire de l'auditeur, qui les aura lues autrefois, ne s'y sera pas si fort attachée qu'il s'aperçoive assez du changement que nous y aurons fait, pour nous accuser de mensonge; ce qu'il ne manquerait pas de faire, s'il voyait que nous changeassions l'action principale...

Le même Aristote nous autorise à en user de cette manière, lorsqu'il nous apprend que *le poète n'est pas obligé de traiter les choses comme elles se sont passées, mais comme elles ont pu ou dû se passer, selon le vraisemblable ou le nécessaire...*

Différence entre la tragédie et le roman.

La réduction de la tragédie au roman est la pierre de touche pour démêler les actions nécessaires d'avec les vraisemblables. Nous sommes gênés au théâtre par le lieu, par le temps et les incommodités de la représentation, qui nous empêchent d'exposer à la vue beaucoup de personnages tout à la fois, de peur que les uns ne demeurent sans action, ou troublent celle des autres. Le roman n'a aucune de ces contraintes : il donne aux actions qu'il décrit tout le loisir qu'il leur faut pour arriver ; il place ceux qu'il fait parler, agir ou rêver, dans une chambre, dans une forêt, en place publique, selon qu'il est plus à propos pour leur action particulière ; il a pour cela tout un palais, toute une ville, tout un royaume, toute la terre, où les promener, et s'il fait arriver ou raconter quelque chose en présence de trente personnes, il en peut décrire les divers sentiments l'un après l'autre. C'est pourquoi il n'a jamais aucune liberté de se départir de la vraisemblance, parce qu'il n'a jamais aucune raison ni excuse légitime pour s'en écarter...

Comme le théâtre ne nous laisse pas tant de facilité de réduire tout dans le vraisemblable, parce qu'il ne nous fait rien savoir que par des gens qu'il expose à la vue de l'auditeur en peu de temps, il nous en dispense aussi plus aisément. On peut soutenir que ce n'est pas tant nous en dispenser, que nous permettre une vraisemblance plus large. L'*Horace* en peut fournir quelques exemples : l'unité de lieu y est exacte, tout se passe dans une salle. Mais si on en faisait un roman avec les mêmes particularités de scène en scène que j'y ai employées, ferait-on tout passer dans cette salle ?... Le roman placerait ses personnages ailleurs qu'en cette salle s'ils en étaient une fois sortis, comme ils en sortent à la fin de chaque acte...

III. DISCOURS DES TROIS UNITÉS D'ACTION, DE JOUR ET DE LIEU.

Unité d'action.

Je tiens donc que l'unité d'action consiste, dans la comédie, en l'unité d'intrique, ou d'obstacle aux desseins des principaux acteurs, et en l'unité de péril dans la tragédie, soit que son héros y succombe, soit qu'il en sorte. Ce n'est pas que je prétende qu'on ne puisse admettre plusieurs périls dans l'une, et plusieurs intriques ou obstacles dans l'autre ; car alors la sortie du premier péril ne rend point l'action complète, puisqu'elle en attire un second ; et l'éclaircissement d'un intrique ne met point les acteurs en repos, puisqu'il les embarrasse dans un nouveau...

En second lieu, ce mot d'unité d'action ne veut pas dire que la tragédie n'en doive faire voir qu'une sur le théâtre. Celle que le poète choisit pour son sujet doit avoir un commencement, un milieu et une fin, et ces trois parties non seulement sont autant d'actions qui aboutissent à la principale, mais en outre chacune d'elles en peut contenir plusieurs avec la même subordination. Il n'y doit avoir qu'une action complète, qui laisse l'esprit de l'auditeur dans le calme ; mais elle ne peut le devenir que par plusieurs autres imparfaites, qui lui servent d'acheminements, et tiennent cet auditeur dans une agréable suspension. C'est ce qu'il faut pratiquer à la fin de chaque acte pour rendre l'action continue. Il n'est pas besoin qu'on sache précisément tout ce que font les acteurs durant les intervalles qui les séparent, ni même qu'ils agissent lorsqu'ils ne paraissent point sur le théâtre, mais il est nécessaire que chaque acte laisse une attente de quelque chose qui se doive faire dans celui qui le suit...

Le poète n'est pas tenu d'exposer à la vue toutes les actions particulières qui amènent à la principale : il doit choisir celles qui lui sont les plus avantageuses à faire voir, soit par la beauté du spectacle, soit par l'éclat et la véhémence des passions qu'elles produisent, soit par quelque autre agrément qui leur soit attaché, et cacher les autres derrière la scène, pour les faire connaître au spectateur, ou par une narration, ou par quelque autre adresse de l'art ; surtout il doit se souvenir que les unes et les autres doivent avoir une telle liaison ensemble, que les dernières soient produites par celles qui les précèdent, et que toutes ayent leur source dans la protase que doit fermer le premier acte...

La liaison des scènes qui unit toutes les actions particulières de chaque acte l'une avec l'autre est un grand ornement dans un poème, et qui sert beaucoup à former une continuité d'action par la continuité de la représentation ; mais enfin, ce n'est qu'un ornement, et non pas une règle. Les anciens ne s'y sont pas toujours assujettis, bien que la plupart de leurs actes ne soient chargés que de deux ou trois scènes ; ce qui la rendait bien plus facile pour eux que pour nous, qui leur en donnons quelquefois jusqu'à neuf ou dix...

Nœud, dénouement.

Le nœud est composé, selon Aristote, *en partie de ce qui s'est passé hors du théâtre avant le commencement de l'action qu'on y décrit et en partie de ce qui s'y passe; le reste appartient au dénouement. Le changement d'une fortune en l'autre fait la séparation de ces deux parties. Tout ce qui le précède est de la première; et ce changement avec ce qui le suit regarde l'autre.* Le nœud dépend entièrement du choix et de l'imagination industrieuse du poëte; et l'on n'y peut donner de règle, sinon qu'il y doit ranger toutes choses selon le vraisemblable ou le nécessaire... (1)

Dans le dénouement, je trouve deux choses à éviter, le simple changement de volonté, et la machine. Il n'y a pas grand artifice à finir un poëme, quand celui qui a fait obstacle aux desseins des premiers acteurs, durant quatre actes, en désiste au cinquième, sans aucun événement notable qui l'y oblige : j'en ai parlé au premier Discours, et n'y ajouterai rien ici. La machine n'a pas plus d'adresse, quand elle ne sert qu'à faire descendre un dieu pour accommoder toutes choses, sur le point que les acteurs ne savent plus comment les terminer...

Actes.

De l'action je passe aux actes, qui en doivent contenir chacun une portion, mais non pas si égale qu'on n'en réserve plus pour le dernier que pour les autres, et qu'on n'en puisse moins donner au premier qu'aux autres. On peut même ne faire autre chose dans ce premier que peindre les mœurs des personnages, et marquer à quel point ils en sont de l'histoire qu'on va représenter. Aristote n'en prescrit point le nombre. Horace le borne à cinq; et bien qu'il défende d'y en mettre moins, les Espagnols s'opiniâtrent à l'arrêter à trois, et les Italiens font souvent la même chose. Les Grecs les distinguaient par le chant du chœur; et comme je trouve lieu de croire qu'en quelques-uns de leurs poèmes ils le faisaient chanter plus de quatre fois, je ne voudrais pas répondre qu'ils ne les poussassent jamais au delà de cinq. Cette manière de la distinguer était plus incommode que la nôtre; car ou l'on prêtait attention à ce que chantait le chœur, ou l'on n'y en prêtait point : si l'on y en prêtait, l'esprit de l'auditeur était trop tendu, et

(1) Le nœud est proprement *l'obstacle qui donne lieu à l'intrigue*. (Ac.)

n'avait aucun moment pour se délasser; si l'on n'y en prêtait point, son attention était trop dissipée par la longueur du chant, et lorsqu'un autre acte commençait, il avait besoin d'un effort de mémoire pour rappeler en son imagination ce qu'il avait déjà vu, et en quel point l'action était demeurée (1). Nos violons n'ont aucune de ces deux incommodités : l'esprit de l'auditeur se relâche durant qu'ils jouent, et réfléchit même sur ce qu'il a vu, pour le louer ou le blâmer, suivant qu'il lui a plu ou déplu; et le peu qu'on les laisse jouer, lui en laisse les idées si récentes, que quand les acteurs reviennent, il n'a point besoin de se faire d'effort pour rappeler et renouer son attention...

Scènes.

Le nombre de scènes dans chaque acte ne reçoit aucune règle; mais comme tout l'acte doit avoir une certaine quantité de vers qui proportionne sa durée à celle des autres, on y peut mettre plus ou moins de scènes, selon qu'elles sont plus ou moins longues, pour employer le temps que tout l'acte ensemble doit consumer. Il faut, s'il se peut, y rendre raison de l'entrée et de la sortie de chaque acteur; surtout pour la sortie je tiens cette règle indispensable, et il n'y a rien de si mauvaise grâce qu'un acteur qui se retire du théâtre seulement parce qu'il n'a plus de vers à dire...

Aristote veut que la tragédie bien faite soit belle et capable de plaire sans le secours des comédiens, et hors de la représentation. Pour faciliter ce plaisir au lecteur, il ne faut non plus gêner son esprit que celui du spectateur... Ainsi je serais d'avis que le poète prît grand soin de marquer à la marge les menues actions qui ne méritent pas qu'il en charge ses vers, et qui leur ôteraient même quelque chose de leur dignité, s'il se ravalait à les exprimer...

Unité du jour.

La règle de l'unité du jour a son fondement sur ce mot d'Aristote, *que la tragédie doit renfermer la durée de son action dans un tour de soleil, ou tâcher de ne le passer pas de beaucoup.* Ces paroles donnent lieu à cette dispute fameuse, si elles doivent être entendues d'un jour naturel de vingt-quatre heures, ou d'un jour artificiel de douze : ce sont deux opinions dont chacune a des par-

(1) Racine montra trente ans plus tard, dans *Esther* et *Athalie*, que les chœurs peuvent soutenir l'action, tout en reposant agréablement le spectateur.

tisans considérables; et pour moi, je trouve qu'il y a des sujets si malaisés à renfermer en si peu de temps, que non seulement je leur accorderais les vingt-quatre heures entières, mais je me servirais même de la licence que donne ce philosophe de les excéder un peu, et les pousserais sans scrupule jusqu'à trente. Nous avons une maxime en droit qu'il faut élargir la faveur, et restreindre les rigueurs, *odia restringenda, favores ampliandi;* et je trouve qu'un auteur est assez gêné par cette contrainte, qui a forcé quelques-uns de nos anciens d'aller jusqu'à l'impossible...

Beaucoup déclament contre cette règle, qu'ils nomment tyrannique, et auraient raison, si elle n'était fondée que sur l'autorité d'Aristote; mais ce qui la doit faire accepter, c'est la raison naturelle qui lui sert d'appui. Le poème dramatique est une imitation, ou pour en mieux parler, un portrait des actions des hommes; et il est hors de doute que les portraits sont d'autant plus excellents qu'ils ressemblent mieux à l'original. La représentation dure deux heures, et ressemblerait parfaitement, si l'action qu'elle représente n'en demandait pas davantage pour sa réalité. Ainsi ne nous arrêtons point ni aux douze, ni aux vingt-quatre heures; mais resserrons l'action du poème dans la moindre durée qu'il nous sera possible, afin que sa représentation ressemble mieux et soit plus parfaite. Ne donnons, s'il se peut, à l'une que les deux heures que l'autre remplit. Je ne crois pas que *Rodogune* en demande guère davantage, et peut-être qu'elles suffiraient pour *Cinna*. Si nous ne pouvons la renfermer dans ces deux heures, prenons-en quatre, six, dix, mais ne passons pas de beaucoup les vingt-quatre, de peur de tomber dans le dérèglement, et de réduire tellement le portrait en petit, qu'il n'aye plus ses dimensions proportionnées, et ne soit qu'imperfection.

Surtout je voudrais laisser cette durée à l'imagination des auditeurs, et ne déterminer jamais le temps qu'elle emporte, si le sujet n'en avait besoin, principalement quand la vraisemblance y est un peu forcée; comme au *Cid*, parce qu'alors cela ne sert qu'à les avertir de cette précipitation. Lors même que rien n'est violenté dans un poème par la nécessité d'obéir à cette règle, qu'est-il besoin de marquer à l'ouverture du théâtre que le soleil se lève, qu'il est midi au troisième acte, et qu'il se couche à la fin du dernier? C'est une affectation qui ne fait qu'importuner...

Unité de lieu.

Quant à l'unité de lieu, je n'en trouve aucun précepte ni dans Aristote ni dans Horace. C'est ce qui porte quelques-uns à croire que la règle ne s'en est établie qu'en conséquence de l'unité du jour, et à se persuader ensuite qu'on le peut étendre jusques où un homme peut aller et revenir en vingt-quatre heures. Cette opinion est un peu licencieuse; et si l'on faisait aller un acteur en poste, les deux côtés du théâtre pourraient représenter Paris et Rouen. Je souhaiterais, pour ne point gêner du tout le spectateur, que ce qu'on fait représenter devant lui en deux heures se pût passer en effet en deux heures, et que ce qu'on lui fait voir sur un théâtre qui ne change point, pût s'arrêter dans une chambre ou dans une salle, suivant le choix qu'on en aurait fait; mais souvent cela est si malaisé, pour ne pas dire impossible, qu'il faut de nécessité trouver quelque élargissement pour le lieu, comme pour le temps...

Nos anciens, qui faisaient parler leurs rois en place publique, donnaient assez aisément l'unité rigoureuse de lieu à leurs tragédies...

Nous ne prenons pas la même liberté de tirer les rois et les princesses de leurs appartements; et comme souvent la différence et l'opposition des intérêts de ceux qui sont logés dans le même palais, ne souffrent pas qu'ils fassent leurs confidences et ouvrent leurs secrets en même chambre, il nous faut chercher quelque autre accommodement pour l'unité de lieu, si nous la voulons conserver dans tous nos poèmes : autrement il faudrait prononcer contre beaucoup de ceux que nous voyons réussir avec éclat.

Je tiens donc qu'il faut chercher cette unité exacte autant qu'il est possible; mais comme elle ne s'accommode pas avec toute sorte de sujets, j'accorderais très volontiers que ce qu'on ferait passer en une seule ville, aurait l'unité de lieu. Ce n'est pas que je voulusse que le théâtre représentât cette ville tout entière, cela serait un peu trop vaste, mais seulement deux ou trois lieux particuliers enfermés dans l'enclos de ses murailles. Ainsi la scène de *Cinna* ne sort point de Rome, et est tantôt l'appartement d'Auguste dans son palais, et tantôt la maison d'Émilie. Le *Menteur* a les Tuileries et la place Royale dans Paris...

Les jurisconsultes admettent les fictions de droit, et je voudrais, à leur exemple, introduire les fictions de théâtre, pour établir un lieu théâtral qui ne serait ni l'appartement de Cléopâtre, ni celui de Rodogune dans la pièce qui porte ce titre, ni celui de Phocas, de Léontine, ou de Pulchérie, dans *Héraclius,* mais une salle sur laquelle ouvrent ces divers appartements (1), à qui j'attribuerais deux privilèges : l'un, que chacun de ceux qui y parleraient, fût présumé y parler avec le même secret que s'il était dans sa chambre ; l'autre, qu'au lieu que dans l'ordre commun il est quelquefois de la bienséance que ceux qui occupent le théâtre, aillent trouver ceux qui sont dans leur cabinet pour parler à eux, ceux-ci pussent les venir trouver sur le théâtre, sans choquer cette bienséance, afin de conserver l'unité de lieu et la liaison des scènes...

Beaucoup de mes pièces en manqueront si l'on ne veut point admettre cette modération, dont je me contenterai toujours à l'avenir, quand je ne pourrai satisfaire à la dernière rigueur de la règle. Je n'ai pu y en réduire que trois : *Horace, Polyeucte* et *Pompée.* Si je me donne trop d'indulgence dans les autres, j'en aurai encore davantage pour ceux dont je verrai réussir les ouvrages sur la scène avec quelque apparence de régularité. Il est facile aux spéculatifs d'être sévères ; mais s'ils voulaient donner dix ou douze poëmes de cette nature au public, ils élargiraient peut-être les règles encore plus que je ne fais, sitôt qu'ils auraient reconnu par l'expérience quelle contrainte apporte leur exactitude, et combien de belles choses elle bannit de notre théâtre. Quoi qu'il en soit, voilà mes opinions, ou si vous voulez, mes hérésies touchant les principaux points de l'art ; et je ne sais point mieux accorder les règles anciennes avec les agréments modernes. Je ne doute point qu'il ne soit aisé de trouver de meilleurs moyens, et je serai tout prêt de les suivre lorsqu'on les aura mis en pratique aussi heureusement qu'on y a vu les miens.

(1) C'est ce qu'on a appelé une *salle fictive* ou *de convention.*

QUESTIONNAIRE.

Biographie.

Où et quand naquit Corneille? Où fit-il ses études?
Quand commença et finit sa carrière poétique? En combien de périodes se partage-t-elle? Quelles sont les œuvres de chacune d'elles?
Donnez quelques détails sur la vie privée de Corneille.
Quel portrait Fontenelle nous a-t-il laissé de son oncle?

Corneille et le théâtre français.

Quel est le trait distinctif du génie de Corneille?
Comment a-t-il peint l'héroïsme?
Quel est le ressort principal de son art?
Comment fut-il le père, le législateur du théâtre français?
En quel état trouva-t-il le théâtre?
Corneille est-il aussi poète lyrique?
Comment Corneille s'est-il montré historien?
Quel est le jugement de Racine sur Corneille? sur la réforme qu'il opéra au théâtre? sur ses succès, ses qualités, son style, ses vertus?
Quel est le jugement de Boileau? de Mme de Sévigné? de la Bruyère? Son parallèle de Corneille et de Racine.
Quel est le jugement de Voltaire? Quelle est la valeur de son *Commentaire?*

Discours sur l'art dramatique.

En quelle année parurent les *Discours sur l'art dramatique?*
Quel en est le sujet? Quel but spécial s'y proposait Corneille?
Quel est, d'après Corneille, le but de la poésie dramatique? Comment arrive-t-elle à plaire? à instruire?
Quel usage faut-il faire des sentences et des instructions morales?
Comment le poète doit-il peindre le vice et la vertu? montrer la vertu récompensée et le vice puni?
En quoi diffèrent, en quoi se ressemblent la tragédie et la comédie?
Quelles qualités doivent avoir les mœurs du poème dramatique?
Quel doit être le style du poème dramatique?
Que dit Corneille de l'exposition, des épisodes, du dénouement?
Comment la tragédie sert-elle à guérir les passions?
Quelles doivent être les personnes et les actions tragiques?
A quoi s'étend l'invention dans la tragédie?
En quoi consiste l'unité d'action?
Les scènes doivent-elles être liées ensemble?
En quoi consiste le nœud? Que faut-il éviter dans le dénouement?
Combien faut-il d'actes? de scènes?
Que pense Corneille des chœurs?
Quelle est l'opinion de Corneille sur l'unité de jour? de lieu?

LE CID

TRAGÉDIE

1636

LE CID

TRAGÉDIE (1)

Cette tragédie fut représentée pour la première fois vers la fin de novembre 1636, et publiée à la fin de mars 1637.
Age de Corneille, 3o ans.

HISTORIQUE DE LA TRAGÉDIE DU *CID*.

Origines.

C'est sur le conseil de M. de Chalon, ancien secrétaire de Marie de Médicis, retiré à Rouen, que Corneille s'appliqua à l'étude du théâtre espagnol. « Monsieur, lui dit M. de Chalon, vous trouverez dans les Espagnols des sujets qui, traités dans notre goût par des mains comme les vôtres, produiront de grands effets. Apprenez leur langue, elle est aisée ; je m'offre de vous montrer ce que j'en sais, et, jusqu'à ce que vous soyez en état de lire par vous-même, de vous traduire quelques endroits de Guillem de Castro (2). (P. DE TOURNEMINE, cité par Beauchamps.)

(1) De 1637 à 1644, la pièce portait le titre de *tragi-comédie*. On appelait alors *tragi-comédie*, une pièce de théâtre dont les personnages étaient de haute condition comme dans la tragédie, et dont le dénouement était heureux comme dans la comédie. La tragi-comédie, d'après Scudéry, « est un composé de la tragédie et de la comédie, et à cause de sa fin elle semble même pencher plus vers la dernière. » (*Observations sur le Cid.*)
Presque toutes les pièces tragiques qui parurent à l'époque du *Cid*, étaient intitulées *tragi-comédies*; ce titre se trouve encore au *Venceslas* de Rotrou, joué douze ans après.
Plaute avait appelé son *Amphitryon tragicocomœdia*, parce qu'on y voyait à la fois des personnages de tragédie, comme des dieux et des rois, et des personnages de comédie, comme des esclaves. (*Prologue.*)

(2) Guillem (ou Guillen) de Castro, auteur dramatique espagnol, né à Valence en 1567, mort en 1630. Il fut l'ami de Lope de Vega et de Cervantes, l'auteur de *Don Quichotte;* l'un et l'autre lui fournirent plusieurs sujets de *comédies*. Ses pièces, au nombre de quarante, furent publiées en deux parties (1618 et 1625).

Le fameux capitan Matamore, dans l'*Illusion*, fut le premier fruit de cette étude (1636).

La même année, Corneille en tira *le Cid*, inspiré par *las Mocedades del Cid, les Prouesses* ou *la Jeunesse du Cid*, de Guillem de Castro (1).

Succès.

A l'apparition de ce chef-d'œuvre, l'enthousiasme fut universel (2).

« Il est malaisé, dit Pellisson, de s'imaginer avec quelle approbation cette pièce fut reçue de la cour et du public. On ne se pouvait lasser de la voir; on n'entendait autre chose dans les compagnies; chacun en savait quelque partie par cœur, on la faisait apprendre aux enfants, et en plusieurs endroits de la France il était passé en proverbe de dire : *Cela est beau comme le Cid.* » (*Histoire de l'Acad. fr.*, 1653.)

Corneille nous apprend lui-même quel fut le succès de la pièce à la cour : « Ne vous êtes-vous pas souvenu, disait-il à Scudéry, que *le Cid* a été représenté trois fois au Louvre et deux fois à l'hôtel de Richelieu? Quand vous avez traité la pauvre Chimène... de parricide, de monstre, ne vous êtes-vous pas souvenu que la reine, les princesses et les plus vertueuses dames de la cour et de Paris, l'ont reçue en fille d'honneur? » (*Lettre apologétique*, 1637.)

Anne d'Autriche, ravie de voir célébrer si noblement sa chère

---

(1) *La Jeunesse du Cid* fut composée vers 1618.

(2) Le célèbre acteur Mondory, qui joua le rôle de Rodrigue, écrivait à Balzac, le 18 janvier 1637 : « Je vous souhaiterais ici, pour y goûter, entre autres plaisirs, celui des belles comédies qu'on y représente, et particulièrement d'un *Cid* qui a charmé tout Paris... On a vu seoir en corps aux bancs des loges ceux qu'on ne voit d'ordinaire que dans la chambre dorée et sur le siège des fleurs de lis. La foule a été si grande à nos portes, et notre lieu s'est trouvé si petit, que les recoins du théâtre qui servaient les autres fois comme de niches aux pages, ont été des places de faveur pour les cordons bleus, et la scène y a été d'ordinaire parée de croix de chevaliers de l'ordre. »

L'Europe partagea l'enthousiasme de la France. « M. Corneille, dit Fontenelle, avait dans son cabinet cette pièce traduite en toutes les langues de l'Europe, hors l'esclavone et la turque : elle était en allemand, en anglais, en flamand; et par une exactitude flamande, on l'avait rendue vers pour vers. Elle était en italien, et ce qui est plus étonnant, en espagnol : les Espagnols avaient bien voulu copier eux-mêmes une copie dont l'original leur appartenait. » C'était sans doute la pièce de Diamante, intitulée *le Cid, honorateur de son père* (1659), et dont Voltaire s'avisa un jour (1764) de faire l'original primitif, imité par Guillem de Castro lui-même.

Espagne, récompensa le poète en accordant des lettres de noblesse à son père pour les services qu'il avait rendus dans sa charge de maître des eaux et forêts (1).

Querelle littéraire du Cid (2).

Richelieu, Mairet, Scudéry.

Ce succès prodigieux faillit devenir fatal à Corneille.
Richelieu attaqua la pièce et l'auteur.

« Quand *le Cid* parut, dit Fontenelle, le Cardinal en fut aussi alarmé que s'il avait vu les Espagnols devant Paris. »

En homme d'État, Richelieu s'alarmait de voir exalter dans le *Cid* les maximes du point d'honneur qui, malgré les édits et les exécutions capitales, multipliaient encore les duels dans la noblesse. Aussi la première satisfaction qu'il demanda, fut la suppression de la réponse insolente du Comte, lorsque, pressé de faire des réparations, il s'écriait avec hauteur :

> Ces satisfactions n'apaisent point une âme :
> Qui les reçoit n'a rien, qui les fait se diffame,
> Et de pareils accords l'effet le plus commun
> Est de perdre d'honneur deux hommes au lieu d'un. (A. II. sc. I.)

De plus, en 1636, la France était en guerre avec l'Espagne ; le sujet du *Cid* contrariait la politique du Cardinal.

Mais Richelieu n'était pas seulement ministre ; il avait la faiblesse de vouloir être poète. Il composait des pièces dramatiques, et pour mieux gouverner la scène, il avait pris à sa solde Boisrobert, l'Estoile, Colletet, Rotrou et Corneille : c'était *la Société des cinq auteurs*. Les tragédies et les comédies composées sur les plans du Cardinal n'eurent pas le succès qu'il désirait. Aussi la gloire du *Cid* lui donna de l'ombrage. Il se crut bravé par le triomphe d'un homme dont il n'avait pu dominer le caractère fier et indépendant (3).

---

(1) *Le Cid* fut représenté sous Louis XIV, de 1680 à 1714, 219 fois à la ville et 23 fois à la cour ; sous Louis XV, 177 fois à la ville, 13 fois à la cour ; sous Louis XVI, 49 fois à la ville, 6 fois à la cour ; de 1789 à 1814, 208 fois à la ville, 5 fois à la cour ; de 1814 à 1870, 200 fois à la ville.

(2) *Querelle* qu'il ne faut pas confondre avec celle des deux pères (A. I).

(3) « Il ne faut pas demander, dit Pellisson, si la gloire de cet auteur donna de la jalousie à ses concurrents ; plusieurs ont voulu croire que le Cardinal lui-même n'en avait pas été exempt, et qu'encore qu'il estimât fort

Pour détourner la foudre, Corneille dédia le *Cid* à la nièce du Cardinal, Mme de Combalet, plus tard duchesse d'Aiguillon ; elle s'était montrée très favorable à la pièce, et l'auteur pouvait lui dire en toute sincérité : « Je ne vous dois pas moins de remercîments pour moi que pour le *Cid*. »

Une épître de Corneille, intitulée *Excuse à Ariste*, et publiée sur ces entrefaites, réveilla la jalousie de ses rivaux par la fierté dédaigneuse dont elle était empreinte. Corneille y disait avec la franchise de son génie :

> Je sais ce que je vaux, et crois ce qu'on m'en dit :
> Pour me faire admirer, je ne fais point de ligue :
> J'ai peu de voix pour moi, mais je les ai sans brigue...
> Je satisfais ensemble et peuple et courtisans,
> Et mes vers en tous lieux sont mes seuls partisans ;
> Par leur seule beauté ma plume est estimée :
> *Je ne dois qu'à moi seul toute ma renommée,*
> Et pense toutefois n'avoir point de rival,
> A qui je fasse tort en le traitant d'égal.

Mairet (1) et Scudéry (2) entrèrent en ligne : Mairet, par un libelle anonyme ; Scudéry, par ses *Observations sur le Cid*. Ces *Observations* étaient un véritable acte d'accusation littéraire ; l'auteur y formulait les griefs suivants :

« Je prétends donc prouver contre cette pièce du *Cid* :

Que le sujet n'en vaut rien du tout,

Qu'il choque les principales règles du poème dramatique,

Qu'il manque de jugement et de conduite,

Qu'il a beaucoup de méchants vers,

Que presque tout ce qu'il a de beautés sont dérobées. »

M. Corneille et qu'il lui donnât pension, il vit avec déplaisir le reste des travaux de cette nature, et surtout ceux où il avait quelque part, entièrement effacés par celui-là. » (*Histoire de l'Acad. fr.*)

(1) Mairet (1604-1686), auteur dramatique ; *Sophonisbe* passa pour son chef-d'œuvre (1629.)

(2) « Entre ceux qui ne purent souffrir l'approbation qu'on donnait au *Cid* et qui crurent qu'il ne l'avait pas méritée, M. de Scudéry parut le premier, en publiant ses observations contre cet ouvrage, ou pour se satisfaire lui-même, ou, comme quelques-uns disent, pour plaire au Cardinal, ou pour tous les deux ensemble. » (Pellisson, l. c.)

Georges de Scudéry (1601-1667), qui attaqua *le Cid*, composa des tragi-comédies qui eurent du succès. Sa sœur, Madeleine de Scudéry, l'un des oracles de l'hôtel de Rambouillet, écrivit ces longs romans dont se moqua Boileau, *le grand Cyrus*, *Clélie*, etc.

Corneille répondit par une *Lettre apologétique*. Claveret, poète médiocre qui s'y trouva traité avec dédain, se joignit à Scudéry; la lutte s'échauffa; mais le public gardait son admiration pour le *Cid*. Scudéry désespéré porta la cause devant l'Académie (1).

L'Académie.

Richelieu approuva la démarche de Scudéry, et malgré les répugnances de l'Académie, chargea Boisrobert d'obtenir le consentement de Corneille. Corneille s'y refusa; mais comme un jour il lui échappa de dire : « Messieurs de l'Académie peuvent faire ce qu'il leur plaira, » le Cardinal s'en autorisa « pour fonder la juridiction de l'Académie, qui pourtant se défendait toujours d'entreprendre ce travail. « Faites savoir à ces Messieurs, dit-il à un de » ses domestiques, que je le désire, et que je les aimerai comme » ils m'aimeront. » (PELLISSON, l. c.)

L'Académie dut obéir; elle s'assembla le 16 juin 1637.

On nomma trois commissaires pour examiner le *Cid* et les *Observations sur le Cid* : c'étaient de Bourzey, Chapelain et Desmarets. Leur travail fut examiné en plusieurs réunions, soumis à diverses reprises à Richelieu qui l'apostilla et fit faire des corrections, enfin mis au jour après cinq mois d'examen sous ce titre : *les Sentiments de l'Académie française sur le Cid*, « sans que, durant ce temps-là, ce ministre, qui avait toutes les affaires du royaume sur les bras, et toutes celles de l'Europe dans la tête, se lassât de ce dessein, et relâchât rien de ses soins pour cet ouvrage. » (PELLISSON.)

Le jugement de l'Académie, trop sévère pour Corneille, le fut trop peu au gré du Cardinal et de Scudéry (2). Le *Cid* n'en perdit rien de sa gloire, et la France continua de l'applaudir, comme en témoigna plus tard Boileau :

> En vain contre *le Cid* un ministre se ligue :
> Tout Paris pour Chimène a les yeux de Rodrigue.
> L'Académie en corps a beau le censurer :
> Le public révolté s'obstine à l'admirer. (*Sat. IX*.)

(1) L'Académie française, fondée en 1635 par Richelieu, comptait alors parmi ses membres Conrart (conseiller et secrétaire du Roi), Godeau, Gombault, Serizay, Malleville, Desmarets, Boisrobert (secrétaire du Cardinal), Colletet, Racan, Maynard, de Saint-Amant, l'Estoile, Chapelain, Balzac, Voiture et Vaugelas.

(2) Pour la discussion des *Sentiments de l'Académie*, v. après la pièce.

Corneille, en se réconciliant avec ses adversaires, tint cependant à protester toujours qu'il n'avait pas accepté de plein gré l'arbitrage de l'Académie; les trois Discours qu'il publia en 1660 sur le poème dramatique, étaient, comme il le dit lui-même, une réfutation indirecte de ce fameux jugement. (V. plus haut, p. 12.)

Jugement de la Bruyère.

(Des Ouvrages de l'esprit.)

Le Cid n'a eu qu'une voix pour lui à sa naissance, qui a été celle de l'admiration; il s'est vu plus fort que l'autorité et la politique qui ont tenté vainement de la détruire; il a réuni en sa faveur des esprits toujours partagés d'opinions et de sentiments, les grands et le peuple; ils s'accordent tous à le savoir de mémoire, et à prévenir au théâtre les acteurs qui le récitent. *Le Cid* enfin est l'un des plus beaux poèmes que l'on puisse faire; et l'une des meilleures critiques qui ait été faite sur aucun sujet est celle *du Cid* (1).

Lettre de Balzac sur le Cid.

Le célèbre Balzac (2), dont Scudéry avait sollicité le suffrage, répondit à son jeune et fougueux ami par la lettre suivante, où, sous l'apparence d'une critique de pure théorie, il laissait assez voir qu'il penchait du côté de Corneille :

« Considérez néanmoins, Monsieur, que toute la France entre en cause avec lui (Corneille), et que peut-être il n'y a pas un des juges dont vous êtes convenus ensemble, qui n'ait loué ce que vous désirez qu'il condamne : de sorte que, quand vos arguments seraient invincibles et que votre adversaire y acquiescerait, il aurait toujours de quoi se consoler glorieusement de la perte de son procès, et vous dire que c'est quelque chose de plus d'avoir satisfait tout un royaume que d'avoir fait une pièce régulière. Il n'y a point d'architecte d'Italie qui ne trouve des défauts en la structure de Fontainebleau et qui ne l'appelle un monstre de pierre : ce monstre néanmoins est la belle demeure des rois, et la cour y loge commodément... Mais vous dites, Monsieur, qu'il a ébloui les yeux du monde; et vous l'accusez de charme et d'enchantement : je connais beaucoup de gens qui feraient vanité d'une telle accusation; et vous me confesserez que, si la magie était une chose permise, ce serait une chose excellente : ce serait, à vrai dire, une belle chose de pouvoir faire des prodiges innocemment, de faire voir le soleil quand il est nuit, d'apprêter des festins sans viandes ni officiers, de changer en pistoles les feuilles de

(1) La Bruyère partage le sentiment de l'Académie : *le Cid* a des beautés qui enlèvent, mais les règles n'y sont pas observées.

(2) V. plus loin la note 2 de la p. 44.

chêne et le verre en diamants; c'est ce que vous reprochez à l'auteur du
Cid, qui, vous avouant qu'il a violé les règles de l'art, vous oblige de lui
avouer qu'il a un secret, qu'il a mieux réussi que l'art même... Ainsi
vous l'emportez dans le cabinet, et il a gagné au théâtre. Si le *Cid* est
coupable, c'est d'un crime qui a eu récompense; s'il est puni, ce sera
après avoir triomphé; s'il faut que Platon le bannisse de sa république,
il faut qu'il le couronne de fleurs en le bannissant, et ne le traite pas
plus mal qu'il a traité autrefois Homère. »

Dans le courant de la lettre, Balzac avait cité à son correspondant
cette maxime de Sénèque :

« C'est beaucoup de s'être emparé des yeux de prime abord, quoique
ensuite un examen attentif trouve des critiques à faire. Si vous me demandez mon sentiment, l'homme qui enlève les suffrages est plus grand
que celui qui les mérite seulement. » (*Lettre C*.)

ÉPITRE DÉDICATOIRE

A MADAME LA DUCHESSE D'AIGUILLON (1)

Madame,

Ce portrait vivant que je vous offre représente un héros assez
reconnaissable aux lauriers dont il est couvert. Sa vie a été une
suite continuelle de victoires : son corps, porté dans son armée,
a gagné des batailles après sa mort; et son nom, au bout de six
cents ans, vient encore de triompher en France. Il y a trouvé
une réception trop favorable pour se repentir d'être sorti de son
pays, et d'avoir appris à parler une autre langue que la sienne.
Ce succès a passé mes plus ambitieuses espérances, et m'a surpris
d'abord; mais il a cessé de m'étonner depuis que j'ai vu la satisfaction que vous avez témoignée, quand il a paru devant vous.
Alors j'ai osé me promettre de lui tout ce qui en est arrivé, et j'ai
cru, qu'après les éloges dont vous l'avez honoré, cet applau-

(1) Les premières éditions (1637-1644) portaient : A Madame de Combalet.
Marie-Madeleine de Vignerot, nièce de Richelieu, avait épousé Antoine de
Beauvoir, marquis de Roure, sieur de Combalet (tué devant Montauban, 1621);
placée comme dame d'honneur près de la Reine, elle reçut du Cardinal le duché
d'Aiguillon en 1638. Son crédit auprès de son oncle fut d'abord fort utile à
Corneille.
Elle mourut en 1675, laissant une grande réputation de piété et de charité.

dissement universel ne lui pouvait manquer. Et véritablement, MADAME, on ne peut douter avec raison de ce que vaut une chose qui a le bonheur de vous plaire : le jugement que vous en faites est la marque assurée de son prix ; et comme vous donnez toujours libéralement aux véritables beautés l'estime qu'elles méritent, les fausses n'ont jamais le pouvoir de vous éblouir. Mais votre générosité ne s'arrête pas à des louanges stériles pour les ouvrages qui vous agréent ; elle prend plaisir à s'étendre utilement sur ceux qui les produisent, et ne dédaigne point d'employer en leur faveur ce grand crédit que votre qualité et vos vertus vous ont acquis. J'en ai ressenti des effets qui me sont trop avantageux pour m'en taire, et je ne vous dois pas moins de remercîments pour moi que pour le *Cid*. C'est une reconnaissance qui m'est glorieuse, puisqu'il m'est impossible de publier que je vous ai de grandes obligations, sans publier en même temps que vous m'avez assez estimé pour vouloir que je vous en eusse. Aussi, MADAME, si je souhaite quelque durée pour cet heureux effort de ma plume, ce n'est point pour apprendre mon nom à la postérité, mais seulement pour laisser des marques éternelles de ce que je vous dois, et faire lire à ceux qui naîtront dans les autres siècles la protestation que je fais d'être toute ma vie,

MADAME,

Votre très humble, très obéissant,
et très obligé serviteur,

P. CORNEILLE.

AVERTISSEMENT

(1648)

Sources : histoire, chroniques et romances.

Mariana, lib. IX de la *Historia de Espana*, cap. v (1).

L'histoire. — « Avia pocos dias antes hecho campo con D. Gomez conde de Gormaz. Venciole y diole la muerte. Lo que resulto deste caso, fué que caso con dona Ximena, hija y heredera del mismo conde. Ella misma requirio al rey que se le diesse por marido; ca estaba muy prendada de sus partes, o le castigasse conforme a las leyes, por la muerte que dio a su padre. Hizose el casamiento, que a todos estaba a cuento, con el qual por el gran dote de su esposa, que se allego al estado que tenia de su padre, se aumento en poder y riquezas. »

« Rodrigue avait eu, peu de jours auparavant, une rencontre avec don Gomez, comte de Gormaz. Il le vainquit et lui donna la mort. Le résultat de ce meurtre fut qu'il épousa dona Chimène, fille et héritière de ce même comte. Elle-même requit le roi de le lui donner pour mari (car elle en était fort éprise), ou de le châtier conformément aux lois pour la mort qu'il avait donnée à son père. Ce mariage se fit au gré de tous; et par la grande dot de son épouse, qui s'ajouta aux biens qu'il tenait de son père, Rodrigue accrut son pouvoir et ses richesses. »

Voilà ce qu'a prêté l'histoire à D. Guillem de Castro, qui a mis ce fameux événement sur le théâtre avant moi. Ceux qui entendent l'espagnol, y remarqueront deux circonstances : l'une, que Chimène ne pouvant s'empêcher de reconnaître et d'aimer les belles qualités qu'elle voyait en don Rodrigue, quoiqu'il eût tué son père (*estaba prendada de sus partes*), alla proposer elle-même au roi cette généreuse alternative, ou qu'il le lui donnât pour mari, ou qu'il le fît punir suivant les lois; l'autre, que le mariage se fit au gré de tout le monde (*a todos estaba a cuento*).

Les chroniques. — Deux chroniques (2) du Cid ajoutent qu'il fut célébré par l'archevêque de Séville, en présence du roi et de toute sa cour; mais je me suis contenté du texte de l'historien, parce que toutes les deux ont quelque chose qui sent le roman, et peuvent ne persuader pas davantage

---

(1) Le P. Mariana (1536-1623), jésuite célèbre, appelé le *Tite-Live de l'Espagne*. Il professa longtemps la théologie à Rome, en Sicile et à Paris. Son ouvrage principal fut *l'Histoire générale d'Espagne*, en trente livres (1592-1609), écrite en latin. — L'auteur en fit lui-même une version espagnole dont Corneille tira l'extrait qui précède.

(2) La *chronique* tient le milieu entre les *annales* qui notent les faits sans les raconter, et les récits qui les exposent dans leur suite, avec leurs causes et leurs faits. Les vieilles chroniques fournissent des éléments précieux à l'histoire, en ce qu'elles reproduisent naïvement, parfois d'une manière poétique et romanesque, l'état moral et les idées des siècles où elles ont paru.

que (1) celles que nos Français ont faites de Charlemagne et de Roland. Ce que j'ai rapporté de Mariana suffit pour faire voir l'état qu'on fit de Chimène et de son mariage dans son siècle même, où elle vécut en un tel éclat, que les rois d'Aragon et de Navarre tinrent à honneur d'être ses gendres en épousant ses deux filles (2). Quelques-uns ne l'ont pas si bien traitée dans le nôtre; et sans parler de ce qu'on a dit de la Chimène du théâtre, celui qui a composé l'histoire d'Espagne en français l'a notée dans son livre (3), de s'être tôt et aisément consolée de la mort de son père, et a voulu taxer de légèreté une action qui fut imputée à grandeur de courage par ceux qui en furent les témoins.

Les romances. — Deux romances espagnoles (4), que je vous donnerai ensuite de cet Avertissement, parlent encore plus en sa faveur. Ces sortes de petits poèmes sont comme des originaux décousus de leurs anciennes histoires; et je serais ingrat envers la mémoire de cette héroïne, si, après l'avoir fait connaître en France, et m'y être fait connaître par elle, je ne tâchais de la tirer de la honte qu'on lui a voulu faire, parce qu'elle a passé par mes mains. Je vous donne donc ces pièces justificatives de la réputation où elle a vécu, sans dessein de justifier la façon dont je l'ai fait parler français. Le temps l'a fait pour moi, et les traductions qu'on en a faites en toutes les langues, qui servent aujourd'hui à la scène, et chez tous les peuples où l'on voit des théâtres, je veux dire en italien, flamand et anglais, sont d'assez glorieuses apologies contre tout ce qu'on en a dit. Je n'y ajouterai pour toute chose qu'environ une douzaine de vers espagnols qui semblent faits exprès pour la défendre. Ils sont du même auteur qui l'a traitée avant moi, don Guillem de Castro, qui, dans une autre comédie qu'il intitule *Enganarse enganando* (5), fait dire à une princesse de Béarn :

(1) *Davantage que* était fréquent au xviie siècle et au xviiie; aujourd'hui *davantage* s'emploie toujours absolument. (V. *Gr. fr. hist.* 846.)
(2) Dona Elvire, fille aînée du Cid, épousa Ramire, roi de Navarre, et sa sœur, dona Sol, l'Infant don Sanche d'Aragon.
(3) *Loys de Mayerne Turquet* (1587). — *Noter de*, c'est-à-dire blâmer de, dans le sens du latin *notare*, infliger une note infamante. *Noter de* ne s'emploie plus que dans l'expression *noter d'infamie*. (A.)
(4) La *romance* est « une ancienne histoire écrite en vers simples et naïfs, et faite pour être chantée; le sujet en est ordinairement touchant. *Romance* se dit, par extension, de toute chanson tendre ou plaintive. » (A.)
Ce mot a été appliqué particulièrement aux chants populaires de l'Espagne, relatifs aux héros et aux faits merveilleux de son histoire nationale, et dont la réunion a formé le *romancero*. Dans ce sens, on trouve quelquefois *romance* du masculin. Par son étymologie, *romance* signifie chanson en langue romance ou romane.
(5) Se tromper en trompant. — Le titre espagnol rappelle le vieux proverbe cité par la Fontaine (liv. IV, f. 11) :
  Tel, comme dit Merlin, cuide engeigner autrui,
  Qui souvent s'engeigne soi-même.

AVERTISSEMENT

A mirar Bien el mundo, que el tener Apetitos que vencer, Y ocasiones que dexar.	A bien examiner le monde, il est plein de tentations à vaincre, d'occasions à éviter.
Examinan el valor En la muger, yo dixera Lo que siento, porque fuera Luzimiento de mi honor.	Veut-on juger du mérite des femmes? Je dirais volontiers ma pensée; car ce serait un nouveau lustre pour mon honneur.
Pero malicias fundadas En honras mal entendidas De tentaciones vencidas Hacen culpas declaradas :	Mais la malignité, s'appuyant sur une idée mal entendue de l'honneur, voit dans les tentations vaincues autant de fautes réelles.
Y asi, la que el desear Con el resistir apunta, Vence dos veces, si junta Con el resistir el callar.	Aussi celle qui aiguise le désir par la résistance, triomphe deux fois, si elle sait en même temps résister et se taire.

C'est, si je ne me trompe, comme agit Chimène dans mon ouvrage en présence du Roi et de l'Infante. Je dis en présence du Roi et de l'Infante, parce que, quand elle est seule, ou avec sa confidente, ou avec son amant, c'est une autre chose. Ses mœurs sont inégalement égales (1), pour parler en termes de notre Aristote, et changent suivant les circonstances des lieux, des personnes, des temps et des occasions en conservant toujours le même principe.

L'Académie. — Au reste, je me sens obligé de désabuser le public de deux erreurs qui s'y sont glissées touchant cette tragédie, et qui semblent avoir été autorisées par mon silence. La première est que j'aie convenu de juges touchant son mérite, et m'en sois rapporté au sentiment de ceux qu'on a priés d'en juger. Je m'en tairais encore, si ce faux bruit n'avait été jusque chez M. de Balzac dans sa province (2), ou, pour me servir

(1) Voir plus haut, 1er *Discours*, p. 17.

(2) Balzac, né à Angoulême en 1594, mort en 1654, exerça sur la prose française la même influence que Malherbe sur la poésie. Boileau, en reconnaissant que « jamais personne n'a mieux su sa langue que lui, et n'a mieux entendu la propriété des mots et la juste mesure des périodes, » lui reproche avec raison l'affectation et l'enflure qui déparent ses lettres. (*Réflexions sur Longin.*)

Richelieu donna une pension à Balzac, et le nomma conseiller d'État et historiographe de France; mais il ne put le retenir à Paris; soit amour du repos, soit désenchantement, Balzac se retira dans sa terre, sur les bords de la Charente. Il fut admis en 1634 dans l'Académie française qui commençait à se former. La grande réputation dont il jouissait, justifie les éloges de Corneille : « Dans quelle estime, disait encore Boileau, n'ont point été, il y a trente ans, les ouvrages de Balzac! On ne parlait pas de lui simplement comme du plus éloquent homme de son siècle, mais comme du seul éloquent. Il a effectivement des qualités merveilleuses. » (*Ib.*)

de ses paroles mêmes, dans son désert, et si je n'en avais vu depuis peu les marques dans cette admirable lettre qu'il a écrite sur ce sujet, et qui ne fait pas la moindre richesse des deux derniers trésors qu'il nous a donnés (1). Or, comme tout ce qui part de sa plume regarde toute la postérité, maintenant que mon nom est assuré de passer jusqu'à elle dans cette lettre incomparable, il me serait honteux qu'il y passât avec cette tache, et qu'on pût à jamais me reprocher d'avoir compromis de ma réputation (2). C'est une chose qui jusqu'à présent est sans exemple; et de tous ceux qui ont été attaqués comme moi, aucun que je sache n'a eu assez de faiblesse pour convenir d'arbitres avec ses censeurs; et s'ils ont laissé tout le monde dans la liberté publique d'en juger, ainsi que j'ai fait, ç'a été sans s'obliger, non plus que moi, à en croire personne; outre que, dans la conjoncture où étaient lors les affaires du *Cid*, il ne fallait pas être grand devin pour prévoir ce que nous en avons vu arriver. A moins que d'être tout à fait stupide, on ne pouvait pas ignorer que, comme les questions de cette nature ne concernent ni la religion ni l'Etat, on en peut décider par les règles de la prudence humaine, aussi bien que par celles du théâtre, et tourner sans scrupule le sens du bon Aristote du côté de la politique (3). Ce n'est pas que je sache si ceux qui ont jugé du *Cid*, en ont jugé suivant leur sentiment ou non, ni même que je veuille dire qu'ils en aient bien ou mal jugé, mais seulement que ce n'a jamais été de mon consentement qu'ils en ont jugé, et que peut-être je l'aurais justifié sans beaucoup de peine, si la même raison (4) qui les a fait parler, ne m'avait obligé à me taire. Aristote ne s'est pas expliqué si clairement dans sa *Poétique*, que nous n'en puissions faire ainsi que les philosophes, qui le tirent chacun à leur parti dans leurs opinions contraires; et comme c'est un pays inconnu pour beaucoup de monde, les plus zélés partisans du *Cid* en ont cru ses censeurs sur leur parole, et se sont imaginé avoir pleinement satisfait à toutes leurs objections, quand ils ont soutenu qu'il importait peu qu'il fût selon les règles d'Aristote, et qu'Aristote en avait fait pour son siècle et pour des Grecs, et non pas pour le nôtre et pour des Français.

(1) Voir plus haut (p. 40) la lettre dont il est ici question.

(2) Chapelain écrivait à Balzac, le 17 novembre 1640 : « Corneille m'est venu voir, et m'a demandé en grâce que j'obtinsse de vous d'ôter, dans votre lettre à Scudéry, ces termes : *les juges dont vous êtes convenus,* parce qu'il nie d'être jamais convenu de notre compétence sur l'affaire du *Cid.* » Balzac modifia sa phrase comme il suit : « Il n'y a pas un des juges dont le bruit est que vous êtes convenus ensemble. » Balzac publia ses *Lettres choisies* en 1647.

(3) *Politique* paraît signifier ici les règles de conduite particulière d'après les intérêts et les passions de chacun. Cf. LITTRÉ, *Politique*.

(4) Cette *raison* fut la volonté impérieuse de Richelieu, qui obligea l'Académie de parler, et invita Corneille à ne pas répondre.

Aristote. — Cette seconde erreur, que mon silence a affirmée, n'est pas moins injurieuse à Aristote qu'à moi. Ce grand homme a traité la poétique avec tant d'adresse et de jugement, que les préceptes qu'il nous en a laissés, sont de tous les temps et de tous les peuples; et bien loin de s'amuser aux détails des bienséances et des agréments, qui peuvent être divers, selon que ces deux circonstances sont diverses, il a été droit aux mouvements de l'âme, dont la nature ne change point. Il a montré quelles passions la tragédie doit exciter dans celle de ses auditeurs; il a cherché quelles conditions sont nécessaires, et aux personnes qu'on introduit, et aux événements qu'on représente, pour les y faire naître; il en a laissé des moyens qui auraient produit leur effet partout dès la création du monde, et qui seront capables de le produire encore partout, tant qu'il y aura des théâtres et des acteurs; et pour le reste, que les lieux et les temps peuvent changer, il l'a négligé, et n'a pas même prescrit le nombre des actes, qui n'a été réglé que par Horace beaucoup après lui (1).

Principal mérite du Cid. — Et certes, je serais le premier qui condamnerais *le Cid*, s'il péchait contre ces grandes et souveraines maximes que nous tenons de ce philosophe; mais, bien loin d'en donner l'accord, j'ose dire que cet heureux poème n'a si extraordinairement réussi que parce qu'on y voit les deux maîtresses conditions (permettez-moi cet épithète) (2) que demande ce grand maître aux excellentes tragédies, et qui se trouvent si rarement assemblées dans un même ouvrage, qu'un des plus doctes commentateurs de ce divin traité qu'il en a fait (3), soutient que toute l'antiquité ne les a vues se rencontrer que dans le seul *Œdipe*. La première est que celui qui souffre et est persécuté, ne soit ni tout méchant, ni tout vertueux, mais un homme plus vertueux que méchant, qui, par quelque trait de faiblesse humaine qui ne soit pas un crime, tombe dans un malheur qu'il ne mérite pas; l'autre, que la persécution et le péril ne viennent point d'un ennemi, ni d'un indifférent, mais d'une personne qui doive aimer celui qui souffre, et en être aimée. Et voilà, pour en parler sainement, la véritable et seule cause de tout le succès du *Cid*, en qui l'on ne peut méconnaître ces deux conditions, sans s'aveugler soi-même pour lui faire injustice. J'achève donc en m'acquittant de ma parole; et après vous avoir dit en passant ces deux mots pour le Cid du théâtre, je vous donne, en faveur de la Chimène de l'histoire, les deux romances que je vous ai promis.

(1) Corneille développa plus tard, en 1660, ce résumé de la doctrine d'Aristote dans ses trois *Discours sur le poème dramatique*. V. plus haut, p. 13-31.

(2) *Epithète*, aujourd'hui féminin, a été longtemps masculin; il a ce genre dans Balzac et Vaugelas, contemporains de Corneille.

(3) Ce commentateur est Robortello, philologue italien (1516-1567). — L'*Œdipe* nommé ici, est l'*Œdipe roi*, le chef-d'œuvre de Sophocle.

Romance primero.

Delante el rey de Leon
Dona Ximena una tarde
Se pone a pedir justicia
Por la muerte de su padre.

Para contra el Cid la pide,
Don Rodrigo de Bivare,
Que huerfana la dexo,
Nina, y de muy poca edade.

« Si tengo razon, o non,
Bien, rey, lo alcanzas y sabes
Que los negocios de honra
No pueden disimularse.

Cada dia que amanece
Veo al lobo de mi sangre
Caballero en un caballo
Por darme mayor pesare.

Mandale, buen rey, pues puedes,
Que no me ronde mi calle :
Que no se venga en mujeres
El hombre que mucho vale.

Si mi padre afrento al suyo,
Bien ha vengado a su padre,
Que si honras pagaron muertes,
Para su disculpa basten.

Encomendada me tienes,
No consientas que me agravien,
Que el que a mi se fiziere,
A tu corona se faze.

— Calledes, dona Ximena,
Que me dades pena grande,
Que yo dare buen remedio
Para todos vuestros males.

Al Cid no le he de ofender
Que es hombre que mucho vale,
Y me defiende mis reynos,
Y quiero que me los guarde.

Pero yo fare un partido
Con el, que no os este male,
De tomalle la palabra
Para que con vos se case. »

Contenta quedo Ximena,
Con la merced que le faze,
Que quien huerfana la fizo
Aquesse mismo la ampare.

Première romance.

Devant le roi de Léon, doña Chimène vient un soir demander justice pour la mort de son père.

Elle demande justice contre le Cid, don Rodrigue de Bivar, qui la rendit orpheline, lorsqu'elle était encore tout enfant.

« Si j'ai raison ou non, vous le comprenez, vous le savez bien, ô Roi ; les affaires d'honneur ne se peuvent cacher.

Chaque jour qui luit, je vois le cruel qui a versé mon sang, chevauchant sous mes yeux pour augmenter mon chagrin.

Ordonnez-lui, bon roi, vous le pouvez, qu'il ne rôde pas dans ma rue ; qu'un homme si vaillant ne se venge pas sur des femmes.

Si mon père outragea le sien, il a bien vengé son père ; il doit lui suffire qu'une mort ait payé son honneur.

Je suis placée sous votre protection, ne souffrez pas que l'on m'insulte ; qui m'outrage, outrage votre couronne.

— Taisez-vous, dona Chimène ; car vous m'affligez grandement, et je trouverai un bon remède à tous vos maux.

Au Cid je ne puis faire aucun tort, car c'est un homme de grande valeur : il défend mes royaumes, et je veux qu'il me les garde.

Mais je ferai avec lui un arrangement qui ne vous sera pas mauvais : je lui demanderai sa parole, pour qu'il vous prenne pour épouse. »

Chimène demeura contente de la grâce qui lui était accordée ; elle agréa que celui qui l'avait faite orpheline, devint son soutien.

Romance segundo.

A Ximena y a Rodrigo
Prendio el Rey palabra y mano,
De juntarlos para en uno
En presencia de Layn Calvo.

Las enemistades viejas
Con amor se conformaron,
Que donde preside el amor
Se olvidan muchos agravios...

Llegaron juntos los novios;
Y al dar la mano, y abraço,
El Cid mirando a la novia,
Le dixo todo turbado :

« Mate a tu padre, Ximena,
Pero no a desaguisado,
Matele de hombre a hombre,
Para vengar cierto agravio.

Mate hombre, y hombre doy;
Aqui estoy a tu mandado,
Y en lugar del muerto padre
Cobraste un marido honrado. »

A todos parecio bien ;
Su discrecion alabaron,
Y asi se hizieron las bodas
De Rodrigo el Castellano.

Seconde romance.

De Chimène et de Rodrigue le Roi prit la parole et la main, afin de les unir tous deux en présence de l'évêque Layn Calvo.

Les anciennes inimitiés s'apaisèrent dans l'amour; car où préside l'amour, bien des injures s'oublient.

Les fiancés arrivèrent ensemble; et, au moment de donner à la mariée sa main et le baiser nuptial, le Cid, la regardant, lui dit tout ému :

« J'ai tué ton père, Chimène, mais non en trahison; je l'ai tué d'homme à homme, pour venger une injure trop réelle.

J'ai tué un homme et je te donne un homme; me voici à tes ordres, et en place d'un père mort, tu as acquis un époux honoré. »

A tous cela parut bien; on loua son esprit, et ainsi se firent les noces de Rodrigue le Castillan.

PERSONNAGES (1) :

Don FERNAND, premier roi de Castille (2).
Dona URRAQUE, Infante de Castille (3).
Don DIÈGUE, père de don Rodrigue (4).
Don GOMÈS, comte de Gormas, père de Chimène.
Don RODRIGUE, amant de Chimène (5).
Don SANCHE, amoureux de Chimène.
Don ARIAS,
Don ALONSE, } gentilshommes castillans.
CHIMÈNE, fille de don Gomès.
LÉONOR, gouvernante de l'Infante.
ELVIRE, gouvernante de Chimène.
UN PAGE de l'Infante.

La scène est à Séville (6).

---

(1) Corneille mettait toujours : *Acteurs.*

(2) *Fernand* ou Ferdinand Ier, dit le Grand, régna sur la Castille de 1034 à 1065. Son père, Sanche le Grand, roi de Navarre, ayant soumis le nord de l'ancienne Andalousie, l'avait érigé en royaume, sous le nom de Castille, en faveur de son fils. Ferdinand y joignit en 1037, les états de Léon-et-Asturies et de Galice, conquis sur Bermude III.

Le nom de *Castille* date du IXe siècle; il doit son origine aux nombreux châteaux forts, *castella*, construits par les seigneurs chrétiens pour se défendre contre les invasions arabes.

Ferdinand Ier poussa ses conquêtes jusqu'au milieu du Portugal, et rendit tributaires les rois arabes de Tolède, de Sarragosse et de Séville.

(3) Ferdinand Ier laissa deux filles nommées *Urraque* et *Elvire.* Les titres *d'infant* et *d'infante* (*infans*, enfant) sont donnés en Espagne et en Portugal aux enfants puinés des rois.

(4) *Don Gomès, Chimène, don Rodrigue,* sont cités par Mariana, ainsi que *don Diego Laynez*, père de Rodrigue. Les noms d'*Arias*, de *Sanche* et d'*Alonse* sont empruntés à Mariana et à Guillem de Castro.

(5) *Rodrigue* ou *Ruy Diaz* DE BIVAR, surnommé LE CID, héros castillan, né à Burgos vers l'an 1040, mort à Valence en 1099. Il se signala par ses exploits contre les Maures sous les règnes de Ferdinand I, de Sanche II et d'Alphonse VI, rois de Léon et de Castille. Disgracié par Alphonse VI, il rassembla ses vassaux et ses amis, marcha contre les Maures, et leur prit Tolède et Valence. Ces victoires mirent fin à son exil. Ayant vaincu dans une seule bataille cinq rois maures, il fut salué par leurs députés du titre de *seid* ou *cid*, qui signifie *seigneur*, surnom qu'il garda depuis.

(6) Séville, fondée, dit-on, par Hercule, appelée Hispalis par les Carthaginois, surnommée par les Romains *Romula* (la petite Rome), et *Julia* par Jules César, fut conquise par les Arabes en 710, et reprise sur les Maures par Ferdinand III de Castille, qui en fit sa capitale (1248).

Séville fut la résidence habituelle des rois d'Espagne jusqu'à Philippe II ; elle eut jusqu'au XVIIIe siècle le monopole du commerce de l'Amérique.

Analyse générale de l'action.

Acte I. — Le soufflet.

Chimène ouvre la scène : elle apprend d'Elvire que son père est favorable à son union avec Rodrigue. L'Infante, qui lui succède, se plaint à Léonor de ne pouvoir s'unir à un simple gentilhomme. Cependant don Diègue et don Gomès sortent du palais où don Diègue vient d'être nommé gouverneur du prince de Castille; don Gomès est furieux de cette préférence. Dans son emportement, il s'oublie jusqu'à donner un soufflet au père de Rodrigue. Don Diègue, resté seul, s'indigne d'un tel affront, et, voyant venir Rodrigue, il le charge de sa vengeance. Rodrigue exprime, en stances passionnées, le combat que se livrent dans son cœur l'amour et le devoir; mais le devoir l'emporte.

Acte II. — Le duel.

Don Arias, envoyé par le Roi pour obtenir satisfaction de don Gomès, le trouve inflexible. Rodrigue survient et demande raison au Comte de l'affront fait à son père : un duel en décidera. Pendant qu'ils se rendent sur le terrain, l'Infante et Chimène se communiquent leurs craintes trop tôt justifiées. Le Roi arrive lui-même; il se plaint à don Arias et à don Sanche de l'insolence du Comte, alors que l'approche des Maures réclame tous ses soins. Tout à coup on lui annonce que le Comte est tombé sous les coups de Rodrigue; Chimène vient demander justice, tandis que don Diègue plaide la cause de son fils. Le Roi fait chercher Rodrigue et garde le père comme caution à la cour.

Acte III. — Entrevue de Rodrigue et de Chimène.

Rodrigue, couvert du sang de don Gomès, se présente chez Chimène; Elvire, effrayée, le cache près de son appartement. Cependant Chimène, après avoir refusé les offres intéressées de don Sanche, manifeste à Elvire sa résolution de *poursuivre Rodrigue et de mourir après lui*, quand Rodrigue se présente, parle malgré les protestations de Chimène, et lui offre sa tête : Chimène le renvoie, aussi malheureuse que lui.

Au moment où il sort, il rencontre son père, qui le cherche avec impatience; don Diègue félicite son fils, le remercie, et l'envoie combattre les Maures qui s'apprêtent à envahir Séville : sa victoire désarmera le Roi ainsi que Chimène.

Acte IV. — La victoire sur les Maures.

Dès le matin, Chimène apprend le nouvel exploit de Rodrigue : elle hésite à poursuivre le héros; l'Infante, de son côté, l'engage à renoncer à sa vengeance. Le Roi arrive, accompagné de don Diègue, de Rodrigue, de don Arias et de don Sanche : il fait raconter à Rodrigue sa victoire de la nuit. A peine a-t-il terminé son récit, que Chimène revient demander justice ; sur le refus de don Fernand, elle le conjure de mettre Rodrigue aux prises avec le champion qui voudra défendre sa cause : elle épousera le vainqueur ; don Sanche est agréé par le Roi.

Acte V. — La méprise et le dénouement.

Avant de se battre avec don Sanche, Rodrigue vient offrir sa vie à Chimène. Chimène l'encourage à un combat *dont elle est le prix*. L'Infante, qui leur succède sur la scène, exprime ses craintes pour Rodrigue qu'elle aime plus encore depuis sa victoire. Chimène revient, déplore avec Elvire son triste sort, quand tout à coup don Sanche apparaît, une épée sanglante à la main. La croyant teinte du sang de Rodrigue, Chimène accable don Sanche de ses malédictions ; puis, apercevant le Roi, elle lui avoue son amour, et lui demande de pouvoir ensevelir sa douleur dans un cloître. Don Fernand la détrompe ; il lui apprend que Rodrigue est vivant, et le lui propose pour époux. Chimène objecte son honneur : le Roi lui laisse un an pour pleurer son père, tandis que le Cid ira cueillir de nouveaux lauriers en combattant les Maures.

APPRÉCIATION.

Corneille et Guillem de Castro.

Le Cid commença la série des chefs-d'œuvre de Corneille.

Applaudi tout d'abord comme un miracle de l'art, il n'a rien perdu de sa fraîcheur première ; il est toujours aussi vivant, aussi émouvant qu'au jour où il parut.

En tirant sa tragédie de Guillem de Castro, Corneille a fait une imitation de génie.

Le poète espagnol offrait à ses spectateurs une suite de tableaux dramatiques embrassant un long cours d'années et de faits, et divisés en trois *journées*. Corneille borna son œuvre à une seule situation morale, la plus critique, la plus tragique ; il montra l'âme de Rodrigue cruellement ballottée entre l'amour et le devoir, et se maintenant toujours, par des efforts surhumains, dans l'héroïsme du sacrifice.

Au lieu d'un drame aux allures indépendantes, et se déployant, comme le roman, à travers le temps et l'espace, sans unité de lieu, de jour et d'action, Corneille a fait une tragédie régulière. Son génie n'en fut que plus fort ; car la sévérité même du cadre classique donne à son œuvre, en la concentrant sur une crise plus aiguë, une puissance d'impression incomparablement supérieure (1).

(1) Voir, à la fin du *Cid*, l'analyse du poème espagnol.

LE CID

Sujet et action.

Le *sujet historique* de la tragédie est le mariage de Rodrigue et de Chimène, entravé par la querelle de leurs pères.

Le *sujet moral* est le triomphe de la piété filiale sur l'amour dans le cœur de Rodrigue et dans celui de Chimène.

Le Cid peut donc s'appeler la tragédie de la *piété filiale*.

Le *héros* de la pièce est Rodrigue ; l'*héroïne* en est Chimène.

L'*action* consiste dans la double vengeance poursuivie par Rodrigue et par Chimène l'un contre l'autre ; Rodrigue venge son père, en tuant le père de Chimène ; Chimène veut aussi venger le sien, en demandant la mort de Rodrigue.

Intrigue, nœud, péripéties, dénouement.

L'*intrigue* est fondée sur la querelle des deux pères.

Le *nœud* est formé par le soufflet du Comte (1).

Cinq *péripéties* soutiennent l'intérêt en variant l'action ; c'est :
1° le duel ;
2° le meurtre du Comte ;
3° la défaite des Maures par Rodrigue ;
4° le combat singulier entre Rodrigue et don Sanche ;
5° enfin, la victoire de Rodrigue, qui décide le dénouement.

Le *dénouement* est la sentence royale qui absout définitivement le Cid, et laisse entrevoir l'union future de Chimène et de Rodrigue.

La *moralité* est digne d'un poète chrétien : à travers la lutte la plus vive entre l'amour et le devoir, on voit toujours triompher le devoir (1).

Personnages.

Deux personnages dominent tous les autres : Rodrigue et Chimène. Après eux viennent don Diègue et don Gomès ; puis, au troisième plan, le Roi, l'Infante et don Sanche ; enfin don Arias, don Alonse, et les gouvernantes Léonor et Elvire.

Rodrigue. — Rodrigue est le type de l'honneur et de la bravoure chevaleresques. Jeune, vaillant, généreux, il unit à ces brillantes qualités la fougue et la témérité de son âge, comme aussi les ardeurs enthousiastes et les subites défaillances. La lutte qui s'engage dans son cœur entre l'amour qu'il a pour Chimène et le devoir de la piété filiale, nous

---

(1) « La tragédie du *Cid* est moins espagnole qu'humaine, moins humaine encore, par la peinture et le développement des passions, que chrétienne et surnaturelle ; idéale, en un mot, comme la grande tragédie doit l'être pour occuper dignement l'esprit et le cœur, en charmant les oreilles et les regards. » (CHARAUX, *Corneille*, I, p. 229.)

attache et nous émeut ; son héroïsme nous arrache des larmes d'admiration.

Cet héroïsme éclate dès le commencement de la lutte (A. I, sc. VI) :

> Ne soyons plus en peine,
> Puisqu'aujourd'hui mon père est l'offensé,
> Si l'offenseur est père de Chimène.

Chimène. — *Chimène* est le type de la piété filiale ; malgré les résistances de la nature, elle sacrifie, comme Rodrigue, son amour à ce qu'elle tient pour son devoir (1).

Le rôle admirable de Chimène est parfaitement résumé dans les vers suivants, qu'elle adresse à Rodrigue au plus fort de la lutte (A. III, sc. IV) :

> Je ferai mon possible à bien venger mon père ;
> Mais, malgré la rigueur d'un si cruel devoir,
> Mon unique souhait est de ne rien pouvoir.

Don Diègue est le vieux gentilhomme qui ne connaît que son honneur, à qui un affront est plus amer que la mort. Il est père aussi ; mais l'amour paternel ne se fait jour dans cette grande âme que lorsque l'honneur est satisfait (2).

Don Gomès a la fierté et la jactance castillanes. Froissé dans son orgueil par la victoire d'un rival, il se porte aux derniers excès, et s'obstine dans sa faute jusqu'à ce qu'il l'expie par la mort.

Ces deux figures si mâles, si vigoureusement tracées, forment un saisissant contraste avec la tendresse et les grâces de jeunesse qui brillent dans Rodrigue et dans Chimène.

L'Infante. — *Dona Urraque* est inutile à l'intrigue ; son caractère est trop flottant et son rôle trop indécis pour attacher.

Don Sanche ne sert que dans l'épisode du combat singulier ; mais cet incident est si émouvant et si décisif, qu'on peut regarder don Sanche comme un des personnages importants du drame (3).

---

(1) « Ce qui est vraiment pathétique, c'est le spectacle d'un cœur froissé entre la passion et le devoir, contraint de se déchirer lui-même, et d'immoler à l'inexorable vertu les sentiments les plus chers. Telle est la situation de Chimène, forcée par l'honneur et la piété filiale de solliciter la mort d'un amant qui lui est plus cher que la vie. Corneille a su combiner avec tant d'art l'héroïsme et la faiblesse dans le même caractère, que la piété filiale l'emporte sur l'amour, sans lui rien faire perdre de sa force. » (GEOFFROY.)

(2) « Dans Corneille, l'amour paternel a un caractère particulier de fermeté et de grandeur. Don Diègue aime son fils, mais quand l'honneur de sa maison est compromis par l'insulte du Comte, il n'hésite pas à risquer la vie de son fils, il n'hésite pas à lui dire ces terribles paroles : « Meurs ou tue. » L'honneur dans don Diègue, comme l'amour de la patrie dans le vieil Horace, fait taire l'amour paternel sans l'étouffer. » (SAINT-MARC GIRARDIN, *Litt. dram.* I.)

(3) « Nous sommes bien éloignés de croire avec lui (Scudéry) que don Sanche soit du nombre de ces personnes épisodiques qui ne font aucun

Le Roi, *don Fernand*, offre à nos yeux une image de la royauté sage, débonnaire, mais un peu faible de l'âge féodal.

Don Arias et **don Alonse** ne remplissent guère que le rôle de messagers royaux.

Léonor et **Elvire** sont ce qu'on appela plus tard des confidentes.

Contexture de la pièce. — Les trois unités.

La contexture de la pièce n'est point encore irréprochable : la *liaison des scènes* manque quatre fois (1).

Unités. — L'*unité d'action* est parfaite : l'intérêt, durant la pièce entière, s'attache à Rodrigue, dont les malheurs, les victoires et surtout les luttes morales, tiennent l'âme haletante jusqu'au dénouement.

L'*unité de lieu* est suffisante ; tous les incidents de cette grande action se passent dans l'intérieur de Séville : tantôt dans la maison de Chimène ou de don Diègue, tantôt au palais du Roi ou dans la rue.

Néanmoins les changements trop fréquents de lieu pendant un même acte, nuisent à l'illusion dramatique (2).

L'*unité de temps* est observée ; tout, d'après Corneille, se passe dans les vingt-quatre heures. Mais le poète convient lui-même qu'il a dû singulièrement presser les événements.

Corneille a cherché à se conformer à la fameuse règle des unités : mais on sent partout que son génie y est mal à l'aise, et se meut péniblement dans ce cercle de fer.

effet dans le poème. Et certes, don Sanche est rival de don Rodrigue en l'amour de Chimène ; après la mort du Comte il la sert auprès du Roi, pour essayer d'acquérir ses bonnes grâces, et qu'enfin il se bat pour elle contre Rodrigue, et demeure vaincu : si bien que les actions de don Sanche sont mêlées dans toutes les principales du poème, et la dernière, qui est celle du combat, ne se fait pas simplement afin qu'il soit battu, comme prétend l'observateur, mais afin que, par le désavantage qu'il y reçoit, Rodrigue puisse être purgé de la mort du Comte, et en même temps obtenir Chimène. » (Ac.)

(1) Au Ier acte, après la Ire scène, quand Chimène et Elvire partent brusquement avant l'arrivée de l'Infante ; de même après la scène II, lorsque l'Infante disparaît pour céder la place aux deux pères sortant du conseil.

Au IIe Acte, après la scène V, quand l'Infante se retire devant le Roi.

Au IIIe Acte, après la scène IV, quand Chimène rentre subitement pour laisser sortir don Diègue qui cherche son fils.

(2) Ainsi le Ier et le IIe acte offrent chacun trois changements ; le IIIe, deux ; le IVe, autant ; enfin il y en a jusqu'à quatre dans le Ve.

« Quant au théâtre, il n'y a personne à qui il ne soit évident qu'il est mal entendu dans ce poème, et qu'une même scène y représente plusieurs lieux. Il est vrai que c'est un défaut que l'on trouve en la plupart de nos poèmes dramatiques, et auquel il semble que la négligence des poètes ait accoutumé les spectateurs. » (Ac.)

Style.

Le style du *Cid* répond aux caractères ; il a déjà tous les traits du style cornélien : tour à tour énergique et tendre, noble et familier, toujours sobre et précis, il est souvent sublime d'image, de pensée et de sentiment (1).

Les stances, expression passionnée des orages de l'âme, ont toute l'impétuosité de la poésie lyrique.

Des vers *transportants*, comme disait Mme de Sévigné, se trouvent presque à toutes les pages.

Les débuts des scènes se distinguent souvent par une vivacité saisissante :

> Enfin vous l'emportez... (A. I. sc. III.)
> Rodrigue, as-tu du cœur ? (A. I. sc. V.)
> A moi, Comte, deux mots. (A. II. sc. IV.)
> Sire, Sire, justice ! (A. II. sc. VIII.)
> Rodrigue, qu'as-tu fait ? (A. III. sc. I.)
> Quoi ! Rodrigue, en plein jour ! (A. V. sc. I.)

Les plus belles scènes.

Les plus belles scènes sont :

A. I. — La querelle des deux pères, sc. III ;
Le monologue du vieillard outragé, sc. IV ;
Le dialogue de la vengeance, sc. V ;
A. II. — La provocation en duel, sc. II ;
La requête de Chimène, sc. VIII ;
A. III. — L'entrevue de Rodrigue et de Chimène, sc. IV ;
A. IV. — Le récit de la victoire sur les Maures, sc. III ;
A. V. — La scène des adieux, sc. I ;
La méprise de Chimène, sc. V.

Défauts.

Les défauts se réduisent aux quatre suivants :

1º Le rôle de l'Infante est inutile, ou du moins trop faiblement tracé ;
2º Les scènes manquent plusieurs fois de liaison ;
3º Le lieu de la scène est indiqué trop vaguement, et change trop souvent dans le même acte ;
4º Il y a un peu de monotonie, de fadeur et de subtilité, dans les entretiens de Chimène et de Rodrigue, et surtout dans les discours de l'Infante.

(1) Quelques antithèses de trop ou des raisonnements parfois trop étendus n'enlèvent rien à la perfection de l'ensemble.

LE CID

QUESTIONS GÉNÉRALES.

Historique.

En quelle année parut *le Cid?* Sous quel titre?
Quel âge avait Corneille?
Quel fut le succès du *Cid?*
Qu'est-ce que la querelle littéraire du *Cid?*
Quelle fut la conduite de Richelieu?
Quels furent les adversaires déclarés de Corneille?
Comment l'Académie fut-elle amenée à juger *le Cid?*
Quelle fut sa sentence? Corneille y répondit-il?
Quel est le jugement de la Bruyère sur *le Cid* et sur les *Sentiments* de l'Académie? Quel était le sentiment de Balzac?

Dédicace. — Avertissement.

A qui *le Cid* fut-il dédié?
Quels sont les points que Corneille traite dans son Avertissement?
Que tira-t-il de l'histoire, des chroniques et des romances?
Comment justifie-t-il le caractère historique de Chimène?
Que dit-il de l'intervention de l'Académie?
Quel est son sentiment sur la *Poétique* d'Aristote?
Quel est, d'après Corneille, le principal mérite du *Cid?*
Que nous apprend l'histoire sur don Fernand? sur Rodrigue?
Donnez l'analyse générale de l'action.

Sources, sujet, action, intrigue.

Comment Corneille a-t-il imité Guillem de Castro?
Quelle différence y a-t-il entre les deux poèmes?
Quel est le sujet historique du *Cid?* Quel en est le sujet moral?
Quel est le héros de la pièce? Quelle en est l'héroïne?
En quoi consiste l'action? Sur quoi est fondée l'intrigue?
Par quoi est formé le nœud? Quelles sont les péripéties?
Quel est le dénouement? — Quelle est la moralité de la pièce?

Personnages. — Contexture. — Style. — Défauts.

Quels sont les personnages principaux? secondaires?
Caractère de Rodrigue; en quoi consiste son héroïsme?
Caractère de Chimène; pourquoi son rôle est-il si pathétique?
Caractère de don Diègue? — du Comte?
Que faut-il penser des rôles de l'Infante, de don Sanche, de don Fernand?
La pièce est-elle conforme aux règles?
Comment les trois unités y sont-elles observées?
Quelles sont les qualités du style?
Quelles sont les plus belles scènes? Quels sont les défauts?

ACTE PREMIER

Exposition. — Le soufflet.

SCÈNE I (1)

CHIMÈNE, ELVIRE.

CHIMÈNE.

Elvire, m'as-tu fait un rapport bien sincère ?
Ne déguises-tu rien de ce qu'a dit mon père ?

ELVIRE.

Tous mes sens à moi-même en sont encor charmés :
Il estime Rodrigue autant que vous l'aimez ;
Et si je ne m'abuse à lire dans son âme (2),
Il vous commandera de répondre à sa flamme (3).

CHIMÈNE.

Dis-moi donc, je te prie, une seconde fois,
Ce qui te fait juger qu'il approuve mon choix :
Apprends-moi de nouveau quel espoir j'en dois prendre ;
Un si charmant discours ne se peut trop entendre.
Tu ne peux trop promettre aux feux de notre amour
La douce liberté de se montrer au jour.

(1) La pièce originale commençait par un court entretien du Comte avec Elvire ; le Comte, tout en inclinant du côté de Rodrigue, chargeait Elvire de sonder les dispositions de Chimène. L'Académie blâma cette scène : « Nous » croyons, disait-elle, qu'Elvire, simple suivante de Chimène, n'était pas une » personne avec qui le Comte dût avoir cet entretien, principalement en ce » qui regardait l'élection que l'on allait faire d'un gouverneur pour l'Infant » de Castille, et la part qu'il y pensait avoir. » L'Académie reprochait aussi à Corneille « d'avoir fait l'ouverture de toute la pièce par une suivante, ce » qui semble peu digne de la gravité du sujet, et seulement supportable dans » le comique. »
Corneille supprima cette scène en 1660 ; quelques-uns des vers qu'elle renfermait, ont passé dans la scène suivante qui est maintenant la première.

(2) À lire pour en lisant. Cet emploi de à, rapide et élégant, était très fréquent au XVIIe siècle, surtout en poésie. (V. Gramm. fr. hist. 753.) On trouvera plus loin le beau vers :
    À vaincre sans péril, on triomphe sans gloire.

(3) Flamme, feux, métaphores aujourd'hui abandonnées.

Que t'a-t-il répondu sur la secrète brigue
Que font auprès de toi don Sanche et don Rodrigue?
N'as-tu point trop fait voir quelle inégalité
Entre ces deux amants me penche d'un côté?

ELVIRE.

Non; j'ai peint votre cœur dans une indifférence
Qui n'enfle d'aucun d'eux ni détruit l'espérance (1),
Et sans les voir d'un œil trop sévère ou trop doux,
Attend l'ordre d'un père à choisir un époux.
Ce respect l'a ravi, sa bouche et son visage
M'en ont donné sur l'heure un digne témoignage,
Et puisqu'il vous en faut encor faire un récit,
Voici d'eux et de vous ce qu'en hâte il m'a dit :
« Elle est dans le devoir; *tous deux sont dignes d'elle,
Tous deux formés d'un sang noble, vaillant, fidèle,
Jeunes, mais qui font lire aisément dans leurs yeux
L'éclatante vertu de leurs braves aïeux.*
Don Rodrigue surtout n'a trait en son visage,
Qui d'un homme de cœur ne soit la haute image,
Et sort d'une maison si féconde en guerriers,
Qu'ils y prennent naissance au milieu des lauriers.
La valeur de son père, en son temps sans pareille,
Tant qu'a duré sa force, a passé pour merveille;
Ses rides sur son front ont gravé ses exploits (2),
Et nous disent encor ce qu'il fut autrefois.
Je me promets du fils ce que j'ai vu du père;
Et ma fille, en un mot, peut l'aimer et me plaire. »
Il allait au conseil, dont l'heure qui pressait
A tranché ce discours qu'à peine il commençait;
Mais à ce peu de mots je crois que sa pensée
Entre vos deux amants n'est pas fort balancée.
Le Roi doit à son fils élire un gouverneur,
Et c'est lui que regarde un tel degré d'honneur :

(1) Il faudrait *ni ne détruit*.

(2) Les rides causées par de nobles travaux, en restent la marque glorieuse; ce sens justifie la métaphore.

« J'ai vu feu M. Corneille fort en colère contre M. Racine pour une bagatelle, tant les poètes sont jaloux de leurs ouvrages. M. Corneille... avait dit en parlant de don Diègue :

Ses rides sur son front ont gravé ses exploits;

M. Racine, par manière de parodie, s'en joue dans ses *Plaideurs*, où il dit d'un sergent, acte I, scène V:

Ses rides sur son front gravaient tous ses exploits;

« Quoi! disait M. Corneille, ne tient-il qu'à un jeune homme de venir tourner en ridicule les plus beaux vers des gens? » (*Menagiana*.)

Ce choix n'est pas douteux, et sa rare vaillance
Ne peut souffrir qu'on craigne aucune concurrence.
Comme ses hauts exploits le rendent sans égal,
Dans un espoir si juste il sera sans rival :
Et puisque don Rodrigue a résolu son père
Au sortir du conseil à proposer l'affaire,
Je vous laisse à juger s'il prendra bien son temps,
Et si tous vos désirs seront bientôt contents (1).

CHIMÈNE.

Il semble toutefois que mon âme troublée
Refuse cette joie, et s'en trouve accablée :
Un moment donne au sort des visages divers,
Et dans ce grand bonheur je crains un grand revers (2).

ELVIRE.

Vous verrez cette crainte heureusement déçue.

CHIMÈNE.

Allons, quoi qu'il en soit, en attendre l'issue (3).

SCÈNE II (4)

L'INFANTE, LÉONOR, PAGE.

L'INFANTE.

Page, allez avertir Chimène de ma part
Qu'aujourd'hui pour me voir elle attend un peu tard,
Et que mon amitié se plaint de sa paresse.
(Le page rentre.)

LÉONOR.

Madame, chaque jour même désir vous presse ;
Et dans son entretien je vous vois chaque jour
Demander en quel point se trouve son amour.

---

(1) Le langage simple et familier de la jeune fille fait un heureux contraste avec le discours du Comte, qu'elle reproduit avec son tour mâle et pittoresque.

(2) Pressentiments naturels au cœur humain ; à peine commence-t-il à jouir d'un bonheur, qu'il craint de le perdre. Ce trouble de Chimène prépare le terrible coup qui va suivre.

(3) La première scène a servi d'exposition. Le poète y fait connaître dans un dialogue vif et clair : 1° le sujet de la pièce, qui est l'union projetée de Rodrigue et de Chimène ; 2° les principaux personnages, Rodrigue, Chimène, don Diègue, le Comte, le roi Fernand et don Sanche.

(4) La scène reste vide. Les premiers acteurs s'en vont on ne sait où et sans motif suffisant ; V. plus haut, p. 55.

ACTE I, SCÈNE II

L'INFANTE.

Ce n'est pas sans sujet : je l'ai presque forcée
A recevoir les traits dont son âme est blessée.
Elle aime don Rodrigue, et le tient de ma main,
Et par moi don Rodrigue a vaincu son dédain :
Ainsi de ces amants ayant formé les chaînes,
Je dois prendre intérêt à voir finir leurs peines.

LÉONOR.

Madame, toutefois parmi leurs bons succès
Vous montrez un chagrin qui va jusqu'à l'excès.
Cet amour qui tous deux les comble d'allégresse,
Fait-il de ce grand cœur la profonde tristesse?
Et ce grand intérêt que vous prenez pour eux
Vous rend-il malheureuse alors qu'ils sont heureux?
Mais je vais trop avant et deviens indiscrète.

L'INFANTE.

Ma tristesse redouble à la tenir secrète.
Ecoute, écoute enfin comme j'ai combattu,
Ecoute quels assauts brave encor ma vertu.
L'amour est un tyran qui n'épargne personne :
Ce jeune cavalier, cet amant que je donne,
Je l'aime.

LÉONOR.

    Vous l'aimez!

L'INFANTE.

          Mets la main sur mon cœur,
Et vois comme il se trouble au nom de son vainqueur,
Comme il le reconnaît.

LÉONOR.

        Pardonnez-moi, Madame,
Si je sors du respect pour blâmer cette flamme.
Une grande princesse à ce point s'oublier
Que d'admettre en son cœur un simple cavalier (1)!
Et que dirait le Roi? que dirait la Castille?
Vous souvient-il encor de qui vous êtes fille?

L'INFANTE.

Il m'en souvient si bien (2), que j'épandrai mon sang
Avant que je m'abaisse à démentir mon rang.

---

(1) *Cavalier* est ici pour *chevalier*; il n'a plus ce sens aujourd'hui. En 1635, ce mot était assez nouveau.

(2) Tour vif et poétique, pour *je m'en souviens*.... Le vieux français disait : *il me subvient*, du latin *subvenit mihi*. V. Gr. fr. hist., n. 682.

Je te répondrais bien que dans les belles âmes
Le seul mérite a droit de produire des flammes ;
Et si ma passion cherchait à s'excuser,
Mille exemples fameux pourraient l'autoriser.
Mais je n'en veux point suivre où ma gloire s'engage ;
La surprise des sens n'abat point mon courage ;
Et je me dis toujours qu'étant fille de roi,
Tout autre qu'un monarque est indigne de moi.
Quand je vis que mon cœur ne se pouvait défendre,
Moi-même je donnai ce que je n'osais prendre,
Je mis, au lieu de moi, Chimène en ces liens,
Et j'allumai leurs feux pour éteindre les miens.
Ne t'étonne donc plus si mon âme gênée (1)
Avec impatience attend leur hyménée ;
Tu vois que mon repos en dépend aujourd'hui.
Si l'amour vit d'espoir, il périt avec lui ;
C'est un feu qui s'éteint faute de nourriture ;
Et malgré la rigueur de ma triste aventure,
Si Chimène a jamais Rodrigue pour mari,
Mon espérance est morte, et mon esprit guéri.
  Je souffre cependant un tourment incroyable :
Jusques à cet hymen Rodrigue m'est aimable ;
Je travaille à le perdre, et le perds à regret ;
Et de là prend son cours mon déplaisir secret.
Je vois avec chagrin que l'amour me contraigne
A pousser des soupirs pour ce que je dédaigne ;
Je sens en deux partis mon esprit divisé :
Si mon courage est haut, mon cœur est embrasé ;
Cet hymen m'est fatal, je le crains et souhaite :
Je n'ose en espérer qu'une joie imparfaite.
Ma gloire et mon amour ont pour moi tant d'appas,
Que je meurs s'il s'achève ou ne s'achève pas (2).

LÉONOR.

Madame, après cela je n'ai rien à vous dire,
Sinon que de vos maux avec vous je soupire :
Je vous blâmais tantôt, je vous plains à présent.
Mais puisque dans un mal si doux et si cuisant,
Votre vertu combat et son charme et sa force,
En repousse l'assaut, en rejette l'amorce,

(1) Le mot *gêné* avait alors plus de force qu'aujourd'hui; de même le mot *déplaisir* qui se trouve quelques vers plus bas.

(2) Cette scène est froide, inutile, même nuisible à l'action. On n'y apprend qu'une seule chose, c'est que l'Infante, malheureuse de ne pouvoir épouser un simple gentilhomme, a eu le cœur assez haut pour le donner à Chimène.

Elle rendra le calme à vos esprits flottants.
Espérez donc tout d'elle, et du secours du temps;
Espérez tout du ciel; il a trop de justice
Pour laisser la vertu dans un si long supplice.

L'INFANTE.
Ma plus douce espérance est de perdre l'espoir (1).

LE PAGE.
Par vos commandements Chimène vous vient voir.

L'INFANTE, à *Léonor*.
Allez l'entretenir en cette galerie.

LÉONOR.
Voulez-vous demeurer dedans la rêverie (2)?

L'INFANTE.
Non, je veux seulement, malgré mon déplaisir,
Remettre mon visage un peu plus à loisir.
Je vous suis. Juste ciel, d'où j'attends mon remède,
Mets enfin quelque borne au mal qui me possède;
Assure mon repos, assure mon honneur.
Dans le bonheur d'autrui, je cherche mon bonheur.
Cet hyménée à trois également importe;
Rends son effet plus prompt, ou mon âme plus forte (3).
D'un lien conjugal joindre ces deux amants,
C'est briser tous mes fers, et finir mes tourments.
Mais je tarde un peu trop; allons trouver Chimène,
Et par son entretien soulager notre peine (4).

SCÈNE III (5)

LE COMTE, D. DIÈGUE.

LE COMTE.
Enfin vous l'emportez, et la faveur du Roi
Vous élève en un rang qui n'était dû qu'à moi;
Il vous fait gouverneur du prince de Castille.

(1) Les fadeurs, les pointes, les antithèses qui remplissent cette scène, sont un reste du mauvais goût que l'influence italienne et espagnole avait mis à la mode, et qui ne tombera définitivement que sous les coups de Molière.
L'Académie elle-même trouvait *beau* ce vers :
  Ma plus douce espérance est de perdre l'espoir,
si finement parodié dans le sonnet du *Misanthrope* (A. I, sc. II) :
  Belle Philis, on désespère
  Alors qu'on espère toujours.
(2) *Dedans* s'employait souvent pour *dans* au xviie siècle.
(3) Il y a un accent chrétien dans cette prière.
(4) La scène reste vide pour la seconde fois.
(5) En retranchant les deux premières scènes, comme ils l'ont fait pendant

D. DIÈGUE.

Cette marque d'honneur qu'il met dans ma famille,
Montre à tous qu'il est juste, et fait connaître assez
Qu'il sait récompenser les services passés.

LE COMTE.

Pour grands que soient les rois (1), ils sont ce que nous sommes:
Ils peuvent se tromper comme les autres hommes ;
Et ce choix sert de preuve à tous les courtisans
Qu'ils savent mal payer les services présents.

D. DIÈGUE.

Ne parlons plus d'un choix dont votre esprit s'irrite ;
La faveur l'a pu faire autant que le mérite ;
Mais on doit ce respect au pouvoir absolu,
De n'examiner rien quand un roi l'a voulu.
A l'honneur qu'il m'a fait, ajoutez-en un autre ;
Joignons d'un sacré nœud ma maison à la vôtre :
Vous n'avez qu'une fille, et moi je n'ai qu'un fils ;
Leur hymen nous peut rendre à jamais plus qu'amis :
Faites-nous cette grâce, et l'acceptez pour gendre (2).

LE COMTE.

A des partis plus hauts ce beau fils doit prétendre (3) ;
Et le nouvel éclat de votre dignité
Lui doit enfler le cœur d'une autre vanité.
  Exercez-la, Monsieur, et gouvernez le Prince :
Montrez-lui comme il faut régir une province,
Faire trembler partout les peuples sous sa loi,
Remplir les bons d'amour, et les méchants d'effroi.
Joignez à ces vertus celles d'un capitaine :
Montrez-lui comme il faut s'endurcir à la peine,
Dans le métier de Mars se rendre sans égal,
Passer les jours entiers et les nuits à cheval,
Reposer tout armé, forcer une muraille,
Et ne devoir qu'à soi le gain d'une bataille.

plus de cent ans (de 1734 à 1842), les comédiens ne s'apercevaient pas du tort qu'ils faisaient à la scène capitale de la querelle des deux pères. Si cette altercation soudaine qui renverse en un clin d'œil tous leurs plans, et creuse un abîme entre les deux maisons, est si attachante, c'est que le spectateur connaît Rodrigue et Chimène, et qu'il s'intéresse vivement à leur bonheur.

(1) *Pour grands que...* Ce tour a vieilli, dit l'Académie ; — il mériterait d'être repris.
(2) *Et l'acceptez...* V. *Gr. fr. hist.*, n. 612, 1°.
(3) *Ce beau fils...* La familiarité de l'expression rend l'ironie plus piquante.

Instruisez-le d'exemple, et rendez-le parfait,
Expliquant à ses yeux vos leçons par l'effet.

D. DIÈGUE.

Pour s'instruire d'exemple, en dépit de l'envie,
Il lira seulement l'histoire de ma vie.
　Là, dans un long tissu de belles actions,
Il verra comme il faut dompter des nations,
Attaquer une place, ordonner une armée,
Et sur de grands exploits bâtir sa renommée (1).

LE COMTE.

Les exemples vivants sont d'un autre pouvoir (2);
Un prince dans un livre apprend mal son devoir.
Et qu'a fait après tout ce grand nombre d'années,
Que ne puisse égaler une de mes journées?
Si vous fûtes vaillant, je le suis aujourd'hui;
Et ce bras du royaume est le plus ferme appui.
Grenade et l'Aragon tremblent quand ce fer brille (3);
Mon nom sert de rempart à toute la Castille :
Sans moi, vous passeriez bientôt sous d'autres lois,
Et vous auriez bientôt vos ennemis pour rois.
Chaque jour, chaque instant, pour rehausser ma gloire,
Met lauriers sur lauriers, victoire sur victoire (4).
Le Prince à mes côtés ferait dans les combats
L'essai de son courage à l'ombre de mon bras;
Il apprendrait à vaincre en me regardant faire;
Et pour répondre en hâte à son grand caractère,
Il verrait...

D. DIÈGUE.

　　　Je le sais, vous servez bien le Roi :
Je vous ai vu combattre et commander sous moi (5).

---

(1) *Bâtir* s'emploie élégamment au figuré dans le sens de *fonder, établir* : *Il a bâti sa fortune sur les ruines d'un autre.* (A.)

(2) « *Longum iter per præcepta, breve et efficax per exempla*; la voie des préceptes est longue; celle des exemples est courte et infaillible. » (QUINT.)

(3) Grenade, fondée au xe siècle par les Maures, fit d'abord partie du royaume de Cordoue; en 1235, elle devint la capitale du royaume de Grenade. Gonzalve de Cordoue la prit après un long siège en 1492; son dernier roi, Boabdil, se réfugia en Afrique où il fut tué. Grenade fut célèbre par sa puissance, son industrie et la magnificence de ses monuments. On y admire encore l'Alhambra qui servait de palais et de forteresse aux rois maures.

(4) Cette tirade rappelle les rodomontades du fameux *Matamore* que cette même année 1636, quelques mois avant le *Cid*, Corneille avait peint si heureusement dans l'*Illusion comique*.

(5) Le trait est fier, et bien fait pour remettre le Comte à sa place.

Quand l'âge dans mes nerfs a fait couler sa glace (1),
Votre rare valeur a bien rempli ma place ;
Enfin, pour épargner les discours superflus,
Vous êtes aujourd'hui ce qu'autrefois je fus.
Vous voyez toutefois qu'en cette concurrence
Un monarque entre nous met quelque différence.

LE COMTE.

Ce que je méritais, vous l'avez emporté.

D. DIÈGUE.

Qui l'a gagné sur vous, l'avait mieux mérité.

LE COMTE.

Qui peut mieux l'exercer, en est bien le plus digne.

D. DIÈGUE.

En être refusé n'en est pas un bon signe.

LE COMTE.

Vous l'avez eu par brigue, étant vieux courtisan.

D. DIÈGUE.

L'éclat de mes hauts faits fut mon seul partisan.

LE COMTE.

Parlons-en mieux, le Roi fait honneur à votre âge.

D. DIÈGUE.

Le Roi, quand il en fait, le mesure au courage.

LE COMTE.

Et par là cet honneur n'était dû qu'à mon bras.

D. DIÈGUE.

Qui n'a pu l'obtenir ne le méritait pas (2).

(1) *Glace*, froid intérieur causé par l'âge ou par des impressions morales. Le mot *glace* s'emploie encore au figuré dans les locutions suivantes : *rompre la glace*, surmonter les premières difficultés (au moral) ; *être de glace, avoir un cœur de glace*, être insensible ; *quelle glace !* quelle froideur ! *les glaces de l'âge*, de la vieillesse.

(2) Le caractère du Comte s'est découvert par degrés. D'abord, c'est le dépit de l'orgueil :

Enfin, vous l'emportez, et la faveur du Roi
Vous élève en un rang *qui n'était dû qu'à moi*.

Sa vanité s'attaque ensuite à l'autorité royale :

Et ce choix sert de preuve à tous les courtisans,
Qu'ils savent mal payer les services présents.

L'ironie amère se joint bientôt à la suffisance :

A des partis plus hauts *ce beau fils* doit prétendre ;

et tout le reste de cette magnifique tirade, où le Comte appuie à dessein sur

ACTE I, SCÈNE III

LE COMTE.

Ne le méritait pas! moi?

D. DIÈGUE.

Vous (1).

LE COMTE.

Ton impudence (2),
Téméraire vieillard, aura sa récompense.
Il lui donne un soufflet (3).

D. DIÈGUE, *mettant l'épée à la main.*

Achève, et prends ma vie après un tel affront,
Le premier dont ma race ait vu rougir son front.

des exercices incompatibles avec le grand âge de don Diègue, et qui semblaient réclamer plutôt la vigueur de son rival.

La vanité fanfaronne du Comte se donne ensuite libre carrière dans l'éloge outré qu'il fait de ses exploits :

Mon nom sert de rempart à toute la Castille...

Enfin, son insolence ne connaît plus de bornes :

Vous l'avez eu par brigue, étant vieux courtisan;

jusqu'à ce qu'enfin, n'étant plus maître de son bras, il inflige au noble vieillard l'outrage suprême d'un soufflet.

A cet orgueil brutal, le poète oppose le calme modeste du père de Rodrigue; on s'attache au vieux gentilhomme avec d'autant plus de sympathie, qu'on le voit traité plus indignement. Mais le sentiment de l'honneur est loin d'être éteint en lui : après avoir longtemps tenu tête à son insolent adversaire, il lui suffit d'un mot pour l'accabler :

Qui n'a pu l'obtenir ne le méritait pas.

(1) Cette scène tout entière est un modèle de dialogue. A mesure que la dispute s'échauffe, le discours devient plus vif; les reparties sont plus brèves, un vers répond à un vers, jusqu'au moment où la passion éclate en monosyllabes : *Moi?* — *Vous*. Corneille excelle dans les dialogues de ce genre.

(2) Le tutoiement est ici le dernier degré du mépris; aussi est-il suivi à l'instant même du soufflet.

(3) Ce soufflet donné en pleine scène, nous révolterait, s'il ne nous inspirait encore plus de pitié que d'indignation. La chaleur croissante de la querelle nous a préparés si habilement à cet acte brutal, qu'oubliant l'offenseur, nous ne songeons qu'à plaindre le noble vieillard qui subit un tel outrage.

« On ne donnerait pas aujourd'hui, dit Voltaire, un soufflet sur la joue d'un héros : les acteurs sont très embarrassés à donner ce soufflet; ils font le semblant. » Geoffroy répond très judicieusement : « Un soufflet ne peut-il pas être le résultat d'une querelle entre deux personnes illustres? Ne dit-on pas que le duc de Vermandois donna un soufflet au dauphin? qu'Elisabeth, reine d'Angleterre, en donna un au comte d'Essex? Le geste, à la vérité, n'est pas noble; l'outrage est avilissant; mais quand il en résulte, comme dans *le Cid*, un effet terrible, il est ennobli, il devient théâtral et tragique... Lorsqu'on entre bien dans l'intérêt du *Cid,* on ne peut s'empêcher de frémir de cet excès d'emportement du comte de Gormas, en songeant aux suites qu'il doit avoir. »

LE COMTE.

Et que penses-tu faire avec tant de faiblesse?

D. DIÈGUE.

O Dieu, ma force usée en ce besoin me laisse (1)!

LE COMTE.

Ton épée est à moi; mais tu serais trop vain,
Si ce honteux trophée avait chargé ma main.
　Adieu : fais lire au Prince, en dépit de l'envie,
Pour son instruction, l'histoire de ta vie (2) :
D'un insolent discours ce juste châtiment
Ne lui servira pas d'un petit ornement.

SCÈNE IV

D. DIÈGUE.

D. DIÈGUE.

O rage! ô désespoir! ô vieillesse ennemie (3)!
N'ai-je donc tant vécu que pour cette infamie?
Et ne suis-je blanchi dans les travaux guerriers
Que pour voir en un jour flétrir tant de lauriers?
Mon bras, qu'avec respect toute l'Espagne admire;
Mon bras, qui tant de fois a sauvé cet empire,
Tant de fois affermi le trône de son roi,
Trahit donc ma querelle et ne fait rien pour moi?
O cruel souvenir de ma gloire passée!
OEuvre de tant de jours en un jour effacée!
Nouvelle dignité, fatale à mon bonheur!
Précipice élevé d'où tombe mon honneur!

(1) Don Diègue veut saisir son épée; mais la force lui manque, et le Comte s'en empare, pour la lui rendre à l'instant, par un raffinement de dédain.

(2) Les personnages de Corneille reprennent souvent les paroles de leurs adversaires, pour mieux marquer leur approbation ou leur ironie. V. plus loin, A. III, sc. IV; voir aussi *Nicomède*, A. III, sc. VII :
　ARSINOÉ : Deux mots de vérité qui vous comblent de gloire...
　NICOMÈDE : Deux mots de vérité qui font que je respire.

(3) Le départ triomphant du Comte laisse le noble vieillard seul et tout entier à son malheur. Rien de plus naturel que de le voir exhaler sa douleur dans un monologue. Le poète a fait de ce discours un chef-d'œuvre : tant il a donné de force et de dignité aux plaintes du vieux gentilhomme. C'est l'honneur même qui parle, l'honneur indignement outragé, et réduit à l'impuissance de se venger.
　Corneille a retrouvé cette généreuse inspiration dans *le Menteur*, lorsque Géronte s'aperçoit qu'il est trompé par son fils. (A. V, sc. II.)
　Boileau eut tort de parodier ce passage sublime.

Faut-il de votre éclat voir triompher le Comte,
Et mourir sans vengeance, ou vivre dans la honte?
Comte, sois de mon prince à présent gouverneur :
Ce haut rang n'admet point un homme sans honneur ;
Et ton jaloux orgueil, par cet affront insigne,
Malgré le choix du Roi, m'en a su rendre indigne.
Et toi, de mes exploits glorieux instrument,
Mais d'un corps tout de glace inutile ornement,
Fer, jadis tant à craindre, et qui dans cette offense
M'as servi de parade, et non pas de défense,
Va, quitte désormais le dernier des humains :
Passe, pour me venger, en de meilleures mains (1).

SCÈNE V

D. DIÈGUE, D. RODRIGUE.

D. DIÈGUE.

Rodrigue, as-tu du cœur (2)?

D. RODRIGUE.

Tout autre que mon père
L'éprouverait sur l'heure.

D. DIÈGUE.

Agréable colère (3)!
Digne ressentiment à ma douleur bien doux!
Je reconnais mon sang à ce noble courroux ;

(1) Cette apostrophe au fer qui a refusé son service, est fort belle en elle-même ; elle a en outre le mérite de préparer à la scène suivante.
Racine paraît s'être souvenu de ce magnifique passage, aussi bien que du texte de Plutarque, lorsqu'il mit dans la bouche de Monime l'apostrophe célèbre au bandeau royal qui avait trompé son espoir (*Mithrid.*, V, I) :
  Et toi, fatal tissu, malheureux diadème,
  Instrument et témoin de toutes mes douleurs,
  Bandeau que mille fois j'ai trempé de mes pleurs,
  Au moins en terminant ma vie et mon supplice,
  Ne pouvais-tu me rendre un funeste service ?
  A mes tristes regards, va, cesse de t'offrir...

(2) Rien de plus dramatique que cette apostrophe si vive, si imprévue : au lieu de se plaindre à son fils, le vieux gentilhomme a hâte de savoir s'il peut compter sur sa vengeance.

(3) Ce trait superbe où le poète laisse si loin derrière lui son modèle espagnol, témoigne à la fois du génie et du bon goût de Corneille.
Dans Guillem de Castro, le vieillard appelle successivement ses fils, pour les mettre à l'épreuve. Quand il serre aux plus jeunes les os de la main, ils laissent échapper des gémissements plaintifs. Mais lorsque don Diègue mord

Ma jeunesse revit en cette ardeur si prompte.
Viens, mon fils, viens, mon sang, viens réparer ma honte,
Viens me venger.

D. RODRIGUE.

De quoi?

D. DIÈGUE.

D'un affront si cruel,
Qu'à l'honneur de tous deux il porte un coup mortel;
D'un soufflet. L'insolent en eût perdu la vie;
Mais mon âge a trompé ma généreuse envie :
Et ce fer que mon bras ne peut plus soutenir,
Je le remets au tien pour venger et punir.
 Va contre un arrogant éprouver ton courage :
Ce n'est que dans le sang qu'on lave un tel outrage;
Meurs ou tue (1). Au surplus, pour ne te point flatter,
Je te donne à combattre un homme à redouter :
Je l'ai vu tout couvert de sang et de poussière,
Porter partout l'effroi dans une armée entière.
J'ai vu par sa valeur cent escadrons rompus;
Et pour t'en dire encor quelque chose de plus,
Plus que brave soldat, plus que grand capitaine,
C'est...

D. RODRIGUE.

De grâce, achevez.

D. DIÈGUE.

Le père de Chimène (2).

le doigt à Rodrigue, celui-ci s'écrie : « Lâchez-moi, mon père, lâchez; si vous n'étiez pas mon père, je vous donnerais un soufflet. — *D. Diègue :* Et ce ne serait pas le premier. — *Rodr. :* Comment? — *D. Diègue :* Fils de mon âme, voilà le ressentiment que j'adore, voilà la colère qui me plaît, la vaillance que je bénis... » Corneille a reproduit avec éloquence cette belle tirade : *agréable colère!...*

(1) *Meurs ou tue.* Ce mot terrible, d'une fureur presque sauvage, est sublime dans la bouche de don Diègue : c'est le cri désespéré de l'honneur outragé, qui, pour laver sa honte, oublie les affections les plus chères; Rodrigue sera le vengeur ou la victime de l'honneur paternel.

(2) Suspension admirable. Depuis l'apostrophe, *Rodrigue, as-tu du cœur?* l'âme de Rodrigue a été préparée par degrés à un coup qui l'aurait accablée, s'il eût éclaté plus tôt. Il s'agit d'abord de venger son père, de le venger d'un soufflet; puis de le venger en *punissant* l'auteur de l'outrage, d'attaquer un homme redoutable; enfin le mystère se dévoile, c'est *le père de Chimène.* Don Diègue connaissait l'amour de Rodrigue : il savait quel sacrifice il imposerait au cœur de son fils. Cette beauté manque dans le poème espagnol, où le père ignore l'amour de Rodrigue et de Chimène.

ACTE I, SCÈNE VI

D. RODRIGUE.

Le...?

D. DIÈGUE.

Ne réplique point, je connais ton amour;
Mais qui peut vivre infâme est indigne du jour (1).
Plus l'offenseur est cher, et plus grande est l'offense.
Enfin tu sais l'affront, et tu tiens la vengeance (2) :
Je ne te dis plus rien. Venge-moi, venge-toi (3);
Montre-toi digne fils d'un père tel que moi.
Accablé des malheurs où le destin me range.
Je vais les déplorer : va, cours, vole, et nous venge (4).

SCÈNE VI

D. RODRIGUE.

D. RODRIGUE.

Percé jusques au fond du cœur (5)
D'une atteinte imprévue aussi bien que mortelle,

(1) Voilà le gentilhomme; pour lui l'honneur est tout. Le reste, plaisir, amour, la vie elle-même, n'est rien.

(2) *La vengeance*, c.-à-d. l'épée qui doit me venger; figure énergique.

(3) L'honneur du fils est lié à celui du père; l'outrage fait au père, atteint le fils : cette solidarité est mise en relief par ces deux mots d'une admirable précision.
Guillem de Castro a des paroles de la même force : « Voilà l'offense, voici l'épée. Je n'ai plus rien à te dire. »
Quand ces paroles brûlantes retentirent sur la scène, pour invoquer le duel comme la suprême satisfaction du point d'honneur méconnu, au lendemain même des édits portés contre les duellistes, on conçoit l'irritation de Richelieu, et ses griefs contre le *Cid*. Il est certain que les plaintes de don Diègue et le discours qu'il tient à son fils, forment l'apologie la plus éloquente et la plus spécieuse du duel; il était au moins dangereux de la faire avec des couleurs si vives devant une noblesse toute frémissante encore des rigueurs du Cardinal. On n'avait pas oublié de Boutteville et Deschapelles, dont les têtes étaient tombées dix ans auparavant pour avoir enfreint les édits du roi.

(4) C'est le dernier trait : don Diègue le lance avec rapidité et se retire, bien sûr qu'il reste enfoncé dans le cœur de son fils. — *Nous*, c'est-à-dire que Rodrigue a un double honneur à venger, celui de son père et le sien.
Cette scène est une des plus belles du théâtre français. Il est difficile de saisir le spectateur par une action plus rapide, des émotions plus profondes et un langage plus entraînant. L'effet produit sur Rodrigue est immense : c'est comme un homme frappé de la foudre; il reste anéanti, stupéfait.

(5) D'Aubignac et Voltaire, tout en blâmant l'emploi des stances dans la tragédie, reconnaissent le mérite de celles du *Cid* : « Les stances de Rodrigue, où son esprit délibère entre son devoir et son amour, ont ravi toute la cour

Misérable vengeur d'une juste querelle,
Et malheureux objet d'une injuste rigueur,
Je demeure immobile, et mon âme abattue
    Cède au coup qui me tue.
Si près de voir mon feu récompensé,
    O Dieu, l'étrange peine!
En cet affront, mon père est l'offensé;
Et l'offenseur, le père de Chimène (1)!

    Que je sens de rudes combats!
Contre mon propre honneur mon amour s'intéresse :
Il faut venger un père et perdre une maîtresse;
L'un m'anime le cœur, l'autre retient mon bras.
Réduit au triste choix ou de trahir ma flamme,
    Ou de vivre en infâme,
Des deux côtés mon mal est infini.
    O Dieu, l'étrange peine!
Faut-il laisser un affront impuni?
Faut-il punir le père de Chimène?

    Père, maîtresse, honneur, amour,
Noble et dure contrainte, aimable tyrannie,
Tous mes plaisirs sont morts, ou ma gloire ternie.
L'un me rend malheureux, l'autre indigne du jour.
Cher et cruel espoir d'une âme généreuse,
    Mais ensemble amoureuse,
Digne ennemi de mon plus grand bonheur,

et tout Paris. » (d'AUBIGNAC, *Pratique du théâtre*.) — « Les stances, dit Voltaire, donnent trop l'idée que c'est le poète qui parle. Cela n'empêche pas que ces stances du *Cid* ne soient fort belles, et ne soient encore écoutées avec plaisir. »

On appelle *stance* (lat. *stare*, s'arrêter ; ital. *stanza*, repos) un groupe de vers suivi d'un repos, et se reproduisant sous la même forme plusieurs fois de suite dans une poésie lyrique.

L'usage admettait les stances dans la tragédie au XVIIe siècle ; Corneille les avait employées déjà dans *Médée*; il en fera encore dans *Polyeucte*. L'objection de d'Aubignac et de Voltaire ne paraît pas fondée; on ne voit pas pourquoi le vers alexandrin est plus naturel sur le théâtre que les strophes lyriques. Du moment que l'usage admet un langage rythmé, cadencé ou rimé, les stances conviennent à l'expression passionnée des sentiments de l'âme, aussi bien que l'alexandrin au dialogue.

(1) L'antithèse vient de Guillem de Castro : « O ciel! est-il possible que ton inclémence ait permis que mon père fût l'offensé, (étrange peine!) et l'offenseur le père de Chimène! »

Scudéry avait reproché au mot d'*offenseur* de n'être pas français. L'Académie fut plus indulgente : « Ce mot *offenseur* n'est pas en usage; toutefois, étant à souhaiter qu'il y fût pour opposer à *offensé*, cette hardiesse n'est pas condamnable. »

ACTE I, SCÈNE VI

<pre>
     Fer qui causes ma peine (1),
  M'es-tu donné pour venger mon honneur?
  M'es-tu donné pour perdre ma Chimène?

  Il vaut mieux courir au trépas.
Je dois à ma maîtresse aussi bien qu'à mon père (2);
J'attire, en me vengeant, sa haine et sa colère;
J'attire ses mépris en ne me vengeant pas.
A mon plus doux espoir l'un me rend infidèle,
     Et l'autre indigne d'elle.
Mon mal augmente à le vouloir guérir;
     Tout redouble ma peine.
Allons, mon âme; et puisqu'il faut mourir,
Mourons du moins sans offenser Chimène.

     Mourir sans tirer ma raison (3)!
Rechercher un trépas si mortel à ma gloire!
Endurer que l'Espagne impute à ma mémoire
D'avoir mal soutenu l'honneur de ma maison!
Respecter un amour dont mon âme égarée
     Voit la perte assurée!
N'écoutons plus ce penser suborneur (4)
     Qui ne sert qu'à ma peine.
Allons, mon bras, sauvons du moins l'honneur,
Puisqu'après tout il faut perdre Chimène.

     Oui, mon esprit s'était déçu.
Je dois tout à mon père avant qu'à ma maîtresse :
Que je meure au combat, ou meure de tristesse,
Je rendrai mon sang pur comme je l'ai reçu (5),
</pre>

(1) C'est l'épée que lui a confiée son père.

(2) *Devoir à*, employé absolument, fut blâmé par l'Académie; Corneille lui donna un régime direct dans la dernière strophe.

(3) *Tirer raison, tirer sa raison*, c'est-à-dire tirer vengeance. *Raison* ne s'emploie plus dans ce sens avec l'adjectif possessif.

(4) *Penser*, s. m., pour *pensée*, n'est guère usité qu'en poésie. (Ac.) — Corneille aimait à employer ce mot dans ses premières pièces; quand il en fit la révision, il le supprima en plusieurs endroits, comme déjà un peu ancien. — *Suborneur*, qui séduit, qui porte au mal.

(5) Ce beau vers annonce le triomphe du devoir sur l'amour; la piété filiale l'emporte. Rodrigue s'élance où l'appelle l'honneur, avec une sérénité et une ardeur d'autant plus admirables que le combat a été plus déchirant.

Avant d'arriver à cette résolution généreuse, son cœur a passé par les plus cruelles angoisses.

1re strophe : Rodrigue envisage sa situation :

O Dieu! l'étrange peine! mon père est l'offensé! et l'offenseur...

Je m'accuse déjà de trop de négligence;
Courons à la vengeance;
Et tout honteux d'avoir tant balancé,
Ne soyons plus en peine,
Puisqu'aujourd'hui mon père est l'offensé,
Si l'offenseur est père de Chimène (1).

2e strophe : Que faire? ne pas venger mon père! punir le père de Chimène!
3e strophe : Me déshonorer? Perdre Chimène?
4e strophe : Il vaut mieux mourir sans offenser Chimène.
5e strophe : Mais non, il vaut mieux sauver l'honneur.
6e strophe : Oui, courons à la vengeance.

(1) A part la IIe scène, qui est trop languissante, ce Ier acte est un chef-d'œuvre. Les personnages sont vivants, les caractères vigoureusement tracés, les situations extrêmement dramatiques. L'intrigue est nouée, le spectateur est en suspens. Le héros est décidé à venger son père; quelle sera l'issue de ce terrible duel? On tremble à la fois pour Chimène et pour Rodrigue.

QUESTIONS SUR LE Ier ACTE.

Quel est le sujet du Ier acte?
Comment commençait la pièce originale? Pourquoi Corneille a-t-il modifié le début?
Quel est le sujet de la Ire scène? Que nous apprend-elle?
Quelle est la situation de Chimène, quand l'action commence?
Quel défaut présente la contexture de la pièce dans le Ier acte?
Quel est le sujet de la IIe scène? Quels en sont les défauts?
Analysez la scène de la querelle des deux pères.
Comment s'y montre la différence de leurs caractères?
Quel art Corneille a-t-il déployé dans le dialogue?
Que faut-il penser du soufflet donné sur la scène?
Quel est le mérite du monologue de don Diègue?
Analysez la scène de la vengeance.
Quelles sont les beautés du commencement? du milieu? de la fin? Citez quelques-uns des traits les plus saillants.
Quel effet cette scène devait-elle produire en 1636?
Quel est le sujet des stances de Rodrigue?
Ces stances sont-elles belles? sont-elles naturelles?
Comment se termine ce combat intérieur de Rodrigue?
Quel est le mérite du Ier acte?

ACTE SECOND

Le duel : le défi, l'accusation.

SCÈNE I

D. ARIAS, LE COMTE.

LE COMTE.

Je l'avoue entre nous, mon sang un peu trop chaud
S'est trop ému d'un mot, et l'a porté trop haut;
Mais puisque c'en est fait, le coup est sans remède.

D. ARIAS.

Qu'aux volontés du Roi ce grand courage cède :
Il y prend grande part, et son cœur irrité
Agira contre vous de pleine autorité.
Aussi vous n'avez point de valable défense :
Le rang de l'offensé, la grandeur de l'offense,
Demandent des devoirs et des soumissions (1)
Qui passent le commun des satisfactions.

LE COMTE.

Le Roi peut, à son gré, disposer de ma vie.

D. ARIAS.

De trop d'emportement votre faute est suivie.
Le Roi vous aime encore; apaisez son courroux.
Il a dit : « Je le veux; » désobéirez-vous?

LE COMTE.

Monsieur, pour conserver tout ce que j'ai d'estime,
Désobéir un peu n'est pas un si grand crime;
Et quelque grand qu'il soit, mes services présents
Pour le faire abolir sont plus que suffisants.

D. ARIAS.

Quoi qu'on fasse d'illustre et de considérable,
Jamais à son sujet un roi n'est redevable.

---

(1) Corneille conserva, jusque dans l'édition de 1682, l'ancienne forme *submission*. Dans l'*Office de la Vierge* (1670), il écrivit *soumission*, comme le fit Richelet en 1680 ; l'Académie conserva l's (*sousmission*) dans sa 1re édition de 1694.

Vous vous flattez beaucoup, et vous devez savoir
Que qui sert bien son roi, ne fait que son devoir.
Vous vous perdrez, Monsieur, sur cette confiance.

LE COMTE.

Je ne vous en croirai qu'après l'expérience.

D. ARIAS.

Vous devez redouter la puissance d'un roi.

LE COMTE.

Un jour seul ne perd pas un homme tel que moi.
Que toute sa grandeur s'arme pour mon supplice,
Tout l'Etat périra, s'il faut que je périsse (1).

D. ARIAS.

Quoi! vous craignez si peu le pouvoir souverain...

LE COMTE.

D'un sceptre qui sans moi tomberait de sa main.
Il a trop d'intérêt lui-même en ma personne,
Et ma tête en tombant ferait choir sa couronne.

D. ARIAS.

Souffrez que la raison remette vos esprits.
Prenez un bon conseil.

LE COMTE.

      Le conseil en est pris.

D. ARIAS.

Que lui dirai-je enfin? Je lui dois rendre compte.

LE COMTE.

Que je ne puis du tout consentir à ma honte.

D. ARIAS.

Mais songez que les rois veulent être absolus.

LE COMTE.

Le sort en est jeté, Monsieur; n'en parlons plus.

D. ARIAS.

Adieu donc, puisqu'en vain je tâche à vous résoudre :
Avec tous vos lauriers, craignez encor le foudre (2).

(1) Dans cette scène, le Comte se montre aussi présomptueux et inflexible qu'il a été brutal au 1er acte. Son obstination insolente nous rend de plus en plus indifférents à son égard : aussi quand il tombera, sa mort ne nous causera aucun regret. L'intérêt sera concentré tout entier sur Rodrigue.

(2) Les premières éditions (1637-56) portaient : *la foudre*. Vaugelas disait

ACTE II, SCÈNE II

LE COMTE.

Je l'attendrai sans peur.

D. ARIAS.

Mais non pas sans effet.

LE COMTE.

Nous verrons donc par là don Diègue satisfait.

(Il est seul.)

Qui ne craint point la mort, ne craint point les menaces.
J'ai le cœur au-dessus des plus fières disgrâces ;
Et l'on peut me réduire à vivre sans bonheur,
Mais non pas me résoudre à vivre sans honneur (1).

SCÈNE II

LE COMTE, D. RODRIGUE.

D. RODRIGUE.

A moi, Comte, deux mots (2).

LE COMTE.

Parle.

D. RODRIGUE.

Ote-moi d'un doute.
Connais-tu bien don Diègue ?

---

en 1647 : « Ce mot est l'un de ces noms substantifs que l'on fait masculins ou féminins, comme on veut. » *(Remarques.)*

En 1672, Ménage constatait un changement d'usage : « Dans le figuré, il est toujours masculin : *un foudre de guerre* ; dans le propre, on le fait aujourd'hui le plus souvent féminin. » *(Observations.)*

Les anciens croyaient que le laurier écartait la foudre :

Lauriers, sacrés rameaux qu'on veut réduire en poudre,
Vous qui mettez sa tête à couvert de la foudre. (Corn. *Hor.* V.)

(1) Fières maximes ; elles feraient plus d'effet dans la bouche d'un homme moins orgueilleux.

(2) Cette scène si vive du défi est imitée de l'espagnol.

« *Rodr.* Comte ? — *Le Comte.* Qui es-tu ? — *Rodr.* Ici près je te dirai qui je suis. — *Le Comte.* Que me veux-tu ? — *Rodr.* Je veux te parler. Ce vieillard que tu vois là-bas, sais-tu qui il est ? — *Le Comte.* Je le sais ; pourquoi le demandes-tu ? — *Rodr.* Pourquoi ? Parle bas, écoute. — *Le Comte.* Parle. — *Rodr.* Ne sais-tu pas qu'il fut un modèle d'honneur et de courage ? — *Le Comte.* Eh bien ? — *Rodr.* Et que c'est son sang et le mien que tu vois dans mes yeux : le sais-tu ? — *Le Comte.* Et de le savoir (ménage tes paroles), qu'est-ce que cela importe ? — *Rodr.* Si nous allions un peu plus loin, tu sauras combien cela importe. »

LE COMTE.
Oui.
D. RODRIGUE.
Parlons bas ; écoute (1).
Sais-tu que ce vieillard fut la même vertu (2),
La vaillance et l'honneur de son temps? le sais-tu?
LE COMTE.
Peut-être.
D. RODRIGUE.
Cette ardeur que dans les yeux je porte,
Sais-tu que c'est son sang? le sais-tu (3)?
LE COMTE.
Que m'importe?
D. RODRIGUE.
A quatre pas d'ici je te le fais savoir.
LE COMTE.
Jeune présomptueux!
D. RODRIGUE.
Parle sans t'émouvoir.
*Je suis jeune, il est vrai; mais aux âmes bien nées
La valeur n'attend point le nombre des années* (4).
LE COMTE.
Te mesurer à moi! Qui t'a rendu si vain,
Toi qu'on n'a jamais vu les armes à la main?
D. RODRIGUE.
*Mes pareils à deux fois ne se font point connaître,
Et pour leurs coups d'essai veulent des coups de maître* (5).

(1) Rodrigue a rencontré le Comte près du palais; il voudrait éviter un éclat trop bruyant.

(2) Pour *la vertu même*, la vertu en personne, un type de vertu. L'adjectif *même*, pris dans ce sens, suit aujourd'hui le nom.

(3) Il est impossible d'être plus bref et plus rapide.

(4) Vers si heureux qu'ils ont passé en proverbe. Guillaume du Vair avait exprimé la même pensée, en parlant de Louis XIII enfant : « Ne mesurez pas sa puissance par les ans : la vertu aux âmes héroïques n'attend pas les années. » (XIVᵉ *Harangue fun.*)

(5) L'emphase présomptueuse de ces vers a sa justification dans la tirade suivante. Rodrigue se croit déjà vainqueur : le désir de venger son père exalte son courage; c'est l'enthousiasme de la jeunesse qui ne connaît point d'obstacles.

LE COMTE.

Sais-tu bien qui je suis?

D. RODRIGUE.

      Oui; tout autre que moi
Au seul bruit de ton nom pourrait trembler d'effroi.
Les palmes dont je vois ta tête si couverte,
Semblent porter écrit le destin de ma perte.
J'attaque en téméraire un bras toujours vainqueur;
Mais j'aurai trop de force, ayant assez de cœur.
A qui venge son père il n'est rien d'impossible.
Ton bras est invaincu, mais non pas invincible (1).

LE COMTE.

Ce grand cœur qui paraît aux discours que tu tiens,
Par tes yeux, chaque jour, se découvrait aux miens;
Et croyant voir en toi l'honneur de la Castille,
Mon âme avec plaisir te destinait ma fille.
Je sais ta passion, et suis ravi de voir
Que tous ses mouvements cèdent à ton devoir;
Qu'ils n'ont point affaibli cette ardeur magnanime;
Que ta haute vertu répond à mon estime;
Et que, voulant pour gendre un cavalier parfait,
Je ne me trompais point au choix que j'avais fait.
Mais je sens que pour toi ma pitié s'intéresse (2);
J'admire ton courage, et je plains ta jeunesse.
Ne cherche point à faire un coup d'essai fatal;
Dispense ma valeur d'un combat inégal;
Trop peu d'honneur pour moi suivrait cette victoire :
A vaincre sans péril, on triomphe sans gloire (3).

---

(1) Voilà les vers *cornéliens*, nerveux, pleins, forts, concis, tels enfin qu'on ne saurait rien retrancher, rien ajouter, rien changer, sans affaiblir le sens; la gravité des sons et la fermeté de la cadence répondent à la mâle vigueur du fond.

Le terme expressif de *invaincu* se trouve souvent sous la plume de nos anciens auteurs. L'antithèse ajoute encore à sa force.

(2) Ce mouvement de pitié et d'admiration plaît d'autant plus qu'on s'attendait moins à le trouver dans un caractère aussi orgueilleux. N'est-ce point par réminiscence de ce beau passage, que Racine nous montre Athalie sensible aux grâces du jeune Joas (*Ath.*, II, IV) :

  La douceur de sa voix, son enfance, sa grâce,
  Font insensiblement à mon inimitié
  Succéder... Je serais sensible à la pitié !

(3) Vers devenu proverbe. La pensée paraît empruntée à Sénèque : *scit eum sine gloria vinci qui sine periculo vincitur*, le gladiateur sait qu'il n'y a pas de gloire à vaincre sans péril. (*De Provid.*, III.) Scudéry a reproduit presque textuellement le vers de Corneille dans son *Arminius* (1642) :

  Et vaincre sans péril serait vaincre sans gloire.

On te croirait toujours abattu sans effort ;
Et j'aurais seulement le regret de ta mort.

D. RODRIGUE.

D'une indigne pitié ton audace est suivie :
Qui m'ose ôter l'honneur, craint de m'ôter la vie !

LE COMTE.

Retire-toi d'ici.

D. RODRIGUE.

Marchons sans discourir.

LE COMTE.

Es-tu si las de vivre ?

D. RODRIGUE.

As-tu peur de mourir ?

LE COMTE.

Viens, tu fais ton devoir, et le fils dégénère
Qui survit un moment à l'honneur de son père (1).

SCÈNE III

L'INFANTE, CHIMÈNE, LÉONOR.

L'INFANTE.

Apaise, ma Chimène, apaise ta douleur :
Fais agir ta constance en ce coup de malheur.
Tu reverras le calme après ce faible orage ;
Ton bonheur n'est couvert que d'un peu de nuage,
Et tu n'as rien perdu pour le voir différer.

CHIMÈNE.

Mon cœur outré d'ennuis n'ose rien espérer (2).
Un orage si prompt qui trouble une bonace (3),
D'un naufrage certain nous porte la menace :
Je n'en saurais douter, je péris dans le port.
J'aimais, j'étais aimée, et nos pères d'accord ;
Et je vous en contais la charmante nouvelle
Au malheureux moment que naissait leur querelle,
Dont le récit fatal, si tôt qu'on vous l'a fait,
D'une si douce attente a ruiné l'effet.

(1) La scène reste vide. L'arrivée de l'Infante, de Chimène et de Léonor, n'est pas justifiée. On sent que le poète ne les amène que pour occuper le spectateur, en attendant qu'il puisse faire annoncer l'issue du duel.

(2) *Ennui* se disait autrefois des plus vives afflictions.

(3) *Bonace*, calme de la mer ; terme peu usité aujourd'hui. (A.)

ACTE II, SCÈNE III

Maudite ambition, détestable manie,
Dont les plus généreux souffrent la tyrannie!
Honneur impitoyable à mes plus chers désirs,
Que tu me vas coûter de pleurs et de soupirs!

L'INFANTE.

Tu n'as dans leur querelle aucun sujet de craindre :
Un moment l'a fait naître, un moment va l'éteindre.
Elle a fait trop de bruit pour ne pas s'accorder,
Puisque déjà le Roi les veut accommoder ;
Et tu sais que mon âme, à tes ennuis sensible,
Pour en tarir la source y fera l'impossible.

CHIMÈNE.

Les accommodements ne font rien en ce point :
De si mortels affronts ne se réparent point.
En vain on fait agir la force ou la prudence :
Si l'on guérit le mal, ce n'est qu'en apparence.
La haine que les cœurs conservent au dedans
Nourrit des feux cachés, mais d'autant plus ardents.

L'INFANTE.

Le saint nœud qui joindra don Rodrigue et Chimène,
Des pères ennemis dissipera la haine ;
Et nous verrons bientôt votre amour le plus fort
Par un heureux hymen étouffer ce discord.

CHIMÈNE.

Je le souhaite ainsi plus que je ne l'espère :
Don Diègue est trop altier, et je connais mon père.
Je sens couler des pleurs que je veux retenir ;
Le passé me tourmente, et je crains l'avenir (1).

L'INFANTE.

Que crains-tu? d'un vieillard l'impuissante faiblesse ?

CHIMÈNE.

Rodrigue a du courage.

L'INFANTE.

Il a trop de jeunesse.

CHIMÈNE.

Les hommes valeureux le sont du premier coup.

L'INFANTE.

Tu ne dois pas pourtant le redouter beaucoup :

---

(1) Les craintes de Chimène sont naturelles et exprimées d'une manière touchante.

Il est trop amoureux pour te vouloir déplaire,
Et deux mots de ta bouche arrêtent sa colère.

CHIMÈNE.

S'il ne m'obéit point, quel comble à mon ennui!
Et s'il peut m'obéir, que dira-t-on de lui?
Etant né ce qu'il est, souffrir un tel outrage!
Soit qu'il cède ou résiste au feu qui me l'engage,
Mon esprit ne peut qu'être ou honteux ou confus
De son trop de respect, ou d'un juste refus (1).

L'INFANTE

Chimène a l'âme haute, et quoique intéressée (2),
Elle ne peut souffrir une basse pensée;
Mais si jusques au jour de l'accommodement
Je fais mon prisonnier de ce parfait amant,
Et que j'empêche ainsi l'effet de son courage,
Ton esprit amoureux n'aura-t-il point d'ombrage?

CHIMÈNE.

Ah! Madame, en ce cas je n'ai plus de souci.

SCÈNE IV

L'INFANTE, CHIMÈNE, LÉONOR, LE PAGE.

L'INFANTE.

Page, cherchez Rodrigue, et l'amenez ici.

LE PAGE.

Le comte de Gormas et lui...

CHIMÈNE.

Bon Dieu! je tremble.

L'INFANTE.

Parlez.

LE PAGE.

De ce palais ils sont sortis ensemble.

CHIMÈNE.

Seuls?

(1) Le noble caractère de Chimène s'annonce dans ces quatre vers. Elle regarderait Rodrigue comme indigne d'elle, s'il pouvait sacrifier son devoir à l'amour.

(2) *Intéressée*, c.-à-d. ayant un grand intérêt dans cette affaire. Ce mot ne s'emploie plus aujourd'hui que dans un sens défavorable, en parlant des personnes : qui est trop attaché à ses intérêts. (A.)

LE PAGE.

Seuls, et qui semblaient tout bas se quereller.

CHIMÈNE.

Sans doute ils sont aux mains, il n'en faut plus parler.
Madame, pardonnez à cette promptitude.

SCÈNE V

L'INFANTE, LÉONOR.

L'INFANTE.

Hélas! que dans l'esprit je sens d'inquiétude!
Je pleure ses malheurs, son amant me ravit;
Mon repos m'abandonne, et ma flamme revit.
Ce qui va séparer Rodrigue de Chimène,
Fait renaître à la fois mon espoir et ma peine;
Et leur division, que je vois à regret,
Dans mon esprit charmé jette un plaisir secret (1).

LÉONOR.

Cette haute vertu qui règne dans votre âme,
Se rend-elle sitôt à cette lâche flamme?

L'INFANTE.

Ne la nomme point lâche, à présent que chez moi
Pompeuse et triomphante elle me fait la loi;
Porte-lui du respect, puisqu'elle m'est si chère.
Ma vertu la combat, mais malgré moi j'espère;
Et d'un si fol espoir mon cœur mal défendu
Vole après un amant que Chimène a perdu.

LÉONOR.

Vous laissez choir ainsi ce glorieux courage,
Et la raison chez vous perd ainsi son usage?

L'INFANTE.

Ah! qu'avec peu d'effet on entend la raison,
Quand le cœur est atteint d'un si charmant poison!
Et lorsque le malade aime sa maladie,
Qu'il a peine à souffrir que l'on y remédie!

LÉONOR.

Votre espoir vous séduit, votre mal vous est doux;
Mais enfin ce Rodrigue est indigne de vous.

---

(1) Il y a de la finesse dans cette analyse du cœur humain. Cette scène néanmoins a le grave défaut de faire languir l'action.

L'INFANTE.

Je ne le sais que trop ; mais si ma vertu cède,
Apprends comme l'amour flatte un cœur qu'il possède.
　Si Rodrigue une fois sort vainqueur du combat,
Si dessous sa valeur ce grand guerrier s'abat,
Je puis en faire cas, je puis l'aimer sans honte.
Que ne fera-t-il point, s'il peut vaincre le Comte ?
J'ose m'imaginer qu'à ses moindres exploits
Les royaumes entiers tomberont sous ses lois ;
Et mon amour flatteur déjà se persuade
Que je le vois assis au trône de Grenade,
Les Mores subjugués trembler en l'adorant,
L'Aragon recevoir ce nouveau conquérant,
Le Portugal se rendre, et ses nobles journées (1)
Porter delà les mers ses hautes destinées ;
Du sang des Africains arroser ses lauriers ;
Enfin, tout ce qu'on dit des plus fameux guerriers,
Je l'attends de Rodrigue après cette victoire,
Et fais de son amour un sujet de ma gloire (2).

LÉONOR.

Mais, Madame, voyez où vous portez son bras,
Ensuite d'un combat qui peut-être n'est pas (3).

L'INFANTE.

Rodrigue est offensé ; le Comte a fait l'outrage :
Ils sont sortis ensemble : en faut-il davantage ?

LÉONOR.

Eh bien ! ils se battront, puisque vous le voulez ;
Mais Rodrigue ira-t-il si loin que vous allez ?

L'INFANTE.

Que veux-tu ? je suis folle, et mon esprit s'égare :
Tu vois par là quels maux cet amour me prépare.
Viens dans mon cabinet consoler mes ennuis,
Et ne me quitte point dans le trouble où je suis (4).

　(1) *Journées* est employé pour *combats, exploits*. Cet emploi fut blâmé par Scudéry et par l'Académie : « On ne dit point *les journées d'un homme*, pour exprimer les combats qu'il a faits, mais on dit bien : *la journée d'un tel lieu*, pour dire la bataille qui s'y est donnée. » (*Sentiments de l'Ac.*) On dit encore dans ce sens : *la journée de Poitiers, une sanglante journée*, etc. (A.)

　(2) Cette tirade est pleine de feu et d'enthousiasme : la jeune fille entrevoit le moment où elle pourra se donner au héros qu'elle admire.

　(3) *Ensuite de* ne s'emploie plus guère aujourd'hui que dans ces deux phrases : *ensuite de cela, ensuite de quoi*. (A.)

　(4) Nouvelle interruption de la scène.

SCÈNE VI

DON FERNAND, D. ARIAS, D. SANCHE.

D. FERNAND.

Le Comte est donc si vain et si peu raisonnable!
Ose-t-il croire encor son crime pardonnable?

D. ARIAS.

Je l'ai de votre part longtemps entretenu.
J'ai fait mon pouvoir, Sire, et n'ai rien obtenu.

D. FERNAND.

Justes cieux! ainsi donc un sujet téméraire
A si peu de respect et de soin de me plaire!
Il offense don Diègue, et méprise son roi!
Au milieu de ma cour il me donne la loi!
Qu'il soit brave guerrier, qu'il soit grand capitaine,
Je saurai bien rabattre une humeur si hautaine.
Fût-il la valeur même et le dieu des combats,
Il verra ce que c'est que de n'obéir pas (1).
Quoi qu'ait pu mériter une telle insolence,
Je l'ai voulu d'abord traiter sans violence;
Mais puisqu'il en abuse, allez dès aujourd'hui,
Soit qu'il résiste ou non, vous assurer de lui.

D. SANCHE.

Peut-être un peu de temps le rendrait moins rebelle :
On l'a pris tout bouillant encor de sa querelle;
Sire, dans la chaleur d'un premier mouvement,
Un cœur si généreux se rend malaisément.
Il voit bien qu'il a tort, mais une âme si haute
N'est pas sitôt réduite à confesser sa faute.

D. FERNAND.

Don Sanche, taisez-vous, et soyez averti
Qu'on se rend criminel à prendre son parti.

D. SANCHE.

J'obéis et me tais; mais de grâce encor, Sire,
Deux mots en sa défense.

D. FERNAND.

Et que pourrez-vous dire?

---

(1) Don Fernand parle ici en vrai roi; il ressent l'injure faite à son autorité, et il est déterminé à réprimer tant d'insolence.

####### D. SANCHE.

Qu'une âme accoutumée aux grandes actions
Ne se peut abaisser à des soumissions :
Elle n'en conçoit point qui s'expliquent sans honte;
Et c'est à ce mot seul qu'a résisté le Comte.
Il trouve en son devoir un peu trop de rigueur,
Et vous obéirait, s'il avait moins de cœur (1).
Commandez que son bras, nourri dans les alarmes,
Répare cette injure à la pointe des armes;
Il satisfera, Sire; et vienne qui voudra,
Attendant qu'il l'ait su, voici qui répondra.

####### D. FERNAND.

Vous perdez le respect; mais je pardonne à l'âge,
Et j'excuse l'ardeur en un jeune courage.
　Un roi dont la prudence a de meilleurs objets,
Est meilleur ménager du sang de ses sujets (2) :
Je veille pour les miens, mes soucis les conservent,
Comme le chef a soin des membres qui le servent.
Ainsi votre raison n'est pas raison pour moi :
Vous parlez en soldat; je dois agir en roi (3);
Et quoi qu'on veuille dire, et quoi qu'il ose croire,
Le Comte à m'obéir ne peut perdre sa gloire.
D'ailleurs, l'affront me touche : il a perdu d'honneur
Celui que de mon fils j'ai fait le gouverneur;
S'attaquer à mon choix, c'est se prendre à moi-même,
Et faire un attentat sur le pouvoir suprême.
N'en parlons plus. Au reste, on a vu dix vaisseaux
De nos vieux ennemis arborer les drapeaux;
Vers la bouche du fleuve ils ont osé paraître.

####### D. ARIAS.

Les Mores ont appris par force à vous connaître,
Et tant de fois vaincus, ils ont perdu le cœur
De se plus hasarder contre un si grand vainqueur.

####### D. FERNAND.

Ils ne verront jamais sans quelque jalousie

(1) C'est le langage des seigneurs féodaux, peu habitués à respecter l'autorité royale.

(2) Vers remarquable par la beauté de la pensée, et par l'heureux emploi du substantif *ménager*. La Fontaine a dit avec le même bonheur d'expression (*Fables*, VIII, 26) :
　　　　Le sage est *ménager* du temps et des paroles.

(3) Ces graves paroles sont la condamnation indirecte du faux point d'honneur, et la justification des édits portés contre les duels.

ACTE II, SCÈNE VII 87

Mon sceptre, en dépit d'eux, régir l'Andalousie (1);
Et ce pays si beau, qu'ils ont trop possédé,
Avec un œil d'envie est toujours regardé.
C'est l'unique raison qui m'a fait dans Séville (2)
Placer, depuis dix ans, le trône de Castille,
Pour les voir de plus près, et d'un ordre plus prompt
Renverser aussitôt ce qu'ils entreprendront.

D. ARIAS.

Ils savent aux dépens de leurs plus dignes têtes
Combien votre présence assure vos conquêtes;
Vous n'avez rien à craindre.

D. FERNAND.

Et rien à négliger.
Le trop de confiance attire le danger;
Et vous n'ignorez pas qu'avec fort peu de peine
Un flux de pleine mer jusqu'ici les amène.
Toutefois j'aurais tort de jeter dans les cœurs,
L'avis étant mal sûr, de paniques terreurs.
L'effroi que produirait cette alarme inutile,
Dans la nuit qui survient troublerait trop la ville :
Faites doubler la garde aux murs et sur le port (3).
C'est assez pour ce soir (4).

SCÈNE VII

D. FERNAND, D. ALONSE, D. SANCHE, D. ARIAS,

D. ALONSE.

Sire, le Comte est mort (5) :

(1) L'*Andalousie* (Vandalitia) tient son nom des Vandales qui y séjournèrent avant de passer en Afrique. Conquise par les Arabes, elle forma le califat de Cordoue; les Maures la possédèrent ensuite jusqu'à ce que Ferdinand III de Castille la leur enlevât au XIIIe siècle. Cette province est la plus fertile de l'Espagne; ses villes les plus célèbres sont Séville, Cadix, Cordoue, Huelva et Jaën.

(2) Pour cet anachronisme, V. l'*Examen du Cid*; V. aussi plus haut, p. 50, note 5.

(3) Corneille justifie la conduite du Roi dans son *Examen*.

(4) Cette scène prépare à la descente des Maures qui formera au IIIe acte un des épisodes les plus importants de la pièce.
Voltaire se demande ici « s'il est permis de mettre sur la scène un prince qui prend si mal ses mesures; » et il répond : « Je ne le crois pas. La raison en est qu'un personnage avili ne peut jamais plaire. » Ce jugement est beaucoup trop sévère. Don Fernand ne fait pas si mauvaise figure, et les raisons qu'il donne de sa conduite sont assez plausibles. Du reste, il n'est pas le héros principal, et la scène ne demande pas seulement des personnages accomplis de tout point.

(5) Cette nouvelle ramène la vie sur la scène; depuis le départ de Rodrigue et du Comte, l'action a langui.

Don Diègue, par son fils, a vengé son offense.

D. FERNAND.

Dès que j'ai su l'affront, j'ai prévu la vengeance ;
Et j'ai voulu dès lors prévenir ce malheur.

D. ALONSE.

Chimène à vos genoux apporte sa douleur ;
Elle vient toute en pleurs vous demander justice.

D. FERNAND.

Bien qu'à ses déplaisirs mon âme compatisse,
Ce que le Comte a fait, semble avoir mérité
Ce digne châtiment de sa témérité.
Quelque juste pourtant que puisse être sa peine,
Je ne puis sans regret perdre un tel capitaine.
Après un long service à mon État rendu,
Après son sang pour moi mille fois répandu,
A quelques sentiments que son orgueil m'oblige,
Sa perte m'affaiblit, et son trépas m'afflige.

SCÈNE VIII

D. FERNAND, D. DIÈGUE, CHIMÈNE, D. SANCHE,
D. ARIAS, D. ALONSE.

CHIMÈNE.

Sire, Sire, justice (1) !

D. DIÈGUE.

Ah ! Sire, écoutez-nous.

CHIMÈNE.

Je me jette à vos pieds.

D. DIÈGUE.

J'embrasse vos genoux.

---

(1) « Voyez comme dès ce moment les défauts précédents disparaissent, quelle beauté dans le poète espagnol et dans son imitateur ! Le premier mot de Chimène est de demander justice contre un homme qu'elle adore : c'est peut-être la plus belle des situations... Chimène fera-t-elle couler le sang du Cid ? Qui l'emportera d'elle ou de D. Diègue ? Tous les esprits sont en suspens ; tous les cœurs sont émus. » (VOLT.)

Cette magnifique scène est prise presque tout entière de Guillem de Castro ; l'idée de faire arriver en même temps Chimène et don Diègue, l'une pour accuser, l'autre pour défendre Rodrigue, est un moyen fort dramatique. La scène du poète espagnol s'ouvre avec la même vivacité : « *Chim.* Justice ! je demande justice. — *D. Diègue.* Ma vengeance est juste. — *Chim.* Sire, je tombe à vos genoux. — *D. Diègue.* Sire, je suis venu me jeter à vos pieds. »

ACTE II, SCÈNE VIII

CHIMÈNE.

Je demande justice.

D. DIÈGUE.

Entendez ma défense.

CHIMÈNE.

D'un jeune audacieux punissez l'insolence.
Il a de votre sceptre abattu le soutien,
Il a tué mon père.

D. DIÈGUE.

Il a vengé le sien (1).

CHIMÈNE.

Au sang de ses sujets un roi doit la justice.

D. DIÈGUE.

Pour la juste vengeance il n'est point de supplice.

D. FERNAND.

Levez-vous l'un et l'autre, et parlez à loisir.
Chimène, je prends part à votre déplaisir;
D'une égale douleur je sens mon âme atteinte.
  (A D. Diègue.)
Vous parlerez après; ne troublez pas sa plainte.

CHIMÈNE.

Sire, mon père est mort; mes yeux ont vu son sang
Couler à gros bouillons de son généreux flanc (2);
Ce sang qui tant de fois garantit vos murailles,
Ce sang qui tant de fois vous gagna des batailles,
Ce sang qui tout sorti fume encor de courroux (3)
De se voir répandu pour d'autres que pour vous,
Qu'au milieu des hasards n'osait verser la guerre,
Rodrigue, en votre cour, vient d'en couvrir la terre.
J'ai couru sur le lieu, sans force et sans couleur :
Je l'ai trouvé sans vie. Excusez ma douleur,
Sire; la voix me manque à ce récit funeste;
Mes pleurs et mes soupirs vous diront mieux le reste.

D. FERNAND.

Prends courage, ma fille, et sache qu'aujourd'hui
Ton roi te veut servir de père au lieu de lui.

---

(1) *Il a tué mon père*, voilà l'accusation; *il a vengé le sien*, voilà la défense. Tout est dit en deux mots; celui de don Diègue respire une fierté et une assurance triomphantes.

(2) Cette description vive et pathétique est fort naturelle dans la bouche de Chimène; elle parle dans le premier transport de sa douleur; l'imagination émue accumule à plaisir les figures les plus hardies.

(3) *Fume de courroux*... Hyperbole outrée, dans le goût de l'époque.

CHIMÈNE.

Sire, de trop d'honneur ma misère est suivie.
Je vous l'ai déjà dit, je l'ai trouvé sans vie;
Son flanc était ouvert, et pour mieux m'émouvoir,
Son sang sur la poussière écrivait mon devoir (1);
Ou plutôt sa valeur en cet état réduite
Me parlait par sa plaie, et hâtait ma poursuite;
Et pour se faire entendre au plus juste des rois,
Par cette triste bouche elle empruntait ma voix.
   Sire, ne souffrez pas que sous votre puissance
Règne devant vos yeux une telle licence;
Que les plus valeureux, avec impunité,
Soient exposés aux coups de la témérité;
Qu'un jeune audacieux triomphe de leur gloire (2),
Se baigne dans leur sang, et brave leur mémoire.
Un si vaillant guerrier, qu'on vient de vous ravir,
Eteint, s'il n'est vengé, l'ardeur de vous servir.
Enfin mon père est mort; j'en demande vengeance,
Plus pour votre intérêt que pour mon allégeance.
Vous perdez en la mort d'un homme de son rang;
Vengez-la par un autre, et le sang par le sang.
Immolez, non à moi, mais à votre couronne,
Mais à votre grandeur, mais à votre personne;
Immolez, dis-je, Sire, au bien de tout l'Etat (3)
Tout ce qu'enorgueillit un si haut attentat (4).

D. FERNAND.

Don Diègue, répondez.

D. DIÈGUE.

Qu'on est digne d'envie,
Lorsqu'en perdant la force on perd aussi la vie?
Et qu'un long âge apprête aux hommes généreux,
Au bout de leur carrière, un destin malheureux!

(1) C'est encore le langage de la passion ; elle anime tout ce qu'elle voit.

(2) Ce *jeune audacieux*, c'est Rodrigue, le héros qu'elle aime : admirable triomphe de la piété filiale. — *Jeune audacieux*, emploi nouveau et poétique de l'adjectif pris substantivement.

(3) Cette chaleur de discours et cette ardeur de vengeance, si peu conformes à la condition d'une jeune fille aux pieds de son Roi, trouvent leur excuse dans l'horrible malheur qui vient de frapper Chimène. Cependant si elle demande justice, ce n'est point pour sa satisfaction personnelle, c'est pour l'honneur de son père, et dans l'intérêt de l'Etat.

(4) *Tout ce qu'enorgueillit...* Corneille a sagement corrigé par cette expression vague et générale, le vers exagéré qu'il avait d'abord mis dans la bouche de Chimène :

   Sacrifiez don Diègue et toute sa famille.

Moi, dont les longs travaux ont acquis tant de gloire,
Moi, que jadis partout à suivi la victoire,
Je me vois aujourd'hui, pour avoir trop vécu,
Recevoir un affront, et demeurer vaincu.
Ce que n'a pu jamais combat, siège, embuscade,
Ce que n'a pu jamais Aragon, ni Grenade,
Ni tous vos ennemis, ni tous mes envieux,
Le Comte en votre cour l'a fait presque à vos yeux,
Jaloux de votre choix, et fier de l'avantage
Que lui donnait sur moi l'impuissance de l'âge (1).
 Sire, ainsi ces cheveux blanchis sous le harnois,
Ce sang pour vous servir prodigué tant de fois,
Ce bras, jadis l'effroi d'une armée ennemie,
Descendaient au tombeau tous chargés d'infamie,
Si je n'eusse produit un fils digne de moi,
Digne de son pays, et digne de son roi.
Il m'a prêté sa main, il a tué le Comte;
Il m'a rendu l'honneur, il a lavé ma honte.
Si montrer du courage et du ressentiment,
Si venger un soufflet mérite un châtiment,
Sur moi seul doit tomber l'éclat de la tempête :
Quand le bras a failli, l'on en punit la tête.
Qu'on nomme crime ou non ce qui fait nos débats,
Sire, j'en suis la tête, il n'en est que le bras.
Si Chimène se plaint qu'il a tué son père,
Il ne l'eût jamais fait, si je l'eusse pu faire.
Immolez donc ce chef que les ans vont ravir (2),
Et conservez pour vous le bras qui peut servir.
Aux dépens de mon sang, satisfaites Chimène :
Je n'y résiste point, je consens à ma peine;
Et loin de murmurer d'un rigoureux décret,
Mourant sans déshonneur, je mourrai sans regret (3).

(1) Ce début de don Diègue est très habile. Pour excuser l'acte de son fils, et incliner les cœurs à la clémence, il était nécessaire de montrer l'indignité de l'affront fait au père. La peinture qu'il en fait, est d'une éloquence réservée et contenue, s'élevant par gradation jusqu'à ces vers sublimes qui résument toute la défense dans un cri d'héroïsme paternel :
 Quand le bras a failli, l'on en punit la tête.
 Il ne l'eût jamais fait, si je l'eusse pu faire.
Si le fils a failli, c'est le père qui est coupable; c'est lui qui en veut porter la peine.

(2) Le mot *chef* a vieilli dans le sens de *tête*.

(3) Ce discours de don Diègue est un modèle d'éloquence mâle et pathétique; le style en est achevé. Le vieux gentilhomme trouve dans son cœur de père, des accents de dévouement, de fierté et de vigueur que n'avait jamais entendus la scène française.

D. FERNAND.

L'affaire est d'importance, et, bien considérée,
Mérite en plein conseil d'être délibérée.
 Don Sanche, remettez Chimène en sa maison.
Don Diègue aura ma cour et sa foi pour prison.
Qu'on me cherche son fils. Je vous ferai justice.

CHIMÈNE.

Il est juste, grand Roi, qu'un meurtrier périsse.

D. FERNAND.

Prends du repos, ma fille, et calme tes douleurs.

CHIMÈNE.

M'ordonner du repos, c'est croître mes malheurs (1).

(1) « *Croître* est quelquefois actif en poésie, et signifie *augmenter* : cet honneur va *croître son audace*. » (A.)
 Deux scènes de premier ordre animent ce second acte : la scène du défi, et celle de l'accusation. Le Roi, en remettant l'affaire à la délibération de son conseil, tient les esprits en suspens; quand la toile tombe, le spectateur reste dans l'attente la plus vive.

QUESTIONS SUR LE IIᵉ ACTE.

Quel est le sujet du IIᵉ acte? Que s'y passe-t-il?
Comment le Comte reçoit-il les ordres du Roi?
Analysez la scène du défi? Quel est, dans cette scène, le langage de Rodrigue? celui du Comte?
Citez quelques-uns des plus beaux vers de cette scène.
Quels sont les sentiments qu'expriment Chimène et l'Infante, pendant que les deux champions vont se battre?
Quelles espérances ce duel donne-t-il à l'Infante?
Quelles sont les préoccupations du Roi, quand il revient avec don Sanche?
 Comment juge-t-il le duel?
Qui vient annoncer la mort du Comte?
Quel est le premier cri de Chimène? Comment soutient-elle sa demande?
Quelle est la réponse de don Diègue? Comment défend-il son fils?
Quelle est la résolution du Roi?
Où en est l'action à la fin du IIᵉ acte?

ACTE TROISIÈME

L'entrevue.

SCÈNE I

D. RODRIGUE, ELVIRE.

ELVIRE.

Rodrigue, qu'as-tu fait? où viens-tu, misérable (1)?

D. RODRIGUE.

Suivre le triste cours de mon sort déplorable.

ELVIRE.

Où prends-tu cette audace et ce nouvel orgueil
De paraître en des lieux que tu remplis de deuil?
Quoi! viens-tu jusqu'ici braver l'ombre du Comte?
Ne l'as-tu pas tué?

D. RODRIGUE.

Sa vie était ma honte;
Mon honneur de ma main a voulu cet effort.

ELVIRE.

Mais chercher ton asile en la maison du mort!
Jamais un meurtrier en fit-il son refuge?

D. RODRIGUE.

Et je n'y viens aussi que m'offrir à mon juge.
Ne me regarde plus d'un visage étonné;
Je cherche le trépas après l'avoir donné.
Mon juge est mon amour, mon juge est ma Chimène :
Je mérite la mort de mériter sa haine,
Et j'en viens recevoir, comme un bien souverain,
Et l'arrêt de sa bouche, et le coup de sa main (2).

ELVIRE.

Fuis plutôt de ses yeux, fuis de sa violence;
A ses premiers transports dérobe ta présence :

---

(1) Cette arrivée de Rodrigue cause une grande surprise.

(2) Résolution romanesque, dans le goût littéraire et dramatique du temps. Le fond du sentiment est sincère : Rodrigue veut revoir Chimène ; ce qui est exagéré, c'est de vouloir mourir de sa main.

Va, ne t'expose point aux premiers mouvements
Que poussera l'ardeur de ses ressentiments.

D. RODRIGUE.

Non, non, ce cher objet à qui j'ai pu déplaire,
Ne peut pour mon supplice avoir trop de colère ;
Et j'évite cent morts qui me vont accabler,
Si pour mourir plutôt je puis la redoubler.

ELVIRE.

Chimène est au palais, de pleurs toute baignée,
Et n'en reviendra point que bien accompagnée.
Rodrigue, fuis, de grâce : ôte-moi de souci.
Que ne dira-t-on point, si l'on te voit ici ?
Veux-tu qu'un médisant, pour comble à sa misère,
L'accuse d'y souffrir l'assassin de son père ?
Elle va revenir ; elle vient, je la voi (1) :
Du moins, pour son honneur, Rodrigue, cache-toi.

SCÈNE II

D. SANCHE, CHIMÈNE, ELVIRE.

D. SANCHE.

Oui, Madame, il vous faut de sanglantes victimes :
Votre colère est juste, et vos pleurs légitimes,
Et je n'entreprends pas, à force de parler,
Ni de vous adoucir ni de vous consoler.
Mais si de vous servir je puis être capable,
Employez mon épée à punir le coupable ;
Employez mon amour à venger cette mort :
Sous vos commandements mon bras sera trop fort.

CHIMÈNE.

Malheureuse (2) !

D. SANCHE.

De grâce, acceptez mon service.

CHIMÈNE.

J'offenserais le Roi, qui m'a promis justice.

(1) *Je la voi*, ancienne orthographe, du latin *video*. V. *Gr. fr. hist.*, n° 426.

(2) « Quelque insipidité qu'on ait trouvée dans le personnage de don Sanche, il me semble qu'il fait là un effet très heureux, en augmentant la douleur de Chimène ; et ce mot *malheureuse!* qu'elle prononce sans presque l'écouter, est sublime. Lorsqu'un personnage, qui n'est rien par lui-même, sert à faire valoir le caractère principal, il n'est point de trop. » (VOLT.) — Cette scène, du reste, est un acheminement au combat qui précipitera le dénouement ; v. plus haut, p. 54, et à l'*Examen*.

ACTE III, SCÈNE III

D. SANCHE.

Vous savez qu'elle marche avec tant de langueur,
Qu'assez souvent le crime échappe à sa longueur ;
Son cours lent et douteux fait trop perdre de larmes.
Souffrez qu'un cavalier vous venge par les armes :
La voie en est plus sûre, et plus prompte à punir (1).

CHIMÈNE.

C'est le dernier remède ; et s'il y faut venir,
Et que de mes malheurs cette pitié vous dure,
Vous serez libre alors de venger mon injure (2).

D. SANCHE.

C'est l'unique bonheur où mon âme prétend ;
Et pouvant l'espérer, je m'en vais trop content.

SCÈNE III

CHIMÈNE, ELVIRE.

CHIMÈNE.

Enfin, je me vois libre, et je puis, sans contrainte,
De mes vives douleurs te faire voir l'atteinte ;
Je puis donner passage à mes tristes soupirs ;
Je puis t'ouvrir mon âme et tous mes déplaisirs.
   Mon père est mort, Elvire ; et la première épée
Dont s'est armé Rodrigue, a sa trame coupée (3).
Pleurez, pleurez, mes yeux, et fondez-vous en eau.
La moitié de ma vie a mis l'autre au tombeau,
Et m'oblige à venger, après ce coup funeste,
Celle que je n'ai plus sur celle qui me reste (4).

(1) Don Sanche parle selon les mœurs féodales ; il lui fallait l'aveu de Chimène, avant de se faire son champion.

(2) Avec quelle réserve Chimène répond aux offres de don Sanche ! Après les premiers transports de la douleur, elle retrouve son affection pour Rodrigue ; et déjà elle commence à craindre pour celui dont, il y a un instant, elle réclamait la mort. C'est la marche de la nature.

(3) Ce participe passé séparé de son auxiliaire et s'accordant avec son régime direct, est un reste de l'ancien usage calqué sur la construction latine : copias *quas* habebat *paratas* (Cés.), les troupes *qu'il* avait *préparées*. V. *Gr. fr. hist.*, n° 798.

On dit fig. et poét. : *la trame de sa vie, la trame de ses jours*, pour *le cours* ou *la durée de la vie.* (A.) Corneille employa plusieurs fois le mot *trame* pour *vie.*

(4) Ces vers sont attendrissants ; la figure *de la moitié de la vie*, qui est un peu affectée, s'explique cependant. Ce qui faisait la vie de Chimène, c'était l'amour de son père et l'amour de Rodrigue ; Rodrigue a tué son père,

ELVIRE.

Reposez-vous, Madame.

CHIMÈNE.

Ah! que mal à propos
Dans un malheur si grand tu parles de repos!
Par où sera jamais ma douleur apaisée,
Si je ne puis haïr la main qui l'a causée?
Et que dois-je espérer qu'un tourment éternel,
Si je poursuis le crime, aimant le criminel?

ELVIRE.

Il vous prive d'un père, et vous l'aimez encore!

CHIMÈNE.

C'est peu de dire aimer, Elvire; je l'adore;
Ma passion s'oppose à mon ressentiment;
Dedans mon ennemi je trouve mon amant,
Et je sens qu'en dépit de toute ma colère,
Rodrigue dans mon cœur combat encor mon père :
Il l'attaque, il le presse, il cède, il se défend,
Tantôt fort, tantôt faible, et tantôt triomphant;
Mais en ce dur combat de colère et de flamme (1),
Il déchire mon cœur sans partager mon âme (2);
Et quoi que mon amour ait sur moi de pouvoir,
Je ne consulte point pour suivre mon devoir :
Je cours sans balancer où mon honneur m'oblige.
Rodrigue m'est bien cher, son intérêt m'afflige;
Mon cœur prend son parti; mais malgré son effort,
Je sais ce que je suis, et que mon père est mort.

ELVIRE.

Pensez-vous le poursuivre?

et la piété filiale lui fait un devoir de demander la mort de Rodrigue; elle mourra donc avec lui.

L'image vient primitivement d'Horace :

> Ah! te meæ si *partem animæ* rapit
> Maturior vis, quid moror *altera?*

« Ah! si un coup prématuré te ravit à mon amour, toi la moitié de mon âme, que faire en ce monde avec l'autre? »

Guillem de Castro avait dit aussi : « La moitié de ma vie a tué l'autre moitié. »

(1) Cette situation de Chimène est extrêmement dramatique; son cœur est cruellement déchiré, parce qu'elle ne peut s'empêcher d'aimer Rodrigue, et que d'autre part elle veut remplir son devoir et poursuivre sa mort. Qui ne la plaindrait en l'admirant tout ensemble?

(2) *L'âme*, que le poète oppose ici à *cœur*, indique la volonté libre qui, par devoir, s'élève au-dessus des affections naturelles.

ACTE III, SCÈNE III

CHIMÈNE.

Ah! cruelle pensée!
Et cruelle poursuite où je me vois forcée!
Je demande sa tête, et crains de l'obtenir (1):
Ma mort suivra la sienne, et je le veux punir!

ELVIRE.

Quittez, quittez, Madame, un dessein si tragique;
Ne vous imposez point de loi si tyrannique.

CHIMÈNE.

Quoi! mon père étant mort, et presque entre mes bras,
Son sang criera vengeance, et je ne l'orrai pas (2)!
Mon cœur, honteusement surpris par d'autres charmes,
Croira ne lui devoir que d'impuissantes larmes!
Et je pourrai souffrir qu'un amour suborneur
Sous un lâche silence étouffe mon honneur!

ELVIRE.

Madame, croyez-moi, vous serez excusable
D'avoir moins de chaleur contre un objet aimable,
Contre un amant si cher : vous avez assez fait;
Vous avez vu le Roi, n'en pressez point l'effet;
Ne vous obstinez point en cette humeur étrange.

CHIMÈNE.

Il y va de ma gloire, il faut que je me venge;
Et de quoi que nous flatte un désir amoureux,
Toute excuse est honteuse aux esprits généreux.

ELVIRE.

Mais vous aimez Rodrigue, il ne vous peut déplaire.

CHIMÈNE.

Je l'avoue.

ELVIRE.

Après tout, que pensez-vous donc faire?

CHIMÈNE.

Pour conserver ma gloire et finir mon ennui,
Le poursuivre, le perdre, et mourir après lui (3).

---

(1) C'est cette situation déchirante qui attache et qui émeut.

(2) C'est-à-dire *et je ne l'entendrai pas!* Orrai, vieux futur du verbe *ouïr*.

(3) « Ce vers excellent renferme toute la pièce, et répond à toutes les critiques qu'on a faites sur le caractère de Chimène. » (VOLT.)

9

SCÈNE IV (1)

D. RODRIGUE, CHIMÈNE, ELVIRE.

D. RODRIGUE.

Eh bien! sans vous donner la peine de poursuivre,
Assurez-vous l'honneur de m'empêcher de vivre (2).

CHIMÈNE.

Elvire, où sommes-nous? et qu'est-ce que je voi?
Rodrigue en ma maison! Rodrigue devant moi!

D. RODRIGUE.

N'épargnez point mon sang; goûtez sans résistance
La douceur de ma perte et de votre vengeance.

CHIMÈNE.

Hélas!

D. RODRIGUE.

Écoute-moi (3).

CHIMÈNE.

Je me meurs.

(1) Cette scène est l'endroit le plus *délicat* de la tragédie, parce que le poète a eu la hardiesse de mettre en présence d'une fille qui pleure son père, le meurtrier même de ce père, et cela quelques heures à peine après le terrible événement.

C'est aussi le moment le plus *pathétique*, parce que Chimène et Rodrigue sont en proie aux affections les plus vives et les plus contraires; l'un et l'autre sont possédés d'un amour que l'honneur leur ordonne de combattre.

Comment Chimène peut-elle souffrir devant ses yeux l'assassin de son père? Comment Rodrigue se fera-t-il pardonner son audace? Le poète soutiendra-t-il un tel entretien à l'honneur des deux personnages? Le spectateur se demande tout cela, et suit avec une anxiété pleine d'émotion le développement de cette entrevue.

Cette visite et celle des adieux ont été vivement reprochées au poète par Scudéry et par l'Académie.

Corneille, sans entrer dans la discussion du fond, se contenta d'alléguer en sa faveur le succès : « J'ai remarqué aux premières représentations qu'alors que ce malheureux amant se présentait devant elle, il s'élevait un certain frémissement dans l'assemblée, qui marquait une curiosité merveilleuse, et un redoublement d'attention pour ce qu'ils avaient à se dire dans un état si pitoyable... » V. l'*Examen*.

Corneille, du reste, a tiré cette belle situation de l'auteur espagnol.

(2) Rodrigue, entendant le dernier mot de Chimène, sort de l'appartement où il s'était tenu caché, et lui offre cette vie qu'elle poursuit. La stupeur de Chimène est au comble. Les premiers mots sont ce qu'ils devaient être, des cris, des soupirs, des sanglots.

(3) Le passage habile de *vous* à *tu* marque l'assurance que prend Rodrigue, quand il entend l'*hélas!* de la douleur, au lieu d'un cri de malédiction.

ACTE III, SCÈNE IV

D. RODRIGUE.
                    Un moment.
CHIMÈNE.
Va, laisse-moi mourir.

D. RODRIGUE.
            Quatre mots seulement :
Après, ne me réponds qu'avecque (1) cette épée (2).

CHIMÈNE.
Quoi! du sang de mon père encor toute trempée?

D. RODRIGUE.
Ma Chimène...

CHIMÈNE.
            Ote-moi cet objet odieux,
Qui reproche ton crime et ta vie à mes yeux.

D. RODRIGUE.
Regarde-le plutôt pour exciter ta haine,
Pour croître ta colère, et pour hâter ma peine.

CHIMÈNE.
Il est teint de mon sang.

D. RODRIGUE.
                    Plonge-le dans le mien,
Et fais-lui perdre ainsi la teinture du tien.

CHIMÈNE.
Ah! quelle cruauté, qui tout en un jour tue
Le père par le fer, la fille par la vue!
Ote-moi cet objet, je ne le puis souffrir :
Tu veux que je t'écoute, et tu me fais mourir!

(1) D'après Vaugelas (1647), *avec* se met devant les voyelles; *avecque* devant certaines consonnes; suivant Ménage (1675), *avecque* doit précéder tous les mots commençant par une consonne, sauf *quelque* et *quelconque*. En 1697, Th. Corneille disait que : « le plus grand nombre lui paraît pour *avec*, » et que «il y en a beaucoup qui évitent de mettre *avecque* en poésie.» Pour ce qui concerne P. Corneille, c'est dans *Andromède* (1650) qu'il a employé *avecque* pour la dernière fois, et plus tard, il l'a ôté de la plupart des endroits où il l'avait mis. (V. *Lexique de P. Corneille*, par Marty-Laveaux.)

(2) Rodrigue, en disant ces paroles, présente son épée.
« Cette offre que fait Rodrigue de son épée à Chimène ne me plairait pas maintenant, » disait Corneille en 1660, dans l'*Examen du Cid;* « ces beautés étaient de mise en ce temps-là, et ne le seraient plus en celui-ci. » Le goût s'était épuré depuis 1636, et le jugement de 1660 était le bon. Il n'est pas vraisemblable, en effet, que Rodrigue ait pu s'imaginer que Chimène pût, même dans l'égarement de la douleur, se faire le bourreau de son ennemi. Corneille avait suivi l'original espagnol.

D. RODRIGUE.

Je fais ce que tu veux, mais sans quitter l'envie
De finir par tes mains ma déplorable vie;
Car enfin n'attends pas de mon affection
Un lâche repentir d'une bonne action (1).
L'irréparable effet d'une chaleur trop prompte
Déshonorait mon père, et me couvrait de honte.
Tu sais comme un soufflet touche un homme de cœur;
J'avais part à l'affront, j'en ai cherché l'auteur :
Je l'ai vu, j'ai vengé mon honneur et mon père (2);
Je le ferais encor, si j'avais à le faire.
Ce n'est pas qu'en effet, contre mon père et moi,
Ma flamme assez longtemps n'ait combattu pour toi.
Juge de son pouvoir : *dans une telle offense
J'ai pu délibérer si j'en prendrais vengeance.*
Réduit à te déplaire, ou souffrir un affront,
J'ai pensé qu'à son tour mon bras était trop prompt.
Je me suis accusé de trop de violence:
Et ta beauté sans doute emportait la balance,
A moins que d'opposer à tes plus forts appas
Qu'un homme sans honneur ne te méritait pas;
Que malgré cette part que j'avais en ton âme,
Qui m'aima généreux, me haïrait infâme (3);
Qu'écouter ton amour, obéir à sa voix,
C'était m'en rendre indigne, et diffamer ton choix.
Je te le dis encore; et quoique j'en soupire,
Jusqu'au dernier soupir je veux bien le redire (4) :

(1) Telle était l'idée que Rodrigue s'était faite de l'honneur et de la piété filiale, qu'il avait regardé comme un *devoir* de venger l'injure de son père dans le sang de son insulteur. C'est cette persuasion, mal fondée, il est vrai, mais formée de bonne foi, qui fait l'héroïsme de Rodrigue; cet héroïsme qui a commencé par le meurtre du père de Chimène, Rodrigue le soutient ici devant la fille même de sa victime, par l'apologie de ce meurtre, comme d'une *bonne action;* il remporte une nouvelle victoire sur son cœur. C'est ainsi qu'il ajoute, toujours d'accord avec lui-même :
   Je le ferais encor, si j'avais à le faire.

(2) Ce passage est un modèle de narration rapide.

(3) Bel exemple de précision elliptique; Racine l'imita supérieurement dans *Andromaque* (A. IV, sc. V.) :
   Je l'aimais inconstant, qu'aurais-je fait fidèle?

(4) *Soupire, soupir;* négligence due à une critique de l'Académie; Corneille avait mis d'abord :
   Je te le dis encore et veux, *tant que* j'expire.

L'Académie avait condamné *tant que*, employé pour *jusqu'à ce que*. V. p. 105.

ACTE III, SCÈNE IV

Je t'ai fait une offense, et j'ai dû m'y porter
Pour effacer ma honte et pour te mériter (1);
Mais quitte envers l'honneur, et quitte envers mon père,
C'est maintenant à toi que je viens satisfaire (2).
C'est pour t'offrir mon sang qu'en ce lieu tu me vois.
J'ai fait ce que j'ai dû, je fais ce que je dois.
Je sais qu'un père mort t'arme contre mon crime;
Je ne t'ai pas voulu dérober ta victime :
Immole avec courage au sang qu'il a perdu,
Celui qui met sa gloire à l'avoir répandu.

CHIMÈNE.

Ah! Rodrigue, il est vrai, quoique ton ennemie,
Je ne puis te blâmer d'avoir fui l'infamie;
Et de quelque façon qu'éclatent mes douleurs,
Je ne t'accuse point, je pleure mes malheurs.
Je sais ce que l'honneur, après un tel outrage,
Demandait à l'ardeur d'un généreux courage :
Tu n'as fait le devoir que d'un homme de bien;
Mais aussi le faisant, tu m'as appris le mien (3).
Ta funeste valeur m'instruit par ta victoire :
Elle a vengé ton père et soutenu ta gloire;
Même soin me regarde, et j'ai pour m'affliger,
Ma gloire à soutenir et mon père à venger.
Hélas! ton intérêt ici me désespère.
Si quelque autre malheur m'avait ravi mon père,
Mon âme aurait trouvé dans le bien de te voir
L'unique allégement qu'elle eût pu recevoir;
Et contre ma douleur j'aurais senti des charmes,
Quand une main si chère eût essuyé mes larmes.
Mais il me faut te perdre après l'avoir perdu;
Cet effort sur ma flamme à mon honneur est dû;
Et cet affreux devoir dont l'ordre m'assassine,
Me force à travailler moi-même à ta ruine.
Car enfin, n'attends pas de mon affection

(1) Cette réflexion de Rodrigue ne paraît pas naturelle; quand il se jeta sur le Comte, il songeait à venger son père, mais nullement à *mériter* Chimène. Les stances du Ier acte étaient plus justes : Rodrigue craignait, en ne vengeant pas son père, d'être indigne de Chimène. Corneille, du reste, trouva lui-même plus tard que les pensées de cette scène étaient « quelquefois trop spirituelles pour partir de personnes fort affligées. » (*Examen.*)

(2) Voilà le but de la démarche de Rodrigue clairement exprimé.

(3) Chimène s'élève ici au-dessus de sa douleur; son grand cœur a compris l'héroïsme de Rodrigue et il aspire à la même gloire. C'est la pensée qui domine dans ce discours si touchant.

De lâches sentiments pour ta punition (1).
De quoi qu'en ta faveur notre amour m'entretienne,
Ma générosité doit répondre à la tienne :
Tu t'es, en m'offensant, montré digne de moi ;
Je me dois, par ta mort, montrer digne de toi.

D. RODRIGUE.

Ne diffère donc plus ce que l'honneur t'ordonne :
Il demande ma tête, et je te l'abandonne ;
Fais-en un sacrifice à ce noble intérêt ;
Le coup m'en sera doux, aussi bien que l'arrêt.
Attendre après mon crime une lente justice,
C'est reculer ta gloire autant que mon supplice.
Je mourrai trop heureux, mourant d'un coup si beau.

CHIMÈNE.

Va, je suis ta partie, et non pas ton bourreau (2).
Si tu m'offres ta tête, est-ce à moi de la prendre ?
Je la dois attaquer, mais tu dois la défendre ;
C'est d'un autre que toi qu'il me faut l'obtenir,
Et je dois te poursuivre, et non pas te punir.

D. RODRIGUE.

De quoi qu'en ma faveur notre amour t'entretienne,
Ta générosité doit répondre à la mienne (3) ;
Et pour venger un père, emprunter d'autres bras,
Ma Chimène, crois-moi, c'est n'y répondre pas.
Ma main seule du mien a su venger l'offense ;
Ta main seule du tien doit prendre la vengeance.

CHIMÈNE.

Cruel ! à quel propos sur ce point t'obstiner ?
Tu t'es vengé sans aide et tu m'en veux donner !
Je suivrai ton exemple, et j'ai trop de courage,
Pour souffrir qu'avec toi ma gloire se partage.
Mon père et mon honneur ne veulent rien devoir
Aux traits de ton amour, ni de ton désespoir.

(1) Chimène répète en se les appliquant à elle-même, les beaux vers de Rodrigue :
Car enfin, n'attends pas de mon affection
Un lâche repentir d'une bonne action.

(2) Vers admirable ; en deux traits, il caractérise la situation réciproque de Rodrigue et de Chimène, et laisse entrevoir en même temps l'affection toujours vivante derrière le devoir austère de l'honneur.

(3) Rodrigue à son tour reprend les paroles prononcées tout à l'heure par Chimène.

ACTE III, SCÈNE IV

D. RODRIGUE.

Rigoureux point d'honneur ! (1) hélas ! quoi que je fasse,
Ne pourrai-je à la fin obtenir cette grâce ?
Au nom d'un père mort, ou de notre amitié,
Punis-moi par vengeance, ou du moins par pitié.
Ton malheureux amant aura bien moins de peine
A mourir par ta main qu'à vivre avec ta haine.

CHIMÈNE.

Va, je ne te hais point (2).

D. RODRIGUE.

Tu le dois.

CHIMÈNE.

Je ne puis.

D. RODRIGUE.

Crains-tu si peu le blâme, et si peu les faux bruits ?
Quand on saura mon crime, et que ta flamme dure,
Que ne publieront l'envie et l'imposture !
Force-les au silence, et sans plus discourir,
Sauve ta renommée en me faisant mourir.

CHIMÈNE.

Elle éclate bien mieux en te laissant la vie (3) ;
Et je veux que la voix de la plus noire envie
Elève au ciel ma gloire et plaigne mes ennuis,
Sachant que je t'adore et que je te poursuis.
Va-t'en, ne montre plus à ma douleur extrême
Ce qu'il faut que je perde, encore que je l'aime.
Dans l'ombre de la nuit cache bien ton départ :
Si l'on te voit sortir, mon honneur court hasard.
La seule occasion qu'aura la médisance,
C'est de savoir qu'ici j'ai souffert ta présence (4) :
Ne lui donne point lieu d'attaquer ma vertu.

(1) Voilà le mot qui explique toute la conduite de Rodrigue et de Chimène. L'un et l'autre se sont fait un *point d'honneur* de poursuivre la vengeance de leurs pères au mépris de leurs affections les plus chères. Les mœurs chevaleresques ont, il est vrai, exagéré à leurs yeux ce devoir de la piété filiale : mais c'est précisément la haute idée qu'ils s'en étaient faite, qui fut la source de leur héroïsme.

(2) Litote célèbre ; l'effet en est doublé par l'insistance de Rodrigue et la solennelle déclaration de Chimène : *te haïr, je ne puis*.

(3) Combat sublime entre le coupable qui veut satisfaire l'offensée, et l'offensée qui aime trop le coupable pour le punir elle-même.

(4) L'Académie, à la suite de Scudéry, blâma vivement Chimène d'avoir supporté la présence du meurtrier de son père. L'effet pathétique de cette scène justifie Corneille. Du reste, le poète reconnaissait volontiers que son

D. RODRIGUE.

Que je meure.

CHIMÈNE.

Va-t'en.

D. RODRGUIE.

A quoi te résous-tu?

CHIMÈNE.

Malgré tes feux si beaux qui troublent ma colère,
Je ferai mon possible à bien venger mon père;
Mais, malgré la rigueur d'un si cruel devoir,
Mon unique souhait est de ne rien pouvoir (1)...

D. RODRIGUE.

O miracle d'amour!

CHIMÈNE.

O comble de misères!

D. RODRIGUE.

Que de maux et de pleurs nous coûteront nos pères!

CHIMÈNE.

Rodrigue, qui l'eût cru?

D. RODRIGUE.

Chimène, qui l'eût dit?

CHIMÈNE.

Que notre heur fût si proche, et sitôt se perdît (2)?

D. RODRIGUE.

*Et que si près du port, contre toute apparence,
Un orage si prompt brisât notre espérance?*

héroïne a fait *quelque glissade;* mais il ajoutait aussi : « elle s'en relève à l'heure même; et non seulement elle connait si bien sa faute qu'elle nous en avertit, mais elle fait un prompt désaveu de tout ce qu'une vue si chère lui a pu arracher. » Si elle a souffert l'entretien de Rodrigue, « elle avoue que c'est la seule prise que la médisance aura sur elle. »

Les héros du théâtre, comme ceux du poème épique, peuvent avoir *quelque faiblesse.* (BOIL., *Art. p.,* ch. III.)

(1) L'Académie blâmait encore Chimène « de ce qu'en même temps qu'elle poursuit Rodrigue, elle fait des vœux en sa faveur. » — « Quoi donc! dit La Harpe, voudrait-on qu'elle lui dît qu'elle désire en effet sa mort? Ce sentiment serait injuste et atroce, puisque, de son aveu, il n'a rien fait que de légitime. » Rodrigue est malheureux et innocent, Chimène ne peut que le plaindre, elle peut même l'aimer encore, tout en invoquant la justice royale contre celui qui lui a ravi son père.

(2) Ce duo de plaintes et de gémissements attendrit jusqu'aux larmes. On ne peut voir sans la plus profonde pitié, deux personnages si vertueux et tout ensemble si malheureux par leur vertu même. Leur amour mutuel, épuré par la souffrance, est à la fois leur consolation et leur tourment.

CHIMÈNE.
Ah! mortelles douleurs!
D. RODRIGUE.
Ah! regrets superflus!
CHIMÈNE.
Va-t'en, encor un coup, je ne t'écoute plus.
D. RODRIGUE.
Adieu; *je vais traîner une mourante vie* (1),
Tant que par ta poursuite elle me soit ravie (2).
CHIMÈNE.
Si j'en obtiens l'effet, je t'engage ma foi
De ne respirer pas un moment après toi (3).
Adieu : sors, et surtout garde bien qu'on te voie.
ELVIRE.
Madame, quelques maux que le ciel nous envoie...
CHIMÈNE.
Ne m'importune plus, laisse-moi soupirer.
Je cherche le silence et la nuit pour pleurer (4).

SCÈNE V

D. DIÈGUE.

Jamais nous ne goûtons de parfaite allégresse (5) :
Nos plus heureux succès sont mêlés de tristesse;
Toujours quelques soucis en ces événements
Troublent la pureté de nos contentements.
Au milieu du bonheur mon âme en sent l'atteinte :
Je nage dans la joie, et je tremble de crainte.
J'ai vu mort l'ennemi qui m'avait outragé;
Et je ne saurais voir la main qui m'a vengé.
En vain je m'y travaille (6), et d'un soin inutile,
Tout cassé que je suis, je cours toute la ville :

(1) Cette belle antithèse se trouve aussi chez la Fontaine (*Fables*, l. VII. I.) :
A chercher le soutien d'une *mourante vie*.

(2) V. p. 100. Bossuet emploie aussi *tant que* dans ce sens.

(3) Cette résolution extrême ne peut s'excuser que par la violence du désespoir; Chimène succombe à sa douleur.

(4) C'était l'unique moyen de rompre un entretien aussi déchirant pour les acteurs que pour les spectateurs.

(5) L'arrivée de don Diègue interrompt brusquement l'action. Il vient chercher son fils; on se demande en quel lieu on se trouve transporté tout d'un coup, puisque Rodrigue part sans être rencontré par son père. C'est ici surtout que se fait sentir le défaut de liaison des scènes.

(6) *Se travailler* signifie se tourmenter, s'inquiéter, s'efforcer. (A.)

Ce peu que mes vieux ans m'ont laissé de vigueur,
Se consume sans fruit à chercher ce vainqueur.
A toute heure, en tous lieux, dans une nuit si sombre,
Je pense l'embrasser, et n'embrasse qu'une ombre;
Et mon amour, déçu par cet objet trompeur,
Se forme des soupçons qui redoublent ma peur.
Je ne découvre point de marques de sa fuite;
Je crains du Comte mort les amis et la suite;
Leur nombre m'épouvante, et confond ma raison :
Rodrigue ne vit plus, ou respire en prison.
Justes cieux! me trompé-je encore à l'apparence,
Ou si je vois enfin mon unique espérance?
C'est lui, n'en doutons plus; mes vœux sont exaucés,
Ma crainte est dissipée, et mes ennuis cessés.

SCÈNE VI

D. DIÈGUE, D. RODRIGUE.

D. DIÈGUE.

Rodrigue, enfin le ciel permet que je te voie!

D. RODRIGUE.

Hélas (1)!

D. DIÈGUE.

Ne mêle point de soupirs à ma joie;
Laisse-moi prendre haleine afin de te louer.
Ma valeur n'a point lieu de te désavouer;
Tu l'as bien imitée, et ton illustre audace
Fait bien revivre en toi les héros de ma race :
C'est d'eux que tu descends, c'est de moi que tu viens;
Ton premier coup d'épée égale tous les miens;
Et d'une belle ardeur ta jeunesse animée
Par cette grande épreuve atteint ma renommée.
Appui de ma vieillesse, et comble de mon heur (2),
Touche ces cheveux blancs à qui tu rends l'honneur;
Viens baiser cette joue, et reconnais la place
Où fut empreint l'affront que ton courage efface (3).

(1) Le père est transporté de joie, le fils accablé de douleur; situation pleine d'intérêt.

(2) *Heur*, bonne fortune, chance heureuse. Ce vieux mot n'est plus guère usité que dans le proverbe suivant : *il n'y a qu'heur et malheur dans ce monde*. (A.) *Heur* a formé *bonheur* et *malheur*.

(3) Quelle effusion de joie et de tendresse! Le vieux gentilhomme, naguère si humilié qu'il fuyait le jour pour cacher sa honte, reparaît maintenant fier et triomphant : son fils lui a rendu l'honneur.

ACTE III, SCÈNE VI

D. RODRIGUE.

L'honneur vous en est dû; je ne pouvais pas moins,
Étant sorti de vous et nourri par vos soins.
Je m'en tiens trop heureux, et mon âme est ravie
Que mon coup d'essai plaise à qui je dois la vie;
Mais parmi vos plaisirs ne soyez point jaloux,
Si je m'ose à mon tour satisfaire après vous.
Souffrez qu'en liberté mon désespoir éclate;
Assez et trop longtemps votre discours le flatte.
Je ne me repens point de vous avoir servi;
Mais rendez-moi le bien que ce coup m'a ravi.
Mon bras, pour vous venger, armé contre ma flamme,
Par ce coup glorieux m'a privé de mon âme;
Ne me dites plus rien; pour vous j'ai tout perdu :
Ce que je vous devais, je vous l'ai bien rendu.

D. DIÈGUE.

Porte, porte plus haut le fruit de ta victoire :
Je t'ai donné la vie, et tu me rends la gloire;
Et d'autant que l'honneur m'est plus cher que le jour,
D'autant plus maintenant je te dois de retour (1).
Mais d'un cœur magnanime éloigne ces faiblesses;
Nous n'avons qu'un honneur, il est tant de maîtresses!
L'amour n'est qu'un plaisir, l'honneur est un devoir (2).

D. RODRIGUE.

Ah! que me dites-vous?

D. DIÈGUE.

Ce que tu dois savoir.

D. RODRIGUE.

Mon honneur offensé sur moi-même se venge;
Et vous m'osez pousser à la honte du change (3)!
L'infamie est pareille, et suit également
Le guerrier sans courage, et le perfide amant.
A ma fidélité ne faites point d'injure;
Souffrez-moi généreux, sans me rendre parjure :
Mes liens sont trop forts pour être ainsi rompus;
Ma foi m'engage encor si je n'espère plus;
Et ne pouvant quitter ni posséder Chimène,
Le trépas que je cherche, est ma plus douce peine.

(1) Cette locution *d'autant plus que... d'autant plus*, s'employait au xviie siècle pour *plus... plus*.
(2) Belle et forte maxime, qui inspire tout l'héroïsme de don Diègue, de Rodrigue et de Chimène.
(3) *Change*, signifiant troc d'une chose contre une autre, n'est plus guère usité que dans ces locutions *gagner au change*, *perdre au change*. (A.)

D. DIÈGUE.

Il n'est pas temps encor de chercher le trépas :
Ton prince et ton pays ont besoin de ton bras.
La flotte qu'on craignait, dans ce grand fleuve entrée,
Croit surprendre la ville et piller la contrée;
Les Mores vont descendre ; et le flux et la nuit
Dans une heure à nos murs les amènent sans bruit.
La cour est en désordre, et le peuple en alarmes :
On n'entend que des cris, on ne voit que des larmes.
Dans ce malheur public mon bonheur a permis
Que j'ai trouvé chez moi cinq cents de mes amis (1),
Qui, sachant mon affront, poussés d'un même zèle,
Se venaient tous offrir à venger ma querelle (2).
Tu les a prévenus; mais leurs vaillantes mains
Se tremperont bien mieux au sang des Africains.
Va marcher à leur tête, où l'honneur te demande :
C'est toi que veut pour chef leur généreuse bande.
De ces vieux ennemis va soutenir l'abord :
Là, si tu veux mourir, trouve une belle mort (3);
Prends-en l'occasion, puisqu'elle t'est offerte;
Fais devoir à ton roi son salut à ta perte;
Mais reviens-en plutôt les palmes sur le front.
Ne borne pas ta gloire à venger un affront;

(1) *A permis que j'ai*, pour *que j'aie*, licence poétique.

(2) Scudéry avait critiqué ce rassemblement nombreux dans la maison de don Diègue. L'Académie, au contraire, approuva le poète : « Quoiqu'il soit vrai, disait-elle, que ces cinq cents amis de Rodrigue étaient plutôt assemblés par le poète contre les Mores que contre le Comte, nous croyons que n'y ayant nulle répugnance qu'ils soient employés contre tous les deux, le poète serait plutôt digne de louange que de blâme d'avoir inventé cette assemblée de gens, en apparence contre le Comte, et en effet contre les Mores; car une des beautés du poème dramatique est que ce qui a été imaginé et introduit pour une chose, serve à la fin pour une autre. » (*Sentiments sur le Cid.*)

(3) Pour relever le courage de son fils, don Diègue prend le chemin le plus rapide et le plus sûr : il montre à son noble cœur des Maures à combattre, une patrie à défendre, des lauriers à conquérir; s'il cherche la mort, il la trouvera belle et glorieuse; ou plutôt, il reviendra triomphant, sûr du pardon, avec l'espoir même de regagner le cœur de Chimène. C'est plus qu'il n'en faut : le jeune homme vole au combat sur les pas de son père.

Ce discours est d'une éloquence habile, brève et entraînante. « La meilleure manière de relever le cœur de l'homme abattu par la passion, c'est, dit Saint-Marc Girardin, d'exciter en lui une autre passion; on le distrait plus aisément qu'on ne le console. » C'est ce que fait don Diègue avec l'autorité du père qui commande l'obéissance, et l'enthousiasme du vieux guerrier qui enflamme le courage.

ACTE III, SCÈNE VI

*Porte-la plus avant ; force par ta vaillance
Ce monarque au pardon, et Chimène au silence* (1);
Si tu l'aimes, apprends que revenir vainqueur,
C'est l'unique moyen de regagner son cœur.
Mais le temps est trop cher pour le perdre en paroles;
Je t'arrête en discours, et je veux que tu voles.
Viens, suis-moi, va combattre et montrer à ton roi
Que ce qu'il perd au Comte, il le recouvre en toi (2).

(1) C'est ainsi que le combat contre les Maures se rattache au sujet de la tragédie. Ce n'est pas un épisode inutile, mais une partie importante de l'action qui fortifie le nœud, déconcerte un moment toutes les prévisions du spectateur, et finalement hâte et amène le dénouement, en désarmant Chimène.

(2) Une grande scène, vrai chef-d'œuvre de pathétique, domine tout cet acte : c'est l'entrevue de Rodrigue et de Chimène. Deux scènes de second ordre, belles et dramatiques aussi, quoique dans un degré inférieur, soutiennent l'intérêt, celle qui ouvre l'acte par l'arrivée de Rodrigue, et celle qui la ferme par son départ pour le combat.

A la fin du IIIe acte, la situation est aussi indécise que possible : quelle sera l'issue de l'expédition de Rodrigue? s'il en revient vainqueur, quel sera son sort? que fera, que deviendra Chimène? Tout est en suspens : il est difficile de développer l'intrigue d'une manière plus attachante.

QUESTIONS SUR LE IIIe ACTE.

Que se passe-t-il dans le IIIe acte?
Par quelle scène commence-t-il?
Que faut-il penser de la démarche de Rodrigue?
Comment Chimène reçoit-elle les offres de don Sanche?
Quels sont les vrais sentiments de Chimène à l'égard de Rodrigue?
Analysez la scène de l'entrevue. Quel en est le mérite?
A quels reproches a-t-elle donné lieu? comment se justifie-t-elle?
Rodrigue se repent-il du meurtre du Comte? Chimène le lui reproche-t-elle?
Quel est le principe qui explique toute leur conduite?
Que demande Rodrigue? Que lui répond Chimène?
Pourquoi don Diègue se présente-t-il?
Comment reçoit-il Rodrigue? Quels encouragements, quels conseils lui donne-t-il?
Quelle diversion propose-t-il à sa douleur?
En quel état se trouve l'action à la fin du IIIe acte?

ACTE QUATRIÈME

La victoire du Cid.

SCÈNE I
CHIMÈNE, ELVIRE.

CHIMÈNE.
N'est-ce point un faux bruit? le sais-tu bien, Elvire (1)?
ELVIRE.
Vous ne croiriez jamais comme chacun l'admire (2),
Et porte jusqu'au ciel, d'une commune voix,
De ce jeune héros les glorieux exploits.
Les Mores devant lui n'ont paru qu'à leur honte;
Leur abord fut bien prompt, leur fuite encor plus prompte.
Trois heures de combat laissent à nos guerriers
Une victoire entière et deux rois prisonniers.
La valeur de leur chef ne trouvait point d'obstacles.
CHIMÈNE.
Et la main de Rodrigue a fait tous ces miracles?
ELVIRE.
De ses nobles efforts ces deux rois sont le prix :
Sa main les a vaincus, et sa main les a pris.
CHIMÈNE.
De qui peux-tu savoir ces nouvelles étranges?
ELVIRE.
Du peuple, qui partout fait sonner ses louanges,
Le nomme de sa joie et l'objet et l'auteur,
Son ange tutélaire, et son libérateur.
CHIMÈNE.
Et le Roi, de quel œil voit-il tant de vaillance?

(1) Le IIIe acte a fini le soir; le IVe commence le lendemain matin. Pendant la nuit s'est livré le combat dont le bruit, rapidement répandu, est parvenu jusqu'à Chimène.

(2) Avec quelle vivacité l'action recommence! Tout est si plein de Rodrigue dans la maison de Chimène, que dès l'abord un simple pronom suffit à le désigner.

ACTE IV, SCÈNE I

ELVIRE.

Rodrigue n'ose encor paraître en sa présence ;
Mais don Diègue ravi lui présente enchaînés,
Au nom de ce vainqueur, ces captifs couronnés,
Et demande pour grâce à ce généreux prince
Qu'il daigne voir la main qui sauve la province.

CHIMÈNE.

Mais n'est-il point blessé (1) ?

ELVIRE.

Je n'en ai rien appris.
Vous changez de couleur ! reprenez vos esprits.

CHIMÈNE.

Reprenons donc aussi ma colère affaiblie :
Pour avoir soin de lui, faut-il que je m'oublie ?
On le vante, on le loue, et mon cœur y consent !
Mon honneur est muet, mon devoir impuissant !
Silence, mon amour, laisse agir ma colère ;
S'il a vaincu deux rois, il a tué mon père ;
Ces tristes vêtements, où je lis mon malheur,
Sont les premiers effets qu'ait produits sa valeur ;
Et quoi qu'on die ailleurs d'un cœur si magnanime (2),
Ici tous les objets me parlent de son crime.
Vous qui rendez la force à mes ressentiments,
Voiles, crêpes, habits, lugubres ornements (3),

(1) Ces questions ardentes et précipitées de Chimène montrent bien quelle place Rodrigue tient toujours dans son cœur. D'abord c'est la curiosité et le doute :

N'est-ce point un faux bruit ? le sais-tu bien, Elvire ?

puis l'enthousiasme :

Et la main de Rodrigue a fait tous ces miracles ?

ensuite la joie qui veut être rassurée :

De qui peux-tu savoir ces nouvelles étranges ?

enfin la préoccupation inquiète et délicate :

Et le Roi, de quel œil voit-il tant de vaillance ?
Mais n'est-il point blessé ?

Ce n'est qu'à la fin, lorsque sa curiosité est pleinement satisfaite, qu'elle s'aperçoit qu'elle a trop suivi la pente de son cœur, et elle en a honte, elle se le reproche comme un crime ; l'honneur reprend le dessus ; son exaltation l'emporte aux mouvements les plus passionnés :

Silence, mon amour... Voiles, crêpes, habits...

(2) *Die* pour *dise*; cette forme se trouve encore en 1674, sous la plume de Racine (*Iphigénie*, v. 1041). Th. Corneille substitua *dise* à *die*, toutes les fois qu'il le put, dans l'édition des œuvres de son frère, qu'il publia en 1692.

(3) Cette dernière apostrophe aux objets inanimés qui lui rappellent celui qu'elle a perdu, est fort touchante.

Pompe que me prescrit sa première victoire,
Contre ma passion soutenez bien ma gloire;
Et lorsque mon amour prendra trop de pouvoir,
Parlez à mon esprit de mon triste devoir,
Attaquez sans rien craindre une main triomphante.

ELVIRE.

Modérez ces transports, voici venir l'Infante.

SCÈNE II

L'INFANTE, CHIMÈNE, LÉONOR, ELVIRE.

L'INFANTE.

Je ne viens pas ici consoler tes douleurs;
Je viens plutôt mêler mes soupirs à tes pleurs.

CHIMÈNE.

Prenez bien plutôt part à la commune joie,
Et goûtez le bonheur que le ciel vous envoie,
Madame : autre que moi n'a droit de soupirer (1).
Le péril dont Rodrigue a su nous retirer,
Et le salut public que vous rendent ses armes,
A moi seule aujourd'hui souffrent encor les larmes (2) :
Il a sauvé la ville, il a servi son roi;
Et son bras valeureux n'est funeste qu'à moi.

L'INFANTE.

Ma Chimène, il est vrai qu'il a fait des merveilles.

CHIMÈNE.

Déjà ce bruit fâcheux a frappé mes oreilles;
Et je l'entends partout publier hautement
Aussi brave guerrier que malheureux amant.

L'INFANTE.

Qu'a de fâcheux pour toi ce discours populaire?
Ce jeune Mars qu'il loue a su jadis te plaire :
Il possédait ton âme, il vivait sous tes lois;
Et vanter sa valeur, c'est honorer ton choix (3).

CHIMÈNE.

Chacun peut la vanter avec quelque justice;
Mais pour moi sa louange est un nouveau supplice.

(1) Tour bref, pour *nul autre que moi.*
(2) *Souffrent*, pris dans le sens latin de *patior*, pour *permettent.*
(3) Cette conversation languissante suspend mal à propos l'action, et refroidit l'intérêt.

ACTE IV, SCÈNE II

On aigrit ma douleur en l'élevant si haut ;
Je vois ce que je perds, quand je vois ce qu'il vaut.
Ah! cruels déplaisirs à l'esprit d'une amante!
Plus j'apprends son mérite, et plus mon feu s'augmente ;
Cependant mon devoir est toujours le plus fort,
Et malgré mon amour, va poursuivre sa mort.

L'INFANTE.

Hier ce devoir te mit en une haute estime ;
L'effort que tu te fis parut si magnanime,
Si digne d'un grand cœur, que chacun à la cour
Admirait ton courage et plaignait ton amour.
Mais croirais-tu l'avis d'une amitié fidèle?

CHIMÈNE.

Ne vous obéir pas me rendrait criminelle.

L'INFANTE.

Ce qui fut juste alors, ne l'est plus aujourd'hui.
Rodrigue maintenant est notre unique appui,
L'espérance et l'amour d'un peuple qui l'adore,
Le soutien de Castille (1) *et la terreur du More.*
Le Roi même est d'accord de cette vérité,
Que ton père en lui seul se voit ressuscité ;
Et si tu veux enfin qu'en deux mots je m'explique,
Tu poursuis en sa mort la ruine publique.
Quoi! pour venger un père est-il jamais permis
De livrer sa patrie aux mains des ennemis?
Contre nous ta poursuite est-elle légitime?
Et pour être punis avons-nous part au crime?
Ce n'est pas qu'après tout tu doives épouser
Celui qu'un père mort t'obligeait d'accuser :
Je te voudrais moi-même en arracher l'envie (2);
Ote-lui ton amour, mais laisse-nous sa vie.

CHIMÈNE.

Ah! ce n'est pas à moi d'avoir tant de bonté ;
Le devoir qui m'aigrit, n'a rien de limité.
Quoique pour ce vainqueur mon amour s'intéresse,
Quoiqu'un peuple l'adore et qu'un roi le caresse,
Qu'il soit environné des plus vaillants guerriers,
J'irai sous mes cyprès accabler ses lauriers (3).

---

(1) Corneille supprime souvent l'article devant les noms propres.
(2) Les conseils de l'Infante pouvaient être agréés du spectateur, tant qu'ils se bornaient à calmer les ressentiments de Chimène ; mais lorsque l'Infante laisse entrevoir l'espoir de son propre amour, ces avis trop intéressés nous indisposent contre elle.
(3) L'antithèse est affectée.

L'INFANTE.

C'est générosité quand, pour venger un père,
Notre devoir attaque une tête si chère (1);
Mais c'en est une encor d'un plus illustre rang,
Quand on donne au public les intérêts du sang.
Non, crois-moi, c'est assez que d'éteindre ta flamme;
Il sera trop puni, s'il n'est plus dans ton âme.
Que le bien du pays t'impose cette loi :
Aussi bien, que crois-tu que t'accorde le Roi ?

CHIMÈNE.

Il peut me refuser, mais je ne puis me taire.

L'INFANTE.

Pense bien, ma Chimène, à ce que tu veux faire.
Adieu : tu pourras seule y penser à loisir.

CHIMÈNE.

Après mon père mort, je n'ai point à choisir (2).

SCÈNE III

D. FERNAND, D. DIÈGUE, D. ARIAS, D. RODRIGUE (3), D. SANCHE.

D. FERNAND.

Généreux héritier d'une illustre famille
Qui fut toujours la gloire et l'appui de Castille,
Race de tant d'aïeux en valeur signalés (4),
Que l'essai de la tienne a sitôt égalés,
Pour te récompenser ma force est trop petite,
Et j'ai moins de pouvoir que tu n'as de mérite.

(1) Expression empruntée à la poésie latine et grecque :
    Tam cari capitis, d'une tête si chère (HOR. *Od.* I.);
    Φίλτατον κάρα, ô tête si chère! (SOPH., *Électre*);
    J'ignore le destin d'*une tête si chère*. (RAC., *Androm.*)

(2) L'Infante et Chimène se séparent et se retirent avec leurs suivantes, sans que l'on sache pourquoi elles partent et de quel côté elles se dirigent. Leur départ n'a d'autre motif que de laisser la scène libre pour don Fernand.

(3) L'entrée du Roi amenant solennellement avec lui le jeune vainqueur et son père, excite une grande attention. On est heureux de revoir Rodrigue le front rayonnant de joie, et désormais protégé par sa victoire.

(4) *Race* signifie aujourd'hui *lignée*, c'est-à-dire tous ceux qui viennent d'une même famille : il est d'une race illustre. (A.) Au XVIIe siècle, on l'employait aussi dans le sens de *rejeton*, comme ici.
Racine a dit de même (*Iphig.* A. V, sc. II) :
    Adieu, prince ; vivez, digne *race* des dieux.

ACTE IV, SCÈNE III

Le pays délivré d'un si rude ennemi,
Mon sceptre dans ma main par la tienne affermi,
Et les Mores défaits, avant qu'en ces alarmes
J'eusse pu donner ordre à repousser leurs armes,
Ne sont point des exploits qui laissent à ton roi
Le moyen ni l'espoir de s'acquitter vers toi.
Mais deux rois tes captifs feront ta récompense ;
Ils t'ont nommé tous deux leur Cid en ma présence (1);
Puisque Cid en leur langue est autant que Seigneur,
Je ne t'envierai pas ce beau titre d'honneur.
Sois désormais le Cid ; qu'à ce grand nom tout cède ;
Qu'il comble d'épouvante et Grenade et Tolède,
Et qu'il marque à tous ceux qui vivent sous mes lois
Et ce que tu me vaux, et ce que je te dois.

D. RODRIGUE.

Que Votre Majesté, Sire, épargne ma honte (2).
D'un si faible service elle fait trop de compte,
Et me force à rougir devant un si grand roi,
De mériter si peu l'honneur que j'en reçoi (3).
Je sais trop que je dois au bien de votre empire
Et le sang qui m'anime, et l'air que je respire ;
Et quand je les perdrai pour un si digne objet,
Je ferai seulement le devoir d'un sujet.

D. FERNAND.

Tous ceux que ce devoir à mon service engage
Ne s'en acquittent pas avec même courage;
Et lorsque la valeur ne va point dans l'excès (4),
Elle ne produit point de si rares succès.
Souffre donc qu'on te loue, et de cette victoire
Apprends-moi plus au long la véritable histoire (5).

---

(1) V. plus haut, p. 50, n. 5.

(2) *Honte* est pris ici dans le sens de *pudeur, modestie*. L'Académie condamna cet emploi; Vaugelas, en 1647, confirma ce sentiment : « *Honte*, dit-il, est un mot équivoque, qui veut dire la bonne et la mauvaise *honte*, au lieu que *pudeur* ne signifie jamais que la bonne *honte*. » (*Remarques*.)

(3) *Je reçoi*, orthographe du vieux français; v. plus haut, *je voi*, A. III, sc. I.

(4) *Aller dans l'excès*, c.-à-d. aller à l'extrême, au delà de la mesure ordinaire. Cette locution n'est plus usitée.

(5) Le spectateur est impatient, comme le Roi, d'apprendre de la bouche même du héros, le récit de sa merveilleuse victoire.

Dans Guillem de Castro, on assiste à une guerre dans les montagnes. Un roi maure traîne après lui ses captifs et son butin; il est arrêté, vaincu, fait prisonnier par Rodrigue, qui reçoit son hommage et se met à la poursuite

D. RODRIGUE.

Sire, vous avez su qu'en ce danger pressant,
Qui jeta dans la ville un effroi si puissant (1),
Une troupe d'amis chez mon père assemblée
Sollicita mon âme encor toute troublée...
Mais, Sire, pardonnez à ma témérité,
Si j'osai l'employer sans votre autorité ;
Le péril approchait ; leur brigade était prête (2) ;
Me montrant à la cour, je hasardais ma tête ;
Et s'il fallait la perdre, il m'était bien plus doux
De sortir de la vie en combattant pour vous (3).

D. FERNAND.

J'excuse ta chaleur à venger ton offense,
Et l'Etat défendu me parle en ta défense ;
Crois que dorénavant Chimène a beau parler,
Je ne l'écoute plus que pour la consoler (4).
Mais poursuis.

D. RODRIGUE.

Sous moi donc cette troupe s'avance,
Et porte sur le front une mâle assurance (5).

de quatre autres rois. Tout se passe sous les yeux du spectateur, moins la mêlée que décrit un berger poltron monté sur un arbre... On conçoit la tentation offerte à Corneille de traduire tout ce fracas en un grand récit d'épopée. (VIGUIER.)

(1) *Puissant*, qui agit puissamment.

(2) *Brigade* désigne aujourd'hui un corps de troupes composé de deux régiments ; par extension, il signifie troupe, bande. C'est dans ce sens qu'il est employé ici par Corneille. De son temps, ce mot signifiait proprement une escouade de cavaliers en général. Il se dit aussi aujourd'hui d'une réunion de deux ou de plusieurs gendarmes sous les ordres d'un brigadier, qui résident en une localité. Etym. : bas-lat. *brigata*, ital. *brigada*, du b.-l. *brigare*, tâcher d'obtenir par brigue, par manœuvre secrète.

(3) Rodrigue commence fort adroitement par se justifier de l'initiative qu'il a cru pouvoir prendre ; le succès du reste l'avait absous d'avance.

(4) Cette parole aimable du Roi fait entrevoir un dénouement heureux; bientôt, il est vrai, une nouvelle péripétie viendra tout compromettre. C'est l'art du grand poète de tenir ainsi les cœurs dans sa main, les réjouissant un moment par la perspective d'une fin prochaine, puis les jetant tout d'un coup dans de nouvelles alarmes.

(5) L'ivresse de la victoire n'eût pas suffi pour expliquer l'élan de Rodrigue et la couleur poétique de son récit : il lui fallait l'assurance de la faveur royale. Désormais sûr de cet appui tout-puissant, il s'abandonne à son enthousiasme. Le spectateur est ravi de l'ardeur juvénile et guerrière qui respire dans ses accents.

Nous partîmes cinq cents ; mais par un prompt renfort,
Nous nous vîmes trois mille en arrivant au port (1),
Tant à nous voir marcher avec un tel visage,
Les plus épouvantés reprenaient de courage !
J'en cache les deux tiers, aussitôt qu'arrivés (2),
Dans le fond des vaisseaux qui lors furent trouvés ;
Le reste, dont le nombre augmentait à toute heure,
Brûlant d'impatience, autour de moi demeure,
Se couche contre terre, et sans faire aucun bruit,
Passe une bonne part d'une si belle nuit.
Par mon commandement la garde en fait de même,
Et se tenant cachée, aide à mon stratagème ;
Et je feins hardiment d'avoir reçu de vous
L'ordre qu'on me voit suivre et que je donne à tous (3).
Cette obscure clarté qui tombe des étoiles (4),
Enfin avec le flux nous fait voir trente voiles ;
L'onde s'enfle dessous, et d'un commun effort
Les Mores et la mer montent jusques au port.
On les laisse passer ; tout leur paraît tranquille ;
Point de soldats au port, point aux murs de la ville.
Notre profond silence abusant leurs esprits,
Ils n'osent plus douter de nous avoir surpris ;
Ils abordent sans peur, ils ancrent, ils descendent (5),
Et courent se livrer aux mains qui les attendent.
Nous nous levons alors, et tous en même temps
Poussons jusques au ciel mille cris éclatants (6).
Les nôtres, à ces cris, de nos vaisseaux répondent ;
Ils paraissent armés, les Mores se confondent,

(1) La petite armée se grossit en marchant ; le poète donne ainsi plus d'importance au combat et à la victoire.

(2) Ellipse heureuse, qui rend le discours plus rapide.

(3) Toutes ces mesures si bien improvisées, montrent un capitaine aussi habile que décidé.

(4) Ce vers doit sa beauté à une heureuse alliance de mots — *obscure clarté*, — et à la sobriété de l'image. Il suffit d'un vers à Corneille pour peindre avec poésie et vérité cet effet de nuit.

(5) Corneille emploie ici « le mot *ancrer*, tout comme l'eût fait un marinier de Rouen racontant un événement du même genre. » (Marty-Laveaux).

L'emploi fréquent et convenable des mots techniques même familiers donne à ce récit le cachet militaire qui lui convient. La langue de Corneille a cette qualité entre beaucoup d'autres, c'est de décrire les choses et les faits par les mots les plus propres qui les mettent plus en relief, et les placent plus vivement sous les yeux. V. *Sertorius*, acte III, sc. I ; l'*Illusion*, acte III, sc. III et IV ; *le Menteur*, acte I, sc. V.

(6) Les paroles ici sont l'image parfaite des actions. Les cris figurent souvent dans les récits épiques des batailles anciennes.

L'épouvante les prend à demi descendus;
Avant que de combattre, ils s'estiment perdus.
Ils couraient au pillage, et rencontrent la guerre;
Nous les pressons sur l'eau, nous les pressons sur terre,
Et nous faisons courir des ruisseaux de leur sang,
Avant qu'aucun résiste ou reprenne son rang.
Mais bientôt, malgré nous, leurs princes les rallient;
Leur courage renaît, et leurs terreurs s'oublient :
La honte de mourir sans avoir combattu,
Arrête leur désordre et leur rend leur vertu.
Contre nous de pied ferme ils tirent leurs alfanges (1),
De notre sang au leur font d'horribles mélanges;
Et la terre, et le fleuve, et leur flotte et le port (2),
Sont des champs de carnage où triomphe la mort.
  O combien d'actions, combien d'exploits célèbres
Sont demeurés sans gloire au milieu des ténèbres,
Où chacun, seul témoin des grands coups qu'il donnait,
Ne pouvait discerner où le sort inclinait!
J'allais de tous côtés encourager les nôtres,
Faire avancer les uns, et soutenir les autres,
Ranger ceux qui venaient, les pousser à leur tour;
Et ne l'ai pu savoir jusques au point du jour.
Mais enfin sa clarté montre notre avantage :
Le More voit sa perte, et perd soudain courage;
Et voyant un renfort qui nous vient secourir,
L'ardeur de vaincre cède à la peur de mourir.
Ils gagnent leurs vaisseaux, ils en coupent les câbles,
Poussent jusques aux cieux des cris épouvantables (3),

(1) *Alfange*, sorte de cimeterre; c'est un mot espagnol et portugais, hors d'usage aujourd'hui; il vient de l'arabe *al chandjar*. (LITTRÉ.)

(2) Cette répétition de *et* devant une accumulation de noms, donne à la rapidité au style.

(3) Corneille avait mis d'abord un vers bien plus pittoresque :
  Nous laissent *pour adieux* des cris épouvantables.
Ces cris poussés en guise d'*adieux* par un ennemi furieux et en déroute, présentent une antithèse familière et légèrement ironique qui est parfaitement dans le ton du récit. L'Académie a fait de ce vers une critique de vétilles en disant : « On ne dit point *laisser un adieu*, ni *laisser des cris*, outre que les vaincus ne disent jamais adieu au vainqueur. » En parlant ainsi, l'Académie a montré le chemin à Voltaire, qui dans son trop fameux Commentaire s'est amusé méchamment à mettre ainsi en pièces les plus beaux vers, les images et les locutions les plus poétiques. Un vers est un tout complet dont la beauté consiste souvent dans la réunion de termes, de figures et d'images, qui séparément ne signifient rien, ou même heurteraient l'usage et le bon goût. Racine apprécia mieux l'image de Corneille, puisqu'il la reprit dans *Bajazet* (A. IV, sc. V) :
  Qu'il n'ait en expirant que *ses cris pour adieux*.

Font retraite en tumulte, et sans considérer
Si leurs rois avec eux peuvent se retirer.
Pour souffrir ce devoir, leur frayeur est trop forte :
Le flux les apporta, le reflux les remporte (1),
Cependant que les rois, engagés parmi nous (2),
Et quelque peu des leurs, tout percés de nos coups,
Disputent vaillamment et vendent bien leur vie.
A se rendre moi-même en vain je les convie ;
Le cimeterre au poing ils ne m'écoutent pas ;
Mais voyant à leurs pieds tomber tous leurs soldats,
Et que seuls désormais en vain ils se défendent (3),
Ils demandent le chef : je me nomme, ils se rendent.
Je vous les envoyai tous deux en même temps,
Et le combat cessa faute de combattants (4).
C'est de cette façon que pour votre service (5)...

SCÈNE IV
D. FERNAND, D. DIÈGUE, D. RODRIGUE, D. ARIAS, D. ALONSE, D. SANCHE.

D. ALONSE.

Sire, Chimène vient vous demander justice.

D. FERNAND.

La fâcheuse nouvelle et l'importun devoir (6) !
Va, je ne la veux pas obliger à te voir.

(1) Heureux emploi du parfait défini et du présent de l'indicatif.
(2) *Cependant que*, pour *pendant que*, ne se dit plus qu'en poésie.
(3) *Mais voyant tomber... et que...* Ce changement de construction est permis avec *que*. (*Gr. fr. hist.* n. 868.)
(4) Vers devenu proverbe.
(5) Ce récit est un chef-d'œuvre : un souffle guerrier l'anime d'un bout à l'autre : *canit bellicum*, comme disait Cicéron en parlant de Thucydide, *c'est le chant du clairon*.
Rodrigue parle comme il a agi, donnant à chaque mouvement, à chaque péripétie du combat, la couleur et le ton qui leur conviennent. Le départ est résolu et fier, l'attente calme et tranquille, l'attaque vive, le combat chaud et opiniâtre, admirable de tactique et d'enthousiasme. Un style coupé, des mots rapides comme des éclairs, des accumulations de verbes ou de substantifs, l'emploi presque constant du présent, des figures hardies, des images poétiques, tout cela donne à la narration une vivacité de ton, de couleur et d'allure parfaitement conforme à la situation et au caractère du jeune héros.
Le récit de Théramène est plus pompeux, mais sent trop le poète. Ici le poète disparaît, on n'entend que Rodrigue.
(6) Les instances de Chimène témoignent de la fermeté de sa résolution ; mais après l'éclatante victoire de Rodrigue, ces instances ne peuvent être qu'inutiles et importunes. Le poète cependant sait encore en tirer de belles situations.

Pour tous remercîments il faut que je te chasse (1) ;
Mais avant que sortir, viens, que ton roi t'embrasse.
(D. Rodrigue rentre.)

D. DIÈGUE.

Chimène le poursuit et voudrait le sauver.

D. FERNAND.

On m'a dit qu'elle l'aime, et je vais l'éprouver.
Montrez un œil plus triste.

SCÈNE V

D. FERNAND, D. DIÈGUE, D. ARIAS, D. SANCHE,
D. ALONSE, CHIMÈNE, ELVIRE.

D. FERNAND.

                      Enfin soyez contente,
Chimène ; le succès répond à votre attente :
Si de nos ennemis Rodrigue a le dessus (2),
Il est mort à nos yeux des coups qu'il a reçus ;
Rendez grâces au ciel qui vous en a vengée.
(A D. Diègue.)
Voyez comme déjà sa couleur est changée.

D. DIÈGUE.

Mais voyez qu'elle pâme (3), et d'un amour parfait,
Dans cette pâmoison, Sire, admirez l'effet.
Sa douleur a trahi les secrets de son âme,
Et ne vous permet plus de douter de sa flamme.

CHIMÈNE.

Quoi! Rodrigue est donc mort (4) ?

---

(1) Exemple de cette noble familiarité qui sied si bien au grand génie de Corneille. — *Avant que sortir*, poét. ; il faudrait *que de* en prose.

(2) On dit plus communément *avoir le dessus sur* quelqu'un.

(3) L'Académie donne également *pâmer* et *se pâmer*.

(4) L'innocente ruse du Roi ne pouvait manquer son effet. Chimène, tout en poursuivant Rodrigue, ne craignait rien tant que de le perdre. Aussi la nouvelle de sa mort, au lieu d'une parole de joie, lui arrache un cri de désespoir.

Racine a imité ce jeu de scène dans *Bajazet* avec le même succès, mais d'une manière plus terrible. La perfide Roxane, pour éprouver le cœur d'Atalide, feint d'avoir reçu un arrêt de mort contre Bajazet (A. IV. sc. III) :

    ROXANE. Il le faut, et déjà mes ordres sont donnés.
    ATALIDE. Je me meurs.
    ZATIME.   Elle tombe, et ne vit plus qu'à peine.

D. FERNAND.

       Non, non, il voit le jour,
Et te conserve encore un immuable amour :
Calme cette douleur qui pour lui s'intéresse.

CHIMÈNE.

Sire, on pâme de joie ainsi que de tristesse :
Un excès de plaisir nous rend tous languissants ;
Et quand il surprend l'âme, il accable les sens.

D. FERNAND.

Tu veux qu'en ta faveur nous croyions l'impossible ?
Chimène, ta douleur a paru trop visible.

CHIMÈNE.

Eh bien ! Sire, ajoutez ce comble à mon malheur,
Nommez ma pâmoison l'effet de ma douleur :
Un juste déplaisir à ce point m'a réduite.
Son trépas dérobait sa tête à ma poursuite (1).
S'il meurt des coups reçus pour le bien du pays,
Ma vengeance est perdue et mes desseins trahis :
Une si belle fin m'est trop injurieuse.
Je demande sa mort, mais non pas glorieuse,
Non pas dans un éclat qui l'élève si haut,
Non pas au lit d'honneur, mais sur un échafaud.
Qu'il meure pour mon père, et non pour la patrie ;
Que son nom soit taché, sa mémoire flétrie.
Mourir pour le pays n'est pas un triste sort :
C'est s'immortaliser par une belle mort.
J'aime donc sa victoire, et je le puis sans crime ;
Elle assure l'Etat et me rend ma victime,
Mais noble, mais fameuse entre tous les guerriers,
Le chef, au lieu de fleurs, couronné de lauriers ;
Et pour dire en un mot ce que j'en considère,
Digne d'être immolée aux mânes de mon père (2)...
  Hélas ! à quel espoir me laissé-je emporter !
Rodrigue de ma part n'a rien à redouter :
Que pourraient contre lui des larmes qu'on méprise ?
Pour lui tout votre empire est un lieu de franchise ;

(1) Chimène cesse d'être naturelle, parce qu'elle n'est plus dans le vrai ; l'explication qu'elle donne de sa douleur, est affectée. Aussi toute la tirade qui suit, sent l'exagération.

(2) Ce discours, éloquent d'ailleurs et plein de feu, touche médiocrement, parce qu'il vient plutôt d'une imagination exaltée, que d'un cœur réellement ému. De plus, ces phrases cadencées, ces périodes harmonieuses, conviennent peu à une jeune fille.

Là, sous votre pouvoir, tout lui devient permis ;
Il triomphe de moi comme des ennemis.
Dans leur sang répandu la justice étouffée
Au crime du vainqueur sert d'un nouveau trophée ;
Nous en croissons la pompe, et le mépris des lois
Nous fait suivre son char au milieu de deux rois.

D. FERNAND.

Ma fille, ces transports ont trop de violence :
Quand on rend la justice, on met tout en balance.
On a tué ton père, il était l'agresseur ;
Et la même équité m'ordonne la douceur (1).
Avant que d'accuser ce que j'en fais paraître,
Consulte bien ton cœur : Rodrigue en est le maître,
Et ta flamme en secret rend grâces à ton roi,
Dont la faveur conserve un tel amant pour toi.

CHIMÈNE.

Pour moi ! mon ennemi ! l'objet de ma colère !
L'auteur de mes malheurs, l'assassin de mon père !
De ma juste poursuite on fait si peu de cas
Qu'on me croit obliger en ne m'écoutant pas !
　Puisque vous refusez la justice à mes larmes,
Sire, permettez-moi de recourir aux armes ;
C'est par là seulement qu'il a su m'outrager,
Et c'est aussi par là que je me dois venger.
A tous vos cavaliers je demande sa tête (2) ;
Oui, qu'un d'eux me l'apporte, et je suis sa conquête (3) ;
Qu'ils le combattent, Sire ; et le combat fini,
J'épouse le vainqueur, si Rodrigue est puni.
Sous votre autorité souffrez qu'on le publie.

D. FERNAND.

Cette vieille coutume en ces lieux établie,

---

(1) *La même équité* pour *l'équité même*; v. plus haut, p. 78, n. 2.

(2) Ces instances ont quelque chose de forcé et d'inhumain, surtout de la part d'une jeune fille, d'ailleurs si douce et si affectueuse. Corneille, en créant le type admirable de Chimène, lui a donné cette expression parfois trop virile qu'on retrouve dans presque toutes les héroïnes de son théâtre : Camille, Emilie, Cornélie, Rodogune, Pulchérie, Laodice, Dircé, Viriate, Sophonisbe, et Plautine sont de la même famille. Le propre caractère du poète, un peu rude dans sa force, s'est trop reflété dans la peinture de ces figures de femmes, dont l'énergie devait être plus tempérée de douceur et de modestie.

(3) Chimène veut bien être la conquête de celui qui triomphera de Rodrigue; mais elle ne s'engage nullement envers Rodrigue lui-même, s'il sort vainqueur de la lutte. Cette réserve lui était commandée par son caractère et par la situation.

Sous couleur de punir un injuste attentat,
Des meilleurs combattants affaiblit un État ;
Souvent de cet abus le succès déplorable
Opprime l'innocent, et soutient le coupable (1).
J'en dispense Rodrigue : il m'est trop précieux
Pour l'exposer aux coups d'un sort capricieux ;
Et quoi qu'ait pu commettre un cœur si magnanime,
Les Mores en fuyant ont emporté son crime (2).

D. DIÈGUE.

Quoi ! Sire, pour lui seul vous renversez des lois
Qu'a vu toute la cour observer tant de fois !
Que croira votre peuple, et que dira l'envie,
Si, sous votre défense, il ménage sa vie,
Et s'en fait un prétexte à ne paraître pas
Où tous les gens d'honneur cherchent un beau trépas ?
De pareilles faveurs terniraient trop sa gloire ;
Qu'il goûte sans rougir les fruits de sa victoire.
Le Comte eut de l'audace ; il l'en a su punir :
Il l'a fait en brave homme, et le doit maintenir (3).

D. FERNAND.

Puisque vous le voulez, j'accorde qu'il le fasse (4) ;
Mais d'un guerrier vaincu mille prendraient la place,
Et le prix que Chimène au vainqueur a promis,
De tous mes cavaliers ferait ses ennemis.
L'opposer seul à tous serait trop d'injustice ;
Il suffit qu'une fois il entre dans la lice.
  Choisis qui tu voudras, Chimène, et choisis bien ;
Mais après ce combat ne demande plus rien.

D. DIÈGUE.

N'excusez point par là ceux que son bras étonne :
Laissez un champ ouvert où n'entrera personne.
Après ce que Rodrigue a fait voir aujourd'hui,
Quel courage assez vain s'oserait prendre à lui ?

---

(1) Excellentes maximes contre la furie insensée des duels et des combats judiciaires du moyen âge, de tout temps proscrits par l'Église.

(2) Très belle image.

(3) *Un brave homme* ne se dit plus aujourd'hui que familièrement dans le sens de *bon, honnête, obligeant ;* c'est un *brave homme*. (A.)

(4) Cet acquiescement est une faiblesse. Le Roi agit ici contre les principes d'une sage politique, contre son propre sentiment et contre l'intérêt de l'État. Cette faute, impardonnable dans un roi, est excusable comme moyen tragique, lorsqu'elle amène, comme dans le *Cid*, des situations dramatiques de premier ordre, sans issue fâcheuse pour l'innocent.

Qui se hasarderait contre un tel adversaire?
Qui serait ce vaillant, ou bien ce téméraire (1)?

D. SANCHE.

Faites ouvrir le champ : vous voyez l'assaillant;
Je suis ce téméraire, ou plutôt ce vaillant.
Accordez cette grâce à l'ardeur qui me presse,
Madame; vous savez quelle est votre promesse.

D. FERNAND.

Chimène, remets-tu ta querelle en sa main?

CHIMÈNE.

Sire, je l'ai promis.

D. FERNAND.

Soyez prêt à demain.

D. DIÈGUE.

Non, Sire, il ne faut pas différer davantage :
On est toujours trop prêt quand on a du courage.

D. FERNAND.

Sortir d'une bataille, et combattre à l'instant!

D. DIÈGUE.

Rodrigue a pris haleine en vous la racontant (2).

D. FERNAND.

Du moins une heure ou deux je veux qu'il se délasse.
Mais de peur qu'en exemple un tel combat ne passe,
Pour témoigner à tous qu'à regret je permets
Un sanglant procédé qui ne me plut jamais,
De moi ni de ma cour il n'aura la présence.
(Il parle à D. Arias.)
Vous seul des combattants jugerez la vaillance :
Ayez soin que tous deux fassent en gens de cœur,
Et le combat fini, m'amenez le vainqueur (3).
Quel qu'il soit, même prix est acquis à sa peine (4) :

(1) *Ce vaillant, ce téméraire;* ces adjectifs pris substantivement font ici fort bel effet par la précision qu'ils donnent au vers.

(2) Image expressive de la bravoure et de la force physique qui distinguaient les chevaliers du moyen âge. Quelle fierté aussi et quel orgueil paternel dans ce témoignage rendu à la vaillance de Rodrigue! L'emphase castillane s'y fait bien sentir un peu.

(3) Cet ordre prépare les scènes du dénouement. — Pour la place du pronom dans *m'amenez,* v. *Gr. fr. hist.* n° 612.

(4) *Quel qu'il soit.* Ce mot vague est jeté habilement en avant, pour préparer le cœur de Chimène à un hymen auquel la violence de sa douleur ne lui permet pas encore de songer. Aussi se récrie-t-elle immédiatement contre

ACTE IV, SCÈNE V

Je le veux de ma main présenter à Chimène,
Et que pour récompense il reçoive sa foi.
CHIMÈNE.
Quoi! Sire, m'imposer une si dure loi!
D. FERNAND.
Tu t'en plains; mais ton feu, loin d'avouer ta plainte,
Si Rodrigue est vainqueur, l'accepte sans contrainte.
Cesse de murmurer contre un arrêt si doux;
Qui que ce soit des deux, j'en ferai ton époux (1).

une pareille supposition. Le Roi, connaissant ses sentiments secrets, parle avec un ton d'autorité qui pour le moment lui impose silence. L'Académie blâma ce commandement royal : « Quant à l'ordonnance de Fernand pour le mariage de Chimène avec celui de ses deux amants qui sortirait vainqueur du combat, on ne saurait nier qu'elle ne soit très inique, et que Chimène ne fasse une très grande faute de ne refuser pas ouvertement d'y obéir... Or cette ordonnance déraisonnable et précipitée, et par conséquent peu vraisemblable, est d'autant plus digne de blâme, qu'elle fait le dénouement de la pièce, et qu'elle le fait mauvais, et contre l'art. »

L'ordonnance du Roi n'est pas aussi déraisonnable et injuste, que l'Académie veut le faire croire. Don Fernand connaît l'amour toujours persistant de Chimène pour Rodrigue; il peut se croire autorisé par cet amour à imposer à Chimène une solution, qui l'aide à se dégager d'un point d'honneur exagéré. Chimène, en ce moment, ne peut résister davantage à la volonté formelle du Roi : il suffit qu'elle réserve sa liberté pour l'issue du combat.

(1) L'éclatante victoire de Rodrigue, dont toute la ville était pleine au début du IVᵉ acte, semblait annoncer une fin prochaine de l'action. Les nouvelles instances de Chimène ont tout bouleversé, et la décision du Roi prolonge les inquiétudes du spectateur.

QUESTIONS SUR LE IVᵉ ACTE.

Quel est le sujet du IVᵉ acte?
Quand commence-t-il? Par quelle nouvelle?
Qu'éprouve Chimène en apprenant la victoire de Rodrigue?
Que répond-elle aux propositions de l'Infante?
Comment le Roi traite-t-il le jeune vainqueur?
Pourquoi Rodrigue fait-il le récit de son combat?
Quelles sont les différentes parties de ce récit? Quelles en sont les qualités?
Quelle ruse emploie le Roi pour découvrir l'amour de Chimène? Quel en est le succès?
Que demande ensuite Chimène? Le Roi consent-il?
Quel est le champion de Chimène?
Quels sont les sentiments du spectateur à la fin du IVᵉ acte?

ACTE CINQUIÈME

Les adieux, la méprise, le dénouement.

SCÈNE I

D. RODRIGUE, CHIMÈNE.

CHIMÈNE.

Quoi! Rodrigue, en plein jour! d'où te vient cette audace!
Va, tu me perds d'honneur; retire-toi de grâce.

D. RODRIGUE.

Je vais mourir, Madame, et vous viens en ce lieu,
Avant le coup mortel, dire un dernier adieu;
Cet immuable amour qui sous vos lois m'engage,
N'ose accepter ma mort sans vous en faire hommage (1).

CHIMÈNE.

Tu vas mourir!

D. RODRIGUE.

               Je cours à ces heureux moments
Qui vont livrer ma vie à vos ressentiments.

CHIMÈNE.

Tu vas mourir! Don Sanche est-il si redoutable
Qu'il donne l'épouvante à ce cœur indomptable?
Qui t'a rendu si faible, ou qui le rend si fort?
Rodrigue va combattre, et se croit déjà mort!
Celui qui n'a pas craint les Mores ni mon père,
Va combattre don Sanche, et déjà désespère!
Ainsi donc au besoin ton courage s'abat!

D. RODRIGUE.

Je cours à mon supplice, et non pas au combat;
Et ma fidèle ardeur sait bien m'ôter l'envie,
Quand vous cherchez ma mort, de défendre ma vie.

(1) Cette scène touchante peut s'appeler la scène des adieux. Dans la première entrevue, Rodrigue venait offrir sa tête à Chimène, et Chimène, aussi désolée que lui, le renvoyait. Rodrigue revient ici lui faire hommage d'une mort qui seule peut l'apaiser : Chimène relève son courage, et il s'élance joyeux à la victoire. Tel est le caractère propre de chacune des deux entrevues.

J'ai toujours même cœur, mais je n'ai point de bras,
Quand il faut conserver ce qui ne vous plaît pas;
Et déjà cette nuit m'aurait été mortelle,
Si j'eusse combattu pour ma seule querelle;
Mais défendant mon roi, son peuple, et mon pays,
A me défendre mal je les aurais trahis.
Mon esprit généreux ne hait pas tant la vie,
Qu'il en veuille sortir par une perfidie.
Maintenant qu'il s'agit de mon seul intérêt,
Vous demandez ma mort, j'en accepte l'arrêt.
Votre ressentiment choisit la main d'un autre
(Je ne méritais pas de mourir de la vôtre);
On ne me verra point en repousser les coups;
Je dois plus de respect à qui combat pour vous;
Et ravi de penser que c'est de vous qu'ils viennent,
Puisque c'est votre honneur que ces armes soutiennent,
Je vais lui présenter mon estomac ouvert (1),
Adorant en sa main la vôtre qui me perd (2).

CHIMÈNE.

Si d'un triste devoir la juste violence,
Qui me fait malgré moi poursuivre ta vaillance,
Prescrit à ton amour une si forte loi,
Qu'il te rend sans défense à qui combat pour moi,
En cet aveuglement ne perds pas la mémoire
Qu'ainsi que de ta vie il y va de ta gloire,
Et que, dans quelque éclat que Rodrigue ait vécu,
Quand on le saura mort, on le croira vaincu (3).
Ton honneur t'est plus cher que je ne te suis chère,
Puisqu'il trempe tes mains dans le sang de mon père,
Et te fait renoncer, malgré ta passion,
A l'espoir le plus doux de ma possession :
Je t'en vois cependant faire si peu de compte,
Que sans rendre combat tu veux qu'on te surmonte.
Quelle inégalité ravale ta vertu?
Pourquoi ne l'as-tu plus, ou pourquoi l'avais-tu?
Quoi! n'es-tu généreux que pour me faire outrage?
S'il ne faut m'offenser, n'as-tu point de courage?
Et traites-tu mon père avec tant de rigueur,
Qu'après l'avoir vaincu, tu souffres un vainqueur?

(1) *Estomac* s'employait très bien autrefois dans le style tragique; ni Scudéry, ni l'Académie n'ont songé à le critiquer. Cf. *Rodogune*, A. V, sc. IV.

(2) Ces raisonnements et ces sentiments sont bien raffinés; il est bon de se rappeler que Rodrigue est un jeune homme égaré par l'amour et la douleur.

(3) Bel exemple de période harmonieuse et parfaitement cadencée.

Va, sans vouloir mourir, laisse-moi te poursuivre,
Et défends ton honneur, si tu ne veux plus vivre (1).

D. RODRIGUE.

Après la mort du Comte, et les Mores défaits (2),
Faudrait-il à ma gloire encor d'autres effets?
Elle peut dédaigner le soin de me défendre;
On sait que mon courage ose tout entreprendre,
Que ma valeur peut tout, et que dessous les cieux,
Auprès de mon honneur, rien ne m'est précieux.
Non, non, en ce combat, quoi que vous veuilliez croire (3),
Rodrigue peut mourir sans hasarder sa gloire,
Sans qu'on l'ose accuser d'avoir manqué de cœur,
Sans passer pour vaincu, sans souffrir un vainqueur.
On dira seulement : « Il adorait Chimène :
Il n'a pas voulu vivre et mériter sa haine;
Il a cédé lui-même à la rigueur du sort
Qui forçait sa maîtresse à poursuivre sa mort :
Elle voulait sa tête; et son cœur magnanime,
S'il l'en eût refusée, eût pensé faire un crime (4).
Pour venger son honneur il perdit son amour,
Pour venger sa maîtresse il a quitté le jour,
Préférant (quelque espoir qu'eût son âme asservie)
Son honneur à Chimène, et Chimène à sa vie (5). »
Ainsi donc vous verrez ma mort en ce combat,
Loin d'obscurcir ma gloire, en rehausser l'éclat;
Et cet honneur suivra mon trépas volontaire,
Que tout autre que moi n'eût pu vous satisfaire.

CHIMÈNE.

Puisque pour t'empêcher de courir au trépas,
Ta vie et ton honneur sont de faibles appas,
Si jamais je t'aimai, cher Rodrigue, en revanche,
Défends-toi maintenant pour m'ôter à don Sanche (6);

(1) La première parole de Chimène était une exclamation d'étonnement ironique : *Tu vas mourir!* Dans ce discours, elle s'attache à montrer à Rodrigue que l'honneur lui commande de vaincre.

(2) *Et les Mores défaits*, latinisme vif et concis : *post victos Mauros*; au lieu de : après la défaite des Maures.

(3) Pour *veuilliez*, v. *Gr. fr. hist.*, 433.

(4) On ne dit plus *refuser quelqu'un de quelque chose*.

(5) Prosopopée touchante; Rodrigue fait pour ainsi dire d'avance, dans les termes les plus simples et les plus naïfs, son éloge funèbre. Le dernier vers est comme son épitaphe, résumé fidèle de son héroïque conduite.

(6) Rien de plus pathétique que ce nouveau combat de générosité et de tendresse. Rodrigue supplie Chimène d'agréer le sacrifice de sa vie pour la satisfaction de son honneur; et Chimène supplie Rodrigue de défendre sa vie, au nom de sa gloire, au nom de son amour pour elle.

Combats pour m'affranchir d'une condition
Qui me donne à l'objet de mon aversion.
Te dirai-je encor plus? va, songe à ta défense,
Pour forcer mon devoir, pour m'imposer silence ;
Et si tu sens pour moi ton cœur encore épris,
Sors vainqueur d'un combat dont Chimène est le prix (1).
Adieu : ce mot lâché me fait rougir de honte (2).

D. RODRIGUE, *seul.*

Est-il quelque ennemi qu'à présent je ne dompte?
Paraissez, Navarrais, Mores et Castillans,
Et tout ce que l'Espagne a nourri de vaillants ;
Unissez-vous ensemble, et faites une armée,
Pour combattre une main de la sorte animée :
Joignez tous vos efforts contre un espoir si doux ;
Pour en venir à bout, c'est trop peu que de vous (3).

SCÈNE II

L'INFANTE.

T'écouterai-je encor, respect de ma naissance (4),
 Qui fais un crime de mes feux?
T'écouterai-je, amour, dont la douce puissance
Contre ce fier tyran fait révolter mes vœux?

---

(1) « Ce vers, blâmé par Scudéry, est peut-être le plus beau de la pièce. » (VOLT.) — L'Académie aussi a mal compris ce magnifique cri du cœur : « Ce qui rend Chimène plus coupable, dit-elle, est qu'elle n'exhorte pas tant Rodrigue à bien combattre pour la crainte qu'il ne meure, que pour l'espérance de l'épouser s'il ne mourait pas. » C'est traiter Chimène avec trop de rigueur. Que dans son ardent désir de sauver Rodrigue resté impassible devant toutes ses raisons, elle laisse échapper un mot qui peut le sauver en lui rendant quelque espoir de la reconquérir, c'est sans doute, comme dit Corneille, une *glissade*, mais elle s'en relève bien vite ; elle en rougit de honte, et dans quelques instants, après le départ de son malheureux amant, quand elle sera pleinement rendue à elle-même, elle saura bien retrouver la fierté de son honneur :
 Quand il sera vainqueur, crois-tu que je me rende?
 Mon devoir est trop fort, et ma perte trop grande. (A. V, sc. IV.)

(2) *Ce mot lâché*, expression d'un pittoresque familier, presque vulgaire, qui rend à merveille la surprise de Chimène et son embarras ; son cœur l'a trahie, en parlant trop vite et en disant plus qu'il ne fallait.

(3) Rodrigue est transformé, son enthousiasme est au comble. Le mot de Chimène a été comme une étincelle électrique ; le héros s'est relevé, capable des plus grands prodiges. C'est un vrai coup de théâtre.

(4) Après un dialogue si pathétique, on regrette de voir la scène, laissée vide d'abord, puis occupée par le froid personnage de l'Infante ; double défaut aggravé encore par des déclamations subtiles.

Pauvre princesse! auquel des deux
Dois-tu prêter obéissance?
Rodrigue, ta valeur te rend digne de moi;
Mais pour être vaillant, tu n'es pas fils de roi.

Impitoyable sort, dont la rigueur sépare
Ma gloire d'avec mes désirs!
Est-il dit que le choix d'une vertu si rare
Coûte à ma passion de si grands déplaisirs?
O cieux! à combien de soupirs
Faut-il que mon cœur se prépare,
Si jamais il n'obtient sur un si long tourment
Ni d'éteindre l'amour, ni d'accepter l'amant?

Mais c'est trop de scrupule, et ma raison s'étonne
Du mépris d'un si digne choix :
Bien qu'aux monarques seuls ma naissance me donne,
Rodrigue, avec honneur je vivrai sous tes lois.
Après avoir vaincu deux rois,
Pourrais-tu manquer de couronne?
Et ce grand nom de Cid que tu viens de gagner,
Ne fait-il pas trop voir sur qui tu dois régner?

Il est digne de moi, mais il est à Chimène;
Le don que j'en ai fait me nuit.
Entre eux la mort d'un père a si peu mis de haine
Que le devoir du sang à regret le poursuit :
Ainsi n'espérons aucun fruit
De son crime, ni de ma peine,
Puisque pour me punir le destin à permis
Que l'amour dure même entre deux ennemis.

SCÈNE III

L'INFANTE, LÉONOR.

L'INFANTE.

Où viens-tu, Léonor?

LÉONOR.

Vous applaudir, Madame,
Sur le repos qu'enfin a retrouvé votre âme (1).

L'INFANTE.

D'où viendrait ce repos dans un comble d'ennui?

(1) Cette scène continue le défaut de la précédente : l'intérêt languit de plus en plus. Les deux scènes n'ont leur raison d'être que dans la nécessité d'occuper le spectateur pendant le combat de Rodrigue et de don Sanche.

ACTE V, SCÈNE III

LÉONOR.

Si l'amour vit d'espoir, et s'il meurt avec lui,
Rodrigue ne peut plus charmer votre courage.
Vous savez le combat où Chimène l'engage;
Puisqu'il faut qu'il y meure, ou qu'il soit son mari,
Votre espérance est morte, et votre esprit guéri.

L'INFANTE.

Ah! qu'il s'en faut encor!

LÉONOR.

Que pouvez-vous prétendre?

L'INFANTE.

Mais plutôt quel espoir me pourrais-tu défendre?
Si Rodrigue combat sous ces conditions,
Pour en rompre l'effet j'ai trop d'inventions.
L'amour, ce doux auteur de mes cruels supplices,
Aux esprits des amants apprend trop d'artifices.

LÉONOR.

Pourrez-vous quelque chose, après qu'un père mort
N'a pu dans leurs esprits allumer de discord (1)?
Car Chimène aisément montre par sa conduite
Que la haine aujourd'hui ne fait pas sa poursuite.
Elle obtient un combat, et pour son combattant
C'est le premier effort qu'elle accepte à l'instant :
Elle n'a point recours à ces mains généreuses
Que tant d'exploits fameux rendent si glorieuses;
Don Sanche lui suffit, et mérite son choix,
Parce qu'il va s'armer pour la première fois.
Elle aime en ce duel son peu d'expérience;
Comme il est sans renom, elle est sans défiance;
Et sa facilité vous doit bien faire voir
Qu'elle cherche un combat qui force son devoir,
Qui livre à son Rodrigue une victoire aisée,
Et l'autorise enfin à paraître apaisée.

L'INFANTE.

Je le remarque assez, et toutefois mon cœur
A l'envi de Chimène adore ce vainqueur.
A quoi me résoudrai-je, amante infortunée?

LÉONOR.

A vous mieux souvenir de qui vous êtes née :
Le ciel vous doit un roi, vous aimez un sujet (2)!

---

(1) *Discord* pour *discorde*. Il ne s'emploie guère qu'en poésie et dans la prose élevée. (A.)

(2) Antithèse heureuse; en deux mots elle exprime la situation et le tourment de l'Infante.

L'INFANTE.

Mon inclination a bien changé d'objet.
Je n'aime plus Rodrigue, un simple gentilhomme ;
Non, ce n'est plus ainsi que mon amour le nomme ;
Si j'aime, c'est l'auteur de tant de beaux exploits,
C'est le valeureux Cid, le maître de deux rois (1).
Je me vaincrai pourtant, non de peur d'aucun blâme (2),
Mais pour ne troubler pas une si belle flamme ;
Et quand pour m'obliger on l'aurait couronné,
Je ne veux point reprendre un bien que j'ai donné.
Puisqu'en un tel combat sa victoire est certaine,
Allons encore un coup le donner à Chimène.
Et toi, qui vois les traits dont mon cœur est percé,
Viens me voir achever comme j'ai commencé.

SCÈNE IV
CHIMÈNE, ELVIRE.

CHIMÈNE.

Elvire, que je souffre, et que je suis à plaindre (3) !
Je ne sais qu'espérer, et je vois tout à craindre ;
Aucun vœu ne m'échappe où j'ose consentir (4) ;
Je ne souhaite rien sans un prompt repentir.
A deux rivaux pour moi je fais prendre les armes :
Le plus heureux succès me coûtera des larmes ;
Et quoi qu'en ma faveur en ordonne le sort,
Mon père est sans vengeance, ou mon amant est mort (5).

ELVIRE.

D'un et d'autre côté je vous vois soulagée (6) :

(1) Vers d'une allure ferme et vive, relevée par une belle gradation ascendante.
(2) L'honneur l'emporte comme chez Rodrigue et Chimène.
(3) C'est une heureuse inspiration de faire revenir Chimène, pour lui permettre de dévoiler ses véritables sentiments. Elle est, en effet, dans la plus étrange perplexité. C'est elle qui a voulu le combat de don Sanche et de Rodrigue, dans la pensée que la mort de Rodrigue donnera satisfaction à sa piété filiale. Maintenant elle redoute l'issue de ce combat, parce que, si Rodrigue succombe, elle appartient au meurtrier de celui qu'elle ne cessa d'aimer ; si, au contraire, don Sanche est vaincu, elle se retrouve en face du meurtrier de son père, sans pouvoir satisfaire son amour.
Corneille, dans son *Examen*, a fait ressortir l'importance de cette scène pour la justification de son héroïne.
(4) *Où* pour *auquel*; emploi fréquent au XVIIe siècle, et encore usité aujourd'hui ; v. *Gr. fr. hist.*, n° 850.
(5) Ce contraste saisissant revient plusieurs fois dans les vers qui suivent ; aussi bien toute la situation est là.
(6) *D'un et d'autre côté*; cette locution n'est plus en usage ; on dit aujourd'hui *d'un côté et de l'autre*, ou *des deux côtés*.

Ou vous avez Rodrigue, ou vous êtes vengée ;
Et quoi que le destin puisse ordonner de vous,
Il soutient votre gloire et vous donne un époux.

CHIMÈNE.

Quoi! l'objet de ma haine, ou de tant de colère!
L'assassin de Rodrigue, ou celui de mon père!
De tous les deux côtés on me donne un mari
Encor tout teint du sang que j'ai le plus chéri.
De tous les deux côtés mon âme se rebelle :
Je crains plus que la mort la fin de ma querelle.
Allez, vengeance, amour, qui troublez mes esprits,
Vous n'avez point pour moi de douceurs à ce prix;
Et toi, puissant moteur du destin qui m'outrage (1),
Termine ce combat sans aucun avantage,
Sans faire aucun des deux ni vaincu ni vainqueur (2).

ELVIRE.

Ce serait vous traiter avec trop de rigueur.
Ce combat pour votre âme est un nouveau supplice,
S'il vous laisse obligée à demander justice,
A témoigner toujours ce haut ressentiment,
Et poursuivre toujours la mort de votre amant.
Madame, il vaut bien mieux que sa rare vaillance,
Lui couronnant le front, vous impose silence;
Que la loi du combat étouffe vos soupirs,
Et que le Roi vous force à suivre vos désirs.

CHIMÈNE.

Quand il sera vainqueur, crois-tu que je me rende?
Mon devoir est trop fort, et ma perte trop grande;
Et ce n'est pas assez, pour leur faire la loi,
Que celle du combat et le vouloir du Roi.
Il peut vaincre don Sanche avec fort peu de peine,
Mais non pas avec lui la gloire de Chimène;
Et quoi qu'à sa victoire un monarque ait promis,
Mon honneur lui fera mille autres ennemis (3).

ELVIRE.

Gardez (4), pour vous punir de cet orgueil étrange,
Que le ciel à la fin ne souffre qu'on vous venge.

(1) Périphrase vague et affectée, pour *Dieu.*
(2) C'est l'unique vœu qui convienne à la situation de Chimène.
(3) Cette noble et ferme réponse de Chimène la venge complètement des attaques de Scudéry et de l'Académie. V. l'*Examen du Cid.*
(4) *Garder que...* se dit quelquefois pour *prendre garde que.* (A.)

Quoi! vous voulez encor refuser le bonheur
De pouvoir maintenant vous taire avec honneur?
Que prétend ce devoir, et qu'est-ce qu'il espère?
La mort de votre amant vous rendra-t-elle un père?
Est-ce trop peu pour vous que d'un coup de malheur?
Faut-il perte sur perte, et douleur sur douleur?
Allez, dans le caprice où votre humeur s'obstine,
Vous ne méritez pas l'amant qu'on vous destine;
Et nous verrons du ciel l'équitable courroux
Vous laisser, par sa mort, don Sanche pour époux.

CHIMÈNE.

Elvire, c'est assez des peines que j'endure;
Ne les redouble point par ce funeste augure.
Je veux, si je le puis, les éviter tous deux;
Sinon, en ce combat Rodrigue a tous mes vœux :
Non qu'une folle ardeur de son côté me penche;
Mais s'il était vaincu, je serais à don Sanche.
Cette appréhension fait naître mon souhait.
Que vois-je, malheureuse? Elvire, c'en est fait.

SCÈNE V

D. SANCHE, CHIMÈNE, ELVIRE.

D. SANCHE.

Obligé d'apporter à vos pieds cette épée (1)...

CHIMÈNE.

Quoi! du sang de Rodrigue encor toute trempée (2)!
Perfide, oses-tu bien te montrer à mes yeux,
Après m'avoir ôté ce que j'aimais le mieux?
Eclate, mon amour, tu n'as plus rien à craindre :
Mon père est satisfait, cesse de te contraindre.

---

(1) Cette action de don Sanche qui va provoquer une explosion de sentiments si tragiques, est conforme aux coutumes de la chevalerie; le champion victorieux venait déposer son épée aux pieds de sa dame. Ici, c'est le vaincu envoyé par le vainqueur, comme don Sanche l'explique dans la scène suivante.

« Il y a dans le *Cid*, disait Geoffroy au commencement de ce siècle, une scène qui excite toujours des murmures : c'est celle où don Sanche vaincu apporte son épée à Chimène... L'explication de ces murmures est dans la faiblesse du rôle de don Sanche, dans le désagrément de sa situation, et dans l'espèce d'avilissement que fait rejaillir sur lui cet orage d'injures dont Chimène l'accable. J'observe que le public semble vouloir lui-même expier l'injustice de ce premier mouvement d'humeur, par les applaudissements qu'il prodigue ensuite à don Sanche, lorsqu'il rend compte au Roi des causes de l'erreur de Chimène. »

(2) Ce vers se trouve déjà plus haut. (A. III, sc. IV.)

Un même coup a mis ma gloire en sûreté,
Mon âme au désespoir, ma flamme en liberté.
D. SANCHE.
D'un esprit plus rassis...
CHIMÈNE.
Tu me parles encore,
Exécrable assassin d'un héros que j'adore?
Va, tu l'as pris en traître ; un guerrier si vaillant
N'eût jamais succombé sous un tel assaillant.
N'espère rien de moi, tu ne m'as point servie :
En croyant me venger, tu m'as ôté la vie (1).
D. SANCHE.
Étrange impression qui, loin de m'écouter...
CHIMÈNE.
Veux-tu que de sa mort je t'écoute vanter,
Que j'entende à loisir avec quelle insolence
Tu peindras son malheur, mon crime, et ta vaillance (2)?

SCÈNE VI

D. FERNAND, D. DIÈGUE, D. ARIAS, D. SANCHE,
D. ALONSE, CHIMÈNE, ELVIRE.

CHIMÈNE.
Sire, il n'est plus besoin de vous dissimuler
Ce que tous mes efforts ne vous ont pu celer (3).
J'aimais, vous l'avez su ; mais pour venger mon père,
J'ai bien voulu proscrire une tête si chère :

---

(1) Ces tirades si vigoureuses ont servi de modèle aux imprécations dont Hermione accable Oreste après le meurtre de Pyrrhus (*Andromaque*, A. V, sc. III) :

Tais-toi, perfide,
Et n'impute qu'à toi ton lâche parricide.
Va faire chez les Grecs admirer ta fureur :
Va, je la désavoue, et tu me fais horreur.
Barbare, qu'as-tu fait? Avec quelle furie
As-tu tranché le cours d'une si belle vie?
Adieu, tu peux partir...

(2) Cette belle scène est sortie spontanément de la méprise très naturelle de Chimène. En voyant revenir don Sanche, une épée sanglante à la main, Chimène, toute préoccupée de Rodrigue, en a conclu sa mort : de là ces imprécations dont elle accable son prétendu meurtrier.

(3) Chimène s'adresse au Roi avec la même vivacité qu'elle a mise à prévenir les explications de don Sanche. C'est ainsi que sa méprise rend naturel et innocent l'aveu ingénu de son amour. Constante avec elle-même, après avoir *fait céder son amour au devoir*, elle pleure *son père et son amant*.

Votre Majesté, Sire, elle-même a pu voir
Comme j'ai fait céder mon amour au devoir.
Enfin Rodrigue est mort, et sa mort m'a changée
D'implacable ennemie en amante affligée.
J'ai dû cette vengeance à qui m'a mise au jour,
Et je dois maintenant ces pleurs à mon amour.
Don Sanche m'a perdue en prenant ma défense ;
Et du bras qui me perd je suis la récompense !
 Sire, si la pitié peut émouvoir un roi,
De grâce, révoquez une si dure loi ;
Pour prix d'une victoire où je perds ce que j'aime,
Je lui laisse mon bien ; qu'il me laisse à moi-même ;
Qu'en un cloître sacré je pleure incessamment,
Jusqu'au dernier soupir, mon père et mon amant.

D. DIÈGUE.

Enfin, elle aime, Sire, et ne croit plus un crime
D'avouer par sa bouche un amour légitime.

D. FERNAND.

Chimène, sors d'erreur, ton amant n'est pas mort,
Et don Sanche vaincu t'a fait un faux rapport.

D. SANCHE.

Sire, un peu trop d'ardeur malgré moi l'a déçue.
Je venais du combat lui raconter l'issue ;
Ce généreux guerrier dont son cœur est charmé :
« Ne crains rien, m'a-t-il dit, quand il m'a désarmé ;
Je laisserais plutôt la victoire incertaine,
Que de répandre un sang hasardé pour Chimène ;
Mais puisque mon devoir m'appelle auprès du Roi,
Va de notre combat l'entretenir pour moi,
De la part du vainqueur lui porter ton épée (1). »
Sire, j'y suis venu : cet objet l'a trompée ;
Elle m'a cru vainqueur, me voyant de retour,
Et soudain sa colère a trahi son amour
Avec tant de transport et tant d'impatience,
Que je n'ai pu gagner un moment d'audience.
 Pour moi, bien que vaincu, je me répute heureux (2) ;
Et malgré l'intérêt de mon cœur amoureux,

---

(1) Cet acte de générosité a été le principe de la belle scène de la méprise. Si Rodrigue n'est pas venu apporter lui-même à Chimène l'épée de don Sanche, c'est que don Arias avait reçu l'ordre, à l'acte précédent (sc. V), de mener le vainqueur au Roi. Ce même ordre ramène ici Rodrigue devant le Roi qui l'avait précédé chez Chimène.

(2) Le caractère de don Sanche se relève ici par les nobles sentiments dont il honore sa défaite.

Perdant infiniment, j'aime encor ma défaite,
Qui fait le beau succès d'une amour si parfaite (1).

D. FERNAND.

Ma fille, il ne faut point rougir d'un si beau feu,
Ni chercher les moyens d'en faire un désaveu.
Une louable honte en vain t'en sollicite :
Ta gloire est dégagée, et ton devoir est quitte (2);
Ton père est satisfait, et c'était le venger
Que mettre tant de fois ton Rodrigue en danger.
Tu vois comme le ciel autrement en dispose.
Ayant tant fait pour lui, fais pour toi quelque chose,
Et ne sois point rebelle à mon commandement,
Qui te donne un époux aimé si chèrement.

SCÈNE VII

D. FERNAND, D. DIÈGUE, D. ARIAS, D. RODRIGUE, D. ALONSE, D. SANCHE, L'INFANTE, CHIMÈNE, LÉONOR, ELVIRE.

L'INFANTE.

Sèche tes pleurs, Chimène, et reçois sans tristesse
Ce généreux vainqueur des mains de ta princesse (3).

D. RODRIGUE.

Ne vous offensez point, Sire, si devant vous
Un respect amoureux me jette à ses genoux.
  Je ne viens point ici demander ma conquête :
Je viens tout de nouveau vous apporter ma tête,
Madame; mon amour n'emploiera point pour moi,
Ni la loi du combat, ni le vouloir du Roi.
Si tout ce qui s'est fait est trop peu pour un père,
Dites par quels moyens il vous faut satisfaire.
Faut-il combattre encor mille et mille rivaux,
Aux deux bouts de la terre étendre mes travaux,
Forcer moi seul un camp, mettre en fuite une armée,
Des héros fabuleux passer la renommée?
Si mon crime par là se peut enfin laver,
J'ose tout entreprendre, et puis tout achever.

---

(1) *Amour*, dans la première moitié du XVIIe siècle, était plus souvent féminin, même au singulier, comme il l'avait été du reste dans le vieux français. V. *Gr. fr. hist.*, n° 255.
(2) *Quitte* ne se dit plus que des personnes.
(3) L'Infante revient accomplir sa promesse. Elle avait dit tout à l'heure en se retirant (A. V, sc. III) :
   Allons encore un coup le donner à Chimène.

Mais si ce fier honneur, toujours inexorable,
Ne se peut apaiser sans la mort du coupable,
N'armez plus contre moi le pouvoir des humains ;
Ma tête est à vos pieds, vengez-vous par vos mains ;
Vos mains seules ont droit de vaincre un invincible ;
Prenez une vengeance à tout autre impossible.
Mais du moins que ma mort suffise à me punir :
Ne me bannissez point de votre souvenir ;
Et puisque mon trépas conserve votre gloire,
Pour vous en revancher conservez ma mémoire (1),
Et dites quelquefois, en déplorant mon sort :
« S'il ne m'avait aimée, il ne serait pas mort (2). »

CHIMÈNE.

Relève-toi, Rodrigue. Il faut l'avouer, Sire,
Je vous en ai trop dit pour m'en pouvoir dédire.
Rodrigue a des vertus que je ne puis haïr ;
Et quand un roi commande, on lui doit obéir.
Mais à quoi que déjà vous m'ayez condamnée,
Pourrez-vous à vos yeux souffrir cet hyménée?
Et quand de mon devoir vous voulez cet effort,
Toute votre justice en est-elle d'accord?
Si Rodrigue à l'Etat devient si nécessaire,
De ce qu'il fait pour vous dois-je être le salaire,
Et me livrer moi-même au reproche éternel
D'avoir trempé mes mains dans le sang paternel (3)?

D. FERNAND.

Le temps assez souvent a rendu légitime
Ce qui semblait d'abord ne se pouvoir sans crime :
Rodrigue t'a gagnée, et tu dois être à lui.
Mais quoique sa valeur t'ait conquise aujourd'hui,
Il faudrait que je fusse ennemi de ta gloire
Pour lui donner sitôt le prix de sa victoire.
Cet hymen différé ne rompt point une loi
Qui, sans marquer de temps, lui destine ta foi.

(1) *Pour vous en revancher*, c'est-à-dire en revanche, en retour.

(2) Cette fin doucereuse soutient mal le grand caractère de Rodrigue. Corneille s'est trop souvenu des héros de romans. La réponse de Chimène a plus de noblesse et de fermeté.

(3) Ces beaux vers, les derniers que prononce Chimène, la justifient pleinement, et sont la meilleure réponse aux critiques de l'Académie. Chimène, après l'aveu public de son amour, reconnaît qu'elle ne peut plus poursuivre Rodrigue, le sauveur de l'Etat ; en cela, elle obéit à la volonté royale. Mais elle ne saurait non plus épouser le meurtrier de son père : elle le dit formellement au Roi.

ACTE V, SCÈNE VII

Prends un an, si tu veux, pour essuyer tes larmes.
  Rodrigue, cependant, il faut prendre les armes (1).
Après avoir vaincu les Mores sur nos bords,
Renversé leurs desseins, repoussé leurs efforts,
Va jusqu'en leur pays leur reporter la guerre,
Commander mon armée, et ravager leur terre :
A ce nom seul de Cid ils trembleront d'effroi ;
Ils t'ont nommé seigneur, et te voudront pour roi.
Mais parmi tes hauts faits sois-lui toujours fidèle :
Reviens-en, s'il se peut, encor plus digne d'elle ;
Et par tes grands exploits fais-toi si bien priser,
Qu'il lui soit glorieux alors de t'épouser.

D. RODRIGUE.

Pour posséder Chimène, et pour votre service,
Que peut-on m'ordonner que mon bras n'accomplisse ?
Quoi qu'absent de ses yeux il me faille endurer,
Sire, ce m'est trop d'heur de pouvoir espérer.

D. FERNAND.

Espère en ton courage, espère en ma promesse ;
Et possédant déjà le cœur de ta maîtresse,
Pour vaincre un point d'honneur qui combat contre toi,
Laisse faire le temps, ta vaillance, et ton roi (2).

---

(1) Cependant, c'est-à-dire *ce pendant*, pendant ce temps.

(2) La décision du Roi est sage, digne, conforme de tout point aux vœux du spectateur. Elle laisse entrevoir dans un lointain suffisant, la possibilité d'une union, juste récompense de vertus si héroïques ; l'honneur cependant de Chimène est sauf, puisqu'elle s'abstient encore de tout consentement.

Passages supprimés
au commencement du Ier Acte.

SCÈNE I

LE COMTE, ELVIRE.

ELVIRE.

Entre tous ces amants dont la jeune ferveur
Adore votre fille et brigue ma faveur,
Don Rodrigue et don Sanche à l'envi font paraître
Le beau feu qu'en leur cœur ses beautés ont fait naître.
Ce n'est pas que Chimène écoute leurs soupirs,
Ou d'un regard propice anime leurs désirs :
Au contraire pour tous dedans l'indifférence,
Elle n'ôte à pas un, ni donne d'espérance,
Et sans les voir d'un œil trop sévère et trop doux,
C'est de votre seul choix qu'elle attend un époux.

LE COMTE.

Elle est dans le devoir. . . . .
. . . .
Va l'en entretenir; mais dans cet entretien
Cache mon sentiment et découvre le sien.
Je veux qu'à mon retour nous en parlions ensemble;
L'heure à présent m'appelle au conseil qui s'assemble :
Le Roi doit à son fils choisir un gouverneur,
Ou plutôt m'élever dans ce haut rang d'honneur;
Ce que pour lui mon bras chaque jour exécute,
Me défend de penser qu'aucun me le dispute.

SCÈNE II

CHIMÈNE, ELVIRE.

ELVIRE, *seule*.

Quelle douce nouvelle à ces jeunes amants !
Et que tout se dispose à leurs contentements !

CHIMÈNE.

Eh bien! Elvire, enfin que faut-il que j'espère?
Que dois-je devenir, et que t'a dit mon père?

ELVIRE.

Deux mots dont tous vos sens doivent être charmés :
Il estime Rodrigue autant que vous l'aimez.

LE CID

CHIMÈNE.

L'excès de ce bonheur me met en défiance :
Puis-je à de tels discours donner quelque croyance?

ELVIRE.

Il passe bien plus outre, il approuve ses feux,
Et vous doit commander de répondre à ses vœux.
Jugez après cela, puisque tantôt son père
Au sortir du conseil doit proposer l'affaire,
S'il pouvait avoir lieu de mieux prendre son temps,
Et si tous vos désirs seront bientôt contents.

QUESTIONS SUR LE Ve ACTE.

Que se passe-t-il au Ve acte?
Pourquoi Rodrigue revient-il voir Chimène?
Comment Chimène relève-t-elle son courage?
Quel est le défaut des deux scènes de l'Infante?
Quels sont les véritables sentiments de Chimène?
Comment reçoit-elle don Sanche? La méprise de Chimène est-elle naturelle? Quel effet produit-elle?
Que demande Chimène au Roi avant d'être détrompée? après avoir reconnu son erreur?
Que demande Rodrigue à Chimène?
Chimène consent-elle au mariage proposé par le Roi?
Quel est le dénouement? Ce dénouement satisfait-il le spectateur? Sauve-t-il l'honneur de Chimène?

SENTIMENTS DE L'ACADÉMIE
SUR *LE CID*

L'Académie résumait ainsi, en finissant, son appréciation sur le *Cid* :
« Enfin nous concluons qu'encore que le sujet du *Cid* ne soit pas bon, qu'il pèche dans son dénouement, qu'il soit chargé d'épisodes inutiles, que la bienséance y manque en beaucoup de lieux, aussi bien que la bonne disposition du théâtre, et qu'il y ait beaucoup de vers bas et de façons de parler impures, *néanmoins la naïveté et la véhémence de ses passions, la délicatesse et la force de plusieurs de ses pensées, et cet agrément inexplicable qui se mêle dans tous ses défauts*, lui ont acquis un rang considérable entre les poèmes français de ce genre qui ont le plus donné de satisfaction. »

Il y eut certainement du courage à mêler ainsi la louange au blâme; le blâme cependant, tout atténué qu'il était, dépassait encore les bornes d'une saine critique (1).

Les griefs principaux se réduisent aux trois suivants :
1° Le sujet est mauvais; 2° les actions sont trop pressées; 3° le rôle de Chimène pèche contre la bienséance.

1ᵉʳ grief : le sujet est mauvais.

« Le sujet du *Cid* se peut dire mauvais, parce qu'il n'est pas vraisemblable ;... car ni la bienséance des mœurs d'une fille introduite comme vertueuse n'y est gardée par le poète, lorsqu'elle se résout à épouser celui qui a tué son père, ni la fortune par un accident imprévu, et qui naisse de l'enchaînement de choses vraisemblables, n'en fait point le démêlement. Au contraire, la fille consent à ce mariage par la seule violence que lui fait son amour, et le dénouement de l'intrigue n'est fondé que sur l'injustice inopinée de Fernand, qui vient ordonner un mariage que par raison il ne devait pas seulement proposer. Nous avouons bien que la vérité de cette aventure combat en faveur du poète, et le rend plus excusable que si c'était un sujet inventé; mais nous maintenons que toutes les vérités ne sont pas bonnes pour le théâtre. »

---

(1) Pellisson trouve dans ces *Sentiments* « un jugement fort solide, auquel il est vraisemblable que la postérité s'arrêtera. » (*Hist. de l'Acad.*) Voltaire dit « que jamais on ne s'est conduit avec plus de noblesse, de politesse et de prudence, et que jamais on n'a jugé avec plus de goût. » (*Commentaire.*)
On a vu plus haut (p. 40) l'appréciation de la Bruyère.
Les éloges décernés à l'Académie pour sa prudence, sa modération, sa politesse, sa connaissance des règles, sont très mérités. Il n'en reste pas moins vrai que pour juger un chef-d'œuvre de ce genre, elle s'est placée à un point de vue trop étroit, et que plusieurs de ses critiques tombent à faux, surtout celles qu'elle tire du prétendu mariage de Chimène et de Rodrigue.

Réponse. — Corneille se borne au dénouement à tirer Rodrigue hors de danger, et à laisser entrevoir son mariage avec Chimène ; mais il se garde bien d'y faire consentir Chimène à la fin de la pièce ; le mariage est donc loin d'être conclu.

2° grief : les actions sont trop pressées.

« Et certes l'auteur ne peut nier ici que l'art ne lui ait manqué, lorsqu'il a compris tant d'actions remarquables dans l'espace de vingt-quatre heures, et qu'il n'a pu autrement fournir les cinq actes de sa pièce, qu'en entassant tant de choses l'une sur l'autre en si peu de temps. Mais... nous croyons qu'il y a encore eu plus de sujet de le reprendre pour avoir fait consentir Chimène à épouser Rodrigue le jour même qu'il avait tué le Comte. Cela surpasse toute créance, et ne peut vraisemblablement tomber dans l'âme, non seulement d'une sage fille, mais d'une qui serait la plus dépouillée d'honneur et d'humanité. En ceci il ne s'agit pas simplement d'assembler plusieurs aventures diverses et grandes en un si petit espace de temps, mais de faire entrer dans un même esprit, et dans moins de vingt-quatre heures, deux pensées si opposées l'une à l'autre, comme sont la poursuite de la mort d'un père, et le consentement d'épouser son meurtrier, et d'accorder en un même jour deux choses qui ne se pouvaient souffrir dans toute une vie. »

Réponse. — Malgré leur succession rapide, les événements s'accomplissent avec vraisemblance, ce qui suffit au théâtre. Quant au consentement de Chimène, il n'existe pas dans Corneille.

3ᵉ grief : fautes contre la bienséance.

« L'observateur (Scudéry), après cela, passe à l'examen des mœurs attribuées à Chimène, et les condamne : en quoi nous sommes entièrement de son côté ; car au moins ne peut-on nier qu'elle ne soit, contre la bienséance de son sexe, amante trop sensible, et fille trop dénaturée. Quelque violence que lui pût faire sa passion, il est certain qu'elle ne devait point se relâcher dans la vengeance de son père, et moins encore se résoudre à épouser celui qui l'avait fait mourir. En ceci il faut avouer que ses mœurs sont du moins scandaleuses, si en effet elles ne sont dépravées. Ces pernicieux exemples rendent l'ouvrage notablement défectueux, et s'écartent du but de la poésie, qui veut être utile... Nous la blâmons (Chimène) seulement de ce que son amour l'emporte sur son devoir, et qu'en même temps qu'elle poursuit Rodrigue, elle fait des vœux en sa faveur..., le souffre en son logis, et dans sa chambre même, ne le fait pas arrêter, l'excuse de ce qu'il a entrepris contre le Comte, lui témoigne que pour cela elle ne laisse pas de l'aimer, lui donne presque à entendre qu'elle ne le poursuit que pour en être plus estimée, et enfin souhaite que les juges ne lui accordent pas la vengeance qu'elle leur demande... Elle pouvait sans doute aimer encore Rodrigue après son malheur, puisque son crime n'était que d'avoir réparé le déshonneur de sa maison... Aussi n'est-ce pas le combat de ces deux mouvements que nous désapprouvons. Nous n'y trouvons à dire sinon qu'il se termine autrement qu'il ne devrait. »

Réponse. — C'est en cela précisément que l'Académie se trompe ; elle croit toujours au consentement de Chimène, consentement qui n'a pas eu lieu. Quant aux autres faiblesses qu'elle reproche à Chimène, elles sont excusables sur le théâtre. V. l'*Examen* de Corneille.

Apologie de Corneille.

Vingt-trois ans après la sentence de l'Académie (1660), Corneille fit lui-même l'apologie de son premier chef-d'œuvre, en réfutant les principaux arguments de l'Académie dans son *Examen sur le Cid*, et dans ses trois *Discours sur le poème dramatique*.

Dans l'*Examen* qui va suivre, Corneille discute les questions suivantes:
1° La cause du succès du *Cid*, provenant de la beauté même du sujet;
2° Le rôle de Chimène, vertueuse malgré quelques faiblesses ;
3° Le mariage et les deux entrevues ;
4° Le rôle du Roi ;
5° Les unités de temps et de lieu, où il est question du choix de Séville, de l'arrivée des Maures ; des funérailles du Comte et du soufflet.

EXAMEN DU *CID* PAR CORNEILLE

Succès dû à la beauté du sujet (1). — Ce poème a tant d'avantages du côté du sujet et des pensées brillantes dont il est semé, que la plupart de ses auditeurs n'ont pas voulu voir les défauts de sa conduite, et ont laissé enlever leurs suffrages au plaisir que leur a donné sa représentation (2). Bien que ce soit celui de tous mes ouvrages réguliers où je me suis permis le plus de licence, il passe encore pour le plus beau auprès de ceux qui ne s'attachent pas à la dernière sévérité des règles ; et depuis cinquante ans (3) qu'il tient sa place sur nos théâtres, l'histoire ni l'effort de l'imagination n'y ont rien fait voir qui en ait effacé l'éclat. Aussi a-t-il les

(1) Corneille répond dans ce premier paragraphe au reproche de l'Académie qui avait répété, après Scudéry, que « le sujet était mauvais. » V. plus haut, p. 142.

(2) V. plus haut, p. 41, la lettre de Balzac.

(3) C'est le texte de l'édition de 1682. En 1660, Corneille avait mis : « et depuis vingt-trois ans. »

deux grandes conditions que demande Aristote aux tragédies parfaites (1), et dont l'assemblage se rencontre si rarement chez les anciens ni (2) chez les modernes ; il les assemble même plus fortement et plus noblement que les espèces que pose ce philosophe (3). Une maîtresse que son devoir force à poursuivre la mort de son amant qu'elle tremble d'obtenir, à les passions plus vives et plus allumées que tout ce qui peut se passer entre un mari et sa femme, une mère et son fils, un frère et sa sœur ; et la haute vertu dans un naturel sensible à ces passions, qu'elle dompte sans les affaiblir, et à qui elle laisse toute leur force pour en triompher plus glorieusement, a quelque chose de plus touchant, de plus élevé et de plus aimable que cette médiocre bonté, capable d'une faiblesse, et même d'un crime, où nos anciens étaient contraints d'arrêter le caractère le plus parfait des rois et des princes dont ils faisaient leurs héros, afin que ces taches et ces forfaits défigurant ce qu'ils leur laissaient de vertu, s'accommodassent (4) au goût et aux souhaits de leurs spectateurs, et fortifiassent l'horreur qu'ils avaient conçue de leur domination et de la monarchie.

Justification de Chimène (5). — Rodrigue suit ici son devoir sans rien relâcher de sa passion ; Chimène fait la même chose à son tour, sans laisser ébranler son dessein par la douleur où elle se voit abîmée par là ; et si la présence de son amant lui fait faire quelque faux pas, c'est une glissade dont elle se relève à l'heure même ; et non seulement elle connaît si bien sa faute, qu'elle nous en avertit, mais elle fait un prompt désaveu de tout ce qu'une vue si chère lui a pu arracher. Il n'est point besoin qu'on lui reproche qu'il lui est honteux de souffrir l'entretien de son amant après qu'il a tué son père ; elle avoue que c'est la seule prise que la médisance aura sur elle. Si elle s'emporte jusqu'à lui dire qu'elle veut bien qu'on sache qu'elle l'adore et le poursuit, ce n'est point une résolution si ferme, qu'elle l'empêche de cacher son amour de tout son possible, lorsqu'elle est en la présence du Roi. S'il lui échappe de l'encourager au combat contre don Sanche par ces paroles :

> Sors vainqueur d'un combat dont Chimène est le prix,

elle ne se contente pas de s'enfuir de honte au même moment ; mais sitôt qu'elle est avec Elvire, à qui elle ne déguise rien de ce qui se passe dans son âme, et que la vue de ce cher objet ne lui fait plus de violence, elle

---

(1) Corneille avait déjà parlé de ces deux conditions dans l'Avertissement de 1648. V. plus haut, p. 47.

(2) L'édition de 1660 porte : *et* chez les modernes ; *ni* signifie ici *non plus que* chez les modernes.

(3) V. le IIe Discours sur le poème épique, p. 22.

(4) Toutes les éditions faites du vivant de Corneille portent *s'accommodast...* et *fortifiast*. Cé singulier, difficile à expliquer, disparut dans l'édition de 1692.

(5) Corneille discute ici à fond le grand grief de l'Académie, tiré de la conduite de Chimène à l'égard du meurtrier de son père. V. plus haut, p. 143.

forme un souhait plus raisonnable, qui satisfait sa vertu et son amour tout ensemble, et demande au ciel que le combat se termine

Sans faire aucun des deux ni vaincu, ni vainqueur.

Si elle ne dissimule point qu'elle penche du côté de Rodrigue, de peur d'être à don Sanche, pour qui elle a de l'aversion, cela ne détruit point la protestation qu'elle a faite un peu auparavant que, malgré la loi de ce combat, et les promesses que le Roi a faites à Rodrigue, elle lui fera mille autres ennemis, s'il en sort victorieux. Ce grand éclat même qu'elle laisse faire à son amour après qu'elle le croit mort, est suivie d'une opposition vigoureuse à l'exécution de cette loi qui la donne à son amant; et elle ne se tait qu'après que le Roi l'a différée, et lui a laissé lieu d'espérer qu'avec le temps il y pourra survenir quelque obstacle. Je sais bien que le silence passe d'ordinaire pour une marque de consentement; mais, quand les rois parlent, c'en est une de contradiction : on ne manque jamais à leur applaudir, quand on entre dans leurs sentiments; et le seul moyen de leur contredire avec le respect qui leur est dû, c'est de se taire, quand leurs ordres ne sont pas si pressants qu'on ne puisse remettre à s'excuser de leur obéir, lorsque le temps en sera venu, et conserver cependant une espérance légitime d'un empêchement qu'on ne peut encore déterminément prévoir.

Mariage. — Il est vrai que, dans ce sujet, il faut se contenter de tirer Rodrigue de péril, sans le pousser jusqu'à son mariage avec Chimène. Il est historique, et a plu en son temps; mais bien sûrement il déplairait au nôtre; et j'ai peine à croire que Chimène y consente chez l'auteur espagnol, bien qu'il donne plus de trois ans de durée à la comédie qu'il en a faite. Pour ne pas contredire l'histoire, j'ai cru ne me pouvoir dispenser d'en jeter quelque idée, mais avec incertitude de l'effet; et ce n'était que par là que je pouvais accorder la bienséance du théâtre avec la vérité de l'événement.

Les deux visites de Rodrigue. — Les deux visites que Rodrigue fait à sa maîtresse ont quelque chose qui choque cette bienséance de la part de celle qui les souffre; la rigueur du devoir voulait qu'elle refusât de lui parler, et s'enfermât dans son cabinet au lieu de l'écouter; mais permettez-moi de dire avec un des premiers esprits de notre siècle (1) « que leur » conversation est remplie de si beaux sentiments, que plusieurs n'ont » pas connu ce défaut, et que ceux qui l'ont connu l'ont toléré. » J'irai plus outre, et dirai que tous presque ont souhaité que ces entretiens se lissent; et j'ai remarqué aux premières représentations qu'alors que ce malheureux amant se présentait devant elle, il s'élevait un certain frémissement dans l'assemblée, qui marquait une curiosité merveilleuse, et un redoublement d'attention pour ce qu'ils avaient à se dire dans un état si pitoyable. Aristote dit « qu'il y a des absurdités qu'il faut laisser dans

(1) Corneille parle de Balzac.

» un poème, quand on peut espérer qu'elles seront bien reçues ; et il est
» du devoir du poète, en ce cas, de les couvrir de tant de brillants,
» qu'elles puissent éblouir (1). » Je laisse au jugement de mes auditeurs
si je me suis assez bien acquitté de ce devoir pour justifier par là ces deux
scènes. Les pensées de la première des deux sont quelquefois trop spirituelles pour partir de personnes fort affligées ; mais, outre que je n'ai fait
que la paraphraser de l'espagnol, si nous ne nous permettions quelque
chose de plus ingénieux que le cours ordinaire de la passion, nos poèmes
ramperaient souvent, et les grandes douleurs ne mettraient dans la bouche
de nos acteurs que des exclamations et des hélas. Pour ne déguiser rien,
cette offre que fait Rodrigue de son épée à Chimène, et cette protestation
de se laisser tuer par don Sanche, ne me plairaient pas maintenant. Ces
beautés étaient de mise en ce temps-là, et ne le seraient plus en celui-ci.
La première est dans l'original espagnol et l'autre est tirée sur ce modèle.
Toutes les deux ont fait leur effet en ma faveur ; mais je ferais scrupule
d'en étaler de pareille à l'avenir sur notre théâtre.

Rôle du Roi (2). — J'ai dit ailleurs ma pensée touchant l'Infante et le
Roi (3) ; il reste néanmoins quelque chose à examiner sur la manière dont
ce dernier agit, qui ne paraît pas assez vigoureuse, en ce qu'il ne fait
pas arrêter le Comte après le soufflet donné, et n'envoie pas des gardes
à don Diègue et son fils. Sur quoi on peut considérer que don Fernand
étant le premier roi de Castille, et ceux qui en avaient été maîtres auparavant lui n'ayant eu titre que de comte, il n'était peut-être pas assez
absolu sur les grands seigneurs de son royaume pour le pouvoir faire.
Chez don Guillem de Castro, qui a traité ce sujet avant moi, et qui devait
mieux connaître que moi quelle était l'autorité de ce premier monarque
de son pays, le soufflet se donne en sa présence, et en celle de deux
ministres d'Etat, qui lui conseillent, après que le Comte s'est retiré fièrement et avec bravade, et que don Diègue a fait la même chose en soupirant, de ne le pousser point à bout, parce qu'il a quantité d'amis dans

---

(1) « Nos graves académiciens... condamnent les mœurs de Chimène comme
scandaleuses et dépravées : les termes de l'arrêt sont un peu durs... Ils ne
veulent pas que Chimène écoute Rodrigue : ils ont raison comme moralistes ;
mais Corneille n'a pas tort comme poète tragique. Il savait aussi bien que
l'Académie, que Chimène choquait la bienséance en souffrant la visite de
Rodrigue ; mais il savait mieux que l'Académie ce qui devait plaire au public...

» Ce mot *absurdités* est très impropre ; il ne peut s'appliquer à l'entrevue de
Chimène et de Rodrigue : c'est une des plus belles situations que je connaisse ;
et si c'était une absurdité, je ne lui donnerais pas cet éloge.

» C'est contre toute raison que Rodrigue va chez Chimène : d'accord ; c'est
contre toute bienséance que Chimène souffre sa visite : j'en conviens ; mais
l'un n'est pas capable d'écouter la raison ; il n'est pas au pouvoir de l'autre
d'observer la bienséance. » (GEOFFROY.)

(2) L'Académie avait aussi blâmé ce rôle.

(3) Voir le Ier Discours, p. 20.

les Asturies, qui se pourraient révolter et prendre part avec les Maures dont son Etat est environné. Ainsi il se résout d'accommoder l'affaire sans bruit, et recommande le secret à ces deux ministres, qui ont été seuls témoins de l'action. C'est sur cet exemple que je me suis cru bien fondé à le faire agir plus mollement qu'on ne ferait en ce temps-ci où l'autorité royale est plus absolue. Je ne pense pas non plus qu'il fasse une faute bien grande de ne jeter point l'alarme de nuit dans sa ville, sur l'avis incertain qu'il a du dessein des Maures, puisqu'on faisait bonne garde sur les murs et sur le port; mais il est inexcusable de n'y donner aucun ordre après leur arrivée, et de laisser tout faire à Rodrigue. La loi du combat, qu'il propose à Chimène avant que de le permettre à don Sanche contre Rodrigue, n'est pas si injuste que quelques-uns ont voulu le dire, parce qu'elle est plutôt une menace pour la faire dédire de la demande de ce combat, qu'un arrêt qu'il lui veuille faire exécuter. Cela paraît en ce qu'après la victoire de Rodrigue il n'en exige pas précisément l'effet de sa parole, et la laisse en état d'espérer que cette condition n'aura point de lieu.

Unité de temps. — Je ne puis dénier que la règle des vingt et quatre heures presse trop les incidents de cette pièce. La mort du Comte et l'arrivée des Maures pouvaient s'entre-suivre d'aussi près qu'elles font, parce que cette arrivée est une surprise qui n'a point de communication ni de mesures à prendre avec le reste; mais il n'en va pas ainsi du combat de don Sanche, dont le Roi était le maître, et pouvait lui choisir un autre temps que deux heures après la fuite des Maures. Leur défaite avait assez fatigué Rodrigue toute la nuit pour mériter deux ou trois jours de repos; et même il y aurait quelque apparence qu'il n'en était pas échappé sans blessures, quoique je n'en aie rien dit, parce qu'elles n'auraient fait que nuire à la conclusion de l'action.

Cette même règle presse aussi trop Chimène de demander justice au Roi la seconde fois. Elle l'avait fait le soir d'auparavant, et n'avait aucun sujet d'y retourner le lendemain matin pour en importuner le Roi, dont elle n'avait encore aucun lieu de se plaindre, puisqu'elle ne pouvait encore dire qu'il lui eût manqué de promesse. Le roman lui aurait donné sept ou huit jours de patience avant que de l'en presser de nouveau; mais les vingt et quatre heures ne l'ont pas permis : c'est l'incommodité de la règle. Passons à celle de l'unité de lieu, qui ne m'a pas donné moins de gêne en cette pièce.

Choix de Séville. — Je l'ai placé dans Séville, bien que don Fernand n'en ait jamais été le maître; et j'ai été obligé à cette falsification pour former quelque vraisemblance à la descente des Maures, dont l'armée ne pouvait venir si vite par terre que par eau. Je ne voudrais pas assurer toutefois que le flux de la mer monte effectivement jusque-là (1); mais comme dans

(1) Le flux se fait sentir même jusqu'à dix ou douze lieues au-dessus de Séville. (Madoz, *Dict. géogr.*, Madrid, 1847.)

notre Seine il fait encore plus de chemin qu'il ne lui en faut faire sur le Guadalquivir pour battre les murailles de cette ville, cela peut suffire à fonder quelque probabilité parmi nous, pour ceux qui n'ont point été sur le lieu même.

Arrivée des Maures. — Cette arrivée des Maures ne laisse pas d'avoir ce défaut que j'ai marqué ailleurs, qu'ils se présentent d'eux-mêmes, sans être appelés dans la pièce directement ni indirectement par aucun acteur du premier acte. Ils ont plus de justesse dans l'irrégularité de l'auteur espagnol : Rodrigue, n'osant plus se montrer à la cour, les va combattre sur la frontière; et ainsi le premier acteur les va chercher, et leur donne place dans le poëme; au contraire de ce qui arrive ici, où ils semblent se venir faire de fête exprès pour en être battus, et lui donner moyen de rendre à son roi un service d'importance qui lui fasse obtenir sa grâce. C'est une seconde incommodité de la règle dans cette tragédie.

Unité de lieu. — Tout s'y passe donc dans Séville, et garde ainsi quelque espèce d'unité de lieu en général; mais le lieu particulier change de scène en scène; et tantôt c'est le palais du Roi, tantôt l'appartement de l'Infante, tantôt la maison de Chimène, et tantôt une rue ou place publique. On le détermine aisément pour les scènes détachées; mais pour celles qui ont leur liaison ensemble, comme les quatre dernières du premier acte, il est malaisé d'en choisir un qui convienne à toutes. Le Comte et don Diègue se querellent au sortir du palais; cela se peut passer dans une rue; mais après le soufflet reçu, don Diègue ne peut pas demeurer en cette rue à faire ses plaintes, attendant que son fils survienne, qu'il ne soit tout aussitôt environné de peuple, et ne reçoive l'offre de quelques amis. Ainsi il serait plus à propos qu'il se plaignît dans sa maison, où le met l'espagnol, pour laisser aller ses sentiments en liberté; mais en ce cas il faudrait délier les scènes comme il a fait. En l'état où elles sont ici, on peut dire qu'il faut quelquefois aider au théâtre, et suppléer favorablement ce qui ne s'y peut représenter. Deux personnes s'y arrêtent pour parler, et quelquefois il faut présumer qu'ils marchent, ce qu'on ne peut exposer sensiblement à la vue, parce qu'ils échapperaient aux yeux avant que d'avoir pu dire ce qu'il est nécessaire qu'ils fassent savoir à l'auditeur. Ainsi, par une fiction de théâtre, on peut s'imaginer que don Diègue et le Comte, sortant du palais du Roi, avancent toujours en se querellant, et sont arrivés devant la maison de ce premier, lorsqu'il reçoit le soufflet qui l'oblige à y entrer pour y chercher du secours. Si cette fiction poétique ne vous satisfait point, laissons-le dans la place publique, et disons que le concours du peuple autour de lui après cette offense, et les offres de service que lui font les premiers amis qui s'y rencontrent, sont des circonstances que le roman ne doit pas oublier; mais que ces menues actions ne servant de rien à la principale, il n'est pas besoin que le poète s'en embarrasse sur la scène. Horace l'en dispense par ces vers :

> Hoc amet, hoc spernat promissi carminis auctor;
> Pleraque negligat.

Et ailleurs :

> Semper ad eventum festinet (1).

C'est ce qui m'a fait négliger, au troisième acte, de donner à don Diègue, pour aider à chercher son fils, aucun des cinq cents amis qu'il avait chez lui. Il y a grande apparence que quelques-uns d'eux l'y accompagnaient, et même que quelques autres le cherchaient pour lui d'un autre côté ; mais ces accompagnements inutiles de personnes qui n'ont rien à dire, puisque celui qu'ils accompagnent a seul tout l'intérêt à l'action, ces sortes d'accompagnements, dis-je, ont toujours mauvaise grâce au théâtre, et d'autant plus que les comédiens n'emploient à ces personnages muets que leurs moucheurs de chandelles et leurs valets qui ne savent quelle posture tenir.

Funérailles du Comte. — Les funérailles du Comte étaient encore une chose fort embarrassante, soit qu'elles se soient faites avant la fin de la pièce, soit que le corps ait demeuré en présence dans son hôtel, attendant qu'on y donnât ordre. Le moindre mot que j'en eusse laissé dire, pour en prendre soin, eût rompu toute la chaleur de l'attention, et rempli l'auditeur d'une fâcheuse idée. J'ai cru plus à propos de les dérober à son imagination par mon silence, aussi bien que le lieu précis de ces quatre scènes du premier acte dont je viens de parler ; et je m'assure que cet artifice m'a si bien réussi, que peu de personnes ont pris garde à l'un ni à l'autre, et que la plupart des spectateurs, laissant emporter leurs esprits à ce qu'ils ont vu et entendu de pathétique en ce poème, ne se sont point avisés de réfléchir sur ces deux considérations.

Le soufflet. — J'achève par une remarque sur ce que dit Horace, que ce qu'on expose à la vue touche bien plus que ce qu'on n'apprend que par un récit (2).

C'est sur quoi je me suis fondé pour faire voir le soufflet que reçoit don Diègue, et cacher aux yeux la mort du Comte, afin d'acquérir et conserver à mon premier acteur l'amitié des auditeurs, si nécessaire pour réussir au théâtre. L'indignité d'un affront fait à un vieillard chargé d'années et de victoires, les jette aisément dans le parti de l'offensé ; et cette mort, qu'on vient dire au Roi tout simplement sans aucune narration

---

(1) Le vrai texte d'Horace est :
> Pleraque *differat...* Hoc amet, etc.
> Semper ad eventum *festinat.*

(2) Hor., *Art poét.*, 180.

touchante, n'excite point en eux la commisération qu'y eût fait naître le spectacle de son sang, et ne leur donne aucune aversion pour ce malheureux amant, qu'ils ont vu forcé, par ce qu'il devait à son honneur, d'en venir à cette extrémité, malgré l'intérêt et la tendresse de son amour.

APPENDICE.

Drame de Guillem de Castro,
intitulé la Jeunesse du Cid (1).

Le drame de Guillem de Castro remplit trois *journées*, et embrasse un espace de trois ans.

1re journée : 4 tableaux.

La 1re *journée* comprend quatre tableaux ou actions mises en scène.

1er TABLEAU. — Palais de Burgos : Rodrigue est créé chevalier par le roi Fernand.

2e TABLEAU. — Le conseil : le Roi choisit don Diègue pour gouverneur de son fils; le comte Gormas, indigné, lui donne un soufflet en présence du roi.

3e TABLEAU. — Salle d'armes : don Diègue essaie la grande épée de Mudarra; ne pouvant plus la manier, il cherche un vengeur parmi ses fils; les deux plus jeunes se contentent de gémir quand il leur serre violemment la main; Rodrigue s'emporte quand son père lui mord le doigt. Don Diègue lui confie son épée, et sans connaître son amour pour Chimène, désigne le Comte à sa vengeance. Monologue de Rodrigue.

4e TABLEAU. — Sur la place du palais : au moment où le Comte se présente fier et insolent, Rodrigue le provoque en duel, et le blesse à mort; le Comte tombe dans la coulisse. Chimène accourt en poussant des cris, tandis que Rodrigue se défend contre la suite du Comte : l'Infante fait cesser le combat.

2e journée : 6 tableaux.

1er TABLEAU. — Palais du roi : Chimène demande justice; don Diègue défend Rodrigue.

2e TABLEAU. — Maison de Chimène : Rodrigue.

3e TABLEAU. — Lieu désert, près de Burgos : don Diègue envoie son fils contre les Maures.

(1) D'après l'étude de M. Viguier, dans *les Grands Écrivains de la France*.

4ᵉ Tableau. — Une villa : l'Infante, voyant partir Rodrigue à la tête de sa troupe, lui adresse ses encouragements.

5ᵉ Tableau. — Montagnes d'Oca, au nord de Burgos : Rodrigue défait les Maures.

6ᵉ Tableau. — Palais de Burgos : Rodrigue amène le chef qu'il a fait prisonnier ; Chimène revient demander vengeance ; le Roi bannit le vainqueur en l'embrassant.

3ᵉ journée   5 tableaux.

1ᵉʳ Tableau. — Au palais : Chimène revient une troisième fois ; le Roi, ayant appris son amour pour Rodrigue, fait annoncer par un courrier supposé que le Cid a péri dans une embuscade. Chimène, un instant, trahit sa douleur ; mais dès qu'elle apprend la vérité, elle demande et obtient que Rodrigue soit soumis à l'épreuve d'un combat singulier, promettant d'épouser celui qui le tuera.

2ᵉ Tableau. — Forêt de la Galice : Rodrigue, en pèlerinage pour saint Jacques de Compostelle, rencontre un lépreux qui du fond d'un fossé lui demande assistance ; le héros n'hésite pas à lui donner ses soins et partage son repas avec lui. Dans un sommeil mystérieux il voit ensuite le lépreux transfiguré : c'est saint Lazare qui le bénit et remonte au ciel en lui annonçant ses succès.

3ᵉ Tableau. — Au palais : l'Aragonais don Martin Gonzalez, qui aspire à la main de Chimène, vient sommer le roi Fernand de décider par un combat singulier un différend qui partage la Castille et l'Aragon : Rodrigue, de retour, ose seul accepter le défi.

4ᵉ Tableau. — Maison de Chimène : Chimène exprime à Elvire ses regrets d'avoir provoqué le duel.

5ᵉ Tableau. — Au palais : Chimène se présente au Roi avec une lettre qui fait pressentir la défaite de Rodrigue. Tout à coup on annonce l'arrivée d'un chevalier qui, dit-on, porte la tête de Rodrigue pour l'offrir à Chimène. Consternée de cette nouvelle, Chimène implore la permission de se retirer dans un cloître pour se soustraire à Gonzalez. Mais Rodrigue paraît lui-même, vivant et vainqueur. Chimène, pressée par le Roi de subir la condition qu'elle avait posée, se soumet, et le mariage doit se célébrer le soir même, trois ans après le début de l'action.

HORACE

TRAGÉDIE

1640

HORACE

TRAGÉDIE (1)

Cette tragédie fut représentée pour la première fois au commencement de 1640, et publiée en janvier 1641.

A MONSEIGNEUR

LE CARDINAL DUC DE RICHELIEU (2)

MONSEIGNEUR,

Je n'aurais jamais eu la témérité de présenter à Votre Éminence ce mauvais portrait d'Horace, si je n'eusse considéré qu'après tant de bienfaits (3) que j'ai reçus d'elle, le silence où mon respect m'a retenu jusqu'à présent passerait pour ingratitude, et que, quelque juste défiance que j'aie de mon travail, je dois avoir encore plus de confiance en votre bonté. C'est d'elle que je tiens tout ce que je suis; et ce n'est pas sans rougir que, pour toute reconnaissance, je vous fais un présent si peu digne de vous et si peu proportionné à ce que je vous dois. Mais dans cette confusion, qui m'est commune avec tous ceux qui écrivent, j'ai cet avantage qu'on ne peut, sans quelque injustice, condamner mon choix, et que ce généreux Romain que je mets aux pieds de Votre Éminence, eût pu paraître devant elle avec moins de honte, si les forces de l'artisan eussent répondu à la dignité de la matière. J'en ai pour garant l'auteur dont je l'ai tirée, qui commence à décrire cette fameuse histoire par ce glorieux éloge, « qu'il n'y a presque aucune chose plus noble

(1) Corneille a toujours écrit *Horace*, et non *les Horaces*, comme Chapelain, la Bruyère et plusieurs autres disaient déjà de son temps.

(2) Richelieu, né à Paris en 1585, évêque de Luçon en 1607, député aux États-généraux en 1614, aumônier de Marie de Médicis en 1615, secrétaire d'État en 1616, cardinal en 1622, et premier ministre de Louis XIII de 1623 à 1642. Il fonda l'Académie française en 1635.

(3) Le Cardinal faisait à Corneille une pension annuelle de 500 écus pris sur sa cassette privée. La petite guerre qu'il avait faite à l'auteur du *Cid* n'avait point tari sa générosité; ce qui semble indiquer que les raisons personnelles n'avaient pas été les principales dans la fameuse querelle.

dans toute l'antiquité. » Je voudrais que ce qu'il a dit de l'action, se pût dire de la peinture que j'en ai faite, non pour en tirer plus de vanité, mais seulement pour vous offrir quelque chose un peu moins indigne (1) de vous être offert. Le sujet était capable de plus de grâces, s'il eût été traité d'une main plus savante ; mais, du moins, il a reçu de la mienne toutes celles qu'elle était capable de lui donner, et qu'on pouvait raisonnablement attendre d'une muse de province (2) qui, n'étant pas assez heureuse pour jouir souvent des regards de Votre Éminence, n'a pas les mêmes lumières à se conduire qu'ont celles qui en sont continuellement éclairées. Et certes, Monseigneur, ce changement visible qu'on remarque en mes ouvrages depuis que j'ai l'honneur d'être à Votre Éminence (3), qu'est-ce autre chose qu'un effet des grandes idées qu'elle m'inspire, quand elle daigne souffrir que je lui rende mes devoirs ? et à quoi peut-on attribuer ce qui s'y mêle de mauvais, qu'aux teintures grossières que je reprends, quand je demeure abandonné à ma propre faiblesse ? Il faut, Monseigneur, que tous ceux qui donnent leurs veilles au théâtre, publient hautement avec moi que nous avons deux obligations très signalées : l'une, d'avoir ennobli le but de l'art ; l'autre, de nous en avoir facilité les connaissances (4). Vous avez ennobli le but de l'art, puisque, au lieu de celui de plaire au peuple que nous prescrivent nos maîtres, et dont les deux plus

---

(1) Il faudrait aujourd'hui *quelque chose d'un peu moins indigne.* « Quand l'adjectif qui suit *quelque chose* n'est pas précédé d'un pronom relatif, il doit l'être de la préposition *de : quelque chose de fâcheux.* » (Ac.)

(2) Corneille, n'ayant pu se plier aux exigences littéraires du cardinal-poète, avait demandé et obtenu la permission de retourner à Rouen. Il ne revenait à Paris que pour y faire jouer ses pièces. V. *le Cid*, p. 3.

(3) Corneille, parlant du Cardinal, disait à Scudéry (*Réponse aux Observations*) : « Votre maître et le mien. » — « Cette expression a choqué Voltaire : elle ne pouvait choquer les habitudes de Corneille. Dans un temps où les meilleurs gentilshommes se mettaient au service de gentilshommes un peu plus riches qu'eux, où l'argent était le prix naturel de tous les services, et la fortune une sorte de suzeraineté qui rassemblait autour d'elle des vassaux prêts à lui rendre un hommage regardé comme légitime, pouvait-on s'étonner qu'un bourgeois de Rouen se regardât à peu près comme le domestique, ou si l'on veut, comme *le sujet* d'un ministre tout-puissant dont la libéralité était son appui et la bienveillance son espoir. » (Guizot, *Corneille et son temps.*)

Cette situation de Corneille explique les compliments un peu emphatiques de sa dédicace. Du reste, ces civilités flatteuses étaient communes au xviie siècle ; ni Boileau ni Racine n'ont pu s'en dispenser.

(4) On ne peut nier que Richelieu ait exercé une grande influence sur la réforme du théâtre, si heureusement accomplie par Corneille ; mais cette influence du Cardinal venait moins de son goût et de son génie littéraire, que de la protection dont il honorait les lettres, de la fondation de l'Académie, et de l'étude des règles remise en honneur par la direction qu'il imprima aux poètes.

honnêtes gens de leur siècle, Scipion et Lælie (1), ont autrefois protesté de se contenter, vous nous avez donné celui de vous plaire et de vous divertir ; et qu'ainsi nous ne rendons pas un petit service à l'État, puisque, contribuant à vos divertissements, nous contribuons à l'entretien d'une santé qui lui est si précieuse et si nécessaire. Vous nous en avez facilité les connaissances, puisque nous n'avons plus besoin d'autre étude pour les acquérir, que d'attacher nos yeux sur Votre Éminence, quand elle honore de sa présence et de son attention le récit de nos poèmes. C'est là que, lisant sur son visage ce qui lui plaît et ce qui ne lui plaît pas, nous nous instruisons avec certitude de ce qui est bon et de ce qui est mauvais, et tirons des règles infaillibles de ce qu'il faut suivre et de ce qu'il faut éviter ; c'est là que j'ai souvent appris en deux heures ce que mes livres n'eussent pu m'apprendre en dix ans ; c'est là que j'ai puisé ce qui m'a valu l'applaudissement du public ; et c'est là qu'avec votre faveur j'espère puiser assez pour être un jour une œuvre digne de vos mains. Ne trouvez donc pas mauvais, Monseigneur, que, pour vous remercier de ce que j'ai de réputation, dont je vous suis entièrement redevable, j'emprunte quatre vers d'un autre Horace (2) que celui que je vous présente, et que je vous exprime par eux les plus véritables sentiments de mon âme (3) :

> Totum muneris hoc tui est,
> Quod monstror digito prætereuntium,
> Scenæ non levis artifex :
> Quod spiro et placeo, si placeo, tuum est (4).

Je n'ajouterai qu'une vérité à celle-ci, en vous suppliant de croire que je suis et serai toute ma vie très passionnément,

MONSEIGNEUR,

DE VOTRE ÉMINENCE,

Le très humble, très obéissant
et très fidèle serviteur,

CORNEILLE.

(1) Scipion et Lélius auraient, d'après la tradition, travaillé aux pièces de Térence.

(2) Il s'agit du poète Horace, qui brilla sous le règne d'Auguste.

(3) Corneille, après la mort de Richelieu, fut plus libre dans l'expression de ses sentiments ; c'est alors qu'il écrivit ces vers si connus :
Il m'a trop fait de bien pour en dire du mal ;
Il m'a trop fait de mal pour en dire du bien.

(4) « Ta faveur, ô Muse, fait que les passants me montrent du doigt, pour mes succès au théâtre. Et l'inspiration et le charme, si vraiment je plais, c'est à toi que je les dois. » (*Od.* IV. 3.) Dans Horace, le 3ᵉ vers est :
Romanæ fidicen lyræ.

EXTRAIT DE TITE-LIVE

Liv. i, ch. xxiii-xxvi (1).

XXIII. Des deux côtés on se préparait avec ardeur à la guerre. Ce conflit avait tout le caractère d'une guerre civile, car il mettait, pour ainsi dire, aux prises les pères et les enfants. Les deux peuples étaient de sang troyen; Lavinium tirait son origine de Troie; Albe (2) de Lavinium; et les Romains descendaient des rois d'Albe. Cependant l'issue de la guerre rendit la querelle moins déplorable, car on ne combattit point en bataille rangée; on détruisit seulement les maisons de l'une des deux villes; et la fusion s'opéra entre les deux peuples. Les Albains envahirent les premiers, avec une armée formidable, le territoire de Rome. Leur camp n'en était pas à plus de cinq milles; ils l'entourèrent d'un fossé, qui fut pendant quelques siècles appelé du nom de leur chef, le fossé Cluilius, jusqu'à ce que le temps eût fait disparaître et la chose et le nom. Cluilius étant mort dans le camp, les Albains créèrent dictateur Métius Suffétius. Mais le fougueux Tullus, dont l'audace s'était accrue par la mort de Cluilius, s'en va publiant partout que la vengeance des dieux, après s'être manifestée d'abord sur la personne du chef, menace de punir du crime de cette guerre impie quiconque porte le nom albain. Puis, à la faveur de la nuit, il tourne le camp ennemi, et envahit à son tour le territoire d'Albe. Ce coup de main fit sortir Métius de ses retranchements. Il s'approche le plus possible de l'ennemi, et de là il envoie dire à Tullus, qu'il désire une entrevue, avant d'engager l'action; que s'il accorde cette conférence, il a, lui Métius, à faire des propositions qui intéressent Rome aussi bien que la ville d'Albe. Tullus ne se refuse point à l'entrevue, quoiqu'il en attende peu de fruit, et range son armée en bataille. Les Albains se rangent en face des Romains. Quand les deux armées sont en présence, les deux chefs s'avancent au milieu avec quelques-uns de leurs premiers officiers.

Le général albain prend alors la parole : « Des attaques injustes, dit-il, du butin enlevé contre la foi des traités, réclamé et non rendu, sont les causes de cette guerre. Ce sont celles du moins que j'ai entendu donner par notre roi Cluilius, celles que tu produiras sans doute aussi toi-même, Tullus. Mais, sans recourir à des raisons spécieuses, et pour déclarer ici la vérité, je dis que l'ambition seule arme l'un contre l'autre deux peuples voisins, deux peuples unis par les liens du sang. Est-ce bien ou mal, je ne le décide pas; ce soin regarde les auteurs de la querelle.

---

(1) Tite-Live, célèbre historien latin, né à Padoue l'an 59 avant J.-C., mort l'an 19 de l'ère chrétienne. — Corneille avait placé en tête de sa tragédie le texte latin dont nous donnons ici la traduction.

(2) Albe ou Albe-la-Longue, ville du Latium, à quelques kilom. au S.-E. de Rome, fondée, suivant la tradition, par Ascagne, fils d'Énée, vers l'an 1144 avant J.-C.; les Romains la détruisirent sous Tullus Hostilius, l'an 663 avant J.-C.

Quant à cette guerre, comme chef des Albains, je dois la soutenir. Je veux, Tullus, te soumettre ce simple avis. Nous sommes environnés, toi et les miens, par la nation étrusque ; le danger est grand pour tous, plus grand même pour toi ; tu le sais d'autant mieux que tu es plus près de l'Étrurie. Les Étrusques sont fort puissants sur terre ; ils le sont surtout sur mer. Souviens-toi qu'au moment où tu donneras le signal du combat, ce peuple, les yeux fixés sur les deux armées, attendra que nous soyons épuisés et affaiblis pour attaquer à la fois le vainqueur et le vaincu. Donc, au nom des dieux, puisqu'au lieu de nous contenter d'une liberté assurée, nous courons aussi bien à la servitude qu'à la domination, trouvons un moyen de décider, sans désastre pour les deux peuples et sans effusion de sang, lequel des deux doit commander à l'autre. » Tullus, bien que son caractère et l'espérance de la victoire le rendissent plus intraitable, agréa cette proposition. Mais, tandis que les deux chefs cherchaient ce moyen, la fortune prit soin de le leur fournir.

XXIV. Il y avait par hasard dans chacune des deux armées trois frères jumeaux, à peu près de même force et de même âge. C'étaient, la chose est assez certaine, les Horaces et les Curiaces ; il n'y a guère dans l'antiquité de fait plus illustre. Toutefois, malgré la célébrité du fait, il reste un doute sur les noms ; on ne sait à quelle nation appartenaient les Horaces, à laquelle les Curiaces. Les auteurs varient sur ce point. J'en trouve cependant un plus grand nombre qui donnent les Horaces à Rome ; et j'incline vers cette opinion. Chacun des deux rois charge donc ces trois frères de combattre pour leur patrie : là sera l'empire, où sera la victoire. Cette condition est acceptée, et l'on convient du temps et du lieu. Avant le combat, un traité conclu entre les Romains et les Albains portait que celui des deux peuples qui resterait vainqueur, exercerait sur le vaincu, un empire doux et modéré...

XXV. Le traité conclu, les trois frères, de chaque côté, prennent leurs armes, suivant les conventions. Les deux peuples les animent en leur disant que les dieux de la patrie, la patrie elle-même, leurs parents, tout ce qu'il y a de citoyens dans la ville et dans l'armée, ont les yeux fixés sur leurs armes, sur leurs bras. Enflammés par leur propre courage, et exaltés par tant de voix qui les exhortent, ils s'avancent entre les deux fronts de bataille. Les deux armées étaient rangées devant leur camp, à l'abri du péril, mais non pas de la crainte. Car il s'agissait de l'empire, remis au courage et à la fortune d'un si petit nombre de combattants. Ainsi tous les esprits étaient en suspens, fixés sur un spectacle peu agréable à voir. Le signal est donné. Les six champions, comme deux armées marchant de front, s'élancent les glaives en avant, et portent dans leur cœur le courage de deux grandes nations. Indifférents à leur propre danger, ils n'ont devant les yeux que le triomphe ou la servitude de leur patrie, et cet avenir qui sera ce qu'ils l'auront fait eux-mêmes. Au premier choc, au premier cliquetis de leurs armes, dès que les épées, en se croisant, eurent jeté leurs étincelles, une horreur profonde saisit les spectateurs. De part et d'autre l'incertitude glace la voix et suspend le souffle. Tout à coup les combattants se mêlent; déjà ce n'est plus le mouvement des corps, ni la rapidité des traits, ni le choc incertain des armes, mais les blessures et le sang qui frappent les regards. Les trois Albains sont blessés, et des trois Romains, deux tombent morts l'un sur l'autre. A cette chute l'armée albaine pousse des cris de joie; les Romains, déjà sans espoir, mais inquiets encore, fixent des regards consternés sur le dernier Horace enveloppé par les trois Curiaces. Par un heureux hasard, il était sans blessure, trop faible, il est vrai, contre ses trois ennemis réunis, mais d'autant plus redoutable pour chacun en particulier. Donc, pour diviser leur attaque, il prend la fuite, persuadé qu'ils le suivront selon que le leur permettront les blessures qui affaiblissent leurs corps. Déjà il s'était éloigné quelque peu du lieu du combat, lorsque, tournant la tête, il voit ses adversaires le poursuivre à de grandes distances les uns des autres; un seul le serre d'assez près; il se jette sur lui avec furie. Tandis que l'armée albaine crie aux Curiaces de secourir leur frère, Horace le tue, et, vainqueur, vole à un second combat. Alors par un cri, tel qu'en arrache une joie inespérée à des spectateurs sympathiques, l'armée romaine anime son champion; il précipite le combat, et, sans donner au troisième Curiace le temps d'approcher de lui, il achève le second. Ils restaient deux seulement; les chances du combat étaient égales, mais non la confiance et les forces. L'un, sans blessure et fier d'une double victoire, marche avec assurance à un troisième combat : l'autre, épuisé par sa blessure, épuisé par sa course, se traînant à peine, et vaincu d'avance par le désastre de ses frères, semble s'offrir au glaive du vainqueur. Ce ne fut pas même un combat. Transporté de joie, le Romain s'écrie : « Je viens d'en immoler deux aux mânes de mes frères; celui-ci, c'est à la cause de cette guerre, c'est afin que Rome commande aux Albains que je le sacrifie. » Curiace soutenait à peine ses armes : Horace lui plonge son épée dans la gorge, le renverse et le dépouille. Les Romains accueillent le vainqueur avec des félicitations et des cris de triomphe; leur joie est d'autant plus vive qu'ils avaient été plus près de leur ruine.

 Les deux peuples s'occupent ensuite d'enterrer leurs morts, mais avec des sentiments bien différents; l'un conquérait l'empire, l'autre passait sous la domination étrangère. On voit encore les tombeaux à la place où chacun est tombé; les deux Romains ensemble, et plus près d'Albe; les trois Albains du côté de Rome, à quelque distance les uns des autres, suivant qu'ils avaient combattu.

 XXVI. Mais, avant qu'on se séparât, Métius, aux termes du traité, demande à Tullus ce qu'il ordonne; Tullus répond que la jeunesse albaine se tienne sous les armes, qu'il l'emploiera si la guerre éclate avec les Véiens. Les deux armées se retirent ensuite. Horace, chargé de son triple trophée, marchait à la tête des Romains. Sa sœur, qui était fiancée à l'un des Curiaces, se trouve sur son passage, près de la porte Capène; ayant reconnu sur les épaules de son frère la cotte d'armes de son fiancé qu'elle-même avait tissue de ses mains, elle s'arrache les cheveux, et redemande son fiancé d'une voix lamentable. Le bouillant vainqueur s'indigne de voir les larmes d'une sœur au milieu de son triomphe et des transports de la joie publique. Tirant son épée, il en perce la jeune fille en l'accablant de reproches : « Va-t'en, lui dit-il, avec ton fol amour rejoindre ton fiancé; toi qui oublies et tes frères morts, et celui qui te reste et ta patrie. Périsse ainsi toute Romaine qui pleurera un ennemi. » Cet assassinat révolta le peuple et le sénat; mais sa récente victoire arrêtait les bras; toutefois il est traîné au tribunal du roi. Le roi, craignant d'assumer devant le public la responsabilité d'un jugement si triste et si rigoureux, ou même du supplice qui suivrait le jugement, convoque l'assemblée du peuple : « Je nomme, dit-il, conformément à la loi, des duumvirs pour juger le crime d'Horace. » La loi était d'une effrayante sévérité : « Que les duumvirs jugent le crime, disait-elle; si l'on appelle du jugement, qu'on prononce sur l'appel. Si la sentence est confirmée, qu'on voile la tête du coupable, qu'on le suspende à l'arbre fatal, et qu'on le batte de verges dans l'enceinte ou hors de l'enceinte des murailles. » Les duumvirs, créés d'après cette loi, ne croyaient pas pouvoir absoudre même un innocent. Quand ils l'eurent condamné : « P. Horace, dit l'un d'eux, je déclare que tu as mérité la mort. Va, licteur, attache-lui les mains. » Le licteur s'était approché, et déjà il passait la corde, lorsque sur l'avis de Tullus, interprète clément de la loi, Horace s'écrie : « J'en appelle. » La cause fut alors déférée au peuple. Tout le monde était ému, surtout en entendant le vieil Horace s'écrier que la mort de sa fille était juste, qu'autrement il aurait lui-même, en vertu de l'autorité paternelle, sévi contre son fils; il suppliait ensuite les Romains, qui l'avaient vu la veille père d'une si belle famille, de ne pas le priver de tous ses enfants. Puis le vieillard embrassant son fils et montrant au peuple les dépouilles des Curiaces, suspendues au lieu nommé encore aujourd'hui le *Pilier d'Horace* : « Romains, dit-il, celui que tout à l'heure vous voyiez avec admiration marcher au milieu de vous, triomphant et paré de sa victoire, le verrez-vous lié à un infâme poteau, battu de verges et mourant dans les supplices? Les Albains eux-mêmes auraient de la peine à soutenir cet horrible spectacle! Va, licteur, attache ces mains qui, en combattant pour Rome, viennent de nous donner l'empire : va, couvre d'un voile la tête du libérateur de cette ville; suspends-le à l'arbre fatal; frappe-le, dans la ville, si tu veux, pourvu que ce soit au milieu de ces trophées et de ces dépouilles; ou hors de la ville, pourvu que ce soit parmi les tombeaux des Curiaces. Car dans quel lieu pourrez-vous conduire ce jeune héros où les monuments de sa gloire ne le protègent point contre l'horreur d'un tel supplice? » Le peuple ne put tenir contre les larmes du père; touché aussi par l'intrépidité du fils, également insensible à tous les périls, il prononça l'absolution du coupable, plutôt par admiration pour un si grand courage, que pour la bonté de sa cause. Cependant, pour qu'un meurtre public ne restât pas sans expiation, on obligea le père à racheter son fils, en payant une amende. Après quelques sacrifices expiatoires, dont la famille des Horaces conserva depuis la tradition, le vieillard plaça en travers de la rue un poteau; il y fit passer son fils, la tête voilée, comme sous un joug. Ce poteau, entretenu à perpétuité par le trésor public, existe encore aujourd'hui. On l'appelle le *Poteau de la Sœur*. On éleva un tombeau en pierre de taille, à l'endroit où la sœur d'Horace avait reçu le coup mortel.

PERSONNAGES :

TULLE, roi de Rome (1).
LE VIEIL HORACE, chevalier romain (2).
HORACE, son fils.
CURIACE, gentilhomme d'Albe, amant de Camille (3).
VALÈRE, chevalier romain, amoureux de Camille.
SABINE, femme d'Horace et sœur de Curiace.
CAMILLE, amante de Curiace et sœur d'Horace.
JULIE, dame romaine, confidente de Sabine et de Camille.
FLAVIAN, soldat de l'armée d'Albe.
PROCULE, soldat de l'armée de Rome.

La scène est à Rome,
dans une salle de la maison d'Horace.

L'an de Rome 85, 668 avant J.-C.

(1) Tullus Hostilius, 3e roi de Rome, 673-641 avant J.-C. Il était d'une humeur belliqueuse. Il fit deux guerres à Albe; dans la 1re eut lieu le combat des Horaces et des Curiaces, qui entraîna la soumission des Albains. La 2e, motivée par la trahison du dictateur albain, Métius Suffétius, se termina par la ruine d'Albe, et la translation de ses habitants à Rome. Métius fut écartelé. Tullus soumit aussi les Fidénates et les Véiens; il mourut frappé de la foudre.

(2) Les chevaliers formaient le second ordre du peuple romain, entre les patriciens et les plébéiens. Ils avaient le privilège d'avoir un cheval entretenu aux frais de l'État, et de porter un anneau d'or.

(3) *Gentilhomme* se dit de celui qui est noble de race; autrefois *gentil home* (xiie siècle); étym. *gentilis* (de *gens* race), de bonne race. Ce mot ne s'emploie plus pour les peuples anciens.

Analyse de l'action.

Acte I. — La trêve.

Une guerre avait éclaté entre Albe et Rome, et les deux armées se trouvaient en présence, sur le point d'en venir aux mains. Les trois Horaces et les trois Curiaces étaient sur le champ de bataille.

Sabine ouvre la scène en faisant part à Julie de ses alarmes : elle craint la victoire de Rome autant que sa défaite; car Albe est sa patrie, et Rome est celle de son époux. Tandis que Sabine va cacher ses soupirs dans la solitude, Camille vient à son tour exprimer les craintes que lui inspire le danger de Curiace, son fiancé. Tout à coup Curiace se présente : il annonce la suspension des hostilités; car, sur la proposition du dictateur d'Albe, les deux peuples vont choisir chacun trois guerriers; la ville dont les champions seront vainqueurs, aura le droit de commander à l'autre.

Acte II. — Le choix des champions.

Le choix s'est fait pendant l'entr'acte. Curiace, qui était resté à Rome, grâce à la trêve, apprend que les Romains ont désigné les trois Horaces; il en félicite le jeune Horace, son beau-frère, tout en exprimant ses craintes pour Albe. En ce moment même, un courrier albain vient annoncer à Curiace qu'il est choisi avec ses deux frères par ses concitoyens. Son cœur en est alarmé, bien qu'il soit disposé à faire son devoir, même contre les frères de sa sœur et de sa fiancée; Horace lui répond avec un patriotisme farouche. Après son départ, Curiace soutient péniblement les plaintes de Camille. Horace se laisse lui-même attendrir un moment par Sabine, lorsque le vieil Horace vient leur rappeler à tous deux leur devoir, et les envoie au combat.

Acte III. — Fuite simulée du jeune Horace.

Sabine, dans un monologue, exhale sa douleur et ses craintes, quand Julie arrive du camp et lui annonce que les deux armées se sont opposées à ce combat fratricide; on consultera les dieux. Sabine cherche, mais en vain, à faire partager sa joie à Camille. Leur entretien est bientôt rompu par le vieil Horace qui leur apprend que leurs frères sont aux mains.

Le vieillard s'efforce en vain de relever leur courage, quand Julie accourt, annonçant la mort de deux des Horaces et la fuite du troisième. A cette nouvelle, le malheureux père maudit son fils, et se précipite hors de sa demeure pour laver dans le sang du traître le déshonneur de son nom. Sabine et Camille le suivent pour arrêter sa vengeance.

Acte IV. — La victoire et le fratricide.

Le vieil Horace, encore en proie à son indignation, renouvelle à Camille ses menaces contre son frère, lorsque Valère vient de la part du Roi le féliciter du triomphe de Rome. A la nouvelle que son fils, après une feinte simulée, a tué ses trois adversaires, le vieux père éclate en transports de joie; il court consoler Sabine, en engageant Camille à recevoir le vainqueur sans tristesse. Camille, au contraire, s'abandonne au désespoir, et quand Horace se présente, elle maudit à la fois le meurtrier de son fiancé, et Rome à qui il l'a immolé. Horace, furieux, la perce de son épée. Sabine accourt éplorée, et réclame le même sort : Horace ému se dérobe à ses larmes.

Acte V. — Le jugement et le dénouement.

Au dernier acte, le vieil Horace entre en scène avec son fils, qui lui offre sa vie pour expier le meurtre de Camille. Cependant le Roi arrive pour féliciter le glorieux père et le plaindre tout ensemble. Mais Valère vient requérir le châtiment du jeune Horace; celui-ci, loin de se défendre, s'offre volontairement à la mort. Sabine survient, et réclame l'honneur de mourir à la place de son époux. Le vieil Horace prend enfin la parole pour défendre son fils, et le Roi absout le libérateur de Rome.

APPRÉCIATION.

Corneille créateur.

Scudéry avait accusé l'auteur du *Cid* de plagiat (1). Corneille, en composant *Horace*, montra qu'il était capable de créer.

La pièce, en effet, est sortie tout entière de son génie.

Le passage de Tite-Live qui lui a fourni le sujet, n'est qu'un récit de combat, récit magnifique, il est vrai, admirable de vie, de mouvement et d'éloquence. Mais Corneille n'y trouvait que les traits suivants :

Rome, en guerre avec Albe, choisit pour champions les trois Horaces; Albe choisit les trois Curiaces. Deux Horaces sont tués, et les trois Curiaces blessés. Le troisième Horace fuit d'abord, puis tue les trois Curiaces. Ayant, au retour, percé de son épée sa sœur qui pleurait son fiancé, il est absous par le peuple.

Pour transformer ce récit en un drame vivant et pathétique, le poète a imaginé d'abord *d'unir les Horaces et les Curiaces par les liens du*

---

(1) Scudéry disait du *Cid :* « Presque tout ce qu'il a de beautés sont dérobées. » V. *le Cid*, p. 38,

sang, en supposant qu'une sœur des Curiaces, Sabine, a épousé l'un des Horaces (1).

Il a inventé ensuite les personnages de Curiace, de Valère et de Julie. Enfin le relief qu'il a su donner aux rôles du jeune Horace, de son père, de Camille et du Roi, équivaut presque à une création (2).

Des relations ainsi formées entre les divers personnages est née comme spontanément une grande action, où les intérêts les plus graves sont en jeu; l'amour de la patrie est en lutte avec l'amour de la famille à tous ses degrés, à savoir l'amour du père, du fils, de l'époux, du fiancé. L'héroïsme triomphe dans tous les cœurs, excepté celui de Camille (3).

Sujet, héros, action.

Le *sujet* de la tragédie est la victoire d'Horace et son acquittement.

Le *héros* est le jeune Horace, dominé cependant durant toute la pièce par la majestueuse figure de son père. Le vieil Horace est en effet le chef de cette héroïque famille, et comme tel le centre de tous les événements, de toutes les joies et de toutes les douleurs.

L'*action* dramatique comprend deux phases, celle du combat et celle

---

(1) C'est là le grand ressort de la pièce, le fondement de toute l'action et la source des mouvements les plus pathétiques.

(2) *Horace* ne parut que trois ans après *le Cid*. Corneille, paraît-il, songeait à sa nouvelle pièce dès la fin de 1637. Mais la querelle du *Cid* l'avait jeté dans un profond découragement. Chapelain écrivait à Balzac, le 15 janvier 1639 : « Corneille est ici depuis trois jours, et d'abord m'est venu faire un éclaircissement sur le livre de l'Académie pour ou plutôt contre *le Cid*, m'accusant, et non sans raison, d'en être le principal auteur. Il ne fait plus rien, et Scudéry a du moins gagné cela, en le querellant, qu'il l'a rebuté du métier, et lui a tari sa veine. Je l'ai, autant que j'ai pu, réchauffé et encouragé à se venger, et de Scudéry et de sa protectrice, en faisant quelque nouveau *Cid* qui attire encore les suffrages de tout le monde, et qui montre que l'art n'est pas ce qui fait la beauté; mais il n'y a pas moyen de l'y résoudre; et il ne parle plus que de règles et que des choses qu'il eût pu répondre aux académiciens, s'il n'eût point craint de choquer les puissances, mettant au reste Aristote entre les auteurs apocryphes, lorsqu'il ne s'accommode pas à ses imaginations. »

Ces impressions heureusement passèrent, et le chef-d'œuvre demandé par Chapelain, parut l'année suivante.

Le sujet d'Horace avait été traité en Italie par l'Arétin (L'*Orazia*, 1546), en Espagne par Lope de Véga (1622), et en France par Loudun d'Aigaliers (*l'Horace trigémine*, 1596). Si Corneille connut ces tragédies, il n'y trouva guère d'inspirations. Quant au style d'*Horace trigémine*, on peut en juger par les apostrophes suivantes que les deux champions s'adressaient au fort du combat :

Çà, çà, tue, tue, tue. — Çà, çà, tue, tue, pif, paf.

(3) Le succès d'*Horace* fut complet. Le bruit courut, dit Pellisson, que l'Académie ferait un nouveau jugement sur cette pièce; il n'en fut rien. Corneille écrivit à cette occasion à l'un de ses amis : « Horace fut condamné par les duumvirs, mais il fut absous par le peuple. »

De 1680 à 1870, la *Comédie française* représenta *Horace* 561 fois.

du procès. Ces deux phases sont assez intimement liées entre elles dans l'histoire et dans le drame, pour ne constituer qu'une seule action totale; car le héros ne sort d'un péril que pour entrer dans un autre, et son salut n'est assuré que lorsqu'il est absous par le Roi.

L'*intrigue* consiste 1° dans les efforts opposés que l'amour de la famille et l'amour de la patrie font faire tour à tour à Sabine, à Camille et au vieil Horace, pour empêcher ou pour soutenir le dévouement des jeunes guerriers (1); 2° dans les plaidoyers du procès.

Le *nœud* est formé au second acte par l'annonce du choix des Horaces.

Les principales *péripéties* sont :

1° Le double choix des Horaces et des Curiaces, au IIe acte;
2° La nouvelle de la fuite du jeune Horace, au IIIe acte;
3° La nouvelle de sa victoire, au IVe acte;
4° Le meurtre de Camille, au même acte.

Le *dénouement* consiste dans l'acquittement prononcée par le Roi.

Conduite de la pièce.

La conduite de la pièce est conforme aux règles. Les scènes se suivent, et l'action continue sans interruption dans chaque acte.

Les *unités de lieu et de temps* sont observées : toute l'action se passe dans une salle de la maison d'Horace; elle commence dans la matinée et se termine avant le soir.

L'*unité d'action* n'est point parfaite. Tout se rapporte, il est vrai, au combat et au salut du jeune Horace. Mais, comme l'avoue Corneille lui-même, il y a deux périls successifs, et le second n'est pas la suite nécessaire de la fin du premier.

Or, dit encore Corneille, « l'unité de péril d'un héros dans la tragédie fait l'unité d'action. » (*Examen.*)

Cependant l'intérêt dramatique, qui semblait tomber avec la victoire d'Horace, se relève à l'instant même par suite du meurtre de Camille, et se soutient jusqu'à la sentence finale. Le spectateur qui connaît l'histoire, ne permet pas qu'on lui dérobe le fait du meurtre, et d'autre part sa légitime curiosité ne saurait être satisfaite que lorsqu'il voit le héros hors de danger.

Personnages.

Il y a trois personnages principaux : *le vieil Horace*, *le jeune Horace* et *Curiace*. Au second rang viennent Camille et Sabine; au troisième, le roi Tulle, Julie et Valère.

---

(1) Voltaire prétend que « le combat des Horaces convient à l'histoire, mais non pas au théâtre. » Le chef-d'œuvre de Corneille suffit à réfuter une pareille assertion. Sans doute un combat, quelque varié qu'il soit dans ses péripéties, ne sera jamais une tragédie. Mais quand ce combat, grâce au génie, met en mouvement les uns contre les autres un père, des enfants, des frères, des sœurs, des époux, il devient essentiellement dramatique.

, Le patriotisme est le trait commun du vieil Horace, de son fils et de Curiace; tous trois le poussent jusqu'à l'héroïsme, mais chacun avec une nuance spéciale suivant son caractère et sa situation (1).

Le vieil Horace, Horace et Curiace.

Le vieil Horace. — Corneille a peint dans le vieil Horace la grande image du père et du citoyen de la Rome primitive. Ce père est tendre dans ses affections, mais surtout fort de son autorité (2), ferme dans sa douleur, héroïque dans son sacrifice. Il aime ses enfants, mais il ne balance pas un instant à exposer leurs jours pour le salut de la patrie.

Apprend-il que deux de ses fils sont morts pour Rome, et que le troisième a fui devant l'ennemi, il maudit le traître et exalte ses glorieux morts. Mais lui annonce-t-on la victoire de son fils, il est transporté de joie. S'il déplore la mort de sa fille, il ne l'absout pas de son criminel égoïsme ; le meurtrier, au contraire, trouve grâce devant lui, parce que l'honneur de Rome a mû son bras, et qu'il peut encore servir sa patrie.

En un mot, Rome apparaît dans le vieil Horace avec toute la majesté de son antique vertu. C'est, après Joad, le caractère le plus grand, le plus héroïque du théâtre soit ancien, soit moderne.

Horace. — Le patriotisme d'Horace a la verdeur de la jeunesse ; il est âpre et farouche. D'un caractère fier et généreux tout ensemble, il est prêt au sacrifice comme il est vaillant au combat. Mais son héroïsme presque sauvage l'endurcit jusqu'à méconnaître son beau-frère, et l'exalte au point qu'il immole sa propre sœur. Il ne voit que Rome ; Rome est son idole. C'est l'âme stoïque des Brutus et des Manlius, bien peinte dans ce vers de Curiace (A. II, sc. III) :

> Mais votre fermeté tient un peu du barbare.

Curiace. — Le patriotisme de Curiace est plus humain et plus touchant.

(1) « C'est dans la tragédie d'Horace que Corneille a peint avec le plus d'énergie le dévouement patriotique ; et il faut observer que le poète nous montre un patriotisme aussi exalté, non pas dans les premiers siècles de la république romaine, mais sous les rois, comme pour faire voir que l'amour de la patrie est aussi naturel au gouvernement monarchique qu'à la démocratie. » (GEOFFROY, 1803.)

(2) Le père à Rome était souverain dans sa famille. Il pouvait non seulement vendre ses enfants jusqu'à trois fois, mais les punir de mort. Cet empire absolu n'expirait qu'avec la vie ; le fils marié, même consul, y restait soumis. Le vieil Horace a le sentiment de ce pouvoir : c'est un des traits de son caractère, trait tout romain : « La puissance que nous avons sur nos enfants, disait le jurisconsulte Gaïus, est propre aux citoyens romains. » Il ajoutait qu'un tel pouvoir n'existait chez aucune autre nation, sauf les Galates, peuple originaire de la Gaule.

« Le sentiment de cette toute-puissance devait donner à l'amour paternel, chez les Romains, un caractère particulier de dignité : le père se sentait magistrat. » (SAINT-MARC GIRARDIN.)

Il fait son devoir, mais son cœur saigne et s'émeut aux adieux de sa sœur et de sa fiancée.

Cette douceur de caractère dans le même héroïsme fait ressortir par un vif contraste, la rigidité du jeune Horace et la noble fermeté de son père. Horace tient d'Achille, et Curiace d'Hector.

Deux vers caractérisent parfaitement le Romain et l'Albain :

>   HORACE. Albe vous a nommé, je ne vous connais plus.
>   CURIACE. Je vous connais encore, et c'est ce qui me tue.

Sabine et Camille.

A ces trois caractères d'hommes si énergiques, Corneille a opposé deux caractères de femmes, moins forts et plus touchants.

Sabine, sœur des Curiaces et femme d'Horace, est durant toute la pièce dans la plus lamentable situation ; elle tremble à la fois pour Albe et pour Rome, pour sa famille et pour son époux. La victoire d'Horace lui ravit trois frères, et pour comble d'infortune, ce même époux, victorieux, est exposé au dernier supplice. Toujours dans les alarmes, il n'est pas étonnant qu'elle ne puisse que gémir et pleurer. Sa douleur n'est pas monotone, comme le prétend Voltaire ; elle est attendrissante. Sabine, du reste, a aussi ses élans d'héroïsme ; elle réclame la mort pour sauver son époux.

Sans être indispensable à l'action, elle sert beaucoup à la pièce par le pathétique qu'elle y répand, et le relief qu'elle donne à l'héroïsme d'Horace et de Curiace.

Le reproche qu'on peut lui faire, est d'offrir trop souvent sa vie.

Camille représente l'égoïsme de la passion.

Pour Camille, la patrie n'est rien ; aveuglée par l'amour, elle ne connaît ni l'intérêt public, ni l'honneur, ni le devoir. Pour sauver son fiancé, elle ne craint pas de lui conseiller une lâcheté ; quand elle l'a perdu, son désespoir n'a plus de bornes : elle maudit à la fois son frère et sa patrie.

L'énergie de Camille contraste avec la douceur de Sabine.

Tulle, Julie, Valère.

Tulle nous offre l'image de la royauté primitive, sage, ferme et paternelle.

Julie, par la précipitation naturelle à la femme, sert à amener une des péripéties les plus tragiques de la pièce, l'explosion de colère et de douleur du vieil Horace, à la nouvelle de la fuite de son fils.

Valère annonce le triomphe de Rome au vieux père. Il devient odieux au dernier acte, quand son amour déçu lui fait prendre le rôle d'accusateur public contre le jeune vainqueur (1).

---

(1) Ce rôle est conforme aux mœurs romaines. Les anciens ne connaissaient pas notre ministère public chargé de poursuivre au nom de l'Etat ; des particuliers devaient se porter accusateurs.

Corneille parle de Sabine, du Roi et de Valère dans son *Examen*.

Mérite de la pièce.

Horace est un des plus grands chefs-d'œuvre de Corneille.
Cinq genres de mérites lui assurent ce rang :

1° Le génie de l'invention : le poète a su tirer d'un sujet simple et aride la matière d'un drame riche en péripéties et en situations tragiques ;

2° L'art déployé dans la conduite de la pièce : les trois premiers actes sont une merveille d'industrie et de combinaison dramatique (1) ;

3° La grandeur, la force et la variété des caractères ; leur habile opposition donne lieu aux contrastes les plus saisissants ;

4° La peinture fidèle et expressive de la famille et de la cité romaine au temps des rois : la force invincible du patriotisme, la puissance paternelle avec son droit de vie et de mort, l'influence souveraine du sentiment religieux (2), tels sont les trois grands traits sous lesquels le poète historien représente la Rome des rois ;

5° Enfin, la vigueur et la magnificence du style.

Le Ve acte est remarquable par la haute éloquence de ses plaidoyers.

Les plus belles scènes.

Les scènes les plus belles sont :
A. I, sc. 1 : Exposition par Sabine.
— sc. 3 : Récit de Curiace : la trêve.
A. II, sc. 1 : Joie d'Horace, champion de Rome.
— sc. 3 : Horace et Curiace.
— sc. 8 : Adieux du vieil Horace.
A. III, sc. 6 : Douleur et colère du vieil Horace.
A. IV, sc. 2 : Sa joie.
— sc. 6 : Imprécations de Camille.
A. V, sc. 3 : Plaidoyer du vieil Horace.

Défauts.

La tragédie d'*Horace* a deux défauts que Corneille reconnaît lui-même dans son *Examen* :

1° La duplicité de péril, regrettable en ce que le second péril ne sort pas nécessairement du premier et qu'il est moins illustre ;

---

(1) Ces trois actes reposent sur trois inventions de Corneille : la trêve, l'annonce successive du choix des guerriers, et la division du récit du combat.

(2) Dans la Rome des premiers siècles, la religion pénétrait tout, la vie domestique, les relations civiles, les institutions politiques. Aussi Corneille mêle-t-il le sentiment religieux à toute sa pièce.

Julie rend grâces aux dieux ; les chefs les consultent ; le vieil Horace se soumet à leurs ordres, il se confie à leur providence, il les prend à témoin de ses serments ; Sabine veut apaiser leur colère ; Tulle enfin leur fait offrir des sacrifices d'expiation et d'action de grâces.

Ce sentiment religieux éclate surtout dans le mot sublime du vieil Horace :
Faites votre devoir, et *laissez faire aux dieux*.

2º La diminution de l'intérêt dans les deux derniers actes. Cette diminution provient de deux causes : d'abord le meurtre inutile et précipité de Camille souille la victoire d'Horace et nous refroidit à son égard; ensuite le V⁰ acte, au lieu d'être tout en action, comme le demande le dénouement d'une tragédie, se passe tout entier en plaidoyers.

Ces deux défauts cependant n'atteignent pas les conditions essentielles d'une tragédie (1).

(1) « Les critiques, et Voltaire à leur tête, se sont récriés contre l'irrégularité de cette pièce... A force de chercher, Voltaire a découvert dans *Horace* jusqu'à trois tragédies absolument distinctes : *la victoire d'Horace, la mort de Camille, et le procès d'Horace*... Cependant il est forcé d'avouer *qu'on reverra toujours avec plaisir ce poème*... Quoiqu'il se soit déjà écoulé plus d'un siècle et demi depuis la première représentation, la foule s'y porte toujours, et tous les spectateurs ont assez de foi pour croire que les *trois tragédies* n'en font qu'une... La tragédie d'Horace ne viole point les règles essentielles et fondamentales, et malgré l'apparence de duplicité, le grand principe d'unité s'y trouve : c'est toujours un objet, un grand objet, un objet intéressant que Corneille nous présente; c'est l'intérieur d'une de ces anciennes familles de Rome, dont les mœurs simples et vertueuses, les passions vives et fortes, les sentiments nobles et fiers, sont extrêmement dramatiques. » (GEOFFROY, 1803.)

Il faut ajouter que le jeune héros de cette grande famille ne cesse pas un moment, durant les cinq actes, de se trouver dans un danger imminent.

Les trois faits signalés par Voltaire comme constituant trois tragédies, ne sont réellement que trois incidents d'une seule et même tragédie.

QUESTIONS GÉNÉRALES

Quand parut *Horace*? A qui fut-il dédié?
Quelle fut l'influence de Richelieu sur la réforme du théâtre?
Analyse de l'action. — Sujet de chaque acte.
Comment Corneille s'est-il montré créateur dans *Horace*?
Qu'a-t-il emprunté à Tite-Live? Qu'a-t-il inventé?
Quel est le sujet de la tragédie? Quel en est le héros?
Combien de phases comprend l'action?
En quoi consiste l'intrigue? Comment est formé le nœud?
Quelles sont les principales péripéties?
En quoi consiste le dénouement?
Les unités de lieu et de temps sont-elles observées?
L'unité d'action est-elle parfaite? Est-elle suffisante?
Quels sont les principaux personnages?
Caractère du vieil Horace? de son fils? de Curiace?
Caractère de Sabine? de Camille? de Tulle, etc.?
Quel est le mérite de la pièce?
Quelles sont les principales scènes?
Quels sont les défauts? — Réfutation de Voltaire.

ACTE PREMIER

Exposition. — La trêve.

SCÈNE I.

SABINE, JULIE.

SABINE (1).

Approuvez ma faiblesse, et souffrez ma douleur ;
Elle n'est que trop juste en un si grand malheur :
Si près de voir sur soi fondre de tels orages (2),
L'ébranlement sied bien aux plus fermes courages (3) ;
Et l'esprit le plus mâle et le moins abattu
Ne saurait sans désordre exercer sa vertu.
Quoique le mien s'étonne à ces rudes alarmes,
Le trouble de mon cœur ne peut rien sur mes larmes,
Et parmi les soupirs qu'il pousse vers les cieux,
Ma constance du moins règne encor sur mes yeux :
Quand on arrête là les déplaisirs d'une âme,
Si l'on fait moins qu'un homme, on fait plus qu'une femme.
Commander à ses pleurs en cette extrémité,
C'est montrer pour le sexe assez de fermeté.

JULIE.

C'en est peut-être assez pour une âme commune,
Qui du moindre péril se fait une infortune ;
Mais de cette faiblesse un grand cœur est honteux ;
Il ose espérer tout dans un succès douteux (4).
Les deux camps sont rangés aux pieds de nos murailles ;
Mais Rome ignore encor comme on perd des batailles (5).
Loin de trembler pour elle, il lui faut applaudir :
Puisqu'elle va combattre, elle va s'agrandir.

(1) Sabine expose le sujet d'une manière intéressante et noble, elle fait connaître aussi la douceur et la tendresse de son caractère.

(2) Ellipse pour : *Quand on est si près de voir....*

(3) Le poète nous jette tout d'abord dans l'action et au milieu du danger.

(4) *Succès*, employé avec un déterminatif, signifie *résultat, issue ;* employé absolument, il se prend toujours en bonne part. V. *Cinna*, A. I, sc. III.

(5) En deux vers Corneille expose le point précis de la situation, et de quel côté sont les chances de la victoire.

Bannissez, bannissez une frayeur si vaine,
Et concevez des vœux dignes d'une Romaine.

SABINE.

Je suis Romaine, hélas! puisqu'Horace est Romain;
J'en ai reçu le titre en recevant sa main;
Mais ce nœud me tiendrait en esclave enchaînée,
S'il m'empêchait de voir en quels lieux je suis née.
Albe, où j'ai commencé de respirer le jour (1),
Albe, mon cher pays et mon premier amour (2);
Lorsqu'entre nous et toi je vois la guerre ouverte,
Je crains notre victoire autant que notre perte.
Rome, si tu te plains que c'est là te trahir,
Fais-toi des ennemis que je puisse haïr (3).
Quand je vois de tes murs leur armée et la nôtre,
Mes trois frères dans l'une, et mon mari dans l'autre (4),
Puis-je former des vœux, et sans impiété
Importuner le ciel pour ta félicité?
Je sais que ton État, encore en sa naissance,
Ne saurait sans la guerre affermir sa puissance;
Je sais qu'il doit s'accroître, et que tes grands destins
Ne le borneront pas chez les peuples latins;
Que les dieux t'ont promis l'empire de la terre,
Et que tu n'en peux voir l'effet que par la guerre (5).
Bien loin de m'opposer à cette noble ardeur,
Qui suit l'arrêt des dieux et court à ta grandeur,
Je voudrais déjà voir tes troupes couronnées
D'un pas victorieux franchir les Pyrénées.
Va jusqu'en l'orient pousser tes bataillons;
Va sur les bords du Rhin planter tes pavillons;
Fais trembler sous tes pas les colonnes d'Hercule (6),

---

(1) *Respirer le jour*, figure hardie, employée aussi par Racine (*Brit*. A. I. sc. I.):
    Quoi! vous à qui Néron doit *le jour qu'il respire*!

(2) Apostrophe touchante; ainsi parle la nature, avec émotion et simplicité.

(3) « Ce vers admirable est resté en proverbe. » (VOLT.)

(4) Sabine fait connaître, avec un tour particulièrement touchant, qu'elle est la sœur des trois Curiaces et la femme d'Horace.

(5) *En*, c.-à-d. de cela, de cette promesse.

(6) Passage remarquable par la grandeur des pensées, la beauté des images, l'ampleur et l'harmonie des périodes. C'est la haute poésie de Virgile (*En*. I. 263):

> Bellum ingens geret Italia, populosque feroces
> Contundet, moresque viris et mœnia ponet...
> His ego nec metas rerum nec tempora pono:
> Imperium sine fine dedi...
> Imperium oceano, famam qui terminet astris.

Mais respecte une ville à qui tu dois Romule (1).
Ingrate, souviens-toi que du sang de ses rois
Tu tiens ton nom, tes murs et tes premières lois.
Albe est ton origine : arrête, et considère
Que tu portes le fer dans le sein de ta mère.
Tourne ailleurs les efforts de tes bras triomphants ;
Sa joie éclatera dans l'heur de ses enfants ;
Et se laissant ravir à l'amour maternelle (2),
Ses vœux seront pour toi, si tu n'es plus contre elle (3)

JULIE.

Ce discours me surprend, vu que depuis le temps
Qu'on a contre son peuple armé nos combattants,
Je vous ai vu pour elle autant d'indifférence
Que si d'un sang romain vous aviez pris naissance.
J'admirais la vertu qui réduisait en vous
Vos plus chers intérêts à ceux de votre époux ;
Et je vous consolais au milieu de vos plaintes,
Comme si notre Rome eût fait toutes vos craintes.

SABINE.

Tant qu'on ne s'est choqué qu'en de légers combats,
Trop faibles pour jeter un des partis à bas,
Tant qu'un espoir de paix a pu flatter ma peine,
Oui, j'ai fait vanité d'être toute Romaine.
Si j'ai vu Rome heureuse avec quelque regret,
Soudain j'ai condamné ce mouvement secret ;
Et si j'ai ressenti dans ses destins contraires
Quelque maligne joie en faveur de mes frères,
Soudain pour l'étouffer rappelant ma raison,
J'ai pleuré quand la gloire entrait dans leur maison.
Mais aujourd'hui qu'il faut que l'une ou l'autre tombe,
Qu'Albe devienne esclave ou que Rome succombe,
Et qu'après la bataille il ne demeure plus
Ni d'obstacle aux vainqueurs, ni d'espoir aux vaincus,

---

(1) Romulus était petit-fils de Numitor, roi d'Albe.
Nos anciens tragiques avaient coutume de terminer par un *e* muet les noms latins en *us*, *a*, *ius;* Corneille n'a fait que suivre cet usage qui s'est maintenu jusqu'au milieu du XVIIe siècle.
C'est ainsi qu'on trouve dans *Horace*: Tulle; dans *Cinna* : Brute, les Cosses, Crasse, Pompone, Cassie, Décie; dans *Polyeucte* : Manlie; etc.

(2) Pour *heur*, v. *le Cid*, A. III, sc. VI, p. 106; pour *se laissant ravir à...* v. *Gr. fr. hist.*, 770; pour *amour* fém., v. *le Cid*, A. V, sc. VI.

(3) Le seul reproche qu'on puisse faire à Corneille dans cette magnifique tirade, c'est d'avoir prolongé trop longtemps le discours direct adressé à Rome. Une si longue apostrophe ne paraît pas vraisemblable.

J'aurais pour mon pays une cruelle haine,
Si je pouvais encore être toute Romaine,
Et si je demandais votre triomphe aux dieux,
Au prix de tant de sang qui m'est si précieux.
Je m'attache un peu moins aux intérêts d'un homme;
Je ne suis point pour Albe et ne suis plus pour Rome;
Je crains pour l'une et l'autre en ce dernier effort,
Et serai du parti qu'affligera le sort (1).
Égale à tous les deux jusques à la victoire (2),
Je prendrai part aux maux, sans en prendre à la gloire;
Et je garde, au milieu de tant d'âpres rigueurs,
Mes larmes aux vaincus, et ma haine aux vainqueurs.

JULIE.

Qu'on voit naître souvent de pareilles traverses (3),
En des esprits divers des passions diverses!
Et qu'à nos yeux Camille agit bien autrement!
Son frère est votre époux, le vôtre est son amant;
Mais elle voit d'un œil bien différent du vôtre
Son sang dans une armée, et son amour dans l'autre.
Lorsque vous conserviez un esprit tout romain,
Le sien irrésolu, le sien tout incertain,
De la moindre mêlée appréhendait l'orage,
De tous les deux partis détestait l'avantage (4),
Au malheur des vaincus donnait toujours ses pleurs,
Et nourrissait ainsi d'éternelles douleurs.
Mais hier (5), quand elle sut qu'on avait pris journée (6),
Et qu'enfin la bataille allait être donnée,
Une soudaine joie, éclatant sur son front...

SABINE.

Ah! que je crains, Julie, un changement si prompt!
Hier, dans sa belle humeur, elle entretint Valère;
Pour ce rival, sans doute, elle quitte mon frère;

---

(1) Le verbe *affliger* a dans ce vers toute la valeur du latin *affligere* dont il dérive : il signifie *frapper, abattre, accabler*.

(2) *Égale à*, c.-à-d. ayant des sentiments égaux pour les deux partis, mais nullement indifférente.

(3) *Traverse*, événement qui se met *au travers* de nos désirs, de nos desseins, c.-à-d. qui en arrête l'accomplissement. Ce mot était souvent employé au xviie siècle dans le style noble; de même son dérivé *traverser*.

(4) On supprime *tous* aujourd'hui : *des deux partis*.

(5) *Hier* était généralement d'une seule syllabe jusqu'à Racine et Boileau, qui l'ont employé comme dissyllabe.

(6) On dit aujourd'hui *prendre jour* pour *fixer un jour*. Ici *prendre journée* veut dire : fixer un jour pour combattre.

Son esprit, ébranlé par les objets présents,
Ne trouve point d'absent aimable après deux ans.
Mais excusez l'ardeur d'une amour fraternelle;
Le soin que j'ai de lui, me fait craindre tout d'elle;
Je forme des soupçons d'un trop léger sujet :
Près d'un jour si funeste on change peu d'objet;
Les âmes rarement sont de nouveau blessées,
Et dans un si grand trouble on a d'autres pensées;
Mais on n'a pas aussi de si doux entretiens,
Ni de contentements qui soient pareils aux siens.

JULIE.

Les causes, comme à vous, m'en semblent fort obscures;
Je ne me satisfais d'aucunes conjectures.
C'est assez de constance en un si grand danger,
Que de le voir, l'attendre, et ne point s'affliger;
Mais certes c'en est trop d'aller jusqu'à la joie.

SABINE.

Voyez qu'un bon génie à propos nous l'envoie.
Essayez sur ce point à la faire parler :
Elle vous aime assez pour ne vous rien celer.
Je vous laisse. Ma sœur, entretenez Julie (1) :
J'ai honte de montrer tant de mélancolie,
Et mon cœur, accablé de mille déplaisirs,
Cherche la solitude à cacher ses soupirs (2).

SCÈNE II

CAMILLE, JULIE.

CAMILLE.

Qu'elle a tort de vouloir que je vous entretienne!
Croit-elle ma douleur moins vive que la sienne,
Et que, plus insensible à de si grands malheurs,
A mes tristes discours je mêle moins de pleurs?
De pareilles frayeurs mon âme est alarmée;
Comme elle je perdrai dans l'une et l'autre armée :

---

(1) Le départ subit de Sabine est un peu étrange; il semble qu'elle doive écouter au moins les communications que Camille peut avoir à lui faire. Camille, de son côté, paraît venir sans aucun intérêt, et seulement pour faire conversation. Cela ne suffit pas; les entrées et les sorties des acteurs doivent avoir des motifs plus sérieux.

(2) La préposition *à* s'employait souvent au xviie siècle dans le sens de *pour* :
Cherchons une maison *à* vous mettre en repos. (Mol., *l'Étourdi*.)

Je verrai mon amant, mon plus unique bien (1),
Mourir pour son pays, ou détruire le mien ;
Et cet objet d'amour devenir, pour ma peine,
Digne de mes soupirs, ou digne de ma haine.
Hélas !

JULIE.

Elle est pourtant plus à plaindre que vous :
On peut changer d'amant, mais non changer d'époux.
Oubliez Curiace, et recevez Valère (2),
Vous ne tremblerez plus pour le parti contraire ;
Vous serez toute nôtre, et votre esprit remis
N'aura plus rien à perdre au camp des ennemis.

CAMILLE.

Donnez-moi des conseils qui soient plus légitimes,
Et plaignez mes malheurs sans m'ordonner des crimes.
Quoiqu'à peine à mes maux je puisse résister,
J'aime mieux les souffrir que de les mériter.

JULIE.

Quoi ! vous appelez crime un change raisonnable?

CAMILLE.

Quoi ! le manque de foi vous semble pardonnable?

JULIE.

Envers un ennemi qui peut nous obliger?

CAMILLE.

D'un serment solennel qui peut nous dégager?

JULIE.

Vous déguisez en vain une chose trop claire :
Je vous vis encore hier entretenir Valère ;
Et l'accueil gracieux qu'il recevait de vous,
Lui permet de nourrir un espoir assez doux.

CAMILLE.

Si je l'entretins hier et lui fis bon visage,
N'en imaginez rien qu'à son désavantage :
De mon contentement un autre était l'objet.
Mais pour sortir d'erreur, sachez-en le sujet :
Je garde à Curiace une amitié trop pure
Pour souffrir plus longtemps qu'on m'estime parjure.

(1) Voltaire a blâmé *plus unique*. On trouve dans Bossuet : « *plus uniquement* que jamais, » et dans Mme de Sévigné : « l'estime très particulière et *très unique* qu'elle a pour vous. »

(2) Julie, fidèle aux recommandations de Sabine, sonde les dispositions de Camille envers Curiace et Valère.

ACTE I, SCÈNE II

Il vous souvient qu'à peine on voyait de sa sœur
Par un heureux hymen mon frère possesseur,
Quand, pour comble de joie, il obtint de mon père
Que de ses chastes feux je serais le salaire.
Ce jour nous fut propice et funeste à la fois :
Unissant nos maisons, il désunit nos rois;
Un même instant conclut notre hymen et la guerre,
Fit naître notre espoir, et le jeta par terre,
Nous ôta tout, sitôt qu'il nous eut tout promis,
Et nous faisant amants, il nous fit ennemis (1).
Combien nos déplaisirs parurent lors extrêmes!
Combien contre le ciel il vomit de blasphèmes (2)!
Et combien de ruisseaux coulèrent de mes yeux!
Je ne vous le dis point : vous vîtes nos adieux;
Vous avez vu depuis les troubles de mon âme;
Vous savez pour la paix quels vœux a faits ma flamme,
Et quels pleurs j'ai versés à chaque événement,
Tantôt pour mon pays, tantôt pour mon amant.
Enfin mon désespoir, parmi ces longs obstacles,
M'a fait avoir recours à la voix des oracles;
Écoutez si celui qui me fut hier rendu (3),
Eut droit de rassurer mon esprit éperdu.
Ce Grec si renommé, qui, depuis tant d'années,
Au pied de l'Aventin prédit nos destinées (4),
Lui qu'Apollon jamais n'a fait parler à faux (5),
Me promit par ces vers la fin de mes travaux :
« Albe et Rome demain prendront une autre face;
Tes vœux sont exaucés; elles auront la paix;
Et tu seras unie avec ton Curiace,
Sans qu'aucun mauvais sort t'en sépare jamais (6). »

(1) Les antithèses sont trop accumulées dans ces vers, et cessent par là même d'être naturelles.

(2) Il est difficile de voir à quoi se rapporte cet il? C'est sans doute à Curiace; ce nom est trop éloigné, et surtout il est séparé du pronom par plusieurs autres il représentant jour.

(3) L'oracle était une réponse que les païens s'imaginaient recevoir des dieux; de là l'expression rendre des oracles : sacras reddunt oracula sortes. (Ov.)

(4) L'Aventin, une des sept collines de Rome, la plus méridionale, située entre le Tibre, le mont Palatin et le mont Cœlius. Le roi Numa avait élevé sur le mont Aventin un autel à Jupiter Elicius « pour obtenir la révélation des secrets de la divinité; il consultait aussi le dieu par la voie des augures. » (Tite-Live, I, 20.)

(5) Apollon, dieu du soleil et de la lumière, des arts, des lettres et de la médecine, était censé inspirer les devins; on l'honorait surtout dans les temples où se rendaient les oracles, particulièrement à Delphes.

(6) L'oracle imaginé par le poète, a bien les caractères des oracles du pa-

Je pris sur cet oracle une entière assurance ;
Et, comme le succès passait mon espérance,
J'abandonnai mon âme à des ravissements
Qui passaient les transports des plus heureux amants.
Jugez de leur excès : je rencontrai Valère ;
Et contre sa coutume, il ne put me déplaire.
Il me parla d'amour sans me donner d'ennui :
Je ne m'aperçus pas que je parlais à lui ;
Je ne pus lui montrer de mépris ni de glace :
Tout ce que je voyais me semblait Curiace (1),
Tout ce qu'on me disait me parlait de ses feux ;
Tout ce que je disais l'assurait de mes vœux.
Le combat général aujourd'hui se hasarde ;
J'en sus hier la nouvelle, et je n'y pris pas garde ;
Mon esprit rejetait ces funestes objets (2),
Charmé des doux pensers d'hymen et de la paix (3).
La nuit a dissipé des erreurs si charmantes ;
Mille songes affreux, mille images sanglantes,
Ou plutôt mille amas de carnage et d'horreur
M'ont arraché ma joie et rendu ma terreur (4).
J'ai vu du sang, des morts, et n'ai rien vu de suite ;
Un spectre, en paraissant, prenait soudain la fuite ;
Ils s'effaçaient l'un l'autre ; et chaque illusion
Redoublait mon effroi par sa confusion (5).

ganisme ; tous les points peuvent être vérifiés par l'événement, mais dans un sens ou dans l'autre, selon les désirs de Camille ou contre ses espérances. « Cet oracle, dit Corneille dans son *Examen*, trouve son vrai sens à la conclusion du Ve acte. Il semble clair d'abord, et porte l'imagination à un sens contraire ; je les aimerais mieux de cette sorte sur nos théâtres, que ceux qu'on fait entièrement obscurs, parce que la surprise de leur véritable effet en est plus belle. »

(1) Ce vers si vrai peint au naturel l'enthousiasme inconsidéré de la passion. Voilà bien les impressions et les illusions d'une femme ardente et crédule ; jouet de son imagination et de son amour, elle prend pour des réalités les plus faibles apparences, pour peu qu'elles répondent à ses désirs.

(2) *Objets* s'employait souvent au xviie siècle pour *idées*.

(3) *Pensers*, voir *le Cid*, A. I, sc. VI.

(4) « Ce songe est beau en ce qu'il alarme un esprit rassuré par un oracle... Un songe, ainsi qu'un oracle, doit servir au nœud de la pièce ; tel est le songe admirable d'Athalie : elle voit un enfant en songe, elle trouve ce même enfant dans le temple ; c'est là que l'art est poussé à sa perfection. Un rêve qui ne sert qu'à faire craindre ce qui doit arriver, ne peut avoir que des beautés de détail, n'est qu'un ornement passager. C'est ce qu'on appelle aujourd'hui un remplissage. » (VOLT.)

(5) Le songe de Camille a les incohérences des songes ; il en a aussi la demi-clarté. Les sanglantes images qui effraient Camille, corrigent la joie inconsidérée que lui a causée l'oracle, et donnent au spectateur un pres-

JULIE.
C'est en contraire sens qu'un songe s'interprète.
CAMILLE.
Je le dois croire ainsi, puisque je le souhaite (1) :
Mais je me trouve enfin, malgré tous mes souhaits,
Au jour d'une bataille, et non pas d'une paix.
JULIE.
Par là finit la guerre, et la paix lui succède.
CAMILLE.
Dure à jamais le mal, s'il y faut ce remède (2) !
Soit que Rome y succombe, ou qu'Albe ait le dessous (3);
Cher amant, n'attends plus d'être un jour mon époux ;
Jamais, jamais ce nom ne sera pour un homme
Qui soit ou le vainqueur, ou l'esclave de Rome.
Mais quel objet nouveau se présente en ces lieux ?
Est-ce toi, Curiace? en croirai-je mes yeux (4)?

SCÈNE III

CURIACE, CAMILLE, JULIE.

CURIACE.
N'en doutez point, Camille; et revoyez un homme
Qui n'est ni le vainqueur, ni l'esclave de Rome (5);

sentiment des malheurs qui attristeront la fin de l'action. V. l'*Examen* de Corneille; les songes de *Polyeucte* (A. I, sc. III) et d'*Athalie* (A. II, sc. V).

(1) Le caractère de Camille se peint parfaitement dans cette mobilité d'impressions, et cette disposition superstitieuse à s'en rapporter aveuglément à la foi des oracles et des songes.

(2) *Dure à jamais le mal,* tour rapide que Corneille aime à donner à l'imprécation, comme dans *Rodogune* (A. I, sc. I) :
Tombe sur moi le ciel, pourvu que je me venge !

(3) «*Avoir le dessus* ou *le dessous* ne se dit que dans la poésie burlesque.» Voltaire, en prononçant cet arrêt, ne se rappelait pas sans doute que Racine, incapable certainement de faire des vers burlesques dans la grande tragédie, s'était permis de dire dans *Phèdre* :
Votre frère l'emporte, et Phèdre *a le dessus*.
Voltaire, dans cette scène comme partout ailleurs, ne cesse de relever les expressions simples et familières de Corneille comme indignes de la tragédie, comme triviales, comiques, burlesques ou bourgeoises. L'exemple qui précède montre ce que valent la plupart de ses critiques. Du reste, Voltaire semble ignorer qu'il n'y a rien de plus monotone que le sublime continu, et que le plus froid des styles est le style grand seigneur.

(4) Cette scène fait connaître le caractère de Camille; c'est la suite de l'exposition. On y entrevoit aussi le personnage de Valère.

(5) Curiace reprend les deux vers que vient de prononcer Camille. V. dans *le Cid* une reprise semblable (A. III, sc. IV).

Cessez d'appréhender de voir rougir mes mains
Du poids honteux des fers, ou du sang des Romains.
J'ai cru que vous aimiez assez Rome et la gloire
Pour mépriser ma chaîne et haïr ma victoire;
Et comme également en cette extrémité
Je craignais la victoire et la captivité...

CAMILLE.

Curiace, il suffit, je devine le reste :
Tu fuis une bataille à tes vœux si funeste;
Et ton cœur tout à moi, pour ne me perdre pas,
Dérobe à ton pays le secours de ton bras (1).
Qu'un autre considère ici ta renommée,
Et te blâme, s'il veut, de m'avoir trop aimée;
Ce n'est point à Camille à t'en mésestimer :
Plus ton amour paraît, plus elle doit t'aimer;
Et si tu dois beaucoup aux lieux qui t'ont vu naître,
Plus tu quittes pour moi, plus tu le fais paraître.
Mais as-tu vu mon père? et peut-il endurer
Qu'ainsi dans sa maison tu t'oses retirer?
Ne préfère-t-il point l'État à sa famille?
Ne regarde-t-il point Rome plus que sa fille?
Enfin notre bonheur est-il bien affermi?
T'a-t-il vu comme gendre ou bien comme ennemi (2)?

CURIACE.

Il m'a vu comme gendre, avec une tendresse
Qui témoignait assez une entière allégresse;
Mais il ne m'a point vu, par une trahison,
Indigne de l'honneur d'entrer dans sa maison.
Je n'abandonne point l'intérêt de ma ville ;
J'aime encor mon honneur en adorant Camille (3).
Tant qu'a duré la guerre, on m'a vu constamment
Aussi bon citoyen que véritable amant.
D'Albe avec mon amour j'accordais la querelle :
Je soupirais pour vous en combattant pour elle;

(1) Camille, aveuglée par sa passion, suppose à Curiace les sentiments égoïstes qui sont dans son propre cœur. Sans lui permettre d'achever sa pensée, elle l'interrompt pour se réjouir de ce qu'il a préféré son amour à sa patrie et à sa gloire. Elle n'a pas honte de le féliciter d'une lâcheté.

(2) La préoccupation de Camille fait grand honneur au caractère de son père; on y voit aussi le trouble qui accompagne tout bonheur fondé sur l'égoïsme.

(3) Le grand cœur de Curiace apparaît dans ce vers; s'il aime Camille, ce n'est pas aux dépens de son honneur; il laisse même entrevoir qu'obligé de choisir, il suivrait l'honneur.

Et s'il fallait encor que l'on en vînt aux coups,
Je combattrais pour elle en soupirant pour vous (1).
Oui, malgré les désirs de mon âme charmée,
Si la guerre durait, je serais dans l'armée :
C'est la paix qui chez vous me donne un libre accès,
La paix à qui nos vœux doivent ce beau succès.

CAMILLE.

La paix ! Et le moyen de croire un tel miracle (2)?

JULIE.

Camille, pour le moins, croyez-en votre oracle,
Et sachons pleinement par quels heureux effets
L'heure d'une bataille a produit cette paix.

CURIACE.

L'aurait-on jamais cru? Déjà les deux armées (3),
D'une égale chaleur au combat animées,
Se menaçaient des yeux et, marchant fièrement,
N'attendaient, pour donner, que le commandement (4);
Quand notre dictateur devant les rangs s'avance,
Demande à votre prince un moment de silence,
Et l'ayant obtenu : « Que faisons-nous, Romains (5),
Dit-il, et quel démon nous fait venir aux mains (6)?
Souffrons que la raison éclaire enfin nos âmes :
Nous sommes vos voisins, nos filles sont vos femmes;
Et l'hymen nous a joints par tant et tant de nœuds,
Qu'il est peu de nos fils qui ne soient vos neveux.

(1) Ces antithèses symétriques étaient dans le goût de l'époque.

(2) C'est la paix qui ramène Curiace, et non une lâcheté. Ici, comme dans le *Cid* (A. V, sc. V), Corneille a tiré une situation dramatique d'une méprise due à la précipitation de la passion. Nous aurons un nouvel et magnifique exemple de cet artifice dramatique au IIIe acte de cette tragédie.

(3) Le ton épique de ce début rappelle le récit de Rodrigue (*Cid*, A. IV, sc. III).

(4) « En termes de guerre, *donner sur les ennemis*, ou absolument et plus ordinairement, *donner*, aller à la charge contre l'ennemi. » (Ac.) Pour l'emploi des mots techniques dans Corneille, v. *le Cid*, A. IV, sc. III.

(5) « J'ose dire que dans ce discours imité de Tite-Live, l'auteur français est au-dessus du romain, plus nerveux, plus touchant; et quand on songe qu'il était gêné par la rime et par une langue embarrassée d'articles et qui souffre si peu d'inversions, qu'il a surmonté toutes ces difficultés, qu'il n'a employé le secours d'aucune épithète, que rien n'arrête l'éloquente rapidité de son discours, c'est là qu'on reconnaît le grand Corneille. Il n'y a que *tant et tant de nœuds* à reprendre. » (VOLT.)

(6) Démon, grec δαίμων, s'employait souvent au XVIIe siècle dans le sens étymologique de génie, esprit bon ou mauvais.

Nous ne sommes qu'un sang et qu'un peuple en deux villes;
Pourquoi nous déchirer par des guerres civiles,
Où la mort des vaincus affaiblit les vainqueurs,
Et le plus beau triomphe est arrosé de pleurs?
Nos ennemis communs attendent avec joie
Qu'un des partis défaits leur donne l'autre en proie,
Lassé, demi-rompu, vainqueur, mais, pour tout fruit,
Dénué d'un secours par lui-même détruit.
Ils ont assez longtemps joui de nos divorces (1);
Contre eux dorénavant joignons toutes nos forces,
Et noyons dans l'oubli ces petits différends
Qui de si bons guerriers font de mauvais parents.
Que si l'ambition de commander aux autres,
Fait marcher aujourd'hui vos troupes et les nôtres,
Pourvu qu'à moins de sang nous voulions l'apaiser,
Elle nous unira, loin de nous diviser.
Nommons des combattants pour la cause commune;
Que chaque peuple aux siens attache sa fortune;
Et suivant ce que d'eux ordonnera le sort,
Que le faible parti prenne loi du plus fort;
Mais sans indignité pour des guerriers si braves,
Qu'ils deviennent sujets sans devenir esclaves,
Sans honte, sans tribut, et sans autre rigueur
Que de suivre en tous lieux les drapeaux du vainqueur.
Ainsi nos deux États ne feront qu'un empire. »
Il semble qu'à ces mots notre discorde expire :
Chacun, jetant les yeux dans un rang ennemi,
Reconnaît un beau-frère, un cousin, un ami;
Ils s'étonnent comment leurs mains de sang avides (2)
Volaient, sans y penser, à tant de parricides,
Et font paraître un front couvert tout à la fois
D'horreur pour la bataille, et d'ardeur pour ce choix.
Enfin l'offre s'accepte, et la paix désirée
Sous ces conditions est aussitôt jurée.
Trois combattront pour tous; mais pour les mieux choisir,
Nos chefs ont voulu prendre un peu plus de loisir :
Le vôtre est au sénat, le nôtre dans sa tente (3).

CAMILLE.

O dieux, que ce discours rend mon âme contente!

(1) *Nos divorces* (de *di-vertere*), divisions, querelles entre deux peuples de commune origine ; métaphore expressive et très juste en cet endroit.

(2) La hardiesse des figures et des images contribue beaucoup à donner au style de Corneille le tour original et pittoresque qui le distingue.

(3) Ce discours de Curiace a la fermeté et la précision du langage militaire.

ACTE I, SCÈNE III

CURIACE.

Dans deux heures au plus, par un commun accord,
Le sort de nos guerriers réglera notre sort.
Cependant tout est libre, attendant qu'on les nomme (1).
Rome est dans notre camp, et notre camp dans Rome (2);
D'un et d'autre côté l'accès étant permis (3),
Chacun va renouer avec ses vieux amis (4).
Pour moi, ma passion m'a fait suivre vos frères;
Et mes désirs ont eu des succès si prospères,
Que l'auteur de vos jours m'a promis à demain
Le bonheur sans pareil de vous donner la main (5).
Vous ne deviendrez pas rebelle à sa puissance?

CAMILLE.

Le devoir d'une fille est dans l'obéissance.

CURIACE.

Venez donc recevoir ce doux commandement (6)
Qui doit mettre le comble à mon contentement.

CAMILLE.

Je vais suivre vos pas, mais pour revoir mes frères,
Et savoir d'eux encor la fin de nos misères (7).

(1) *Attendant que*, locution poétique pour *en attendant que*.

(2) Corneille a souvent de ces vers frappés, où les deux hémistiches se répondent symétriquement pour mieux mettre en relief une similitude ou une opposition. On connaît le beau vers de *Sertorius* (A. III, sc. I) :

Rome n'est plus dans Rome, elle est toute où je suis;

et celui du *Cid* (A. II, sc. II) :

Ton bras est invaincu, mais non pas invincible.

(3) On dit aujourd'hui : *d'un côté et de l'autre*, ou *des deux côtés*; v. le *Cid* (A. IV, sc. IV, p. 132).

(4) Nouvel exemple de ce familier simple qui sied si bien au génie.

(5) L'expression *sans pareil* a été enveloppée plus tard dans le ridicule dont Boileau couvrit les sots versificateurs de son temps (*Sat.* II) :

Si je louais Philis *en miracles féconde*,
Je trouverais bientôt : *à nulle autre seconde*;
Si je voulais vanter un objet *non pareil*,
Je mettrais à l'instant : *plus beau que le soleil*;
Enfin, parlant toujours d'*astres* et de *merveilles*,
De *chefs-d'œuvre des cieux*, de *beautés sans pareilles*...

(6) Corneille a répété ces deux vers dans le *Menteur* (A. V, sc. VII).

(7) *Misère* s'emploie souvent en poésie pour *malheur*, *calamité*; c'est le sens qu'il a ici.

JULIE.

Allez, et cependant au pied de nos autels
J'irai rendre pour vous grâces aux immortels (1).

(1) Une exposition claire, facile et intéressante ; des caractères bien esquissés, des discours éloquents et du plus grand style, enfin l'art de suspendre un moment les alarmes par une éclaircie de joie, tels sont les mérites du 1er acte. Le danger, un moment écarté, n'a point disparu : l'horizon reste sombre et gros d'orages.

QUESTIONS SUR LE Ier ACTE.

Quel est le sujet du Ier acte ?
Quel est le sujet de la Ire scène ? Citez-en les plus beaux passages ?
Comment se fait l'exposition ? dans quelles scènes ? comment et par qui ?
Quel est le sujet de la IIe scène ?
Corneille a-t-il fait un bon usage de l'oracle et du songe de Camille ?
Quel effet produit le retour de Curiace ?
Pourquoi revient-il ? A quelle méprise ce retour donne-t-il lieu ?
Analysez le discours du dictateur d'Albe ; comparez le texte de Tite-Live et l'imitation de Corneille.
En quel état se trouve l'action à la fin du Ier acte ?
Quels sont les mérites de ce Ier acte ?

ACTE SECOND

Le choix des champions.

SCÈNE I

HORACE, CURIACE.

CURIACE.

Ainsi Rome n'a point séparé son estime (1);
Elle eût cru faire ailleurs un choix illégitime (2)
Cette superbe ville en vos frères et vous (3)
Trouve les trois guerriers qu'elle préfère à tous ;
Et son illustre ardeur d'oser plus que les autres,
D'une seule maison brave toutes les nôtres (4) :
Nous croirons, à la voir tout entière en vos mains,
Que, hors les fils d'Horace, il n'est point de Romains.
Ce choix pouvait combler trois familles de gloire,
Consacrer hautement leurs noms à la mémoire.
Oui, l'honneur que reçoit la vôtre par ce choix,
En pouvait à bon titre immortaliser trois ;
Et puisque c'est chez vous que mon heur et ma flamme
M'ont fait placer ma sœur, et choisir une femme,
Ce que je vais vous être, et ce que je vous suis,
Me font y prendre part autant que je le puis.
Mais un autre intérêt tient ma joie en contrainte,
Et parmi ces douceurs mêle beaucoup de crainte :
La guerre en tel éclat a mis votre valeur,
Que je tremble pour Albe, et prévois son malheur :
Puisque vous combattez, sa perte est assurée ;
En vous faisant nommer, le destin l'a jurée.
Je vois trop dans ce choix ses funestes projets,
Et me compte déjà pour un de vos sujets (5).

(1) *Ainsi...* c'est-à-dire *par conséquent;* manière vive d'entrer en scène. Horace et Curiace viennent d'apprendre que Rome a choisi ses trois champions dans la famille des Horaces.
(2) *Illégitime,* c'est-à-dire injuste.
(3) *Superbe* a ici son sens primitif d'*orgueilleux, fier.*
(4) *D'une...* licence poétique, pour *par une seule maison.*
(5) Curiace, en félicitant Horace de l'honneur fait à sa famille, ne peut s'empêcher de craindre pour Albe ; ce sentiment donne une plus haute idée de la valeur des Horaces.

HORACE.

Loin de trembler pour Albe, il vous faut plaindre Rome,
Voyant ceux qu'elle oublie, et les trois qu'elle nomme.
C'est un aveuglement pour elle bien fatal
D'avoir tant à choisir, et de choisir si mal.
Mille de ses enfants, beaucoup plus dignes d'elle,
Pouvaient bien mieux que nous soutenir sa querelle;
Mais quoique ce combat me promette un cercueil,
La gloire de ce choix m'enfle d'un juste orgueil;
Mon esprit en conçoit une mâle assurance :
J'ose espérer beaucoup de mon peu de vaillance;
Et du sort envieux quels que soient les projets,
Je ne me compte point pour un de vos sujets.
Rome a trop cru de moi; mais mon âme ravie
Remplira son attente, ou quittera la vie (1).
Qui veut mourir ou vaincre, est vaincu rarement :
Ce noble désespoir périt malaisément (2).
Rome, quoi qu'il en soit, ne sera point sujette,
Que mes derniers soupirs n'assurent ma défaite.

CURIACE.

Hélas! c'est bien ici que je dois être plaint!
Ce que veut mon pays, mon amitié le craint.
Dures extrémités de voir Albe asservie,
Ou sa victoire au prix d'une si chère vie,
Et que l'unique bien où tendent ses désirs,
S'achète seulement par vos derniers soupirs!
Quels vœux puis-je former, et quel bonheur attendre?
De tous les deux côtés j'ai des pleurs à répandre (3);
De tous les deux côtés mes désirs sont trahis.

HORACE.

Quoi! vous me pleureriez mourant pour mon pays!
Pour un cœur généreux ce trépas a des charmes;
La gloire qui le suit, ne souffre point de larmes :
Et je le recevrais en bénissant mon sort,
Si Rome et tout l'État perdaient moins en ma mort (4).

---

(1) Modestie personnelle, fierté patriotique : voilà Horace. L'orgueil national affermit, exalte son courage.

(2) *Désespoir* indique ici la *résolution suprême* de vaincre ou de mourir. Ce sens justifie l'épithète de *noble*, comme plus loin celle de *beau;* v. A. III, sc. VI.

(3) Aujourd'hui on supprime *tous*.

(4) Nobles sentiments exprimés avec un élan enthousiaste. Cf. le *Cid*, A. IV, sc. V.

ACTE II, SCÈNE II

CURIACE.

A vos amis pourtant permettez de le craindre ;
Dans un si beau trépas ils sont les seuls à plaindre :
La gloire en est pour vous, et la perte pour eux ;
Il vous fait immortel, et les rend malheureux.
On perd tout quand on perd un ami si fidèle.
Mais Flavian m'apporte ici quelque nouvelle.

SCÈNE II

HORACE, CURIACE, FLAVIAN.

CURIACE.

Albe de trois guerriers a-t-elle fait le choix ?

FLAVIAN.

Je viens pour vous l'apprendre.

CURIACE.

Eh bien ! qui sont les trois ?

FLAVIAN.

Vos deux frères et vous.

CURIACE.

Qui ?

FLAVIAN.

Vous et vos deux frères (1).
Mais pourquoi ce front triste et ces regards sévères ?
Ce choix vous déplaît-il ?

CURIACE.

Non ; mais il me surprend :
Je m'estimais trop peu pour un honneur si grand.

FLAVIAN.

Dirai-je au dictateur, dont l'ordre ici m'envoie,
Que vous le recevez avec si peu de joie ?
Ce morne et froid accueil me surprend à mon tour.

CURIACE.

Dis-lui que l'amitié, l'alliance et l'amour
Ne pourront empêcher que les trois Curiaces
Ne servent leur pays contre les trois Horaces (2).

---

(1) « Ce n'est pas ici une battologie ; cette répétition, *vous et vos deux frères*, est sublime par la situation. Voilà la première scène au théâtre où un simple messager ait fait un effet tragique, en croyant apporter des nouvelles ordinaires. J'ose croire que c'est la perfection de l'art. » (VOLT.)

(2) Après un moment de stupeur, non de défaillance, l'héroïsme de Cu-

FLAVIAN.

Contre eux! Ah! c'est beaucoup me dire en peu de mots.

CURIACE.

Porte-lui ma réponse, et nous laisse en repos.

SCÈNE III

HORACE, CURIACE.

CURIACE.

Que désormais le ciel, les enfers et la terre
Unissent leurs fureurs à nous faire la guerre;
Que les hommes, les dieux, les démons et le sort
Préparent contre nous un général effort!
Je mets à faire pis, en l'état où nous sommes,
Le sort et les démons, et les dieux et les hommes.
Ce qu'ils ont de cruel, et d'horrible, et d'affreux,
L'est bien moins que l'honneur qu'on nous fait à tous deux (1).

HORACE.

Le sort, qui de l'honneur nous ouvre la barrière,
Offre à notre constance une illustre matière;
Il épuise sa force à former un malheur
Pour mieux se mesurer avec notre valeur;
Et comme il voit en nous des âmes peu communes,
Hors de l'ordre commun il nous fait des fortunes (2).
Combattre un ennemi pour le salut de tous,
Et contre un inconnu s'exposer seul aux coups,
D'une simple vertu c'est l'effet ordinaire :
Mille déjà l'ont fait, mille pourraient le faire;
Mourir pour le pays est un si digne sort,
Qu'on briguerait en foule une si belle mort.
Mais vouloir au public immoler ce qu'on aime,
S'attacher au combat contre un autre soi-même,
Attaquer un parti qui prend pour défenseur
Le frère d'une femme et l'amant d'une sœur;

riace se montre avec une grande fermeté : *l'amitié, l'alliance, l'amour*, trois motifs capables de faire hésiter une âme vulgaire, trois obstacles que la grande âme de Curiace surmonte sans faiblir.

(1) Cette terrible explosion de douleur montre que l'héroïsme, en Curiace, n'a pas étouffé la nature. Le patriotisme a dicté la réponse au dictateur; ici dans l'intimité, le cœur laisse éclater les sentiments qui l'agitent.

(2) *Fortune*, signifiant destinée, peut s'employer au pluriel dans le style noble. « O reine admirable et digne d'une meilleure fortune, si les fortunes de la terre étaient quelque chose! » (BOSSUET, *Or. fun. de la reine d'Angleterre.*)

Et rompant tous ces nœuds, s'armer pour la patrie
Contre un sang qu'on voudrait racheter de sa vie,
Une telle vertu n'appartenait qu'à nous.
L'éclat de son grand nom lui fait peu de jaloux,
Et peu d'hommes au cœur l'ont assez imprimée,
Pour oser aspirer à tant de renommée (1).

CURIACE.

Il est vrai que nos noms ne sauraient plus périr.
L'occasion est belle, il nous la faut chérir.
Nous serons les miroirs d'une vertu bien rare (2);
Mais votre fermeté tient un peu du barbare.
Peu, même des grands cœurs, tireraient vanité
D'aller par ce chemin à l'immortalité.
A quelque prix qu'on mette une telle fumée,
L'obscurité vaut mieux que tant de renommée.
  Pour moi, je l'ose dire, et vous l'avez pu voir,
Je n'ai point consulté pour suivre mon devoir;
Notre longue amitié, l'amour, ni l'alliance (3),
N'ont pu mettre un moment mon esprit en balance;
Et puisque par ce choix Albe montre en effet
Qu'elle m'estime autant que Rome vous a fait (4),
Je crois faire pour elle autant que vous pour Rome;
J'ai le cœur aussi bon, mais enfin je suis homme.
Je vois que votre honneur demande tout mon sang,
Que tout le mien consiste à vous percer le flanc,
Prêt d'épouser la sœur, qu'il faut tuer le frère (5),
Et que pour mon pays j'ai le sort si contraire.
Encor qu'à mon devoir je coure sans terreur (6),
Mon cœur s'en effarouche, et j'en frémis d'horreur;

(1) La différence des caractères se traduit par la différence des sentiments : Curiace, d'un naturel plus humain, envisage le sacrifice imposé à son cœur; Horace, plus fort et plus dur, ne regarde que la gloire.

(2) *Miroir* se dit figurément et au sens moral de ce qui représente une chose, et la met en quelque sorte devant nos yeux : *cet homme est un miroir de vertu.* (A.)

(3) *Ni* se redouble aujourd'hui devant chacun des termes, s'il est devant le dernier. V. plus haut, p. 188, cette même pensée rendue à peu près de la même manière.

(4) Le gallicisme du verbe *faire* employé à la place d'un verbe précédent qu'on ne veut pas répéter, se trouve souvent au XVIIe siècle. « Il fallait cacher la pénitence avec le même soin qu'on eût *fait* les crimes. » (BOSSUET, *Or. fun. de la reine d'Angleterre.*)

(5) *Prêt*, signifiant *disposé*, veut aujourd'hui *à*; au XVIIe siècle, on disait *prêt à* et *prêt de* dans les deux sens de *disposé à* et de *près de*. (Gr. fr. hist., 581.)

(6) En poésie, on peut écrire *encor* pour le besoin du vers.

J'ai pitié de moi-même, et jette un œil d'envie
Sur ceux dont notre guerre a consumé la vie,
Sans souhait toutefois de pouvoir reculer.
Ce triste et fier honneur m'émeut sans m'ébranler :
J'aime ce qu'il me donne, et je plains ce qu'il m'ôte;
Et si Rome demande une vertu plus haute,
Je rends grâces aux dieux de n'être pas Romain,
Pour conserver encor quelque chose d'humain (1).

HORACE.

Si vous n'êtes Romain, soyez digne de l'être;
Et si vous m'égalez, faites-le mieux paraître.
  La solide vertu dont je fais vanité (2),
N'admet point de faiblesse avec sa fermeté;
Et c'est mal de l'honneur entrer dans la carrière,
Que dès le premier pas regarder en arrière.
Notre malheur est grand; il est au plus haut point:
Je l'envisage entier, mais je n'en frémis point.
Contre qui que ce soit que mon pays m'emploie,
J'accepte aveuglément cette gloire avec joie;
Celle de recevoir de tels commandements
Doit étouffer en nous tous autres sentiments (3).
Qui, près de le servir, considère autre chose,
A faire ce qu'il doit lâchement se dispose;
Ce droit saint et sacré rompt tout autre lien.
Rome a choisi mon bras, je n'examine rien :
Avec une allégresse aussi pleine et sincère
Que j'épousai la sœur, je combattrai le frère;
Et pour trancher enfin ces discours superflus,
Albe vous a nommé, je ne vous connais plus (4).

CURIACE.

Je vous connais encore, et c'est ce qui me tue (5).
Mais cette âpre vertu ne m'était pas connue;

(1) « Cette tirade fit un effet surprenant sur tout le public; et les deux derniers vers sont devenus un proverbe, ou plutôt une maxime admirable. » (VOLT.)

(2) *Faire vanité de* signifiait au XVIIe siècle *se faire une gloire de*. Molière a dit dans le même sens (*Misanthr.*, A. 1, sc. II) :
  Ce style figuré dont on *fait vanité*.

(3) Il faut mettre l'article aujourd'hui devant *autre*, ou bien se servir du singulier : *tout autre sentiment.*

(4) « A ces mots, *je ne vous connais plus,* — *je vous connais encore,* on se récria d'admiration; on n'avait jamais rien vu de si sublime. » (VOLT.)

(5) « *Je ne vous connais plus* est féroce; *je vous connais encore* est touchant. Ce contraste entre deux guerriers dont l'un abjure la nature, tandis que l'autre la reconnaît, est théâtral et pathétique. » (GEOFFROY.)

Comme notre malheur, elle est au plus haut point :
Souffrez que je l'admire, et ne l'imite point.

HORACE.

Non, non, n'embrassez pas de vertu par contrainte ;
Et puisque vous trouvez plus de charme à la plainte,
En toute liberté goûtez un bien si doux.
Voici venir ma sœur pour se plaindre avec vous (1).
Je vais revoir la vôtre et résoudre son âme
A se bien souvenir qu'elle est toujours ma femme,
A vous aimer encor si je meurs par vos mains,
Et prendre en son malheur des sentiments romains (2).

SCÈNE IV

HORACE, CURIACE, CAMILLE.

HORACE.

Avez-vous su l'état qu'on fait de Curiace (3),
Ma sœur ?

CAMILLE.

Hélas ! mon sort a bien changé de face.

HORACE.

Armez-vous de constance, et montrez-vous ma sœur ;
Et si par mon trépas il retourne vainqueur,
Ne le recevez point en meurtrier d'un frère,
Mais en homme d'honneur qui fait ce qu'il doit faire,
Qui sert bien son pays, et sait montrer à tous,
Par sa haute vertu, qu'il est digne de vous.
Comme si je vivais, achevez l'hyménée.
Mais si ce fer aussi tranche sa destinée,
Faites à ma victoire un pareil traitement :
Ne me reprochez point la mort de votre amant (4).
Vos larmes vont couler, et votre cœur se presse (5),
Consumez avec lui toute cette faiblesse,

(1) *Voici venir* ; c'est le seul infinitif précédé de *voici* que l'usage ait conservé.
(2) Corneille vient de peindre le caractère des deux guerriers par des traits si vigoureux que désormais leur conduite est tracée d'avance ; rien ne pourra ébranler des âmes de cette trempe ; Curiace lui-même, quoique sensible à la voix de la nature, n'en sera pas moins fidèle à l'honneur.
(3) On dit *faire état, faire beaucoup d'état, faire peu d'état*, dans le sens de *faire cas, estimer*. (A.)
(4) Ce vers fait pressentir le dénouement. Horace connaît le caractère passionné de sa sœur ; il la prépare de loin à un malheur qui pourrait la jeter dans le désespoir.
(5) *Votre cœur se presse*, c'est-à-dire *se serre* ; on n'emploie plus *se presser* dans ce sens.

Querellez ciel et terre, et maudissez le sort;
Mais après le combat ne pensez plus au mort.
(*A Curiace.*)
Je ne vous laisserai qu'un moment avec elle,
Puis nous irons ensemble où l'honneur nous appelle.

SCÈNE V

CURIACE, CAMILLE.

CAMILLE.

Iras-tu, Curiace? et ce funeste honneur
Te plaît-il aux dépens de tout notre bonheur (1)?

CURIACE.

Hélas! je vois trop bien qu'il faut, quoi que je fasse,
Mourir, ou de douleur, ou de la main d'Horace.
Je vais comme au supplice à cet illustre emploi (2)
Je maudis mille fois l'état qu'on fait de moi ;
Je hais cette valeur qui fait qu'Albe m'estime ;
Ma flamme au désespoir passe jusques au crime (3);
Elle se prend au ciel, et l'ose quereller;
Je vous plains, je me plains; mais il y faut aller.

CAMILLE.

Non; je te connais mieux, tu veux que je te prie,
Et qu'ainsi mon pouvoir t'excuse à ta patrie (4),
Tu n'es que trop fameux par tes autres exploits :
Albe a reçu par eux tout ce que tu lui dois.
Autre n'a mieux que toi soutenu cette guerre;
Autre de plus de morts n'a couvert notre terre (5) :
Ton nom ne peut plus croître, il ne lui manque rien;
Souffre qu'un autre ici puisse ennoblir le sien.

CURIACE.

Que je souffre à mes yeux qu'on ceigne une autre tête
Des lauriers immortels que la gloire m'apprête,
Ou que tout mon pays reproche à ma vertu
Qu'il aurait triomphé si j'avais combattu,

(1) La lutte commence ; l'honneur et l'amour sont aux prises. Le poète met en présence de Camille le caractère le moins dur, afin de donner au combat plus d'incertitude et de pathétique.

(2) Belle antithèse; Curiace estime comme il convient, l'honneur qui lui est fait; mais son cœur s'en épouvante.

(3) On dit quelquefois *jusques* devant une voyelle. (A.)

(4) Il faudrait aujourd'hui *t'excuse auprès de ta patrie*.

(5) *Autre* pour *nul autre;* emploi vieilli.

Et que sous mon amour ma valeur endormie
Couronne tant d'exploits d'une telle infamie !
Non, Albe, après l'honneur que j'ai reçu de toi,
Tu ne succomberas, ni vaincras que par moi (1);
Tu m'as commis ton sort, je t'en rendrai bon compte,
Et vivrai sans reproche, ou périrai sans honte (2).

CAMILLE.

Quoi! tu ne veux pas voir qu'ainsi tu me trahis!

CURIACE.

Avant que d'être à vous, je suis à mon pays (3).

CAMILLE.

Mais te priver pour lui toi-même d'un beau-frère,
Ta sœur de son mari !

CURIACE.

Telle est notre misère :
Le choix d'Albe et de Rome ôte toute douceur
Aux noms jadis si doux de beau-frère et de sœur (4).

CAMILLE.

Tu pourras donc, cruel, me présenter sa tête,
Et demander ma main pour prix de ta conquête !

CURIACE.

Il n'y faut plus penser : en l'état où je suis,
Vous aimer sans espoir, c'est tout ce que je puis.
Vous en pleurez, Camille (5)?

(1) *Ni* est aujourd'hui suivi de *ne* : *ni ne vaincras.*
(2) Magnifique réponse à la lâche proposition de Camille; l'apostrophe à Albe respire une noble fierté.
(3) C'est l'honneur, le patriotisme même qui parle : « Les auteurs de nos jours nous sont chers ; nos enfants, nos proches, nos amis nous sont chers; mais la patrie renferme et réunit en elle seule tous ces amours. Et quel homme de bien hésiterait à mourir pour son pays, quand sa mort peut lui être utile ? C'est ce qui doit nous rendre plus odieuse la rage inhumaine de ces factieux qui ont déchiré la patrie par toutes sortes de crimes. » (Cic., *Off.* I.)
Bossuet, dans sa *Politique sacrée*, parle de même (I, vi) : « Il faut sacrifier à sa patrie dans le besoin tout ce qu'on a, et sa propre vie. Tout l'amour qu'on a pour soi-même, pour sa famille et pour ses amis, se réunit dans l'amour qu'on a pour sa patrie, où notre bonheur et celui de nos familles et de nos amis est renfermé. » Dieu, auteur de la société, le veut ainsi.
(4) Cette scène met en relief la grande originalité du caractère de Curiace. Le poète a fondu dans cette âme héroïque ce que l'honneur a de plus austère et ce que la nature a de plus tendre. C'est sans contredit une des plus heureuses créations de Corneille.
(5) Ce trait touchant a été reproduit par Racine (*Bajazet*, A. III, sc. IV) et par Voltaire (*Zaïre*, A. IV, sc. II).
Les larmes sont le dernier argument de Camille; c'est le coup suprême.

CAMILLE.

Il faut bien que je pleure (1):
Mon insensible amant ordonne que je meure ;
Et quand l'hymen pour nous allume son flambeau (2),
Il l'éteint de sa main pour m'ouvrir le tombeau.
Ce cœur impitoyable à ma perte s'obstine,
Et dit qu'il m'aime encore alors qu'il m'assassine.

CURIACE.

Que les pleurs d'une amante ont de puissants discours,
Et qu'un bel œil est fort avec un tel secours (3) !
Que mon cœur s'attendrit à cette triste vue !
Ma constance contre elle à regret s'évertue.
N'attaquez plus ma gloire avec tant de douleurs,
Et laissez-moi sauver ma vertu de vos pleurs ;
Je sens qu'elle chancelle, et défend mal la place :
Plus je suis votre amant, moins je suis Curiace (4).
Faible d'avoir déjà combattu l'amitié,
Vaincrait-elle à la fois l'amour et la pitié?
Allez, ne m'aimez plus, ne versez plus de larmes,
Ou j'oppose l'offense à de si fortes armes ;
Je me défendrai mieux contre votre courroux,
Et pour le mériter, je n'ai plus d'yeux pour vous :
Vengez-vous d'un ingrat, punissez un volage.
Vous ne vous montrez point sensible à cet outrage !
Je n'ai plus d'yeux pour vous, vous en avez pour moi !
En faut-il plus encor? je renonce à ma foi.
Rigoureuse vertu dont je suis la victime,
Me peux-tu résister sans le secours d'un crime?

CAMILLE.

Ne fais point d'autre crime, et j'atteste les dieux,
Qu'au lieu de t'en haïr, je t'en aimerai mieux ;
Oui, je te chérirai, tout ingrat et perfide,
Et cesse d'aspirer au nom de fratricide.
Pourquoi suis-je Romaine, ou que n'es-tu Romain?
Je te préparerais des lauriers de ma main ;

---

(1) Après avoir épuisé tous les autres moyens, la prière, le raisonnement, les plaintes, le reproche même de cruauté, Camille s'attaque au point faible de Curiace, à sa sensibilité.

(2) Les mariages, chez les anciens, se célébraient à l'entrée de la nuit, à l'éclat des flambeaux. De là, la figure *le flambeau de l'hymen*.

(3) *Un bel œil*, tribut payé au mauvais goût et à la galanterie du temps.

(4) Belle réflexion : Curiace a un vif sentiment du devoir et de l'honneur, quoiqu'il se défende mal contre les larmes de Camille.

Je t'encouragerais au lieu de te distraire;
Et je te traiterais comme j'ai fait mon frère (1).
Hélas! j'étais aveugle en mes vœux aujourd'hui;
J'en ai fait contre toi, quand j'en ai fait pour lui.
   Il revient : quel malheur, si l'amour de sa femme
Ne peut non plus sur lui que le mien sur ton âme!

SCÈNE VI

HORACE, SABINE, CURIACE, CAMILLE.

CURIACE.

Dieux! Sabine le suit. Pour ébranler mon cœur,
Est-ce peu de Camille? y joignez-vous ma sœur (2)?
Et laissant à ses pleurs vaincre ce grand courage,
L'amenez-vous ici chercher même avantage?

SABINE.

Non, non, mon frère, non; je ne viens en ce lieu
Que pour vous embrasser et pour vous dire adieu.
Votre sang est trop bon, n'en craignez rien de lâche,
Rien dont la fermeté de ces grands cœurs se fâche.
Si ce malheur illustre ébranlait l'un de vous,
Je le désavouerais pour frère ou pour époux.
Pourrais-je toutefois vous faire une prière
Digne d'un tel époux et digne d'un tel frère?
Je veux d'un coup si noble ôter l'impiété,
A l'honneur qui l'attend rendre sa pureté,
La mettre en son éclat sans mélange de crimes;
Enfin je vous veux faire ennemis légitimes.
   Du saint nœud qui vous joint, je suis le seul lien :
Quand je ne serai plus, vous ne vous serez rien.
Brisez votre alliance, et rompez-en la chaîne;
Et puisque votre honneur veut des effets de haine,
Achetez par ma mort le droit de vous haïr.
Albe le veut, et Rome; il faut leur obéir.
Qu'un de vous deux me tue, et que l'autre me venge (3);

(1) *Comme j'ai fait mon frère;* v. plus haut, p. 189.
(2) L'arrivée de Sabine aggrave la situation de Curiace; on prévoit qu'un nouvel assaut va être livré à sa fermeté; l'intérêt augmente.
(3) L'étrangeté de cette proposition répond mal à l'attente du spectateur, si vivement excitée par la longue suspension qui précède; de plus, cette prière n'est rien moins que pathétique, parce qu'elle ne paraît nullement naturelle. On comprendrait que dans un mouvement de désespoir Sabine se fût offerte aux coups des deux guerriers, pour les empêcher de consommer un fratricide. Tout le discours de Sabine jusqu'à *commencez par sa sœur*, dit de sang-froid, paraît trop étudié pour être vrai.

Alors votre combat n'aura plus rien d'étrange ;
Et du moins l'un des deux sera juste agresseur,
Ou pour venger sa femme, ou pour venger sa sœur.
Mais quoi ! vous souilleriez une gloire si belle,
Si vous vous animiez par quelque autre querelle :
Le zèle du pays nous défend de tels soins ;
Vous feriez peu pour lui, si vous vous étiez moins :
Il lui faut, et sans haine, immoler un beau-frère.
Ne différez donc plus ce que vous devez faire :
Commencez par sa sœur à répandre son sang,
Commencez par sa femme à lui percer le flanc,
Commencez par Sabine à faire de vos vies
Un digne sacrifice à vos chères patries :
Vous êtes ennemis en ce combat fameux,
Vous d'Albe, vous de Rome, et moi de toutes deux.
Quoi ! me réservez-vous à voir une victoire
Où, pour haut appareil d'une pompeuse gloire,
Je verrais les lauriers d'un frère ou d'un mari
Fumer encor d'un sang que j'aurai tant chéri ?
Pourrai-je entre vous deux régler alors mon âme,
Satisfaire aux devoirs et de sœur et de femme,
Embrasser le vainqueur en pleurant le vaincu (1) ?
Non, non, avant ce coup Sabine aura vécu :
Ma mort le préviendra, de qui que je l'obtienne ;
Le refus de vos mains y condamne la mienne.
Sus donc (2), qui vous retient ? Allez, cœurs inhumains,
J'aurai trop de moyens pour y forcer vos mains.
Vous ne les aurez point au combat occupées,
Que ce corps au milieu n'arrête vos épées ;
Et malgré vos refus, il faudra que leurs coups
Se fassent jour ici (3), *pour aller jusqu'à vous.*

HORACE.

O ma femme !

CURIACE.

O ma sœur !

(1) Cette seconde moitié du discours est fort belle ; l'émotion de Sabine est naturelle et pathétique.

(2) *Sus donc !* interjection familière dont on se sert pour exhorter, pour exciter. (A.) Étym. : *sus-um* pour *sursum*, en haut.

(3) Le geste de Sabine complète sa pensée : elle menace de se jeter entre les deux guerriers, pour recevoir la première leurs coups.
Racine fait dire de même à Achille dans *Iphigénie* (A. IV, sc. VI) :
Pour aller jusqu'au cœur que vous voulez percer,
Voilà par quels chemins vos coups doivent passer.

CAMILLE.

Courage ! ils s'amollissent.

SABINE.

Vous poussez des soupirs ; vos visages pâlissent !
Quelle peur vous saisit ? Sont-ce là ces grands cœurs,
Ces héros qu'Albe et Rome ont pris pour défenseurs ?

HORACE.

Que t'ai-je fait, Sabine ? et quelle est mon offense,
Qui t'oblige à chercher une telle vengeance ?
Que t'a fait mon honneur, et par quel droit viens-tu
Avec toute ta force attaquer ma vertu ?
Du moins contente-toi de l'avoir étonnée (1),
Et me laisse achever cette grande journée.
Tu me viens de réduire en un étrange point ;
Aime assez ton mari pour n'en triompher point.
Va-t'en, et ne rends plus la victoire douteuse ;
La dispute déjà m'en est assez honteuse :
Souffre qu'avec honneur je termine mes jours (2).

SABINE.

Va, cesse de me craindre : on vient à ton secours (3).

SCÈNE VII

LE VIEIL HORACE, HORACE, CURIACE, SABINE, CAMILLE.

LE VIEIL HORACE.

Qu'est-ce-ci, mes enfants ? Écoutez-vous vos flammes,
Et perdez-vous encor le temps avec des femmes (4) ?
Prêts à verser du sang, regardez-vous des pleurs ?
Fuyez, et laissez-les déplorer leurs malheurs,
Leurs plaintes ont pour vous trop d'art et de tendresse.

---

(1) *De l'avoir étonnée,* c.-à-d. comme frappée de stupeur ; c'est le sens du primitif latin *attonitus.*

(2) Horace est visiblement ému, mais sa résolution n'en est pas ébranlée. C'est tout l'avantage que pouvait remporter Sabine ; il a fallu même toute sa véhémence pour obtenir cela d'une vertu si rigide.

(3) Sabine perd courage en voyant venir le vieil Horace ; c'est une manière très heureuse de faire connaître ce grand caractère, déjà indiqué plus haut par un mot de Camille (A. I, sc. III, p. 180).

(4) Avec le vieil Horace semble apparaître la majesté même de la patrie. Son étonnement est solennel et paternel tout ensemble : c'est son premier reproche, rendu plus vif par la familiarité même du langage.

Elles vous feraient part enfin de leur faiblesse,
Et ce n'est qu'en fuyant qu'on pare de tels coups (1).

SABINE.

N'appréhendez rien d'eux, ils sont dignes de vous.
Malgré tous nos efforts vous en devez attendre
Ce que vous souhaitez et d'un fils et d'un gendre;
Et si notre faiblesse ébranlait leur honneur,
Nous vous laissons ici pour leur rendre du cœur.
  Allons, ma sœur, allons, ne perdons plus de larmes :
Contre tant de vertus ce sont de faibles armes.
Ce n'est qu'au désespoir qu'il nous faut recourir.
Tigres, allez combattre; et nous, allons mourir (2).

SCÈNE VIII

LE VIEIL HORACE, HORACE, CURIACE.

HORACE.

Mon père, retenez des femmes qui s'emportent,
Et de grâce empêchez surtout qu'elles ne sortent.
Leur amour importun viendrait avec éclat
Par des cris et des pleurs troubler notre combat;
Et ce qu'elles nous sont, ferait qu'avec justice
On nous imputerait ce mauvais artifice.
L'honneur d'un si beau choix serait trop acheté,
Si l'on nous soupçonnait de quelque lâcheté.

LE VIEIL HORACE.

J'en aurai soin. Allez, vos frères vous attendent;
Ne pensez qu'aux devoirs que vos pays demandent (3).

CURIACE.

Quel adieu vous dirai-je? et par quels compliments..

LE VIEIL HORACE.

Ah! n'attendrissez point ici mes sentiments (4);
Pour vous encourager ma voix manque de termes;

---

(1) Le conseil vient à point; si Horace s'était laissé émouvoir, le courage de Curiace n'eût-il point fini par céder?

(2) Ce cri désespéré et ce départ soudain jettent l'inquiétude parmi les spectateurs. Mais les trois héros ne s'en émeuvent pas. La seule crainte du jeune Horace, c'est que le combat ne soit troublé par des femmes en délire.

(3) Le mot *pays* dans Corneille s'emploie souvent pour *patrie*.

(4) « Voilà la tendresse comme doit la ressentir une grande âme qui se trouble et avoue son trouble. » (SAINT-MARC GIRARDIN.)

ACTE II, SCÈNE VIII

Mon cœur ne forme point de pensers assez fermes ;
Moi-même en cet adieu j'ai les larmes aux yeux.
Faites votre devoir, et laissez faire aux dieux (1).

(1) « J'ai cherché dans tous les anciens et dans tous les théâtres étrangers une situation pareille, un pareil mélange de grandeur d'âme, de douleur, de bienséance, et je ne l'ai point trouvé ; je remarquerai surtout que chez les Grecs il n'y a rien dans ce goût. » Voltaire, en parlant de la sorte, comprenait parfaitement la grandeur pathétique de cette scène. Mais il n'a point vu ce qui élève l'héroïsme du vieil Horace jusqu'au sublime divin : la profondeur du sentiment religieux.

Ce père qui envoie au combat, et peut-être à la mort, ses trois fils et son gendre, ne songe qu'à les exhorter à faire leur devoir : pour le reste, il s'en remet aux dieux. Sous la forme païenne de l'expression, on voit ici, dans toute sa sérénité, la confiance chrétienne en la Providence.

Le IIe acte se termine ainsi en laissant le spectateur dans l'admiration et dans la crainte.

QUESTIONS SUR LE IIe ACTE.

Quel est le sujet du IIe acte ?
Quelle est l'attitude de Curiace vis-à-vis d'Horace, désigné avec ses frères pour défendre Rome ?
Comment Curiace apprend-il qu'il est nommé pour soutenir la cause d'Albe ? Comment reçoit-il cette nouvelle ?
Analysez le grand entretien d'Horace et de Curiace. Comment leurs caractères s'y dessinent-ils ?
Quels sont les conseils qu'Horace donne à Camille ?
Comment Camille cherche-t-elle à ébranler la résolution de Curiace ?
Quelle est la réponse de Curiace ?
Quelle proposition Sabine vient-elle faire aux deux guerriers ? Comment y répondent-ils ?
Quel effet produit l'arrivée du vieil Horace ? Quelle est sa première parole ? Que font Sabine et Camille ?
Quels adieux le vieux père adresse-t-il à Horace et à Curiace ?
Comment se termine le IIe acte ?

ACTE TROISIÈME

Le combat, la fuite.

SCÈNE I

SABINE.

Prenons parti, mon âme, en de telles disgrâces :
Soyons femme d'Horace, ou sœur des Curiaces (1);
Cessons de partager nos inutiles soins;
Souhaitons quelque chose, et craignons un peu moins.
Mais las (2)! quel parti prendre en un sort si contraire?
Quel ennemi choisir d'un époux ou d'un frère?
La nature ou l'amour parle pour chacun d'eux,
Et la loi du devoir m'attache à tous les deux.
Sur leurs hauts sentiments réglons plutôt les nôtres;
Soyons femme de l'un ensemble et sœur des autres.
Regardons leur honneur comme un souverain bien :
Imitons leur constance, et ne craignons plus rien.
La mort qui le menace est une mort si belle,
Qu'il en faut sans frayeur attendre la nouvelle.
N'appelons point alors les destins inhumains;
Songeons pour quelle cause, et non par quelles mains;
Revoyons les vainqueurs, sans penser qu'à la gloire
Que toute leur maison reçoit de leur victoire;
Et sans considérer aux dépens de quel sang
Leur vertu les élève en cet illustre rang,
Faisons nos intérêts de ceux de leur famille :
En l'une je suis femme, en l'autre je suis fille,
Et tiens à toutes deux par de si forts liens,
Qu'on ne peut triompher que par les bras des miens.
Fortune, quelques maux que ta rigueur m'envoie (3),
J'ai trouvé les moyens d'en tirer de la joie,
Et puis voir aujourd'hui le combat sans terreur,
Les morts sans désespoir, les vainqueurs sans horreur.

(1) Sabine, revenue de son exaltation, envisage la situation avec plus de calme; elle cherche à prendre des sentiments plus dignes de son époux et de ses frères.

(2) *Las*, de *lassus*, fatigué, s'emploie encore dans le style naïf et familier : *Las! qui pourrait le croire?* (A.) De *las* s'est formé *hélas!* V. *Gr. fr. hist.* 482.

(3) Apostrophe froide et peu naturelle; il en est de même de la suivante.

Flatteuse illusion, erreur douce et grossière,
Vain effort de mon âme, impuissante lumière
De qui le faux brillant prend droit de m'éblouir (1),
Que tu sais peu durer et tôt t'évanouir!
Pareille à ces éclairs qui, dans le fort des ombres,
Poussent un jour qui fuit, et rend les nuits plus sombres (2),
Tu n'as frappé mes yeux d'un moment de clarté
Que pour les abîmer dans plus d'obscurité.
Tu charmais trop ma peine, et le ciel qui s'en fâche
Me vend déjà bien cher ce moment de relâche.
Je sens mon triste cœur percé de tous les coups
Qui m'ôtent maintenant un frère ou mon époux.
Quand je songe à leur mort, quoi que je me propose,
Je songe par quels bras, et non pour quelle cause.
Et ne vois les vainqueurs en leur illustre rang,
Que pour considérer aux dépens de quel sang.
La maison des vaincus touche seule mon âme;
En l'une je suis fille, en l'autre je suis femme,
Et tiens à toutes deux par de si forts liens,
Qu'on ne peut triompher que par la mort des miens (3).
C'est là donc cette paix que j'ai tant souhaitée!
Trop favorables dieux, vous m'avez écoutée!
Quels foudres lancez-vous quand vous vous irritez (4),
Si même vos faveurs ont tant de cruautés?
Et de quelle façon punissez-vous l'offense,
Si vous traitez ainsi les vœux de l'innocence (5)?

SCÈNE II

SABINE, JULIE.

SABINE.

En est-ce fait, Julie? et que m'apportez-vous (6)?
Est-ce la mort d'un frère ou celle d'un époux?

(1) *De qui*, poét., pour *dont*. (*Gr. fr. hist.*, 640.)

(2) *Poussent*, c.-à-d., lancent, font naître.

(3) Le monologue de Sabine est trop long, trop étudié, trop subtil, pour intéresser le spectateur : l'intérêt languit.

« Les comédiens voulaient alors des monologues. La déclamation approchait du chant, surtout celle des femmes; les auteurs avaient cette complaisance pour elles. Sabine s'adresse à sa pensée, la retourne, répète ce qu'elle a dit, oppose parole à parole. » (VOLT.)

(4) *Quels foudres*; v. *le Cid*, A. II, sc. I, p. 76.

(5) Le poète se relève dans ces six derniers vers qui sont vraiment d'une belle facture.

(6) Tour vif qui ramène l'intérêt; on est curieux d'avoir des nouvelles du combat.

Le funeste succès de leurs armes impies
De tous les combattants a-t-il fait des hosties (1)?
Et m'enviant l'horreur que j'aurais des vainqueurs,
Pour tous, tant qu'ils étaient, demande-t-il mes pleurs?

JULIE.

Quoi ! ce qui s'est passé, vous l'ignorez encore?

SABINE.

Vous faut-il étonner de ce que je l'ignore?
Et ne savez-vous pas que de cette maison
Pour Camille et pour moi l'on fait une prison?
Julie, on nous renferme, on a peur de nos larmes ;
Sans cela nous serions au milieu de leurs armes,
Et par les désespoirs d'une chaste amitié
Nous aurions des deux camps tiré quelque pitié.

JULIE.

Il n'était pas besoin d'un si tendre spectacle :
Leur vue à leur combat apporte assez d'obstacle.
Sitôt qu'ils ont paru prêts à se mesurer,
On a dans les deux camps entendu murmurer.
A voir de tels amis, des personnes si proches,
Venir pour leur patrie aux mortelles approches,
L'un s'émeut de pitié, l'autre est saisi d'horreur,
L'autre d'un si grand zèle admire la fureur ;
Tel porte jusqu'aux cieux leur vertu sans égale,
Et tel l'ose nommer sacrilège et brutale.
Ces divers sentiments n'ont pourtant qu'une voix ;
Tous accusent leurs chefs, tous détestent leur choix ;
Et ne pouvant souffrir un combat si barbare,
On s'écrie, on s'avance, enfin on les sépare (2).

SABINE.

Que je vous dois d'encens, grands dieux, qui m'exaucez?

JULIE.

Vous n'êtes pas, Sabine, encore où vous pensez :
Vous pouvez espérer, vous avez moins à craindre ;
Mais il vous reste encore assez de quoi vous plaindre.

(1) *Hostie*, latin *hostia*, est pris dans le sens étymologique de victime.
D'après le *Menagiana*, ce mot ne s'employait plus déjà en 1654, que dans
le style liturgique pour les victimes immolées à Dieu, et particulièrement
pour le T.-S. Sacrement.

(2) Tout cet épisode est de l'invention du poète ; il ranime l'espérance sans
faire cesser l'inquiétude. C'est dans ces alternatives que consiste la marche
dramatique de l'action.

En vain d'un sort si triste on les veut garantir ;
Ces cruels généreux n'y peuvent consentir (1).
La gloire de ce choix leur est si précieuse,
Et charme tellement leur âme ambitieuse,
Qu'alors qu'on les déplore, ils s'estiment heureux (2),
Et prennent pour affront la pitié qu'on a d'eux.
Le trouble des deux camps souille leur renommée ;
Ils combattront plutôt et l'une et l'autre armée,
Et mourront par les mains qui leur font d'autres lois,
Que pas un d'eux renonce aux honneurs d'un tel choix (3).

SABINE.

Quoi! dans leur dureté ces cœurs d'acier s'obstinent !

JULIE.

Oui, mais d'autre côté les deux camps se mutinent,
Et leurs cris des deux parts poussés en même temps
Demandent la bataille, ou d'autres combattants.
La présence des chefs à peine est respectée,
Leur pouvoir est douteux, leur voix mal écoutée ;
Le Roi même s'étonne, et pour dernier effort :
« Puisque chacun, dit-il, s'échauffe en ce discord (4),
Consultons des grands dieux la majesté sacrée,
Et voyons si ce change à leurs bontés agrée.
Quel impie osera se prendre à leur vouloir,
Lorsqu'en un sacrifice ils nous l'auront fait voir ? »
Il se tait, et ces mots semblent être des charmes (5) ;
Même aux six combattants ils arrachent les armes ;
Et ce désir d'honneur qui leur ferme les yeux,
Tout aveugle qu'il est, respecte encor les dieux.
Leur plus vaillante ardeur cède à l'avis de Tulle ;
Et soit par déférence, ou par un prompt scrupule,
Dans l'une et l'autre armée on s'est fait une loi,

---

(1) *Généreux* est employé substantivement ; cf. *le Cid*, A. IV, sc. V, p. 124, note 1.

(2) *Déplorer* ne se dit guère qu'en parlant des choses. (Ac.)

(3) *Que* dépend de *plutôt*, placé deux vers plus haut.

(4) *Discord*, poét. pour discorde ; v. *le Cid*, A. V, sc. III, p. 131.

(5) *Charmes*, c.-à-d. *enchantements*, dans le sens du primitif latin *carmen*, formule magique qui produit un effet extraordinaire, qui fascine et captive.
La Fontaine a dit dans le même sens de l'apologue (l. VII) :

    C'est proprement un charme ; il rend l'âme attentive
      Ou plutôt il la tient captive,
      Nous attachant à des récits
    Qui mènent à son gré les cœurs et les esprits.

Comme si toutes deux le connaissaient pour roi (1).
Le reste s'apprendra par la mort des victimes (2).

SABINE.

Les dieux n'avoueront point un combat plein de crimes;
J'en espère beaucoup, puisqu'il est différé,
Et je commence à voir ce que j'ai désiré.

SCÈNE III

SABINE, CAMILLE, JULIE.

SABINE.

Ma sœur, que je vous die une bonne nouvelle (3).

CAMILLE.

Je pense la savoir, s'il faut la nommer telle.
On l'a dite à mon père, et j'étais avec lui;
Mais je n'en conçois rien qui flatte mon ennui (4).
Ce délai de nos maux rendra leurs coups plus rudes:
Ce n'est qu'un plus long terme à nos inquiétudes;
Et tout l'allègement qu'il en faut espérer,
C'est de pleurer plus tard ceux qu'il faudra pleurer.

SABINE.

Les dieux n'ont pas en vain inspiré ce tumulte.

CAMILLE.

Disons plutôt, ma sœur, qu'en vain on les consulte.
Ces mêmes dieux à Tulle ont inspiré ce choix;
Et la voix du public n'est pas toujours leur voix;
Ils descendent bien moins dans de si bas étages (5).
Que dans l'âme des rois, leurs vivantes images,
De qui l'indépendante et sainte autorité
Est un rayon secret de leur divinité (6).

(1) Corneille a employé plusieurs fois *connaître*, comme ici, pour *reconnaître*.

(2) Ce tableau mérite d'être signalé comme un modèle de couleur locale. Les premiers siècles de l'histoire romaine sont pleins de traits de ce genre. La religion, et en particulier l'usage superstitieux des divinations, pénétrait toute la vie publique des Romains.

(3) Pour *die*, v. *le Cid*, A. IV, sc. I, p. 111.

(4) Pour *ennui*, v. *le Cid*, A. II, sc. III, p. 80.

(5) *Dans de si bas étages*, c.-à-d. dans le vulgaire. Cette locution était moins familière au temps de Corneille. Bossuet l'a employée à peu près dans le même sens : (Nature) que sa mortalité avait reléguée au plus bas étage de l'univers. » (3e *sermon sur l'Annonc.*)

(6) La doctrine exprimée dans ces beaux vers est un écho fidèle de l'Ecriture sainte : « Toute puissance vient de Dieu, dit S. Paul (Rom. XIII. 1). Le prince,

JULIE.

C'est vouloir sans raison vous former des obstacles,
Que de chercher leur voix ailleurs qu'en leurs oracles ;
Et vous ne vous pouvez figurer tout perdu,
Sans démentir celui qui vous fut hier rendu.

CAMILLE.

Un oracle jamais ne se laisse comprendre :
On l'entend d'autant moins que plus on croit l'entendre ;
Et loin de s'assurer sur un pareil arrêt,
Qui n'y voit rien d'obscur, doit croire que tout l'est (1).

SABINE.

Sur ce qu'il fait pour nous, prenons plus d'assurance,
Et souffrons les douceurs d'une juste espérance.
Quand la faveur du ciel ouvre à demi ses bras,
Qui ne s'en promet rien, ne la mérite pas ;
Il empêche souvent qu'elle ne se déploie,
Et lorsqu'elle descend, son refus la renvoie.

CAMILLE.

Le ciel agit sans nous en ces événements,
Et ne les règle point dessus nos sentiments (2).

JULIE.

Il ne vous a fait peur que pour vous faire grâce.
Adieu : je vais savoir comme enfin tout se passe.
Modérez vos frayeurs ; j'espère à mon retour
Ne vous entretenir que de propos d'amour,
Et que nous n'emploierons la fin de la journée
Qu'aux doux préparatifs d'un heureux hyménée.

SABINE.

J'ose encor l'espérer.

ajoute-t-il (ib. 4), est ministre de Dieu pour le bien. » Bossuet en conclut dans sa *Politique sacrée* (l. III, 2) : « Les princes agissent donc comme ministres de Dieu ;... ils sont sacrés par leur charge, comme étant représentants de la majesté divine, députés par sa providence à l'exécution de ses desseins. C'est ainsi que Dieu même appelle Cyrus son Oint. » (Is. XLV.)

(1) Le langage de Camille est parfaitement conforme aux idées des anciens. Racine fait dire de même à Doris dans *Iphigénie* (A. II, sc. I) :

> Un oracle toujours se plaît à se cacher :
> Toujours avec un sens il en présente un autre.

(2) *Dessus, dessous, dedans*, s'employaient encore comme prépositions. Dans l'édition de 1660, Corneille corrigea plusieurs de ses vers pour se conformer sur ce point aux règles des grammairiens.

CAMILLE.

Moi, je n'espère rien.

JULIE.

L'effet vous fera voir que nous en jugeons bien (1).

SCÈNE IV
SABINE, CAMILLE.

SABINE.

Parmi nos déplaisirs souffrez que je vous blâme :
Je ne puis approuver tant de trouble en votre âme.
Que feriez-vous, ma sœur, au point où je me vois,
Si vous aviez à craindre autant que je le dois,
Et si vous attendiez de leurs armes fatales
Des maux pareils aux miens et des pertes égales?

CAMILLE.

Parlez plus sainement de vos maux et des miens :
Chacun voit ceux d'autrui d'un autre œil que les siens;
Mais à bien regarder ceux où le ciel me plonge,
Les vôtres auprès d'eux vous sembleront un songe (2).
   La seule mort d'Horace est à craindre pour vous;
Des frères ne sont rien à l'égal d'un époux;
L'hymen qui nous attache en une autre famille,
Nous détache de celle où l'on a vécu fille;
On voit d'un œil divers des nœuds si différents,
Et pour suivre un mari l'on quitte ses parents.
Mais si près d'un hymen, l'amant que donne un père
Nous est moins qu'un époux, et non pas moins qu'un frère;
Nos sentiments entre eux demeurent suspendus,
Notre choix impossible, et nos vœux confondus.
Ainsi, ma sœur, du moins vous avez dans vos plaintes,
Où porter vos souhaits et terminer vos craintes;
Mais si le ciel s'obstine à nous persécuter,
Pour moi, j'ai tout à craindre, et rien à souhaiter.

---

(1) La scène III a le défaut de ne pas faire avancer l'action; on n'y apprend rien de nouveau. Les personnages dissertent subtilement sur la valeur des oracles.

(2) Cette scène de pure discussion est peut-être la plus froide et la plus faible de toute la pièce. Il importe peu aux spectateurs de savoir si Sabine a plus de raison de s'affliger que Camille. Mais il fallait les occuper en attendant les nouvelles du champ de bataille. C'est le cas d'appliquer au grand Corneille le vers d'Horace (*Art poét.*) :
   Indignor quandoque bonus dormitat Homerus.

ACTE III, SCÈNE V

SABINE.

Quand il faut que l'un meure, et par les mains de l'autre,
C'est un raisonnement bien mauvais que le vôtre.
Quoique ce soient, ma sœur, des nœuds bien différents,
C'est sans les oublier qu'on quitte ses parents.
L'hymen n'efface point ces profonds caractères;
Pour aimer un mari, l'on ne hait pas ses frères.
La nature en tous temps garde ses premiers droits;
Aux dépens de leur vie on ne fait point de choix :
Aussi bien qu'un époux ils sont d'autres nous-mêmes;
Et tous maux sont pareils, alors qu'ils sont extrêmes.
Mais l'amant qui vous charme, et pour qui vous brûlez,
Ne vous est, après tout, que ce que vous voulez;
Une mauvaise humeur, un peu de jalousie,
En fait assez souvent passer la fantaisie.
Ce que peut le caprice, osez-le par raison,
Et laissez votre sang hors de comparaison :
C'est crime d'opposer des liens volontaires
A ceux que la naissance a rendus nécessaires.
Si donc le ciel s'obstine à nous persécuter,
Seule j'ai tout à craindre et rien à souhaiter;
Mais pour vous le devoir vous donne dans vos plaintes
Où porter vos souhaits et terminer vos craintes.

CAMILLE.

Je le vois bien, ma sœur, vous n'aimâtes jamais;
Vous ne connaissez point ni l'amour ni ses traits.
On peut lui résister quand il commence à naître,
Mais non pas le bannir quand il s'est rendu maître,
Et que l'aveu d'un père, engageant notre foi,
A fait de ce tyran un légitime roi.
Il entre avec douceur, mais il règne par force;
Et quand l'âme une fois a goûté son amorce,
Vouloir ne plus aimer, c'est ce qu'elle ne peut,
Puisqu'elle ne peut plus vouloir que ce qu'il veut :
Ses chaînes sont pour nous aussi fortes que belles (1).

SCÈNE V

LE VIEIL HORACE, SABINE, CAMILLE.

LE VIEIL HORACE.

Je viens vous apporter de fâcheuses nouvelles (2),

---

(1) Le style tombe avec l'inspiration; il rappelle trop souvent les romans de l'époque.
(2) « Comme l'arrivée du vieil Horace rend la vie au théâtre qui languissait! Quel moment et quelle noble simplicité! » (VOLT.)

Mes filles ; mais en vain je voudrais vous celer
Ce qu'on ne vous saurait longtemps dissimuler :
Vos frères sont aux mains, les dieux ainsi l'ordonnent.

SABINE.

Je veux bien l'avouer, ces nouvelles m'étonnent ;
Et je m'imaginais dans la Divinité
Beaucoup moins d'injustice, et bien plus de bonté.
Ne nous consolez point : contre tant d'infortune
La pitié parle en vain, la raison importune.
Nous avons en nos mains la fin de nos douleurs,
Et qui veut bien mourir, peut braver les malheurs.
Nous pourrions aisément faire en votre présence
De notre désespoir une fausse constance ;
Mais quand on peut sans honte être sans fermeté,
L'affecter au dehors, c'est une lâcheté ;
L'usage d'un tel art, nous le laissons aux hommes,
Et ne voulons passer que pour ce que nous sommes.
   Nous ne demandons point qu'un courage si fort
S'abaisse à notre exemple à se plaindre du sort.
Recevez sans frémir ces mortelles alarmes ;
Voyez couler nos pleurs sans y mêler vos larmes ;
Enfin, pour toute grâce, en de tels déplaisirs,
Gardez votre constance et souffrez nos soupirs.

LE VIEIL HORACE.

Loin de blâmer les pleurs que je vous vois répandre,
Je crois faire beaucoup de m'en pouvoir défendre (1),
Et céderais peut-être à de si rudes coups,
Si je prenais ici même intérêt que vous.
Non qu'Albe par son choix m'ait fait haïr vos frères :
Tous trois me sont encor des personnes bien chères ;
Mais enfin l'amitié n'est pas du même rang,
Et n'a point les effets de l'amour ni du sang (2).
Je ne sens point pour eux la douleur qui tourmente
Sabine comme sœur, Camille comme amante :
Je puis les regarder comme nos ennemis,
Et donne sans regret mes souhaits à mes fils.
Ils sont, grâces aux dieux, dignes de leur patrie ;

---

(1) Ulysse, dans *Iphigénie* (A. I. sc. V), exprime le même sentiment, en s'adressant à Agamemnon :
> Mon cœur se met sans peine à la place du vôtre,
> Et frémissant du coup qui vous fait soupirer,
> Loin de blâmer vos pleurs, je suis près de pleurer.

(2) *Ni* signifie ici *non plus que*. V. plus haut, p. 145, n. 2.

Aucun étonnement n'a leur gloire flétrie (1);
Et j'ai vu leur honneur croître de la moitié,
Quand ils ont des deux camps refusé la pitié.
Si par quelque faiblesse ils l'avaient mendiée,
Si leur haute vertu ne l'eût répudiée,
Ma main bientôt sur eux m'eût vengé hautement
De l'affront que m'eût fait ce mol consentement (2).
Mais lorsqu'en dépit d'eux on en a voulu d'autres,
Je ne le cèle point, j'ai joint mes vœux aux vôtres.
Si le ciel pitoyable eût écouté ma voix (3),
Albe serait réduite à faire un autre choix;
Nous pourrions voir tantôt triompher les Horaces,
Sans voir leurs bras souillés du sang des Curiaces,
Et de l'événement d'un combat plus humain
Dépendrait maintenant l'honneur du nom romain.
La prudence des dieux autrement en dispose;
Sur leur ordre éternel mon esprit se repose :
Il s'arme en ce besoin de générosité,
Et du bonheur public fait sa félicité (4).
Tâchez d'en faire autant pour soulager vos peines,
Et songez toutes deux que vous êtes Romaines :
Vous l'êtes devenue, et vous l'êtes encor;
Un si glorieux titre est un digne trésor.
Un jour, un jour viendra que par toute la terre
Rome se fera craindre à l'égal du tonnerre,
Et que, tout l'univers tremblant dessous ses lois,
Ce grand nom deviendra l'ambition des rois :
Les dieux à notre Énée ont promis cette gloire (5).

(1) *Étonnement* est pris dans le sens de *stupeur*, comme plus haut (p. 197) l'adjectif *étonné*. — Pour la place et l'accord de *flétrie*, v. *le Cid*, A. III, sc. III, p. 95; et *Gr. fr. hist.*, 798.

(2) « On dit quelquefois *mol*, au masculin, en poésie et dans le style soutenu, quand le mot qui suit, commence par une voyelle. » D'après cette remarque de l'Académie, *mol* ne s'emploierait plus devant un mot commençant par une consonne.

(3) *Pitoyable*, enclin ou accessible à la pitié; il est peu usité dans ce sens. (Ac.)

(4) Le caractère du vieil Horace se montre ici dans sa grandeur simple et touchante. Il a un cœur sensible, il est ému, et il l'avoue sans honte, pour mieux consoler sa fille et sa bru. Mais l'honneur, le patriotisme, la soumission aux volontés du ciel, dominent les affections de la nature.

Le même calme, la même fermeté et la même tendresse se retrouvent, avec plus de majesté et d'onction encore, dans le grand discours de Joad à Josabeth (*Athalie*, A. I, sc. II) :

Vos larmes, Josabeth, n'ont rien de criminel;
Mais Dieu veut qu'on espère en son soin paternel...

(5) V. plus haut, A. I, sc. I, p. 172, n. 6.

SCÈNE VI

LE VIEIL HORACE, SABINE, CAMILLE, JULIE.

LE VIEIL HORACE.

Nous venez-vous, Julie, apprendre la victoire?

JULIE.

Mais plutôt du combat les funestes effets :
Rome est sujette d'Albe, et vos fils sont défaits;
Des trois les deux sont morts, son époux seul vous reste (1).

LE VIEIL HORACE.

O d'un triste combat effet vraiment funeste?
Rome est sujette d'Albe! et pour l'en garantir,
Il n'a pas employé jusqu'au dernier soupir!
Non, non, cela n'est point, on vous trompe, Julie:
Rome n'est point sujette, ou mon fils est sans vie :
Je connais mieux mon sang, il sait mieux son devoir.

JULIE.

Mille, de nos remparts comme moi l'ont pu voir.
Il s'est fait admirer tant qu'ont duré ses frères;
Mais comme il s'est vu seul contre trois adversaires,
Près d'être enfermé d'eux, sa fuite l'a sauvé.

---

(1) Il peut sembler étrange que le vieil Horace reste dans sa maison, pendant que ses trois fils sont aux mains pour la défense de la patrie sous les murs mêmes de la ville. Sans doute, cette combinaison était nécessaire pour amener les situations tragiques du IIIe et du IVe acte. Mais on peut dire aussi que la présence du vieillard pouvait seule soutenir le courage de Sabine et de Camille. D'autre part, les convenances ne permettaient guère à un père d'assister à la lutte sanglante de ses trois fils contre leurs beaux-frères. Le spectateur, du reste, ne s'aperçoit pas de cette circonstance, tant il est occupé par la vivacité de l'action.

« Il passe pour constant, disait Corneille dans son *Examen*, que le troisième acte est un des plus artificieux qui soient sur la scène. Il est soutenu de la seule narration de la moitié du combat des trois frères, qui est coupée très heureusement pour laisser Horace le père dans la colère et le déplaisir, et lui donner ensuite un beau retour à la joie dans le quatrième. Il a été à propos, pour le jeter dans cette erreur, de se servir de l'impatience d'une femme qui suit brusquement sa première idée, et présume le combat achevé, parce qu'elle a vu deux des Horaces par terre, et le troisième en fuite. Un homme, qui doit être plus posé et plus judicieux, n'eût pas été propre à donner cette fausse alarme : il eût dû prendre plus de patience, afin d'avoir plus de certitude de l'événement, et n'eût pas été excusable de se laisser emporter si légèrement par les apparences à présumer le mauvais succès d'un combat dont il n'eût pas vu la fin. »

ACTE III, SCÈNE VI

LE VIEIL HORACE.

Et nos soldats trahis ne l'ont point achevé?
Dans leurs rangs à ce lâche ils ont donné retraite (1)?

JULIE.

Je n'ai rien voulu voir après cette défaite.

CAMILLE.

O mes frères!

LE VIEIL HORACE.

Tout beau, ne les pleurez pas tous (2);
Deux jouissent d'un sort dont leur père est jaloux.
Que des plus nobles fleurs leur tombe soit couverte (3);
La gloire de leur mort m'a payé de leur perte :
Ce bonheur a suivi leur courage invaincu,
Qu'ils ont vu Rome libre autant qu'ils ont vécu,
Et ne l'auront point vue obéir qu'à son prince (4),
Ni d'un État voisin devenir la province.
Pleurez l'autre, pleurez l'irréparable affront
Que sa fuite honteuse imprime à notre front ;
Pleurez le déshonneur de toute notre race,
Et l'opprobre éternel qu'il laisse au nom d'Horace.

JULIE.

Que vouliez-vous qu'il fît contre trois?

LE VIEIL HORACE.

Qu'il mourût (5),
Ou qu'un beau désespoir alors le secourût.

(1) Voilà le patriotisme dans toute sa rigidité. Le vieux Romain n'est plus père; il ne parle qu'en citoyen indigné de voir sa patrie vaincue par la lâcheté de son fils.

(2) *Tout beau;* cette expression, fréquente dans Corneille, s'employait pour arrêter quelqu'un, le faire taire; elle est devenue depuis un peu triviale, par l'usage qu'en font les chasseurs pour empêcher les chiens couchants de pousser les perdrix. (*V. Lexique de Corneille.*)

(3) Belle réminiscence de Virgile (*En.* VI, 883) :
    ... Manibus date lilia plenis ,
      Purpureos spargam flores , animamque nepotis
      His saltem accumulem donis...

(4) *Ne point... que*, pour *ne... que*. Corneille conserva cette tournure dans ses dernières éditions, bien qu'elle eût été condamnée formellement par Vaugelas dès 1647.

(5) Sentiment de Voltaire : « Voilà ce fameux *qu'il mourût*, ce trait du plus grand sublime, ce mot auquel il n'en est aucun de comparable dans toute l'antiquité. Tout l'auditoire fut si transporté qu'on n'entendit jamais le vers faible qui suit, et le morceau : *N'eût-il que d'un moment reculé sa défaite* étant plein de chaleur, augmente encore la force du *qu'il mourût*. Que de beautés !

N'eût-il que d'un moment reculé sa défaite,
Rome eût été du moins un peu plus tard sujette ;
Il eût avec bonheur laissé mes cheveux gris,
Et c'était de sa vie un assez digne prix.
*Il est de tout son sang comptable à sa patrie ;
Chaque goutte épargnée a sa gloire flétrie* (1),
Chaque instant de sa vie, après ce lâche tour (2),
Met d'autant plus ma honte avec la sienne au jour.
J'en romprai bien le cours (3), et ma juste colère,
Contre un indigne fils usant des droits d'un père,
Saura bien faire voir dans sa punition
L'éclatant désaveu d'une telle action.

SABINE.

Écoutez un peu moins ces ardeurs généreuses,
Et ne nous rendez point tout à fait malheureuses.

LE VIEIL HORACE.

Sabine, votre cœur se console aisément ;
Nos malheurs jusqu'ici vous touchent faiblement.

et d'où naissent-elles ? D'une simple méprise très naturelle, sans complication d'événements, sans aucune intrigue recherchée, sans aucun effort. Il y a d'autres beautés tragiques ; mais celle-ci est au premier rang. » (*Commentaire*, 1764.)

Sentiment de Fénelon (*Lettre à l'Acad.* 1713) : « Notre versification trop gênante engage souvent nos meilleurs poètes tragiques à faire des vers chargés d'épithètes pour attraper la rime. Pour faire un bon vers, on l'accompagne d'un autre vers faible qui le gâte. Par exemple, je suis charmé quand je lis ces mots : *Qu'il mourût ;* mais je ne puis souffrir le vers que la rime amène aussitôt :
Ou qu'un beau désespoir alors le secourût. »

La Harpe défend avec raison le vers jugé faible par Fénelon et Voltaire : « C'est Rome qui a prononcé *qu'il mourût ;* c'est la nature qui, ne renonçant jamais à l'espérance, dit tout de suite : *Ou qu'un beau désespoir...* Je veux bien que Rome soit ici plus sublime que la nature : cela doit être. Mais la nature n'est pas *faible* quand elle dit ce qu'elle doit dire. »

Sans recourir à la distinction un peu subtile entre Rome et la nature, on peut dire, ce semble :

1° Le *Qu'il mourût* est un cri héroïque du père et du citoyen, protestant par un sacrifice sublime contre le déshonneur ;

2° Dans le vers suivant, le vieil Horace exprime ce qu'un noble cœur au désespoir aurait pu faire ; un effort suprême l'eût peut-être sauvé avec sa patrie.

En deux mots : plutôt la mort que la honte, ou tout au moins un coup d'éclat d'un courage désespéré.

(1) « Il faut, dans la rigueur, *a flétri sa gloire ;* mais *a sa gloire flétrie* est plus beau, plus poétique, plus éloigné du langage ordinaire, sans causer d'obscurité. » (VOLT.) — V. plus haut, p. 95, n. 3.

(2) *Tour,* dans la première moitié du XVIIe siècle, s'employait pour trait de finesse, d'habileté ; quelquefois (comme ici) pour forfait, crime, complot, dans le style de la tragédie. (*Lexique de Corneille.*)

(3) C.-à-d. *le cours de sa vie,* mot qui se trouve deux vers plus haut.

ACTE III, SCÈNE VI

Vous n'avez point encor de part à nos misères :
Le ciel vous a sauvé votre époux et vos frères ;
Si nous sommes sujets, c'est de votre pays.
Vos frères sont vainqueurs quand nous sommes trahis ;
Et voyant le haut point où leur gloire se monte (1),
Vous regardez fort peu ce qui nous vient de honte.
Mais votre trop d'amour pour cet infâme époux
Vous donnera bientôt à plaindre comme à nous.
Vos pleurs en sa faveur sont de faibles défenses :
J'atteste des grands dieux les suprêmes puissances (2),
Qu'avant le jour fini, ces mains, ces propres mains
Laveront dans son sang la honte des Romains.

SABINE.

Suivons-le promptement, la colère l'emporte.
Dieu ! verrons-nous toujours des malheurs de la sorte ?
Nous faudra-t-il toujours en craindre de plus grands,
Et toujours redouter la main de nos parents (3) ?

(1) *Se monter* s'emploie quelquefois au figuré, pour *s'élever*.

(2) Les Grecs et les Romains reconnaissaient douze grands dieux.

(3) « Ce dernier vers est de la plus grande beauté : non seulement il dit ce dont il s'agit, mais il prépare ce qui doit suivre. » (VOLT.)
La fin du IIIe acte laisse le spectateur en proie aux plus vives appréhensions. Cette suspension dramatique de l'action est d'autant plus belle qu'elle sort tout naturellement de la situation des personnages et des mœurs romaines : le vieil Horace, étant donné son caractère, ne pouvait agir autrement qu'il ne fait. Armé d'un pouvoir absolu sur son fils, l'honneur de son nom demandait qu'il en usât sans retard contre un traître.

QUESTIONS SUR LE IIIe ACTE.

Que se passe-t-il au IIIe acte ?
Quels sont les défauts du monologue de Sabine ?
Quel nouvel incident suspend le combat ?
Les entretiens de Sabine et de Camille sont-ils dramatiques ?
Comment le vieil Horace relève-t-il l'intérêt ?
Quelle nouvelle apporte Julie ? Ce personnage est-il bien choisi pour ce message ?
Comment le vieil Horace juge-t-il la fuite de son fils ?
Quelle résolution prend-il ?

ACTE QUATRIÈME

La victoire d'Horace. — Le meurtre de Camille.

SCÈNE I
LE VIEIL HORACE, CAMILLE.

LE VIEIL HORACE.

Ne me parlez jamais en faveur d'un infâme (1);
Qu'il me fuie à l'égal des frères de sa femme :
Pour conserver un sang qu'il tient si précieux,
Il n'a rien fait encor, s'il n'évite mes yeux.
Sabine y peut mettre ordre, ou derechef j'atteste
Le souverain pouvoir de la troupe céleste...

CAMILLE.

Ah! mon père, prenez un plus doux sentiment;
Vous verrez Rome même en user autrement,
Et de quelque malheur que le ciel l'ait comblée,
Excuser la vertu sous le nombre accablée.

LE VIEIL HORACE.

Le jugement de Rome est peu pour mon regard (2),
Camille; je suis père et j'ai mes droits à part.
Je sais trop comme agit la vertu véritable :
C'est sans en triompher que le nombre l'accable;
Et sa mâle vigueur, toujours en même point,
Succombe sous la force, et ne lui cède point.
Taisez-vous, et sachons ce que nous veut Valère.

SCÈNE II
LE VIEIL HORACE, VALÈRE, CAMILLE.

VALÈRE.

Envoyé par le Roi pour consoler un père,
Et pour lui témoigner...

---

(1) Le vieil Horace avait été suivi, à la fin du IIIe acte, par Sabine et Camille qui craignaient les suites de sa colère. Elles l'avaient empêché de sortir, sans réussir à le calmer entièrement. Camille cherche encore à l'apaiser, quand il revient au IVe acte; c'est le sens de sa première parole :
  Ne me parlez jamais en faveur d'un infâme.

(2) Les expressions *pour mon regard, à mon regard, au regard de*, dans le sens de *à l'égard de, par rapport à*, sont tombées en désuétude depuis la fin du XVIIe siècle. (*Lexique de Corneille.*)

ACTE IV, SCÈNE II

LE VIEIL HORACE.

               N'en prenez aucun soin :
C'est un soulagement dont je n'ai pas besoin;
Et j'aime mieux voir morts que couverts d'infamie,
Ceux que vient de m'ôter une main ennemie.
Tous deux pour leur pays sont morts en gens d'honneur;
Il me suffit.

VALÈRE.

           Mais l'autre est un rare bonheur;
De tous les trois chez vous il doit tenir la place.

LE VIEIL HORACE.

Que n'a-t-on vu périr en lui le nom d'Horace (1)!

VALÈRE.

Seul vous le maltraitez après ce qu'il a fait.

LE VIEIL HORACE.

C'est à moi seul aussi de punir son forfait.

VALÈRE.

Quel forfait trouvez-vous en sa bonne conduite?

LE VIEIL HORACE.

Quel éclat de vertu trouvez-vous en sa fuite?

VALÈRE.

La fuite est glorieuse en cette occasion.

LE VIEIL HORACE.

Vous redoublez ma honte et ma confusion.
Certes l'exemple est rare, et digne de mémoire,
De trouver dans la fuite un chemin à la gloire.

VALÈRE.

Quelle confusion, et quelle honte à vous
D'avoir produit un fils qui nous conserve tous,
Qui fait triompher Rome, et lui gagne un empire?
A quels plus grands honneurs faut-il qu'un père aspire?

LE VIEIL HORACE.

Quels honneurs, quel triomphe, et quel empire enfin,
Lorsque Albe sous ses lois range notre destin!

VALÈRE.

Que parlez-vous ici d'Albe et de sa victoire?
Ignorez-vous encor la moitié de l'histoire?

---

(1) Corneille tire ici, comme dans *le Cid*, un fort bel effet d'une simple méprise. Valère, envoyé par le Roi pour consoler et féliciter le vieil Horace, n'est nullement pressé de lui raconter l'issue du combat, persuadé qu'il est que le père ne l'ignore pas; il s'en explique seulement lorsqu'il constate le contraire.

LE VIEIL HORACE.

Je sais que par sa fuite il a trahi l'État.

VALÈRE.

Oui, s'il eût en fuyant terminé le combat;
Mais on a bientôt vu qu'il ne fuyait qu'en homme
Qui savait ménager l'avantage de Rome.

LE VIEIL HORACE.

Quoi! Rome donc triomphe (1)!

VALÈRE.

Apprenez, apprenez
La valeur de ce fils qu'à tort vous condamnez.
Resté seul contre trois, mais en cette aventure (2).
Tous trois étant blessés, et lui seul sans blessure,
Trop faible pour eux tous, trop fort pour chacun d'eux,
Il sait bien se tirer d'un pas si hasardeux;
Il fuit pour mieux combattre, et cette prompte ruse
Divise adroitement trois frères qu'elle abuse.
Chacun le suit d'un pas ou plus ou moins pressé,
Selon qu'il se rencontre ou plus ou moins blessé;
Leur ardeur est égale à poursuivre sa fuite;
Mais leurs coups inégaux séparent leur poursuite.
Horace, les voyant l'un de l'autre écartés,
Se retourne, et déjà les croit demi-domptés :
Il attend le premier, et c'était votre gendre.
L'autre tout indigné qu'il ait osé l'attendre,
En vain en l'attaquant fait paraître un grand cœur?
Le sang qu'il a perdu ralentit sa vigueur.
Albe à ton tour commence à craindre un sort contraire;
Elle crie au second qu'il secoure son frère :
Il se hâte et s'épuise en efforts superflus;
Il trouve en les joignant que son frère n'est plus.

CAMILLE.

Hélas!

VALÈRE.

Tout hors d'haleine il prend pourtant sa place,
Et redouble bientôt la victoire d'Horace :

---

(1) Comme cette exclamation de bonheur révèle le vieux Romain! les siens l'inquiètent peu, la gloire de Rome prime tout.

(2) Les récits de Corneille sont des modèles de narrations dramatiques. Quand il imite, il sait rester lui-même, libre, neuf, original. Il suffit, pour s'en convaincre, de comparer ce récit avec le passage de Tite-Live qu'il reproduit. V. plus haut, p. 160.

Son courage sans force est un débile appui;
Voulant venger son frère, il tombe auprès de lui.
L'air résonne des cris qu'au ciel chacun envoie;
Albe en jette d'angoisse, et les Romains de joie.
 Comme notre héros se voit près d'achever,
C'est peu pour lui de vaincre, il veut encor braver :
« J'en viens d'immoler deux aux mânes de mes frères;
Rome aura le dernier de mes trois adversaires;
C'est à ses intérêts que je dois l'immoler, »
Dit-il; et tout d'un temps on le voit y voler (1)!
La victoire entre eux deux n'était pas incertaine;
L'Albain, percé de coups, ne se traînait qu'à peine,
Et comme une victime aux marches de l'autel,
Il semblait présenter sa gorge au coup mortel;
Aussi le reçoit-il, peu s'en faut, sans défense,
Et son trépas de Rome établit la puissance.

LE VIEIL HORACE.

O mon fils! ô ma joie! ô l'honneur de nos jours!
O d'un État penchant l'inespéré secours!
Vertu digne de Rome! et sang digne d'Horace!
Appui de ton pays et gloire de ta race!
Quand pourrai-je étouffer dans tes embrassements
L'erreur dont j'ai formé de si faux sentiments?
Quand pourra mon amour baigner avec tendresse
Ton front victorieux de larmes d'allégresse (2)?

VALÈRE.

Vos caresses bientôt pourront se déployer :
Le Roi dans un moment vous le va renvoyer,
Et remet à demain la pompe qu'il prépare
D'un sacrifice aux dieux pour un bonheur si rare;
Aujourd'hui seulement on s'acquitte vers eux (3)
Par des chants de victoire et par de simples vœux.

---

(1) *Tout d'un temps*, aussitôt; et quelquefois, en même temps. (Ac.)

(2) « Dans le vieil Horace, l'amour paternel éclate surtout quand, d'accord avec le devoir, il n'a plus à se contraindre. Voyez la scène où il sait enfin que son fils a fait triompher Rome, et qu'il est vainqueur et vivant; il pleure alors sans vouloir se cacher, ce vieux Romain qui, au départ de ses fils, s'accusait d'avoir des larmes aux yeux; il pleure, et ses larmes de joie nous touchent plus vivement encore que ses larmes d'inquiétude, parce qu'elles nous découvrent le fond de cet amour paternel qui jusque-là se dérobait à nos yeux avec une sorte de pudeur. (Saint-Marc Girardin.)

V. *le Cid*, A. III, sc. VI, où don Diègue parle à Rodrigue avec les mêmes transports de joie et de tendresse.

(3) Cet emploi de *vers* pour *envers*, très fréquent dans nos vieux poètes,

C'est où le Roi le mène, et tandis il m'envoie (1)
Faire office vers vous de douleur et de joie (2).
Mais cet office encor n'est pas assez pour lui ;
Il y viendra lui-même, et peut-être aujourd'hui :
Il croit mal reconnaître une vertu si pure,
Si de sa propre bouche il ne vous en assure,
S'il ne vous dit chez vous combien vous doit l'État (3).

LE VIEIL HORACE.

De tels remercîments ont pour moi trop d'éclat ;
Et je me tiens déjà trop payé par les vôtres
Du service d'un fils et du sang des deux autres.

VALÈRE.

Il ne sait ce que c'est d'honorer à demi ;
Et son sceptre arraché des mains de l'ennemi,
Fait qu'il tient cet honneur qu'il lui plaît de vous faire,
Au-dessus du mérite, et du fils, et du père.
Je vais lui témoigner quels nobles sentiments
La vertu vous inspire en tous vos mouvements,
Et combien vous montrez d'ardeur pour son service.

LE VIEIL HORACE.

Je vous devrai beaucoup pour un si bon office (4).

SCÈNE III (5)

LE VIEIL HORACE, CAMILLE.

LE VIEIL HORACE.

Ma fille, il n'est plus temps de répandre des pleurs ;
Il sied mal d'en verser où l'on voit tant d'honneurs ;

s'était maintenu pendant la première moitié du XVIIe siècle. On trouve encore dans Racine (*Bajazet*, A. III, sc. II) :
    Et m'acquitter *vers* vous de mes respects profonds.

(1) *C'est où*, pour *c'est là que*; tour bref et poétique. — *Tandis*, pour *pendant ce temps, cependant*. Cet emploi de *tandis* comme adverbe est tombé. Vaugelas le condamnait en 1647.

(2) *Faire office de* ne se dit plus avec un nom abstrait.

(3) Cette annonce prépare aux scènes du Ve acte.

(4) Le ton simple et familier de cette fin repose agréablement le spectateur.

(5) « Ici, dit Voltaire, la pièce est finie, l'action est complètement terminée. Il s'agissait de la victoire, et elle est remportée; du destin de Rome, et il est décidé. Voilà donc une nouvelle pièce qui commence ; le sujet en est bien moins grand, moins intéressant, moins théâtral que celui de la première. »

Il n'est pas exact de dire que « la pièce est finie, qu'une nouvelle pièce commence. » Pour qu'une pièce soit finie, il faut que le sort des principaux

On pleure injustement des pertes domestiques,
Quand on en voit sortir des victoires publiques.
Rome triomphe d'Albe, et c'est assez pour nous ;
Tous nos maux à ce prix doivent nous être doux.
En la mort d'un amant vous ne perdez qu'un homme
Dont la perte est aisée à réparer dans Rome ;
Après cette victoire, il n'est point de Romain
Qui ne soit glorieux de vous donner la main.
Il me faut à Sabine en porter la nouvelle ;
Ce coup sera sans doute assez rude pour elle,
Et ses trois frères morts par la main d'un époux
Lui donneront des pleurs bien plus justes qu'à vous ;
Mais j'espère aisément en dissiper l'orage,
Et qu'un peu de prudence aidant son grand courage
Fera bientôt régner sur un si noble cœur
Le généreux amour qu'elle doit au vainqueur.
Cependant étouffez cette lâche tristesse ;
Recevez-le, s'il vient, avec moins de faiblesse ;
Faites-vous voir sa sœur, et qu'en un même flanc
Le ciel vous a tous deux formés d'un même sang (1).

SCÈNE IV

CAMILLE.

Oui, je lui ferai voir par d'infaillibles marques
Qu'un véritable amour brave la main des Parques,
Et ne prend point de lois de ces cruels tyrans
Qu'un astre injurieux nous donne pour parents.
Tu blâmes ma douleur, tu l'oses nommer lâche ;
Je l'aime d'autant plus que plus elle te fâche,
Impitoyable père, et par un juste effort
Je la veux rendre égale aux rigueurs de mon sort (2).

personnages soit bien fixé ; or, la victoire d'Horace qui a décidé la destinée de Rome, est loin d'avoir fixé le sort du héros lui-même, celui de son père, de sa femme et de sa sœur. Tous ces personnages vont, au contraire, se trouver, par une suite même de la victoire, engagés dans les dangers les plus graves ; et la pièce ne sera vraiment finie, que lorsque ces dangers auront disparu. C'est, il est vrai, une brèche à l'unité d'action ; mais le vice était inhérent au sujet. V. plus haut, pages 166 et 170.

(1) Camille ne répond rien à son père ; elle n'a fait entendre encore qu'un *hélas*, gémissement profond de sa douleur. Ce morne silence où elle se renferme par respect pour son père, présage un terrible réveil.

(2) La passion éclate dès qu'elle se voit délivrée d'une contrainte fâcheuse ; avec quelle violence elle se déchaîne contre l'autorité même d'un père ! Mais tel est l'aveuglement de l'amour égoïste : il brise les liens les plus sacrés, jusqu'à la piété filiale.

En vit-on jamais un dont les rudes traverses
Prissent en moins de rien tant de faces diverses,
Qui fût doux tant de fois, et tant de fois cruel,
Et portât tant de coups avant le coup mortel?
Vit-on jamais une âme en un jour plus atteinte
De joie et de douleur, d'espérance et de crainte,
Asservie en esclave à plus d'événements,
Et le piteux jouet de plus de changements (1)?
Un oracle m'assure (2), un songe me travaille,
La paix calme l'effroi que me fait la bataille ;
Mon hymen se prépare; et, presque en un moment,
Pour combattre mon frère on choisit mon amant :
Ce choix me désespère, et tous le désavouent;
La partie est rompue, et les dieux la renouent;
Rome semble vaincue, et seul des trois Albains
Curiace en mon sang n'a point trempé ses mains (3).
O dieux! sentais-je alors des douleurs trop légères
Pour le malheur de Rome et la mort de deux frères?
Et me flattais-je trop quand je croyais pouvoir
L'aimer encor sans crime et nourrir quelque espoir?
Sa mort m'en punit bien, et la façon cruelle
Dont mon âme éperdue en reçoit la nouvelle,
Son rival me l'apprend, et faisant à mes yeux
D'un si triste succès le récit odieux,
Il porte sur son front une allégresse ouverte,
Que le bonheur public fait bien moins que ma perte,
Et bâtissant en l'air sur le malheur d'autrui,
Aussi bien que mon frère il triomphe de lui.
Mais ce n'est rien encore au prix de ce qui reste :
On demande ma joie en un jour si funeste ;
Il me faut applaudir aux exploits du vainqueur,
Et baiser une main qui me perce le cœur.
En un sujet de pleurs si grand, si légitime,
Se plaindre est une honte, et soupirer, un crime :
Leur brutale vertu veut qu'on s'estime heureux,
Et si l'on n'est barbare, on n'est point généreux.

Dégénérons, mon cœur, d'un si vertueux père;
Soyons indigne sœur d'un si généreux frère :
C'est gloire de passer pour un cœur abattu,

(1) La Bruyère regrettait *piteux* qui ne se disait plus. Ce mot ne s'emploie aujourd'hui que dans le langage familier.

(2) *Assurer* s'employait souvent au xviie siècle pour *rassurer*.

(3) La passion, déçue dans son attente, aime à repasser ainsi les sujets de sa douleur, les diverses phases de ses craintes et de ses espérances, pour exhaler ensuite avec plus de violence son dépit contre le sort qui l'accable.

Quand la brutalité fait la haute vertu.
Éclatez, mes douleurs; à quoi bon vous contraindre?
Quand on a tout perdu, que saurait-on plus craindre?
Pour ce cruel vainqueur n'ayez point de respect;
Loin d'éviter ses yeux, croissez à son aspect;
Offensez sa victoire, irritez sa colère,
Et prenez, s'il se peut, plaisir à lui déplaire.
Il vient; préparons-nous à montrer constamment
Ce que doit une amante à la mort d'un amant (1).

SCÈNE V

HORACE, CAMILLE; PROCULE, *portant en main les trois épées des Curiaces.*

HORACE.

Ma sœur, voici le bras qui venge nos deux frères (2),
Le bras qui rompt le cours de nos destins contraires,
Qui nous rend maîtres d'Albe, enfin voici le bras
Qui seul fait aujourd'hui le sort de deux États.
Vois ces marques d'honneur, ces témoins de ma gloire,
Et rends ce que tu dois à l'heur de ma victoire (3).

CAMILLE.

Recevez donc mes pleurs; c'est ce que je lui dois.

HORACE.

Rome n'en veut point voir après de tels exploits,
Et nos deux frères morts dans le malheur des armes
Sont trop payés de sang pour exiger des larmes :
Quand la perte est vengée, on n'a plus rien perdu.

CAMILLE.

Puisqu'ils sont satisfaits par le sang épandu,
Je cesserai pour eux de paraître affligée,
Et j'oublierai leur mort que vous avez vengée.
Mais qui me vengera de celle d'un amant,
Pour me faire oublier sa perte en un moment?

---

(1) Ces mouvements de fureur et d'exaltation sont naturels et nécessaires pour préparer au drame qui va ensanglanter la scène. Peut-être cependant le poète a-t-il un peu forcé la note, en prolongeant le monologue et en multipliant trop les apostrophes.

(2) Horace est encore dans toute l'ivresse de sa victoire; il vient d'être conduit en triomphe par le Roi. L'excès même de sa joie et de son orgueil est un moyen dramatique pour irriter la douleur de Camille. Du reste, en véritable Romain, il ne peut comprendre que sa sœur ne partage point sa joie, et moins encore qu'elle en soit affligée.

(3) Pour *heur*, v. *le Cid*, p, 106.

HORACE.

Que dis-tu, malheureuse?

CAMILLE.

O mon cher Curiace!

HORACE.

O d'une indigne sœur insupportable audace!
D'un ennemi public dont je reviens vainqueur,
Le nom est dans ta bouche, et l'amour dans ton cœur (1)!
Ton ardeur criminelle à la vengeance aspire,
Ta bouche la demande, et ton cœur la respire!
Suis moins ta passion, règle mieux tes désirs,
Ne me fais plus rougir d'entendre tes soupirs.
Tes flammes désormais doivent être étouffées,
Bannis-les de ton âme et songe à mes trophées ;
Qu'ils soient dorénavant ton unique entretien.

CAMILLE.

Donne-moi donc, barbare, un cœur comme le tien :
Et si tu veux enfin que je t'ouvre mon âme,
Rends-moi mon Curiace, ou laisse agir ma flamme :
Ma joie et mes douleurs dépendaient de son sort,
Je l'adorais vivant, et je le pleure mort (2).
Ne cherche plus ta sœur où tu l'avais laissée :
Tu ne revois en moi qu'une amante offensée,
Qui, comme une Furie attachée à tes pas,
Te veux incessamment reprocher son trépas.
Tigre altéré de sang, qui me défends les larmes,
Qui veux que dans sa mort je trouve encor des charmes,
Et que jusques au ciel élevant tes exploits
Moi-même je le tue une seconde fois!
Puissent tant de malheurs accompagner ta vie,
Que tu tombes au point de me porter envie!
Et toi bientôt souiller par quelque lâcheté
Cette gloire si chère à ta brutalité (3)!

(1) Pour amener avec vraisemblance l'horrible fratricide, le poète a dû montrer Horace avec ce patriotisme excessif et sauvage qui étouffe les sentiments de la nature, comme l'égarement de la passion les étouffait dans le cœur de Camille. Cette scène est remarquable par la peinture de deux caractères d'une trempe également vigoureuse, et portés l'un et l'autre au paroxysme de l'indignation et du désespoir.

La situation excite au plus haut point la terreur et la pitié.

(2) Pour la belle facture de ce vers, voir plus haut, p. 183.
Cf. *Cinna* (A. I, sc. III) : Et le peuple inégal à l'endroit des tyrans,
   S'il les déteste morts, les adore vivants.

(3) Camille maudit d'abord son frère qui l'avait invitée à célébrer sa vic-

ACTE IV, SCÈNE V

HORACE.

O ciel! qui vit jamais une pareille rage?
Crois-tu donc que je sois insensible à l'outrage?
Que je souffre en mon sang ce mortel déshonneur?
Aime, aime cette mort qui fait notre bonheur;
Et préfère du moins au souvenir d'un homme
Ce que doit ta naissance aux intérêts de Rome.

CAMILLE.

Rome, l'unique objet de mon ressentiment (1)!
Rome, à qui vient ton bras d'immoler mon amant!
Rome qui t'a vu naître, et que ton cœur adore!
Rome enfin que je hais parce qu'elle t'honore!
Puissent tous ses voisins ensemble conjurés
Saper ses fondements encor mal assurés!
Et si ce n'est assez de toute l'Italie,
Que l'Orient contre elle à l'Occident s'allie;
Que cent peuples unis des bouts de l'univers
Passent pour la détruire et les monts et les mers!
Qu'elle-même sur soi renverse ses murailles,
Et de ses propres mains déchire ses entrailles;
Que le courroux du ciel allumé par mes vœux
Fasse pleuvoir sur elle un déluge de feux!
Puissé-je de mes yeux y voir tomber ce foudre (2),
Voir ses maisons en cendre, et tes lauriers en poudre,
Voir le dernier Romain à son dernier soupir,
Moi seule en être cause, et mourir de plaisir (3)!

toire; le nom de Rome dont Horace va mettre l'intérêt en avant, provoquera une seconde et plus terrible explosion.

(1) « L'imprécation de Camille a toujours passé pour la plus belle qu'il y ait au théâtre, et le génie de Corneille s'y est fait sentir dans toute sa vigueur. Camille doit s'emporter contre Rome, parce que son frère n'oppose à ses douleurs que l'intérêt de Rome... Si l'emportement de Camille avait moins de violence, la férocité d'Horace serait révoltante... *Mourir de plaisir* n'est pas une hyperbole, c'est un dernier coup de pinceau plein de vigueur. » (P.)

Voltaire croit critiquer le rôle de Camille en faisant observer « que jamais ses douleurs ni sa mort n'ont fait répandre une larme. » Il est étrange que Voltaire demande des larmes d'un personnage qui, par la violence insensée d'une passion égoïste, doit inspirer la terreur plutôt que la pitié. Qui jamais a blâmé les furieux transports d'Hermione contre le meurtrier de Pyrrhus?

(2) Pour le genre de *foudre*, voir le Cid, A. II, sc. II, p. 76.

(3) « Dans les cours de déclamation, les imprécations de Camille, pour nous servir du terme consacré, sont considérées à bon droit comme une épreuve décisive pour les jeunes tragédiennes; c'est peut-être, en effet, le morceau de notre répertoire classique où l'inexpérience choque le moins, et

HORACE, *mettant la main à l'épée, et poursuivant sa sœur qui s'enfuit.*

C'est trop, ma patience à la raison fait place.
Va dedans les enfers plaindre ton Curiace!

CAMILLE, *blessée, derrière le théâtre*

Ah! traître!

HORACE, *revenant sur le théâtre.*

      Ainsi reçoive un châtiment soudain
Quiconque ose pleurer un ennemi romain (1)!

SCÈNE VI

HORACE, PROCULE.

PROCULE.

Que venez-vous de faire?

HORACE.

      Un acte de justice.
Un semblable forfait veut un pareil supplice.

PROCULE.

Vous deviez la traiter avec moins de rigueur.

HORACE.

Ne me dis point qu'elle est et mon sang et ma sœur.
Mon père ne peut plus l'avouer pour sa fille :
Qui maudit son pays, renonce à sa famille;
Des noms si pleins d'amour ne lui sont plus permis;
De ses plus chers parents il fait ses ennemis;
Le sang même les arme en haine de son crime,
La plus prompte vengeance en est plus légitime;
Et ce souhait impie, encore qu'impuissant,
Est un monstre qu'il faut étouffer en naissant.

---

où les grandes qualités ressortent le mieux. » (MARTY-LAVEAUX.) Voir, à la fin du volume, une étude de M. Samson sur la déclamation de ce morceau.

(1) Ce meurtre de Camille a toujours paru odieux sur la scène. Corneille s'en expliquait ainsi dans son *Examen* : « Tous veulent que la mort de Camille ait gâté la fin de cette pièce, et j'en demeure d'accord ; mais je ne sais si tous en savent la raison. On l'attribue communément à ce qu'on voit cette mort sur la scène; ce qui serait plutôt la faute de l'actrice que la mienne, parce que, quand elle voit son frère mettre l'épée à la main, la frayeur, si naturelle au sexe, lui doit faire prendre la fuite, et recevoir le coup derrière le théâtre, comme je le marque dans cette impression... »

Ce n'est pas de sang-froid, comme l'insinue Voltaire, qu'Horace tue sa sœur; il commet ce crime, emporté par la fureur où le jettent les imprécations de Camille contre Rome.

SCÈNE VII

HORACE, SABINE, PROCULE.

SABINE.

A quoi s'arrête ici ton illustre colère ?
Viens voir mourir ta sœur dans les bras de ton père ;
Viens repaître tes yeux d'un spectacle si doux :
Ou si tu n'es point las de ces généreux coups,
Immole au cher pays des vertueux Horaces
Ce reste malheureux du sang des Curiaces.
Si prodigue du tien, n'épargne pas le leur ;
Joins Sabine à Camille, et ta femme à ta sœur.
Nos crimes sont pareils ainsi que nos misères ;
Je soupire comme elle et déplore mes frères ;
Plus coupable en ce point contre tes dures lois,
Qu'elle n'en pleurait qu'un, et que j'en pleure trois ;
Qu'après son châtiment ma faute continue.

HORACE.

Sèche tes pleurs, Sabine, ou les cache à ma vue (1) :
Rends-toi digne du nom de ma chaste moitié,
Et ne m'accable point d'une indigne pitié.
Si l'absolu pouvoir d'une pudique flamme
Ne nous laisse à tous deux qu'un penser et qu'une âme (2),
C'est à toi d'élever tes sentiments aux miens,
Non à moi de descendre à la honte des tiens.
Je t'aime, et je connais la douleur qui te presse :
Embrasse ma vertu pour vaincre ta faiblesse ;
Participe à ma gloire au lieu de la souiller ;
Tâche à t'en revêtir, non à m'en dépouiller.
Es-tu de mon honneur si mortelle ennemie,
Que je te plaise mieux couvert d'une infamie ?
Sois plus femme que sœur, et te réglant sur moi,
Fais-toi de mon exemple une immuable loi.

SABINE.

Cherche pour t'imiter des âmes plus parfaites.
Je ne t'impute point les pertes que j'ai faites ;
J'en ai les sentiments que je dois en avoir,
Et je m'en prends au sort plutôt qu'à ton devoir.
Mais enfin je renonce à la vertu romaine,
Si pour la posséder je dois être inhumaine,

---

(1) *Ou les cache*, voir p. 64, n. 2.
(2) *Un penser*, voir p. 73.

Et ne puis voir en moi la femme du vainqueur,
Sans y voir des vaincus la déplorable sœur.
 Prenons part en public aux victoires publiques;
Pleurons dans la maison nos malheurs domestiques,
Et ne regardons point des biens communs à tous,
Quand nous voyons des maux qui ne sont que pour nous.
Pourquoi veux-tu, cruel, agir d'une autre sorte?
Laisse en entrant ici tes lauriers à la porte (1);
Mêle tes pleurs aux miens. Quoi! ces lâches discours
N'arment point ta vertu contre mes tristes jours?
Mon crime redoublé n'émeut point ta colère?
Que Camille est heureuse! Elle a pu te déplaire;
Elle a reçu de toi ce qu'elle a prétendu,
Et recouvre là-bas tout ce qu'elle a perdu.
Cher époux, cher auteur du tourment qui me presse,
Écoute la pitié, si ta colère cesse;
Exerce l'une ou l'autre après de tels malheurs
A punir ma faiblesse, ou finir mes douleurs :
Je demande la mort pour grâce ou pour supplice;
Qu'elle soit un effet d'amour ou de justice,
N'importe : tous ses traits n'auront rien que de doux,
Si je les vois partir de la main d'un époux.

HORACE.

Quelle injustice aux dieux d'abandonner aux femmes
Un empire si grand sur les plus belles âmes,
Et de se plaire à voir de si faibles vainqueurs
Régner si puissamment sur les plus nobles cœurs!
A quel point ma vertu devient-elle réduite (2)!
Rien ne la saurait plus garantir que la fuite.
Adieu; ne me suis point, ou retiens tes soupirs (3).

SABINE, *seule*.

O colère, ô pitié, sourdes à mes désirs,

---

(1) Racine fit une heureuse application de cette belle image à Corneille lui-même, lorsqu'il faisait ainsi l'éloge de sa modestie : « Après avoir paru en maître et, pour ainsi dire, régné sur la scène, il venait, disciple docile, chercher à s'instruire dans nos assemblées; laissait, pour me servir de ses propres termes, laissait ses lauriers à la porte de l'Académie. » Voir plus haut, p. 9.

(2) *Devenir* ne s'emploie plus avec un participe passé.

(3) L'horreur d'un coup si tragique et l'effarement de la douleur donnent de la vraisemblance aux violentes invectives de Sabine; le meurtrier, de son côté, reste comme foudroyé par ces justes reproches. Mais son caractère dur et fier ne lui permet pas de reconnaître son crime; il préfère se dérober aux plaintes de sa femme.

Vous négligez mon crime, et ma douleur vous lasse,
Et je n'obtiens de vous ni supplice ni grâce!
Allons-y par nos pleurs faire encore un effort,
Et n'employons après que nous à notre mort (1).

(1) Quoique le spectateur reste en suspens sur le sort d'Horace et de sa famille, la fin de cet acte est peu satisfaisante, à cause de l'impression pénible que laisse un meurtre aussi odieux.

QUESTIONS SUR LE IVe ACTE.

Que se passe-t-il au IVe acte? Quels incidents? Quelles péripéties?
Dans quelles dispositions le vieil Horace revient-il sur la scène?
Par qui la victoire lui est-elle annoncée?
Quels sont ses sentiments à cette nouvelle?
Que lui annonce encore Valère?
Comment le vieil Horace console-t-il sa fille?
Quels sentiments exprime Camille dans son monologue?
Comment reçoit-elle son frère?
Quelle est la réponse d'Horace?
Analyse littéraire des imprécations de Camille.
Quel défaut dramatique présente le meurtre de Camille?
Comment Horace justifie-t-il cet acte odieux?
Que lui demande Sabine? Que lui répond-il?
Quelle impression laisse la fin de ce IVe acte?

ACTE CINQUIÈME

Jugement d'Horace. — Dénouement.

SCÈNE I

LE VIEIL HORACE, HORACE.

LE VIEIL HORACE.

Retirons nos regards de cet objet funeste
Pour admirer ici le jugement céleste :
Quand la gloire nous enfle, il sait bien comme il faut
Confondre notre orgueil qui s'élève trop haut.
Nos plaisirs les plus doux ne vont point sans tristesse ;
Il mêle à nos vertus des marques de faiblesse,
Et rarement accorde à notre ambition
L'entier et pur honneur d'une bonne action (1).
Je ne plains point Camille ; elle était criminelle ;
Je me tiens plus à plaindre, et je te plains plus qu'elle :
Moi, d'avoir mis au jour un cœur si peu romain ;
Toi, d'avoir par sa mort déshonoré ta main.
Je ne la trouve point injuste ni trop prompte ;
Mais tu pouvais, mon fils, t'en épargner la honte ;
Son crime, quoique énorme, et digne du trépas,
Était mieux impuni que puni par ton bras.

HORACE.

Disposez de mon sang, les lois vous en font maître ;
J'ai cru devoir le sien aux lieux qui m'ont vu naître.
Si dans vos sentiments mon zèle est criminel,
S'il m'en faut recevoir un reproche éternel,
Si ma main en devient honteuse et profanée,
Vous pouvez d'un seul mot trancher ma destinée ;
Reprenez tout ce sang, de qui ma lâcheté
A si brutalement souillé la pureté.

(1) Ces graves et religieuses maximes, très conformes au caractère du vieil Horace, répandent sur le commencement du Ve acte une teinte de tristesse majestueuse qui fait une grande impression sur les spectateurs.
  Le vieux père, éprouvé par les malheurs les plus cruels, porte noblement sa douleur ; pour comble d'infortune, il est réduit, pour ne point perdre le dernier de ses fils, à relever d'abord son courage, puis à le défendre contre les rigueurs de la justice.

ACTE V, SCÈNE II

Ma main n'a pu souffrir de crime en votre race ;
Ne souffrez point de tache en la maison d'Horace.
C'est en ces actions dont l'honneur est blessé,
Qu'un père tel que vous se montre intéressé :
Son amour doit se taire où toute excuse est nulle ;
Lui-même il y prend part lorsqu'il les dissimule ;
Et de sa propre gloire il fait trop peu de cas,
Quand il ne punit point ce qu'il n'approuve pas (1).

LE VIEIL HORACE.

Il n'use pas toujours d'une rigueur extrême ;
Il épargne ses fils bien souvent pour soi-même ;
Sa vieillesse sur eux aime à se soutenir,
Et ne les punit point, de peur de se punir (2).
Je te vois d'un autre œil que tu ne te regardes ;
Je sais... Mais le Roi vient, je vois entrer ses gardes.

SCÈNE II

TULLE, VALÈRE, LE VIEIL HORACE, HORACE,
TROUPE DE GARDES.

LE VIEIL HORACE.

Ah! Sire, un tel honneur a trop d'excès pour moi ;
Ce n'est point en ce lieu que je dois voir mon roi :
Permettez qu'à genoux...

TULLE.

Non, levez-vous, mon père (3) ;
Je fais ce qu'en ma place un bon prince doit faire.
Un si rare service et si fort important
Veut l'honneur le plus rare et le plus éclatant.
Vous en aviez déjà sa parole pour gage ;
Je ne l'ai pas voulu différer davantage.
J'ai su par son rapport, et je n'en doutais pas,
Comme de vos deux fils vous portez le trépas,
Et que déjà votre âme étant trop résolue,
Ma consolation vous serait superflue.

---

(1) On peut voir par cette scène comment Corneille sait soutenir le caractère de ses personnages. Ni le vieil Horace ni son fils ne relâchent rien de leur patriotisme, tout en déplorant la mort de l'infortunée Camille ; le seul point où ils cèdent quelque chose, c'est en reconnaissant qu'il n'appartenait pas à un frère de punir si cruellement le crime d'une sœur.

(2) Le cœur de Corneille se trahit dans ces quatre vers pleins d'une affection tendre et compatissante.

(3) *Mon père*. Ce mot dans la bouche d'un roi parlant à un vieillard, son sujet, rappelle les mœurs patriarcales et la simplicité du style biblique.

Mais je viens de savoir quel étrange malheur
D'un fils victorieux a suivi la valeur,
Et que son trop d'amour pour la cause publique,
Par ses mains à son père ôte une fille unique.
Ce coup est un peu rude à l'esprit le plus fort;
Et je doute comment vous portez cette mort.

LE VIEIL HORACE.

Sire, avec déplaisir, mais avec patience.

TULLE.

C'est l'effet vertueux de votre expérience.
Beaucoup par un long âge ont appris comme vous
Que le malheur succède au bonheur le plus doux :
Peu savent comme vous s'appliquer ce remède,
Et dans leur intérêt toute leur vertu cède.
Si vous pouvez trouver dans ma compassion
Quelque soulagement pour votre affliction,
Ainsi que votre mal sachez qu'elle est extrême,
Et que je vous en plains autant que je vous aime (1).

VALÈRE.

Sire, puisque le ciel entre les mains des rois
Dépose sa justice et la force des lois,
Et que l'État demande aux princes légitimes
Des prix pour les vertus, des peines pour les crimes,
Souffrez qu'un bon sujet vous fasse souvenir
Que vous plaignez beaucoup ce qu'il vous faut punir;
Souffrez (2)...

LE VIEIL HORACE.

Quoi! qu'on envoie un vainqueur au supplice?

TULLE.

Permettez qu'il achève, et je ferai justice (3) :
J'aime à la rendre à tous, en toute heure, en tout lieu.
C'est par elle qu'un roi se fait un demi-dieu (4);

---

(1) Ces consolations royales sont empreintes d'une bonté noble et touchante.

(2) Valère prend ici le rôle odieux d'accusateur. V. plus haut, p. 168.

(3) D'après le récit de Tite-Live (p. 161), Horace fut cité en justice, et Tullus nomma des duumvirs. Ici le Roi préside lui-même le jugement : il en avait le droit; sa présence donne aux débats un caractère plus auguste et plus paternel.

(4) « Le nom de roi est un nom de juge.... David régnait sur Israël, et dans les jugements il faisait justice à tout son peuple. » (Boss., *Politique*.) On sait comment saint Louis accomplissait ce grand devoir de la royauté sous le chêne de Vincennes.

Et c'est dont je vous plains (1), qu'après un tel service
On puisse contre lui me demander justice.

VALÈRE.

Souffrez donc, ô grand Roi, le plus juste des rois,
Que tous les gens de bien vous parlent par ma voix.
Non que nos cœurs jaloux de ses honneurs s'irritent;
S'il en reçoit beaucoup, ses hauts faits les méritent;
Ajoutez-y plutôt que d'en diminuer :
Nous sommes tous encor prêts d'y contribuer (2).
Mais puisque d'un tel crime il s'est montré capable,
Qu'il triomphe en vainqueur et périsse en coupable;
Arrêtez sa fureur et sauvez de ses mains,
Si vous voulez régner, le reste des Romains :
Il y va de la perte, ou du salut du reste.
 La guerre avait un cours si sanglant, si funeste,
Et les nœuds de l'hymen, durant nos bons destins,
Ont tant de fois uni des peuples si voisins,
Qu'il est peu de Romains que le parti contraire
N'intéresse en la mort d'un gendre ou d'un beau-frère,
Et qui ne soient forcés de donner quelques pleurs,
Dans le bonheur public, à leurs propres malheurs.
Si c'est offenser Rome, et que l'heur de ses armes
L'autorise à punir ce crime de nos larmes,
Quel sang épargnera ce barbare vainqueur,
Qui ne pardonne pas à celui de sa sœur,
Et ne peut excuser cette douleur pressante
Que la mort d'un amant jette au cœur d'une amante,
Quand, près d'être éclairés du nuptial flambeau,
Elle voit avec lui son espoir au tombeau?
Faisant triompher Rome, il se l'est asservie;
Il a sur nous un droit et de mort et de vie;
Et nos jours criminels ne pourront plus durer
Qu'autant qu'à sa clémence il plaira l'endurer (3).
 Je pourrais ajouter aux intérêts de Rome
Combien un pareil coup est indigne d'un homme;
Je pourrais demander qu'on mît devant vos yeux
Ce grand et rare exploit d'un bras victorieux.
Vous verriez un beau sang, pour accuser sa rage,
D'un frère si cruel rejaillir au visage;
Vous verriez des horreurs qu'on ne peut concevoir;
Son âge et sa beauté vous pourraient émouvoir.

---

(1) *Dont* pour *de quoi*.
(2) *Prêts d'y contribuer;* v. plus haut, p. 189.
(3) *Il plaît* veut aujourd'hui *de* après lui.

Mais je hais ces moyens qui sentent l'artifice.
Vous avez à demain remis le sacrifice :
Pensez-vous que les dieux, vengeurs des innocents,
D'une main parricide acceptent de l'encens (1)?
Sur vous ce sacrilège attirerait sa peine;
Ne le considérez qu'en objet de leur haine,
Et croyez avec nous qu'en tous ces trois combats
Le bon destin de Rome a plus fait que son bras,
Puisque ces mêmes dieux, auteurs de sa victoire,
Ont permis qu'aussitôt il en souillât la gloire,
Et qu'un si grand courage, après ce noble effort,
Fût digne en même jour de triomphe et de mort (2).
Sire, c'est ce qu'il faut que votre arrêt décide.
En ce lieu Rome a vu le premier parricide;
La suite en est à craindre, et la haine des cieux :
Sauvez-nous de sa main, et redoutez les dieux (3).

TULLE.

Défendez-vous, Horace.

HORACE.

A quoi bon me défendre?
Vous savez l'action, vous la venez d'entendre;
Ce que vous en croyez me doit être une loi.
Sire, on se défend mal contre l'avis d'un roi,

---

(1) « *Parricide*, dit l'Académie, est celui qui tue son père ou sa mère, son aïeul ou son aïeule, ou quelque autre de ses ascendants. On qualifie aussi de *parricide*, celui qui attente à la personne du roi, ou qui porte les armes contre sa patrie. On a quelquefois étendu cette dénomination à ceux qui ôtent la vie à leurs très proches parents, comme frères, sœurs, enfants, petits-enfants, etc., et enfin à tous ceux qui se rendent coupables d'un crime énorme et dénaturé. »

Le mot de *fratricide* qui commençait à s'introduire du temps de Corneille, était mal vu de Vaugelas : « Ceux qui disent *fratricide*, parlent mal et composent un mot qui n'est pas français. » (*Remarques*.)

Sororicide, employé par Scarron, n'a pas été accepté par l'Académie.

(2) L'article s'omettait souvent au XVIIe siècle devant *même*.

(3) Le discours de Valère est celui d'un habile avocat. Il sait dissimuler fort adroitement son ressentiment personnel, en le couvrant du voile de la justice et de l'intérêt public : « Non que nos cœurs jaloux.... »

Exorde. — Un roi doit rendre la justice, récompenser la vertu et punir le crime.

Proposition. — Qu'il triomphe en vainqueur, et *périsse en coupable*.

Confirmation. — Trois motifs : 1° La vie de tous les Romains : « Arrêtez...— l'endurer. »

2° L'énormité du crime : « Je pourrais... — émouvoir. »

3° La vengeance des dieux : « Vous avez... — mort. »

Péroraison. — Récapitulation des trois motifs.

ACTE V, SCÈNE II

Et le plus innocent devient soudain coupable,
Quand aux yeux de son prince il paraît condamnable,
C'est crime qu'envers lui se vouloir excuser :
Notre sang est son bien, il en peut disposer;
Et c'est à nous de croire, alors qu'il en dispose,
Qu'il ne s'en prive point sans une juste cause.
Sire, prononcez donc, je suis prêt d'obéir;
D'autres aiment la vie, et je la dois haïr.
Je ne reproche point à l'ardeur de Valère
Qu'en amant de la sœur il accuse le frère :
Mes vœux avec les siens conspirent aujourd'hui;
Il demande ma mort, je la veux comme lui.
Un seul point entre nous met cette différence,
Que mon honneur par là cherche son assurance,
Et qu'à ce même but nous voulons arriver,
Lui, pour flétrir ma gloire, et moi, pour la sauver.
  Sire, c'est rarement qu'il s'offre une matière
À montrer d'un grand cœur la vertu tout entière.
Suivant l'occasion elle agit plus ou moins,
Et paraît forte ou faible aux yeux de ses témoins.
Le peuple, qui voit tout seulement par l'écorce,
S'attache à son effet pour juger de sa force;
Il veut que ses dehors gardent un même cours,
Qu'ayant fait un miracle, elle en fasse toujours (1).
Après une action pleine, haute, éclatante,
Tout ce qui brille moins remplit mal son attente :
Il veut qu'on soit égal en tout temps, en tous lieux;
Il n'examine point si lors on pouvait mieux,
Ni que, s'il ne voit pas sans cesse une merveille,
L'occasion est moindre, et la vertu pareille.
Son injustice accable et détruit les grands noms;
L'honneur des premiers faits se perd par les seconds;
Et quand la renommée a passé l'ordinaire,
Si l'on ne veut déchoir, il faut ne plus rien faire.
  Je ne vanterai point les exploits de mon bras.
Votre Majesté, Sire, a vu mes trois combats (2).
Il est bien malaisé qu'un pareil les seconde,
Qu'une autre occasion à celle-ci réponde,
Et que tout mon courage, après de si grands coups,
Parvienne à des succès qui n'aillent au-dessous;
Si bien que, pour laisser une illustre mémoire,
La mort seule aujourd'hui peut conserver ma gloire.

---

(1) *Miracle* se disait encore dans le sens de *merveille*.
(2) Le mot de *Majesté* ne s'employait pas ainsi à Rome du temps des rois.

Encor la fallait-il sitôt que j'eus vaincu ;
Puisque pour mon honneur j'ai déjà trop vécu.
Un homme tel que moi voit sa gloire ternie,
Quand il tombe en péril de quelque ignominie ;
Et ma main aurait su déjà m'en garantir.
Mais sans votre congé, mon sang n'ose sortir :
Comme il vous appartient, votre aveu doit se prendre ;
C'est vous le dérober qu'autrement le répandre.
Rome ne manque point de généreux guerriers ;
Assez d'autres sans moi soutiendront vos lauriers.
Que Votre Majesté désormais m'en dispense :
Et si ce que j'ai fait vaut quelque récompense,
Permettez, ô grand roi, que de ce bras vainqueur
Je m'immole à ma gloire, et non pas à ma sœur (1).

SCÈNE III

TULLE, VALÈRE, LE VIEIL HORACE, HORACE, SABINE.

SABINE.

Sire, écoutez Sabine, et voyez dans son âme
Les douleurs d'une sœur, et celles d'une femme
Qui, toute désolée à vos sacrés genoux,
Pleure pour sa famille et craint pour son époux.
Ce n'est pas que je veuille avec cet artifice
Dérober un coupable au bras de la justice :
Quoi qu'il ait fait pour vous, traitez-le comme tel,
Et punissez en moi ce noble criminel ;
De mon sang malheureux expiez tout son crime.
Vous ne changerez point pour cela de victime ;
Ce n'en sera point prendre une injuste pitié,
Mais en sacrifier la plus chère moitié.
Les nœuds de l'hyménée et son amour extrême
Font qu'il vit plus en moi qu'il ne vit en lui-même ;
Et si vous m'accordez de mourir aujourd'hui,
Il mourra plus en moi, qu'il ne mourrait en lui.
La mort que je demande, et qu'il faut que j'obtienne,
Augmentera sa peine, et finira la mienne.
Sire, voyez l'excès de mes tristes ennuis,
Et l'effroyable état où mes jours sont réduits.

(1) La réponse d'Horace est résignée, généreuse et fière : elle est résignée : il accepte la mort, si le Roi le juge coupable ; elle est généreuse : il pardonne à Valère son accusation intéressée ; elle est fière enfin : après son éclatante victoire, il ne peut que déchoir en continuant de vivre ; la mort sauvera sa gloire.

Horace finit en demandant cette mort comme une grâce ; c'était le plus sûr moyen de détourner le coup, en inspirant une pitié mêlée d'admiration.

*Quelle horreur d'embrasser un homme dont l'épée
De toute ma famille a la trame coupée!
Et quelle impiété de haïr un époux
Pour avoir bien servi les siens, l'État, et vous* (1) *!*
Aimer un bras souillé du sang de tous mes frères!
N'aimer pas un mari qui finit nos misères!
Sire, délivrez-moi, par un heureux trépas,
Des crimes de l'aimer, et de ne l'aimer pas;
J'en nommerai l'arrêt une faveur bien grande.
Ma main peut me donner ce que je vous demande;
Mais ce trépas enfin me sera bien plus doux,
Si je puis de sa honte affranchir mon époux;
Si je puis par mon sang apaiser la colère
Des dieux qu'a pu fâcher sa vertu trop sévère,
Satisfaire en mourant aux mânes de sa sœur,
Et conserver à Rome un si bon défenseur (2).

LE VIEIL HORACE.

Sire (3), c'est donc à moi de répondre à Valère.
Mes enfants avec lui conspirent contre un père :
Tous trois veulent me perdre, et s'arment sans raison
Contre si peu de sang qui reste en ma maison.
(A Sabine.)
Toi qui, par des douleurs à ton devoir contraires,
Veux quitter un mari pour rejoindre tes frères,
Va plutôt consulter leurs mânes généreux;
Ils sont morts, mais pour Albe, et s'en tiennent heureux.
Puisque le ciel voulait qu'elle fût asservie,
Si quelque sentiment demeure après la vie,
Ce malheur semble moindre, et moins rudes ses coups,

---

(1) Cette peinture est fort pathétique.

(2) Sabine touche par son noble dévouement; son langage est celui d'une épouse désolée, d'une sœur inconsolable de la mort de ses trois frères.
Exorde. — Tableau émouvant de ses malheurs; Sabine
Pleure pour sa famille et craint pour son époux.
Proposition. — Elle demande à mourir pour Horace.
Confirmation. — 1ᵉʳ motif : c'est punir le coupable.
2ᵉ motif : c'est la délivrer d'une situation intolérable, puisqu'elle ne peut plus ni aimer le meurtrier de ses frères, ni haïr un époux.
Péroraison. — Ce sera pour elle une consolation de mourir en conservant à Rome un si bon défenseur.

(3) *Sire* et *seigneur* sont, par leur étymologie, un même mot, l'un au sujet *senior*, l'autre au régime, *seniōrem*. Le titre de *sire*, donné primitivement au moyen âge à tous les seigneurs, soit justiciers, soit féodaux, a été réservé depuis aux souverains. Cette appellation trop moderne a été abandonnée depuis Corneille pour les personnages de l'antiquité; Racine la remplaça par *Seigneur*.

Voyant que tout l'honneur en retombe sur nous;
Tous trois désavoueront la douleur qui te touche,
Les larmes de tes yeux, les soupirs de ta bouche,
L'horreur que tu fais voir d'un mari vertueux.
Sabine, sois leur sœur, suis ton devoir comme eux.
   (Au Roi.)
Contre ce cher époux Valère en vain s'anime :
Un premier mouvement ne fut jamais un crime;
Et la louange est due au lieu du châtiment,
Quand la vertu produit ce premier mouvement.
Aimer nos ennemis avec idolâtrie,
De rage en leur trépas maudire la patrie,
Souhaiter à l'État un malheur infini,
C'est ce qu'on nomme crime, et ce qu'il a puni.
Le seul amour de Rome a sa main animée (1) :
Il serait innocent, s'il l'avait moins aimée.
Qu'ai-je dit, Sire? il l'est, et ce bras paternel
L'aurait déjà puni s'il était criminel :
J'aurais su mieux user de l'entière puissance
Que me donnent sur lui les droits de la naissance.
J'aime trop l'honneur, Sire, et ne suis point de rang
A souffrir ni d'affront, ni de crime en mon sang.
C'est dont je ne veux point de témoin que Valère (2) :
Il a vu quel accueil lui gardait ma colère,
Lorsque, ignorant encor la moitié du combat,
Je croyais que sa fuite avait trahi l'État.
Qui le fait se charger des soins de ma famille?
Qui le fait, malgré moi, vouloir venger ma fille?
Et par quelle raison, dans son juste trépas,
Prend-il un intérêt qu'un père ne prend pas?
On craint qu'après sa sœur il n'en maltraite d'autres?
Sire, nous n'avons part qu'à la honte des nôtres,
Et de quelque façon qu'un autre puisse agir,
Qui ne nous touche point, ne nous fait point rougir.
   (A Valère.)
Tu peux pleurer, Valère, et même aux yeux d'Horace;
Il ne prend intérêt qu'aux crimes de sa race :
Qui n'est point de son sang, ne peut faire d'affront
Aux lauriers immortels qui lui ceignent le front.
Lauriers, sacrés rameaux qu'on veut réduire en poudre,
Vous qui mettez sa tête à couvert de la foudre (3),

(1) Pour *a animé sa main*; v. plus haut, p. 95 et 212.
(2) *C'est dont*, pour *c'est de quoi* ou *c'est ce dont*. V. *Gr. fr. hist.*, 655.
(3) Sur le genre de *foudre*, et sur cette croyance des anciens, v. *le Cid*, A. II, sc. I, p. 76.

ACTE V, SCÈNE III

L'abandonnerez-vous à l'infâme couteau
Qui fait choir les méchants sous la main d'un bourreau?
Romains, souffrirez-vous qu'on vous immole un homme
Sans qui Rome aujourd'hui cesserait d'être Rome,
Et qu'un Romain s'efforce à tacher le renom
D'un guerrier à qui tous doivent un si beau nom?
Dis, Valère, dis-nous, si tu veux qu'il périsse,
Où tu penses choisir un lieu pour son supplice :
Sera-ce entre ces murs que mille et mille voix
Font résonner encor du bruit de ses exploits?
Sera-ce hors des murs, au milieu de ces places
Qu'on voit fumer encor du sang des Curiaces;
Entre leurs trois tombeaux, et dans ce champ d'honneur
Témoin de sa vaillance et de notre bonheur (1)?
Tu ne saurais cacher sa peine à sa victoire :
Dans les murs, hors des murs, tout parle de sa gloire,
Tout s'oppose à l'effort de ton injuste amour,
Qui veut d'un si beau sang souiller un si beau jour.
Albe ne pourra pas souffrir un tel spectacle,
Et Rome par ses pleurs y mettra trop d'obstacle.

Vous les préviendrez, Sire; et par un juste arrêt
Vous saurez embrasser bien mieux son intérêt.
Ce qu'il a fait pour elle, il peut encor le faire :
Il peut la garantir encor d'un sort contraire.
Sire, ne donnez rien à mes débiles ans :
Rome aujourd'hui m'a vu père de quatre enfants;
Trois en ce même jour sont morts pour sa querelle :
Il en reste encore un, conservez-le pour elle :
N'ôtez pas à ses murs un si puissant appui,
Et souffrez, pour finir, que je m'adresse à lui.

Horace, ne crois pas que le peuple stupide
Soit le maître absolu d'un renom bien solide.
Sa voix tumultueuse assez souvent fait bruit;
Mais un moment l'élève, un moment le détruit;
Et ce qu'il contribue à notre renommée (2),
Toujours en moins de rien se dissipe en fumée.
C'est au roi, c'est aux grands, c'est aux esprits bien faits,
A voir la vertu pleine en ces moindres effets;
C'est d'eux seuls qu'on reçoit la véritable gloire;
Eux seuls des vrais héros assurent la mémoire.
Vis toujours en Horace, et toujours auprès d'eux

---

(1) Cette éloquente apostrophe est une superbe imitation de Tite-Live : « Hunccine, quem modo decoratum... *Ainsi donc ce héros que.* » — V. plus haut, p. 16.

(2) *Ce qu'il contribue...* Ce verbe n'est plus actif.

Ton nom demeurera grand, illustre, fameux,
Bien que l'occasion, moins haute ou moins brillante,
D'un vulgaire ignorant trompe l'injuste attente.
Ne hais donc plus la vie, et du moins vis pour moi,
Et pour servir encor ton pays et ton roi.
  Sire, j'en ai trop dit : mais l'affaire vous touche,
Et Rome tout entière a parlé par ma bouche (1).

VALÈRE.

Sire, permettez-moi...

TULLE.

  Valère, c'est assez;
Vos discours par les leurs ne sont pas effacés;
J'en garde en mon esprit les forces plus pressantes (2),
Et toutes vos raisons me sont encore présentes.
Cette énorme action, faite presque à nos yeux,
Outrage la nature et blesse jusqu'aux dieux.
Un premier mouvement qui produit un tel crime
Ne saurait lui servir d'excuse légitime :
Les moins sévères lois en ce point sont d'accord;
Et si nous les suivons, il est digne de mort.
Si d'ailleurs nous voulons regarder le coupable,
Ce crime, quoique grand, énorme, inexcusable,
Vient de la même épée, et part du même bras
Qui me fait aujourd'hui maître de deux États.

---

(1) Le discours du vieil Horace est le plus éloquent des plaidoyers du V° acte. Sauf le passage : *dis, Valère...*, imité de Tite-Live, il est tout entier de l'invention du poète.

Après un exorde insinuant où le vieux père se plaint habilement d'être lui-même exposé aux coups combinés de Valère, d'Horace et de Sabine, il s'adresse successivement :

1° *à Sabine*, pour relever son courage et l'exhorter à rester digne de ses frères;

2° *au Roi*, pour démontrer que l'action d'Horace, étant partie d'un premier mouvement, ne saurait être un crime; que, s'il en eût été ainsi, lui-même déjà en aurait fait justice; qu'Horace enfin n'est point un danger pour la patrie, car il ne venge que les crimes des siens;

3° *à Valère*, pour lui montrer que, lors même qu'Horace fût coupable, il serait protégé par sa victoire.

Puis, se tournant de nouveau vers le Roi, l'héroïque vieillard, insensible à ses propres douleurs, plaide les intérêts de Rome qu'il ne faut pas priver d'un guerrier si vaillant.

Enfin, dans une dernière apostrophe à son fils, il l'engage à mettre sa gloire au-dessus des jugements du vulgaire, à vivre pour son père,
  Et pour servir encor son pays et son roi.

(2) Pour *les forces les plus pressantes*; forme assez fréquente encore au XVII° siècle. — *Forces* signifie ici les arguments les plus forts; emploi vieilli.

Deux sceptres en ma main, Albe à Rome asservie,
Parlent bien hautement en faveur de sa vie :
Sans lui, j'obéirais où je donne la loi,
Et je serais sujet où je suis deux fois roi.
Assez de bons sujets dans toutes les provinces
Par des vœux impuissants s'acquittent vers leurs princes (1);
Tous les peuvent aimer : mais tous ne peuvent pas
Par d'illustres effets assurer leurs États;
Et l'art et le pouvoir d'affermir des couronnes
Sont des dons que le ciel fait à peu de personnes (2).
De pareils serviteurs sont les forces des rois,
Et de pareils aussi sont au-dessus des lois.
Qu'elles se taisent donc; que Rome dissimule,
Ce que dès sa naissance elle vit en Romule (3).
Elle peut bien souffrir en son libérateur
Ce qu'elle a bien souffert en son premier auteur.
Vis donc, Horace, vis, guerrier trop magnanime;
Ta vertu met ta gloire au-dessus de ton crime;
Sa chaleur généreuse a produit ton forfait;
D'une cause si belle il faut souffrir l'effet.
Vis pour servir l'État; vis, mais aime Valère :
Qu'il ne reste entre vous ni haine ni colère;
Et, soit qu'il ait suivi l'amour ou le devoir,
Sans aucun sentiment résous-toi de le voir (4).
 Sabine, écoutez moins la douleur qui vous presse;
Chassez de ce grand cœur ces marques de faiblesse :
C'est en séchant vos pleurs que vous vous montrerez
La véritable sœur de ceux que vous pleurez (5).

(1) *S'acquittent vers...*, v. plus haut, p. 217.
(2) Réminiscence d'une belle strophe de Malherbe *(Ode à Marie de Médicis)* :

> Apollon à portes ouvertes
> Laisse indifféremment cueillir
> Les belles feuilles toujours vertes
> Qui gardent les noms de vieillir;
> *Mais l'art d'en faire des couronnes*
> *N'est pas su de toutes personnes;*
> Et trois ou quatre seulement,
> Au nombre desquels on me range,
> Peuvent donner une louange
> Qui demeure éternellement.

(3) Le Roi relève avec raison l'erreur volontaire de Valère, qui avait dissimulé le meurtre de Rémus resté impuni dans la personne du fondateur de Rome.
(4) *Sentiment;* on dirait aujourd'hui *ressentiment.*
(5) Le discours du Roi comprend trois parties : 1° la sentence d'acquittement; 2° des conseils à Horace et à Sabine; 3° des ordres pour les funérailles et les sacrifices.
 La sentence est dictée par la sagesse. Le Roi reconnaît que le meurtre de

Mais nous devons aux dieux demain un sacrifice;
Et nous aurions le ciel à nos vœux mal propice (1),
Si nos prêtres, avant que de sacrifier,
Ne trouvaient les moyens de le purifier (2) :
Son père en prendra soin, il lui sera facile
D'apaiser tout d'un temps les mânes de Camille.
Je la plains ; et pour rendre à son sort rigoureux
Ce que peut souhaiter son esprit amoureux,
Puisqu'en un même jour l'ardeur d'un même zèle
Achève le destin de son amant et d'elle,
Je veux qu'un même jour, témoin de leurs deux morts,
En un même tombeau voie enfermer leurs corps (3).

Camille est une action criminelle et digne du dernier supplice; mais que le meurtrier mérite le pardon, comme sauveur et soutien de Rome ; du reste, l'exemple de Romulus autorise cette indulgence.

(1) *Mal* s'employait souvent dans le vieux français devant des adjectifs et des participes dans le sens négatif. On trouve encore dans Corneille *mal content, mal net, mal propre à, mal satisfait, mal suivi, mal sûr*.

(2) *Le* désigne Horace ; le geste complète le sens.

(3) Le Roi, dans sa sollicitude paternelle, n'oublie rien pour effacer les tristesses qui ont assombri la victoire de Rome; il réconcilie Horace et Valère, il console Sabine ; il a un souvenir compatissant pour Camille ; enfin, et par-dessus tout, la religion appelle ses soins ; il veut apaiser et remercier les dieux.

Ainsi la pièce se termine à l'entière satisfaction du spectateur.

QUESTIONS SUR LE Ve ACTE.

Quel est le sujet du Ve acte?
Comment le vieil Horace encourage-t-il son fils?
Comment le fils répond-il au père?
Quels motifs amènent le Roi chez le vieil Horace?
Pourquoi Valère se fait-il l'accusateur d'Horace? Analysez son discours.
Comment Horace répond-il à Valère?
Comment Sabine défend-elle son époux?
Analysez le plaidoyer du vieil Horace.
Quel est le jugement du Roi? Analyse de son discours.
Le dénouement satisfait-il le spectateur?

EXAMEN D'*HORACE*

PAR CORNEILLE

Mort de Camille. — C'est une croyance assez générale que cette pièce pourrait passer pour la plus belle des miennes, si les derniers actes répondaient aux premiers. Tous veulent que la mort de Camille en gâte la fin, et j'en demeure d'accord (1); mais je ne sais si tous en savent la raison. On l'attribue communément à ce qu'on voit cette mort sur la scène; ce qui serait plutôt la faute de l'actrice que la mienne, parce que, quand elle voit son frère mettre l'épée à la main, la frayeur, si naturelle au sexe, lui doit faire prendre la fuite, et recevoir le coup derrière le théâtre, comme je le marque dans cette impression. D'ailleurs, si c'est une règle de ne le point ensanglanter, elle n'est pas du temps d'Aristote, qui nous apprend que, pour émouvoir puissamment, il faut de grands déplaisirs, des blessures et des morts en spectacle. Horace ne veut pas que nous y hasardions des événements trop dénaturés, comme de Médée qui tue ses enfants; mais je ne vois pas qu'il en fasse une règle générale pour toutes sortes de morts, ni que l'emportement d'un homme passionné pour sa patrie contre une sœur qui la maudit en sa présence avec des imprécations horribles, soit de même nature que la cruauté de cette mère. Sénèque l'expose aux yeux du peuple, en dépit d'Horace; et chez Sophocle, Ajax ne se cache point aux spectateurs, lorsqu'il se tue. L'adoucissement que j'apporte dans le second de ces discours, pour rectifier la mort de Clytemnestre, ne peut être propre ici à celle de Camille. Quand elle s'enferrerait d'elle-même par désespoir, en voyant son frère l'épée à la main (2), ce frère ne laisserait pas d'être criminel de l'avoir

---

(1) Chapelain nous apprend dans une lettre adressée à Balzac (17 nov. 1640), qu'il avait blâmé ce cinquième acte dans la réunion où Corneille en avait fait la lecture avant la représentation. « Les poètes, dit-il, sont bizarres, et ne prennent point les choses comme il faut jamais... Je lui dis (à Corneille) qu'il fallait changer son cinquième acte des *Horaces*, et lui dis par le menu comment; à quoi il avait résisté toujours depuis, quoique tout le monde lui criât que sa fin était brutale et froide, et qu'il en devait passer par mon avis. Enfin, de lui-même, il me vint dire qu'il se rendait et qu'il le changerait, et que ce qu'il ne l'avait pas fait, était parce qu'en matière d'avis, il craignait toujours qu'on ne les lui donnât par envie et pour détruire ce qu'il avait bien fait... » Corneille oublia ses promesses et ne changea rien à sa tragédie.

(2) L'abbé d'Aubignac, qui avait assisté avec Balzac à la lecture d'*Horace*, avait aussi conseillé à Corneille de modifier la fin de sa pièce. Il écrivit plus tard (1657) : « La mort de Camille par la main d'Horace, son frère, n'a pas

tirée contre elle, puisqu'il n'y a point de troisième personne sur le théâtre à qui il pût adresser le coup qu'elle recevrait, comme peut faire Oreste à Égisthe. D'ailleurs, l'histoire est trop connue pour retrancher le péril qu'il court d'une mort infâme après l'avoir tuée ; et la défense que lui prête son père pour obtenir sa grâce, n'aurait plus de lieu, s'il demeurait innocent. Quoi qu'il en soit, voyons si cette action n'a pu causer la chute de ce poëme que par là, et si elle n'a point d'autre irrégularité que de blesser les yeux.

Action momentanée. — Comme je n'ai point accoutumé de dissimuler mes défauts, j'en trouve ici deux ou trois assez considérables. Le premier est que cette action, qui devient la principale de la pièce, est momentanée, et n'a point cette juste grandeur que lui demande Aristote, et qui consiste en un commencement, un milieu, et une fin. Elle surprend tout d'un coup ; et toute la préparation que j'y ai donnée par la peinture de la vertu farouche d'Horace, et par la défense qu'il fait à sa sœur de regretter qui que ce soit, de lui ou de son amant, qui meure au combat, n'est point suffisante pour faire attendre un emportement si extraordinaire, et servir de commencement à cette action.

Action double. — Le second défaut est que cette mort fait une action double par le second péril où tombe Horace, après être sorti du premier. L'unité de péril d'un héros dans la tragédie fait l'unité d'action ; et quand il en est garanti, la pièce est finie, si ce n'est que la sortie même de ce péril l'engage si nécessairement dans un autre, que la liaison et la continuité des deux n'en fasse qu'une action ; ce qui n'arrive point ici où Horace revient triomphant sans aucun besoin de tuer sa sœur, ni même de parler à elle ; et l'action serait suffisamment terminée à sa victoire. Cette chute d'un péril en l'autre, sans nécessité, fait ici un effet d'autant plus mauvais, que d'un péril public, où il y va de tout l'État, il tombe en un péril particulier, où il n'y va que de sa vie ; et, pour dire encore plus, d'un péril illustre, où il ne peut succomber que glorieusement, en un péril infâme, dont il ne peut sortir sans tache.

Sabine effacée par Camille. — Ajoutez, pour troisième imperfection, que Camille, qui ne tient que le second rang dans les trois premiers actes, et y laisse le premier à Sabine, prend le premier en ces deux derniers, où cette Sabine n'est plus considérable ; et qu'ainsi, s'il y a

été approuvée au théâtre, bien que ce soit une aventure véritable, et j'avais été d'avis, pour sauver en quelque sorte l'histoire, et tout ensemble la bienséance de la scène, que cette fille désespérée, voyant son frère l'épée à la main, se fût précipitée dessus : ainsi elle fût morte de la main d'Horace, et lui eût été digne de compassion comme un malheureux innocent ; l'histoire et le théâtre auraient été d'accord. » (*Pratique du théâtre.*)

Corneille montre bien ici que cet expédient aurait nui à la pièce plus qu'il ne l'aurait servie.

égalité dans les mœurs, il n'y en a point dans la dignité des personnages, où se doit étendre ce précepte d'Horace :

> Servetur ad imum
> Qualis ab incepto processerit, et sibi constet.

Ce défaut en Rodelinde a été une des principales causes du mauvais succès de *Pertharite* (1), et je n'ai point encore vu sur nos théâtres cette inégalité de rang en un même acteur, qui n'ait produit un très méchant effet. Il serait bon d'en établir une règle inviolable.

Unités de temps et de lieu. — Du côté du temps, l'action n'est point trop pressée, et n'a rien qui ne me semble vraisemblable. Pour le lieu, bien que l'unité y soit exacte, elle n'est pas sans quelque contrainte (2). Il est constant qu'Horace et Curiace n'ont point de raison de se séparer du reste de la famille pour commencer le second acte ; et c'est une adresse de théâtre de n'en donner aucune, quand on n'en peut donner de bonnes. L'attachement de l'auditeur à l'action présente, souvent ne lui permet pas de descendre à l'examen sévère de cette justesse, et ce n'est pas un crime que de s'en prévaloir pour l'éblouir, quand il est malaisé de le satisfaire.

Sabine. — Le personnage de Sabine est assez heureusement inventé, et trouve sa vraisemblance aisée dans le rapport à l'histoire, qui marque assez d'amitié et d'égalité entre les deux familles pour avoir pu faire cette double alliance.

Elle ne sert pas davantage à l'action, que l'Infante à celle du *Cid*, et ne fait que se laisser toucher diversement, comme elle, à la diversité des événements. Néanmoins, on a généralement approuvé celle-ci et condamné l'autre. J'en ai cherché la raison, et j'en ai trouvé deux. L'une est la liaison des scènes, qui semble, s'il m'est permis de parler ainsi, incorporer Sabine dans cette pièce, au lieu que dans le *Cid* toutes celles de l'Infante sont détachées et paraissent hors œuvre :

> Tantum series juncturaque pollet ! (3)

L'autre, qu'ayant une fois posé Sabine pour femme d'Horace, il est nécessaire que tous les incidents de ce poème lui donnent les sentiments qu'elle en témoigne avoir, par l'obligation qu'elle a de prendre intérêt

---

(1) Tragédie de Corneille dont l'insuccès décida sa première retraite.

(2) D'Aubignac écrivait à ce sujet en 1657 : « Hors *les Horaces* de M. Corneille, je doute que nous en ayons un seul (poème dramatique) où l'unité du lieu soit rigoureusement gardée ; pour le moins est-il certain que je n'en ai point vu. » (*Pratique du théâtre.*)
Dans le *Discours des trois unités*, Corneille reconnaît qu'il n'a pu réduire que trois pièces à la stricte unité de lieu : *Horace*, *Polyeucte* et *Pompée*.
Encore cette unité dans *Horace* n'était qu'artificielle, de l'aveu même de Corneille, qui s'en explique longuement dans son *Discours de la tragédie.*

(3) Horace, *Art. poét.*, v. 242.

à ce qui regarde son mari et ses frères ; mais l'Infante n'est point obligée d'en prendre aucun en ce qui touche le Cid ; et si elle a quelque inclination secrète pour lui, il n'est point besoin qu'elle en fasse rien paraître, puisqu'elle ne produit aucun effet.

L'oracle et le songe. — L'oracle qui est proposé au premier acte, trouve son vrai sens à la conclusion du cinquième. Il semble clair d'abord, et porte l'imagination à un sens contraire ; et je les aimerais mieux de cette sorte sur nos théâtres que ceux qu'on fait entièrement obscurs, parce que la surprise de leur véritable effet en est plus belle. J'en ai usé ainsi encore dans l'*Andromède* et dans l'*Œdipe*. Je ne dis pas la même chose des songes, qui peuvent faire encore un grand ornement dans la protase (1), pourvu qu'on ne s'en serve pas souvent. Je voudrais qu'ils eussent l'idée de la fin véritable de la pièce, mais avec quelque confusion qui n'en permît pas l'intelligence entière. C'est ainsi que je m'en suis servi deux fois, ici et dans *Polyeucte*, mais avec plus d'éclat et d'artifice dans ce dernier poème, où il marque toutes les particularités de l'événement, qu'en celui-ci, où il ne fait qu'exprimer une ébauche tout à fait informe de ce qui doit arriver de funeste.

Mérite du II° et du III° acte. — Il passe pour constant que le second acte est un des plus pathétiques qui soient sur la scène, et le troisième un des plus artificieux ; il est soutenu de la seule narration de la moitié du combat des trois frères, qui est coupée très heureusement pour laisser Horace le père dans la colère et le déplaisir, et lui donner ensuite un beau retour à la joie dans le quatrième. Il a été à propos, pour le jeter dans cette erreur, de se servir de l'impatience d'une femme, qui suit brusquement sa première idée, et présume le combat achevé, parce qu'elle a vu deux des Horaces par terre, et le troisième en fuite. Un homme, qui doit être plus posé et plus judicieux, n'eût pas été propre à donner cette fausse alarme : il eût dû prendre plus de patience, afin d'avoir plus de certitude de l'événement, et n'eût pas été excusable de se laisser emporter si légèrement par les apparences, à présumer le mauvais succès d'un combat dont il n'eût pas vu la fin.

Le Roi. — Bien que le Roi n'y paraisse qu'au cinquième, il y est mieux dans sa dignité que dans *le Cid*, parce qu'il a intérêt pour tout son État dans le reste de la pièce ; et bien qu'il n'y parle point, il ne laisse pas d'y agir comme roi. Il vient aussi dans ce cinquième comme roi, qui veut honorer par cette visite un père dont les fils lui ont conservé sa couronne, et acquis celle d'Albe au prix de leur sang. S'il y fait l'office de juge, ce n'est que par accident ; et il le fait dans ce logis même d'Horace, par la seule contrainte qu'impose la règle de l'unité de lieu.

Le V° acte. — Tout ce cinquième est encore une des causes du peu de satisfaction que laisse cette tragédie : il est tout en plaidoyers ; et ce n'est

(1) La *protase* est la partie du poème dramatique qui contient l'exposition.

pas là la place des harangues ni de longs discours; ils peuvent être supportés en un commencement de pièce, où l'action n'est pas encore échauffée; mais le cinquième acte doit plus agir que discourir. L'attention de l'auditeur, déjà lassée, se rebute de ces conclusions qui traînent et tirent la fin en longueur.

Valère. — Quelques-uns ne veulent pas que Valère y soit un digne accusateur d'Horace, parce que, dans la pièce, il n'a pas fait voir assez de passion pour Camille; à quoi je réponds que ce n'est pas à dire qu'il n'en eût une très forte, mais qu'un amant mal voulu ne pouvait se montrer de bonne grâce à sa maîtresse dans le jour qui la rejoignait à un amant aimé. Il n'y avait point de place pour lui au premier acte, et encore moins au second; il fallait qu'il tint son rang à l'armée pendant le troisième; et il se montre au quatrième, sitôt que la mort de son rival fait quelque ouverture à son espérance : il tâche à gagner les bonnes grâces du père par la commission qu'il prend du Roi de lui apporter les glorieuses nouvelles de l'honneur que ce prince lui veut faire; et par occasion il lui apprend la victoire de son fils, qu'il ignorait. Il ne manque pas d'amour durant les trois premiers actes, mais d'un temps propre à le témoigner; et dès la première scène de la pièce, il paraît bien qu'il rendait assez de soins à Camille, puisque Sabine s'en alarme pour son frère. S'il ne prend pas le procédé de France, il faut considérer qu'il est Romain, et dans Rome, où il n'aurait pu entreprendre un duel contre un autre Romain, sans faire un crime d'État, et que j'en aurais fait un de théâtre, si j'avais habillé un Romain à la française (1).

(1) D'Aubignac, en critiquant la conduite de Valère au V⁰ acte, avait eu la maladresse d'ajouter : « Selon l'humeur des Français, il faut que Valère cherche une plus noble voie... et nous souffririons plus volontiers qu'il étranglât Horace que de lui faire un procès. Un coup de fureur serait plus conforme à la générosité de notre noblesse, qu'une action de chicane qui tient un peu de la lâcheté et que nous haïssons. » (*Pratique du théâtre.*)

D'Aubignac ne se souciait guère de la vérité historique. Corneille l'en fait souvenir d'une manière assez piquante.

APPENDICE.

Le rôle de Camille
interprété par Mlle Rachel (1).

Extraits d'une Conférence
de M. Samson, Professeur au Conservatoire.
(Revue des Cours littéraires, 22 Sept. 1866)

Dans les deux premiers actes d'*Horace*, le rôle de Camille ne présente pas un intérêt bien grand. Cependant Mlle Rachel se fit remarquer tout de suite par son débit et une simplicité grandiose. La simplicité et la grandeur ne s'excluent pas ; car pour être vraiment grand, il faut être simple. Il faut, dans la tragédie, savoir montrer l'alliance de ces deux qualités, et Mlle Rachel les possédait toutes deux à un suprême degré. Ainsi, dans cette première scène de Camille, je vous citerai un passage qu'elle disait d'une manière tout à fait originale. Camille parle de ses infortunes, des malheurs de son pays, et dit qu'elle a été consulter un oracle :

> Enfin mon désespoir, parmi ces longs obstacles,
> M'a fait avoir recours à la voix des oracles.
> Écoutez si celui qui me fut hier rendu,
> Eut droit de rassurer mon esprit éperdu.
> Ce Grec si renommé, qui depuis tant d'années
> Au pied de l'Aventin prédit nos destinées...

Elle accentuait d'une façon toute particulière ces mots : *ce Grec si renommé*. Il y avait dans l'inflexion de sa voix quelque chose qui semblait dire : Vous savez, ce Grec que tout le monde connaît... Ce sont là des choses qui ne passionnent pas le public, mais qui frappent l'amateur, et lui font dire : ce n'est pas jeté dans le moule commun. Un des grands attraits du débit tragique, ce sont ces emprunts qu'il fait au langage habituel et familier, en les revêtant d'une noblesse qui les apporte à l'oreille sans la choquer, et qui vous plaît surtout par le naturel, par cette vérité qu'on doit chercher dans tous les arts...

Vous savez qu'au quatrième acte Valère annonce au vieil Horace devant Camille, la mort des trois frères Curiaces. Camille pousse un

---

(1) Mlle Rachel, célèbre tragédienne de notre siècle, née en 1820, morte en 1858. Elle profita beaucoup à ses débuts des leçons de M. Samson dont elle aima toujours à se dire l'élève.

hélas! lorsque le récit arrive à la mort de son amant. Mlle Rachel disait d'abord, cet *hélas!* bien simplement et très bien. Ensuite elle produisit un effet très grand ; mais, si j'ose dire ma pensée, elle y produisit un effet trop grand. Je m'explique. A mon avis, le théâtre est un tableau ; chaque acteur est un personnage qui doit rester à son plan et à son jour ; il ne faut pas qu'un acteur, lorsque son rôle n'occupe dans une scène qu'un rang secondaire, prenne la place principale et efface les autres personnages. Tels sont mes idées et mes principes ; respectons l'œuvre d'abord. Camille doit dire cet *hélas!* que Corneille a mis dans sa bouche, avec le sentiment de la plus profonde douleur, mais sans détourner sur elle seule l'attention du public. Dans cette scène, Rachel, par un très pénible travail musculaire, arrivait comme à un état d'insensibilité, et l'on suivait une sorte de décomposition sur sa figure. Les applaudissements éclataient. Fort bien pour l'actrice, mais le public perdait l'œuvre de vue. Pardon de cette petite critique ; mais je ne veux pas flatter la femme qui fut mon élève, et je n'approuve pas qu'on abuse de son talent et de l'admiration du public pour confisquer une scène à son profit.

Tout le reste était admirable. Le vieil Horace l'engage à faire un bon accueil à ce fils qui a tué les trois frères Albains et, quand il est parti, Camille donne un libre cours aux sentiments qui l'oppressent :

> Oui, je lui ferai voir par d'infaillibles marques
> Qu'un véritable amour brave la main des Parques,
> Et ne prend point de loi de ces cruels tyrans
> Qu'un astre injurieux nous donne pour parents...
> On demande ma joie en un jour si funeste ;
> Il me faut applaudir aux exploits du vainqueur,
> Et baiser une main qui me perce le cœur.
> En un sujet de pleurs si grand, si légitime,
> Se plaindre est une honte, et soupirer, un crime.

Rachel avait un art admirable pour détacher les mots : *On demande ma joie ; qui me perce le cœur ; et soupirer, un crime.* Tout cela était rendu avec un accent, une justesse de note qui atteignait la perfection.

Je n'en finirais pas, si je voulais vous analyser en détail tout ce rôle de Camille. Personne n'ignore à quelle hauteur s'élevait Mlle Rachel dans la scène des imprécations. Ceux d'entre vous qui l'ont entendue ont conservé le souvenir de l'impression qu'elle produisait sur le public.

Je vous ai parlé du monologue de Camille au quatrième acte d'Horace. Quelques mots encore sur la scène suivante :

> Il vient, préparons-nous à montrer constamment
> Ce que doit une amante à la mort d'un amant.

Horace arrive, enivré de sa victoire, et avec une joie qui contraste sensiblement avec la douleur de Camille :

> Ma sœur, voici le bras qui venge nos deux frères,
> Le bras qui rompt le cours de nos destins contraires,
> Qui nous rend maîtres d'Albe, enfin voici le bras
> Qui seul fait aujourd'hui le sort de deux États;
> Vois ces marques d'honneur, ces témoins de ma gloire,
> Et rends ce que tu dois à l'heur de ma victoire.

L'attitude de Rachel était très belle. On sentait l'horreur que lui inspirait ce vainqueur. Elle se contenait, et se retournant sans le regarder, elle lui disait :

> Recevez donc mes pleurs, c'est ce que je lui dois.
> HORACE.
> Rome n'en veut point voir après de tels exploits.
> Et nos deux frères morts dans le malheur des armes
> Sont trop payés de sang pour exiger des larmes;
> Quand la perte est vengée, on n'a plus rien perdu.

Ici Camille comprimait un mouvement d'indignation. Elle refoulait en elle cette douleur et cette fureur qui l'animaient, et affectant un ton presque ironique, elle disait :

> Puisqu'ils sont satisfaits par le sang épandu,
> Je cesserai pour eux de paraître affligée,
> Et j'oublierai leur mort que vous avez vengée.

Là, elle regardait Horace et lui disait, la voix pleine de larmes :

> Mais qui me vengera de celle d'un amant,
> Pour me faire oublier sa perte en un moment?
> HORACE.
> Que dis-tu, malheureuse?
> CAMILLE.
> O mon cher Curiace!

Arrivée à ces vers :

> Tigre altéré de sang, qui me défends les larmes,

Mlle Rachel y mettait un accent qui donnait le frisson à toute la salle. *Tigre altéré de sang.* Elle s'arrêtait, — *qui me défends les larmes,* qui as l'infamie de me défendre les larmes. Je ne saurais vous dépeindre tout ce que Mlle Rachel déployait d'art tragique dans ce seul hémistiche. Il y avait sur ses traits, dans sa voix, quelque chose qui vous émouvait jusqu'au fond de l'âme. Ce sourire de fureur, ces sanglots, ce cri de désespoir : *qui me défends les larmes...* C'était superbe ! Voilà comment le talent de l'acteur développe le sentiment du poète et le fait pénétrer dans l'esprit du spectateur.

APPENDICE

Puis venait la tirade des imprécations :

> Rome, l'unique objet de mon ressentiment,
> Rome, à qui vient ton bras d'immoler mon amant,
> Rome qui t'a vu naître et que ton cœur adore,
> Rome enfin que je hais, parce qu'elle t'honore !

Elle variait l'expression de ces quatre *Rome* suivant le sentiment qui y est attaché. Au premier *Rome*, elle avait un mouvement d'indignation qu'elle exprimait sans élever la voix ; au second, elle avait des larmes arrachées par cette mort que rappellent tous les mots contenus dans ce vers ; au troisième, c'était de l'ironie ; au quatrième, c'était une explosion :

> Rome enfin que je hais, parce qu'elle t'honore !

Tout l'effet de ce dernier vers est dans un mot. Il dépend du mot *parce que*. C'est là le mot principal. Elle y produisait un effet merveilleux.

J'entendais dire dernièrement par un homme considérable, grand orateur et grand écrivain, que ces imprécations de Camille devaient partir comme la foudre et que pas un mot ne devait se faire attendre. Je n'ai pas voulu contredire un personnage de cette importance, avec lequel du reste je n'ai pas l'honneur de me trouver souvent ; mais je ne saurais partager son avis. Ce n'est pas ainsi que procède la colère de Camille. Souhaitant les malheurs de Rome, elle les cherche, elle les indique, elle les invoque. Ses désirs de vengeance grandissent à mesure que sa passion s'exalte. Il faut donc que le débit suive dans sa marche un mouvement progressif. Voyez quelle gradation :

> Puissent tous ses voisins ensemble conjurés
> Saper ses fondements encor mal assurés !
> Et si ce n'est assez de toute l'Italie,
> Que l'Orient contre elle à l'Occident s'allie !

Elle veut encore davantage :

> Que cent peuples unis des bouts de l'univers
> Passent pour la détruire et les monts et les mers !

Cela ne lui suffit pas :

> Qu'elle-même sur soi renverse ses murailles,
> Et de ses propres mains déchire ses entrailles !

Mais ce n'est pas assez ; il faut encore que le ciel se mêle de sa vengeance :

> Que le courroux du ciel allumé par mes vœux
> Fasse pleuvoir sur elle un déluge de feux !

Elle étendait alors les bras comme elle étendait ses désirs, et tournant ses regards vers le ciel :

> Puissé-je de mes yeux y voir tomber ce foudre,
> Voir ses maisons en cendre et tes lauriers en poudre,
> Voir le dernier Romain à son dernier soupir !

Puis, repassant sa voix dans le médium et riant, elle se délectait de tous ces malheurs qu'elle appelait sur Rome ; mais comme si tous ces malheurs venus du dehors ne satisfaisaient pas encore sa vengeance, elle exprimait ce dernier vœu :

> Moi seule en être cause et mourir de plaisir !

C'est à la suite de ce morceau, après avoir lancé ses imprécations contre Horace, au milieu des applaudissements frénétiques de la salle, qu'elle eut une attaque de nerfs en rentrant dans la coulisse...

Craignant pour elle, je l'engageais sans cesse à ne pas chercher l'âme et l'énergie dans une contraction de muscles, dans une surexcitation nerveuse qui fait expier la force factice qu'on lui emprunte. Je lui citais l'exemple de Talma, mécontent de lui quand il éprouvait trop de lassitude après une représentation. Avec sa connaissance de l'art, avec cette possession de soi-même qui en est un des plus beaux mystères, et qu'elle eut (chose presque inouïe !) dès ses commencements, ce que je lui demandais dans l'intérêt de sa santé, de son talent, du théâtre, du public, était en son pouvoir...

Je me rappelais que j'avais vu Talma, notre admirable Talma, après les fureurs d'Oreste, et quand le public était tout frémissant de terreur, se relever bien tranquillement, serrer la main de quelques amis, pendant que son domestique jetait un manteau sur ses épaules, et remonter à sa loge en répondant aux compliments par une appréciation toujours juste et calme de la manière dont il venait de jouer (1).

(1) Voir, à la fin de *Cinna*, un autre extrait de la même conférence sur l'interprétation du rôle d'Émilie par la même actrice.

CINNA

ou

LA CLÉMENCE D'AUGUSTE

TRAGÉDIE

1640

CINNA

ou

LA CLÉMENCE D'AUGUSTE

TRAGÉDIE (1)

Représentée pour la première fois, en 1640, à l'Hôtel de Bourgogne, et publiée en 1643.

Age de Corneille, 34 ans.

DÉDICACE.

A MONSIEUR DE MONTORON (2).

Monsieur,

Je vous présente un tableau d'une des plus belles actions d'Auguste. Ce monarque était tout généreux, et sa générosité n'a jamais paru avec tant d'éclat que dans les effets de sa clémence et de sa libéralité. Ces deux rares vertus lui étaient si naturelles et si inséparables en lui qu'il semble qu'en cette histoire que j'ai mise sur notre théâtre, elles se soient tour à tour entreproduites dans son âme. Il avait été si libéral envers Cinna, que sa conjuration ayant fait voir une ingratitude extraordinaire, il eut besoin d'un extraordinaire effort de clémence pour lui pardonner ; et le pardon qu'il lui donna, fut la source des nouveaux bien-

---

(1) Tel était le titre de l'édition originale. Corneille y avait joint comme épigraphe les vers 40 et 41 de l'*Art poétique* d'Horace :
. . . . . Cui lecta potenter erit res,
Nec facundia deseret hunc, nec lucidus ordo.
« Celui qui aura choisi un sujet approprié à ses forces, ne manquera ni d'éloquence, ni d'ordre, ni de clarté. »

(2) Pierre du Puget, seigneur de Montoron ou Montauron, premier président des finances au bureau de Montauban, se montrait fort libéral envers les gens de lettres. Corneille, qui était pauvre, fut heureux de profiter de ses générosités. Tallemant des Réaux nous apprend que « Montauron donna deux cents pistoles (2,000 fr.) à Corneille pour *Cinna*. »

faits dont il lui fut prodigue, pour vaincre tout à fait cet esprit qui n'avait pu être gagné par les premiers ; de sorte qu'il est vrai de dire qu'il eût été moins clément envers lui, s'il eût été moins libéral, et qu'il eût été moins libéral, s'il eût été moins clément. Cela étant, à qui pourrais-je plus justement donner le portrait de l'une de ces héroïques vertus, qu'à celui qui possède l'autre en un si haut degré, puisque dans cette action ce grand prince les a si bien attachées et comme unies l'une à l'autre, qu'elles ont été tout ensemble et la cause et l'effet l'une de l'autre ? Vous avez des richesses, mais vous savez en jouir et vous en jouissez d'une façon si noble, si relevée et tellement illustre, que vous forcez la voix publique d'avouer que la fortune a consulté la raison, quand elle a répandu ses faveurs sur vous, et qu'on a plus de sujet de vous en souhaiter le redoublement que de vous en envier l'abondance. J'ai vécu si éloigné de la flatterie, que je pense être en possession de me faire croire quand je dis du bien de quelqu'un ; et lorsque je donne des louanges, ce qui m'arrive assez rarement, c'est avec tant de retenue, que je supprime toujours quantité de glorieuses vérités, pour ne me rendre pas suspect d'étaler de ces mensonges obligeants que beaucoup de nos modernes savent débiter de si bonne grâce (1). Aussi je ne dirai rien des avantages de votre naissance ni de votre courage, qui l'a si dignement soutenue dans la profession des armes, à qui vous avez donné vos premières années : ce sont des choses trop connues de tout le monde. Je ne dirai rien de ce prompt et puissant secours que reçoivent chaque jour de votre main tant de bonnes familles ruinées par les désordres de nos guerres : ce sont des choses que vous voulez tenir cachées. Je dirai seulement un mot de ce que vous avez particulièrement de commun avec Auguste ; c'est que cette générosité qui compose la meilleure partie de votre âme et règne sur l'autre, et qu'à juste titre on peut nommer l'âme de votre âme, puisqu'elle en fait mouvoir toutes les puissances ; c'est, dis-je, que cette générosité, à l'exemple de ce grand empereur, prend plaisir à s'étendre sur les gens de lettres, en un temps où beaucoup pensent avoir trop récompensé leurs travaux, quand ils les ont honorés d'une louange stérile. Et certes, vous avez traité quelques-unes de nos muses avec tant de magnanimité, qu'en elle vous avez obligé toutes les autres, et qu'il n'en est point qui ne vous en doive un remerciement. Trouvez donc bon, Monsieur, que je m'acquitte de celui que je reconnais vous en devoir, par le présent que je vous fais de ce poème, que j'ai choisi comme le plus durable des miens, pour apprendre plus longtemps

(1) On était à l'époque des dédicaces pompeuses ; on le voit, malgré sa nature franche et fière, malgré ses protestations, Corneille lui-même ne put s'en défendre entièrement. Ces dédicaces étaient si fort à la mode, on en faisait un tel abus, que Guéret, dans son *Parnasse réformé*, faisait les propositions suivantes : « ART. X. Défendons de mentir dans les épîtres dédicatoires. ART. XI. Supprimons tous les panégyriques à la Montauron. »

à ceux qui le liront, que le généreux M. de Montoron, par une libéralité inouïe en ce siècle, s'est rendu toutes les muses redevables, et que je prends tant de part aux bienfaits dont vous avez surpris quelques-unes d'elles, que je m'en dirai toute ma vie,

MONSIEUR,

Votre très humble et très obligé serviteur,
CORNEILLE.

EXTRAIT DE SÉNÈQUE

Livre I *de la Clémence*, ch. IX (1).

Je veux vous (2) prouver la vérité de ces maximes par un exemple tiré de votre famille. Auguste fut un prince plein de douceur, si on ne le considère qu'à partir du moment où il fut maître du pouvoir. Il est vrai, à l'époque où il le partageait avec d'autres, il avait à peine achevé sa dix-huitième année que déjà il avait plongé le poignard dans le sein de ses amis ; déjà il avait attenté secrètement à la vie de Marc-Antoine, alors consul ; déjà il l'avait aidé à dresser les tables de proscription. Mais quand il eut passé l'âge de quarante ans, pendant un séjour qu'il fit en Gaule (3), on lui révéla un jour un complot tramé contre lui par L. Cinna, homme d'un esprit médiocre. On lui fit connaître le lieu et le temps choisis pour l'attentat, et la manière dont il serait exécuté. Cette déclaration émanait de l'un des complices. Auguste résolut de se venger, et convoqua ses amis pour tenir conseil.

Il passa une nuit fort agitée, en songeant qu'il allait condamner un jeune homme d'une haute naissance, irréprochable dans tout le reste, et petit-fils de Pompée. Déjà il ne pouvait plus se résoudre à envoyer un homme au supplice, lui qui avait dicté à Antoine, dans un souper, l'édit de proscription. Il gémissait, il proférait les paroles les plus opposées, les plus contradictoires. « Quoi ? disait-il, laisserai-je mon assassin libre et tranquille, tandis que les alarmes seront mon partage ? Je laisserai donc impuni un misérable qui, après des guerres civiles où tant de périls ont vainement menacé ma tête, après tant de combats sur mer et sur terre où ma vie a été épargnée, lorsque j'ai enfin donné la paix au monde, a formé le projet, non seulement de me tuer, mais de m'im-

(1) Corneille, dans la première édition de *Cinna*, avait donné la traduction libre de Montaigne à la suite du passage latin de Sénèque.

(2) Sénèque s'adresse à Néron, pour lequel il composa ce Traité de la Clémence, la première année de son règne.

(3) Dion Cassius, qui rapporte le même fait (l. LV, ch. XIV-XXII), place la scène à Rome. Il développe aussi davantage l'entretien d'Auguste et de Livie.

moler, » car c'est au moment où il devait offrir un sacrifice qu'on voulait l'attaquer. Puis, après quelques moments de silence, élevant la voix, et s'emportant contre lui-même plus violemment que contre Cinna, il se disait : « Pourquoi vivre, si tant d'hommes ont intérêt à ma mort ? Quand finiront les supplices ? Quand cesserai-je de répandre le sang ? Ma tête est le but vers lequel la jeune noblesse dirige ses coups : c'est trop cher payer la vie, si, pour ne pas périr moi-même, il faut frapper tant de victimes. »

Enfin Livie l'interrompit, en lui disant : « Accueillerez-vous les conseils d'une femme ? Faites ce que font communément les médecins : lorsque les remèdes ordinaires ne réussissent pas, ils en emploient de contraires. La sévérité jusqu'ici ne vous a pas réussi : à Salvidienus a succédé Lépide, à Lépide Muréna, à Muréna Cépion, à Cépion Egnatius, et d'autres dont je ne parlerai pas ; je rougis de leur audace. Essayez maintenant ce que produira la clémence. Pardonnez à Cinna : il est découvert ; il ne peut plus vous nuire ; il peut servir à votre gloire. »

Charmé d'avoir trouvé en elle un défenseur de ses propres sentiments, Auguste remercie son épouse : il donne aussitôt contre-ordre aux amis qu'il avait convoqués à son conseil, fait venir Cinna seul, puis renvoie les personnes qui se trouvaient dans sa chambre, après avoir fait placer un second siège pour Cinna : « Je te demande avant tout, lui dit-il, de ne pas m'interrompre, et de ne pas proférer d'exclamation au milieu de mon discours : tu auras tout le temps nécessaire pour parler. Cinna, je t'avais trouvé dans le camp de mes adversaires, mon ennemi par ta naissance avant de l'être par ta volonté ; et cependant je t'ai conservé la vie, je t'ai rendu tout ton patrimoine. Aujourd'hui, tu es tellement riche et tellement heureux, que les vainqueurs portent envie au vaincu. Tu as demandé le sacerdoce, je te l'ai accordé de préférence à de nombreux compétiteurs dont les pères avaient combattu avec moi. Voilà mes bienfaits, et tu as résolu de m'assassiner ! »

A ce mot, Cinna s'étant écrié qu'une telle extravagance était bien loin de sa pensée : « Tu ne tiens pas ta promesse, reprit Auguste : il était convenu que tu ne m'interromprais pas. Oui, je le répète, tu te prépares à m'assassiner. » Et il lui indiqua le lieu, les complices, le jour, le plan de l'attaque, la main à qui le poignard était confié ; puis, voyant que Cinna, frappé de stupeur, restait muet, retenu non plus par sa promesse, mais par sa conscience... « Quel est donc ton dessein ? lui dit Auguste. Est-ce pour régner toi-même ? Certes, la république est bien bas, si pour saisir le pouvoir tu n'as plus à renverser que moi. Tu ne peux gouverner ta maison ; dernièrement, dans une contestation privée, tu as succombé sous le crédit d'un affranchi. Apparemment tu trouves plus facile d'attaquer César. Soit, si je suis le seul qui arrête tes espérances ; mais souffriront-ils ton ambition, les Paul-Émile, les Fabius Maximus, les Cossus, les Servilius, et cette foule d'hommes de haute naissance, qui ne se parent pas seulement de vains titres, mais qui font honneur aux portraits de leurs ancêtres ? »

Je ne veux pas reproduire dans son entier le discours d'Auguste, qui prendrait une grande partie de ce volume ; car il est constant qu'il parla plus de deux heures, afin de prolonger cette vengeance, la seule qu'il voulût tirer du coupable. « Cinna, dit-il enfin, je te donne la vie une seconde fois : la première, c'était à un ennemi ; maintenant, c'est à un conspirateur, à un parricide. A dater de ce jour, devenons amis, Cinna ; rivalisons l'un et l'autre pour montrer lequel des deux agit avec plus de loyauté, moi en te donnant la vie, toi en me la devant. » Il lui conféra plus tard et de lui-même le consulat, en lui reprochant de n'avoir pas osé le demander. Auguste n'eut pas d'ami plus vrai et plus fidèle. Il fut son seul héritier. Personne, depuis cet événement, ne forma de complot contre lui (1).

(1) Malgré le silence de Tacite et de Suétone, il est difficile de révoquer en doute l'authenticité de ce fait. C'est au successeur d'Auguste, au jeune Néron, quarante ans à peine après la mort du fondateur de la dynastie impériale, que Sénèque citait ce grand exemple de clémence : « *Ignovit atavus tuus*, votre trisaïeul a pardonné. »

Voltaire, pour dénigrer le héros de Corneille, osait écrire : « Je ne vois pas qu'Auguste ait pardonné à un seul. » En réponse à une si étrange assertion, Geoffroy citait le passage suivant du même Sénèque : « Auguste pardonna aux vaincus ; et s'il n'eût point pardonné, sur qui eût il régné ? Il choisit dans le camp de ses ennemis Salluste, les Cocceius, les Duillius, et toute la première classe de ses amis : il devait à sa clémence les Domitius, les Messala, les Asinius, les Cicéron et toute la fleur des citoyens : Lépidus lui-même, combien de temps ne respecta-t-il pas ses jours ?... Cette clémence fut son salut et sa sûreté ; elle le rendit agréable, et lui procura la faveur publique, quoique Rome, encore indomptée, n'eût courbé la tête qu'en frémissant sous la main d'un maître. C'est cette clémence qui lui concilie encore aujourd'hui des suffrages. » (*De la Clémence*, I, x.)

Voilà le témoignage d'un auteur presque contemporain.

PERSONNAGES :

OCTAVE CÉSAR AUGUSTE, empereur de Rome (1).
LIVIE, impératrice (2).
CINNA, fils d'une fille de Pompée, chef de la conjuration contre Auguste (3).
MAXIME, autre chef de la conjuration (4).
ÉMILIE, fille de C. Toranius, tuteur d'Auguste, et proscrit par lui durant le triumvirat (5).
FULVIE, confidente d'Émilie.
POLYCLÈTE, affranchi d'Auguste.
ÉVANDRE, affranchi de Cinna.
EUPHORBE, affranchi de Maxime.

La scène est à Rome.
(Dans le palais d'Auguste, sur le mont Palatin.)
Vers l'an 23 avant J.-C. (6).

---

(1) Octave, fils d'Octavius et d'Attia, nièce de César, fut adopté par son grand-oncle. Après le meurtre du dictateur, il forma le second triumvirat avec Antoine et Lépide (43 av. J.-C.), et défit Brutus et Cassius à Philippes. La victoire d'Actium qu'il remporta sur Antoine (31 av. J.-C.), le rendit maître de l'empire qu'il gouverna en paix jusqu'à sa mort. Né l'an 63 av. J.-C., il mourut l'an 14 de l'ère chrétienne.

(2) Livie épousa d'abord Tibérius Néron, dont elle eut Tibère et Drusus; devenue la femme d'Auguste, elle lui fit adopter Tibère. (56 av. J.-C. — 29 ap. J.-C.)

(3) Cneius Cornélius Cinna, d'après Dion ; Sénèque l'appelle Lucius.

(4) Maxime, Émilie, et les personnages suivants, sont imaginés par le poète.

(5) Octave livra à la vengeance d'Antoine C. Toranius, son tuteur, l'an 43 av. J.-C.
Le malheureux proscrit fut trahi et livré aux satellites des triumvirs par son propre fils. (VAL.-MAX., IX, XI, 5.)
Corneille suppose qu'il laissa une fille en bas âge, du nom d'Émilie, qu'Auguste adopta plus tard pour réparer son crime.

(6) Il y a une grande obscurité dans les dates. Le voyage en Gaule dont parle Sénèque, eut lieu l'an 739 (14 av. J.-C.); Auguste avait 49 ans.
D'autre part, un fragment des fastes capitolins place en l'année 757 (an 4 de l'ère chrétienne) le consulat de Cinna ; la conjuration que ce consulat suivit de près, suivant Sénèque, aurait eu lieu l'an 756 (3 de J.-C.), date donnée par Dion Cassius.
Corneille aurait donc avancé l'action de 26 ans, en la plaçant l'an 23 av. J.-C., pour la rapprocher de la mort de Toranius; Émilie, à cette date, avait 20 ans.

Analyse générale de l'action.

Acte I. — La conjuration.

Émilie ouvre la scène par un monologue : elle s'anime elle-même à poursuivre la mort d'Auguste pour venger son père, malgré le péril qu'elle fait courir à Cinna, son amant. Fulvie, qui survient, cherche en vain à l'en dissuader.

Cependant Cinna arrive triomphant : il rend compte à Émilie du succès de la conjuration; tout est prêt pour le lendemain. Émilie l'encourage; mais voici qu'Évandre vient annoncer qu'Auguste mande Cinna et Maxime auprès de lui. Ce sont les deux chefs du complot. Émilie tremble que tout ne soit découvert : Cinna la rassure et se rend auprès de l'empereur.

Acte II. — La délibération.

Auguste, dans une délibération solennelle, demande à Cinna et à Maxime s'il doit abdiquer ou garder le pouvoir. Cinna lui conseille de le garder, Maxime de le déposer. Auguste suit l'avis de Cinna : il retiendra l'empire pour le repos de Rome. En sortant, il donne Émilie à Cinna, et le gouvernement de la Sicile à Maxime.

Après son départ, Cinna explique à Maxime étonné le motif de son étrange conseil : il veut venger Rome et mériter Émilie par le meurtre de l'empereur.

Acte III. — Les remords de Cinna.

Euphorbe conseille à Maxime, qui aspire aussi à la main d'Émilie, de perdre Cinna en découvrant le complot à Auguste. En ce moment même, Cinna arrive inquiet, hésitant. Maxime a beau le presser; il est arrêté par ses remords. Il faut les ordres cruels d'Émilie pour décider Cinna à frapper son bienfaiteur; mais en partant il menace de s'en punir lui-même aux pieds de sa victime.

Acte IV. — La découverte du complot.

Euphorbe, de la part de Maxime, découvre à Auguste toute la conjuration; il ajoute que Cinna s'obstine dans sa rage, et que Maxime, poussé par le repentir, s'est fait justice en se jetant dans le Tibre.

Auguste, resté seul, est en proie aux sentiments les plus divers : faut-il quitter un pouvoir odieux aux Romains ? faut-il punir le traître ? Dans cette cruelle indécision, Livie lui conseille la clémence ; Auguste repousse cet avis et sort sans avoir rien résolu.

Émilie, qui lui succède sur la scène, apprend de Fulvie que l'empereur, informé de tout, a fait appeler Cinna. En ce moment, Maxime vient offrir à Émilie de fuir avec lui pour éviter la vengeance d'Auguste ; Émilie l'accable de son mépris.

Acte V. — L'interrogatoire, le pardon.

Auguste, dans un entretien intime avec Cinna, lui rappelle les bienfaits dont il l'a comblé, lui reproche sa monstrueuse ingratitude, et lui laisse le choix de son supplice. Livie l'interrompt tout à coup, en lui amenant Émilie qui déclare avoir inspiré toute la conjuration dans le but de venger son père. Auguste, outré d'une si noire trahison, jure d'en tirer vengeance, lorsque Maxime vient révéler à son tour sa perfidie. Au lieu d'accabler les coupables de sa colère, Auguste, par un effort suprême de clémence, leur accorde un pardon solennel.

APPRÉCIATION.

Perfection croissante de Corneille.

« Quand Corneille eut une fois, pour ainsi dire, atteint jusqu'au *Cid*, il s'éleva encore dans les *Horaces ;* enfin il alla jusqu'à *Cinna* et à *Polyeucte*, au-dessus desquels il n'y a rien. » (FONTENELLE, *Vie de P. Corneille.*)

Quoi qu'il en soit de ce dernier jugement (1), il est certain que le grand poëte allait de chef-d'œuvre en chef-d'œuvre, et que son art se perfectionnait en même temps que son génie prenait un essor plus sublime.

Ce progrès fut en partie l'effet même des critiques qu'avait essuyées le *Cid*. Boileau écrivait plus tard dans son *Épître à Racine :*

    ... Par les envieux un génie excité
    Au comble de son art est mille fois monté ;
    Plus on veut l'affaiblir, plus il croit et s'élance :
    Au *Cid* persécuté *Cinna* doit sa naissance.

C'est dans *Cinna* que Corneille a peint le mieux la grandeur ro-

(1) Voir dans le *Théâtre choisi de Racine*, p. 529, les raisons pour lesquelles *Athalie* peut être regardée comme l'idéal de la tragédie.

maine (1); il y a fait parler la politique avec une profondeur de vues et une supériorité de jugement qui étonnent les hommes d'Etat (2) ; enfin l'héroïsme de la clémence y apparaît sous une forme à la fois si noble et si touchante qu'il fait couler des larmes d'admiration.

Quant à la conduite dramatique, les défauts reprochés au *Cid* et à *Horace* ont disparu presque entièrement. « Ce n'est pas ici une pièce telle que les *Horaces*. On voit bien le même pinceau, mais l'ordonnance du tableau est bien supérieure. » (VOLT.)

Le même progrès se remarque dans le style; Corneille le dit lui-même avec sa simplicité habituelle : « Comme les vers d'*Horace* ont quelque chose de plus net et de moins guindé pour les pensées que ceux du *Cid*, on peut dire que ceux de cette pièce ont quelque chose de plus achevé que ceux d'*Horace*. » (*Examen*.)

Tant de perfection désarma l'envie; il n'y eut qu'une voix pour applaudir *Cinna;* Corneille aimait à le constater plus tard : « Ce poème a tant d'illustres suffrages qui lui donnent le premier rang parmi les miens, que je me ferais trop d'importants ennemis si j'en disais du mal. » (*Examen*.) Le succès de *Cinna* s'est soutenu jusqu'à nos jours (3).

(1) Balzac écrivait à Corneille le 17 janvier 1643 : « Vous nous faites voir Rome tout ce qu'elle peut être à Paris.... C'est une Rome de Tite-Live, et aussi pompeuse qu'elle était au temps des Césars. Vous avez même trouvé ce qu'elle avait perdu dans les ruines de la République : cette noble et magnanime fierté...; vous êtes le vrai et fidèle interprète de son esprit et de son courage... Aux endroits où Rome est de brique, vous la rebâtissez de marbre. »

(2) *Cinna* justifie le mot bien connu, que « Corneille est le bréviaire des rois. »

(3) « De toutes les tragédies de Corneille, celle-ci fit le plus grand effet sur la cour, et on peut lui appliquer ce vers du vieil Horace :
C'est aux rois, c'est aux grands, c'est aux esprits bien faits...
C'est d'eux seuls qu'on attend la véritable gloire.
De plus, on était alors dans un temps où les esprits, animés par les factions qui avaient agité le règne de Louis XIII, ou plutôt du cardinal de Richelieu, étaient plus propres à recevoir les sentiments qui règnent dans cette pièce. Les premiers spectateurs furent ceux qui combattirent à la Marfée, et qui firent la guerre de la Fronde. Il y a d'ailleurs dans cette pièce un vrai continuel, un développement de la constitution de l'empire romain qui plaît extrêmement aux hommes d'Etat; et alors chacun voulait l'être. » (VOLT.)

Une autre circonstance mérite d'être signalée. L'année 1639 où Corneille composait *Cinna*, sa ville natale était dans le plus grand émoi. Une révolte qui avait éclaté en Normandie contre de nouveaux impôts et que le parlement avait mollement réprimée, exposa Rouen aux plus grandes rigueurs. Corneille eut-il la pensée d'adoucir la colère de Richelieu par l'exemple de la clémence d'Auguste? S'il eut cet espoir, il ne le vit pas se réaliser.

Cinna fut joué, sous Louis XIV, 139 fois à la ville et 27 fois à la cour; sous Louis XV et Louis XVI, 135 fois à la ville et 31 fois à la cour; pendant la Révolution, 7 fois; de 1798 à 1814, 130 fois à la ville et 5 fois à la cour; de 1814 à 1880, 223 fois à la ville. *Cinna* figurait en tête du programme des représentations offertes en 1808 par Napoléon aux souverains réunis à Erfurt.

Sujet, sources, invention.

Le sujet de la tragédie de *Cinna* est la clémence d'Auguste.
Ce prince en est le vrai, l'unique *héros*.

Corneille a donné à sa pièce le titre de *Cinna*, parce qu'elle repose tout entière sur la conjuration dont Cinna fut le chef. Mais pour fixer les esprits sur son véritable but, il eut soin d'ajouter en sous-titre : *ou la Clémence d'Auguste*.

Le sujet est tiré du traité de la *Clémence* de Sénèque.

L'auteur latin ne fournissait que le fait de la conjuration, les incertitudes d'Auguste, le conseil de Livie et la scène du pardon.

La création capitale de Corneille est le rôle d'Émilie : toute la tragédie de *Cinna* est sortie de ce rôle. Émilie est l'âme de la conjuration. C'est sa vengeance, servie par l'amour de Cinna et de Maxime, qui l'inspire et la fomente ; c'est la jalousie de Maxime qui, en la dévoilant, fournit à Auguste l'occasion d'exercer sa clémence.

Une autre invention fort dramatique de Corneille, c'est la grande délibération du second acte. L'idée de ce conseil est tirée, il est vrai, d'un fait semblable de la vie d'Auguste (1). Mais, en donnant à Auguste pour conseillers non pas deux amis comme Mécène et Agrippa, mais deux conjurés qui s'apprêtent à le percer de leurs poignards, Corneille a donné à cette délibération un caractère absolument original.

Action, intrigue, nœud, péripéties, dénouement.

L'*action* consiste dans la conjuration inspirée et soutenue par Émilie malgré les remords de Cinna et la perfidie de Maxime, jusqu'au moment où Auguste triomphe de tous les cœurs par sa clémence.

L'*intrigue* est fondée sur la générosité d'Auguste qui, en donnant Émilie à Cinna, provoque ses remords et excite la jalousie de Maxime.

Le *nœud* est formé par le message qui appelle Cinna et Maxime auprès de l'empereur.

Il y a trois *péripéties*, amenées la 1re par la délibération d'Auguste, la 2de par les remords de Cinna, et la 3e par la découverte du complot.

Le *dénouement* est le pardon d'Auguste, exprimé dans ce vers devenu fameux :

Soyons amis, Cinna ; c'est moi qui t'en convie.

Cet exemple héroïque de clémence est la grande *morale* de la pièce (2).

---

(1) Dion Cassius parle d'une délibération semblable qu'Octave aurait eue après la victoire d'Actium avec Agrippa et Mécène ; Agrippa aurait parlé en faveur du maintien de la république, et Mécène pour l'établissement de l'empire. (*Hist. rom.*, l. LIV.)

Le rôle attribué à Agrippa dans ce conseil paraît étrange ; car il fut un des ministres d'Auguste qui contribuèrent le plus à fonder le régime impérial.

(2) La tragédie de *Cinna* nous donne indirectement d'autres leçons bien

Personnages.

Les *principaux personnages* sont Auguste, Émilie et Cinna.
Les personnages secondaires sont Maxime, Euphorbe et Livie.

Auguste. — C'est l'empereur Auguste, et non le triumvir Octave que Corneille présente à nos yeux. Le triumvir ambitieux et cruel apparaît, il est vrai, un instant, mais c'est dans l'avant-scène, uniquement pour donner quelque apparence de vérité et de justice à la vengeance d'Émilie, et à l'enthousiasme républicain de Cinna.

Dans Auguste, Corneille nous montre le prince qui, par sa politique sage et heureuse, fonda l'empire. La possession du pouvoir a éteint l'ambition dans son cœur; le bonheur de Rome est son unique passion.

Sa vertu cependant n'est point stoïque : il s'indigne de se voir entouré de traîtres et d'ingrats. Aussi l'effort qu'il fait pour se vaincre, ajoute à la gloire et au mérite de sa clémence (1).

Émilie. — Émilie pousse la piété filiale jusqu'au fanatisme. De là l'exaltation de son esprit, et l'inflexibilité implacable de son caractère.

Privée de son père dans les guerres civiles, *elle se persuade qu'elle a le devoir* de le venger, et qu'elle peut le faire par n'importe quels moyens, par la trahison, par l'assassinat, au risque de bouleverser Rome et de replonger l'empire dans l'anarchie.

Pour couvrir ce que cette vengeance sauvage a de révoltant, Cor-

---

importantes; celles en particulier du bienfait de la paix sociale, et des maux qu'engendrent les passions anarchiques. Geoffroy le comprenait ainsi, quand il écrivait, au sortir de la Révolution, les lignes suivantes : « Le véritable objet de la tragédie de *Cinna* est de montrer, dans Émilie et Cinna, comment le fanatisme et la passion peuvent ériger le crime en vertu; et dans Auguste, l'homme d'État, le grand monarque, que de vains préjugés n'empêchent pas de faire le bonheur du monde, et particulièrement celui des ingrats qui l'environnent. Le meurtre de Jules César enfanta les proscriptions, les guerres civiles, et fit couler des flots de sang; le meurtre d'Auguste eût replongé l'Italie et l'univers dans des horreurs dont on ne prévoit pas quel eût pu être le terme. »

(1) Corneille, sans doute, a idéalisé le personnage d'Auguste, mais sans mentir à l'histoire. Auguste a toujours représenté la civilisation romaine arrivée à son apogée; il y a contribué puissamment par la sagesse de ses institutions, par la modération de son gouvernement, par la paix universelle qu'il sut conserver à l'empire, par la protection dont il honora les lettres. Aussi laissa-t-il à sa mort de grands regrets. Le jour de ses funérailles, on excusait, dit Tacite, les cruautés du triumvir : « La patrie, en proie à la discorde, pouvait-elle trouver du repos ailleurs que dans une autorité unique ? Cependant Octave n'a pas pris pour gouverner le titre de roi ou de dictateur; il s'est contenté de celui de prince... Justice envers les citoyens, modération à l'égard des alliés, la ville elle-même embellie et magnifiquement décorée; très peu d'actes d'une sévérité arbitraire, et seulement pour assurer la tranquillité publique. » (*Annales*, I.)

neille a donné à Émilie, avec les illusions de la bonne foi, une énergie indomptable, une constance et une fierté qui imposent.

Ce sont ces brillantes qualités théâtrales qui l'ont fait appeler l'*adorable Furie* (1). Émilie intéresse et étonne; elle ne touche pas (2).

Cinna. — Cinna est un jeune homme sans caractère, sans conviction, esclave aveugle de l'amour.

Son enthousiasme pour la liberté n'est que factice ; il est républicain uniquement pour plaire à Émilie. C'est pour elle qu'il devient ingrat, perfide, conspirateur, assassin.

Corneille n'en fait pas cependant un scélérat : Cinna est égaré plus qu'il n'est criminel; son cœur est sensible aux remords; mais la passion l'emporte ; l'attentat que sa conscience réprouve, il l'exécutera par désespoir.

Ses inconstances, loin d'être un défaut de conception dramatique, sont dans son caractère même : il fallait une nature mobile et ardente comme la sienne, pour subir les impressions aussi soudaines qu'excessives de la passion et du fanatisme politique (3).

(1) Ce nom lui a été donné par un docteur, ami de Balzac, trop épris du personnage dramatique, trop peu soucieux de son caractère moral. Émilie est bien une Furie par la férocité de sa vengeance; pour la trouver *adorable*, il faut une grande puissance d'hyperbole. Balzac était lui-même en admiration devant Émilie et Sabine; il voyait dans ces deux femmes « les principaux ornements » d'*Horace* et de *Cinna*. « Qu'est-ce que la saine antiquité a produit de vigoureux et de ferme dans le sexe faible, qui soit comparable à ces nouvelles héroïnes que vous avez mises au monde, à ces Romaines de votre façon ?... Un docteur de mes voisins... en parle certes d'une étrange sorte... Il se contentait le premier jour de dire que votre Émilie était la rivale de Caton et de Brutus, dans la passion de la liberté. A cette heure il va bien plus loin. Tantôt il la nomme la Possédée du Démon de la République; et quelquefois la belle, la raisonnable, la sainte et l'adorable Furie. »

Comme personnage dramatique, Émilie est une création remarquable. Pour qu'une jeune fille exerce une telle fascination non seulement sur Cinna, mais encore sur le spectateur, qu'on l'admire jusque dans sa fureur sauvage, il faut que le poète lui ait donné un esprit et un caractère d'une trempe supérieure.

Si Émilie n'inspira pas certaines héroïnes de la Fronde, elle servit certainement de modèle à Racine pour le rôle d'Hermione.

(2) Voltaire semble regretter qu'Émilie « touche moins qu'Hermione. » La situation et le caractère de l'une et de l'autre expliquent cette différence.

Émilie poursuit froidement et sans nécessité une vengeance atroce, dénaturée, avec une vertu toute romaine et un cœur plus que viril.

Hermione, d'un caractère moins antique et d'une nature plus ardente, est indignement abandonnée par Pyrrhus; son malheur nous touche, sa vengeance n'est qu'un accès de désespoir, qu'elle maudit dès que le crime est commis. (V. *Théâtre choisi de Racine*, p. 39.)

(3) « Le propre du fanatisme, son caractère le plus particulier, est d'ériger les crimes en vertus, et de consacrer, pour ainsi dire, par la sainteté du motif, les plus effroyables attentats contre la nature et l'humanité. » (GEOFFROY.)

Maxime. — Maxime parle d'abord en conspirateur sincère; il regarde l'empire comme un esclavage; aussi la franchise de son conseil le rend sympathique au spectateur. Mais la jalousie le jette bientôt après dans la plus noire trahison. Sa dernière démarche auprès d'Auguste pour réclamer le châtiment d'Euphorbe, le rend absolument odieux (1).

Euphorbe. — C'est le conseiller perfide, l'affranchi à l'âme basse, au cœur vicieux. Euphorbe servira de type à Narcisse (2).

Livie. — Corneille lui a conservé son rôle historique. Comme dans Sénèque, elle conseille à Auguste la clémence, au nom de la politique (3).

Conduite de la pièce.

Corneille, dans son *Examen*, attribue à deux causes « l'approbation si forte et si générale » que sa pièce avait reçue.

La première est la vraisemblance qui y est gardée; la seconde est « la facilité de concevoir le sujet qui n'est ni trop chargé d'incidents, ni trop embarrassé des récits de ce qui s'est passé avant le commencement de la pièce. » Corneille range *Cinna* parmi les pièces *simples*, et non « parmi celles qu'on nomme *implexes*, telles que sont *Rodogune* et *Héraclius*. »

L'*unité d'action* est évidente : tout se rapporte à la conjuration dont l'issue décide du sort d'Auguste, de Cinna, d'Émilie, de Maxime.

Les *unités de jour et de lieu* sont observées. L'action commence le matin et s'achève dans la nuit du même jour. Elle se passe tout entière à Rome, dans le palais d'Auguste.

Cependant l'unité de lieu n'est point parfaite. Comme le dit Corneille dans son *Examen*, « la moitié de la pièce se passe chez Émilie, et l'autre dans le cabinet d'Auguste. »

Cette duplicité de lieu amène un défaut de suite entre les scènes du IVe acte. Quand Auguste et Livie sortent après la IIIe scène, le théâtre reste vide, et le spectateur se voit transporté tout à coup dans l'appartement d'Émilie (4).

(1) Pour le rôle de Maxime, v. plus loin, p. 268.

(2) V. le *Théâtre choisi de Racine*, dans *Britannicus*, p. 162.

(3) Voltaire et La Harpe ont blâmé le rôle de Livie comme inutile. De fait, ce personnage a été souvent retranché par les comédiens, comme celui de l'Infante dans *le Cid*.

Livie est cependant loin d'être inutile à l'action. Son intervention, outre qu'elle est historique, sert à relever le mérite d'Auguste, en montrant qu'il a su faire par grandeur d'âme ce qu'il avait refusé d'abord de faire par politique.

Corneille attachait une grande importance à ce rôle : « Les conseils de Livie, dit-il dans son premier *Discours*, sont de l'action principale. »

(4) En 1860, on introduisit à la Comédie-Française un changement de décors pour marquer ce changement de lieu. Corneille ne goûtait pas cette

Les plus belles scènes.

Les plus belles scènes sont :
A. I. — Le récit de la conjuration, sc. III ;
A. II. — La délibération, sc. I ;
A. IV. — Le monologue d'Auguste, sc. II ;
A. V. — L'interrogatoire, sc. I ;
— — Le pardon, sc. III.

Critiques de Voltaire et de La Harpe.

Cinna, célébré comme un chef-d'œuvre par Racine, Boileau, la Bruyère et tout le xviie siècle, a été l'objet des critiques les plus étranges de la part de Voltaire et de La Harpe.

Voltaire en vint jusqu'à regarder *Cinna* « plutôt comme un bel ouvrage que comme une tragédie intéressante. » La Harpe renchérit encore sur son maître : il blâme absolument l'intrigue et les personnages.

Toutes leurs attaques se résument à peu près dans les trois griefs suivants :

1ᵉʳ grief. — *Il n'y a pas unité d'intérêt :* l'intérêt se déplace au second acte ; des conjurés il passe à Auguste : « Lorsque ainsi on s'intéresse tour à tour aux partis contraires, on ne s'intéresse en effet pour personne. » (Volt.)

2ᵉ grief. — *Le rôle de Cinna est vicieux.*

« Cinna est un rôle essentiellement vicieux, en ce qu'il manque à la fois et d'unité de caractère et de vraisemblance morale ; il manque aussi de cette noblesse soutenue, convenable à un personnage principal, qui ne doit rien dire ni rien faire d'avilissant. » (La Harpe.)

3ᵉ grief. — *Les rôles d'Émilie et de Maxime manquent de consistance et d'intérêt.*

Tous ces reproches sont fondés sur une fausse intelligence de l'œuvre de Corneille, de son véritable dessein, du caractère moral et politique de sa pièce.

variété de décorations dans le même acte : « Je voudrais qu'on fît deux choses : l'une, que jamais on ne changeât dans le même acte, mais seulement de l'un à l'autre, comme il se fait dans les trois premiers de *Cinna*; l'autre, que ces deux lieux n'eussent point besoin de diverses décorations, et qu'aucun des deux ne fût jamais nommé, mais seulement le lieu général où les deux sont compris, comme Paris, Rome, Lyon, Constantinople, etc. Cela aiderait à tromper l'auditeur, qui, ne voyant rien qui lui marquât la diversité des lieux, ne s'en apercevrait pas, à moins d'une réflexion malicieuse et critique, dont il y en a peu qui soient capables, la plupart s'attachant avec chaleur à l'action qu'ils voient représenter. Le plaisir qu'ils y prennent est cause qu'ils ne veulent pas chercher le peu de justesse pour s'en dégoûter. » (*Discours des trois unités.*)

CINNA

Dessein de Corneille.

Corneille, en composant *Cinna*, cherchait simplement à faire une tragédie à la fois belle et morale, selon les habitudes de son génie.

Il voulait montrer, non pas les fureurs de la vengeance ou du fanatisme politique, qui sont loin d'être des vertus, mais l'*héroïsme de la clémence*.

Or, pour faire paraître cette vertu dans tout son éclat, il ne devait pas seulement entourer son héros du prestige que donnent la grandeur, la puissance, la sagesse et la vertu, afin de lui assurer les sympathies du spectateur; il fallait encore le mettre en face de la trahison la plus noire, du complot le plus odieux.

Le personnage intéressant de la pièce devait donc être Auguste, et Auguste seul.

L'intérêt ne pouvait pas se porter ou du moins rester sur les conspirateurs : c'eût été manquer aux lois de la morale et du drame.

La seule chose que pût faire le poète, c'était de présenter leurs criminels attentats sous une apparence de vertu et de bonne foi qui en fît supporter la lâcheté et la férocité. C'est ce que Corneille a fait avec un art admirable et une libéralité presque excessive pour les rôles d'Émilie et de Cinna; si bien que leur crime passe d'abord pour piété filiale, pour force d'âme, pour amour sublime de la liberté et de la patrie.

Mais ce n'était qu'un artifice dramatique. Aussi cette vaine parure de vertu et de patriotisme tombe-t-elle, dès que paraît avec Auguste la vertu elle-même, la vraie sagesse, la modération, la bonté, la générosité. C'est pour n'avoir pas compris la pensée fondamentale de Corneille que Voltaire et La Harpe ont si mal jugé sa pièce.

La réponse à leurs objections est dès lors facile.

Réponse au 1er grief : unité d'intérêt.

Pendant toute la pièce, sauf le Ier acte qui n'est que l'exposition, l'intérêt se porte sur Auguste. Au Ier acte, il est vrai, on prend parti un moment pour les conjurés; mais c'est par surprise. Le spectateur reconnaît vite son erreur, pour s'attacher définitivement au personnage vraiment digne de ses vœux.

Réponse au 2e grief : rôle de Cinna.

Cinna n'est pas le héros de la pièce; il n'est donc pas étonnant que Corneille ne l'ait fait ni parfait, ni intéressant. Il lui a donné un caractère faible et inconstant, facile à séduire, à éblouir, prêt à tous les crimes dans un premier emportement de la passion, mais capable aussi, à la réflexion, d'éprouver des remords. Conspirateur par passion, il est odieux, mais il ne s'avilit point.

Réponse au 3ᵉ grief : Émilie et Maxime.

Les rôles d'Émilie et de Maxime n'étaient pas faits non plus pour intéresser. Quant au changement qui s'opère dans leurs sentiments, il n'est contraire à aucune règle. S'ils abjurent leur haine devant le pardon d'Auguste, c'est que, réduits à l'impuissance, ils subissent l'influence irrésistible d'une vertu sublime ; ce qui fait voir que leurs cœurs, victimes un moment de leurs passions, sont capables encore de retrouver la paix dans le devoir.

QUESTIONS GÉNÉRALES

Titre, dédicace, source historique.

Quel est le titre complet de la tragédie de *Cinna*?
Quand parut-elle? quel âge avait Corneille?
A qui fut-elle dédiée? Caractère de la dédicace.
De quel auteur est tiré le sujet?
Le fait est-il authentique? Auguste a-t-il donné des preuves de clémence?
Que nous apprend l'histoire sur Auguste, Livie, Cinna?
Quels sont les personnages inventés par Corneille?
Où est la scène? La date du fait est-elle certaine?
En quelle année le poète place-t-il l'action?
Donnez une analyse générale de l'action.

Appréciation, sujet, invention, action.

Cinna est-il supérieur à *Horace* et au *Cid*?
Quels sont les mérites de *Cinna* comme œuvre historique, politique, morale, dramatique, littéraire?
Quel fut le succès de *Cinna*?
Ce succès fut-il aidé par les circonstances?
Quel est le sujet de *Cinna*? Quel en est le héros?
Quels sont les faits fournis par Sénèque?
Quelles sont les deux principales inventions de Corneille?
En quoi consiste l'action?
Sur quoi est fondée l'intrigue? Comment est formé le nœud?
Quelles sont les péripéties? Quel est le dénouement?
Quelle est la morale de la pièce?

Personnages, conduite de la pièce, critiques.

Quels sont les personnages principaux? secondaires?
Caractère d'Auguste. — Est-il conforme à l'histoire?
Émilie : son caractère moral, ses qualités dramatiques.

Comparaison d'Émilie et d'Hermione.
Caractère de Cinna; ses inconstances.
Caractères de Maxime, d'Euphorbe et de Livie.
Par quoi se distingue la conduite de la pièce?
Les trois unités sont-elles observées?
Quelles sont les plus belles scènes?
Quels sont les défauts reprochés à *Cinna?*
Quel était le dessein de Corneille? Comment l'a-t-il rempli?
Réfutez les objections de Voltaire et de La Harpe.

ACTE PREMIER

Exposition. — La conjuration.

SCÈNE I

ÉMILIE (1).

Impatients désirs d'une illustre vengeance
Dont la mort de mon père a formé la naissance;
Enfants impétueux de mon ressentiment,
Que ma douleur séduite embrasse aveuglément (2),
Vous prenez sur mon âme un trop puissant empire :
Durant quelques moments souffrez que je respire,
Et que je considère, en l'état où je suis,
Et ce que je hasarde, et ce que je poursuis.
Quand je regarde Auguste au milieu de sa gloire,
Et que vous reprochez à ma triste mémoire
Que par sa propre main mon père massacré (3)
Du trône où je le vois, fait le premier degré (4);

(1) Le monologue d'Émilie sert d'exposition. Émilie fait connaître les sentiments qui agitent son âme, le motif de la haine qu'elle nourrit contre Auguste, la crainte qu'elle a, en voulant se venger, d'exposer la vie de Cinna. Cette première scène est nécessaire pour comprendre pourquoi, dans la scène suivante, Émilie demande à Cinna la tête d'Auguste. Aussi l'on ne conçoit pas que certaines actrices du XVIIIe siècle aient supprimé ce monologue. « J'étais, dit Voltaire, si touché des beautés répandues dans cette première scène, que j'engageai l'actrice qui jouait Émilie à la remettre au théâtre, et elle fut très bien reçue. »

(2) « Ces vers, dit Fénelon, ont je ne sais quoi d'outré... M. Despréaux trouvait dans ces paroles une généalogie des *impatients désirs d'une illustre vengeance*, qui étaient les *enfants impétueux* d'un noble *ressentiment*, et qui étaient *embrassés* par une *douleur séduite*. » Il y a sans doute de la recherche et de l'enflure dans ce début. Mais il est bon de remarquer que dans Émilie l'exagération du langage répond à l'exaltation de l'esprit. Il faut que le spectateur voie la violence de sa haine, pour concevoir ses projets de vengeance.

(3) C'est une hyperbole : Octave fut l'auteur de la mort de Toranius en l'inscrivant parmi les proscrits. V. p. 258.

(4) Les mots *trône, monarque*, et autres semblables, qui indiquent la souveraineté, sont employés dans cette tragédie par une espèce d'anachro-

Quand vous me présentez cette sanglante image,
La cause de ma haine, et l'effet de sa rage,
Je m'abandonne toute à vos ardents transports,
Et crois, pour une mort, lui devoir mille morts.
Au milieu toutefois d'une fureur si juste,
J'aime encor plus Cinna que je ne hais Auguste (1),
Et je sens refroidir ce bouillant mouvement
Quand il faut, pour le suivre, exposer mon amant.
Oui, Cinna, contre moi moi-même je m'irrite,
Quand je songe aux dangers où je te précipite.
Quoique pour me servir tu n'appréhendes rien,
Te demander du sang, c'est exposer le tien :
D'une si haute place on n'abat point de têtes,
Sans attirer sur soi mille et mille tempêtes (2);
L'issue en est douteuse, et le péril certain :
Un ami déloyal peut trahir ton dessein;
L'ordre mal concerté, l'occasion mal prise,
Peuvent sur son auteur renverser l'entreprise,
Tourner sur toi les coups dont tu le veux frapper;
Dans sa ruine même il peut t'envelopper;
Et quoi qu'en ma faveur ton amour exécute,
Il te peut, en tombant, écraser sous sa chute.
Ah! cesse de courir à ce mortel danger :
Te perdre en me vengeant, ce n'est pas me venger.
Un cœur est trop cruel, quand il trouve des charmes
Aux douceurs que corrompt l'amertume des larmes;
Et l'on doit mettre au rang des plus cuisants malheurs
La mort d'un ennemi qui coûte tant de pleurs.
　Mais peut-on en verser alors qu'on venge un père?
Est-il perte à ce prix qui ne semble légère?
Et quand son assassin tombe sous notre effort,
Doit-on considérer ce que coûte sa mort?
Cessez, vaines frayeurs, cessez, lâches tendresses,
De jeter dans mon cœur vos indignes faiblesses;
Et toi qui les produis par tes soins superflus,
Amour, sers mon devoir, et ne le combats plus :

nisme. Auguste avait évité avec le plus grand soin le nom de roi, même celui de dictateur; il se contentait du titre de *princeps*, prince ou premier du sénat.

Le titre d'*Empereur*, à cette époque, n'avait pas encore le sens de souverain; c'était l'appellation honorifique que portaient les généraux salués vainqueurs sur le champ de bataille.

(1) La suite de la tragédie montrera le contraire; Émilie se fait illusion : elle hait réellement Auguste plus qu'elle n'aime Cinna.

(2) *Mille et mille,* locution vieillie.

Lui céder, c'est ta gloire; et le vaincre, ta honte (1);
Montre-toi généreux, souffrant qu'il te surmonte;
Plus tu lui donneras, plus il te va donner,
Et ne triomphera que pour te couronner (2).

SCÈNE II
ÉMILIE, FULVIE.

ÉMILIE.

Je l'ai juré, Fulvie, et je le jure encore,
Quoique j'aime Cinna, quoique mon cœur l'adore,
S'il me veut posséder, Auguste doit périr (3) :
Sa tête est le seul prix dont il peut m'acquérir (4).
Je lui prescris la loi que mon devoir m'impose.

FULVIE.

Elle a, pour la blâmer, une trop juste cause (5) :
Par un si grand dessein vous vous faites juger
Digne sang de celui que vous voulez venger;
Mais encore une fois, souffrez que je vous die (6)
Qu'une si juste ardeur devrait être attiédie.
Auguste chaque jour, à force de bienfaits,
Semble assez réparer les maux qu'il vous a faits;
Sa faveur envers vous paraît si déclarée,
Que vous êtes chez lui la plus considérée;
Et de ses courtisans souvent les plus heureux
Vous pressent à genoux de lui parler pour eux (7).

(1) Émilie est bien une héroïne de Corneille. Comme dans *le Cid*, comme dans *Horace*, si l'amour est en lutte avec le devoir, c'est le devoir qui l'emporte. Devoir, il est vrai, purement imaginaire, mais enfin accepté pour tel. Voir pages 263 et 268.
(2) Corneille expose dans le *Discours du poème dramatique* sa théorie du monologue en citant à l'appui celui d'Émilie : « Ce n'est pas que je veuille dire que quand un acteur parle seul, il ne puisse instruire l'auditeur de beaucoup de choses; mais il faut que ce soit *par les sentiments d'une passion qui l'agite*, et non pas par une simple narration. Le monologue d'Émilie, qui ouvre le théâtre dans *Cinna*, fait assez connaître qu'Auguste a fait mourir son père, et que pour venger sa mort elle engage son amant à conspirer contre lui; mais c'est *par le trouble et la crainte que le péril où elle expose Cinna, jette dans son âme*, que nous en avons la connaissance. »
(3) Toute la tragédie est fondée sur cette terrible condition.
(4) *Dont* pour *par lequel*. Voir *Gr. fr. hist.*, 655.
(5) *Pour la blâmer*, c.-à-d. *pour qu'on puisse la blâmer*; tour elliptique, vif et concis.
(6) Pour *die*, v. *le Cid*, A. IV, sc. I, p. 111, et *Gr. fr. hist.*, 183.
(7) Fulvie remplit dans cette scène un très beau rôle, celui de la raison. Émilie est sous l'empire de la passion; sa haine l'égare. Fulvie lui fait

ÉMILIE.

Toute cette faveur ne me rend pas mon père;
Et de quelque façon que l'on me considère,
Abondante en richesse, ou puissante en crédit,
Je demeure toujours la fille d'un proscrit.
Ses bienfaits ne font pas toujours ce que tu penses;
D'une main odieuse, ils tiennent lieu d'offenses (1) :
Plus nous en prodiguons à qui nous peut haïr,
Plus d'armes nous donnons à qui nous veut trahir.
Il m'en fait chaque jour sans changer mon courage;
Je suis ce que j'étais, et je puis davantage,
Et des mêmes présents qu'il verse dans mes mains
J'achète contre lui les esprits des Romains;
Je recevrais de lui la place de Livie
Comme un moyen plus sûr d'attenter à sa vie.
Pour qui venge son père il n'est point de forfaits,
Et c'est vendre son sang que se rendre aux bienfaits (2).

FULVIE.

Quel besoin toutefois de passer pour ingrate?
Ne pouvez-vous haïr sans que la haine éclate?
Assez d'autres sans vous n'ont pas mis en oubli
Par quelles cruautés son trône est établi :
Tant de braves Romains, tant d'illustres victimes,
Qu'à son ambition ont immolés ses crimes,
Laissent à leurs enfants d'assez vives douleurs
Pour venger votre perte en vengeant leurs malheurs.
Beaucoup l'ont entrepris, mille autres vont les suivre :
Qui vit haï de tous, ne saurait longtemps vivre.

entendre l'un après l'autre, avec une réserve pleine de discrétion, les motifs les plus capables de l'arrêter dans cette voie funeste : la reconnaissance, le soin de sa réputation, la vie de Cinna.

« Ce n'est, dit Voltaire, qu'une scène de confidente, et elle est sublime. »
La confidente remplace ici le chœur de la tragédie antique. V. HORACE, *Art poét.*, 196-201.

(1) La passion, on le voit, dénature tout; elle corrompt les meilleures choses; les bienfaits deviennent des armes qu'elle tourne contre son bienfaiteur.
Racine a dit dans un sens plus juste (*Brit.*) :
  Un bienfait reproché tint toujours lieu d'offense.

(2) « Quelle affreuse maxime que celle qui est renfermée dans ces beaux vers. C'est être assurément trop bonne fille : il est triste que des hémistiches si éloquents, si mâles, ne prêchent que le meurtre et la barbarie. Si celui que l'on tue a aussi un fils ou une fille, il n'y a plus de fin aux massacres; et les enfants, à force de venger leurs pères, auraient bientôt dépeuplé leur patrie... Ce ne fut jamais le devoir d'une fille de faire massacrer le meurtrier de son père; la vengeance n'est pas une loi, puisque la clémence est une vertu. » (GEOFFROY.)

Remettez à leurs bras les communs intérêts,
Et n'aidez leurs desseins que par des vœux secrets.

ÉMILIE.

Quoi! je le haïrai sans tâcher de lui nuire?
J'attendrai du hasard qu'il ose le détruire?
Et je satisferai des devoirs si pressants (1)
Par une haine obscure et des vœux impuissants?
Sa perte que je veux, me deviendrait amère,
Si quelqu'un l'immolait à d'autres qu'à mon père;
Et tu verrais mes pleurs couler pour son trépas
Qui le faisant périr, ne me vengerait pas (2).
C'est une lâcheté que de remettre à d'autres
Les intérêts publics qui s'attachent aux nôtres.
Joignons à la douceur de venger nos parents
La gloire qu'on remporte à punir les tyrans,
Et faisons publier par toute l'Italie :
« La liberté de Rome est l'œuvre d'Émilie (3);
On a touché son âme, et son cœur s'est épris;
Mais elle n'a donné son amour qu'à ce prix. »

FULVIE.

Votre amour à ce prix n'est qu'un présent funeste
Qui porte à votre amant sa perte manifeste.
Pensez mieux, Émilie, à quoi vous l'exposez,
Combien à cet écueil se sont déjà brisés;
Ne vous aveuglez point, quand sa mort est visible.

ÉMILIE.

Ah! tu sais me frapper par où je suis sensible.
Quand je songe aux dangers que je lui fais courir,
La crainte de sa mort me fait déjà mourir;
Mon esprit en désordre à soi-même s'oppose :
Je veux, et ne veux pas; je m'emporte, et je n'ose;
Et mon devoir, confus, languissant, étonné,
Cède aux rébellions de mon cœur mutiné.

(1) On dit aujourd'hui *satisfaire à son devoir, à ses obligations.* On ne supprime *à* que dans le sens de *contenter* : *satisfaire ses maîtres, son ambition, le goût...* (Ac.)

(2) Racine prête à Hermione le même raffinement de cruauté (*Andromaque*, A. IV, sc. IV) :
    Ma vengeance est perdue,
  S'il ignore en mourant que c'est moi qui le tue.

(3) De la vengeance personnelle, Émilie passe à l'idée de venger Rome. L'affranchissement de sa patrie ne vient qu'en second lieu, et comme pour couvrir l'atrocité de son attentat. C'est ainsi qu'Émilie cherche à tromper sa propre conscience.

ACTE I, SCÈNE III

Tout beau, ma passion, deviens un peu moins forte (1);
Tu vois bien des hasards; ils sont grands, mais n'importe :
Cinna n'est pas perdu pour être hasardé.
De quelques légions qu'Auguste soit gardé,
Quelque soin qu'il se donne, et quelque ordre qu'il tienne,
Qui méprise sa vie, est maître de la sienne (2).
Plus le péril est grand, plus doux en est le fruit;
La vertu nous y jette, et la gloire le suit (3).
Quoi qu'il en soit, qu'Auguste ou que Cinna périsse,
Aux mânes paternels je dois ce sacrifice (4);
Cinna me l'a promis en recevant ma foi,
Et ce coup seul aussi le rend digne de moi.
Il est tard, après tout, de m'en vouloir dédire (5).
Aujourd'hui l'on s'assemble, aujourd'hui l'on conspire;
L'heure, le lieu, le bras se choisit aujourd'hui;
Et c'est à faire enfin à mourir après lui (6).
Mais le voici qui vient.

SCÈNE III

CINNA, ÉMILIE, FULVIE.

ÉMILIE.

Cinna, votre assemblée
Par l'effroi du péril n'est-elle point troublée?
Et reconnaissez-vous aux fronts de vos amis
Qu'ils soient prêts à tenir ce qu'ils vous ont promis?

CINNA.

Jamais contre un tyran entreprise conçue (7)
Ne permit d'espérer une si belle issue;

(1) Apostrophe froide et peu naturelle. — Pour l'expression *tout beau*, v. *Horace*, A. III, sc. VI, p. 211.

(2) La pensée paraît inspirée par Sénèque : « *Quisquis vitam contempsit, tuæ dominus est*, quiconque méprise la vie, est maître de la tienne. » (*Épître* IV.)

(3) Corneille aime les sentences; il excelle à les exprimer en vers concis et frappés.

(4) *Aux mânes...*, nom que les anciens donnaient à l'ombre, à l'âme des morts. On ne l'emploie guère que poétiquement, et dans le style élevé. (Ac.)

(5) Émilie, par ce dernier mot, avoue la faiblesse de ses raisons; si elle marche en avant, c'est qu'il n'est plus temps de reculer. Elle obéit donc à la passion.

(6) *C'est à faire à mourir*, signifie, d'après Littré, il ne reste plus qu'à mourir. Corneille a employé ailleurs la même locution dans le sens de : en être quitte pour, il n'appartient qu'à. L'expression a vieilli.

(7) Ces mots de *tyran*, de *tyrannie*, d'*esclavage*, de *liberté*, d'*affranchissement*, et autres semblables, vont se trouver continuellement sur les lèvres de Cinna et d'Émilie. C'est un besoin pour les conspirateurs de se duper ainsi

Jamais de telle ardeur on n'en jura la mort,
Et jamais conjurés ne furent mieux d'accord;
Tous s'y montrent portés avec tant d'allégresse,
Qu'ils semblent, comme moi, servir une maîtresse;
Et tous font éclater un si puissant courroux,
Qu'ils semblent tous venger un père, comme vous.

ÉMILIE.

Je l'avais bien prévu, que pour un tel ouvrage
Cinna saurait choisir des hommes de courage,
Et ne remettrait pas en de mauvaises mains
L'intérêt d'Émilie et celui des Romains.

CINNA.

Plût aux dieux que vous-même eussiez vu de quel zèle
Cette troupe entreprend une action si belle!
Au seul nom de César, d'Auguste, et d'empereur (1),
Vous eussiez vu leurs yeux s'enflammer de fureur,
Et dans un même instant, par un effet contraire,
Leur front pâlir d'horreur, et rougir de colère (2).
« Amis, leur ai-je dit (3), voici le jour heureux
Qui doit conclure enfin nos desseins généreux :

les uns les autres, et de se faire illusion à eux-mêmes par le prestige de ces grandes images et de ces paroles sonores. Le poète aussi est obligé de jeter quelque intérêt sur un complot qu'il a montré jusqu'ici sous les couleurs véritables d'un odieux parricide.

(1) Octave avait pris avec l'héritage de César, son nom resté populaire dans l'armée ; après la victoire d'Actium, il se fit décerner par le sénat le nom d'*imperator* (d'où le mot empereur), qui lui donnait le commandement de l'armée. Le surnom d'*Auguste* lui ayant été offert par le sénat et par le peuple, il l'accepta avec d'autant plus d'empressement qu'il avait hâte de faire oublier les sanglants souvenirs attachés au nom d'Octave. (L'an 27 av. J.-C.)

(2) Lorsque Michel Baron reparut en 1720, à l'âge de soixante-huit ans, dans le rôle de Cinna, on le vit, dit-on, *pâlir* et *rougir* dans la même minute, comme le vers l'indiquait.

(3) « Ce discours de Cinna est un des plus beaux morceaux d'éloquence que nous ayons dans notre langue. » (VOLT.)

On y trouve, en effet, toutes les qualités de la plus haute éloquence : la force de la pensée, l'éclat des figures, la vivacité des couleurs, la véhémence des sentiments, la variété du ton et de la forme, la richesse, la vigueur, et la précision du style, enfin un mouvement, une animation qui ne se ralentit pas un instant.

Il règne, il est vrai, dans tout ce discours un ton d'emphase et d'exagération ; mais Corneille paraît l'y avoir mis à dessein, pour mieux peindre l'exaltation ordinaire des conspirateurs, surtout lorsque, comme Cinna, ils joignent à la fougue de la jeunesse, l'espoir d'avantages personnels qui enflamme leur ardeur. Ce caractère déclamatoire, qui ailleurs serait un défaut,

Le ciel entre nos mains a mis le sort de Rome,
Et son salut dépend de la perte d'un homme,
Si l'on doit le nom d'homme à qui n'a rien d'humain,
A ce tigre altéré de tout le sang romain.
Combien pour le répandre a-t-il formé de brigues !
Combien de fois changé de partis et de ligues,
Tantôt ami d'Antoine, et tantôt ennemi,
Et jamais insolent ni cruel à demi (1) ! »
Là, par un long récit de toutes les misères
Que durant notre enfance ont enduré nos pères (2),
Renouvelant leur haine avec leur souvenir,
Je redouble en leurs cœurs l'ardeur de le punir.
Je leur fais des tableaux de ces tristes batailles
Où Rome par ses mains déchirait ses entrailles,
Où l'aigle abattait l'aigle (3), *et de chaque côté*
Nos légions s'armaient contre leur liberté (4) ;
Où les meilleurs soldats et les chefs les plus braves
Mettaient toute leur gloire à devenir esclaves ;

est ici une qualité de plus. « Corneille a dû vouloir mettre dans la bouche de Cinna l'éloquence facile de ces républicains mécontents qui ne voient que l'intérêt étroit et mesquin de leur parti, et échauffent les esprits à l'aide de cet appareil oratoire. ». (E. Desjardins, *Corneille historien.*)

(1) On le voit, le portrait n'est point flatté : le tyran qu'il faut abattre, est un tigre altéré de sang, un monstre de cruauté. Mais c'est là le portrait d'Octave, non celui d'Auguste. Les deux premières scènes nous ont appris qu'Auguste, au lieu de sang, aime à répandre des bienfaits. Aussi le spectateur se tient-il en défiance pendant ce terrible réquisitoire, jusqu'à ce que l'accusé vienne à son tour présenter sa défense.

(2) D'après Vaugelas, on hésitait (en 1647) sur le cas du participe précédé de son régime et suivi d'un adjectif ou d'un substantif. En 1687, le P. Chifflet posait en règle qu'il fallait écrire : les lettres que m'a *envoyé* ma mère, parce que le sujet est après le verbe. Voltaire, en 1764, soutenait *enduré* contre les grammairiens qui voulaient l'accord ; et il ajoutait : « Il serait ridicule de dire, *les misères qu'ont souffertes nos pères,* quoiqu'il faille dire, *les misères que nos pères ont souffertes.* » La règle actuelle de l'accord ne s'est bien établie que depuis cinquante ans. Voir *Gr. fr. hist.*, 798.

(3) Lucain, parlant des guerres civiles, avait employé la même image, sous une forme moins vive cependant :
Adversisque obvia signis
Signa, pares aquilas et pila minantia pilis.
Cinna rappelle la bataille de Modène (43) entre Octave et Antoine, et celle de Philippes (42), où les triumvirs triomphèrent de Brutus et de Cassius.

(4) Les grandes et fortes images qui remplissent ces vers, leur donnent une énergie sublime. Quelle vigueur dans ces antithèses et ces alliances de mots : s'armaient *contre leur liberté,* mettaient leur *gloire* à devenir *esclaves,* l'*exécrable honneur,* faisant *aimer* l'*infâme* nom de *traître ;* et plus loin, leur *concorde impie, de leur sanglante paix.*

Où, pour mieux assurer la honte de leurs fers,
Tous voulaient à leur chaîne attacher l'univers;
Et l'exécrable honneur de lui donner un maître
Faisant aimer à tous l'infâme nom de traître,
Romains contre Romains, parents contre parents,
Combattaient seulement pour le choix des tyrans.
J'ajoute à ces tableaux la peinture effroyable
De leur concorde impie, affreuse, inexorable (1),
Funeste aux gens de bien, aux riches, au sénat,
Et, pour tout dire enfin, de leur triumvirat (2);
Mais je ne trouve point de couleurs assez noires
Pour en représenter les tragiques histoires.
Je les peins dans le meurtre à l'envi triomphants,
Rome entière noyée au sang de ses enfants (3) *:*
Les uns assassinés dans les places publiques,
Les autres dans le sein de leurs dieux domestiques;
Le méchant par le prix au crime encouragé;
Le mari par sa femme en son lit égorgé;
Le fils tout dégouttant du meurtre de son père,
Et, sa tête à la main, demandant son salaire (4);
Sans pouvoir exprimer par tant d'horribles traits
Qu'un crayon imparfait de leur sanglante paix (5).
   Vous dirai-je les noms de ces grands personnages
Dont j'ai dépeint les morts pour aigrir les courages,
De ces fameux proscrits, ces demi-dieux mortels,
Qu'on a sacrifiés jusque sur les autels (6)?

(1) Ce vers compte parmi les plus beaux de Corneille. On ne saurait stigmatiser d'une manière plus vigoureuse ces pactes odieux des méchants oubliant un instant leurs haines pour mieux opprimer la patrie.
(2) Octave, Antoine et Lépide formèrent le second triumvirat l'an 43 av. J.-C. Une table de proscription cimenta aussitôt leur alliance. Les traits cités par Corneille sont historiques.
(3) *Noyée au sang...* tour vif pour *noyée dans le sang*. V. Gr. fr. hist., 808.
(4) Allusion à l'horrible trahison du fils de Toranius; v. plus haut, p. 258.
« Dufresne employa une petite adresse qui produisit un grand effet. En commençant ce récit, il cacha derrière lui une de ses mains dans laquelle il tenait son casque surmonté d'un panache rouge; et lorsqu'il fut arrivé à ces vers, il montra subitement le casque et le panache rouge; et les agitant vivement, il sembla présenter aux spectateurs la tête et la chevelure sanglante dont il est question dans les vers de Corneille. Les spectateurs furent saisis de terreur : Dufresne avait réussi. Mais ces sortes de jeux de théâtre, fruits de la combinaison et du calcul, ne peuvent être répétés. » (LEMAZURIER.)
Samson ne voit là qu'un jeu puéril, indigne de la scène tragique.
(5) *Crayon* se dit figurément d'un dessin, d'une esquisse, d'une description.
(6) Les plus illustres victimes de ces proscriptions furent Cicéron, le frère de Lépide, L. César, oncle d'Antoine, C. Toranius, tuteur d'Octave, un frère de Plancus, le beau-père de Pollion.

Mais pourrais-je vous dire à quelle impatience,
A quels frémissements, à quelle violence,
Ces indignes trépas, quoique mal figurés,
Ont porté les esprits de tous nos conjurés?
Je n'ai point perdu temps (1), et voyant leur colère
Au point de ne rien craindre, en état de tout faire,
J'ajoute en peu de mots : « Toutes ces cruautés (2),
La perte de nos biens et de nos libertés,
Le ravage des champs, le pillage des villes,
Et les proscriptions, et les guerres civiles,
Sont les degrés sanglants dont Auguste a fait choix
Pour monter dans le trône et nous donner des lois (3).
Mais nous pouvons changer un destin si funeste,
Puisque de trois tyrans c'est le seul qui nous reste (4),
Et que, juste une fois, il s'est privé d'appui,
Perdant, pour régner seul, deux méchants comme lui.
Lui mort, nous n'avons point de vengeur ni de maître (5);
Avec la liberté Rome s'en va renaître (6);
Et nous mériterons le nom de vrais Romains,
Si le joug qui l'accable, est brisé par nos mains.
Prenons l'occasion tandis qu'elle est propice :
Demain au Capitole il fait un sacrifice (7);

(1) Suppression de l'article, fréquente chez Corneille.

(2) Ces alternatives de discours direct et de style narratif jettent une heureuse variété dans un récit, dont la longueur avait besoin d'être habilement coupée, pour ne point fatiguer l'attention.

(3) Corneille employait plus souvent les prépositions *dans* et *en* avec le mot *trône* que la préposition *sur*, presque seule usitée aujourd'hui.
« Autrefois le mot *trône* désignait soit simplement le siège royal ou pontifical, et dans ce cas on disait : *sur le trône*; soit toute la construction, fermée plus ou moins par des balustres ou par quelque autre clôture, et contenant le siège : ce second sens, qui explique très bien l'emploi des prépositions *dans, en, hors de*, est beaucoup plus fréquent que l'autre, non seulement chez Corneille, mais en général chez les écrivains de son temps. » (Marty-Laveaux.)

(4) Antoine s'était donné la mort en Égypte, après la bataille d'Actium. Lépide, le troisième triumvir, relégué par Auguste à Circéi avec le vain titre de grand-pontife, y mourut obscurément, l'an 13 av. J.-C.

(5) Vaines illusions. Brutus et Cassius s'étaient bercés des mêmes espérances : les ambitieux ne tardèrent pas à se lever pour venger César, ou plutôt pour asservir à leur compte la république.

(6) *S'en va renaître.* On trouve souvent au XVIIe siècle le verbe *s'en aller* suivi d'un infinitif. Racine l'a employé de même dans *Iphigénie* (A. I, sc. V) :

  Et ce triomphe heureux, qui *s'en va devenir*
  L'éternel entretien des siècles à venir.

(7) « C'était, dit Sénèque, pendant qu'il offrirait un sacrifice qu'on devait le frapper, *sacrificantem placuerat adoriri*, v. plus haut, p. 256.

Qu'il en soit la victime, et faisons en ces lieux
Justice à tout le monde, à la face des dieux.
Là, presque pour sa suite il n'a que notre troupe;
C'est de ma main qu'il prend et l'encens et la coupe (1);
Et je veux pour signal que cette même main
Lui donne, au lieu d'encens, d'un poignard dans le sein.
Ainsi d'un coup mortel la victime frappée
Fera voir si je suis du sang du grand Pompée;
Faites voir après moi, si vous vous souvenez
Des illustres aïeux de qui vous êtes nés. »
A peine ai-je achevé, que chacun renouvelle
Par un noble serment le vœu d'être fidèle.
L'occasion leur plaît; mais chacun veut pour soi
L'honneur du premier coup, que j'ai choisi pour moi.
La raison règle enfin l'ardeur qui les emporte :
Maxime et la moitié s'assurent de la porte (2);
L'autre moitié me suit, et doit l'environner,
Prête au moindre signal que je voudrai donner (3).
   Voilà, belle Émilie, à quel point nous en sommes.
Demain j'attends la haine ou la faveur des hommes,
Le nom de parricide ou de libérateur,
César celui de prince ou d'un usurpateur.
Du succès qu'on obtient contre la tyrannie
Dépend ou notre gloire ou notre ignominie;
Et le peuple, inégal à l'endroit des tyrans (4),

---

(1) Auguste avait conféré à Cinna la dignité sacerdotale, v. plus haut Sénèque, p. 256.

(2) Maxime est annoncé ici comme le second chef de la conjuration.

(3) Corneille explique dans l'*Examen* comment il a pu donner au discours de Cinna une si grande étendue et un style si orné. « Pour faire souffrir une narration ornée, il faut que celui qui la fait et celui qui l'écoute aient l'esprit assez tranquille, et s'y plaisent assez pour lui prêter toute la patience qui lui est nécessaire. » Telles sont les dispositions de Cinna et d'Émilie. « C'est pourquoi, quelque longue que soit cette narration, sans interruption aucune, elle n'ennuie point... Si j'avais attendu à la commencer qu'Évandre eût troublé ces deux amants par la nouvelle qu'il leur apporte, Cinna eût été obligé de s'en taire ou de la conclure en six vers, et Émilie n'en eût pu supporter davantage. »

Le récit de Cinna peut se diviser en trois parties :

1° Tableau des guerres civiles;

2° Tableau des proscriptions;

3° Plan de la conjuration; opportunité, gloire, temps et lieu, serment, dispositions prises pour l'exécution.

Les deux premiers tableaux sont faits pour exciter la haine des conjurés contre Auguste; c'est une préparation de la 2ᵉ partie qui comprend l'exposé du complot.

(4) « A *l'endroit de quelqu'un*, à son égard, envers lui. Cette manière de parler a vieilli. » (Ac.)

ACTE I, SCÈNE III

S'il les déteste morts, les adore vivants.
Pour moi, soit que le ciel me soit dur ou propice,
Qu'il m'élève à la gloire, ou me livre au supplice,
Que Rome se déclare ou pour ou contre nous,
Mourant pour vous servir, tout me semblera doux (1).

ÉMILIE.

Ne crains point de succès qui souille ta mémoire :
Le bon et le mauvais sont égaux pour ta gloire ;
Et dans un tel dessein, le manque de bonheur
Met en péril ta vie, et non pas ton honneur.
Regarde le malheur de Brute et de Cassie (2) :
La splendeur de leurs noms en est-elle obscurcie ?
Sont-ils morts tous entiers avec leurs grands desseins (3)?
Ne les compte-t-on plus pour les derniers Romains ?
Leur mémoire dans Rome est encor précieuse
Autant que de César la vie est odieuse ;
Si leur vainqueur y règne, ils y sont regrettés,
Et par les vœux de tous leurs pareils souhaités.
Va marcher sur leurs pas où l'honneur te convie (4) :
Mais ne perds pas le soin de conserver ta vie ;
Souviens-toi du beau feu dont nous sommes épris,
Qu'aussi bien que la gloire, Émilie est ton prix,
Que tu me dois ton cœur, que mes faveurs t'attendent,
Que tes jours me sont chers, que les miens en dépendent (5).
Mais quelle occasion mène Évandre vers nous ?

(1) Cinna se dévoue moins pour Rome que pour Émilie.

(2) Pour cette terminaison des noms romains, v. *Horace*, A. I, sc. I, p. 173. Brutus et Cassius, les meurtriers de César, furent vaincus et se tuèrent à Philippes (42 av. J.-C.).

(3) On dit aujourd'hui *tout entiers*. *Tout* s'accordait généralement du temps de Corneille « Cette expression sublime *mourir tout entier* est prise du latin d'Horace : *Non omnis moriar ; et tout entier* est plus énergique. Racine l'a imitée dans sa belle pièce d'*Iphigénie* :
   Ne laisser aucun nom et *mourir tout entier*. » (Volt.)

(4) « *Convie* est une très belle expression ; elle était très usitée dans le grand siècle de Louis XIV. Il est à souhaiter que ce mot continue d'être en usage. » (Volt.)

(5) Cette scène célèbre se recommande plus encore par son habileté dramatique que par son éclat oratoire. En mettant sous nos yeux les crimes d'Octave sans parler des bienfaits d'Auguste, en montrant la liberté prête à renaître dans le sang de son oppresseur, le poète nous rapproche des conjurés dans la mesure qu'il nous détache d'Auguste. Si nous ne faisons point encore des vœux formels pour le succès de la conjuration, nous sommes du moins ébranlés par l'énergique résolution de Cinna et d'Émilie, et touchés des dangers d'une entreprise qui paraît si grande et si hasardeuse.

SCÈNE IV

CINNA, ÉMILIE, ÉVANDRE, FULVIE.

ÉVANDRE.

Seigneur, César vous mande, et Maxime avec vous (1).

CINNA.

Et Maxime avec moi? Le sais-tu bien, Évandre?

ÉVANDRE.

Polyclète est encor chez vous à vous attendre,
Et fût venu lui-même avec moi vous chercher,
Si ma dextérité n'eût su l'en empêcher;
Je vous en donne avis de peur d'une surprise.
Il presse fort.

ÉMILIE.

Mander les chefs de l'entreprise!
Tous deux! en même temps! Vous êtes découverts.

CINNA.

Espérons mieux, de grâce.

ÉMILIE.

Ah! Cinna, je te perds!
Et les dieux, obstinés à nous donner un maître,
Parmi tes vrais amis ont mêlé quelque traître.
Il n'en faut point douter, Auguste a tout appris.
Quoi? tous deux! et sitôt que le conseil est pris!

CINNA.

Je ne vous puis celer que son ordre m'étonne;
Mais souvent il m'appelle auprès de sa personne;
Maxime est comme moi de ses plus confidents,
Et nous nous alarmons peut-être en imprudents (2).

ÉMILIE.

Sois moins ingénieux à te tromper toi-même,
Cinna; ne porte point mes maux jusqu'à l'extrême;
Et puisque désormais tu ne peux me venger,
Dérobe au moins ta tête à ce mortel danger;
Fuis d'Auguste irrité l'implacable colère.
Je verse assez de pleurs pour la mort de mon père;

---

(1) « L'intrigue est nouée dès le premier acte; le plus grand intérêt et le plus grand péril s'y manifestent : c'est un coup de théâtre. » (VOLT.)

(2) Émilie est épouvantée, Cinna montre plus de sang-froid. L'une agit en femme, sous le coup d'une première impression; l'autre agit en conspirateur habitué déjà à envisager le danger avec calme. Le contraste est bien marqué.

N'aigris point ma douleur par un nouveau tourment,
Et ne me réduis point à pleurer mon amant.

CINNA.

Quoi! sur l'illusion d'une terreur panique,
Trahir vos intérêts et la cause publique!
Par cette lâcheté moi-même m'accuser,
Et tout abandonner quand il faut tout oser!
Que feront nos amis si vous êtes déçue (1)?

ÉMILIE.

Mais que deviendras-tu si l'entreprise est sue?

CINNA.

S'il est pour me trahir des esprits assez bas,
Ma vertu pour le moins ne me trahira pas :
Vous la verrez, brillante au bord des précipices,
Se couronner de gloire en bravant les supplices,
Rendre Auguste jaloux du sang qu'il répandra,
Et le faire trembler alors qu'il me perdra (2).
Je deviendrais suspect à tarder davantage.
Adieu. Raffermissez ce généreux courage.
S'il faut subir le coup d'un destin rigoureux,
Je mourrai tout ensemble heureux et malheureux :
Heureux pour vous servir de perdre ainsi la vie,
Malheureux de mourir sans vous avoir servie (3).

ÉMILIE.

Oui, va, n'écoute plus ma voix qui te retient :
Mon trouble se dissipe, et ma raison revient.
Pardonne à mon amour cette indigne faiblesse.
Tu voudrais fuir en vain, Cinna, je le confesse:
Si tout est découvert, Auguste a su pourvoir
A ne te laisser pas ta fuite en ton pouvoir.
Porte, porte chez lui cette mâle assurance,
Digne de notre amour, digne de ta naissance ;
Meurs, s'il y faut mourir, en citoyen romain,
Et par un beau trépas couronne un beau dessein (4).
Ne crains pas qu'après toi rien ici me retienne :

(1) *Déçue*, c.-à-d. trompée par vos craintes.

(2) Couplet superbe de fierté et de bravoure. On y sent un accent de bravade juvénile, qui sied assez à Cinna.

(3) « Boileau reprenait cet *heureux et malheureux* : il y trouvait trop de recherche et je ne sais quoi d'alambiqué. » (VOLT.) — N'est-ce pas là encore un trait de caractère, pour peindre le courtisan obséquieux d'Émilie?

(4) Après un instant de faiblesse, Émilie reprend sa fierté et son énergie.

Ta mort emportera mon âme vers la tienne;
Et mon cœur aussitôt percé des mêmes coups...

CINNA.

Ah! souffrez que tout mort je vive encore en vous;
Et du moins en mourant permettez que j'espère
Que vous saurez venger l'amant avec le père.
Rien n'est pour vous à craindre; aucun de nos amis
Ne sait ni vos desseins, ni ce qui m'est promis;
Et leur parlant tantôt des misères romaines,
Je leur ai tu la mort qui fait naître nos haines.
De peur que mon ardeur, touchant vos intérêts,
D'un si parfait amour ne trahît les secrets :
Il n'est su que d'Évandre et de votre Fulvie.

ÉMILIE.

Avec moins de frayeur je vais donc chez Livie,
Puisque dans ton péril il me reste un moyen
De faire agir pour toi son crédit et le mien;
Mais si mon amitié par là ne te délivre,
N'espère pas qu'enfin je veuille te survivre;
Je fais de ton destin des règles à mon sort,
Et j'obtiendrai ta vie, ou je suivrai ta mort.

CINNA.

Soyez en ma faveur moins cruelle à vous-même.

ÉMILIE.

Va-t'en, et souviens-toi seulement que je t'aime (1).

(1) La fin de l'acte laisse le spectateur dans les plus vives angoisses. Voltaire dit dans une de ses remarques : « Dans ce premier acte, Cinna et Émilie s'emparent de tout l'intérêt; on tremble qu'ils ne soient découverts. Vous verrez qu'ensuite cet intérêt change, et vous jugerez si c'est un défaut ou non. » L'Académie ne partagea nullement l'opinion de Voltaire, qui se brouilla même avec elle à cette occasion. Il n'est pas vrai, en effet, que Cinna et Émilie s'emparent de tout l'intérêt. Ils excitent bien cet intérêt général de curiosité sympathique qu'on éprouve pour toute personne exposée même par sa faute à quelque danger grave; mais on ne peut raisonnablement s'intéresser au succès de la conspiration. Aussi le personnage auquel nous restons toujours sympathiques, malgré les fureurs d'Émilie et les déclamations de Cinna, c'est Auguste, seul menacé jusqu'ici. « J'avoue, dit Lepan, que la représentation de cette belle tragédie a toujours produit sur moi un effet bien différent de celui indiqué par Voltaire. Je me suis, dès le commencement de la pièce, uniquement intéressé à Auguste, parce que j'ai vu qu'on menaçait sa vie, et que je n'ai pas voulu le juger avant de l'avoir entendu. »

QUESTIONS SUR LE Ier ACTE.

Quel est le sujet du Ier acte ?
Quel personnage ouvre la scène ?
Par qui et comment se fait l'exposition ?
Qualités, défauts, idées principales du monologue d'Émilie.
Quel est le sujet de l'entretien d'Émilie et de Fulvie ?
Quel est le rôle de Fulvie dans cette scène ?
Pourquoi Cinna vient-il trouver Émilie ?
Faites l'analyse littéraire de son récit.
Comment Cinna dépeint-il Auguste ?
Quel est l'effet dramatique de cette scène ?
Comment se noue l'intrigue ?
Quel effet produit le message d'Évandre sur Cinna et sur Émilie ?
Dans quelles dispositions se quittent-ils l'un et l'autre ?
Quels sont les sentiments du spectateur à la fin du Ier acte ?
Est-il vrai que Cinna et Émilie s'emparent de tout l'intérêt ?
Quel est le personnage auquel on s'intéresse le plus ?

ACTE SECOND

La délibération.

SCÈNE I

AUGUSTE, CINNA, MAXIME, TROUPE DE COURTISANS.

AUGUSTE.

Que chacun se retire, et qu'aucun n'entre ici.
Vous, Cinna, demeurez, et vous, Maxime, aussi (1).
(*Tous se retirent, à la réserve de Cinna et de Maxime.*)
Cet empire absolu sur la terre et sur l'onde,
Ce pouvoir souverain que j'ai sur tout le monde,
Cette grandeur sans borne, et cet illustre rang
Qui m'a jadis coûté tant de peine et de sang,
Enfin tout ce qu'adore en ma haute fortune
D'un courtisan flatteur la présence importune (2),

(1) « C'est une chose admirable d'avoir supposé cette délibération d'Auguste avec ceux mêmes qui viennent de faire serment de l'assassiner. » (VOLT.)

(2) « Fénelon, dans sa *Lettre à l'Académie* sur l'éloquence, dit : « Il me paraît qu'on a donné souvent aux Romains un discours fastueux : ils pensaient hautement, mais ils parlaient avec modération... Il ne paraît pas assez de proportion entre l'emphase avec laquelle Auguste parle dans la tragédie de *Cinna* et la modeste simplicité avec laquelle Suétone le dépeint dans tout le détail de ses mœurs. » Il est vrai ; mais ne faut-il pas quelque chose de plus relevé sur le théâtre que dans Suétone? Il y a un milieu à garder entre l'enflure et la simplicité. Il faut avouer que Corneille a quelquefois passé les bornes.

» L'archevêque de Cambrai avait d'autant plus raison de reprendre cette enflure vicieuse, que de son temps les comédiens chargeaient encore ce défaut par la plus ridicule affectation dans l'habillement, dans la déclamation et dans les gestes. On voyait Auguste arriver avec la démarche d'un matamore, coiffé d'une perruque carrée qui descendait par devant jusqu'à la ceinture; cette perruque était farcie de feuilles de laurier et surmontée d'un large chapeau avec deux rangs de plumes rouges. Auguste, ainsi défiguré par des bateleurs gaulois sur un théâtre de marionnettes, était quelque chose de bien étrange. Il se plaçait sur un énorme fauteuil à deux gradins, et Maxime et Cinna étaient sur deux petits tabourets. La déclamation ampoulée répondait parfaitement à cet étalage, et surtout Auguste ne manquait pas de regarder Cinna et Maxime du haut en bas avec un noble dédain, en prononçant ces vers :

Enfin tout ce qu'adore en ma haute fortune
D'un courtisan flatteur la présence importune.

» Il faisait bien sentir que c'était eux qu'il regardait comme des courtisans flatteurs. » (VOLT.)

N'est que de ces beautés dont l'éclat éblouit,
Et qu'on cesse d'aimer sitôt qu'on en jouit.
L'ambition déplaît quand elle est assouvie,
D'une contraire ardeur son ardeur est suivie ;
Et comme notre esprit, jusqu'au dernier soupir,
Toujours vers quelque objet pousse quelque désir,
Il se ramène en soi, n'ayant plus où se prendre,
Et monté sur le faîte, il aspire à descendre (1).
J'ai souhaité l'empire, et j'y suis parvenu ;
Mais en le souhaitant, je ne l'ai pas connu :
Dans sa possession j'ai trouvé pour tous charmes
D'effroyables soucis, d'éternelles alarmes,
Mille ennemis secrets, la mort à tout propos (2) ;
Point de plaisir sans trouble, et jamais de repos (3).
Sylla m'a précédé dans ce pouvoir suprême (4) ;
Le grand César mon père en a joui de même (5) :
D'un œil si différent tous deux l'ont regardé
Que l'un s'en est démis, et l'autre l'a gardé ;
Mais l'un, cruel, barbare, est mort aimé, tranquille,
Comme un bon citoyen dans le sein de sa ville ;
L'autre, tout débonnaire, au milieu du sénat
A vu trancher ses jours par un assassinat.
Ces exemples récents suffiraient pour m'instruire,
Si par l'exemple seul on se devait conduire :
L'un m'invite à le suivre, et l'autre me fait peur ;
Mais l'exemple souvent n'est qu'un miroir trompeur ;
Et l'ordre du destin qui gêne nos pensées,
N'est pas toujours écrit dans les choses passées :
Quelquefois l'un se brise où l'autre s'est sauvé,
Et par où l'un périt, un autre est conservé.
 Voilà, mes chers amis, ce qui me met en peine.

(1) Racine admirait beaucoup ce vers : « Remarquez bien cette expression, disait mon père avec enthousiasme à mon frère. On dit *aspirer à monter* ; mais il faut connaître le cœur humain aussi bien que Corneille l'a connu, pour avoir su dire de l'ambitieux qu'il *aspire à descendre.* » (L. RACINE.)

(2) Le style devient plus simple et l'expression plus familière. Le discours prend ainsi peu à peu le ton d'un épanchement intime qui fait un agréable contraste avec la pompe du début.

(3) Cette peinture de l'ambitieux au pouvoir est frappante de vérité.

(4) Lucius Cornelius Sylla (138-78 av. J.-C.), est célèbre par ses proscriptions et par sa lutte sanglante avec Marius. Nommé dictateur par le Sénat l'an 82, il abdiqua l'an 79, et mourut l'année suivante à Pouzzoles.

(5) César était le grand-oncle d'Auguste et son père adoptif ; devenu maître de l'empire par la victoire de Pharsale et la mort de Pompée, il usa du pouvoir avec une grande modération. Sa clémence n'empêcha point Brutus et Cassius de le poignarder en plein sénat, l'an 44 av. J.-C. Né l'an 100, il avait 56 ans.

Vous, qui me tenez lieu d'Agrippe et de Mécène (1),
Pour résoudre ce point avec eux débattu (2),
Prenez sur mon esprit le pouvoir qu'ils ont eu ;
Ne considérez point cette grandeur suprême,
Odieuse aux Romains, et pesante à moi-même ;
Traitez-moi comme ami, non comme souverain ;
Rome, Auguste, l'État, tout est en votre main :
Vous mettrez et l'Europe, et l'Asie, et l'Afrique,
Sous les lois d'un monarque, ou d'une république ;
Votre avis est ma règle, et par ce seul moyen
Je veux être empereur ou simple citoyen (3).

CINNA.

Malgré notre surprise (4), et mon insuffisance,
Je vous obéirai, Seigneur, sans complaisance,

(1) Agrippa (Vipsanius), général romain, favori et gendre d'Auguste (64-12 av. J.-C.). — Mécène, ami d'Auguste, protecteur d'Horace et de Virgile, mort l'an 8 av. J.-C.

(2) Dion Cassius parle de cet entretien d'Auguste avec ses deux amis ; v. plus haut, p. 262.

D'après Suétone (ch. XXVIII), Auguste songea deux fois à abdiquer, *de reddenda republica bis cogitavit*.

La délibération imaginée par Corneille, a donc pour elle la vraisemblance historique.

Montesquieu nie qu'Auguste ait été de bonne foi dans ses projets d'abdication : « Ce qui fait voir que c'était un jeu, c'est qu'il demanda tous les dix ans qu'on le soulageât de ce poids et qu'il le porta toujours. » (*Grandeur et décadence*..., XIII.) Ce jugement paraît trop sévère : des raisons très graves ont pu déterminer Auguste à garder un pouvoir qu'il eût souhaité de déposer : Rome n'était plus guère en état de porter la liberté. Les guerres civiles n'eussent-elles pas recommencé le lendemain ? Auguste ne pouvait-il pas dire ce que, cinquante ans plus tard, Galba mourant disait à Pison : « Si le corps immense de l'empire pouvait subsister et se mouvoir sans un maître, j'étais digne de rétablir la république. » (TAC., *Hist.*, I. 16.)

(3) « Par quel charme le même homme, représenté au premier acte comme un tyran, paraît-il, dès qu'il se montre, un personnage respectable ?... Pourquoi celui qu'on abhorrait comme triumvir, est-il admiré comme empereur ? Octave était odieux ; Auguste est vénérable... C'est ici qu'il faut admirer la magie du théâtre et la nature du cœur humain : *plerique mortales postrema meminere*, dit Salluste : les dernières impressions sont les plus vives : les hommes oublient les crimes passés en faveur des bonnes actions qui frappent leurs yeux. Les cruautés d'Octave sont dans l'avant-scène ; les vertus d'Auguste occupent le théâtre : son dessein même d'abdiquer, que les historiens attribuent à la politique, est présenté au spectateur comme le sublime de la modération et du patriotisme : Auguste nous paraît digne de ce trône qu'il est prêt à sacrifier au bien public ; on lui pardonne le sang qu'il a versé pour devenir le maître, parce qu'on est persuadé qu'un maître pouvait seul étouffer les factions, détruire l'anarchie, arrêter le sang des citoyens, fermer les plaies de Rome. » (GEOFFROY, 1803.)

(4) « Ce mot, dit Voltaire, est la critique du peu de préparation donnée à cette

Et mets bas le respect qui pourrait m'empêcher
De combattre un avis où vous semblez pencher (1);
Souffrez-le d'un esprit jaloux de votre gloire
Que vous allez souiller d'une tache trop noire,
Si vous ouvrez votre âme à ces impressions,
Jusques à condamner toutes vos actions.
  On ne renonce point aux grandeurs légitimes;
On garde sans remords ce qu'on acquiert sans crimes;
Et plus le bien qu'on quitte est noble, grand, exquis,
Plus qui l'ose quitter, le juge mal acquis.
N'imprimez pas, Seigneur, cette honteuse marque
A ces rares vertus qui vous ont fait monarque;
Vous l'êtes justement, et c'est sans attentat
Que vous avez changé la forme de l'État (2).
Rome est dessous vos lois par le droit de la guerre (3)
Qui sous les lois de Rome a mis toute la terre;
Vos armes l'ont conquise, et tous les conquérants,
Pour être usurpateurs, ne sont pas des tyrans;
Quand ils ont sous leurs lois asservi des provinces,
Gouvernant justement, ils s'en font justes princes.
C'est ce que fit César: il vous faut aujourd'hui
Condamner sa mémoire, ou faire comme lui.
Si le pouvoir suprême est blâmé par Auguste,
César fut un tyran, et son trépas fut juste,
Et vous devez aux dieux compte de tout le sang
Dont vous l'avez vengé pour monter à son rang.
N'en craignez point, Seigneur, les tristes destinées;
Un plus puissant démon veille sur vos années (4) :
On a dix fois sur vous attenté sans effet,
Et qui l'a voulu perdre, au même instant l'a fait.
On entreprend assez, mais aucun n'exécute (5);
Il est des assassins, mais il n'est plus de Brute.

scène. En effet, est-il naturel qu'Auguste veuille ainsi abdiquer tout d'un coup sans aucun sujet, sans aucune raison nouvelle? » C'est justement parce que cette scène n'est pas préparée, qu'elle produit un plus grand effet, et sur les conjurés, et sur les spectateurs. La spontanéité d'Auguste témoigne de sa sincérité et de sa grandeur d'âme. D'autre part, comme la surprise de Cinna et de Maxime les empêche de se concerter, ils parlent chacun suivant son génie et la passion qui le domine.

  (1) L'exorde est insinuant; il ouvre bien le discours hypocrite de Cinna.
  (2) L'étonnement est grand, lorsqu'on entend ces paroles étranges sortir de la bouche d'un conspirateur naguère encore si passionné pour la liberté de Rome. Le poète ne nous découvrira son dessein que plus tard.
  (3) *Dessous vos lois*, v. *Horace*, A. III, sc. III, p. 205.
  (4) *Démon*, c.-à-d. *génie*; v. *Horace*, A. I, sc. III, p. 181.
  (5) Sénèque nomme ces conspirateurs; v. plus haut, p. 256.

Enfin, s'il faut attendre un semblable revers,
Il est beau de mourir maître de l'univers (1).
C'est ce qu'en peu de mots j'ose dire ; et j'estime
Que ce peu que j'ai dit, est l'avis de Maxime (2).

MAXIME.

Oui, j'accorde qu'Auguste a droit de conserver
L'empire où sa vertu l'a fait seule arriver,
Et qu'au prix de son sang, au péril de sa tête,
Il a fait de l'État une juste conquête.
Mais que, sans se noircir, il ne puisse quitter
Le fardeau que sa main est lasse de porter,
Qu'il accuse par là César de tyrannie,
Qu'il approuve sa mort, c'est ce que je dénie (3).
    Rome est à vous, Seigneur, l'empire est votre bien ;
Chacun en liberté peut disposer du sien :
Il le peut à son choix garder, ou s'en défaire ;
Vous seul ne pourriez pas ce que peut le vulgaire,
Et seriez devenu, pour avoir tout dompté,
Esclave des grandeurs où vous êtes monté !
Possédez-les, Seigneur, sans qu'elles vous possèdent ;
Loin de vous captiver, souffrez qu'elles vous cèdent ;
Et faites hautement connaître enfin à tous
Que tout ce qu'elles ont, est au-dessous de vous.
Votre Rome autrefois vous donna la naissance ;
Vous lui voulez donner votre toute-puissance ;
Et Cinna vous impute à crime capital
La libéralité vers le pays natal (4) !
Il appelle remords l'amour de la patrie !
Par la haute vertu la gloire est donc flétrie,
Et ce n'est qu'un objet digne de nos mépris,
Si de ses pleins effets l'infamie est le prix !

(1) Grande et magnifique pensée, bien propre à caresser l'orgueil. Le traître connaît Auguste ; ce sage qui rêve la solitude, n'a vécu jusqu'ici que pour satisfaire son ambition. Après lui avoir démontré que son pouvoir est légitime, que l'abdication serait à la fois sa honte, la condamnation de son passé et la condamnation de son oncle, que sa vie enfin ne court aucun danger, Cinna touche son cœur par le côté sensible, en lui rappelant la douceur du pouvoir suprême.

(2) Cinna craint la franchise de Maxime ; il cherche à lui imposer son avis.

(3) Maxime conseille l'abdication. Pour persuader Auguste, il lui montre :
1° Qu'il peut sans honte et sans crime déposer le pouvoir ;
2° Que ce sera, au contraire, une gloire de le faire ;
3° Que la monarchie étant odieuse à Rome, il a toujours à craindre pour ses jours.

(4) *Vers* pour *envers* ; voir *Horace*, A. IV, sc. II, p. 217.

ACTE II, SCÈNE I 291

Je veux bien avouer qu'une action si belle
Donne à Rome bien plus que vous ne tenez d'elle ;
Mais commet-on un crime indigne de pardon,
Quand la reconnaissance est au-dessus du don ?
Suivez, suivez, Seigneur, le ciel qui vous inspire :
Votre gloire redouble à mépriser l'empire (1) ;
Et vous serez fameux chez la postérité,
Moins pour l'avoir conquis que pour l'avoir quitté.
Le bonheur peut conduire à la grandeur suprême (2) ;
Mais pour y renoncer il faut la vertu même ;
Et peu de généreux vont jusqu'à dédaigner (3),
Après un sceptre acquis, la douceur de régner (4).
Considérez d'ailleurs que vous régnez dans Rome,
Où, de quelque façon que votre cour vous nomme,
On hait la monarchie ; et le nom d'empereur,
Cachant celui de roi, ne fait pas moins d'horreur.
Ils passent pour tyran quiconque s'y fait maître (5) ;
Qui le sert, pour esclave ; et qui l'aime, pour traître ;
Qui le souffre a le cœur lâche, mol, abattu (6),
Et pour s'en affranchir, tout s'appelle vertu (7).
Vous en avez, Seigneur, des preuves trop certaines :
On a fait contre vous dix entreprises vaines ;
Peut-être que l'onzième est prête d'éclater (8),

(1) Pour cet emploi de *à*, v. *le Cid*, A. I, sc. I, p. 58 ; et *Gr. fr. hist.*, 753.

(2) *Le bonheur*, c.-à-d. la faveur de la fortune, indépendante du mérite. C'est dans ce sens qu'on avait appelé Pompée *le plus heureux des hommes*, comme s'il disposait de la Fortune qui avait fait réussir toutes ses entreprises. Cf. Cicéron, *pro lege Manilia*.

(3) *Peu de généreux* ; cf. *le Cid*, A. IV, sc. V :
  Qui serait *ce vaillant*, ou bien *ce téméraire* ?
et *Nicomède*, A. V, sc. VI :
  Parmi *les généreux*, il n'en va pas de même.
Bossuet a dit aussi : « Et pensant en faire *un généreux*, n'en ferons-nous pas un rebelle ? »

(4) *Après un sceptre acquis*, latinisme ; pour *après avoir acquis un sceptre*. Cf. *le Cid*, A. V, sc. I :
  Après la mort du Comte, et les Mores défaits.

(5) *Passer pour* est employé ici activement, dans le sens de *regarder comme*, *faire passer pour*. Cette expression revient encore dans *Rodogune*, A. IV, 503, et dans *Nicomède*, A. V, 560 ; on la trouve aussi dans les *Mémoires* du cardinal de Retz : « Le roi *passa* son duel *pour* une rencontre. »

(6) Pour *mol*, v. *Horace*, A. III, sc. V, p. 209.

(7) Corneille retrace ici avec une vigueur rare deux des traits les plus saillants du vieux Romain : son amour de la liberté et son horreur pour la royauté.

(8) Du temps de Corneille, on faisait l'élision sur *onze* et *onzième*. Vaugelas disait à ce sujet : « *Le onzième*. Plusieurs parlent et écrivent ainsi, mais très

Et que ce mouvement qui vous vient d'agiter
N'est qu'un avis secret que le ciel vous envoie,
Qui pour vous conserver n'a plus que cette voie.
Ne vous exposez plus à ces fameux revers.
Il est beau de mourir maître de l'univers;
Mais la plus belle mort souille notre mémoire,
Quand nous avons pu vivre et croître notre gloire (1).

CINNA.

Si l'amour du pays doit ici prévaloir,
C'est son bien seulement que vous devez vouloir (2);
Et cette liberté qui lui semble si chère,
N'est pour Rome, Seigneur, qu'un bien imaginaire,

mal. Il faut dire l'*onzième.* » Aujourd'hui *o* est aspiré dans *onze* et *onzième*; cependant, d'après l'Académie, « on peut dire dans la conversation : il n'en est resté *qu'onze*; quelques-uns disent encore, *l'onzième.* »

Pour *prête d'éclater*, v. *Horace*, A. II, sc. III, p. 189.

(1) Le discours de Maxime est une réfutation parfaite de celui de Cinna; il n'a laissé aucun de ses arguments sans réponse. Il reprend même textuellement le dernier vers de Cinna qui aurait pu éblouir l'esprit d'Auguste, pour montrer qu'une vie glorieuse doit l'emporter sur le plaisir de mourir sur un trône.

(2) Une nouvelle discussion s'engage ici. Ce n'est plus la personne d'Auguste qui est en jeu : Cinna pose la question générale de la meilleure forme de gouvernement. Il opine pour la monarchie, afin de décider Auguste à garder le pouvoir, pour mieux assurer le bonheur de Rome. Maxime, au contraire, pour l'en détourner, soutient que le régime républicain est le seul qui convienne aux Romains.

Cette fameuse discussion rappelle celle des trois chefs persans, Otanès, Mégabyse et Darius, après le massacre des mages. Hérodote, qui rapporte leurs discours (L. III), paraît avoir inspiré à Corneille plusieurs de ses plus belles sentences.

Otanès est partisan de la démocratie.

Mégabyse parle en faveur du gouvernement oligarchique, et combat l'état populaire :

« Rien, dit-il, de plus irréfléchi et de plus insolent que la foule stupide. Il est absolument insupportable que des hommes qui veulent éviter l'insolence d'un tyran, retombent sous l'insolence d'un peuple désordonné... Comment connaîtrait-il les affaires, lui qui n'a jamais rien appris, et ne distingue ni le bien ni l'utile? Il se jette sur les affaires comme un torrent dévastateur. »

Darius, comme Cinna, est pour la monarchie : « De ces trois formes, dit-il, je soutiens que la monarchie est de beaucoup la meilleure. Car rien n'est préférable à un seul maître, s'il est bon... Dans une oligarchie, on voit éclater d'ordinaire des haines violentes qui divisent; chacun veut être le maître et faire prévaloir ses idées; on en vient à se haïr : de là les discordes, puis les massacres... Si le peuple est souverain, il est impossible d'empêcher les méchants de triompher; quand ces méchants oppriment l'État, loin de se haïr, ils s'unissent par de solides amitiés pour mieux accabler le peuple, jusqu'à ce qu'un homme se lève pour le défendre contre leur tyrannie. » (Cf. E. DESJARDIN, *Corneille historien.*)

ACTE II, SCÈNE I

Plus nuisible qu'utile, et qui n'approche pas
De celui qu'un bon prince apporte à ses États.
  Avec ordre et raison les honneurs il dispense (1),
Avec discernement punit et récompense,
Et dispose de tout en juste possesseur,
Sans rien précipiter de peur d'un successeur (2).
Mais quand le peuple est maître, on n'agit qu'en tumulte ;
La voix de la raison jamais ne se consulte ;
Les honneurs sont vendus aux plus ambitieux,
L'autorité livrée aux plus séditieux.
Ces petits souverains qu'il fait pour une année,
Voyant d'un temps si court leur puissance bornée,
Des plus heureux desseins font avorter le fruit,
De peur de le laisser à celui qui les suit.
Comme ils ont peu de part aux biens dont ils ordonnent,
Dans le champ du public largement ils moissonnent (3),
Assurés que chacun leur pardonne aisément,
Espérant à son tour un pareil traitement :
Le pire des États, c'est l'État populaire (4).

AUGUSTE.

Et toutefois le seul qui dans Rome peut plaire.
Cette haine des rois, que depuis cinq cents ans
Avec le premier lait sucent tous ses enfants,
Pour l'arracher des cœurs, est trop enracinée.

MAXIME.

Oui, Seigneur, dans son mal Rome est trop obstinée ;
Son peuple, qui s'y plaît, en fuit la guérison :
Sa coutume l'emporte, et non pas la raison (5) ;

---

(1) *Les honneurs il dispense.* Cette place du régime direct avant son verbe, très rare au XVIIe siècle, est un reste de la construction du vieux français calqué sur le latin.

(2) Cinna oppose les avantages du gouvernement monarchique aux excès de la démocratie. Ces deux tableaux sont tracés de main de maître.

(3) « Quelle prodigieuse supériorité de la belle poésie sur la prose ! Tous les écrivains politiques ont délayé ces pensées ; aucun a-t-il approché de la force, de la profondeur, de la netteté, de la précision de ces discours de Cinna et de Maxime ? Tous les corps de l'État auraient dû assister à cette pièce pour apprendre à penser et à parler. » (VOLT.)

C'est dans le génie mâle et profond de Corneille, plus encore que dans la supériorité de la poésie sur la prose, qu'il faut chercher la raison de la perfection inimitable de ces discours.

(4) Bossuet a dit presque dans les mêmes termes : « L'État populaire, le pire de tous. » (Ve *Avertissement aux protestants.*)

(5) Le rôle de Maxime est fort délicat : il est abandonné par Cinna, et il semble parler contre Auguste. Aussi ne plaide-t-il que le fait, en désertant la

Et cette vieille erreur, que Cinna veut abattre,
Est une heureuse erreur dont il est idolâtre,
Par qui le monde entier, asservi sous ses lois,
L'a vu cent fois marcher sur la tête des rois,
Son épargne s'enfler du sac de leurs provinces.
Que lui pouvaient de plus donner les meilleurs princes?
   J'ose dire, Seigneur, que par tous les climats
Ne sont pas bien reçus toutes sortes d'États;
Chaque peuple a le sien conforme à sa nature,
Qu'on ne saurait changer sans lui faire une injure :
Telle est la loi du ciel, dont la sage équité
Sème dans l'univers cette diversité.
Les Macédoniens aiment le monarchique,
Et le reste des Grecs la liberté publique;
Les Parthes, les Persans veulent des souverains,
Et le seul consulat est bon pour les Romains.

CINNA.

Il est vrai que du ciel la prudence infinie
Départ à chaque peuple un différent génie ;
Mais il n'est pas moins vrai que cet ordre des cieux
Change selon les temps comme selon les lieux.
Rome a reçu des rois ses murs et sa naissance;
Elle tient des consuls sa gloire et sa puissance,
Et reçoit maintenant de vos rares bontés
Le comble souverain de ses prospérités.
Sous vous, l'État n'est plus en pillage aux armées ;
Les portes de Janus par vos mains sont fermées,
Ce que sous ses consuls on n'a vu qu'une fois,
Et qu'a fait voir comme eux le second de ses rois (1).

MAXIME.

Les changements d'État que fait l'ordre céleste
Ne coûtent point de sang, n'ont rien qui soit funeste.

CINNA.

C'est un ordre des dieux qui jamais ne se rompt,
De nous vendre un peu cher les grands biens qu'ils nous font.
L'exil des Tarquins même ensanglanta nos terres,
Et nos premiers consuls nous ont coûté des guerres.

question de fond où du reste il se sent moins fort. D'après Maxime, la république, moins bonne en principe que l'État monarchique, est pour Rome, comme le prouve du reste la conquête du monde, le meilleur des gouvernements.

(1) Le temple de Janus annonçait la guerre quand il était ouvert, et la paix, quand il était fermé. Il resta fermé pendant tout le règne de Numa. Sous la république, il ne se ferma qu'une fois et pour peu de temps, l'an 238.

MAXIME.

Donc votre aïeul Pompée au ciel a résisté,
Quand il a combattu pour notre liberté (1)?

CINNA.

Si le ciel n'eût voulu que Rome l'eût perdue,
Par les mains de Pompée il l'aurait défendue (2) :
Il a choisi sa mort pour servir dignement
D'une marque éternelle à ce grand changement,
Et devait cette gloire aux mânes d'un tel homme,
D'emporter avec eux la liberté de Rome.
Ce nom depuis longtemps ne sert qu'à l'éblouir,
Et sa propre grandeur l'empêche d'en jouir.
Depuis qu'elle se voit la maîtresse du monde,
Depuis que la richesse entre ses murs abonde,
Et que son sein, fécond en glorieux exploits,
Produit des citoyens plus puissants que des rois,
Les grands, pour s'affermir achetant les suffrages,
Tiennent pompeusement leurs maîtres à leurs gages,
Qui, par des fers dorés se laissant enchaîner,
Reçoivent d'eux les lois qu'ils pensent leur donner (3).
Envieux l'un de l'autre, ils mènent tout par brigues
Que leur ambition tourne en sanglantes ligues.
Ainsi de Marius Sylla devint jaloux ;
César, de mon aïeul ; Marc Antoine, de vous ;
Ainsi la liberté ne peut plus être utile
Qu'à former les fureurs d'une guerre civile,
Lorsque, par un désordre à l'univers fatal,
L'un ne veut point de maître, et l'autre point d'égal (4).
  Seigneur, pour sauver Rome, il faut qu'elle s'unisse

(1) L'objection est forte pour Cinna. Il y répond sans sacrifier l'honneur du grand Pompée.

(2) C'est un souvenir de Virgile (*En.*, II, 291) :
    Si Pergama dextra
  Defendi possent, etiam hac defensa fuissent.
« Si Troie (dit Hector à Énée) avait pu être défendue par le bras d'un mortel, elle l'aurait été par celui-ci. »

(3) Corneille résume dans ce tableau l'histoire sanglante du dernier siècle de la république : brigues, corruption, complots, rivalités, guerres civiles. Le peuple-roi était l'esclave et le jouet de quelques ambitieux. « O ville vénale, s'écriait Jugurtha ; il ne te manque qu'un acheteur. »

(4) C'est la traduction du vers de Lucain (*Phars.*) :
    Nec quemquam jam ferre potest Cæsarve priorem,
    Pompeiusve parem.
« César ne peut plus souffrir de maître, ni Pompée d'égal. »

En la main d'un bon chef à qui tout obéisse (1).
Si vous aimez encore à la favoriser,
Otez-lui les moyens de se plus diviser.
Sylla, quittant la place enfin bien usurpée,
N'a fait qu'ouvrir le champ à César et Pompée,
Que le malheur des temps ne nous eût pas fait voir,
S'il eût dans sa famille assuré son pouvoir.
Qu'a fait du grand César le cruel parricide,
Qu'élever contre vous Antoine avec Lépide,
Qui n'eussent pas détruit Rome par les Romains,
Si César eût laissé l'empire entre vos mains (2)?
Vous la replongerez, en quittant cet empire,
Dans les maux dont à peine encore elle respire,
Et de ce peu, Seigneur, qui lui reste de sang,
Une guerre nouvelle épuisera son flanc.
  Que l'amour du pays, que la pitié vous touche;
Votre Rome à genoux vous parle par ma bouche (3).
Considérez le prix que vous avez coûté;
Non pas qu'elle vous croie avoir trop acheté (4):
Des maux qu'elle a soufferts elle est trop bien payée.
Mais une juste peur tient son âme effrayée.
Si, jaloux de son heur, et las de commander,
Vous lui rendez un bien qu'elle ne peut garder,
S'il lui faut à ce prix en acheter une autre,

(1) Cinna soutient sa thèse avec des raisons plus convaincantes et un accent plus persuasif que Maxime. Il le fallait pour le but que se proposait Corneille. Auguste devait sortir de ce conseil plus décidé que jamais à garder le pouvoir. En adoptant l'avis de Cinna, il devait lui témoigner sa reconnaissance par un redoublement de confiance et de libéralité. La raison dramatique suffisait à Corneille pour faire parler Cinna comme il parle; s'il se fait le panégyriste de la monarchie, c'est avant tout pour répondre à une situation théâtrale.

(2) « Quel terrible spectacle que celui d'un État dont on assassine le chef sous le prétexte de la liberté, et qui tombe dans les horreurs de l'anarchie et du brigandage! Le meurtre de Jules César, victime du fanatisme aristocratique, fut une calamité pour Rome et pour l'univers. Le crime du sénat fut expié par quinze ans de carnage. » (GEOFFROY.)

(3) Cinna, aux genoux d'Auguste et le pressant au nom de Rome de garder l'empire, pour avoir la triste gloire de massacrer un tyran, c'est le fanatisme politique poussé aux dernières limites de l'hypocrisie. « Si Auguste abdique, Cinna ne venge ni la patrie ni Émilie : la bassesse, la fourberie s'ennoblissent alors à ses yeux, quand elles peuvent le conduire à ces deux grands résultats. » (GEOFFROY.)

L'incertitude où l'on est encore sur le véritable dessein du traître, le fait supporter jusqu'au bout avec une surprise et une anxiété croissantes.

(4) « *Prope est ut exclamem, tanti fuisse,* » disait Pline le Jeune en parlant à Trajan; j'oserais presque dire que vous avez valu ce que vous nous avez coûté. » (*Panégyrique.*)

Si vous ne préférez son intérêt au vôtre,
Si ce funeste don la met au désespoir,
Je n'ose dire ici ce que j'ose prévoir.
Conservez-vous, Seigneur, en lui laissant un maître
Sous qui son vrai bonheur commence de renaître ;
Et pour mieux assurer le bien commun de tous,
Donnez un successeur qui soit digne de vous (1).

AUGUSTE.

N'en délibérons plus, cette pitié l'emporte.
Mon repos m'est bien cher, mais Rome est la plus forte (2) ;
Et quelque grand malheur qui m'en puisse arriver,
Je consens à me perdre afin de la sauver.
Pour ma tranquillité mon cœur en vain soupire :
Cinna, par vos conseils je retiendrai l'empire ;
Mais je le retiendrai pour vous en faire part.
Je vois trop que vos cœurs n'ont point pour moi de fard,
Et que chacun de vous, dans l'avis qu'il me donne,
Regarde seulement l'État et ma personne.
Votre amour en tous deux fait ce combat d'esprits (3),
Et vous allez tous deux en recevoir le prix.
   Maxime, je vous fais gouverneur de Sicile :
Allez donner mes lois à ce terroir fertile ;
Songez que c'est pour moi que vous gouvernerez,
Et que je répondrai de ce que vous ferez (4).
Pour épouse, Cinna, je vous donne Émilie (5) :
Vous savez qu'elle tient la place de Julie (6),

---

(1) Cette péroraison pathétique où Cinna laisse entrevoir je ne sais quelle vengeance farouche d'un peuple en délire, doit achever la persuasion.

(2) Auguste s'est montré grand par sa disposition à abdiquer ; il se montre plus grand ici, en gardant le pouvoir pour le bien de la patrie, au risque même de ses jours.

(3) *Combat d'esprits,* c.-à-d. de sentiments ; expression empruntée au latin : *animorum certamen.*

(4) On reconnaît à ce langage le vrai chef d'État, le prince qui porte la responsabilité de tout l'empire.

(5) « Tout lecteur voit dans ce vers la perfection de l'art. Auguste donne à Cinna sa fille adoptive, que Cinna veut obtenir par l'assassinat d'Auguste. » (VOLT.)

(6) Julie, fille d'Auguste et de Scribonie, épousa successivement le jeune Marcellus, Agrippa et Tibère. Auguste l'exila pour ses déportements, dans l'île de Pandatarie où Tibère, devenu empereur, la laissa mourir de faim. Le poète a été très heureux en imaginant cette adoption d'Émilie par Auguste : il met ainsi les sentiments de la reconnaissance en lutte avec la passion. Aristote recommande comme très propres à la tragédie, les actions qui mettent aux prises des gens que la naissance ou l'affection attache aux intérêts l'un de

Et que si nos malheurs et la nécessité
M'ont fait traiter son père avec sévérité,
Mon épargne depuis en sa faveur ouverte
Doit avoir adouci l'aigreur de cette perte.
Voyez-la de ma part, tâchez de la gagner :
Vous n'êtes point pour elle un homme à dédaigner ;
De l'offre de vos vœux elle sera ravie.
Adieu : j'en veux porter la nouvelle à Livie (1).

SCÈNE II

CINNA, MAXIME.

MAXIME.

Quel est votre dessein après ces beaux discours (2)?

CINNA.

Le même que j'avais et que j'aurai toujours.

MAXIME.

Un chef de conjurés flatte la tyrannie !

CINNA.

Un chef de conjurés la veut voir impunie !

MAXIME.

Je veux voir Rome libre.

CINNA.

Et vous pouvez juger
Que je veux l'affranchir ensemble et la venger.
Octave aura donc vu ses fureurs assouvies,
Pillé jusqu'aux autels, sacrifié nos vies,

l'autre ; car « l'auditeur se porte aisément à plaindre un malheureux opprimé ou poursuivi par une personne qui devrait s'intéresser à sa conservation. » (*Disc. de la trag.;* v. *le Cid*, p. 22.)

(1) « Cette scène est d'un genre dont il n'y avait aucun exemple ni chez les anciens ni chez les modernes : détachez-la de la pièce, c'est un chef-d'œuvre d'éloquence ; incorporée à la pièce, c'est un chef-d'œuvre encore plus grand.

» Elle est beaucoup plus difficile à jouer qu'aucune autre : elle exigerait trois acteurs d'une figure imposante, et qui eussent autant de noblesse dans la voix et dans les gestes qu'il y en a dans les vers ; c'est ce qui ne s'est jamais rencontré. » (VOLT.)

(2) Cette scène est nécessaire pour l'entière intelligence de la précédente. Il faut une explication entre Cinna et Maxime. Les deux chefs de la conjuration se sont trouvés en désaccord par l'attitude étrange prise par Cinna. Cinna montre à Maxime que rien n'est changé dans sa haine et dans ses projets de vengeance ; que c'est pour mieux en assurer le succès, qu'il a décidé Auguste à rester sur le trône.

Rempli les champs d'horreur, comblé Rome de morts,
Et sera quitte après pour l'effet d'un remords !
Quand le ciel par nos mains à le punir s'apprête,
Un lâche repentir garantira sa tête (1) !
C'est trop semer d'appâts, et c'est trop inviter
Par son impunité quelque autre à l'imiter.
Vengeons nos citoyens, et que sa peine étonne
Quiconque après sa mort aspire à la couronne.
Que le peuple aux tyrans ne soit plus exposé :
S'il eût puni Sylla, César eût moins osé.

MAXIME.

Mais la mort de César, que vous trouvez si juste,
A servi de prétexte aux cruautés d'Auguste.
Voulant nous affranchir, Brute s'est abusé ;
S'il n'eût puni César, Auguste eût moins osé.

CINNA.

La faute de Cassie, et ses terreurs paniques,
Ont fait rentrer l'État sous des lois tyranniques ;
Mais nous ne verrons point de pareils accidents,
Lorsque Rome suivra des chefs moins imprudents.

MAXIME.

Nous sommes encor loin de mettre en évidence
Si nous nous conduirons avec plus de prudence ;
Cependant c'en est peu que de n'accepter pas
Le bonheur qu'on recherche au péril du trépas.

CINNA.

C'en est encor bien moins, alors qu'on s'imagine
Guérir un mal si grand sans couper la racine ;
Employer la douceur à cette guérison,
C'est, en fermant la plaie, y verser du poison.

MAXIME.

Vous la voulez sanglante, et la rendez douteuse.

CINNA.

Vous la voulez sans peine, et la rendez honteuse (2).

MAXIME.

Pour sortir de ses fers, jamais on ne rougit.

CINNA.

On en sort lâchement, si la vertu n'agit.

(1) Ces vers rendent bien raison de la conduite de Cinna.
(2) Cette dispute, où chacun des deux chefs défend son avis avec vivacité, ne sert qu'à faire éclater davantage leur dissentiment : on pressent une rupture qui fera avorter la conjuration.

MAXIME.

Jamais la liberté ne cesse d'être aimable ;
Et c'est toujours pour Rome un bien inestimable.

CINNA.

Ce ne peut être un bien qu'elle daigne estimer,
Quand il vient d'une main lasse de l'opprimer :
Elle a le cœur trop bon pour se voir avec joie
Le rebut du tyran dont elle fut la proie ;
Et tout ce que la gloire a de vrais partisans
Le hait trop puissamment pour aimer ses présents.

MAXIME.

Donc pour vous Émilie est un objet de haine (1)?

CINNA.

La recevoir de lui me serait une gêne.
Mais quand j'aurai vengé Rome des maux soufferts,
Je saurai le braver jusque dans les enfers.
Oui, quand par son trépas je l'aurai méritée,
Je veux joindre à sa main ma main ensanglantée,
L'épouser sur sa cendre, et qu'après notre effort
Les présents du tyran soient le prix de sa mort (2).

MAXIME.

Mais l'apparence, ami, que vous puissiez lui plaire,
Teint du sang de celui qu'elle aime comme un père?
Car vous n'êtes pas homme à la violenter.

CINNA.

Ami, dans ce palais on peut nous écouter,
Et nous parlons peut-être avec trop d'imprudence
Dans un lieu si mal propre à notre confidence :
Sortons ; qu'en sûreté j'examine avec vous
Pour en venir à bout les moyens les plus doux (3).

(1) La question de Maxime cache une arrière-pensée ; on soupçonne des vues secrètes qui donneront un rival à Cinna.

(2) Le langage de Cinna est empreint d'une énergie sauvage qui rappelle Émilie. Aussi bien les deux caractères ont cela de commun dans leur diversité, qu'un même fanatisme les exalte jusqu'au délire, Émilie avec une haine plus profonde, Cinna avec des transports plus éclatants, mais moins durables.

(3) Ce second acte est sans contredit l'un des plus imposants et des plus dramatiques qu'il y ait au théâtre. On l'écoute avec un intérêt où la curiosité se mêle à l'anxiété, la surprise à l'admiration. Auguste a conquis toutes nos sympathies ; les conjurés sortent amoindris et divisés. Mais leur haine contre Auguste n'est pas éteinte ; leur poignard reste levé sur la tête de leur bienfaiteur.

QUESTIONS SUR LE IIe ACTE.

Que se passe-t-il dans le second acte ?
Quel est le mérite dramatique du conseil tenu par Auguste ?
Faites l'analyse littéraire de cette délibération.
Quel langage y tient Auguste ? Quel est son but ?
Ses projets d'abdication étaient-ils sincères ?
Quelle est l'attitude de Cinna ? Quel conseil donne-t-il à Auguste, et de quelles raisons l'appuie-t-il ?
Que conseille Maxime, et comment réfute-t-il Cinna ?
Comment Cinna et Maxime discutent-ils la question de la meilleure forme de gouvernement ?
Quelle est celle que préfère Cinna ? Laquelle préfère Maxime ?
Quel modèle a suivi Corneille dans cette discussion ?
Comment Cinna expose-t-il les inconvénients de la démocratie ?
Comment termine-t-il son discours ?
Quel parti prend Auguste ?
Comment récompense-t-il Cinna et Maxime ?
Quelle dispute s'élève ensuite entre les deux conspirateurs ?
Quel est le dessein de Cinna ? quel est celui de Maxime ?
Quel est le mérite du second acte ?

ACTE TROISIÈME

Les remords de Cinna.

SCÈNE I
MAXIME, EUPHORBE.

MAXIME.

Lui-même il m'a tout dit : leur flamme est mutuelle;
Il adore Émilie, il est adoré d'elle ;
Mais sans venger son père il n'y peut aspirer;
Et c'est pour l'acquérir qu'il nous fait conspirer (1).

EUPHORBE.

Je ne m'étonne plus de cette violence
Dont il contraint Auguste à garder sa puissance :
La ligue se romprait s'il s'en était démis,
Et tous vos conjurés deviendraient ses amis.

MAXIME.

Ils servent à l'envi la passion d'un homme
Qui n'agit que pour soi, feignant d'agir pour Rome (2),
Et moi, par un malheur qui n'eut jamais d'égal,
Je pense servir Rome, et je sers mon rival (3).

EUPHORBE.

Vous êtes son rival?

MAXIME.

Oui, j'aime sa maîtresse,
Et l'ai caché toujours avec assez d'adresse;
Mon ardeur inconnue, avant que d'éclater,
Par quelque grand exploit la voulait mériter.
Cependant par mes mains je vois qu'il me l'enlève;
Son dessein fait ma perte, et c'est moi qui l'achève;
J'avance des succès dont j'attends le trépas,

(1) Maxime a percé le mystère; il voit qu'il a un rival qui l'abuse.
(2) C'est là tout Cinna, tout son égoïsme, toute sa fourberie.
(3) La jalousie de Maxime va rompre une union fondée principalement sur l'égoïsme.

Et pour m'assassiner je lui prête mon bras.
Que l'amitié me plonge en un malheur extrême (1) !

EUPHORBE.

L'issue en est aisée : agissez pour vous-même ;
D'un dessein qui vous perd, rompez le coup fatal (2) ;
Gagnez une maîtresse, accusant un rival.
Auguste, à qui par là vous sauverez la vie,
Ne vous pourra jamais refuser Émilie.

MAXIME.

Quoi ! trahir mon ami !

EUPHORBE.

L'amour rend tout permis ;
Un véritable amant ne connaît point d'amis,
Et même avec justice on peut trahir un traître
Qui pour une maîtresse ose trahir son maître :
Oubliez l'amitié, comme lui les bienfaits.

MAXIME.

C'est un exemple à fuir que celui des forfaits.

EUPHORBE.

Contre un si noir dessein tout devient légitime ;
On n'est point criminel, quand on punit un crime (3).

MAXIME.

Un crime par qui Rome obtient sa liberté !

EUPHORBE.

Craignez tout d'un esprit si plein de lâcheté.
L'intérêt du pays n'est point ce qui l'engage ;
Le sien, et non la gloire, anime son courage.
Il aimerait César, s'il n'était amoureux,
Et n'est enfin qu'ingrat, et non pas généreux.
Pensez-vous avoir lu jusqu'au fond de son âme ?
Sous la cause publique il vous cachait sa flamme,

---

(1) Cette scène est froide, parce qu'on ne peut s'intéresser à un personnage qui subordonne les intérêts publics aux préoccupations mesquines d'un amour égoïste.

(2) *Rompre*, au figuré, est fréquent au XVIᵉ et au XVIIᵉ siècle dans le sens d'*arrêter violemment.* Cf. *Nicomède*, A. I, sc. I, *rompre les spectacles* ; et plus loin, *rompre ses coups, rompre votre entreprise.* Bossuet a dit de même : « Dieu *rompit* ce dessein impie. » (*Hist. univ.*)

(3) Euphorbe est de la triste race des affranchis : la trahison lui paraît toute naturelle, et pour appuyer son conseil perfide, il débite les maximes les plus infâmes. Cf. Narcisse dans *Britannicus*, surtout A. II, sc. III, et A. IV, sc. IV ; Martian et Lacus dans *Othon*, A. II, sc. II et sc. IV.

Et peut cacher encor sous cette passion
Les détestables feux de son ambition.
Peut-être qu'il prétend après la mort d'Octave,
Au lieu d'affranchir Rome, en faire son esclave,
Qu'il vous compte déjà pour un de ses sujets,
Ou que sur votre perte il fonde ses projets.

MAXIME.

Mais comment l'accuser sans nommer tout le reste?
A tous nos conjurés l'avis serait funeste,
Et par là nous verrions indignement trahis
Ceux qu'engage avec nous le seul bien du pays.
D'un si lâche dessein mon âme est incapable :
Il perd trop d'innocents pour punir un coupable.
J'ose tout contre lui, mais je crains tout pour eux.

EUPHORBE.

Auguste s'est lassé d'être si rigoureux;
En ces occasions, ennuyé de supplices,
Ayant puni les chefs, il pardonne aux complices.
Si toutefois pour eux vous craignez son courroux,
Quand vous lui parlerez, parlez au nom de tous.

MAXIME.

Nous disputons en vain, et ce n'est que folie
De vouloir par sa perte acquérir Émilie :
Ce n'est pas le moyen de plaire à ses beaux yeux
Que de priver du jour ce qu'elle aime le mieux.
Pour moi, j'estime peu qu'Auguste me la donne :
Je veux gagner son cœur plutôt que sa personne,
Et ne fais point d'état de sa possession,
Si je n'ai point de part à son affection.
Puis-je la mériter par une triple offense?
Je trahis son amant, je détruis sa vengeance,
Je conserve le sang qu'elle veut voir périr;
Et j'aurais quelque espoir qu'elle me pût chérir!

EUPHORBE.

C'est ce qu'à dire vrai je vois fort difficile.
L'artifice pourtant vous y peut être utile;
Il en faut trouver un qui la puisse abuser,
Et du reste le temps en pourra disposer.

MAXIME.

Mais si pour s'excuser il nomme sa complice,
S'il arrive qu'Auguste avec lui la punisse,
Puis-je lui demander, pour prix de mon rapport,
Celle qui nous oblige à conspirer sa mort?

ACTE III, SCÈNE II

EUPHORBE.

Vous pourriez m'opposer tant et de tels obstacles,
Que pour les surmonter il faudrait des miracles;
J'espère toutefois qu'à force d'y rêver...

MAXIME.

Éloigne-toi; dans peu j'irai te retrouver :
Cinna vient, et je veux en tirer quelque chose,
Pour mieux résoudre après ce que je me propose (1).

SCÈNE II

CINNA, MAXIME.

MAXIME.

Vous me semblez pensif.

CINNA.

Ce n'est pas sans sujet.

MAXIME.

Puis-je d'un tel chagrin savoir quel est l'objet?

CINNA.

Émilie et César : l'un et l'autre me gêne (2).
L'un me semble trop bon; l'autre, trop inhumaine.
Plût aux dieux que César employât mieux ses soins,
Et s'en fît plus aimer, ou m'aimât un peu moins;
Que sa bonté touchât la beauté qui me charme,
Et la pût adoucir comme elle me désarme!
Je sens au fond du cœur mille remords cuisants,
Qui rendent à mes yeux tous ses bienfaits présents;
Cette faveur si pleine, et si mal reconnue,
Par un mortel reproche à tous moments me tue.
Il me semble surtout incessamment le voir
Déposer en nos mains son absolu pouvoir,
Écouter nos avis, m'applaudir, et me dire :
« *Cinna, par vos conseils je retiendrai l'empire :*

---

(1) Racine devait avoir sous les yeux cette scène de Corneille, quand il écrivait la fameuse scène IV du IVe acte de *Britannicus*, où la scélératesse de Narcisse triompha des derniers remords de Néron. C'est chez Euphorbe et chez Narcisse, la même méchanceté, la même perfidie, le même ton flatteur et insinuant; de la part de Maxime et de Néron, la même résistance d'abord, puis la même faiblesse. Narcisse cependant est moins brutal à conseiller le crime, et Néron moins ferme à se défendre.

(2) *Gêner* avait encore du temps de Corneille toute la force de son sens étymologique : au propre, faire souffrir la torture; et au figuré, infliger une torture morale. On employait dans le même sens le mot de *gêne*, formé par contraction de *géhenne*, *gehenna*, l'enfer, en style de l'Écriture.

Mais je le retiendrai pour vous en faire part; »
Et je puis dans son sein enfoncer un poignard (1) !
Ah! plutôt... Mais, hélas! j'idolâtre Émilie ;
Un serment exécrable à sa haine me lie (2);
L'horreur qu'elle a de lui, me le rend odieux :
Des deux côtés j'offense et ma gloire et les dieux ;
Je deviens sacrilège, ou je suis parricide,
Et vers l'un ou vers l'autre il faut être perfide.

MAXIME.

Vous n'aviez point tantôt ces agitations;
Vous paraissiez plus ferme en vos intentions:
Vous ne sentiez au cœur ni remords ni reproche (3).

CINNA.

On ne les sent aussi que quand le coup approche (4),
Et l'on ne reconnaît de semblables forfaits
Que quand la main s'apprête à venir aux effets.
L'âme de son dessein jusque-là possédée,

(1) Cinna exprime ses remords vivement comme il les sent.

Voltaire condamne ces remords; il les trouve trop tardifs; Cinna, d'après lui, aurait dû les ressentir devant Auguste même, au moment où l'empereur le comblait de nouveaux bienfaits. La Harpe trouve même cette conversion extravagante : Qui donc l'a pu changer à ce point? demande-t-il.

Deux mots suffisent à réfuter Voltaire et La Harpe :

1° *Cinna, dans Corneille, n'est pas un fourbe consommé.*

Or, d'après Voltaire lui-même, « les remords sont le partage naturel de ceux que l'emportement des passions entraîne au crime, mais non pas des fourbes consommés. » Cinna s'est laissé emporter à sa passion, à son amour aveugle pour Émilie, à son délire patriotique. « Son sang, dit Geoffroy, est encore embrasé de cette fièvre, lorsqu'il presse Auguste de lui conserver sa victime et son triomphe : les bienfaits du tyran ne peuvent alors entrer dans son âme. »

2° *Ce qui a changé Cinna, c'est l'approche du coup*, le moment de l'exécution.

« La passion du conjuré s'exalte et s'échauffe, lorsqu'il médite et lorsqu'il résout ; elle s'épouvante et se glace, lorsqu'il est sur le point d'agir... A l'instant que Cinna va frapper, son sang refroidi permet à la réflexion de lui retracer et les bienfaits d'Auguste et l'affreux salaire dont il s'apprête à les payer : cet acte de scélératesse, qu'une imagination ardente lui peignait des couleurs de l'héroïsme, lui paraît alors ce qu'il est en effet, la plus lâche des trahisons, le plus vil des assassinats. » (GEOFFROY.)

(2) Cinna, avec plus de réflexion et moins de superstition, aurait compris qu'un serment criminel ne lie jamais la conscience ; c'est une faute de l'avoir fait, ce serait une faute plus grande encore de l'exécuter. Le poète lui laisse ces préjugés, pour en tirer une situation plus tragique.

(3) C'est l'objection de Voltaire et de La Harpe. Corneille l'avait prévue, et il y répond par le mot si net, si décisif de Cinna :

On ne les sent aussi que quand le coup approche.

(4) *Le coup approche*, belle ellipse pour *quand le moment du coup approche.*

S'attache aveuglément à sa première idée ;
Mais alors quel esprit n'en devient point troublé ?
Ou plutôt quel esprit n'en est point accablé ?
Je crois que Brute même, à tel point qu'on le prise,
Voulut plus d'une fois rompre son entreprise,
Qu'avant que de frapper elle lui fit sentir
Plus d'un remords en l'âme, et plus d'un repentir (1).

MAXIME.

Il eut trop de vertu pour tant d'inquiétude ;
Il ne soupçonna point sa main d'ingratitude,
Et fut contre un tyran d'autant plus animé
Qu'il en reçut de biens et qu'il s'en vit aimé (2).
Comme vous l'imitez, faites la même chose,
Et formez vos remords d'une plus juste cause,
De vos lâches conseils, qui seuls ont arrêté
Le bonheur renaissant de notre liberté.
C'est vous seul aujourd'hui qui nous l'avez ôtée ;
De la main de César Brute l'eût acceptée,
Et n'eût jamais souffert qu'un intérêt léger
De vengeance ou d'amour l'eût remise en danger.
N'écoutez plus la voix d'un tyran qui vous aime,
Et vous veut faire part de son pouvoir suprême ;
Mais entendez crier Rome à votre côté :
« Rends-moi, rends-moi, Cinna, ce que tu m'as ôté ;
Et si tu m'as tantôt préféré ta maîtresse,
Ne me préfère pas le tyran qui m'oppresse (3). »

CINNA.

Ami, n'accable plus un esprit malheureux
Qui ne forme qu'en lâche un dessein généreux.
Envers nos citoyens je sais quelle est ma faute,
Et leur rendrai bientôt tout ce que je leur ôte.
Mais pardonne aux abois d'une vieille amitié (4)
Qui ne peut expirer sans me faire pitié,

(1) Shakespeare prête les mêmes troubles à Brutus, quand il s'apprête à frapper César : « Entre le dessein et l'exécution d'une chose terrible, tout l'intervalle n'est qu'un rêve affreux. Le génie de Rome et les instruments mortels de sa ruine tiennent alors conseil, et l'âme bouleversée est comme un royaume en proie à la guerre civile. » (*Jules César.*)

(2) *Plus* est sous-entendu dans cette seconde partie de la phrase ; on l'exprime toujours aujourd'hui.

(3) Au point de vue de Maxime, conspirateur sincère, cette tirade est pleine de vérité et d'éloquence. Il met à nu, avec une ironie sanglante, tout ce qu'il y a de lâche et d'égoïste dans la conduite de Cinna.

(4) L'expression *les abois*, indique, au propre, le moment où le cerf, serré par les chiens qui aboient après lui, est à l'extrémité ; au figuré, elle signifie :

Et laisse-moi, de grâce, attendant Émilie,
Donner un libre cours à ma mélancolie (1).
Mon chagrin t'importune, et le trouble où je suis
Veut de la solitude à calmer tant d'ennuis (2).

MAXIME.

Vous voulez rendre compte à l'objet qui vous blesse,
De la bonté d'Octave et de votre faiblesse;
L'entretien des amants veut un entier secret.
Adieu : je me retire en confident discret.

SCÈNE III

CINNA.

Donne un plus digne nom au glorieux empire
Du noble sentiment que la vertu m'inspire,
Et que l'honneur oppose au coup précipité
De mon ingratitude et de ma lâcheté.
Mais plutôt continue à le nommer faiblesse,
Puisqu'il devient si faible auprès d'une maîtresse,
Qu'il respecte un amour qu'il devrait étouffer,
Ou que, s'il le combat, il n'ose en triompher.
En ces extrémités quel conseil dois-je prendre?
De quel côté pencher? à quel parti me rendre (3)?
  Qu'une âme généreuse a de peine à faillir !
Quelque fruit que par là j'espère de cueillir,
Les douceurs de l'amour, celles de la vengeance,
La gloire d'affranchir le lieu de ma naissance,
N'ont point assez d'appas pour flatter ma raison,
S'il les faut acquérir par une trahison,

dernière extrémité, dernier péril. Ce mot était fort estimé autrefois et d'un très bel effet dans le style élevé; il n'est plus usité que dans la phrase *être aux abois*.

(1) Le mot *mélancolie*, qui n'exprime aujourd'hui qu'une douce tristesse ou une rêverie vague dans laquelle on se complaît, désignait, au xviie siècle, un chagrin violent. Bourdaloue l'employait dans ce sens, quand il disait : « De là les dépits secrets et les *mélancolies*, de là les désolations et les désespoirs. » (3e *dimanche après Pâques*.)

Mélancolique était à peu près synonyme d'*atrabilaire*, qui n'est que la traduction latine du primitif grec (μέλας, noir, χολή, bile).

(2) *A calmer*, c'est-à-dire *pour calmer*. Voir *le Cid*, acte I, scène I, p. 58.

(3) Rebuté par Maxime, Cinna retombe sur lui-même, en proie à la plus cruelle incertitude. Ses remords sont naturels et l'honorent; mais telle est sa faiblesse de caractère qu'il tremble à la pensée d'Émilie, dont il n'ose secouer le joug. Ce monologue est parfaitement justifié par la situation : il rappelle les stances pathétiques de Rodrigue. Voir *le Cid*, A. I, sc. VI, p, 71.

ACTE III, SCÈNE IV

S'il faut percer le flanc d'un prince magnanime
Qui du peu que je suis, fait une telle estime,
Qui me comble d'honneurs, qui m'accable de biens,
Qui ne prend pour régner de conseils que les miens.
Ô coup! ô trahison trop indigne d'un homme (1)!
Dure, dure à jamais l'esclavage de Rome (2)!
Périsse mon amour, périsse mon espoir,
Plutôt que de ma main parte un crime si noir!
Quoi! ne m'offre-t-il pas tout ce que je souhaite,
Et qu'au prix de son sang ma passion achète?
Pour jouir de ses dons faut-il l'assassiner?
Et faut-il lui ravir ce qu'il me veut donner?
  Mais je dépends de vous, ô serment téméraire,
Ô haine d'Émilie, ô souvenir d'un père!
Ma foi, mon cœur, mon bras, tout vous est engagé,
Et je ne puis plus rien que par votre congé :
C'est à vous à régler ce qu'il faut que je fasse ;
C'est à vous, Émilie, à lui donner sa grâce ;
Vos seules volontés président à son sort,
Et tiennent en mes mains et sa vie et sa mort (3).
Ô dieux, qui comme vous la rendez adorable,
Rendez-la, comme vous, à mes vœux exorable ;
Et puisque de ses lois je ne puis m'affranchir,
Faites qu'à mes désirs je la puisse fléchir.
Mais voici de retour cette aimable inhumaine.

SCÈNE IV

ÉMILIE, CINNA, FULVIE.

ÉMILIE.

Grâces aux dieux, Cinna, ma frayeur était vaine :
Aucun de tes amis ne t'a manqué de foi,
Et je n'ai point eu lieu de m'employer pour toi.
Octave en ma présence a tout dit à Livie,
Et par cette nouvelle il m'a rendu la vie (4).

---

(1) Le premier sentiment qui trouble Cinna, c'est l'horreur de son ingratitude.

(2) Voir dans *Horace*, A. II, sc. II, p. 179 :
  Dure à jamais le mal, s'il y faut ce remède!

(3) Cinna voudrait reculer, mais il se sent enchaîné, et il n'a point la force de briser ses chaînes. Au lieu de se dégager par un effort généreux, il s'en remet à la décision de l'implacable Émilie. Sa situation en devient plus dramatique, et fait présager de nouveaux orages.

(4) La sécurité d'Émilie dans le désarroi où est la conjuration, produit un beau contraste avec le trouble de Cinna et le dépit impuissant de Maxime.

CINNA.
Le désavouerez-vous, et du don qu'il me fait
Voudrez-vous retarder le bienheureux effet?

ÉMILIE.
L'effet est en ta main.

CINNA.
Mais plutôt en la vôtre.

ÉMILIE.
Je suis toujours moi-même, et mon cœur n'est point autre.
Me donner à Cinna, c'est ne lui donner rien,
C'est seulement lui faire un présent de son bien.

CINNA.
Vous pouvez toutefois... ô ciel! l'osé-je dire?

ÉMILIE.
Que puis-je? et que crains-tu?

CINNA.
Je tremble, je soupire,
Et vois que, si nos cœurs avaient mêmes désirs,
Je n'aurais pas besoin d'expliquer mes soupirs.
Ainsi je suis trop sûr que je vais vous déplaire;
Mais je n'ose parler, et je ne puis me taire.

ÉMILIE.
C'est trop me gêner, parle.

CINNA.
Il faut vous obéir :
Je vais donc vous déplaire, et vous m'allez haïr.
Je vous aime, Émilie, et le ciel me foudroie
Si cette passion ne fait toute ma joie,
Et si je ne vous aime avec toute l'ardeur
Que peut un digne objet attendre d'un grand cœur!
Mais voyez à quel prix vous me donnez votre âme :
En me rendant heureux vous me rendez infâme;
Cette bonté d'Auguste... (1)

ÉMILIE.
Il suffit, je t'entends;
Je vois ton repentir et tes vœux inconstants :

(1) Vu les caractères qui sont en présence, rien de plus théâtral que cette confession pénible et embarrassée de Cinna, suivie aussitôt de la réponse foudroyante d'Émilie.

Les faveurs du tyran emportent tes promesses;
Tes feux et tes serments cèdent à ses caresses;
Et ton esprit crédule ose s'imaginer
Qu'Auguste pouvant tout, peut aussi me donner.
Tu me veux de sa main plutôt que de la mienne;
Mais ne crois pas qu'ainsi jamais je t'appartienne :
Il peut faire trembler la terre sous ses pas,
Mettre un roi hors du trône, et donner ses États,
De ses proscriptions rougir la terre et l'onde,
Et changer à son gré l'ordre de tout le monde;
Mais le cœur d'Émilie est hors de son pouvoir (1).

CINNA.

Aussi n'est-ce qu'à vous que je veux le devoir.
Je suis toujours moi-même (2), et ma foi toujours pure :
La pitié que je sens ne me rend point parjure;
J'obéis sans réserve à tous vos sentiments,
Et prends vos intérêts par delà mes serments (3).
J'ai pu, vous le savez, sans parjure et sans crime,
Vous laisser échapper cette illustre victime.
César, se dépouillant du pouvoir souverain,
Nous ôtait tout prétexte à lui percer le sein;
La conjuration s'en allait dissipée,
Vos desseins avortés, votre haine trompée :
Moi seul j'ai raffermi son esprit étonné (4),
Et pour vous l'immoler ma main l'a couronné.

ÉMILIE.

Pour me l'immoler, traître? et tu veux que moi-même
Je retienne ta main! qu'il vive et que je l'aime!
Que je sois le butin de qui l'ose épargner,
Et le prix du conseil qui le force à régner (5)!

(1) « Imitation admirable de ces beaux vers d'Horace (*Odes*, l. II, 1) :
   Et cuncta terrarum subacta,
   Præter atrocem animum Catonis.
Et tout l'univers subjugué, hormis l'âme indomptable de Caton. Cette imitation est d'autant plus belle qu'elle est en sentiment. » (VOLT.)

(2) Cinna reprend, en se l'appliquant, le mot d'Émilie : *je suis toujours moi-même*. Voir *le Cid*, A. III, sc. IV, p. 102; *Horace*, A. II, sc. III, p. 179.

(3) *Par delà mes serments.* « Cet exemple, dit Voltaire, mérite d'être suivi. » Racine a dit de même (*Brit.*) :
   Qu'Agrippine promet *par delà* son pouvoir.

(4) Pour le sens du mot *étonné*, voir *Horace*, A. II, sc. VII, p. 197.

(5) Voilà bien la *Furie* du docteur de Balzac.

CINNA.
Ne me condamnez point, quand je vous ai servie :
Sans moi, vous n'auriez plus de pouvoir sur sa vie;
Et malgré ses bienfaits, je rends tout à l'amour,
Quand je veux qu'il périsse, ou vous doive le jour.
Avec les premiers vœux de mon obéissance
Souffrez ce faible effort de ma reconnaissance,
Que je tâche de vaincre un indigne courroux,
Et vous donner pour lui l'amour qu'il a pour vous.
Une âme généreuse, et que la vertu guide,
Fuit la honte des noms d'ingrate et de perfide;
Elle en hait l'infamie attachée au bonheur,
Et n'accepte aucun bien aux dépens de l'honneur.

ÉMILIE.
Je fais gloire, pour moi, de cette ignominie :
La perfidie est noble envers la tyrannie (1);
Et quand on rompt le cours d'un sort si malheureux,
Les cœurs les plus ingrats sont les plus généreux.

CINNA.
Vous faites des vertus au gré de votre haine.

ÉMILIE.
Je me fais des vertus dignes d'une Romaine (2).

CINNA.
Un cœur vraiment romain...

ÉMILIE.
Ose tout pour ravir
Une odieuse vie à qui le fait servir.
Il fuit plus que la mort la honte d'être esclave (3).

(1) C'est le cas de répéter la réflexion de Geoffroy : « Le propre du fanatisme, son caractère le plus particulier est d'ériger les crimes en vertus, et de consacrer, pour ainsi dire, par la sainteté du motif, les plus effroyables attentats contre la nature et l'humanité. »

(2) « Ce vers est beau, et ces sentiments d'Émilie ne se démentent pas... Les sentiments d'un Brutus, d'un Cassius, conviennent peu à une fille... C'est Émilie que Racine avait en vue, lorsqu'il dit, dans une de ses préfaces, qu'il ne veut pas mettre sur le théâtre de ces femmes qui font des leçons d'héroïsme aux hommes. Malgré tout cela, le rôle d'Émilie est plein de choses sublimes; et quand on compare ce qu'on faisait alors, à ce seul rôle d'Émilie, on est étonné, on admire. » (VOLT.)

Il ne faut pas oublier que Corneille a voulu peindre une Romaine, dans l'état de surexcitation politique qu'avaient amené une longue suite de guerres civiles.

(3) « Le fond d'un Romain, pour ainsi parler, était l'amour de sa liberté et de sa patrie... Sous ce nom de liberté, les Romains se figuraient un État où

ACTE III, SCÈNE IV

CINNA.

C'est l'être avec honneur que de l'être d'Octave;
Et nous voyons souvent des rois à nos genoux
Demander pour appui tels esclaves que nous.
Il abaisse à nos pieds l'orgueil des diadèmes,
Il nous fait souverains sur leurs grandeurs suprêmes (1);
Il prend d'eux les tributs dont il nous enrichit,
Et leur impose un joug dont il nous affranchit.

ÉMILIE.

L'indigne ambition que ton cœur se propose!
Pour être plus qu'un roi, tu te crois quelque chose!
Aux deux bouts de la terre en est-il un si vain
Qu'il prétende égaler un citoyen romain?
Antoine sur sa tête attira notre haine
En se déshonorant par l'amour d'une reine;
Attale, ce grand roi, dans la pourpre blanchi (2),
Qui du peuple romain se nommait l'affranchi,
Quand de toute l'Asie il se fût vu l'arbitre,
Eût encor moins prisé son trône que ce titre.
Souviens-toi de ton nom, soutiens sa dignité;
Et prenant d'un Romain la générosité,
Sache qu'il n'en est point que le ciel n'ait fait naître
Pour commander aux rois, et pour vivre sans maître (3).

CINNA.

Le ciel a trop fait voir en de tels attentats
Qu'il hait les assassins et punit les ingrats;
Et quoi qu'on entreprenne, et quoi qu'on exécute,
Quand il élève un trône, il en venge la chute;
Il se met du parti de ceux qu'il fait régner;
Le coup dont on les tue, est longtemps à saigner;

personne ne fût sujet que de la loi, et où la loi fût plus puissante que les hommes... La liberté leur était un trésor qu'ils préféraient à toutes les richesses de l'univers. » (BOSSUET, *Hist. univ.*, III, VI.)

(1) *Souverain sur...* se trouve chez les meilleurs auteurs :
  Sur lui, sur tout son peuple, il vous rend *souveraine*. (RAC., *Andr.*)
  En vain certains rêveurs, nous l'habillant en reine (la raison),
  Veulent sur tous nos sens la rendre *souveraine*. (BOIL.)

(2) Attale, roi de Pergame (241-198 av. J.-C.), se montra toujours l'allié des Romains.

(3) Superbe langage. L'orgueil romain n'en eut jamais de plus fier. Les paroles d'Émilie sont un écho fidèle des fameux vers de Virgile (*En.* VI):
  Tu regere imperio populos, Romane, memento...
  Parcere subjectis, et debellare superbos.
« Souviens-toi, ô Romain, que ton destin est de commander à l'univers, de pardonner aux vaincus, et de briser les superbes. »

Et quand à les punir il a pu se résoudre,
De pareils châtiments n'appartiennent qu'au foudre.

ÉMILIE.

Dis que de leur parti toi-même tu te rends,
De te remettre au foudre à punir les tyrans (1).
*Je ne t'en parle plus, va, sers la tyrannie;
Abandonne ton âme à son lâche génie* (2);
Et pour rendre le calme à ton esprit flottant,
Oublie et ta naissance, et le prix qui t'attend.
Sans emprunter ta main pour servir ma colère,
Je saurai bien venger mon pays et mon père.
J'aurais déjà l'honneur d'un si fameux trépas,
Si l'amour jusqu'ici n'eût arrêté mon bras (3) :
C'est lui qui, sous tes lois me tenant asservie,
M'a fait en ta faveur prendre soin de ma vie.
Seule contre un tyran, en le faisant périr,
Par les mains de sa garde il me fallait mourir :
Je t'eusse par ma mort dérobé ta captive;
Et comme pour toi seul l'amour veut que je vive,
J'ai voulu, mais en vain, me conserver pour toi,
Et te donner moyen d'être digne de moi.
    Pardonnez-moi, grands dieux, si je me suis trompée,
Quand j'ai pensé chérir un neveu de Pompée,
Et si d'un faux semblant mon esprit abusé
A fait choix d'un esclave en son lieu supposé.

(1) Il faudrait aujourd'hui : *De t'en remettre à...* — Pour le genre de foudre, voir *le Cid*, A. II, sc. I, p. 76; et *Gr. fr. hist.*, n. 271.

(2) Émilie pousse ici jusqu'au sublime l'expression de son dédain ; l'ironie qu'elle y mêle, ne saurait être plus amère.

(3) Après avoir épuisé tous les autres moyens de persuasion, la colère, l'indignation, le désir de la gloire, les reproches, les mépris, Émilie termine en faisant appel à l'amour de Cinna ; un cœur si faible ne saurait résister à ses plaintes. Hermione, dans Racine, a recours aux mêmes armes pour décider Oreste au meurtre de Pyrrhus (*Androm.*, A. IV, sc. IV) :

> Partez : allez ailleurs vanter votre constance,
> Et me laissez ici le soin de ma vengeance.
> De mes lâches bontés mon courage est confus,
> Et c'est trop en un jour essuyer de refus.
> Je m'en vais seule au temple où leur hymen s'apprête,
> Où vous n'osez aller mériter ma conquête.
> Là, de mon ennemi je saurai m'approcher :
> Je percerai le cœur que je n'ai pu toucher,
> Et mes sanglantes mains, sur moi-même tournées,
> Aussitôt, malgré lui, joindront nos destinées;
> Et tout ingrat qu'il est, il me sera plus doux
> De mourir avec lui que de vivre avec vous.

ACTE III, SCÈNE IV

Je t'aime toutefois, quel que tu puisses être ;
Et si pour me gagner il faut trahir ton maître,
Mille autres à l'envi recevraient cette loi,
S'ils pouvaient m'acquérir à même prix que toi.
Mais n'appréhende pas qu'un autre ainsi m'obtienne.
Vis pour ton cher tyran, tandis que je meurs tienne :
Mes jours avec les siens se vont précipiter,
Puisque ta lâcheté n'ose me mériter.
Viens me voir, dans son sang et dans le mien baignée,
De ma seule vertu mourir accompagnée,
Et te dire en mourant d'un esprit satisfait :
« N'accuse point mon sort, c'est toi seul qui l'as fait ;
Je descends dans la tombe où tu m'as condamnée,
Où la gloire me suit qui t'était destinée :
Je meurs, en détruisant un pouvoir absolu ;
Mais je vivrais à toi, si tu l'avais voulu (1). »

CINNA.

Eh bien ! vous le voulez, il faut vous satisfaire,
Il faut affranchir Rome, il faut venger un père,
Il faut sur un tyran porter de justes coups ;
Mais apprenez qu'Auguste est moins tyran que vous :
S'il nous ôte à son gré nos biens, nos jours, nos femmes,
Il n'a point jusqu'ici tyrannisé nos âmes ;
Mais l'empire inhumain qu'exercent vos beautés,
Force jusqu'aux esprits et jusqu'aux volontés.
Vous me faites priser ce qui me déshonore ;
Vous me faites haïr ce que mon âme adore ;
Vous me faites répandre un sang pour qui je dois
Exposer tout le mien et mille et mille fois.
Vous le voulez, j'y cours, ma parole est donnée.
Mais ma main, aussitôt contre mon sein tournée (2),
Aux mânes d'un tel prince immolant votre amant,
A mon crime forcé joindra mon châtiment,
Et par cette action dans l'autre confondue,
Recouvrera ma gloire aussitôt que perdue (3).
Adieu.

(1) Il y a dans ce dernier discours un admirable mélange de fierté et de tendresse ; Émilie a des accents de Chimène ; son apostrophe aux dieux, la peinture anticipée qu'elle fait de sa mort, ses derniers adieux à Cinna, sont extrêmement pathétiques. Aussi le cœur de Cinna n'y tient plus ; il cède malgré lui à cet *empire inhumain*, comme il l'appelle.

(2) Voir plus haut, p. 312, l'imitation de Racine : *Et mes* mains aussitôt...

(3) Cette résolution désespérée montre à la fois la faiblesse de Cinna et la sincérité de ses remords ; il tuera Auguste pour plaire à Émilie, mais en le tuant il protestera lui-même contre son crime par sa propre mort.

SCÈNE V
ÉMILIE, FULVIE.

FULVIE.

Vous avez mis son âme au désespoir.

ÉMILIE.

Qu'il cesse de m'aimer, ou suive son devoir.

FULVIE.

Il va vous obéir aux dépens de sa vie :
Vous en pleurez !

ÉMILIE.

Hélas ! cours après lui, Fulvie ;
Et si ton amitié daigne me secourir,
Arrache-lui du cœur ce dessein de mourir :
Dis-lui...

FULVIE.

Qu'en sa faveur vous laissez vivre Auguste ?

ÉMILIE.

Ah ! c'est faire à ma haine une loi trop injuste.

FULVIE.

Et quoi donc ?

ÉMILIE.

Qu'il achève et dégage sa foi,
Et qu'il choisisse après, de la mort ou de moi (2).

(1) Le IIIe acte d'*Andromaque* finit à peu près comme celui-ci. Il y a entre Andromaque et Céphise le même échange de questions anxieuses et de réponses indécises. Le dernier mot d'Andromaque laisse l'action en suspens, comme la terrible parole d'Émilie.

    ANDROM.   Allons trouver Pyrrhus. Mais non, chère Céphise,
              Va le trouver pour moi.
    CÉPHISE.   Que faut-il que je dise ?
    ANDROM.   Dis-lui que de mon fils l'amour est assez fort...
    CÉPHISE. Madame, il va bientôt revenir en furie.
    ANDROM.   Eh bien ! va l'assurer...
    CÉPHISE.   De quoi ? de votre foi ?
    ANDROM.   Hélas ! pour la promettre est-elle encore à moi ?...
              Allons.
    CÉPHISE.   Où donc, Madame ? et que résolvez-vous ?
    ANDROM.   Allons sur son tombeau consulter mon époux.

(2) « Ce sont là de ces traits qui portaient le docteur cité par Balzac à nommer Émilie *adorable furie*. On ne peut guère finir un acte d'une manière plus grande ou plus tragique. » (VOLT.)

Émilie, un moment émue par le désespoir de Cinna, rentre vite dans son caractère : son dernier mot est atroce, et fait frémir.

QUESTIONS SUR LE IIIe ACTE.

Que se passe-t-il dans le IIIe acte ?
Quels sentiments agitent Maxime ?
Quels conseils lui donne Euphorbe ?
Parallèle entre Euphorbe et Narcisse.
Quelle ouverture Cinna vient-il faire à Maxime ?
Ses remords sont-ils naturels et dramatiques ?
Comment Maxime répond-il à Cinna ?
Le monologue de Cinna est-il naturel et pathétique ?
Faites l'analyse littéraire de la grande scène de la confession de Cinna et des reproches d'Émilie.
Comment le caractère d'Émilie s'y montre-t-il ?
A quoi se résout Cinna ?
Quels sont les sentiments d'Émilie à son départ ?
Quelle est sa dernière parole ?
Comment Racine a-t-il imité ces deux dernières scènes ?
Quelle est l'impression du spectateur à la fin du IIIe acte ?

ACTE QUATRIÈME

La découverte du complot.

SCÈNE I
AUGUSTE, EUPHORBE, POLYCLÈTE, GARDES.

AUGUSTE.

Tout ce que tu me dis, Euphorbe, est incroyable (1).

EUPHORBE.

Seigneur, le récit même en paraît effroyable :
On ne conçoit qu'à peine une telle fureur,
Et la seule pensée en fait frémir d'horreur.

AUGUSTE.

Quoi! mes plus chers amis! quoi! Cinna! quoi! Maxime!
Les deux que j'honorais d'une si haute estime,
A qui j'ouvrais mon cœur, et dont j'avais fait choix
Pour les plus importants et plus nobles emplois (2)!
Après qu'entre leurs mains j'ai remis mon empire,
Pour m'arracher le jour l'un et l'autre conspire!
Maxime a vu sa faute, il m'en fait avertir,
Et montre un cœur touché d'un juste repentir;
Mais Cinna!

EUPHORBE.

Cinna seul dans sa rage s'obstine (3),

---

(1) Cette scène a été préparée par la Ire scène du IIIe acte. Euphorbe y conseillait à Maxime de révéler le complot à Auguste, pour perdre Cinna, son rival, et pour mériter Émilie.
Maxime, après l'entretien où Cinna lui a découvert ses remords et ses hésitations, s'est hâté de concerter avec Euphorbe son plan de campagne. C'est la trahison la plus infâme. Euphorbe doit révéler le tout à Auguste, montrer dans Cinna un conspirateur obstiné et indigne de pardon, enfin toucher l'empereur de compassion pour Maxime, dont il doit annoncer la mort supposée comme expiation volontaire de son crime. Euphorbe achève de s'acquitter de son rôle dans cette scène.

(2) Aujourd'hui on répète l'article devant les adjectifs au superlatif. On le supprimait d'ordinaire au XVIIe siècle : « C'est la plus belle et agréable saison. » (Sévigné.)

(3) Le traître manie la calomnie avec la plus habile scélératesse. Il prête à Maxime les remords de Cinna, et à Cinna l'obstination farouche de Maxime.

Et contre vos bontés d'autant plus se mutine (1);
Lui seul combat encor les vertueux efforts
Que sur les conjurés fait ce juste remords,
Et malgré les frayeurs à leurs regrets mêlées,
Il tâche à raffermir leurs âmes ébranlées (2).

AUGUSTE.

Lui seul les encourage, et lui seul les séduit!
O le plus déloyal que la terre ait produit (3)!
O trahison conçue au sein d'une furie!
O trop sensible coup d'une main si chérie!
Cinna, tu me trahis (4)! Polyclète, écoutez (5).
(Il lui parle à l'oreille.)

POLYCLÈTE.

Tous vos ordres, Seigneur, seront exécutés.

AUGUSTE.

Qu'Éraste en même temps aille dire à Maxime
Qu'il vienne recevoir le pardon de son crime.
(Polyclète rentre.)

EUPHORBE.

Il l'a trop jugé grand pour ne pas s'en punir :
A peine du palais il a pu revenir,
Que, les yeux égarés et le regard farouche,
Le cœur gros de soupirs, les sanglots à la bouche,
Il déteste sa vie et ce complot maudit,
M'en apprend l'ordre entier tel que je vous l'ai dit;
Et m'ayant commandé que je vous avertisse,

(1) *Mutin*, qui se révolte; *mutiner*, jeter dans la révolte; *se mutiner*, se révolter, étaient des expressions nobles au XVIIe siècle, et entraient dans le plus haut style. *Mutiné* se trouve dans la *Phèdre* de Racine :
>Enchaîner un captif de ses fers étonné,
>Contre un joug qui lui plaît vainement mutiné.

D'autant plus, sous-entendu *qu'il se voit abandonné, qu'il est seul.* Le *que* est nécessaire aujourd'hui.

(2) *Tâcher à* était très fréquent au XVIIe siècle; aujourd'hui on emploie généralement *de; tâcher à* se dit encore quelquefois dans le sens de *viser à*. (Ac.) — Voir *Gr. fr. hist.*, n. 757.

(3) *Déloyal* est employé substantivement. Cf. *le Cid*, A. IV, sc. V, p. 124.

(4) Le poète a un double but en faisant une peinture si noire de Cinna. Cela entre d'abord dans le plan de Maxime et d'Euphorbe; mais en outre l'horreur que conçoit Auguste pour l'ingrat qu'il a comblé de ses bienfaits, irrite sa vengeance, et rendra plus tragique l'entrevue prochaine du prince et de son assassin.

(5) Auguste donne à Polyclète l'ordre de lui amener Cinna; cet ordre n'est pas compris d'Euphorbe, et par conséquent restera ignoré de Maxime.

Il ajoute : « Dis-lui que je me fais justice,
» Que je n'ignore point ce que j'ai mérité. »
Puis soudain dans le Tibre il s'est précipité ;
Et l'eau grosse et rapide, et la nuit assez noire,
M'ont dérobé la fin de sa tragique histoire.

AUGUSTE.

Sous ce pressant remords il a trop succombé,
Et s'est à mes bontés lui-même dérobé ;
Il n'est crime envers moi qu'un repentir n'efface (1).
Mais puisqu'il a voulu renoncer à ma grâce,
Allez pourvoir au reste, et faites qu'on ait soin
De tenir en lieu sûr ce fidèle témoin.

SCÈNE II
AUGUSTE (2).

Ciel, à qui voulez-vous désormais que je fie
Les secrets de mon âme et le soin de ma vie ?
Reprenez le pouvoir que vous m'avez commis,
Si donnant des sujets il ôte les amis,
Si tel est le destin des grandeurs souveraines
Que leurs plus grands bienfaits n'attirent que des haines,
Et si votre rigueur les condamne à chérir
Ceux que vous animez à les faire périr.

---

(1) Euphorbe a réussi dans son odieux stratagème : toutes les colères d'Auguste sont pour Cinna, tous ses pardons pour Maxime.

(2) Le monologue d'Auguste est le plus beau qu'il y ait au théâtre.

Ce qui en fait surtout le mérite, c'est qu'il répond parfaitement à la situation d'Auguste et à l'intérêt dramatique de la pièce.

Auguste est agité des pensées les plus diverses, des sentiments les plus violents et les plus contradictoires. Il est indignement trahi, sa vie est menacée par des amis qu'il a comblés de bienfaits. Que faire ? faut-il les frapper ? faut-il les épargner ? faut-il vivre ? faut-il mourir ? La vengeance paraît juste, mais elle a ses périls, et n'est pas un remède.

Cette tragédie intérieure si vraie, si émouvante, le spectateur ne la connaît qu'autant que le cœur qui en est le théâtre, s'ouvre et se révèle par un monologue, écho fidèle des troubles de l'âme. La sympathie que nous éprouvons pour le prince magnanime si odieusement trahi, fait que nous partageons ses angoisses et que nous entrons dans ses délibérations ; nous en sortons avec lui anxieux et irrésolus.

A cette importance dramatique, il faut ajouter la noblesse des sentiments, la gravité des réflexions, la vivacité des peintures, enfin la force, le naturel, la perfection du style.

Toutes ces qualités réunies font de ce monologue un des morceaux les plus magnifiques de notre poésie, qu'il n'est permis à aucun élève de rhétorique de ne pas savoir par cœur.

ACTE IV, SCÈNE II

Pour elles rien n'est sûr. *Qui peut tout, doit tout craindre* (1).
Rentre en toi-même, Octave, et cesse de te plaindre.
Quoi! tu veux qu'on t'épargne, et n'as rien épargné!
Songe aux fleuves de sang où ton bras s'est baigné,
De combien ont rougi (2) *les champs de Macédoine* (3),
Combien en a versé la défaite d'Antoine (4),
Combien celle de Sexte, et revois tout d'un temps (5)
Pérouse au sien noyée et tous ses habitants (6);
Remets dans ton esprit, après tant de carnages,
De tes proscriptions les sanglantes images,

(1) Geoffroy fait ainsi l'analyse de ce monologue :
« Le premier sentiment d'Auguste, lorsqu'il a découvert la conspiration, est celui de l'amitié trahie; indifférent sur son propre danger, il ne se montre sensible qu'à la douleur d'être haï; il semble ne pouvoir ni régner ni vivre, s'il ne peut être aimé.

» Sa seconde pensée est un retour sur lui-même; il se condamne, il justifie ses assassins.

» A ces deux mouvements si touchants et si nobles, succèdent quelques idées de vengeance, et c'est là qu'on reconnaît la nature : Auguste n'intéresserait pas, s'il ne tenait rien de l'homme; mais sa colère est bientôt étouffée par des desseins plus généreux.

» Rien n'est pathétique et théâtral comme ce monologue; Auguste, même en rappelant ses crimes, se fait aimer et plaindre. »

(2) *Rougir* s'employait encore à cette époque neutralement, au propre, dans le sens de *devenir rouge, être rouge de.*
Corneille avait dit de même dans *Clitandre* :
    Exécrable assassin, qui *rougis* de son sang.
« Ces exemples montrent que lorsque Théophile écrivait, quinze ans auparavant, ces deux vers, reproduits dans toutes les rhétoriques comme un modèle de ridicule :
    Ha! voici le poignard qui du sang de son maître
    S'est souillé lâchement; il *en rougit*, le traître (*Pyrame*),
il employait *rougir* dans un sens ordinaire à cette époque, et que pour faire son détestable jeu de mots, il n'a pas eu à détourner de son acception le terme dont il s'est servi. » (MARTY-LAVEAUX, *Lexique*.)

(3) *Les champs de Macédoine*, allusion à la bataille de Philippes, contre Brutus et Cassius (42 av. J.-C.).

(4) *La défaite d'Antoine*, à Actium.

(5) *Sexte* ou *Sextus Pompée*, fils du grand Pompée, battu par les triumvirs Octave et Lépide entre Myles et Nauloque (36 av. J.-C.), et mis à mort en Asie où il s'était réfugié, par un officier d'Antoine (35 av. J.-C.).
Tout d'un temps, en même temps, à la fois. Corneille a employé plusieurs fois cette locution.

(6) Le consul Antonius, frère du triumvir Antoine, ayant déclaré la guerre à Octave, Agrippa, le meilleur officier d'Octave, l'enferma dans Pérouse, et l'y força de se rendre. Octave relégua Antonius en Espagne, et livra la ville aux flammes, après en avoir fait égorger trois à quatre cents chevaliers et sénateurs (40 av. J.-C.).

Où toi-même, des tiens devenu le bourreau,
Au sein de ton tuteur enfonças le couteau :
Et puis ose accuser le destin d'injustice,
Quand tu vois que les tiens s'arment pour ton supplice,
Et que, par ton exemple à ta perte guidés,
Ils violent des droits que tu n'as pas gardés?
Leur trahison est juste, et le ciel l'autorise :
Quitte ta dignité comme tu l'as acquise;
Rends un sang infidèle à l'infidélité (1),
Et souffre des ingrats après l'avoir été.
    Mais que mon jugement au besoin m'abandonne!
Quelle fureur, Cinna, m'accuse et te pardonne?
Toi, dont la trahison me force à retenir
Ce pouvoir souverain dont tu me veux punir,
Me traite en criminel, et fait seule mon crime,
Relève pour l'abattre un trône illégitime,
Et d'un zèle effronté couvrant son attentat,
S'oppose, pour me perdre, au bonheur de l'État!
Donc jusqu'à l'oublier je pourrais me contraindre!
Tu vivrais en repos après m'avoir fait craindre?
Non, non, je me trahis moi-même d'y penser :
Qui pardonne aisément invite à l'offenser;
Punissons l'assassin, proscrivons les complices (2).
    Mais quoi! toujours du sang, et toujours des supplices!
Ma cruauté se lasse, et ne peut s'arrêter;
Je veux me faire craindre, et ne fais qu'irriter.
Rome a pour ma ruine une hydre trop fertile :
Une tête coupée en fait renaître mille,
Et le sang répandu de mille conjurés
Rend mes jours plus maudits, et non plus assurés.
Octave, n'attends plus le coup d'un nouveau Brute;
Meurs, et dérobe-lui la gloire de ta chute;
Meurs : tu ferais pour vivre un lâche et vain effort,
Si tant de gens de cœur font des vœux pour ta mort,

---

(1) Malherbe avait dit à la fin d'une de ses strophes :
    Une *fidèle* preuve à *l'infidélité.*

(2) Chacune de ces tirades se termine par le mot qui résume ou conclut le sentiment.
    Après la première, Auguste veut quitter le pouvoir, puisqu'il est si peu sûr : qui peut tout doit tout craindre.
    Après la seconde tirade, Auguste reconnaît la justice de la peine du talion :
    Et souffre des ingrats, après l'avoir été.
    Après la troisième, Auguste veut punir :
    Punissons l'assassin, proscrivons les complices.
    Enfin, après la quatrième, Auguste, las de répandre inutilement le sang, veut mourir, mais en immolant le traître, pour goûter le plaisir de la vengeance.

Et si tout ce que Rome a d'illustre jeunesse
Pour te faire périr tour à tour s'intéresse ;
Meurs, puisque c'est un mal que tu ne peux guérir ;
Meurs enfin, puisqu'il faut ou tout perdre, ou mourir.
La vie est peu de chose (1), et le peu qui t'en reste
Ne vaut pas l'acheter par un prix si funeste (2).
Meurs, mais quitte du moins la vie avec éclat,
Éteins-en le flambeau dans le sang de l'ingrat ;
A toi-même en mourant immole ce perfide ;
Contentant ses désirs, punis son parricide ;
Fais un tourment pour lui de ton propre trépas,
En faisant qu'il.le voie et n'en jouisse pas.
Mais jouissons plutôt nous-même de sa peine,
Et.si Rome nous hait, triomphons de sa haine.
  O Romains, ô vengeance, ô pouvoir absolu,
O rigoureux combat d'un cœur irrésolu
Qui fuit en même temps tout ce qu'il se propose !
D'un prince malheureux ordonnez quelque chose.
Qui des deux dois-je suivre, et duquel m'éloigner (3)?
Ou laissez-moi périr, ou laissez-moi régner (4).

SCÈNE III

AUGUSTE, LIVIE.

AUGUSTE.

Madame, on me trahit, et la main qui me tue
Rend sous mes déplaisirs ma constance abattue (5).
Cinna, Cinna, le traître...

LIVIE.

Euphorbe m'a tout dit,
Seigneur, et j'ai pâli cent fois à ce récit.
Mais écouteriez-vous les conseils d'une femme (6)?

---

(1) « Comme ce mot, dans sa simplicité, est expressif, tant il est à sa place et sort du cœur d'Auguste, encore plus du cœur humain ! » (CHARAUX, *Corneille*, II.)

(2) *Ne vaut pas l'acheter*, c'est-à-dire ne vaut pas qu'on l'achète. L'infinitif est régime direct. Le tour est italien : *non vale il comprar*.

(3) *Qui des deux;* il faut aujourd'hui : *lequel des deux. Qui* interrogatif ne se dit plus que des personnes. (*Gr. fr. hist.*, 644, 646.)—*Duquel m'éloigner?* Cet emploi de *duquel* a aussi vieilli.

(4) Auguste ne résout rien, pour prolonger l'incertitude du spectateur. « Le dernier vers est très beau, et digne de ce grand monologue.» (VOLT.)

(5) Il est utile, pour cette scène et pour la précédente, de revoir le récit de Sénèque ; on verra comment les grands auteurs savent imiter.

(6) Pour cette intervention de Livie, voir plus haut, p. 265, n. 3.

AUGUSTE.

Hélas! de quel conseil est capable mon âme?

LIVIE.

Votre sévérité, sans produire aucun fruit,
Seigneur, jusqu'à présent a fait beaucoup de bruit.
Par les peines d'un autre aucun ne s'intimide :
Salvidien à bas a soulevé Lépide;
Murène a succédé, Cépion l'a suivi ;
Le jour à tous les deux dans les tourments ravi
N'a point mêlé de crainte à la fureur d'Égnace (1),
Dont Cinna maintenant ose prendre la place;
Et dans les plus bas rangs les noms les plus abjects
Ont voulu s'ennoblir par de si hauts projets.
Après avoir en vain puni leur insolence,
Essayez sur Cinna ce que peut la clémence;
Faites son châtiment de sa confusion;
Cherchez le plus utile en cette occasion.
Sa peine peut aigrir une ville animée;
Son pardon peut servir à votre renommée;
Et ceux que vos rigueurs ne font qu'effaroucher,
Peut-être à vos bontés se laisseront toucher (2).

AUGUSTE.

Gagnons-les tout à fait en quittant cet empire
Qui nous rend odieux, contre qui l'on conspire :
J'ai trop par vos avis consulté là-dessus ;
Ne m'en parlez jamais, je ne consulte plus.
  Cesse de soupirer, Rome, pour ta franchise (3);
Si je t'ai mise aux fers, moi-même je les brise,
Et te rends ton État, après l'avoir conquis,
Plus paisible et plus grand que je ne te l'ai pris;
Si tu me veux haïr, hais-moi sans plus rien feindre;
Si tu me veux aimer, aime-moi sans me craindre (4) :

(1) Ces noms propres sont empruntés à Sénèque. — Lépide était le fils du triumvir; il voulut assassiner Octave après son retour d'Actium; découvert par Mécène, il fut mis à mort. — Muréna était entré dans la conspiration de Cépion (22 av. J.-C.).

(2) *A vos bontés se laisseront toucher*. Au XVIIe siècle, *se laisser* suivi d'un infinitif, prenait souvent *à* au lieu de *par*. On le trouve jusqu'à vingt fois dans Corneille. Voir *Gr. fr. hist.*, 770.

(3) *Franchise* a ici son sens primitif de *liberté, indépendance;* l'adjectif *franc* dont il est dérivé, était synonyme d'abord de *libre, indépendant,* sens qu'il a encore dans certaines acceptions. De là *affranchir*, rendre à la liberté.

(4) Cette modération, ce désintéressement stoïque, cet amour sincère de Rome, ennoblissent le caractère d'Auguste et lui gagnent de plus en plus nos sympathies.

ACTE IV, SCÈNE III

De tout ce qu'eut Sylla de puissance et d'honneur,
Lassé comme il en fut, j'aspire à son bonheur.

LIVIE.

Assez et trop longtemps son exemple vous flatte;
Mais gardez que sur vous le contraire n'éclate :
Ce bonheur sans pareil qui conserva ses jours,
Ne serait pas bonheur, s'il arrivait toujours (1).

AUGUSTE.

Eh bien! s'il est trop grand, si j'ai tort d'y prétendre,
J'abandonne mon sang à qui voudra l'épandre (2).
Après un long orage il faut trouver un port,
Et je n'en vois que deux, le repos ou la mort.

LIVIE.

Quoi! vous voulez quitter le fruit de tant de peines?

AUGUSTE.

Quoi! vous voulez garder l'objet de tant de haines?

LIVIE.

Seigneur, vous emporter à cette extrémité,
C'est plutôt désespoir que générosité.

AUGUSTE.

Régner, et caresser une main si traîtresse,
Au lieu de sa vertu, c'est montrer sa faiblesse.

LIVIE.

*C'est régner sur vous-même, et par un noble choix,
Pratiquer la vertu la plus digne des rois* (3).

AUGUSTE.

Vous m'aviez bien promis des conseils d'une femme :
Vous me tenez parole, et c'en sont là, Madame.
  Après tant d'ennemis à mes pieds abattus,
Depuis vingt ans je règne, et j'en sais les vertus (4);

---

(1) Quand Sylla se démit du pouvoir (78 av. J.-C.), on fut étonné de sa confiance. Ses proscriptions lui avaient fait tant d'ennemis ! Mais il avait pris ses mesures : d'un mot il eût pu rallier à ses côtés ses cent vingt mille vétérans qu'il avait établis dans les colonies militaires de l'Italie. Il put ainsi mourir en paix dans sa villa de Cumes (77).

(2) *Épandre* s'employait jadis dans toutes les acceptions que nous réservons aujourd'hui au composé *répandre*. (MARTY-LAVEAUX, *Lexique*.)

(3) Belle pensée, noble sentiment; mais Auguste, trop agité encore, n'est pas en état de le comprendre. Les conseils de Livie lui paraissent dictés par la timidité ; il les repousse comme indignes par conséquent d'un homme d'État.

(4) C'est-à-dire je connais les vertus que demande l'art de régner. L'ellipse

Je sais leur divers ordre, et de quelle nature
Sont les devoirs d'un prince en cette conjoncture :
Tout son peuple est blessé par un tel attentat,
Et la seule pensée est un crime d'État,
Une offense qu'on fait à toute sa province (1),
Dont il faut qu'il la venge, ou cesse d'être prince.

LIVIE.

Donnez moins de croyance à votre passion.

AUGUSTE.

Ayez moins de faiblesse, ou moins d'ambition.

LIVIE.

Ne traitez plus si mal un conseil salutaire.

AUGUSTE.

Le ciel m'inspirera ce qu'ici je dois faire.
Adieu : nous perdons temps (2).

LIVIE.

Je ne vous quitte point,
Seigneur, que mon amour n'aye obtenu ce point (3).

AUGUSTE.

C'est l'amour des grandeurs qui vous rend importune.

LIVIE.

J'aime votre personne et non votre fortune.
(Elle est seule.)
Il m'échappe : suivons, et forçons-le de voir
Qu'il peut, en faisant grâce, affermir son pouvoir;
Et qu'enfin la clémence est la plus belle marque
Qui fasse à l'univers connaître un vrai monarque (4).

est hardie, mais elle est claire et donne de la précision. Racine a dit avec le même bonheur :
   Nourri dans les forêts, il *en* a la rudesse (*Phèdre*);
la rudesse de ceux qui vivent dans les forêts.
 Et dans *Britannicus*, A. IV, sc. II :
   Il mourut. Mille bruits *en* courent à ma honte.

(1) *Province* est pris ici pour *empire, gouvernement, État*; le latin *provincia* avait souvent ce sens.

(2) *Perdre temps* se trouve souvent chez Corneille ; il dit aussi, sans article, *gagner temps*.

(3) *Aye*, archaïsme pour *ait*.

(4) D'après Sénèque, Auguste suivit le conseil de Livie. Dion Cassius parle de même : « Ayant Livie finy son dire, Auguste lui presta foy et délivra tous ceux qui estoient encoulpez. » (Trad. DESROZIERS.)
 Corneille prolonge avec beaucoup d'art l'intérêt dramatique, en laissant Auguste indécis jusqu'à la fin du Ve acte.

SCÈNE IV

ÉMILIE, FULVIE (1).

ÉMILIE.

D'où me vient cette joie? et que mal à propos
Mon esprit malgré moi goûte un entier repos (2)!
César mande Cinna sans me donner d'alarmes!
Mon cœur est sans soupir, mes yeux n'ont point de larmes.
Comme si j'apprenais d'un secret mouvement
Que tout doit succéder à mon contentement!
Ai-je bien entendu? me l'as-tu dit, Fulvie?

FULVIE.

J'avais gagné sur lui qu'il aimerait la vie,
Et je vous l'amenais plus traitable et plus doux,
Faire un second effort contre votre courroux;
Je m'en applaudissais, quand soudain Polyclète,
Des volontés d'Auguste ordinaire interprète,
Est venu l'aborder et sans suite et sans bruit,
Et de sa part sur l'heure au palais l'a conduit.
Auguste est fort troublé, l'on ignore la cause;
Chacun diversement soupçonne quelque chose :
Tous présument qu'il aye un grand sujet d'ennui (3),
Et qu'il mande Cinna pour prendre avis de lui.

(1) « La scène reste vide; c'est un grand défaut aujourd'hui, et dans lequel même les plus médiocres auteurs ne tombent pas. Mais Corneille est le premier qui ait pratiqué cette règle si belle et si nécessaire de lier les scènes, et de ne faire paraître sur le théâtre aucun personnage sans une raison évidente. Si le législateur manque ici à la loi qu'il a introduite, il est assurément bien excusable. Il n'est pas vraisemblable qu'Émilie arrive avec sa confidente, pour parler de la conspiration, dans la même chambre dont Auguste sort; ainsi elle est supposée parler dans un autre appartement. » (VOLT.)
Corneille s'en explique lui-même dans son *Examen*.

(2) Cette sécurité se justifie chez Émilie. Dans l'intervalle des actes II et III, elle avait appris de la bouche même d'Auguste, les nouvelles faveurs dont il venait de combler Cinna. Depuis ce moment, il ne s'est rien passé à la connaissance d'Émilie, qui pût lui inspirer des craintes; elle ignore la découverte du complot qui s'est faite dans le plus grand secret, Euphorbe et Maxime étant trop intéressés au silence. Du reste, il est naturel à l'homme, dès que le danger qu'il craignait est écarté, de passer des plus grandes terreurs aux espérances les plus folles.

(3) Les verbes *croire*, *dire*, *présumer*, et autres semblables, qui aujourd'hui sont suivis de l'indicatif, prenaient souvent dans l'ancienne langue le subjonctif, pour peu qu'il y eût de doute dans la pensée : « Je crois qu'il *soit* fou. » (MALHERBE, *Lettres*.) Voir *Gr. fr. hist.*, 726. — Pour *aye*, v. p. 326.

Mais ce qui m'embarrasse, et que je viens d'apprendre,
C'est que deux inconnus se sont saisis d'Évandre,
Qu'Euphorbe est arrêté sans qu'on sache pourquoi,
Que même de son maître on dit je ne sais quoi :
On lui veut imputer un désespoir funeste ;
On parle d'eaux, de Tibre, et l'on se tait du reste.

ÉMILIE.

Que de sujets de craindre et de désespérer,
Sans que mon triste cœur en daigne murmurer !
A chaque occasion le ciel y fait descendre
Un sentiment contraire à celui qu'il doit prendre :
Une vaine frayeur tantôt m'a pu troubler,
Et je suis insensible alors qu'il faut trembler (1).
  Je vous entends, grands dieux ! vos bontés que j'adore
Ne peuvent consentir que je me déshonore ;
Et ne me permettant soupirs, sanglots, ni pleurs,
Soutiennent ma vertu contre de tels malheurs.
Vous voulez que je meure avec ce grand courage
Qui m'a fait entreprendre un si fameux ouvrage ;
Et je veux bien périr comme vous l'ordonnez,
Et dans la même assiette où vous me retenez (2).
  O liberté de Rome ! ô mânes de mon père !
J'ai fait de mon côté tout ce que j'ai pu faire :
Contre votre tyran j'ai ligué ses amis,
Et plus osé pour vous qu'il ne m'était permis.
Si l'effet a manqué, ma gloire n'est pas moindre ;
N'ayant pu vous venger, je vous irai rejoindre,
Mais si fumante encor d'un généreux courroux,
Par un trépas si noble et si digne de vous,
Qu'il vous fera sur l'heure aisément reconnaître
Le sang des grands héros dont vous m'avez fait naître.

(1) Émilie ressent cette tranquillité stoïque, ou plutôt cette lassitude résignée qu'éprouve un homme de cœur qui, après avoir fait son possible pour mener à bonne fin une entreprise généreuse, voit s'échapper de ses mains les instruments humains sur lesquels il comptait ; il se repose dans la conscience d'avoir fait son devoir.

(2) *Assiette* est un terme militaire : l'*assiette* du pays, a dit Corneille dans *Sertorius*. Ce mot se dit aussi de la situation du corps, principalement en termes de manège : « Un bon écuyer ne redresse pas tant mon *assiette*, comme fait un procureur ou un Vénitien à cheval. » (MONTAIGNE, l. III, ch. VIII.) Il est tout naturel qu'il se soit aussi employé en parlant de l'âme, de l'esprit : « Nous brûlons de désir, a dit Pascal dans les *Pensées*, de trouver une *assiette* ferme. » (MARTY-LAVEAUX, *Lexique*.)

SCÈNE V

MAXIME, ÉMILIE, FULVIE.

ÉMILIE.

Mais je vous vois, Maxime, et l'on vous faisait mort (1)

MAXIME.

Euphorbe trompe Auguste avec ce faux rapport :
Se voyant arrêté, la trame découverte,
Il a feint ce trépas pour empêcher ma perte.

ÉMILIE.

Que dit-on de Cinna ?

MAXIME.

Que son plus grand regret
C'est de voir que César sait tout votre secret ;
En vain il le dénie et le veut méconnaître,
Évandre a tout conté pour excuser son maître,
Et par l'ordre d'Auguste on vient vous arrêter.

ÉMILIE.

Celui qui l'a reçu, tarde à l'exécuter ;
Je suis prête à le suivre et lasse de l'attendre.

MAXIME.

Il vous attend chez moi.

ÉMILIE.

Chez vous !

MAXIME.

C'est vous surprendre !
Mais apprenez le soin que le ciel a de vous :
C'est un des conjurés qui va fuir avec nous.

---

(1) Voltaire trouve que « cette résurrection de Maxime n'est pas une invention heureuse. Il était, ajoute-t-il, fort inutile à la pièce, qu'Euphorbe eût feint que son maître s'était noyé. Maxime joue le rôle d'un misérable. Pourquoi l'auteur, pouvant l'ennoblir, l'a-t-il rendu si bas ? »

Corneille n'avait aucune raison ni aucun besoin d'ennoblir Maxime. Depuis que la jalousie en a fait un traître, il le laisse poursuivre jusqu'au bout son infâme métier. Comme tout le but de Maxime était de conquérir Émilie, il lui fallait entasser mensonges sur mensonges, tromper d'abord Auguste par la supposition de sa mort, et maintenant tromper Émilie en lui faisant croire que le complot a été découvert par l'affranchi de Cinna, et qu'elle-même est sur le point de tomber entre les mains d'Auguste.

Cette conduite, tout odieuse qu'elle est, est justifiée cependant par le caractère et le dessein de Maxime.

Prenons notre avantage avant qu'on nous poursuive;
Nous avons pour partir un vaisseau sur la rive.

ÉMILIE.

Me connais-tu, Maxime, et sais-tu qui je suis (1)?

MAXIME.

En faveur de Cinna je fais ce que je puis,
Et tâche à garantir de ce malheur extrême
La plus belle moitié qui reste de lui-même.
Sauvons-nous, Émilie, et conservons le jour,
Afin de le venger par un heureux retour.

ÉMILIE.

Cinna dans son malheur est de ceux qu'il faut suivre,
Qu'il ne faut pas venger, de peur de leur survivre;
Quiconque après sa perte aspire à se sauver,
Est indigne du jour qu'il tâche à conserver.

MAXIME.

Quel désespoir aveugle à ces fureurs vous porte?
O dieux! que de faiblesse en une âme si forte!
Ce cœur si généreux rend si peu de combat,
Et du premier revers la fortune l'abat!
Rappelez, rappelez cette vertu sublime;
Ouvrez enfin les yeux, et connaissez Maxime :
C'est un autre Cinna qu'en lui vous regardez;
Le ciel vous rend en lui l'amant que vous perdez;
Et puisque l'amitié n'en faisait plus qu'une âme,
Aimez en cet ami l'objet de votre flamme;
Avec la même ardeur il saura vous chérir,
Que...

ÉMILIE.

Tu m'oses aimer, et tu n'oses mourir (2)!
Tu prétends un peu trop; mais quoi que tu prétendes,
Rends-toi digne du moins de ce que tu demandes;
Cesse de fuir en lâche un glorieux trépas,
Ou de m'offrir un cœur que tu fais voir si bas;
Fais que je porte envie à ta vertu parfaite;
Ne te pouvant aimer, fais que je te regrette;
Montre d'un vrai Romain la dernière vigueur,
Et mérite mes pleurs au défaut de mon cœur.

(1) Cette fière apostrophe est digne d'Émilie; elle domine de toute sa grandeur d'âme le lâche qui vient lui conseiller la fuite.

(2) Réponse sublime. Toute la tirade qui suit, respire une fierté et un courage qui font un admirable contraste avec la perfidie de Maxime.

Quoi! si ton amitié pour Cinna s'intéresse,
Crois-tu qu'elle consiste à flatter sa maîtresse?
Apprends, apprends de moi quel en est le devoir,
Et donne-m'en l'exemple, ou viens le recevoir.

MAXIME.

Votre juste douleur est trop impétueuse.

ÉMILIE.

La tienne en ta faveur est trop ingénieuse.
Tu me parles déjà d'un bienheureux retour,
Et dans tes déplaisirs tu conçois de l'amour!

MAXIME.

Cet amour en naissant est toutefois extrême :
C'est votre amant en vous, c'est mon ami que j'aime;
Et des mêmes ardeurs dont il fut embrasé...

ÉMILIE.

Maxime, en voilà trop pour un homme avisé (1).
Ma perte m'a surprise, et ne m'a point troublée;
Mon noble désespoir ne m'a point aveuglée.
Ma vertu tout entière agit sans s'émouvoir,
Et je vois malgré moi plus que je ne veux voir.

MAXIME.

Quoi! vous suis-je suspect de quelque perfidie?

ÉMILIE.

Oui, tu l'es, puisque enfin tu veux que je le die;
L'ordre de notre fuite est trop bien concerté
Pour ne te soupçonner d'aucune lâcheté :
Les dieux seraient pour nous prodigues en miracles,
S'ils en avaient sans toi levé tous les obstacles.
Fuis sans moi, tes amours sont ici superflus (2).

MAXIME.

Ah! vous m'en dites trop.

ÉMILIE.

J'en présume encor plus.
Ne crains pas toutefois que j'éclate en injures;
Mais n'espère non plus m'éblouir de parjures.

---

(1) Le mot est ironique.

(2) Le genre d'*amour* était encore indécis, au singulier comme au pluriel. De féminin qu'il avait été dans l'ancienne langue, les savants du XVIe siècle avaient cherché à le faire masculin, conformément à son origine latine. Le féminin et le masculin s'employaient indifféremment au XVIIe siècle. Aujourd'hui le féminin ne s'est conservé que dans certaines acceptions du pluriel. Voir *Gr. fr. hist.*, 265.

Si c'est te faire tort que de m'en défier,
Viens mourir avec moi pour te justifier.

MAXIME.

Vivez, belle Émilie, et souffrez qu'un esclave...

ÉMILIE.

Je ne t'écoute plus qu'en présence d'Octave.
Allons, Fulvie, allons (1).

SCÈNE VI

MAXIME.

Désespéré, confus,
Et digne, s'il se peut, d'un plus cruel refus,
Que résous-tu, Maxime? et quel est le supplice
Que ta vertu prépare à ton vain artifice (2)?
Aucune illusion ne te doit plus flatter :
Émilie en mourant va tout faire éclater ;
Sur un même échafaud la perte de sa vie
Étalera sa gloire et ton ignominie,
Et sa mort va laisser à la postérité
L'infâme souvenir de ta déloyauté.
Un même jour t'a vu, par une fausse adresse,
Trahir ton souverain, ton ami, ta maîtresse,
Sans que de tant de droits en un jour violés,
Sans que de deux amants au tyran immolés,
Il te reste aucun fruit que la honte et la rage
Qu'un remords inutile allume en ton courage (3).
  Euphorbe, c'est l'effet de tes lâches conseils.
Mais que peut-on attendre enfin de tes pareils?
Jamais un affranchi n'est qu'un esclave infâme;
Bien qu'il change d'état, il ne change point d'âme;
La tienne, encor servile, avec la liberté
N'a pu prendre un rayon de générosité.
Tu m'as fait relever une injuste puissance;
Tu m'as fait démentir l'honneur de ma naissance;
Mon cœur te résistait, et tu l'as combattu

(1) Ce départ d'Émilie est du plus haut tragique. Le laconisme de son adieu, son ton sec et foudroyant, ses dédains superbes pour Maxime, l'audace du rendez-vous qu'elle lui donne, enfin sa fermeté dans le désastre de ses espérances, tout cela donne à cette fin un éclat grandiose qui étonne et ravit, en même temps qu'elle laisse le traître accablé et anéanti sous le poids de sa honte.
  Voir à la fin de la pièce un appendice sur la déclamation de cette scène.
(2) *Ta vertu*, dans le sens latin, *ton courage*.
(3) *Courage* a ici, comme dans le vieux français, le sens de *cœur*.

Jusqu'à ce que ta fourbe ait souillé sa vertu.
Il m'en coûte la vie, il m'en coûte la gloire,
Et j'ai tout mérité pour t'avoir voulu croire ;
Mais les dieux permettront à mes ressentiments
De te sacrifier aux yeux des deux amants,
Et j'ose m'assurer qu'en dépit de mon crime
Mon sang leur servira d'assez pure victime,
Si dans le tien mon bras, justement irrité,
Peut laver le forfait de t'avoir écouté (1).

(1) Voltaire critique avec raison ce monologue. « Autant que le spectateur, dit-il, s'est prêté au monologue important d'Auguste, qui est un personnage respectable, autant il se refuse au monologue de Maxime, qui excite l'indignation et le mépris. Jamais un monologue ne fait un bel effet que quand on s'intéresse à celui qui parle, que quand ses passions, ses vertus, ses malheurs, ses faiblesses, font dans son âme un combat si noble, si attachant, si animé, que vous lui pardonnez de parler trop longtemps à soi-même.

» Il ne paraît pas convenable, dit-il encore, qu'un conjuré, qu'un sénateur reproche à un esclave de lui avoir fait commettre une mauvaise action et qu'il espère qu'il pourra se venger de lui... ; ce reproche serait bon dans la bouche d'une femme faible, dans celle de Phèdre, par exemple, à l'égard d'Œnone, dans celle d'un jeune homme sans expérience. »

Si Maxime, pour exprimer sa confusion et son désespoir, s'était borné à trois ou quatre vers, ce IVᵉ acte se serait terminé de la manière la plus tragique.

Ce léger défaut n'empêche pas que le spectateur ne reste dans la plus vive incertitude ; rien ne lui fait prévoir la suite de l'action et de quelle façon elle se dénouera. Sous ce rapport, l'art est parfait.

QUESTIONS SUR LE IVᵉ ACTE.

Que se passe-t-il au IVᵉ acte ?
Comment Auguste est-il instruit du complot ?
Qui lui fait cette révélation ? dans quel but ?
Quels ordres donne Auguste touchant Cinna, Maxime et Euphorbe ?
Faites l'analyse littéraire du monologue d'Auguste. En quoi consiste son mérite ? Quels sont les principaux sentiments exprimés par Auguste ? Comment se termine ce monologue ?
Quel est le conseil de Livie ? Comment Auguste le reçoit-il ?
Quel défaut y a-t-il entre les scènes III et IV ?
Avec quels sentiments Émilie reçoit-elle les fâcheuses nouvelles que lui apprend Fulvie ?
Quel est le but de la visite de Maxime ?
Comment Émilie accueille-t-elle ses offres ?
En quoi consiste la beauté de cette scène ?
Quel est le défaut du monologue de Maxime ?
La fin du IVᵉ acte est-elle conforme aux règles de l'art ?

ACTE CINQUIÈME

L'interrogatoire et le pardon.

SCÈNE I
AUGUSTE, CINNA.

AUGUSTE.

Prends un siège, Cinna, prends, et sur toute chose
Observe exactement la loi que je t'impose (1) :
Prête, sans me troubler, l'oreille à mes discours;
D'aucun mot, d'aucun cri, n'en interromps le cours;
Tiens ta langue captive; et si ce grand silence
A ton émotion fait quelque violence,
Tu pourras me répondre après tout à loisir;
Sur ce point seulement contente mon désir (2).

CINNA.

Je vous obéirai, Seigneur.

AUGUSTE.

Qu'il te souvienne
De garder ta parole, et je tiendrai la mienne (3).

(1) Cinna se retrouve devant Auguste, parce que ce prince, à peine informé du complot, avait chargé Polyclète de lui amener le coupable. Le poète nous en a avertis au IVe acte, scènes I et IV.

(2) « Auguste va convaincre de trahison et d'ingratitude un jeune homme fier et bouillant, que le seul respect ne saurait contraindre à l'écouter sans l'interrompre, à moins d'une loi expresse. Corneille a donc préparé le silence de Cinna par l'ordre le plus important, et ces vers qu'on a tant et si mal à propos condamnés comme superflus, sont la plus belle préparation de la plus belle scène qu'il y ait au théâtre.» (MARMONTEL, art. *Dialogue* dans l'*Encycl.*)

D'autre part, ce grave début et cet ordre étrange servent à jeter Cinna, comme le spectateur, dans la plus vive attente : quelle est cette communication importante qu'Auguste va faire au chef des conjurés? Cinna ne sait pas encore qu'il est découvert.

Corneille, du reste, a suivi Sénèque : « Après avoir fait placer un second siège pour Cinna : « Je te demande avant tout, lui dit-il, de ne pas m'interrompre, et de ne pas proférer d'exclamations au milieu de mon discours : tu auras tout le temps nécessaire pour parler. » V. plus haut, p. 256.

(3) Il paraît qu'autrefois les auteurs déclamaient cet exorde avec une certaine solennité emphatique. *Monvel* (1770-1806) rompit sur ce point avec la

Tu vois le jour, Cinna ; mais ceux dont tu le tiens
Furent les ennemis de mon père, et les miens :
Au milieu de leur camp tu reçus la naissance (1);
Et lorsque après leur mort tu vins en ma puissance,
Leur haine, enracinée au milieu de ton sein,
T'avait mis contre moi les armes à la main (2);
Tu fus mon ennemi même avant que de naître,
Et tu le fus encor quand tu me pus connaître,
Et l'inclination jamais n'a démenti
Ce sang qui t'avait fait du contraire parti :
Autant que tu l'as pu, les effets l'ont suivie.
Je ne m'en suis vengé qu'en te donnant la vie ;
Je te fis prisonnier pour te combler de biens :
Ma cour fut ta prison, mes faveurs tes liens (3);
Je te restituai d'abord ton patrimoine ;
Je t'enrichis après des dépouilles d'Antoine ;
Et tu sais que depuis, à chaque occasion,
Je suis tombé pour toi dans la profusion.
Toutes les dignités que tu m'as demandées,
Je te les ai sur l'heure et sans peine accordées ;
Je t'ai préféré même à ceux dont les parents
Ont jadis dans mon camp tenu les premiers rangs,
A ceux qui de leur sang m'ont acheté l'empire,
Et qui m'ont conservé le jour que je respire.
De la façon enfin qu'avec toi j'ai vécu,
Les vainqueurs sont jaloux du bonheur du vaincu.
Quand le ciel me voulut, en rappelant Mécène,

tradition. Il entrait, le front soucieux, et disait ces vers presque à voix basse, d'un ton saccadé et irrité.

En corrigeant un défaut, Monvel ne tomba-t-il pas un peu dans le défaut contraire ? Il semble qu'Auguste, indécis encore sur le parti à prendre, plus disposé à pardonner qu'à sévir, devait plutôt commencer cet entretien d'un ton simple et grave, un peu sévère, si l'on veut, mais sans aucun signe de colère. On sent dans tout le discours le calme réfléchi d'un homme qui se possède admirablement, et qui pèse toutes ses expressions, pour que chacune porte coup.

(1) Cinna était par sa mère petit-fils du grand Pompée, l'adversaire de César, et petit-neveu de Sextus Pompée qui fit la guerre à Octave, après la formation du second triumvirat (42-35 av. J.-C.). La jeunesse de Cinna s'était passée naturellement dans le camp des ennemis d'Auguste.

(2) Corneille avait d'abord mis :
  Leur haine héréditaire ayant passé dans toi,
  T'avait mis à la main les armes contre moi.
Pour changer *ayant passé dans toi*, le poète dut sacrifier l'épithète *héréditaire*, plus belle qu'*enracinée*.

(3) Beau vers, grâce aux deux antithèses et à la précision que donne l'ellipse.

Après tant de faveurs montrer un peu de haine,
Je te donnai sa place en ce triste accident,
Et te fis, après lui, mon plus cher confident.
Aujourd'hui même encor, mon âme irrésolue
Me pressant de quitter ma puissance absolue,
De Maxime et de toi j'ai pris les seuls avis,
Et ce sont, malgré lui, les tiens que j'ai suivis.
Bien plus, ce même jour, je te donne Émilie (1),
Le digne objet des vœux de toute l'Italie,
Et qu'ont mise si haut mon amour et mes soins,
Qu'en te couronnant roi je t'aurais donné moins (2).
Tu t'en souviens, Cinna : tant d'heur et tant de gloire (3)
Ne peuvent pas sitôt sortir de ta mémoire;
Mais ce qu'on ne pourrait jamais s'imaginer,
Cinna, tu t'en souviens, et veux m'assassiner (4).

CINNA.

Moi, Seigneur! moi, que j'eusse une âme si traîtresse (5);
Qu'un si lâche dessein...

AUGUSTE.

Tu tiens mal ta promesse :
Sieds-toi, je n'ai pas dit encor ce que je veux (6);

(1) Les faveurs d'Auguste sont exposées dans une gradation ascendante, conforme du reste à l'ordre des temps : 1° Auguste a laissé la vie à Cinna; 2° il l'a comblé de richesses, lui rendant son patrimoine, lui livrant les dépouilles d'Antoine; 3° il lui a conféré toutes les dignités qu'il lui a demandées, de préférence à ses propres partisans; 4° il lui a donné la place de Mécène dans sa confiance; 5° ce même jour, il a suivi son conseil contrairement à celui de Maxime; 6° enfin il a mis le comble à ses bienfaits, en lui accordant la main d'Émilie.

(2) Hyperbole qui manque un peu de couleur locale. Auguste évidemment a moins en vue le titre de roi, toujours odieux aux Romains, que la puissance de l'autorité souveraine.

(3) Pour *heur*, voir *le Cid*, A. III, sc. VI, p. 106.

(4) Dans ce premier discours, Auguste rappelle à Cinna la longue suite de ses bienfaits; il rend cette énumération plus vive et plus saisissante en insistant sur les raisons qu'il avait de le haïr.

Enfin au tableau des bontés, Auguste oppose, dans un trait d'une précision foudroyante, l'ingratitude du conspirateur :
Cinna, tu t'en souviens, et veux m'assassiner!
L'art du contraste et de la suspension ne saurait aller plus loin.

(5) « Cinna s'emporte et veut répondre : mouvement naturel et vrai que le peintre des passions n'a pas manqué de saisir. » (MARMONTEL, l. c.)
Cette interruption est marquée dans le récit de Sénèque. Voir p. 256.

(6) Ce langage brusque et dur montre assez quels sentiments dominent Auguste : son indignation, malgré les efforts qu'il fait pour la contenir, se fait jour par des reproches laconiques et un dédain amer dont il accable le pauvre conspirateur.

Tu te justifieras après, si tu le peux.
Écoute cependant, et tiens mieux ta parole.
 Tu veux m'assassiner, demain, au Capitole (1),
Pendant le sacrifice, et ta main pour signal
Me doit, au lieu d'encens, donner le coup fatal ;
La moitié de tes gens doit occuper la porte,
L'autre moitié te suivre, et te prêter main-forte.
Ai-je de bons avis, ou de mauvais soupçons ?
De tous ces meurtriers te dirai-je les noms ?
Procule, Glabrion, Virginian, Rutile (2),
Marcel, Plaute, Lénas, Pompone, Albin, Icile (3),
Maxime, qu'après toi j'avais le plus aimé ;
Le reste ne vaut pas l'honneur d'être nommé (4) :
Un tas d'hommes perdus de dettes et de crimes,
Que pressent de mes lois les ordres légitimes,
Et qui, désespérant de les plus éviter,
Si tout n'est renversé, ne sauraient subsister (5).
 Tu te tais maintenant, et gardes le silence,
Plus par confusion que par obéissance (6).
Quel était ton dessein, et que prétendais-tu
Après m'avoir au temple à tes pieds abattu ?
Affranchir ton pays d'un pouvoir monarchique !
Si j'ai bien entendu tantôt ta politique,
Son salut désormais dépend d'un souverain
Qui pour tout conserver tienne tout en sa main ;

(1) Dans ce second discours, Auguste cherche à convaincre Cinna de deux choses : 1° qu'il est au courant de la conjuration, qu'il en connaît le plan, le détail, les complices ; 2° que l'entreprise de Cinna est folle ; si son but est de renverser Auguste pour régner à sa place, il n'a rien de ce qu'il faut pour un si haut rang ; jamais la noblesse romaine ne supporterait sa domination.

(2) Suivant l'usage de ses devanciers, Corneille francisait les noms latins. Voir *Horace*, A. I, sc. I, p. 173. Il traduisait par *an* la terminaison *anus* que nous changeons en *ien* : *Virginian, Dioclétian, Octavian*, etc.

(3) « Monvel comptait ici les conjurés sur les doigts ; après le nom de Maxime, il laissait retomber sa main en disant la fin du vers, puis il semblait s'apprêter à reprendre son compte, qu'il abandonnait définitivement en disant :
 Le reste ne vaut pas l'honneur d'être nommé.
» Talma admirait fort ce jeu de scène très familier, mais d'un effet saisissant ; et il fut longtemps avant d'oser le pratiquer. » (Marty-Laveaux.)

(4) Vers devenu proverbial.

(5) Corneille a tracé ce portrait d'après celui des complices de Catilina dans Salluste (*Catilina*, ch. xiv), et dans Cicéron (*Catil.*, I, 6 ; II ; 4, 8-10).

(6) « Cinna, frappé de stupeur, restait muet, retenu non plus par sa promesse, mais par sa conscience. » (Sénèque) Le reste du discours est un admirable développement de l'auteur latin.

Et si sa liberté te faisait entreprendre (1),
Tu ne m'eusses jamais empêché de la rendre;
Tu l'aurais acceptée au nom de tout l'État,
Sans vouloir l'acquérir par un assassinat.
Quel était donc ton but? d'y régner en ma place?
D'un étrange malheur son destin le menace,
Si pour monter au trône et lui donner la loi
Tu ne trouves dans Rome autre obstacle que moi (2),
Si jusques à ce point son sort est déplorable,
Que tu sois après moi le plus considérable,
Et que ce grand fardeau de l'empire romain
Ne puisse après ma mort tomber mieux qu'en ta main,
　Apprends à te connaître, et descends en toi-même :
On t'honore dans Rome, on te courtise, on t'aime,
Chacun tremble sous toi, chacun t'offre des vœux,
Ta fortune est bien haut, tu peux ce que tu veux;
Mais tu ferais pitié même à ceux qu'elle irrite,
Si je t'abandonnais à ton peu de mérite (3).
Ose me démentir, dis-moi ce que tu vaux,
Conte-moi tes vertus, tes glorieux travaux,
Les rares qualités par où tu m'as dû plaire,
Et tout ce qui t'élève au-dessus du vulgaire.
　Ma faveur fait ta gloire et ton pouvoir en vient :
Elle seule t'élève et seule te soutient;
C'est elle qu'on adore, et non pas ta personne :
Tu n'as crédit ni rang qu'autant qu'elle t'en donne,

(1) *Entreprendre* est ici employé dans le sens neutre de *tenter une entreprise*. Cet usage est fréquent dans Corneille et dans les prosateurs du XVIe et du XVIIe siècle.

(2) Il faudrait aujourd'hui *d'autre obstacle*, ou *nul autre obstacle*.

(3) « Ces vers et les suivants occasionnèrent un jour une saillie singulière. Le dernier maréchal de la Feuillade, étant sur le théâtre, dit tout haut à Auguste : « Ah! tu me gâtes le *Soyons amis, Cinna.* » Le vieux comédien qui jouait Auguste, se déconcerta et crut avoir mal joué. Le maréchal, après la pièce, lui dit : « Ce n'est pas vous qui m'avez déplu : c'est Auguste qui dit à Cinna qu'il n'a aucun mérite, qu'il n'est propre à rien, qu'il fait pitié, et qui ensuite lui dit : *Soyons amis.* Si le roi m'en disait autant, je le remercierais de son amitié. » (VOLT.)

Pour que l'application fût juste, il aurait fallu que Cinna fût le maréchal de la Feuillade; il en était loin. Cinna n'était qu'un jeune homme, sans valeur personnelle, n'ayant d'autre mérite que la faveur d'Auguste. L'auditoire le sait, et Cinna, il y a quelques instants, le reconnaissait lui-même dans son monologue :
　　S'il faut percer le flanc d'un prince magnanime
　　Qui *du peu que je suis* fait une telle estime.
La bonté d'Auguste n'en était que plus grande, l'ingratitude de Cinna en devenait plus odieuse; la clémence enfin n'en sera que plus admirable.

Et pour te faire choir je n'aurais aujourd'hui
Qu'à retirer la main qui seule est ton appui.
J'aime mieux toutefois céder à ton envie :
Règne, si tu le peux, aux dépens de ma vie ;
Mais oses-tu penser que les Serviliens,
Les Cosses, les Métels, les Pauls, les Fabiens (1),
Et tant d'autres enfin, de qui les grands courages
Des héros de leur sang sont les vives images,
Quittent le noble orgueil d'un sang si généreux
Jusqu'à pouvoir souffrir que tu règnes sur eux ?
Parle, parle, il est temps.

CINNA.

Je demeure stupide (2) ;
Non que votre colère ou la mort m'intimide :
Je vois qu'on m'a trahi, vous m'y voyez rêver,
Et j'en cherche l'auteur sans le pouvoir trouver.
Mais c'est trop y tenir toute l'âme occupée :
Seigneur, je suis Romain, et du sang de Pompée ;
Le père et les deux fils lâchement égorgés,
Par la mort de César étaient trop peu vengés.
C'est là d'un beau dessein l'illustre et seule cause ;
Et puisque à vos rigueurs la trahison m'expose,
N'attendez point de moi d'infâmes repentirs (3),
D'inutiles regrets, ni de honteux soupirs.
Le sort vous est propice, autant qu'il m'est contraire ;
Je sais ce que j'ai fait, et ce qu'il vous faut faire.
Vous devez un exemple à la postérité,
Et mon trépas importe à votre sûreté (4).

AUGUSTE.

Tu me braves, Cinna, tu fais le magnanime,
Et loin de t'excuser, tu couronnes ton crime.
Voyons si ta constance ira jusques au bout.
Tu sais ce qui t'est dû, tu vois que je sais tout :
Fais ton arrêt toi-même, et choisis tes supplices (5).

(1) Les *Servilius* formaient deux familles de l'ancienne Rome, l'une, patricienne, et l'autre, plébéienne. — Les *Cosses* ou *Cossus* étaient une branche patricienne de la *gens Cornelia*. — Les *Métels* ou *Métellus* appartenaient à l'illustre maison plébéienne des Cœcilius. — Les *Fabiens*, grande famille patricienne qu'on trouve depuis les premières années de la république jusqu'aux derniers temps de l'empire.

(2) *Stupide*, frappé de stupeur ; sens fréquent au xviie siècle.

(3) Ces pluriels poétiques donnent au style de la grandeur et de l'énergie.

(4) Le caractère de Cinna se relève par cette noble fierté et par ce courage en face de la mort.

(5) Auguste qui avait commencé l'entretien avec le dessein d'offrir le

SCÈNE II

LIVIE, AUGUSTE, CINNA, ÉMILIE, FULVIE.

LIVIE.

Vous ne connaissez pas encor tous les complices :
Votre Émilie en est, Seigneur, et la voici.

CINNA.

C'est elle-même, ô dieux!

AUGUSTE.

Et toi, ma fille, aussi (1)!

ÉMILIE.

Oui, tout ce qu'il a fait, il l'a fait pour me plaire,
Et j'en étais, Seigneur, la cause et le salaire.

AUGUSTE.

Quoi! l'amour qu'en ton cœur j'ai fait naître aujourd'hui
T'emporte-t-il déjà jusqu'à mourir pour lui!
Ton âme à ces transports un peu trop s'abandonne,
Et c'est trop tôt aimer l'amant que je te donne.

ÉMILIE.

Cet amour qui m'expose à vos ressentiments,
N'est point le prompt effet de vos commandements;
Ces flammes dans nos cœurs sans votre ordre étaient nées,
Et ce sont des secrets de plus de quatre années.
Mais, quoique je l'aimasse, et qu'il brûlât pour moi,
Une haine plus forte à tous deux fit la loi;
Je ne voulus jamais lui donner d'espérance
Qu'il ne m'eût de mon père assuré la vengeance;
Je la lui fis jurer; il chercha des amis.
Le ciel rompt le succès que je m'étais promis (2),
Et je vous viens, Seigneur, offrir une victime,
Non pour sauver sa vie en me chargeant du crime :
Son trépas est trop juste après son attentat,
Et toute excuse est vaine en un crime d'État.

---

pardon à Cinna s'il pouvait l'amener à un repentir sincère, se voit arrêté par l'obstination du coupable. Pour gagner du temps et tenter un suprême effort, il lui propose le choix du supplice, lorsque les révélations de Livie viennent augmenter son chagrin et ses irrésolutions.

(1) C'est le mot fameux de César mourant à Brutus : « Et toi aussi, mon fils! »

(2) *Rompre le succès;* voir plus haut, p. 303.

ACTE V, SCÈNE II

Mourir en sa présence, et rejoindre mon père,
C'est tout ce qui m'amène, et tout ce que j'espère (1).

AUGUSTE.

Jusques à quand, ô ciel, et par quelle raison
Prendrez-vous contre moi des traits dans ma maison?
Pour ses débordements j'en ai chassé Julie;
Mon amour en sa place a fait choix d'Émilie,
Et je la vois comme elle indigne de ce rang.
L'une m'ôtait l'honneur, l'autre a soif de mon sang;
Et prenant toutes deux leur passion pour guide,
L'une fut impudique, et l'autre est parricide.
O ma fille! est-ce là le prix de mes bienfaits?

ÉMILIE.

Ceux de mon père en vous firent mêmes effets (2).

AUGUSTE.

Songe avec quel amour j'élevai ta jeunesse.

ÉMILIE.

Il éleva la vôtre avec même tendresse;
Il fut votre tuteur, et vous son assassin;
Et vous m'avez au crime enseigné le chemin.
Le mien d'avec le vôtre en ce point seul diffère,
Que votre ambition s'est immolé mon père,
Et qu'un juste courroux, dont je me sens brûler,
A son sang innocent voulait vous immoler.

LIVIE.

C'en est trop, Émilie, arrête et considère
Qu'il t'a trop bien payé les bienfaits de ton père :
Sa mort, dont la mémoire allume ta fureur,
Fut un crime d'Octave, et non de l'empereur (3).
  Tous ces crimes d'État qu'on fait pour la couronne,
Le ciel nous en absout alors qu'il nous la donne,
Et dans le sacré rang où sa faveur l'a mis (4),
Le passé devient juste, et l'avenir permis.

(1) Émilie avait donné rendez-vous à Maxime devant Auguste; elle arrive, introduite par Livie à qui elle a tout révélé. Son but est de partager le supplice de Cinna qu'elle avait poussé au crime.

(2) Le caractère d'Émilie n'est-il pas ici un peu forcé? A ces reproches si tendres de son père adoptif, elle répond comme une forcenée, toujours altérée de son sang; elle oublie ce que lui commandent son âge, son sexe, et les bienfaits d'Auguste.

(3) Ces quatre premiers vers de Livie sont convenables; le couplet qui suit renferme des maximes odieuses que rien ne justifie. On ne voit pas dans quel but Corneille expose ici une pareille doctrine.

(4) *L'a mis*, *le* pour *l'usurpateur;* syllepse hardie.

Qui peut y parvenir ne peut être coupable;
Quoi qu'il ait fait ou fasse, il est inviolable :
Nous lui devons nos biens, nos jours sont en sa main;
Et jamais on n'a droit sur ceux du souverain.

ÉMILIE.

Aussi, dans le discours que vous venez d'entendre,
Je parlais pour l'aigrir, et non pour me défendre.
　Punissez donc, Seigneur, ces criminels appas
Qui de vos favoris font d'illustres ingrats;
Tranchez mes tristes jours pour assurer les vôtres.
Si j'ai séduit Cinna, j'en séduirai bien d'autres;
Et je suis plus à craindre, et vous plus en danger,
Si j'ai l'amour ensemble, et le sang à venger.

CINNA.

Que vous m'ayez séduit, et que je souffre encore
D'être déshonoré par celle que j'adore!
　Seigneur, la vérité doit ici s'exprimer :
J'avais fait ce dessein avant que de l'aimer.
A mes plus saints désirs la trouvant inflexible,
Je crus qu'à d'autres soins elle serait sensible :
Je parlai de son père, et de votre rigueur,
Et l'offre de mon bras suivit celle du cœur.
Que la vengeance est douce à l'esprit d'une femme!
Je l'attaquai par là, par là je pris son âme;
Dans mon peu de mérite elle me négligeait,
Et ne put négliger le bras qui la vengeait :
Elle n'a conspiré que par mon artifice;
J'en suis le seul auteur, elle n'est que complice (1).

ÉMILIE.

Cinna, qu'oses-tu dire, est-ce là me chérir
Que de m'ôter l'honneur, quand il me faut mourir?

CINNA.

Mourez, mais en mourant ne souillez point ma gloire.

ÉMILIE.

La mienne se flétrit, si César te veut croire.

CINNA.

Et la mienne se perd si vous tirez à vous
Toute celle qui suit de si généreux coups.

(1) Cinna, de son côté, veut amoindrir la faute d'Émilie; Émilie s'y refuse. Ces combats de générosité sont assez fréquents dans Corneille. Ici, la lutte se prolonge un peu trop en présence d'un juge aussi agité que doit l'être Auguste. Voir *Horace*, A. II, sc. VII, et A. V, sc. III; *Héraclius*, A. IV, sc. III; *Œdipe*, A. II, sc. I.

ÉMILIE.

Eh bien! prends-en ta part, et me laisse la mienne;
Ce serait l'affaiblir que d'affaiblir la tienne :
La gloire et le plaisir, la honte et les tourments,
Tout doit être commun entre de vrais amants.
Nos deux âmes, Seigneur, sont deux âmes romaines;
Unissant nos désirs, nous unîmes nos haines;
De nos parents perdus le vif ressentiment
Nous apprit nos devoirs en un même moment;
En ce noble dessein nos cœurs se rencontrèrent;
Nos esprits généreux ensemble le formèrent;
Ensemble nous cherchons l'honneur d'un beau trépas :
Vous vouliez nous unir, ne nous séparez pas.

AUGUSTE.

Oui, je vous unirai, couple ingrat et perfide,
Et plus mon ennemi qu'Antoine ni Lépide;
Oui, je vous unirai, puisque vous le voulez :
Il faut bien satisfaire aux feux dont vous brûlez,
Et que tout l'univers, sachant ce qui m'anime,
S'étonne du supplice aussi bien que du crime (1).

SCÈNE III

AUGUSTE, LIVIE, CINNA, MAXIME, ÉMILIE, FULVIE.

AUGUSTE.

Mais enfin le ciel m'aime, et ses bienfaits nouveaux
Ont arraché Maxime à la fureur des eaux.
Approche, seul ami que j'éprouve fidèle.

MAXIME.

Honorez moins, Seigneur, une âme criminelle.

AUGUSTE.

Ne parlons plus de crime après ton repentir,
Après que du péril tu m'as su garantir :
C'est à toi que je dois et le jour et l'empire.

MAXIME.

De tous vos ennemis connaissez mieux le pire :
Si vous régnez encor, Seigneur, si vous vivez,

---

(1) La réponse décisive est encore une fois arrêtée par l'arrivée de Maxime; l'intérêt se soutient et grandit à chaque scène avec les révélations successives qui découvrent à Auguste toute l'étendue du complot et toute l'horreur de la trahison.

C'est ma jalouse rage à qui vous le devez (1).
　Un vertueux remords n'a point touché mon âme ;
Pour perdre mon rival j'ai découvert sa trame.
Euphorbe vous a feint que je m'étais noyé (2),
De crainte qu'après moi vous n'eussiez envoyé :
Je voulais avoir lieu d'abuser Émilie,
Effrayer son esprit, la tirer d'Italie,
Et pensais la résoudre à cet enlèvement
Sous l'espoir du retour pour venger son amant.
Mais au lieu de goûter ces grossières amorces,
Sa vertu combattue a redoublé ses forces.
Elle a lu dans mon cœur ; vous savez le surplus,
Et je vous en ferais des récits superflus.
Vous voyez le succès de mon lâche artifice.
Si pourtant quelque grâce est due à mon indice,
Faites périr Euphorbe au milieu des tourments (3),
Et souffrez que je meure aux yeux de ces amants (4).
J'ai trahi mon ami, ma maîtresse, mon maître,
Ma gloire, mon pays, par l'avis de ce traître,
Et croirai toutefois mon bonheur infini,
i *j*e puis m'en punir après l'avoir puni.

AUGUSTE.

En est-ce assez, ô ciel ! et le sort pour me nuire
A-t-il quelqu'un des miens qu'il veuille encor séduire ?
Qu'il joigne à ses efforts le secours des enfers :
Je suis maître de moi comme de l'univers ;
Je le suis, je veux l'être. O siècles ! ô mémoire !
Conservez à jamais ma dernière victoire !
Je triomphe aujourd'hui du plus juste courroux
De qui le souvenir puisse aller jusqu'à vous.
　Soyons amis, Cinna, c'est moi qui t'en convie (4) :

(1) Ce tour n'est plus en usage. On dit aujourd'hui : *c'est à ma jalouse rage que vous le devez.*

(2) *Vous a feint.* Ce régime indirect avec *feindre* se trouve aussi dans *Athalie*, A. I, sc. I :
　　　Il *lui feint* qu'en un lieu que vous seul connaissez,
　　　　Vous cachez des trésors par David amassés.

(3) Ce sentiment serait cruel et insupportable, si Maxime ne demandait pas à mourir lui-même pour expier toutes ses trahisons. Il est juste que le vil flatteur, l'instigateur de ces menées perfides, subisse un châtiment auquel son maître vient se livrer lui-même.

(4) « C'est ce que dit Auguste qui est admirable ; c'est là ce qui fit verser des larmes au grand Condé, larmes qui n'appartiennent qu'aux belles âmes. » (VOLT.)
　On peut voir ici ce qu'une habile disposition ajoute de force à un beau

ACTE V, SCÈNE III

Comme à mon ennemi je t'ai donné la vie,
Et malgré la fureur de ton lâche dessein,
Je te la donne encor comme à mon assassin.
Commençons un combat qui montre par l'issue
Qui l'aura mieux de nous ou donnée ou reçue.
Tu trahis mes bienfaits, je les veux redoubler;
Je t'en avais comblé, je t'en veux accabler :
Avec cette beauté que je t'avais donnée,
Reçois le consulat pour la prochaine année (1).

sentiment, à une noble action. Corneille a eu l'art de faire venir successivement dans ce V^e acte les trois principaux complices, Cinna, Émilie, Maxime, et de leur faire avouer l'un après l'autre leur crime devant Auguste; alors seulement, quand il se voit entouré de ces traîtres et de ces assassins, hier encore ses plus chers amis, au lieu de lancer contre eux un arrêt de mort, juste châtiment de leur criminelle ingratitude, il refoule dans son cœur la colère et la vengeance, et prononce cet héroïque pardon, suivi à l'instant même de nouvelles faveurs.

Un coup de foudre semblait imminent; une parole de paix tombe de sa bouche, et ramène la sérénité dans tous les cœurs.

Il est difficile de concevoir un dénouement plus noble, mieux préparé, plus soudain cependant, et plus dramatique.

(1) « D'après une anecdote fort douteuse, Louis XIV, après avoir constamment refusé la grâce du chevalier de Rohan, aurait été si ému en assistant à une représentation de *Cinna*, la veille du jour où le chevalier de Rohan devait être exécuté, que si on lui avait alors parlé de nouveau en faveur du condamné, il n'eût pu, aurait-il dit lui-même, s'empêcher d'accorder en ce moment la grâce qu'il avait jusqu'alors constamment refusée. » (MARTY-LAVEAUX.)

Napoléon Ier jugeait trop en politique, quand il réduisait ce magnifique acte de générosité au calcul d'un rusé diplomate. D'après les Mémoires de Mme de Rémusat (t. I, l. IV), il se serait exprimé en ces termes : « Quant aux poètes français, je ne comprends bien que votre Corneille. Celui-là avait deviné la politique, et, formé aux affaires, eût été un homme d'État. Je crois l'apprécier mieux que qui que ce soit, parce qu'en le jugeant, j'exclus tous les sentiments dramatiques. Par exemple, il n'y a pas longtemps que je me suis expliqué le dénouement de *Cinna*. Je n'y voyais d'abord que le moyen de faire un cinquième acte pathétique, et encore la clémence proprement dite est une si pauvre vertu, quand elle n'est point appuyée sur la politique, que celle d'Auguste, devenu tout à coup un prince débonnaire, ne me paraissait pas digne de terminer cette belle tragédie. Mais une fois, Monvel, en jouant devant moi, m'a dévoilé tout le mystère de cette grande conception. Il prononça le *Soyons amis, Cinna*, d'un ton si habile et si rusé que je compris que cette action n'était que la feinte d'un tyran, et j'ai approuvé comme calcul ce qui me semblait puéril comme sentiment. Il faut toujours dire ce vers de manière que de tous ceux qui l'écoutent, il n'y ait que Cinna de trompé. »

A force de juger les hommes par lui-même, et de leur prêter ses propres finesses, Napoléon a fini par défigurer absolument l'Auguste de Corneille, même celui de Sénèque. La raison politique a pu avoir sa part dans l'acte historique d'Auguste; il n'y entra certainement pas de l'hypocrisie et de la duperie. Quant à Corneille, c'est la clémence dans ce qu'elle a de plus grand et de plus pur, qu'il a voulu nous mettre sous les yeux.

Aime Cinna, ma fille, en cet illustre rang;
Préfères-en la pourpre à celle de mon sang (1);
Apprends sur mon exemple à vaincre ta colère :
Te rendant un époux, je te rends plus qu'un père.

ÉMILIE.

Et je me rends, Seigneur, à ces hautes bontés;
Je recouvre la vue auprès de leurs clartés :
Je connais mon forfait qui me semblait justice;
Et, ce que n'avait pu la terreur du supplice,
Je sens naître en mon âme un repentir puissant,
Et mon cœur en secret me dit qu'il y consent (2).
Le ciel a résolu votre grandeur suprême;
Et pour preuve, Seigneur, je n'en veux que moi-même :
J'ose avec vanité me donner cet éclat,
Puisqu'il change mon cœur, qu'il veut changer l'État.
Ma haine va mourir, que j'ai crue immortelle;
Elle est morte, et ce cœur devient sujet fidèle;
Et prenant désormais cette haine en horreur,
L'ardeur de vous servir succède à sa fureur.

CINNA.

Seigneur, que vous dirai-je après que nos offenses,
Au lieu de châtiments trouvent des récompenses?
O vertu sans exemple! ô clémence, qui rend
Votre pouvoir plus juste, et mon crime plus grand!

AUGUSTE.

Cesse d'en retarder un oubli magnanime;
Et tous deux avec moi faites grâce à Maxime :
Il nous a trahis tous; mais ce qu'il a commis
Vous conserve innocents, et me rend mes amis.
(A Maxime.)
Reprends auprès de moi ta place accoutumée;
Rentre dans ton crédit et dans ta renommée (3);
Qu'Euphorbe de tous trois ait sa grâce à son tour;
Et que demain l'hymen couronne leur amour.
Si tu l'aimes encor, ce sera ton supplice.

(1) N'y a-t-il pas un peu d'affectation dans ce rapprochement de la pourpre consulaire et de la pourpre du sang?

(2) Le plus doux fruit de la clémence est la conquête d'un ennemi. Émilie, trop fière pour céder aux menaces, désarme devant la douceur. Cinna suit son exemple.

(3) La grâce est complète, afin que rien ne manque à une si belle victoire et à la joie d'un si heureux dénouement.

ACTE V, SCÈNE III

MAXIME.

Je n'en murmure point, il a trop de justice;
Et je suis plus confus, Seigneur, de vos bontés
Que je ne suis jaloux du bien que vous m'ôtez.

CINNA.

Souffrez que ma vertu dans mon cœur rappelée
Vous consacre une foi lâchement violée,
Mais si ferme à présent, si loin de chanceler,
Que la chute du ciel ne pourrait l'ébranler (1).
Puisse le grand moteur des belles destinées (2),
Pour prolonger vos jours, retrancher nos années;
Et moi, par un bonheur dont chacun soit jaloux,
Perdre pour vous cent fois ce que je tiens de vous!

LIVIE.

Ce n'est pas tout, Seigneur; une céleste flamme
D'un rayon prophétique illumine mon âme.
Oyez ce que les dieux vous font savoir par moi;
De votre heureux destin c'est l'immuable loi.
Après cette action vous n'avez rien à craindre :
On portera le joug désormais sans se plaindre;
Et les plus indomptés, renversant leurs projets,
Mettront toute leur gloire à mourir vos sujets;
Aucun lâche dessein, aucune ingrate envie
N'attaquera le cours d'une si belle vie;
Jamais plus d'assassins ni de conspirateurs :
Vous avez trouvé l'art d'être maître des cœurs (3).
Rome, avec une joie et sensible et profonde,
Se démet en vos mains de l'empire du monde;
Vos royales vertus lui vont trop enseigner
Que son bonheur consiste à vous faire régner :
D'une si longue erreur pleinement affranchie,
Elle n'a plus de vœux que pour la monarchie,

---

(1) C'est l'image sublime d'Horace (*Odes.* III, 1) :
  Si fractus illabatur orbis,
  Impavidum ferient ruinæ.

« Quand l'univers s'écroulerait sur sa tête, le sage resterait impassible sous ses ruines. »

(2) Cette expression de *moteur*, au figuré, avait de la noblesse au grand siècle: « C'est vous, ô *moteur* secret, qui lui inspirez le bon choix qu'il fait. » (Boss.)
Voir dans *le Cid*, A. V, sc. IV, p. 133.

(3) La prédiction de Livia est confirmée par l'histoire : « Personne, depuis cet événement, dit Sénèque, ne forma de complot contre Auguste. »
Voir plus haut, p. 257.

Vous prépare déjà des temples, des autels,
Et le ciel une place entre les immortels;
Et la postérité, dans toutes les provinces,
Donnera votre exemple aux plus généreux princes.

AUGUSTE.

J'en accepte l'augure et j'ose l'espérer :
Ainsi toujours les dieux vous daignent inspirer!
Qu'on redouble demain les heureux sacrifices
Que nous leur offrirons sous de meilleurs auspices;
Et que vos conjurés entendent publier
Qu'Auguste a tout appris, et veut tout oublier (1).

(1) Agrippine, dans *Britannicus*, présage à Néron un sort tout contraire (A. V, sc. VI) :
Et ton nom paraîtra dans la race future
Aux plus cruels tyrans une cruelle injure.

QUESTIONS SUR LE Ve ACTE.

Que se passe-t-il au Ve acte?
Faites l'analyse de la scène de l'interrogatoire.
Quel est le début d'Auguste? Quel est le sujet de ses deux discours?
Quelle est l'attitude de Cinna pendant le réquisitoire d'Auguste? Quelle est sa réponse?
Quelle est la sentence d'Auguste?
Pourquoi Émilie se présente-t-elle devant Auguste? Comment répond-elle à ses reproches? Comment Émilie et Cinna se défendent-ils mutuellement?
Quels motifs ramènent Maxime?
Quelle est la réponse suprême d'Auguste?
Est-elle dictée par la générosité ou par la politique?
Comment le poète a-t-il su donner à cet acte tout son relief?
A quels personnages s'étend le pardon d'Auguste?
Comment Cinna, Émilie et Maxime y répondent-ils?
Comment Livie célèbre-t-elle la victoire d'Auguste?
Par quels ordres Auguste termine-t-il la pièce?

EXAMEN DE *CINNA*

PAR CORNEILLE

Succès de Cinna. — Ce poème a tant d'illustres suffrages qui lui donnent le premier rang parmi les miens, que je me ferais trop d'importants ennemis si j'en disais du mal : je ne le suis pas assez de moi-même pour chercher des défauts où ils n'en ont point voulu voir, et accuser le jugement qu'ils en ont fait, pour obscurcir la gloire qu'ils m'en ont donnée. Cette approbation si forte et si générale vient sans doute de ce que la vraisemblance s'y trouve si heureusement conservée aux endroits où la vérité lui manque, qu'il n'a jamais besoin de recourir au nécessaire (1). Rien n'y contredit l'histoire, bien que beaucoup de choses y soient ajoutées; rien n'y est violenté par les incommodités de la représentation, ni par l'unité du jour, ni par celle de lieu.

Duplicité de lieu. — Il est vrai qu'il s'y rencontre une duplicité de lieu particulier (2). La moitié de la pièce se passe chez Émilie, et l'autre dans le cabinet d'Auguste. J'aurais été ridicule si j'avais prétendu que cet empereur délibérât avec Maxime et Cinna s'il quitterait l'empire ou non, précisément dans la même place où ce dernier vient de rendre compte à Émilie de la conspiration qu'il a formée contre lui. C'est ce qui m'a fait rompre la liaison des scènes au quatrième acte, n'ayant pu me résoudre à faire que Maxime vînt donner l'alarme à Émilie de la conjuration découverte, au lieu même où Auguste en venait de recevoir l'avis par son ordre, et dont il ne faisait que de sortir avec tant d'inquiétude et d'irrésolution. C'eût été une impudence extraordinaire, et tout à fait hors du vraisemblable, de se présenter dans son cabinet un moment après qu'il lui avait fait révéler le secret de cette entreprise, et porter la nouvelle de sa fausse mort. Bien loin de pouvoir surprendre Émilie par la peur de se voir arrêté, c'eût été se faire arrêter lui-même, et se précipiter dans un obstacle invincible au dessein qu'il voulait exécuter. Émilie ne parle donc pas où parle Auguste, à la réserve du Ve acte; mais cela n'empêche pas qu'à considérer tout le poème ensemble, il n'aye (3) son unité de lieu, puisque tout s'y peut passer, non seulement dans Rome, ou dans un quartier de Rome, mais dans le seul palais d'Auguste, pourvu que vous y vouliez donner un appartement à Émilie qui soit éloigné du sien.

---

(1) *Au nécessaire*, c'est-à-dire à des combinaisons exigées uniquement par la scène. Corneille traite longuement la question du vraisemblable et du nécessaire dans son *Discours de la Tragédie*.

(2) Corneille répond ici à d'Aubignac qui l'avait critiqué à ce sujet.

(3) *N'aye.* Voir plus haut, p. 326.

Récit de la conspiration. — Le compte que Cinna lui rend de sa conspiration justifie ce que j'ai dit ailleurs, que, pour faire souffrir une narration ornée, il faut que celui qui la fait et celui qui l'écoute ayent l'esprit assez tranquille, et s'y plaisent assez pour lui prêter toute la patience qui lui est nécessaire. Émilie a de la joie d'apprendre de la bouche de son amant avec quelle chaleur il a suivi ses intentions; et Cinna n'en a pas moins de lui pouvoir donner de si belles espérances de l'effet qu'elle en souhaite; c'est pourquoi, quelque longue que soit cette narration, sans interruption aucune, elle n'ennuie point. Les ornements de la rhétorique dont j'ai tâché de l'enrichir, ne la font point condamner de trop d'artifice, et la diversité de ses figures ne fait point regretter le temps que j'y perds; mais si j'avais attendu à la commencer qu'Évandre eût troublé ces deux amants par la nouvelle qu'il leur apporte, Cinna eût été obligé de s'en taire ou de la conclure en six vers, et Émilie n'en eût pu supporter davantage.

Vers et simplicité de l'action (1). — Comme les vers d'*Horace* ont quelque chose de plus net et de moins guindé pour les pensées que ceux du *Cid,* on peut dire que ceux de cette pièce ont quelque chose de plus achevé que ceux d'*Horace,* et qu'enfin la facilité de concevoir le sujet, qui n'est ni trop chargé d'incidents, ni trop embarrassé des récits de ce qui s'est passé avant le commencement de la pièce, est une des causes sans doute de la grande approbation qu'il a reçue. L'auditeur aime à s'abandonner à l'action présente, et à n'être point obligé, pour l'intelligence de ce qu'il voit, de réfléchir sur ce qu'il a déjà vu, et de fixer sa mémoire sur les premiers actes cependant que les derniers sont devant ses yeux. C'est l'incommodité des pièces embarrassées, qu'en termes de l'art on nomme *implexes,* par un mot emprunté du latin, telles que sont *Rodogune* et *Héraclius.* Elle ne se rencontre pas dans les simples; mais comme celles-là ont sans doute besoin de plus d'esprit pour les imaginer, et de plus d'art pour les conduire, celles-ci n'ayant pas le même secours du côté du sujet, demandent plus de force de vers, de raisonnement, et de sentiments pour les soutenir.

(1) Dans l'édition de 1660, il y avait au commencement de cet alinéa : «C'est ici la dernière pièce où je me suis pardonné de longs monologues : celui d'Émilie ouvre le théâtre, Cinna en fait un au troisième acte, et Auguste et Maxime chacun un au quatrième. »

APPENDICE.

Le rôle d'Émilie
interprété par Mlle Rachel.

Extrait d'une Conférence
de M. Samson, Professeur au Conservatoire.
(Voir *Horace*, appendice, p. 246.)

Après le rôle de Camille, Mlle Rachel joua celui d'Émilie dans *Cinna*. Elle y fut extrêmement originale. C'est un rôle très difficile que celui de cette femme que Balzac appelait « une adorable furie ». Elle entreprend de faire tuer Auguste pour venger son père ; c'est peut-être adorable ; mais il faut animer cela d'une flamme patriotique, d'un sentiment républicain que Rachel possédait admirablement sur la scène. Elle avait des accents merveilleux et soulevait la salle, lorsque Cinna, reculant devant le crime qu'il a promis à Émilie d'accomplir, la supplie de le dégager de son serment :

> Pardonnez-moi, grands dieux, si je me suis trompée,
> Quand j'ai pensé chérir un neveu de Pompée ;
> Et si d'un faux semblant mon esprit abusé
> A fait choix d'un esclave en son lieu supposé.

Elle s'élevait dans ce passage à une hauteur qu'on ne saurait dépasser. Elle jetait sur Cinna un regard plein de mépris et l'écrasait avec le mot d'*esclave* ; c'était sublime.

Elle avait aussi une très belle scène avec le traître Maxime.

Elle y apportait presque le ton de la comédie, en ayant bien soin toutefois de conserver cette nuance qui sépare le comique du tragique, quelque rapprochés qu'ils puissent être quelquefois. Je voudrais pouvoir vous rendre cette belle scène qui commence par ces vers :

> Mais je vous vois, Maxime, et l'on vous faisait mort.

Après avoir repoussé avec dédain les offres de Maxime, elle se tournait vers sa confidente Fulvie :

> Allons, Fulvie, allons.

Puis se retournant ensuite avec un profond dédain vers Maxime, elle faisait une sortie superbe de simplicité et de grandeur. *Allons, Fulvie, allons !* elle semblait dire : Laissons-là ce misérable.

POLYEUCTE

MARTYR

TRAGÉDIE CHRÉTIENNE

1643

POLYEUCTE

MARTYR

TRAGÉDIE CHRÉTIENNE

Cette tragédie fut représentée pour la première fois au commencement de 1643, et publiée au mois d'octobre de la même année.

HISTORIQUE.

Date de Polyeucte.

La vraie date de *Polyeucte* est 1643, comme il ressort d'une lettre du conseiller Sarrau, trop peu remarquée jusqu'ici.

Le 12 décembre 1642, Sarrau écrivait à Corneille : « Ce que je désire principalement, c'est de savoir... si, à vos trois excellentes et divines pièces, vous projetez d'en ajouter une quatrième... J'ai entendu dire vaguement que vous travailliez à un certain poëme sacré. Écrivez-moi, je vous prie, s'il est bien avancé, ou même achevé. »

Ces trois *divines* pièces, dit fort justement M. Marty-Laveaux, qui hésiterait à les reconnaître? c'est *le Cid, Horace* et *Cinna*; et ce poëme chrétien, ce quatrième chef-d'œuvre, qui devait égaler et même surpasser les trois autres, n'est-ce pas évidemment *Polyeucte* ?

C'est donc en 1643, l'année même de l'impression, que parut *Polyeucte,* et non en 1640, comme on l'avait cru jusqu'en ces derniers temps (1).

---

(1) L'achevé d'imprimer est du 20 octobre 1643.

Un frontispice gravé montre Polyeucte vêtu d'un pourpoint espagnol, d'un haut-de-chausses à crevés, et coiffé d'une toque à plumes, brisant les idoles à coups de marteau. C'était apparemment dans ce costume que Polyeucte paraissait sur le théâtre. « Je me souviens, dit Voltaire, qu'autrefois l'acteur qui

L'Hôtel de Rambouillet.

Fontenelle, dans sa *Vie de Corneille*, raconte ainsi la première apparition de *Polyeucte* :

« Avant que l'on jouât *Polyeucte*, Corneille le lut à l'Hôtel de Rambouillet (1), souverain tribunal des affaires d'esprit en ce temps-là. La pièce y fut applaudie autant que le demandaient la bienséance et la grande réputation que l'auteur avait déjà. Mais, quelques jours après, Voiture vint trouver Corneille, et prit des tours fort délicats pour lui dire que *Polyeucte* n'avait pas réussi comme il pensait, que surtout le christianisme avait extrêmement déplu. Corneille, alarmé, voulut retirer la pièce d'entre les mains des comédiens qui l'apprenaient : mais enfin il la leur laissa, sur la parole d'un d'entre eux qui n'y jouait point parce qu'il était trop mauvais acteur (2). Était-ce donc à ce comédien à juger mieux que tout l'Hôtel de Rambouillet ? »

Succès de Polyeucte.

Le succès dépassa les espérances de Corneille (3).

Le public apprécia ce qu'il y avait de sublime et de divinement beau dans l'héroïsme du martyr si noblement représenté par le poète.

Pendant plus de trente ans, comme on le voit par les anciens registres de la Comédie française, *Polyeucte* fut choisi pour la re-

---

jouait Polyeucte avec des gants blancs et un grand chapeau, ôtait ses gants et son chapeau pour faire sa prière. Sévère arrivait le chapeau sur la tête et Félix l'écoutait chapeau bas. » Ce défaut de mise en scène, qu'on a du reste bien fait de corriger, n'empêchait pas nos pères du xviie siècle de goûter les sublimes beautés de Corneille et de Racine.

(1) On nommait ainsi la société choisie qui se réunissait à l'hôtel de la marquise de Rambouillet, rue Saint-Thomas du Louvre, à Paris. On y remarquait, parmi les grands seigneurs, outre le marquis de Rambouillet, le cardinal de Richelieu, Condé, le duc de Montausier ; parmi les beaux esprits, Racan, Voiture, Benserade, Ménage, Chapelain, la Calprenède, Georges de Scudéry, d'Urfé, Sarrazin, Desmarets, de Saint-Sorlin, l'abbé Cottin, et Godeau, évêque de Vence ; parmi les femmes, la duchesse de Longueville, la marquise de Lafayette, Madeleine de Scudéry, Mme de Sévigné, Mme Deshoulières, et surtout Julie d'Angennes, fille de la marquise de Rambouillet, plus tard duchesse de Montausier. La période la plus brillante de ces réunions fut de 1635 à 1648, commencement de la Fronde.

(2) Les uns le nomment Hauteroche, les autres Laroque.

(3) Corneille aimait à le constater : « Je reviens, dit-il, à *Polyeucte* dont le succès a été très heureux. » (*Examen*.)

présentation du jour de clôture, parce que c'était la tragédie qui procurait la plus forte recette. (LEPAN.)

Le parterre avait condamné les scrupules exagérés de l'Hôtel de Rambouillet, comme au siècle suivant il protestait, de l'aveu même de Voltaire, contre les arrêts injustes du philosophisme. « Le spectateur pardonne à Polyeucte son imprudence, comme celle d'un jeune homme pénétré d'un zèle ardent que le baptême fortifie en lui : il n'examine pas si ce zèle est selon la science. Au théâtre on se prête toujours aux sentiments naturels des personnages ; on devient enthousiaste avec Polyeucte, inflexible avec Horace, tendre avec Chimène : le dialogue est vif, et il entraîne... Le parterre entier ne sera jamais philosophe ; les idées populaires seront toujours admises au théâtre. »

La véritable raison, c'est que le peuple, surtout le peuple chrétien, est plus accessible au sentiment du beau et du divin, et qu'il en suit l'instinct avec plus d'élan et de sûreté que les esprits prévenus d'une fausse littérature ou d'une philosophie antichrétienne.

Jugement du XVIIe siècle.

Malgré le succès dramatique de *Polyeucte*, les préjugés de l'Hôtel de Rambouillet se maintinrent au XVIIe siècle.

De tous les contemporains de Corneille, Boileau paraît avoir été le seul qui sut s'en affranchir : « Monchesnay, dit Sainte-Beuve, a raconté que Boileau regardait *Polyeucte* comme le chef-d'œuvre de Corneille. » *(Port-Royal*, I.)

La raison de ce silence et de ce discrédit littéraire se trouvait moins dans l'œuvre même de Corneille, que dans les idées de l'époque sur la tragédie sacrée. On trouvait que les sujets religieux étaient indignes du théâtre, ou du moins qu'ils y étaient déplacés.

Les délicats, trop imbus des théories de la Renaissance, avaient fini par faire du théâtre une scène classique, fermée sans retour aux *Mystères* d'autrefois, et réservée aux sujets profanes, dont l'antiquité grecque et latine devait fournir le meilleur fonds (1).

C'était une sorte de *sécularisation* du théâtre : l'art dramatique *se séparait* de la religion.

(1) Sur quarante titres de tragédies publiées de 1520 à 1643, on en relève à peine cinq ou six empruntés à l'histoire de la religion. Tels sont le *Sacrifice d'Abraham*, de Théodore de Bèze (1551), le *Saül* de du Ryer, le *Saint Eustache* de Baro, la *Sainte Agnès* de Puget de la Serre.

Le génie de Corneille conquit bien la faveur du parterre, mais il ne put forcer le sentiment général des gens de lettres (1).

On sait les efforts que fit Boileau, quarante ans plus tard, pour détourner Racine du sujet d'*Esther* (2). C'est lui, l'oracle du goût, qui avait dit dans son *Art poétique* (Ch. III) :

> De la foi d'un chrétien les mystères terribles
> D'ornements égayés ne sont point susceptibles.

L'arrêt était prononcé depuis longtemps : Boileau ne faisait que l'enregistrer.

On comprend dès lors pourquoi il n'est question de *Polyeucte* ni dans l'*Art poétique* de Boileau, ni dans la *Lettre* de Fénelon à *l'Académie française*, ni dans le Discours de Racine à l'Académie en réponse à celui de Th. Corneille (3).

(1) Le passage suivant de l'*Entretien sur les tragédies de ce temps*, publié en 1675 par l'abbé de Villiers, révèle bien l'état des esprits à cet égard pendant la grande période de la tragédie française au xviie siècle.

« TIMANTE. Vous croyez donc qu'on ne peut faire de bonnes tragédies sur des sujets saints ?
CLÉARQUE. Je crois du moins qu'on ne voudrait pas se hasarder à en faire. Quoique l'Hôtel de Bourgogne n'ait été donné aux comédiens que pour représenter les histoires saintes (Voir p. 11, n. 2), je ne crois pas que ces Messieurs voulussent reprendre aujourd'hui leur ancienne coutume. Ils se sont trop bien trouvés des sujets profanes pour les quitter.
TIMANTE. J'ai ouï dire qu'ils ne s'étaient pas plus mal trouvés des sujets saints, et qu'ils avaient gagné plus d'argent au *Polyeucte* qu'à quelque autre tragédie qu'ils aient représentée depuis.
CLÉARQUE. Il est vrai que cette tragédie réussit bien. M. Corneille la hasarda sur sa réputation, et il crut, par le succès qu'elle eut, qu'il en pouvait hasarder encore une autre. Il donna *Théodore* ; cette dernière ne réussit point, et depuis personne n'a osé tenter la même chose. On a renvoyé ces sortes de sujets dans les collèges. »

Le *Saint Genest* de Rotrou, publié en 1646, ne semble pas avoir fait grand bruit, puisqu'il n'est pas même mentionné par l'abbé de Villiers. Le théâtre était donc devenu profane ; les sujets pieux étaient relégués dans les collèges ; la société polie n'en voulait plus, et les comédiens craignaient de se voir délaissés.

A Corneille revient la gloire d'avoir lutté contre le courant, et de l'avoir fait avec un succès incontestable.

(2) *Esther* et *Athalie*, comme on le sait, n'étaient pas destinées au théâtre. Quand elles y parurent, le succès fut prodigieux. Nouvelle preuve que l'héroïsme religieux, traité par une main de maître, emporte les applaudissements du public, au moins autant que l'héroïsme des vertus morales et politiques.

(3) « La scène retentit encore des acclamations qu'excitèrent à leur naissance *le Cid, Horace, Cinna, Pompée*, tous ces chefs-d'œuvre représentés sur tant de théâtres... » Pourquoi *Pompée* prenait-il la place de *Polyeucte* ? Racine parlait ainsi en 1684, cinq ans avant *Esther*, sept ans avant *Athalie*.

HISTORIQUE 359

XVIIIᵉ siècle. — Voltaire.

Si *Polyeucte* fut mieux apprécié au siècle suivant, il fut mal compris ou plutôt défiguré par la critique.

Voltaire, dominé par ses préjugés antichrétiens, ne pouvait supporter que le héros de cet incomparable chef-d'œuvre fût le martyr de Notre-Seigneur Jésus-Christ. D'une tragédie sacrée, il voulut faire une tragédie profane ; l'amour humain remplaçait la foi ; Polyeucte passait au second rang, Sévère et Pauline occupaient le premier : « C'est à Sévère, disait-il, qu'on s'intéresse, et le public prend toujours, sans qu'il s'en aperçoive, le parti du héros amant contre le mari qui n'est que héros (1). »

Le public pour Voltaire, c'étaient « les esprits philosophes » qu'il avait formés à son image ; mais il était bien obligé de convenir que « le parterre entier ne sera jamais philosophe. »

Polyeucte était une œuvre trop chrétienne pour être tolérée par le gouvernement révolutionnaire. La proscription toutefois ne fut pas longue. *Polyeucte* fut repris le 1ᵉʳ mai 1794, et depuis lors il est toujours resté dans le répertoire courant (2).

---

(1) « Voltaire haïssait dans *Polyeucte* le héros chrétien, le martyr de cette religion qu'il voulait écraser : l'injustice et l'amertume de ses critiques décèlent le dépit et la mauvaise humeur. » (GEOFFROY.)
La même haine de la religion lui avait inspiré ses diatribes contre le sublime rôle de Joad dans *Athalie*. (Voir *Théâtre choisi de Racine*, p. 534.)
Quand Voltaire écrivit en 1764 son *Commentaire sur Corneille*, il était franc-maçon depuis quarante ans ; depuis vingt ans il s'était fait l'ennemi déclaré de Notre-Seigneur Jésus-Christ et de sa divine religion.
Il ne put s'empêcher cependant de rendre hommage au chef-d'œuvre de Corneille. Voici comment il résumait son jugement sur *Polyeucte* :
« L'extrême beauté du rôle de Sévère, la situation piquante de Pauline, sa scène admirable avec Sévère au IVᵉ acte, assurent à cette pièce un succès éternel : non seulement elle enseigne la vertu la plus pure, mais la dévotion et la perfection du christianisme... Il faut avouer aussi qu'il y a de très beaux traits dans le rôle de Polyeucte, et qu'il a fallu un très grand génie pour manier un sujet aussi difficile. »

(2) *Polyeucte* fut joué de 1680 à 1715, 95 fois à la ville et 17 fois à la cour ; de 1715 à 1789, 136 fois à la ville et 19 fois à la cour ; de 1789 à 1793, 2 fois à la ville ; de 1794 à 1814, 27 fois à la ville et 4 fois à la cour ; de 1814 à 1870, 105 fois à la ville ; depuis 1870, une dizaine de fois.
La Comédie française a choisi *Polyeucte* le 1ᵉʳ octobre de cette année 1884, pour la fête du deuxième centenaire de la mort de Corneille.

360   HISTORIQUE

XIXe siècle.

Notre siècle fut plus juste et plus franc dans son admiration.

La reprise de 1840 fit époque : pour la première fois depuis cent ans, le public retrouva l'intelligence du grand drame chrétien, grâce à l'interprétation neuve et enthousiaste du rôle de Polyeucte par Beauvallet, et de celui de Pauline par Mlle Rachel (1).

(1) « Ce fut une révélation pour tous quand Rachel prononça d'un ton inspiré ce vers sublime :
Je vois, je sais, je crois, je suis désabusée.
» Le rôle de Pauline, joué comme il devait l'être, faisait mieux valoir la grandeur de celui de Polyeucte, et *Polyeucte*, interprété avec beaucoup d'intelligence, reprenait enfin dans l'admiration du public le rang qu'il méritait, c'est-à-dire le premier. » (FAVRE.)

Cet éloge de Mlle Rachel mérite cependant un correctif. Le 22 janvier 1858, quelques jours après la mort de la célèbre tragédienne, L. Veuillot la jugeait ainsi dans son rôle de Pauline : « La personne m'était tout à fait inconnue ; le talent, dans les rares occasions où j'en ai pu juger, m'a paru surfait. Il est vrai que Pauline (de *Polyeucte*) ne passait point pour son meilleur rôle. Elle y déployait plus d'orgueil que d'intelligence. *Je vois, je sais, je crois, je suis chrétienne!* elle disait cela en actrice. Le souffle d'En-Haut, la grâce qui fond sur l'âme, qui la terrasse et qui l'emporte, ne s'y sentait nullement. On applaudissait beaucoup ; mais si c'était beau, j'atteste néanmoins que Corneille, en écrivant, avait entendu une autre voix. L'acteur nommé Beauvallet, qui jouait Polyeucte, interprétait mieux son personnage. » (*Mélanges*, IIe série, IV.)

Dans ses Conférences sur Mlle Rachel, le célèbre professeur du Conservatoire, Samson, ne craignait pas de reconnaître que son ancienne élève avait cherché quelquefois « cette exagération qui est le partage des acteurs médiocres et des spectateurs sans goût ; son jeu, ajoutait-il, en a souffert ; la pureté du dessin s'en est quelquefois un peu altérée. » (*Revue des Cours litt.*, 22 sept. 1866.)

QUESTIONS SUR L'HISTORIQUE DE *POLYEUCTE*.

Quelle est la vraie date de *Polyeucte*?
Comment *Polyeucte* fut-il reçu à l'Hôtel de Rambouillet?
Quel fut le succès de *Polyeucte*?
Quel fut sur cette pièce le jugement du xviie siècle?
Que pensait-on au xviie siècle des tragédies religieuses?
Comment *Polyeucte* fut-il apprécié par le xviiie siècle? par Voltaire? par la Révolution?
Le xixe siècle fut-il plus juste?
De quelle époque date la complète réhabilitation de *Polyeucte*?

DÉDICACE.

A LA REINE RÉGENTE (1).

MADAME,

Quelque connaissance que j'aie de ma faiblesse, quelque profond respect qu'imprime VOTRE MAJESTÉ dans les âmes de ceux qui l'approchent, j'avoue que je me jette à ses pieds sans timidité et sans défiance, et que je me tiens assuré de lui plaire, parce que je suis assuré de lui parler de ce qu'elle aime le mieux. Ce n'est qu'une pièce de théâtre que je lui présente, mais qui l'entretiendra de Dieu : la dignité de la matière est si haute, que l'impuissance de l'artisan ne la peut ravaler ; et votre âme royale se plaît trop à cette sorte d'entretien, pour s'offenser des défauts d'un ouvrage où elle rencontrera les délices de son cœur. C'est par là, MADAME, que j'espère obtenir de VOTRE MAJESTÉ le pardon du long temps que j'ai attendu à lui rendre cette sorte d'hommage (2). Toutes les fois que j'ai mis sur notre scène des vertus morales ou politiques, j'en ai toujours cru les tableaux trop peu dignes de paraître devant elle, quand j'ai considéré qu'avec quelque soin que je les pusse choisir dans l'histoire, et quelques ornements dont l'artifice les pût enrichir, elle en voyait de plus grands exemples dans elle-même. Pour rendre les choses proportionnées, il fallait aller à la plus haute espèce, et n'entreprendre pas de rien (3) offrir de cette nature à une reine très chrétienne, et qui l'est beaucoup plus encore par ses actions que par son titre (4), à moins que de lui offrir un portrait (5) des vertus chrétiennes dont l'amour et la gloire de Dieu formassent les plus beaux traits, et qui rendît les plaisirs qu'elle y pourra prendre

---

(1) Anne d'Autriche, fille de Philippe III, roi d'Espagne, mariée à Louis XIII, régente du royaume après la mort de ce prince (14 mai 1643), pendant la minorité de son fils Louis XIV. Corneille avait d'abord destiné sa Préface à Louis XIII, mais ce roi mourut pendant l'impression de la pièce.

(2) Anne d'Autriche s'était montrée très favorable au *Cid*. Voir p. 36.

(3) *Rien* est pris ici dans son sens positif et primitif de *quelque chose*. Étym. : *rem*, de *res*, chose. Voir *Gr. fr. hist.*, 364-365.
Molière a dit dans le même sens (*Tart.*, V. 7) :
   Pourquoi consentiez-vous à *rien* prendre de lui?

(4) Les Souverains Pontifes avaient octroyé aux rois de France le glorieux titre de *Roi très chrétien*.

(5) *Portrait*, c'est-à-dire peinture, description; sens primitif.

aussi propres à exercer sa piété qu'à délasser son esprit. C'est à cette extraordinaire et admirable piété, MADAME, que la France est redevable des bénédictions qu'elle voit tomber sur les premières armes de son roi (1); les heureux succès qu'elles ont obtenus en sont les rétributions éclatantes, et des coups du ciel qui répand abondamment sur tout le royaume les récompenses et les grâces que VOTRE MAJESTÉ a méritées. Notre perte semblait infaillible après celle de notre grand monarque; toute l'Europe avait déjà pitié de nous, et s'imaginait que nous nous allions précipiter dans un extrême désordre, parce qu'elle nous voyait dans une extrême désolation : cependant la prudence et les soins de VOTRE MAJESTÉ, les bons conseils qu'elle a pris, les grands courages (2) qu'elle a choisis pour les exécuter, ont agi si puissamment dans tous les besoins de l'État, que cette première année de sa régence a non seulement égalé les plus glorieuses de l'autre règne, mais a même effacé, par la prise de Thionville (3), le souvenir du malheur qui, devant ses murs, avait interrompu une si longue suite de victoires. Permettez que je me laisse emporter au ravissement que me donne cette pensée, et que je m'écrie dans ce transport (4) :

> Que vos soins, grande REINE, enfantent de miracles!
> Bruxelles et Madrid en sont tous interdits (5);
> Et si notre Apollon me les avait prédits,
> J'aurais moi-même osé douter de ses oracles.

(1) Condé venait de remporter l'éclatante victoire de Rocroi, le 19 mai 1643, cinq jours après l'avènement de Louis XIV.

(2) *Les grands courages*, c'est-à-dire les grands hommes, les hommes de cœur, les grands génies. *Courage*, ital. *coraggio*, est un dérivé augmentatif de *cor*, cœur. Aussi était-il synonyme dans le vieux français des mots *âme* et *cœur*. Corneille et Racine l'ont employé souvent et très poétiquement dans ce sens :

> Vous dirai-je les noms de ces grands personnages
> Dont j'ai dépeint les morts pour aigrir les *courages*? (*Cinna*, I. 3.)
> Détrompez son erreur, fléchissez son *courage*. (RAC., *Phèdre*.)

(3) Thionville fut reprise par Condé en 1643.

(4) « Ce sonnet n'est point indigne de Corneille; mais il n'a pu trouver grâce aux yeux de Voltaire, qui déclare que Corneille n'était *point fait pour les sonnets et pour les madrigaux*; il tourne en ridicule quelques expressions de l'épître qui lui paraissent trop pompeuses; il eût voulu sans doute que Corneille dît des douceurs à la régente... Mais Corneille ne croyait pas avoir droit d'impertinence auprès des grands, parce qu'il savait faire des vers... Son génie sublime se serait abaissé avec peine jusqu'à ce persiflage de courtisan. » (GEOFFROY.)

(5) Bruxelles, alors capitale des Pays-Bas espagnols. — *Tout*, adverbe, s'accordait généralement au XVIIe siècle, et même encore au XVIIIe

DÉDICACE

Sous vos commandements on force tous obstacles ;
On porte l'épouvante aux cœurs les plus hardis,
Et par des coups d'essai vos États agrandis
Des drapeaux ennemis font d'illustres spectacles.

La victoire elle-même accourant à mon roi,
Et mettant à ses pieds Thionville et Rocroi,
Fait retentir ces vers sur les bords de la Seine :

France, attends tout d'un règne ouvert en triomphant,
Puisque tu vois déjà les ordres de ta reine
Faire un foudre en tes mains des armes d'un enfant (1).

Il ne faut point douter que des commencements si merveilleux ne soient soutenus par des progrès encore plus étonnants. Dieu ne laisse point ses ouvrages imparfaits ; il les achèvera, MADAME, et rendra non seulement la régence de VOTRE MAJESTÉ, mais encore toute sa vie, un enchaînement continuel de prospérités (2). Ce sont les vœux de toute la France, et ce sont ceux que fait avec plus de zèle,

    MADAME,

        De VOTRE MAJESTÉ .

            le très humble, très obéissant et très fidèle
            serviteur et sujet,

                P. CORNEILLE.

---

(1) Le jeune roi n'avait encore que cinq ans. — *Foudre*, dard enflammé, arme de Jupiter. — Pour le genre de *foudre*, voir *le Cid*, A. II, sc. I, p. 76.

(2) Les merveilles du règne de Louis XIV justifièrent pleinement les prédictions du poète et son enthousiasme patriotique.

ABRÉGÉ

DU MARTYRE DE SAINT POLYEUCTE

ÉCRIT PAR SIMÉON MÉTAPHRASTE
et rapporté par Surius (1).

Fictions et vérité. — L'ingénieuse tissure des fictions avec la vérité, où consiste le plus beau secret de la poésie, produit d'ordinaire deux sortes d'effets, selon la diversité des esprits qui la voient. Les uns se laissent si bien persuader à cet enchaînement, qu'aussitôt qu'ils ont remarqué quelques événements véritables, ils s'imaginent la même chose des motifs qui les font naître et des circonstances qui les accompagnent; les autres, mieux avertis de notre artifice, soupçonnent de fausseté tout ce qui n'est pas de leur connaissance; si bien que, quand nous traitons quelque histoire écartée dont ils ne trouvent rien dans leur souvenir, ils l'attribuent tout entière à l'effort de notre imagination, et la prennent pour une aventure de roman.

L'un et l'autre de ces effets serait dangereux en cette rencontre : il y va de la gloire de Dieu, qui se plaît dans celle de ses saints, dont la mort si précieuse devant ses yeux ne doit pas passer pour fabuleuse devant ceux des hommes. Au lieu de sanctifier notre théâtre par sa représentation, nous y profanerions la sainteté de leurs souffrances, si nous permettions que la crédulité des uns et la défiance des autres, également abusées par ce mélange, se méprissent également en la vénération qui leur est due, et que les premiers la rendissent mal à propos à ceux qui ne la méritent pas, cependant que les autres la dénieraient à ceux à qui elle appartient.

Sources historiques. — Saint Polyeucte est un martyr dont, s'il m'est permis de parler ainsi, beaucoup ont plutôt appris le nom à la comédie (2) qu'à l'église. Le *Martyrologe romain* (3) en fait mention sur le 13e de février, mais en deux mots, suivant sa coutume; Baronius (4), dans ses *Annales*, n'en dit qu'une ligne; le seul Surius, ou plutôt Mosander,

(1) Siméon, auteur grec du Xe siècle, né à Constantinople et appelé le Métaphraste, parce qu'il a paraphrasé les Vies des Saints.
Laurent Surius, de l'ordre des Chartreux, né à Lubeck en 1522, publia en 1570, en six volumes in-folio, les Vies des Saints tirées en partie de l'ouvrage de Siméon Métaphraste.

(2) Le mot *comédie* se disait encore de toute représentation dramatique, comique ou tragique.

(3) *Martyrologe*, catalogue où furent inscrits d'abord les noms des martyrs, et dans lequel on a inséré depuis les noms des autres saints dont l'Église fait commémoration. (Ac.)

(4) Le cardinal Baronius (1538-1607), général de la Congrégation de l'Oratoire en Italie, auteur d'une savante histoire de l'Église.

qui l'a augmenté dans les dernières impressions, en rapporte la mort assez au long sur le 9⁰ de janvier ; et j'ai cru qu'il était de mon devoir d'en mettre ici l'abrégé. Comme il a été à propos d'en rendre la représentation agréable, afin que le plaisir pût insinuer plus doucement l'utilité, et lui servir comme de véhicule pour le porter dans l'âme du peuple, il est juste aussi de lui donner cette lumière pour démêler la vérité d'avec ses ornements, et lui faire reconnaître ce qui lui doit imprimer du respect comme saint, et ce qui le doit seulement divertir comme industrieux. Voici donc ce que ce dernier nous apprend :

Histoire. — Polyeucte et Néarque étaient deux cavaliers (1) étroitement liés ensemble d'amitié ; ils vivaient en l'an 250, sous l'empire de Décius (2) ; leur demeure était dans Mélitène, capitale d'Arménie (3) ; leur religion différente, Néarque étant chrétien, et Polyeucte suivant encore la secte des gentils, mais ayant toutes les qualités dignes d'un chrétien, et une grande inclination à le devenir. L'empereur ayant fait publier un édit très rigoureux contre les chrétiens, cette publication donna un grand trouble à Néarque, non pour la crainte des supplices dont il était menacé, mais pour l'appréhension qu'il eut que leur amitié ne souffrît quelque séparation ou refroidissement par cet édit, vu les peines qui y étaient proposées à ceux de sa religion, et les honneurs promis à ceux du parti contraire. Il en conçut un si profond déplaisir, que son ami s'en aperçut ; et l'ayant obligé de lui en dire la cause, il prit de là occasion de lui ouvrir son cœur : « Ne craignez point, lui dit-il, que l'édit de l'empereur nous désunisse ; j'ai vu cette nuit le Christ que vous adorez ; il m'a dépouillé d'une robe sale pour me revêtir d'une autre toute lumineuse, et m'a fait monter sur un cheval ailé pour le suivre : cette vision m'a résolu entièrement à faire ce qu'il y a longtemps que je médite ; le seul nom de chrétien me manque ; et vous-même, toutes les fois que vous m'avez parlé de votre grand Messie, vous avez pu remarquer que je vous

(1) *Cavaliers*, c'est-à-dire *chevaliers*, de condition noble : « De chevalerie nous avons faict cavallerie, de chevalier, cavalier. » (Pasquier.)

(2) *Décius* (Cneius Messius Decius Trajanus Optimus), que nous appelons aujourd'hui Dèce, était né près de Sirmium en Pannonie, dans un rang obscur. Gouverneur de la Mésie, lorsque ses soldats le proclamèrent empereur, l'an 249, il tua de sa main son prédécesseur Philippe l'Arabe. Il périt lui-même au bout de deux ans, en Mésie, dans un combat contre les Goths. Dèce est surtout célèbre par une terrible persécution qu'il ordonna contre les chrétiens dès la première année de son règne.

(3) Mélitène ou Mélite (aujourd'hui *Malatia*), sur l'Euphrate, près de son confluent avec le Mélas ; ville fondée par Trajan, plus tard capitale de la Petite-Arménie. Elle posséda longtemps la légion dite *Mélitine*, et surnommée *la Foudroyante*, toute composée de chrétiens, et non moins célèbre par sa piété que par son courage ; ses prières obtinrent une pluie miraculeuse qui sauva l'armée de Marc-Aurèle au moment où elle allait périr de soif dans les déserts de la Germanie, l'an 174.

ai toujours écouté avec respect; et quand vous m'avez lu sa vie et ses enseignements, j'ai toujours admiré la sainteté de ses actions et de ses discours. O Néarque ! si je ne me croyais point indigne d'aller à lui sans être initié de ses mystères et avoir reçu la grâce de ses sacrements, que vous verriez éclater l'ardeur que j'ai de mourir pour sa gloire et le soutien de ses éternelles vérités ! » Néarque l'ayant éclairci du scrupule où il était par l'exemple du bon larron, qui en un moment mérita le ciel, bien qu'il n'eût pas reçu le baptême, aussitôt notre martyr, plein d'une sainte ferveur, prend l'édit de l'empereur, crache dessus, et le déchire en morceaux qu'il jette au vent; et voyant les idoles que le peuple portait sur les autels pour les adorer, il les arrache à ceux qui les portaient, les brise contre terre, et les foule aux pieds, étonnant tout le monde et son ami même par la chaleur de ce zèle qu'il n'avait pas espéré.

Son beau-père Félix, qui avait la commission de l'empereur pour persécuter les chrétiens, ayant vu lui-même ce qu'avait fait son gendre, saisi de douleur de voir l'espoir et l'appui de sa famille perdus, tâche d'ébranler sa constance, premièrement par de belles paroles, ensuite par des menaces, enfin par des coups qu'il lui fait donner par ses bourreaux sur tout le visage; mais n'en ayant pu venir à bout, pour dernier effort il lui envoie sa fille Pauline, afin de voir si ses larmes n'auraient point plus de pouvoir sur l'esprit d'un mari que n'avaient eu ses artifices et ses rigueurs. Il n'avance rien davantage par là; au contraire, voyant que sa fermeté convertissait beaucoup de païens (1), il le condamne à perdre la tête. Cet arrêt fut exécuté sur l'heure; et le saint martyr, sans autre baptême que de son sang, s'en alla prendre possession de la gloire que Dieu a promise à ceux qui renonceraient à eux-mêmes pour l'amour de lui.

Fictions du poète. — Voilà en peu de mots ce qu'en dit Surius. Le songe de Pauline, l'amour de Sévère, le baptême effectif de Polyeucte, le sacrifice pour la victoire de l'empereur, la dignité de Félix, que je fais gouverneur d'Arménie, la mort de Néarque, la conversion de Félix et de Pauline, sont des inventions et des embellissements de théâtre. La seule victoire de l'empereur contre les Perses a quelque fondement dans l'histoire; et sans chercher d'autres auteurs, elle est rapportée par M. Coëffeteau dans son *Histoire romaine*; mais il ne dit pas, ni qu'il leur imposa tribut, ni qu'il envoya faire des sacrifices de remercîment en Arménie (2).

Si j'ai ajouté ces incidents et ces particularités selon l'art ou non, les savants en jugeront; mon but ici n'est pas de les justifier, mais seulement d'avertir le lecteur de ce qu'il en peut croire.

(1) *Païens*, c'est-à-dire adorateurs des idoles. Ce mot vient du latin *paganus*, habitant des bourgs (*pagus*, bourg), qui a donné aussi le mot de *paganisme*, pour désigner la religion des faux dieux, parce que c'est dans les campagnes que l'idolâtrie s'était maintenue le plus longtemps.

(2) Coëffeteau, de l'ordre de S. Dominique, théologien et prédicateur célèbre; il mourut évêque de Marseille, en 1623.

PERSONNAGES :

FÉLIX, sénateur romain, gouverneur d'Arménie (1).
POLYEUCTE, seigneur arménien, gendre de Félix (2).
SÉVÈRE, chevalier romain, favori de l'empereur Décie (3).
NÉARQUE, seigneur arménien, ami de Polyeucte (4).
PAULINE, fille de Félix, femme de Polyeucte.
STRATONICE, confidente de Pauline.
ALBIN, confident de Félix.
FABIAN, domestique de Sévère.
CLÉON, domestique de Félix.
Trois gardes.

La scène est à Mélitène, capitale d'Arménie, dans le palais de Félix (5).
(L'an 250 ap. J.-C.)

---

(1) « Pour donner plus de dignité à l'action, j'ai fait Félix gouverneur d'Arménie. » (CORNEILLE, *Examen*.) Il s'agit ici de la Petite-Arménie.
L'Arménie ancienne se divisait en Grande et Petite-Arménie. La Grande-Arménie, dont la capitale était Artaxate (auj. Ardech), était située entre l'Euphrate à l'O., le Tigre au S., l'Assyrie et l'Atropatène à l'E., et l'Ibérie au N. Elle fut gouvernée pendant les cinq premiers siècles de l'ère chrétienne par la dynastie nationale des Arsacides, sauf la période de 232 à 286, où elle obéit aux Perses.
La Petite-Arménie, capitale Mélitène, était située à l'O. de l'Euphrate, entre la Colchide, la Cappadoce et la Comagène. Soumise par les Macédoniens, elle secoua le joug des Séleucides l'an 189 av. J.-C.; depuis cette époque, elle fut gouvernée par des rois particuliers jusque vers l'an 75 de J.-C., époque où elle fut réduite en province romaine.

(2) Corneille, pour donner plus d'importance au personnage de Polyeucte, l'a supposé de la race des anciens rois du pays.

(3) Sévère est un personnage inventé par le poète. — Les chevaliers formaient le second ordre du peuple romain, entre les patriciens et les plébéiens.
Décie ou Dèce, voir plus haut, p. 365. — Pour l'ancienne manière de franciser les noms latins, voir *Horace*, A. I, sc. I, p. 173. Le mot *Dèce* est plus conforme à la prononciation latine qui accentuait la première syllabe (*Dé-cius*).

(4) Félix, Polyeucte, Néarque et Pauline sont des personnages historiques, comme on le voit par les Actes du martyre de S. Polyeucte. (Voir p. 365.)
Les autres personnages sont inventés.

(5) « Tout se passe dans une salle ou antichambre commune aux appartements de Félix et de sa fille. » (*Examen*.)

Analyse générale de l'action.

Sévère, chevalier romain, avait sollicité du sénateur Félix la main de sa fille Pauline ; mais il était sans fortune et sans crédit: malgré l'inclination de Pauline, Félix repoussa la demande de Sévère.

Cependant Sévère partit pour la guerre de Perse, et Félix fut nommé gouverneur d'Arménie. A peine arrivé dans cette province, Félix y maria sa fille à Polyeucte, chef de la noblesse, et descendant des anciens rois du pays.

L'action commence quinze jours après la célébration du mariage.

Acte I. — Le baptême; le retour de Sévère.

La scène s'ouvre par un dialogue très animé entre Polyeucte et son ami Néarque : Néarque est chrétien et il presse Polyeucte de ne plus tarder à recevoir le baptême. Polyeucte n'ose sortir à cause d'un songe de Pauline qui présage sa mort. Cependant, vaincu par Néarque, il court au baptême malgré les prières de Pauline.

Pendant son absence, Pauline raconte à Stratonice le songe qui la trouble : Sévère lui est apparu furieux; les chrétiens ont abattu Polyeucte à ses pieds ; Félix lui-même est accouru un poignard à la main, et Polyeucte est tombé mort dans son sang.

Elle achevait son récit, quand Félix entre, lui annonce le retour de Sévère, vainqueur des Perses, et lui demande de le recevoir, pour calmer son ressentiment.

Acte II. — L'entrevue; le départ pour le temple.

Sévère, en arrivant au palais du gouverneur, apprend de Fabian le mariage de Pauline ; il en est consterné. Pauline vient bientôt elle-même lui en donner la confirmation; c'est pour obéir à son père qu'elle a épousé Polyeucte; mais du jour où elle lui donna sa main, elle lui donna aussi son cœur. Sévère se retire accablé de tristesse.

Cependant Polyeucte revient du baptême, et sa présence rassure déjà son épouse, lorsqu'un messager de Félix vient annoncer à Polyeucte qu'on l'attend au temple pour le sacrifice d'actions de grâces qui doit être offert aux dieux. Néarque veut retenir le néophyte : Polyeucte, rempli d'un saint enthousiasme, lui déclare qu'il veut renverser les idoles et rendre au vrai Dieu un témoignage public de sa foi. Néarque, persuadé par son ami, le suit au temple.

Acte III. — Le sacrifice; la mort de Néarque.

Un monologue de Pauline nous révèle les agitations de son cœur. Tout à coup Stratonice arrive, et annonce que Polyeucte et Néarque ont troublé le sacrifice en brisant les idoles. Félix accourt lui-même en fureur : il espère que le supplice de Néarque fera revenir Polyeucte à de meilleurs sentiments; sinon, malgré les instances de Pauline, il exécutera contre son gendre les édits de l'empereur.

Félix apprend bientôt que la mort de Néarque n'a fait qu'affermir Polyeucte dans sa foi : il engage Pauline à vaincre l'obstination de son époux; lui-même ensuite le fera comparaître à son tribunal. Après le départ de sa fille, il s'entretient avec Albin de ses craintes, de ses projets, de ses espérances.

Acte IV. — La lutte.

Polyeucte, amené par les gardes, les prie d'appeler Sévère. En attendant, il exprime en strophes touchantes les désirs célestes qui embrasent son âme. Pauline arrive, et par ses raisonnements, ses reproches, ses prières et ses larmes, s'efforce de faire abandonner à Polyeucte la foi de Jésus-Christ; Polyeucte lui oppose une résistance sublime. Puis, voyant venir Sévère, il le prie d'accepter Pauline de sa main : c'est le legs qu'il lui fait en mourant. Mais il est à peine sorti, que Pauline fait appel à la générosité de Sévère, et lui demande de s'interposer auprès de Félix pour le salut de son mari. Sévère s'y résout avec une grandeur d'âme qui étonne son confident.

Acte V. — Le martyre.

Félix, attribuant à la politique la démarche de Sévère, n'en est que plus résolu à faire périr Polyeucte, s'il n'abjure sa foi. Polyeucte, introduit devant le gouverneur, résiste à ses flatteries, à ses promesses, à ses menaces; il résiste avec la même fermeté aux prières de sa femme; puis, condamné à mort malgré les instances de Pauline, il marche au supplice en triomphateur. Pauline le suit.

Mais dès qu'elle a vu couler le sang du martyr, ses yeux se dessillent : elle croit, elle est chrétienne, et elle accourt l'annoncer à son père. Sévère arrive de son côté pour accabler Félix de ses reproches. Pendant qu'il parle, Félix est touché lui-même de la grâce; il reconnaît sa faute, il confesse Jésus-Christ.

Sévère, étonné, se retire en promettant d'user de son pouvoir sur l'empereur pour faire cesser la persécution. Félix et Pauline vont donner aux corps des saints martyrs une sépulture honorable.

APPRÉCIATION.

L'apogée du génie de Corneille.

Polyeucte fut l'apogée du génie de Corneille.

C'est en effet le plus parfait de ses chefs-d'œuvre (1).

Dans son ensemble, si l'on considère à la fois la conception dramatique, les caractères, les situations, le dialogue, le style, la conduite de la scène, la tendresse et la sublimité des sentiments, l'héroïsme de la nature uni à l'héroïsme de la grâce, *Polyeucte* est de toutes les tragédies de Corneille celle qui approche le plus de l'idéal.

Au-dessus de *Polyeucte*, nous ne voyons qu'*Athalie*, qui est l'idéal même de la tragédie (2).

Corneille, dans son *Examen*, indique les deux raisons principales du succès de *Polyeucte :* le pathétique et la régularité. Le pathétique éclate surtout dans les rôles de Polyeucte et de Pauline. *Les tendresses de l'amour humain*, comme dit Corneille, *et la fermeté de l'amour divin* y sont peintes avec tant de force et d'onction, que l'auditeur est continuellement sous le charme de la plus sympathique admiration pour les âmes héroïques qui parlent et agissent sous ses yeux.

Quant au sublime, il jaillit ici de sa source la plus féconde et la plus pure, la religion divine de Notre-Seigneur Jésus-Christ.

Le génie du poète a été à la hauteur du sujet, parce qu'il a puisé ses inspirations dans la foi du chrétien (3).

Polyeucte fut comme une restauration de la tragédie chrétienne (4).

(1) « *Cinna* et *Polyeucte*, au-dessus desquels il n'y a rien. » (FONTENELLE.)
« Parlons encore de cette belle tragédie; elle est unique entre les chefs-d'œuvre de Corneille par l'art et la régularité de la conduite, par le naturel et la vérité du dialogue, mais surtout par ces sentiments doux et tendres, par ces bienséances fines et délicates que le sublime Corneille dédaigne souvent dans ses autres ouvrages, et qu'il a su rendre héroïques dans celui-ci. » (GEOF.)
(2) Voir le *Théâtre choisi de Racine, Athalie*, p. 529.
(3) Comme *Esther* et *Athalie* sont sorties du cœur profondément pieux de Racine, *Polyeucte* est le fruit le plus beau et le plus doux de la foi et de la piété de Corneille.
(4) Voir plus haut, à l'historique de *Polyeucte*, p. 358.

Sujet, action, intrigue, nœud, dénouement.

Le *sujet* est le martyre de saint Polyeucte.

Le *héros* de la pièce est Polyeucte. Son admirable conversion met tout en branle ; sa foi sublime élève et transfigure tout autour de lui.

L'*action* consiste dans la noble profession de foi de Polyeucte, et dans les efforts que font Pauline, Félix et Sévère pour lui sauver la vie, en obtenant une abjuration ou du moins une dissimulation momentanée de sa croyance.

L'*intrigue* est fondée sur l'amour de Sévère. Son retour, en effet, jette Félix dans la consternation. Félix craint que Sévère, auquel jadis il a refusé sa fille, ne le desserve auprès de l'empereur ; et quand le zèle de son gendre a bravé publiquement l'autorité impériale au milieu d'un sacrifice, il n'en redoute que davantage le courroux de Sévère ; dès lors sa lâche politique ne voit de salut que dans le supplice de Polyeucte.

Le *nœud* est formé par l'arrivée de Sévère.

Les principales *péripéties* sont : 1° l'arrivée de Sévère ; 2° le renversement des idoles par Polyeucte ; 3° l'intervention de Sévère en faveur de Polyeucte.

Le *dénouement* est la mort héroïque du saint martyr.

Cette mort entraîne avec elle la conversion miraculeuse de Pauline et de Félix, et inspire à Sévère les sentiments les plus bienveillants pour le christianisme.

La *moralité* de la pièce se trouve dans l'exemple touchant et sublime du saint témoin de Jésus-Christ. Pour rester fidèle à Dieu et rendre gloire à son nom, Polyeucte a sacrifié tous les biens de la terre, et jusqu'à sa vie. L'héroïsme humain de Pauline et de Sévère, qui brille au second plan, contribue à mettre dans une lumière plus vive la divine grandeur du martyre.

L'histoire et le drame.

Le sujet de *Polyeucte* est tiré de la Vie des Saints.

Corneille indique lui-même, par respect pour la religion dont les saints forment la gloire, ce qu'il a emprunté à l'histoire et ce qu'il s'est permis d'y ajouter pour la scène.

L'histoire. — « Polyeucte vivait en l'année 250, sous l'empereur Décius. Il était Arménien, ami de Néarque, et gendre de Félix, qui avait la commission de l'empereur pour faire exécuter ses édits contre les chrétiens. Cet ami l'ayant résolu à se faire chrétien, il déchira ces édits qu'on publiait, arracha les idoles des mains de ceux qui les portaient sur les autels pour les adorer, les brisa contre terre, résista aux larmes de sa femme Pauline que Félix employa auprès de lui pour le ramener à leur culte, et perdit la vie par l'ordre de son beau-père, sans autre baptême que celui de son sang. Voilà ce que m'a prêté l'histoire. » (*Examen.*)

Le drame. — « Le songe de Pauline, l'amour de Sévère, le baptême effectif de Polyeucte, le sacrifice pour la victoire de l'empereur, la dignité de Félix que je fais gouverneur d'Arménie, la mort de Néarque, la conversion de Félix et de Pauline, sont des inventions et des embellissements de théâtre. » (*Abrégé du martyre de saint Polyeucte.*)

Le personnage de Sévère est une des plus belles créations de la pièce : il est le ressort principal de l'action. Son retour alarme Félix ; le sacrifice qu'il fait offrir, provoque le zèle de Polyeucte et devient l'occasion de son péril. La faveur dont Sévère jouit auprès de l'empereur, décide le lâche gouverneur à immoler son gendre. C'est donc Sévère qui met tout en branle, et qui influe le plus fortement sur le dénouement du drame (1).

Conduite de la pièce.

Pour la première fois, Corneille est arrivé à la perfection absolue dans la conduite dramatique de la pièce.

Il se plaît à le signaler lui-même dans l'*Examen de Polyeucte* (1660) : « A mon gré, je n'ai point fait de pièce où l'ordre du théâtre soit plus beau et l'enchaînement des scènes mieux ménagé. »

Le plan se distingue par une grande simplicité, par une suite rigoureuse et par une progression continue qui ne laisse pas l'intérêt languir un moment.

Les *trois unités* y sont exactement observées :

1° L'*unité d'action* : la vie de Polyeucte est en jeu, et plus encore que sa vie mortelle, c'est sa foi, sa vie surnaturelle et le salut éternel de son âme.

L'intervention de Sévère est une action secondaire, intimement liée à la principale ; elle est même absolument nécessaire, puisque c'est elle qui met en mouvement les passions humaines, soit en faveur de Polyeucte, soit contre lui.

2° L'*unité de lieu* : « Tout se passe dans une salle ou antichambre commune aux appartements de Félix et de sa fille (2). » (*Examen.*)

3° L'*unité de temps* : L'action commence le matin, et se termine avant la fin du jour.

Personnages.

Les personnages *principaux* sont : Polyeucte, Pauline, Sévère et Félix.

Les rôles *secondaires* sont Néarque, Fabian, Albin et Stratonice.

---

(1) « A l'exception du fait, Corneille a tout tiré de son propre fond ; il est le créateur de sa fable. » (GEOFFROY.)

(2) Voir dans l'*Examen* les scrupules exagérés de Corneille sur les unités de temps et de lieu, et les explications qu'il en donne.

Polyeucte.

Corneille a peint dans Polyeucte le *héros chrétien*, le *martyr* de Jésus-Christ.

C'est le néophyte sortant du baptême tout illuminé des clartés de la foi, tout embrasé de l'amour divin, et prêt à tous les sacrifices; insensible aux promesses, aux menaces, il marche à la mort comme à la gloire (1).

Chrétien jusqu'à l'héroïsme, Polyeucte n'en reste pas moins l'époux de Pauline; il en garde les sentiments. Mais dans ce chrétien parfait, la grâce a ordonné la charité; il aime Pauline, mais d'un amour subordonné à l'amour de Dieu :

> Je vous aime,
> Beaucoup moins que mon Dieu, mais bien plus que moi-même.

Et il prouve cet amour par les troubles de son âme, par les soupirs que lui arrache la séparation, par les vœux qu'il fait pour son épouse, par les larmes qu'il ne peut contenir (2). Cet amour se trahit jusque dans les rudesses dont il semble vouloir protéger sa constance contre les surprises du cœur.

Quant à son entreprise contre les idoles, si vivement critiquée par l'Hôtel de Rambouillet et par Voltaire (3), lors même qu'elle n'aurait pas son

---

(1) L'héroïsme était comme à l'ordre du jour parmi les chrétiens des premiers siècles. Les *Actes des Martyrs* nous montrent à chaque page ces ardents désirs du ciel, et ces sublimes mépris de la terre que Corneille nous fait admirer dans Polyeucte : « Chose étrange et digne d'une longue considération ! En ce temps-là il y avait de la presse à se faire déchirer, à se faire brûler pour Jésus-Christ. L'extrême douleur et la dernière infamie attiraient au christianisme... Le lieu où les feux étaient allumés et les bêtes déchaînées, s'appelait en la langue de la primitive Église *la place où l'on donne des couronnes.* » (BALZAC.)

Les disciples se souvenaient des paroles du divin Maître : « Vous serez bienheureux quand les hommes vous maudiront, vous persécuteront, vous chargeront de calomnies à cause de moi : réjouissez-vous et tressaillez d'allégresse, parce que votre récompense sera grande dans les cieux. » (MATTH. V. 11-12.)

(2) Cette émotion n'échappa point à Pauline (A. IV, sc. III) :
> Mais courage ! il s'émeut; je vois couler des larmes.

Et tout le reste de cette émouvante scène.

(3) La principale objection était, paraît-il, le zèle de Polyeucte contre les idoles : « C'est une tradition, dit Voltaire, que tout l'Hôtel de Rambouillet, et particulièrement l'évêque de Vence, Godeau, condamnèrent cette entreprise de Polyeucte. On disait que c'est un zèle imprudent; que plusieurs évêques et plusieurs synodes avaient expressément défendu ces attentats contre l'ordre et contre les lois; qu'on refusait même la communion aux chrétiens qui par des témérités pareilles avaient exposé l'Église entière aux persécutions. On ajoutait que Polyeucte et même Pauline auraient intéressé davantage, si Polyeucte avait simplement refusé d'assister à un sacrifice idolâtre, fait en l'honneur de la victoire de Sévère. »

L'Église, en défendant à ses enfants des excès de zèle inconsidérés qui pour-

fondement dans l'histoire, elle mériterait de passer pour une des conceptions les plus dramatiques de Corneille, tant elle met en relief la vaillance chevaleresque du héros, tant sont tragiques les situations où le jette cette sublime audace de son zèle (1).

Polyeucte est plus qu'un héros de la terre ; il appartient à la race supérieure des saints, où sa vaillance l'a placé dans la phalange d'élite qu'on appelle les *martyrs*.

Pauline.

Pauline est l'héroïne de l'amour conjugal.

Païenne par sa naissance et par son éducation, elle porte si haut l'héroïsme de ses vertus naturelles, qu'elle arrache à son saint époux ce cri d'admiration :

> Elle a trop de vertus pour n'être pas chrétienne.

Mariée à Polyeucte contre les inclinations de son cœur, par déférence pour la volonté paternelle, Pauline ne connaît plus d'autre amour que celui de son époux; tous ses vœux sont pour lui. Au moindre danger qu'il court, elle tremble, elle s'alarme; quand le péril augmente, elle prie, elle conjure, elle implore jusqu'à l'aide de son rival; n'ayant pu le sauver, elle l'accompagne jusqu'au lieu du supplice. C'est là que la grâce l'attend :

raient provoquer des représailles regrettables, sait cependant honorer les généreux élans de ses Saints, surtout quand elle y reconnaît une inspiration spéciale de l'Esprit de Dieu. L'on admire à bon droit dans les héros de la terre les coups d'audace d'un noble courage : pourquoi blâmerait-on ces mêmes exploits dans les champions de Dieu?

L'Écriture et les Pères de l'Église ont célébré à l'envi le zèle admirable du grand Mathathias contre les violateurs de la loi (I. Mach., II, 19-30).

« Mathathias répondit en haussant la voix : Quand toutes les nations obéiraient au roi Antiochus, nous obéirons, mes enfants, mes frères et moi, à la loi de nos pères.

Comme il cessait de parler, un Juif s'avança pour sacrifier aux idoles. Mathathias le vit, et fut saisi de douleur ; ses entrailles en furent émues; et sa fureur s'étant allumée selon le commandement de la loi, il se jeta sur cet homme et le tua sur l'autel.

Il tua aussi en même temps l'officier que le roi Antiochus avait envoyé pour contraindre les Juifs de sacrifier, et il renversa l'autel, et il fut transporté du zèle de la loi comme le fut Phinées, lorsqu'il tua Zamri.

Alors Mathathias cria à haute voix dans la ville : Quiconque a du zèle pour la loi, qu'il me suive. Et il s'enfuit avec ses fils sur les montagnes. »

Ce fut le signal de la résistance contre les impiétés d'Antiochus, et le prélude de la liberté.

On lit des traits semblables de sainte Eulalie, martyre de Mérida, et des saints martyrs Cyrille d'Héliopolis et Macédonius de Mire. (Voir D. Ruinart.)

(1) Corneille montre dans son *Examen* comment la vertu de Polyeucte ne l'empêche pas d'être un personnage tragique, et même le héros de sa tragédie.

Dieu couronne son inviolable fidélité par le plus précieux des dons, la foi de Jésus-Christ (1).

Une tendresse vraie et profonde, une délicatesse de conscience presque chrétienne, une sérénité et une fermeté admirables dans l'accomplissement du devoir, tels sont les nobles traits de Pauline.

C'est sans contredit un des plus beaux rôles de femme que présente la tragédie française.

Sévère.

Sévère a le caractère grand et généreux.

Vainqueur sur les champs de bataille, il sait aussi commander à son cœur. Malgré les déceptions de son amour, il s'incline avec respect devant la vertu de Pauline. Même après avoir reçu en legs du saint martyr la noble femme dont il regrettait la perte, il pousse la générosité jusqu'à demander la grâce de son rival, pour complaire à son héroïque épouse.

Il y a entre Pauline et Sévère une touchante émulation de sacrifice et de magnanimité (2).

En religion, Sévère a l'esprit trop élevé pour défendre l'idolâtrie, et pour condamner le christianisme. Il admire les vertus des chrétiens, et s'il ne va pas encore jusqu'à eux, il veut du moins leur assurer la liberté. En attendant des lumières plus vives, auxquelles il semble préparé, il est partisan de la tolérance (3).

(1) « Pauline, tout admirable qu'elle est, n'a pu échapper aux sarcasmes malins de Voltaire; cet impitoyable censeur, en haine de saint Polyeucte, traite quelquefois sa femme comme une bourgeoise qui se targue de sa vertu, et veut absolument être aimée de son mari, quoiqu'elle ne l'aime point... Il a pris sérieusement la plaisanterie de madame la dauphine, qui disait de Pauline (au rapport de Mme de Sévigné) : « Voilà pourtant une honnête femme qui n'aime point du tout son mari. » Si Pauline n'aimait point son mari, ce serait un bien mauvais rôle tragique. Pauline définit elle-même ses sentiments pour Polyeucte et pour Sévère, dans les deux vers suivants :

Je donnai par devoir à son affection
Tout ce que l'autre avait par inclination.

L'amour fondé sur l'estime et le devoir est beaucoup plus noble, plus fort et plus durable. » (GEOFFROY.)

(2) « Le caractère de Sévère est au moins aussi beau et aussi intéressant que celui de Pauline : c'est un grand trait de génie d'avoir placé à côté de l'héroïsme surnaturel qu'inspire une religion divine, ce que la nature et l'humanité ont de plus parfait et de plus sublime.

» Des personnages tels que Sévère et Pauline sont une création du génie de Corneille : il n'en a trouvé le modèle ni chez les anciens ni chez les modernes; les mœurs des Grecs ne leur permettaient pas même de connaitre ces raffinements de générosité, de bienséance et de grandeur d'âme, trop supérieurs à la nature dont les Grecs sont des peintres fidèles. » (GEOFFROY.)

(3) Cet esprit de tolérance a mis Sévère en grande estime auprès des philosophes incrédules du XVIIIe siècle. Louable dans un païen au service d'un César persécuteur de la vérité, ce tolérantisme, pris en général, ne contredit

Félix.

Félix a l'âme basse et servile. C'est le fonctionnaire qui met sa place avant l'honneur, la richesse avant la vertu.

L'égoïsme est le mobile de toute sa conduite.

Il écarte Sévère, parce qu'il est pauvre ; il choisit Polyeucte moins pour sa vertu que pour sa fortune. Quand Sévère revient couvert de gloire et en faveur auprès de César, Félix tremble ; quand Polyeucte renonce à un culte impie pour embrasser la vérité, Félix le sacrifie de peur d'une disgrâce. Il ne faut rien moins que la vertu surnaturelle du sang du martyr et l'héroïsme de sa fille, pour relever ce cœur trop attaché à la terre.

Corneille ne nous offre point en Félix un personnage imaginaire : les exemples n'en sont que trop fréquents.

Félix cependant n'est point un rôle indigne du théâtre : il mérite plus de pitié que de haine. S'il est lâche et cruel, c'est à contre-cœur : la force d'âme lui manque pour sacrifier son égoïsme aux intérêts supérieurs de la vertu et du devoir.

Rôles secondaires.

Néarque. — *Néarque* fait un beau contraste avec le caractère de Polyeucte.

C'est un chrétien d'une conviction ferme, mais dont la ferveur se renferme dans les bornes ordinaires de la prudence.

Il ne néglige rien pour procurer à son ami la grâce indispensable du baptême ; mais quand Polyeucte, rempli de l'Esprit-Saint, est impatient de montrer à Dieu par un coup d'éclat le désir qu'il a de venger sa gloire, Néarque, plus calme et plus froid, cherche à modérer son ardeur (1). Il finit cependant par céder à la parole enflammée du nouveau soldat de Jésus-Christ ; et quand il est engagé dans la lutte, il y déploie une constance inébranlable.

Fabian et Albin. — Fabian et Albin sont plus que de pâles confidents. Ils tiennent à Sévère et à Félix un langage ferme, franc et loyal.

C'est *Albin* qui raconte la victoire de Sévère ; il dissuade par deux fois Félix de sévir contre Polyeucte.

pas seulement les maximes de la foi chrétienne, il heurte les principes même de la raison.

S'il y a une religion divine et obligatoire pour tous les hommes, il est évident que tous les autres cultes sont faux et réprouvés de Dieu ; ils ne sauraient donc être mis sur le même pied que la vraie religion. Celle-ci seule a droit à la liberté ; les autres ne peuvent être que tolérées dans telles circonstances déterminées, pour éviter de plus grands maux.

(1) Voltaire ne pensait pas à cette scène, quand il traitait Néarque de « convulsionnaire qui a ensorcelé un jeune imprudent. » Les fureurs aveugles de l'impiété expliquent seules de pareilles injures.

Fabian cherche à détourner Sévère de voir Pauline, pour leur éviter à tous deux une entrevue pénible; mais ses préjugés contre le christianisme lui font combattre l'intervention de Sévère en faveur de Polyeucte.

Stratonice. — *Stratonice* est la femme du peuple attachée aux superstitions idolâtriques; la vivacité de ses croyances éclate dans le torrent d'injures qu'elle répand contre les ennemis des dieux.

Style.

« Le style de *Polyeucte*, dit Corneille lui-même dans son *Examen*, n'est pas si fort ni si majestueux que celui de *Cinna* et de *Pompée;* mais il a quelque chose de plus touchant. »

On y sent en effet l'onction chrétienne, c'est-à-dire cette tendresse pénétrante propre à la grâce, et qui remue suavement les cœurs pour les porter à Dieu.

C'est dans *Polyeucte* que le style de Corneille a le plus approché de la perfection : il a une souplesse et une variété qu'on trouve rarement dans ses autres ouvrages. Le dialogue a souvent une vivacité, une rapidité et une force inimitables.

Les expressions familières qui se rencontrent çà et là, ne font qu'ajouter un charme de plus, celui d'un naturel achevé, qui fait parler les personnages sur la scène comme en effet ils ont dû parler dans la réalité de la vie.

Les *stances* de *Polyeucte*, plus lyriques que celles du *Cid*, n'ont été dépassées que par les chœurs d'*Esther* et d'*Athalie*.

Scènes principales.

Les principales scènes sont les suivantes :
1° Acte I, sc. I : L'exhortation au baptême;
2° — sc. III : Confidence de Pauline à Stratonice; le songe;
3° Acte II, sc. II : Première entrevue de Sévère et de Pauline;
4° — sc. VI : Polyeucte veut entraîner Néarque au temple;
5° Acte III, sc. II : Récit du renversement des idoles;
6° Acte IV, sc. II : Les stances de Polyeucte;
7° — sc. III : Efforts de Pauline auprès de Polyeucte;
8° — sc. IV : Seconde entrevue de Sévère et de Pauline;
9° Acte V, sc. III : Profession de foi de Polyeucte et son départ pour le martyre.

L'Église et l'Empire dans Polyeucte.

Polyeucte est aussi une magnifique page d'histoire.

Corneille y peint au vif la lutte engagée entre l'Empire et l'Église, entre l'idolâtrie et la religion chrétienne.

Les grandeurs divines du christianisme éclatent de toutes parts dans cette admirable tragédie : l'efficacité merveilleuse de la grâce, la sublimité de la doctrine de Jésus-Christ, la sainteté de sa morale, les vertus de ses disciples, la magnanimité des martyrs, tout cela est présenté par Corneille dans une lumière et avec une éloquence qui subjuguent l'esprit et persuadent le cœur.

On peut appeler *Polyeucte* une démonstration vivante de l'Évangile.

En face de ces splendeurs chrétiennes, le poète nous montre les superstitions du paganisme, ses odieux préjugés, ses croyances ridicules, ses honteux mystères. Mais ce culte impie est soutenu par la politique. La force opprime le droit, l'erreur armée du glaive veut tuer la vérité. Les Césars, cédant à une haine aveugle ou à de folles terreurs, après deux siècles d'efforts impuissants, s'acharnent encore, sous la trompeuse enseigne de la raison d'État, à noyer la nouvelle société dans le sang (1).

Dèce et Félix représentent la politique; ce sont les persécuteurs et les bourreaux. Polyeucte et Néarque sont les victimes. Stratonice nous montre le fanatisme populaire, et Fabian les préjugés de la foule.

Dans Sévère, nous voyons ces hommes alors déjà nombreux, dont la raison répudiait les dieux du paganisme, dont l'honnêteté naturelle inclinait vers cette école de pureté et de charité qu'on appelait l'Église; mais, faute de courage ou de lumière, ils restaient encore les spectateurs indifférents de la révolution religieuse qui s'opérait sous leurs yeux.

En Pauline enfin nous apparaissent les âmes d'élite de cette société en décomposition; par leur fidélité à suivre les élans d'une nature généreuse, elles appartiennent déjà, sans le savoir, à Jésus-Christ, en attendant que le baptême achève leur transfiguration surnaturelle.

---

(1) Les auteurs qui représentent les chrétiens comme des agresseurs, et les Césars qui les persécutaient comme usant du légitime droit de défense, renversent les rôles et mentent à l'histoire.

La vérité est que Dieu, dans la personne de son Fils unique fait homme, et par le ministère des Apôtres ses ambassadeurs, a voulu rentrer dans la société païenne en y ramenant avec son règne la vérité et la justice; qu'au lieu de le recevoir, les peuples et les princes, préférant le mensonge et leurs vices, ont combattu à outrance la religion divine qui les condamnait, et qu'ils ont cherché à l'étouffer.

Quant aux cruautés des persécuteurs, il suffit, pour en avoir une idée, de lire leurs édits. Voici celui de Dèce que l'on dit cependant n'avoir pas eu un caractère inhumain : « Quiconque se confessera chrétien, sera tourmenté jusqu'à ce qu'il renonce à sa foi. » Ce n'était plus, comme le remarquait S. Augustin, l'ancienne formule : Quiconque se confessera chrétien, sera mis à mort. On voulait lasser la constance par des supplices longs et variés. En effet, l'édit ordonnait que « ceux qui refusaient de sacrifier, fussent enfermés dans les prisons de l'État, et soumis d'abord aux moindres supplices, et enfin, s'ils demeuraient opiniâtres, précipités au fond de la mer, jetés vifs au milieu des flammes, exposés aux bêtes, suspendus à des arbres pour être la pâture des oiseaux de proie, enfin déchirés de mille manières, par les plus cruels tourments. » (S. GRÉGOIRE DE NYSSE.)

Ainsi le poète fait revivre sous nos yeux toute la société romaine du troisième siècle.

A la manière dont il nous montre le sang des martyrs enfanter de nouveaux chrétiens, on sent que le triomphe est proche et que l'avenir appartient au Dieu fait homme : *Christus vincit, Christus regnat, Christus imperat.*

Polyeucte et le jansénisme.

La tragédie de *Polyeucte* n'est ni janséniste, ni dirigée contre le jansénisme ; elle est tout simplement chrétienne et catholique.

La question de la grâce y avait sa place naturelle. Corneille en a parlé sans autre préoccupation que celle de son sujet, avec une orthodoxie parfaite.

Le jansénisme, il est vrai, agitait déjà les esprits, surtout à Paris (1). Il est possible que le poète, pour répondre aux discussions du jour, ait cherché à mettre en relief la doctrine de la grâce. Mais rien n'autorise à lui prêter des idées de polémique, et à faire de *Polyeucte* une œuvre de parti.

Les merveilles surnaturelles de la grâce qui se rencontrent dans cette tragédie, comme la conversion soudaine de Pauline, la conversion plus extraordinaire encore de Félix, l'héroïsme de Polyeucte, se voient si souvent dans les *Actes des Martyrs*, qu'elles ont dû se présenter naturellement à l'esprit de Corneille (2).

(1) Jansénius, évêque d'Ypres, était mort en 1638, laissant à ses amis le soin de publier son *Augustinus* qui contenait ses erreurs ; l'ouvrage parut en 1640. Son principal complice en France, l'abbé de Saint-Cyran, avait été mis en prison par Richelieu dès 1638 ; relâché par Mazarin, il mourut le 11 octobre 1643 ; mais il avait déjà infecté de son hérésie tout Port-Royal.

(2) Sainte-Beuve, et d'autres à sa suite, ont évoqué, à propos de *Polyeucte*, le souvenir de la *journée du guichet*. Les *Mémoires de Port-Royal* ont consacré sous ce nom la scène qui s'était passée au guichet du couvent, le 25 septembre 1609, alors que la jeune abbesse Angélique Arnauld, désireuse d'introduire la réforme dans l'abbaye, refusait l'entrée du monastère à son père et aux autres membres de sa famille.

Quelle qu'ait été l'influence de ce fait sur les destinées de Port-Royal, il faut reconnaître que le rapprochement de la *journée du guichet* et de l'œuvre de Corneille est purement factice, ingénieux en quelques points, forcé en plusieurs autres.

Quand *Polyeucte* parut, la scène du guichet était parfaitement oubliée du public, si toutefois le public s'en était ému. D'autre part, les premières années du XVIIe siècle avaient été si fécondes en exemples d'héroïsme chrétien que ni le poète ni les spectateurs n'avaient besoin de se tourner vers le groupe janséniste des Arnauld, pour croire à la réalité des divines merveilles de *Polyeucte*.

L'illustre fondatrice de la Visitation, sainte Jeanne-Françoise de Chantal, l'aïeule de Mme de Sévigné, venait précisément de rendre son âme à Dieu (1641), laissant au monde l'exemple des sacrifices les plus héroïques.

Pour ce qui concerne la doctrine, le poète n'a fait que traduire en vers magnifiques l'enseignement traditionnel de l'Église. Du reste, son éducation première, et les relations intimes qu'il conserva toujours avec les Pères de la Compagnie de Jésus, ses anciens maîtres, le tinrent toute sa vie en garde contre les nouveautés hérétiques du jansénisme (1).

La grâce d'après le jansénisme. — Les erreurs du jansénisme roulaient principalement sur la grâce.

La grâce est une lumière surnaturelle dont Dieu éclaire l'intelligence, ou un bon mouvement qu'il imprime à la volonté, pour porter l'homme au bien en vue de son salut éternel.

Or, Jansénius ne fit que reproduire sur la grâce les principales erreurs de Calvin; elles peuvent se résumer dans les trois propositions suivantes :

1º La grâce qui nous aide à faire le bien, est *victorieuse par elle-même*, c'est-à-dire qu'il ne dépend pas du libre concours de l'homme de la rendre efficace.

2º Elle est *irrésistible*, c'est-à-dire que l'homme ne saurait la repousser quand elle agit sur lui.

3º La grâce nécessaire et suffisante pour le salut n'est pas accordée à tous les hommes; de là, ceux qui sont privés de la grâce forcément efficace, sont d'avance condamnés à l'impuissance et à la damnation éternelle.

Ce système est monstrueux; il détruit absolument la liberté de l'homme et outrage la bonté de Dieu. L'Église l'a condamné comme hérétique, en 1653 (2).

La grâce dans Polyeucte. — Corneille nous montre, au contraire, par les discours et les actions de ses personnages :

1º Que la grâce est *nécessaire* au salut, et que l'homme ne peut rien sans elle;

2º Que la volonté *peut résister* à la grâce;

3º Que la grâce nécessaire et suffisante pour le salut, ne manque jamais à personne, et qu'il ne dépend que de nous de la rendre victorieuse;

4º Que dans certaines circonstances la grâce produit dans l'âme une clarté si vive et un attrait si fort vers le bien que la volonté embrasse la vérité et la vertu avec élan, mais toujours aussi avec une libre détermination, nécessaire au mérite.

---

(1) On ne voit nulle part que Corneille se soit lié avec les jansénistes. Ceux-ci non plus ne se réclamèrent jamais de lui ni de son *Polyeucte*.
Il est vrai que le père de Pascal s'était fixé à Rouen en 1639, et qu'il y demeura plusieurs années. Mais Blaise Pascal, si ardent plus tard pour la défense de la secte, n'avait que seize ans en 1639, et ce ne fut qu'en 1646 qu'il entra dans le parti avec son père et ses sœurs. Corneille a connu la famille; mais rien ne montre qu'il en ait subi l'influence janséniste.

(2) Innocent X condamna solennellement, le 31 mai 1653, cinq propositions tirées du livre de Jansénius, et qui renfermaient la substance de la nouvelle hérésie.

C'est la pure doctrine de l'Église ; Corneille l'expose principalement dans les quatre scènes suivantes :

Ire scène du Ier Acte :

Néarque presse Polyeucte de recevoir le baptême.

NÉARQUE. Il (Dieu) est toujours tout juste et tout bon ; mais sa grâce
Ne descend pas toujours avec même efficace ;
Après certains moments *que perdent nos longueurs,*
Elle quitte ces traits qui pénètrent les cœurs :
Le nôtre s'endurcit, la repousse, l'égare :
Le bras qui la versait en devient *plus avare,*
Et cette sainte ardeur qui doit porter au bien
Tombe plus rarement, ou n'opère plus rien.
Celle qui vous pressait de courir au baptême,
Languissante déjà, cesse d'être la même,
Et pour quelques soupirs qu'on vous a fait ouïr,
Sa flamme se dissipe, et va s'évanouir.

Scène VI du IIe Acte :

Polyeucte presse Néarque d'aller au temple.

NÉARQUE. Vous trouverez la mort.
POLYEUCTE. — Je la cherche pour lui (Dieu).
NÉARQUE. Et si ce cœur s'ébranle.
POLYEUCTE. *Il sera mon appui.*
NÉARQUE. Il ne commande point que l'on s'y précipite.
POLYEUCTE. Plus elle est *volontaire,* et plus elle *mérite…*
Dieu fait part, au besoin, de sa force infinie…
J'attends tout de sa grâce, et rien de ma faiblesse…
NÉARQUE. Vous sortez du baptême, et ce qui vous anime,
C'est sa grâce qu'en vous *n'affaiblit aucun crime ;*
Comme encor tout entière, elle agit pleinement,
Et tout semble possible à son feu véhément ;
Mais cette même grâce, en moi diminuée,
Et par mille péchés sans cesse exténuée,
Agit aux grands effets avec tant de langueur,
Que tout semble impossible à son peu de vigueur.
Cette indigne faiblesse et ces lâches défenses
Sont des punitions qu'attirent mes offenses ;
Mais *Dieu, dont on ne doit jamais se défier,*
Me donne votre exemple à me fortifier…
POLYEUCTE. *Abandonnons nos jours à cette ardeur céleste ;*
Faisons triompher Dieu : qu'il dispose du reste !
NÉARQUE. Allons faire éclater sa gloire aux yeux de tous,
Et répondre avec zèle à ce qu'il veut de nous.

Scènes V et VI de l'Acte V :

Conversion de Pauline et de Félix.

PAULINE. Mon époux en mourant m'a laissé ses lumières ;
Son sang, dont tes bourreaux viennent de me couvrir,
M'a dessillé les yeux, et me les vient d'ouvrir.

FÉLIX.
> *Je vois, je sais, je crois, je suis désabusée...*
> C'est la grâce qui parle, et non le désespoir.
> Le faut-il dire encor, Félix? je suis chrétienne!
>
> Celle (la dignité) où j'ose aspirer, est d'un rang plus illustre;
> *Je m'y trouve forcé par un secret appas;*
> *Je cède à des transports que je ne connais pas;*
> *Et par un mouvement que je ne puis entendre,*
> *De ma fureur je passe au zèle de mon gendre.*
> C'est lui, n'en doutez point, dont le sang innocent
> Pour un persécuteur prie un Dieu tout-puissant;
> Son amour épandu sur toute la famille
> *Tire après lui* le père aussi bien que la fille (1).

(1) Pour bien comprendre ce passage, il faut le voir dans l'ensemble d'une tragédie où le poète montre partout le libre jeu de la volonté, concourant avec la grâce à la victoire du bien.

S. Augustin, commentant cette parole du Sauveur : « Personne ne peut venir à moi, si mon Père ne l'*attire*, » a répondu d'avance à l'objection que pourraient faire naître quelques expressions de Corneille :

« N'allez pas croire, dit le saint docteur, que vous êtes *tiré malgré vous;* l'âme est attirée aussi par l'amour. Nous n'avons pas à craindre qu'on nous dise : Comment est-ce que je crois par un libre acte de ma volonté, si Dieu me *tire* à lui? Si le poëte a pu dire : « *Trahit sua quemque voluptas*, tout homme est entraîné par son plaisir; » il ne dit point la nécessité, mais le plaisir; ni la contrainte, mais l'agrément : à combien plus forte raison devons-nous dire que l'homme est *attiré* à Jésus-Christ, lorsqu'il trouve ses délices dans la vérité, dans la félicité, dans la justice, dans l'éternelle vie. Jésus-Christ n'est-il pas tout cela? » (*Sur S. Jean*, *Tr*. 26.)

En un mot, quelque puissant que soit l'*attrait*, il ne force pas la volonté; elle *peut* toujours résister, et elle ne le fait que trop.

QUESTIONS GÉNÉRALES.

Dédicace, histoire, fictions.

A qui Corneille dédia-t-il *Polyeucte*?

Quelles sont les deux idées principales exprimées dans la Dédicace?

Pourquoi Corneille donna-t-il en tête de la tragédie l'abrégé du martyre de S. Polyeucte?

Quelles sont les trois parties de ce récit?

Donnez quelques détails historiques sur Félix et Polyeucte, sur Sévère et Néarque, sur Dèce, sur l'Arménie.

Donnez l'analyse générale de l'action.

Appréciation, sujet, action, intrigue.

Quel est le mérite de *Polyeucte* ?

Quelles sont, d'après Corneille, les deux raisons principales de son succès?

Quel est le sujet de la pièce ?

Quel en est le héros ?

En quoi consiste l'action?
Sur quoi est fondée l'intrigue?
Par quoi est formé le nœud?
Quelles sont les principales peripéties?
Quel est le dénouement?
En quoi consiste la moralité de la tragédie?

Invention; conduite de la pièce.

Quels sont les faits fournis par l'histoire?
Quels sont les faits inventés par le poète?
Citez une des plus belles créations de la pièce.
Y a-t-il quelque défaut dans la conduite dramatique?
Par quoi se distingue le plan?
Comment les trois unités sont-elles observées?

Personnages.

Quels sont les personnages principaux? secondaires?
Quel est le caractère de Polyeucte?
Quelle était la principale objection de l'Hôtel de Rambouillet? A-t-elle quelque valeur?
Quel est le caractère de Pauline? Comment Voltaire la jugeait-il?
Quel est le caractère de Sévère? Pourquoi plaisait-il si fort aux philosophes du XVIII° siècle?
Quel est le caractère de Félix?
Quels sont les rôles de Néarque, de Fabian, d'Albin et de Stratonice?

Style.

Quels sont les caractères du style de *Polyeucte*?
Quel est le mérite des stances de *Polyeucte*?
Quelles sont les scènes principales?

Questions historiques.

Comment Corneille peint-il dans *Polyeucte* la lutte de l'Eglise et de l'Empire romain?
Comment la société romaine du III° siècle se trouve-t-elle représentée dans les personnages de *Polyeucte*?
La tragédie de *Polyeucte* est-elle janséniste, ou dirigée contre le jansénisme?
Comment le jansénisme entendait-il la grâce?
Comment Corneille expose-t-il la doctrine de la grâce?
Quelles sont les principales scènes où il fait cet exposé?

ACTE PREMIER

Exposition : le baptême, le retour de Sévère.

SCÈNE I
POLYEUCTE, NÉARQUE.

NÉARQUE.

Quoi ! vous vous arrêtez aux songes d'une femme (1) !
De si faibles sujets troublent cette grande âme !
Et ce cœur tant de fois dans la guerre éprouvé (2)
S'alarme d'un péril qu'une femme a rêvé (3) !

POLYEUCTE.

Je sais ce qu'est un songe, et le peu de croyance (4)
Qu'un homme doit donner à son extravagance,
Qui d'un amas confus des vapeurs de la nuit
Forme de vains objets que le réveil détruit (5);
Mais vous ne savez pas ce que c'est qu'une femme :
Vous ignorez quels droits elle a sur toute l'âme,
Quand, après un long temps qu'elle a su nous charmer,
Les flambeaux de l'hymen viennent de s'allumer (6).

(1) La vivacité de ce début nous jette en pleine action. *Britannicus* commence par une exclamation du même genre; Albine, apercevant Agrippine à la porte de son fils, lui dit avec étonnement :

Quoi ! tandis que Néron s'abandonne au sommeil,
Faut-il que vous veniez attendre son réveil ?
Qu'errant dans le palais, sans suite et sans escorte,
La mère de César veille seule à sa porte ?

Voir *le Cid*, p. 56 ; et l'*Iphigénie* de Racine, A. I, sc. I (*Théâtre choisi de Racine*, p. 323, n. 1).

(2) D'après un auteur grec cité par les Bollandistes, saint Polyeucte avait occupé un rang élevé dans l'armée. Corneille s'en est souvenu pour relever le mérite de son héros.

(3) *Rêver* est pris activement et signifie *voir en rêve*; sens qu'il a encore quelquefois : *J'ai rêvé telle chose*. (AC.)

(4) « *Croyance*, pleine conviction, persuasion. Il signifie encore l'action d'ajouter foi à quelqu'un, à quelque chose : *Ils donnaient croyance à cet imposteur*. » (AC.)

On dit dans le même sens *donner créance* :

Seigneur, à vos soupçons *donnez* moins de *créance*. (RAC., *Brit.*, III. 5.)

(5) Petite description du songe, aussi exacte qu'élégante.

(6) Polyeucte nous apprend que son union avec Pauline est toute récente.

ACTE I, SCÈNE I

Pauline, sans raison dans la douleur plongée,
Craint et croit déjà voir ma mort qu'elle a songée (1);
Elle oppose ses pleurs au dessein que je fais,
Et tâche à m'empêcher de sortir du palais (2).
Je méprise sa crainte, et je cède à ses larmes ;
Elle me fait pitié sans me donner d'alarmes;
Et mon cœur, attendri sans être intimidé,
N'ose déplaire aux yeux dont il est possédé (3).
L'occasion, Néarque, est-elle si pressante,
Qu'il faille être insensible aux soupirs d'une amante?
Par un peu de remise épargnons son ennui,
Pour faire en plein repos ce qu'il trouble aujourd'hui (4).

NÉARQUE.

Avez-vous cependant une pleine assurance
D'avoir assez de vie ou de persévérance?
Et Dieu, qui tient votre âme et vos jours dans sa main,
Promet-il à vos vœux de le pouvoir demain?
Il est toujours tout juste et tout bon; mais sa grâce (5)

(1) *Songer*, n., faire un songe, s'emploie aussi activement : *J'ai songé telle et telle chose.* (Ac.)

(2) Pour *tâcher à*, voir *Cinna*, A. IV, sc. I, p. 319.

(3) Langage alors en faveur. — *Dont*, employé pour *par lequel...*, était très fréquent au XVIIe siècle. Voir *Gr. fr. hist.*, n. 655.

(4) Ce premier discours nous laisse déjà entrevoir le fond du caractère de Polyeucte : son cœur est fait de tendresse et de fermeté; il craint d'affliger Pauline, sans faiblir pour cela dans ses projets de conversion.

(5) Corneille exprime ici avec beaucoup de justesse et de bonheur plusieurs points importants du dogme catholique et de l'ascétique chrétienne. C'est :

1° L'origine divine et la gratuité absolue de la grâce, comme aussi la variété de ses dons suivant la correspondance de l'homme;

2° L'action propre de la grâce qui *pénètre les cœurs*, c'est-à-dire les touche, les excite, les émeut, *les porte au bien*, sans les *violenter*; qui, après avoir *pressé* la volonté, devient *languissante*, ou perd de sa force à cause de notre résistance, se *dissipe* même, et *s'évanouit*;

3° La liberté de l'homme, dont le cœur *s'endurcit* lui-même, *peut repousser* la grâce, et *l'égarer*, c'est-à-dire l'éloigner, l'écarter;

4° L'indépendance de Dieu, qui reste toujours maître de ses faveurs, et qui pour punir le mépris qu'on en fait, les répand avec moins de libéralité :

   Le bras qui la versait, en devient plus avare;

5° La bonté inépuisable de Dieu qui, malgré nos infidélités, laisse toujours *tomber* sa grâce, quoique plus rarement, c'est-à-dire accorde toujours la grâce suffisante, et si cette grâce *n'opère plus rien*, c'est parce que le cœur s'est volontairement endurci.

Corneille avait d'abord mis (éd. de 1643-1656) :

   Tombe *sur un rocher* et n'opère plus rien.

L'image était plus expressive; mais le texte définitif a le mérite d'exprimer une idée beaucoup plus juste et plus complète.

Ne descend pas toujours avec même efficace (1);
Après certains moments que perdent nos longueurs,
Elle quitte ces traits qui pénètrent les cœurs;
Le nôtre s'endurcit, la repousse, l'égare :
Le bras qui la versait, en devient plus avare,
Et cette sainte ardeur qui doit porter au bien,
Tombe plus rarement, ou n'opère plus rien.
Celle qui vous pressait de courir au baptême,
Languissante déjà, cesse d'être la même,
Et, pour quelques soupirs qu'on vous a fait ouïr (2),
Sa flamme se dissipe, et va s'évanouir (3).

POLYEUCTE.

Vous me connaissez mal : la même ardeur me brûle,
Et le désir s'accroît quand l'effet se recule.
Ces pleurs que je regarde avec un œil d'époux,
Me laissent dans le cœur aussi chrétien que vous;
Mais, pour en recevoir le sacré caractère
Qui lave nos forfaits dans une eau salutaire,
Et qui, purgeant notre âme et dessillant nos yeux (4),
Nous rend le premier droit que nous avions aux cieux (5),
Bien que je le préfère aux grandeurs d'un empire,
Comme le bien suprême et le seul où j'aspire (6),
Je crois, pour satisfaire un juste et saint amour,
Pouvoir un peu remettre et différer d'un jour.

NÉARQUE.

Ainsi du genre humain l'ennemi vous abuse (7) :

(1) *Efficace*, s. f., signifie la même chose qu'*efficacité;* mais il est beaucoup moins en usage. (Ac.) — Nos anciens poètes l'employaient très souvent.

(2) *Ouïr*, du latin *audire* (*au-ir*), entendre, ne s'emploie plus qu'à l'infinitif et aux temps composés de *ouï*. Nous trouverons l'ancien impératif *oyez* plus loin, A. II, sc. II. Voir *Gr. fr. hist.*, n. 432.

(3) *Sa flamme* pour la grâce, image très juste : la grâce est lumière pour l'intelligence, et chaleur pour le cœur.

(4) « Quelques-uns, dit l'Académie, écrivent encore *déciller*, parce que ce mot vient de *cil*. » Étym. : *de*, séparation, et de *cil;* séparer, ouvrir les cils des yeux.

(5) Ces quatre vers renferment une description aussi exacte que poétique du baptême et de ses effets : on y voit le sacrement, le caractère qu'il imprime dans l'âme, l'eau qui en est la matière et le signe sensible, la rémission complète des péchés qu'il opère, la lumière de la foi dont il éclaire l'intelligence, le droit à l'héritage céleste qu'il rend au nouveau chrétien.

(6) *Où* pour *auquel;* voir *le Cid*, A. V, sc. IV, p. 132.

(7) Voltaire admire cette périphrase employée pour désigner le démon. Cette expression *l'ennemi du genre humain*, n'a pas seulement le mérite d'être noble; elle donne surtout une idée grande et terrible de l'éternel adversaire

ACTE I, SCÈNE I

Ce qu'il ne peut de force, il l'entreprend de ruse (1).
Jaloux des bons desseins qu'il tâche d'ébranler,
Quand il ne les peut rompre, il pousse à reculer (2) :
D'obstacle sur obstacle il va troubler le vôtre (3),
Aujourd'hui par des pleurs, chaque jour par quelque autre ;
Et ce songe rempli de noires visions
N'est que le coup d'essai de ses illusions (4) :
Il met tout en usage, et prière, et menace ;
Il attaque toujours, et jamais ne se lasse (5) ;
Il croit pouvoir enfin ce qu'encore il n'a pu,
Et que ce qu'on diffère est à demi rompu.
Rompez ces premiers coups ; laissez pleurer Pauline.
Dieu ne veut point d'un cœur où le monde domine,
Qui regarde en arrière, et douteux en son choix,
Lorsque sa voix l'appelle, écoute une autre voix.

POLYEUCTE.

Pour se donner à lui faut-il n'aimer personne?

NÉARQUE.

Nous pouvons tout aimer : il le souffre, il l'ordonne ;
Mais, à vous dire tout, ce Seigneur des seigneurs

de l'homme ; Satan poursuit la race humaine tout entière, parce qu'elle est l'ouvrage de Dieu qui l'a foudroyé, et qu'elle est destinée au ciel qu'il a perdu. Saint Ignace, dans ses *Exercices spirituels*, se sert habituellement d'une expression non moins énergique et plus profonde encore, en appelant le démon *l'ennemi de la nature humaine*. (VIIe Annot.)

(1) *De ruse* pour *par ruse*. Cette construction est autorisée par la locution *de force* qui précède. Molière a dit de même :

Et tâchons d'ébranler, *de force ou d'industrie*,
Ce malheureux dessein qui nous a tous troublés. (*Tart.*, IV, 2.)

Du reste, la préposition *de* s'employait souvent du temps de Corneille à la place de *par*, dans le sens de l'ablatif latin.
La locution *de gré ou de force* est restée dans le langage habituel.

(2) Pour l'emploi de *rompre*, voir *Cinna*, A. III, sc. I, p. 303.

(3) *D'obstacle sur obstacle;* la pensée est claire, malgré la concision du tour. L'expression ne pourrait plus être employée aujourd'hui.

(4) Néarque attribue avec raison à l'influence du démon le songe effrayant de Pauline. Nous verrons plus loin (Acte I, sc. III) que ce songe a en effet des caractères surnaturels qui dénotent une action surnaturelle ; et comme cette action ne peut être celle de Dieu ou de ses bons anges, il faut l'attribuer au démon.
Le poète a soin, par cette réflexion de Néarque, d'établir le fondement dramatique du songe de Pauline : c'est l'obstacle qui doit empêcher le baptême de Polyeucte, baptême qui décidera ensuite du reste de la pièce.

(5) « Mes Frères, dit saint Pierre, veillez, parce que le démon, votre adversaire, comme un lion rugissant, rôde autour de vous, cherchant qui il peut dévorer : résistez-lui, en vous montrant forts dans la foi. » (I, V, 8.)

Veut le premier amour et les premiers honneurs.
Comme rien n'est égal à sa grandeur suprême,
Il faut ne rien aimer qu'après lui, qu'en lui-même,
Négliger, pour lui plaire, et femme, et biens, et rang;
Exposer pour sa gloire et verser tout son sang (1).
Mais que vous êtes loin de cette ardeur parfaite
Qui vous est nécessaire, et que je vous souhaite !
Je ne puis vous parler que les larmes aux yeux.
Polyeucte, aujourd'hui qu'on nous hait en tous lieux,
Qu'on croit servir l'État quand on nous persécute (2),
Qu'aux plus âpres tourments un chrétien est en butte (3),

(1) Corneille parle du précepte de la charité divine avec autant d'exactitude, de clarté et de raison qu'il l'a fait plus haut pour le baptême et pour la grâce. C'est le langage même de la théologie.

« Vous aimerez le Seigneur Dieu de tout votre cœur, de toute votre âme, de toutes vos forces, voilà le plus grand et le premier des commandements. » (MATTH., XXII, 37.) C'est en ces termes que Notre-Seigneur Jésus-Christ rappelait aux Juifs le précepte général de la charité.

Un autre jour, voulant montrer que l'amour de Dieu, Bien souverain et Maître suprême, doit primer tous les autres amours, et qu'il n'est jamais permis d'aimer les créatures, même sa propre vie, au mépris du service et de la gloire de Dieu, Notre-Seigneur ajoutait ces graves avertissements : « Celui qui aime son père ou sa mère, son fils ou sa fille, plus que moi, n'est pas digne de moi. Celui qui vient à moi et ne hait pas (c'est-à-dire n'est pas disposé à sacrifier pour mon service) son père, sa mère et son époux, et ses fils, et ses frères, et ses sœurs, et jusqu'à sa vie, ne peut être mon disciple. » (MATTH., X, 37; LUC, XIV, 26.)

(2) Les persécuteurs mettaient la raison d'État en avant : on sait avec quelle sincérité. Notre-Seigneur n'avait-il pas dit à ses disciples : « L'heure vient où ceux qui vous mettront à mort, croiront servir la cause de Dieu ? » (S. JEAN, XVI, 2.)

Dèce, au dire des historiens, « était convaincu que, d'après son essence, le christianisme était incompatible avec la constitution et l'existence de l'empire. » (DARRAS, *Hist. de l'Église*, VIII.)

S'il avait cette conviction, comment se l'était-il faite ? Sur quelles preuves, et après quel examen ? N'avait-il pas cédé aux aveugles préjugés de ses prédécesseurs ? Improvisé empereur par une armée en révolte, il ne se donna pas plus que le sénat la peine de vérifier les titres de la religion chrétienne, et d'examiner les preuves éclatantes de sa divinité. Pour peu qu'il l'eût fait, il aurait vu que le christianisme n'attaquait qu'une seule chose dans l'empire, sa religion fausse et dépravée, avec le despotisme qu'elle autorisait.

Stratonice le dira tout à l'heure : la religion chrétienne
  N'en veut qu'aux dieux, et non pas aux mortels. (A. I, sc. III.)
Le despotisme des Césars était d'autant plus tyrannique qu'il prétendait garder l'autorité religieuse aussi bien que l'autorité politique, pour disposer des consciences aussi bien que des corps.

Si quelque chose pouvait régénérer et sauver l'empire, c'était cette religion même qu'il proscrivait.

(3) La persécution de Dèce a été l'une des plus cruelles. Voici les détails

ACTE I, SCÈNE I

Comment en pourrez-vous surmonter les douleurs,
Si vous ne pouvez pas résister à des pleurs?

POLYEUCTE.

Vous ne m'étonnez point : la pitié qui me blesse
Sied bien aux plus grands cœurs, et n'a point de faiblesse.
Sur mes pareils, Néarque, un bel œil est bien fort (1) :
Tel craint de le fâcher qui ne craint pas la mort ;
Et s'il faut affronter les plus cruels supplices,
Y trouver des appas, en faire mes délices,
Votre Dieu, que je n'ose encor nommer le mien,
M'en donnera la force en me faisant chrétien (2).

NÉARQUE.

Hâtez-vous donc de l'être.

POLYEUCTE.

Oui, j'y cours, cher Néarque ;
Je brûle d'en porter la glorieuse marque ;
Mais Pauline s'afflige, et ne peut consentir,
Tant ce songe la trouble, à me laisser sortir.

NÉARQUE.

Votre retour pour elle en aura plus de charmes ;
Dans une heure au plus tard vous essuierez ses larmes (3) ;
Et l'heur de vous revoir lui semblera plus doux (4),

que nous en donne saint Grégoire de Nysse (*Vie de S. Grégoire le Thaumaturge*) :

« Les magistrats suspendaient toutes les causes particulières ou publiques, pour vaquer à la grande, à l'importante affaire, l'arrestation et le supplice des fidèles. Les chaises de fer ardentes, les ongles d'acier, les bûchers, le glaive, les bêtes, tous les instruments inventés par la cruauté des hommes, déchiraient nuit et jour le corps des martyrs. Les voisins, les parents, les amis, se trahissaient lâchement et se dénonçaient aux magistrats. Les provinces étaient dans la consternation ; les familles étaient décimées ; les villes demeuraient désertes, et les déserts se peuplaient. » Ce tableau n'a rien d'exagéré ; tous les auteurs païens conviennent que Dèce s'était imposé la tâche d'effacer de la terre le nom de chrétien. Le pape S. Fabien fut une de ses premières victimes ; et l'Église Romaine resta plus de seize mois sans pouvoir lui donner un successeur : « Le tyran, acharné contre les pontifes de Dieu, faisait les plus horribles menaces, moins irrité d'apprendre qu'un rival lui disputait l'empire, que d'entendre qu'un pontife de Dieu s'établissait à Rome. » (S. CYPRIEN, *Lettre* 52.)

(1) Ce langage était alors à la mode.
(2) Polyeucte a déjà l'humble confiance du chrétien : il attend de la grâce la force surnaturelle que demande le martyre.
(3) *Vous essuierez*. L'*e* du futur et du conditionnel ne compte pas dans la versification après une voyelle ou une diphtongue.
(4) *L'heur*, le bonheur. Voir *le Cid*, A. III, sc. VI, p. 106.

Plus elle aura pleuré pour un si cher époux.
Allons, on nous attend.

NÉARQUE.

     Apaisez donc sa crainte,
Et calmez la douleur dont son âme est atteinte.
Elle revient.

NÉARQUE.

   Fuyez.

POLYEUCTE.

    Je ne puis.

NÉARQUE.

      Il le faut (1) :
Fuyez un ennemi qui sait votre défaut (2),
Qui le trouve aisément, qui blesse par la vue,
Et dont le coup mortel vous plaît quand il vous tue (3).

SCÈNE II

POLYEUCTE, NÉARQUE, PAULINE, STRATONICE.

POLYEUCTE.

Fuyons, puisqu'il le faut. Adieu, Pauline; adieu :
Dans une heure au plus tard je reviens en ce lieu.

PAULINE.

Quel sujet si pressant à sortir vous convie (4)?
Y va-t-il de l'honneur? y va-t-il de la vie?

POLYEUCTE.

Il y va de bien plus (5).

(1) Néarque devient plus pressant; ses instances finissent par emporter la victoire.

(2) *Votre défaut*, c'est-à-dire le défaut de la cuirasse, l'endroit faible.

(3) L'exposition s'est faite en partie dans cette première scène : nous connaissons dès maintenant le héros de la pièce avec deux autres personnages importants, Pauline et Néarque; nous savons les dispositions intimes de Polyeucte, son désir du baptême, l'obstacle qui l'arrête et les dangers auxquels il s'expose. Ces détails sont fondus si habilement dans le dialogue que nulle part on n'aperçoit un mot qui paraisse dit pour le spectateur; les deux interlocuteurs se parlent sans aucune préoccupation théâtrale.

(4) Sur *convier*, voir *Cinna*, A. I, sc. III, p. 284.

(5) L'honneur, la vie, les deux grands biens qui intéressent les héros de la terre.

  Ainsi que de ta *vie*, il y va de ta *gloire*. (*Le Cid*, A. V, sc. I.)

Mais au-dessus de l'honneur, au-dessus de la vie, il y a l'amour de Dieu, sa gloire, le salut éternel de l'âme; c'est à quoi visent les héros de la religion; il n'y a pas de but plus élevé :

  Si mourir pour son prince est un illustre sort,
  Quand on meurt pour son Dieu, quelle sera la mort! (*Pol.*, A. IV, sc. III.)

ACTE I, SCÈNE II

PAULINE.

Quel est donc ce secret?

POLYEUCTE.

Vous le saurez un jour : je vous quitte à regret;
Mais enfin il le faut (1).

PAULINE.

Vous m'aimez?

POLYEUCTE.

Je vous aime,
Le ciel m'en soit témoin, cent fois plus que moi-même;
Mais...

PAULINE.

Mais mon déplaisir ne vous peut émouvoir (2)!
Vous avez des secrets que je ne puis savoir!
Quelle preuve d'amour! Au nom de l'hyménée,
Donnez à mes soupirs cette seule journée.

POLYEUCTE.

Un songe vous fait peur?

PAULINE.

Ses présages sont vains,
Je le sais; mais enfin je vous aime, et je crains (3).

POLYEUCTE.

Ne craignez rien de mal pour une heure d'absence.
Adieu : vos pleurs sur moi prennent trop de puissance;
Je sens déjà mon cœur prêt à se révolter,
Et ce n'est qu'en fuyant que j'y puis résister (4).

(1) Loin d'être une inadvertance, comme le dit Voltaire, ces trois *il le faut* qui se suivent de si près, servent à mettre en relief le motif qui presse Polyeucte : la conscience parle, Dieu appelle, *il faut* obéir.

(2) *Déplaisir* avait plus de force qu'aujourd'hui; il s'appliquait à de profonds chagrins, à de grandes afflictions :

TULLE.... Je doute comment vous portez cette mort.
LE VIEIL HOR. Sire, avec *déplaisir*, mais avec patience. (*Hor.*, V, II.)

« Vous croyez donc que les *déplaisirs* et les plus mortelles douleurs ne se cachent pas sous la pourpre? » (BOSSUET, *Or. fun. de Marie-Th.*)

Enfants, ma seule joie en mes longs *déplaisirs*. (RAC., *Ath.*, I, III.)

(3) Parole d'une simplicité touchante; c'est la nature même qui parle.

(4) La tendresse de Polyeucte s'affirme de plus en plus; la victoire de la grâce n'en sera que plus belle.

SCÈNE III
PAULINE, STRATONICE.

PAULINE.

Va, néglige mes pleurs, cours, et te précipite (1)
Au-devant de la mort que les dieux m'ont prédite ;
Suis cet agent fatal de tes mauvais destins (2),
Qui peut-être te livre aux mains des assassins.
   Tu vois, ma Stratonice, en quel siècle nous sommes :
Voilà notre pouvoir sur les esprits des hommes ;
Voilà ce qui nous reste, et l'ordinaire effet
De l'amour qu'on nous offre, et des vœux qu'on nous fait.
Tant qu'ils ne sont qu'amants, nous sommes souveraines,
Et jusqu'à la conquête ils nous traitent de reines ;
Mais après l'hyménée ils sont rois à leur tour (3).

STRATONICE.

Polyeucte pour vous ne manque point d'amour ;
S'il ne vous traite ici d'entière confidence (4),
S'il part malgré vos pleurs, c'est un trait de prudence ;
Sans vous en affliger, présumez avec moi
Qu'il est plus à propos qu'il vous cèle pourquoi ;
Assurez-vous sur lui qu'il en a juste cause.
Il est bon qu'un mari nous cache quelque chose,
Qu'il soit quelquefois libre, et ne s'abaisse pas
A nous rendre toujours compte de tous ses pas (5).
On n'a tous deux qu'un cœur qui sent mêmes traverses (6) ;
Mais ce cœur a pourtant ses fonctions diverses,
Et la loi de l'hymen qui vous tient assemblés,
N'ordonne pas qu'il tremble alors que vous tremblez.

---

(1) *Cours et te précipite.* Pour la place du pronom *te*, voir *Gr. fr. hist.*, n. 612.

(2) Pauline parle de Néarque : sa douleur s'en prend naturellement à lui, en le voyant entraîner son époux.

(3) « Ce vers, dit Voltaire, a passé en proverbe. Il n'est pas, à la vérité, de la haute tragédie, mais cette naïveté ne peut déplaire.
      Et tragicus plerumque dolet sermone pedestri. » (Hor., *Art. p.*)
Voltaire a rarement de ces générosités pour Corneille.

(4) *Traiter de* avec un nom abstrait, dans le sens de *agir avec*, se disait très bien au xviie siècle; Molière l'a employé fort souvent :
      Et *traitant de mépris* les sens et la matière. (*Femmes sav.*, I, I.)
On dit aujourd'hui dans ce sens *traiter avec*.

(5) Le ton de cette tirade a quelque chose de commun et de vulgaire. Il est vrai que c'est une esclave qui parle.

(6) L'article se supprimait souvent devant *même* au xviie siècle :
      Il éleva la vôtre avec *même* tendresse. (*Cinna*, V, II.)

Ce qui fait vos frayeurs ne peut le mettre en peine :
Il est Arménien, et vous êtes Romaine,
Et vous pouvez savoir que nos deux nations
N'ont pas sur ce sujet mêmes impressions (1).
Un songe en notre esprit passe pour ridicule,
Il ne nous laisse espoir, ni crainte, ni scrupule (2),
Mais il passe dans Rome avec autorité
Pour fidèle miroir de la fatalité (3).

PAULINE.

Quelque peu de crédit que chez vous il obtienne,
Je crois que ta frayeur égalerait la mienne,
Si de telles horreurs t'avaient frappé l'esprit,
Si je t'en avais fait seulement le récit.

STRATONICE.

A raconter ses maux souvent on les soulage (4).

PAULINE.

Écoute; mais il faut te dire davantage (5),
Et que, pour mieux comprendre un si triste discours,
Tu saches ma faiblesse et mes autres amours.

(1) Les anciens, en général, attachaient une très grande importance aux songes; dans l'Orient, comme à Rome, on voulait y voir l'annonce de l'avenir. L'art de les interpréter était fort en vogue chez les Égyptiens et les Chaldéens. Les rois avaient à leur cour, parmi leurs principaux officiers, des devins, interprètes attitrés des songes, toujours prêts à expliquer ou même à reconstituer les fantômes que l'imagination leur avait présentés pendant la nuit. Dieu dévoila souvent la vanité de leur art et leurs impostures, témoin l'histoire de Joseph et de Daniel.

On ne voit pas sur quoi se fondait Corneille, pour établir la différence qu'il fait au sujet de cette croyance superstitieuse entre les Romains et les peuples de l'Arménie.

(2) Le vieux français ne mettait d'ordinaire le *ni* qu'au dernier terme dans une énumération; au XVIIe siècle, on suivait encore souvent ces usages :
   Il ne faut écritoire, encre, papier, *ni* plumes. (Mol.)

(3) Le mot *fatalité* signifie destinée inévitable; il indique l'enchaînement nécessaire des événements.

(4) *A*, devant l'infinitif, est plus vif que *pour*, et plus élégant; les poètes du XVIIe siècle aimaient à en faire usage :
   A vaincre sans péril on triomphe sans gloire. (*Le Cid*, II, II.)

(5) Corneille motive très bien, dans son *Examen*, la confidence de Pauline : « Pauline ne s'ouvre avec Stratonice que pour lui faire entendre le songe qui la trouble, et les sujets qu'elle a de s'en alarmer; et, comme elle n'a fait ce songe que la nuit d'auparavant, et qu'elle ne lui eût jamais révélé son secret sans cette occasion *qui l'y oblige*, on peut dire qu'elle n'a point eu lieu de lui faire cette confidence plus tôt qu'elle ne l'a faite. »

Cette confidence complète l'exposition, commencée dans la 1re scène.

Une femme d'honneur peut avouer sans honte
Ces surprises des sens que la raison surmonte;
Ce n'est qu'en ces assauts qu'éclate la vertu,
Et l'on doute d'un cœur qui n'a point combattu (1).
　　Dans Rome, où je naquis, ce malheureux visage
D'un chevalier romain captiva le courage (2);
Il s'appelait Sévère ; excuse les soupirs
Qu'arrache encore un nom trop cher à mes désirs.

STRATONICE.

Est-ce lui qui naguère aux dépens de sa vie
Sauva des ennemis votre empereur Décie (3),
Qui leur tira mourant la victoire des mains,
Et fit tourner le sort des Perses aux Romains?
Lui, qu'entre tant de morts immolés à son maître,
On ne put rencontrer, ou du moins reconnaître;
A qui Décie enfin, pour des exploits si beaux,
Fit si pompeusement dresser de vains tombeaux (4)!

PAULINE.

Hélas! c'était lui-même, et jamais notre Rome
N'a produit plus grand cœur, ni vu plus honnête homme (5).
Puisque tu le connais, je ne t'en dirai rien.
Je l'aimai, Stratonice ; il le méritait bien.
Mais que sert le mérite où manque la fortune?
L'un était grand en lui, l'autre faible et commune;
Trop invincible obstacle, et dont trop rarement
Triomphe auprès d'un père un vertueux amant!

STRATONICE.

La digne occasion d'une rare constance!

(1) Cette confession grave, humble, et cependant pleine d'assurance, révèle une délicatesse et une noblesse de sentiments admirables. « Pauline représente *l'honneur conjugal;* elle en a l'élévation, la pureté, la sévérité. » (SAINT-MARC GIRARDIN, *Litt. dram.*, IV.)

(2) *Le courage,* c'est-à-dire le cœur. Voir plus haut, p. 362.

(3) *Dèce.* Voir plus haut, p. 365 et 366.

(4) Ces détails sont bien imaginés pour ennoblir le personnage de Sévère qui va jouer un si grand rôle dans la tragédie.
Il n'y a que la victoire de Dèce qui ait quelque fondement dans l'histoire. (V. p. 366.)
Corneille coupe habilement le récit de Pauline, en faisant dire à Stratonice une partie des faits qui concernent Sévère.

(5) *L'honnête homme* au XVIIe siècle était le type parfait du gentilhomme, joignant aux qualités de l'esprit et du cœur, un sens exquis des bienséances et des usages du monde.

ACTE I, SCÈNE III

PAULINE.

Dis plutôt d'une indigne et folle résistance.
Quelque fruit qu'une fille en puisse recueillir,
Ce n'est une vertu que pour qui veut faillir.
 Parmi ce grand amour que j'avais pour Sévère (1),
J'attendais un époux de la main de mon père,
Toujours prête à le prendre; et jamais ma raison (2)
N'avoua de mes yeux l'aimable trahison.
Il possédait mon cœur, mes désirs, ma pensée;
Je ne lui cachais point combien j'étais blessée :
Nous soupirions ensemble et pleurions nos malheurs;
Mais, au lieu d'espérance, il n'avait que des pleurs;
Et malgré des soupirs si doux, si favorables,
Mon père et mon devoir étaient inexorables (3).
Enfin je quittai Rome et ce parfait amant,
Pour suivre ici mon père en son gouvernement;
Et lui, désespéré, s'en alla dans l'armée
Chercher d'un beau trépas l'illustre renommée.
Le reste, tu le sais. Mon abord en ces lieux
Me fit voir Polyeucte, et je plus à ses yeux;
Et comme il est ici le chef de la noblesse,
Mon père fut ravi qu'il me prît pour maîtresse,
Et par son alliance il se crut assuré
D'être plus redoutable et plus considéré :
Il approuva sa flamme, et conclut l'hyménée;
Et moi, comme à son lit je me vis destinée,
Je donnai par devoir à son affection
Tout ce que l'autre avait par inclination (4).

---

(1) *Parmi* ne se met plus qu'avec un pluriel indéfini ou un singulier collectif : *parmi les hommes, parmi le peuple.* (*Gr. fr. hist.*, n. 822.)

Au XVIIe siècle, on l'employait dans son sens étymologique (*par mi, au milieu de*) avec n'importe quel singulier : *parmi ce plaisir* (RAC., *Brit.*, II. 6); *parmi la plaine* (LA FONT., XI. 1); *parmi une telle agitation* (BOSS., *Panég. de S. Georges.*)

(2) Ce qui distingue ce noble caractère de Pauline, c'est le parfait équilibre de ses facultés, et l'empire constant de la raison sur les sens; sa vertu est le fruit d'une raison toujours droite, calme et forte.

(3) *Mon père et mon devoir* : magnifique rapprochement.

(4) « Rien ne paraît plus neuf, dit Voltaire, plus singulier, et d'une nuance plus délicate. » — « Il était digne de Corneille d'épurer la scène, et d'élever une affection honnête et légitime au-dessus d'une passion aveugle et funeste. » (GEOFFROY.)

L'autre, c'est-à-dire Sévère. Pauline évite de prononcer un nom dont le seul souvenir alarme sa vertu.

Si tu peux en douter, juge-le par la crainte (1)
Dont en ce triste jour tu me vois l'âme atteinte.

STRATONICE.

Elle fait assez voir à quel point vous l'aimez.
Mais quel songe, après tout, tient vos sens alarmés?

PAULINE.

Je l'ai vu cette nuit, ce malheureux Sévère,
La vengeance à la main, l'œil ardent de colère (2) :
Il n'était point couvert de ces tristes lambeaux
Qu'une ombre désolée emporte des tombeaux;
Il n'était point percé de ces coups pleins de gloire
Qui, retranchant sa vie, assurent sa mémoire;
Il semblait triomphant, et tel que sur son char,
Victorieux dans Rome entre notre César (3).
Après un peu d'effroi que m'a donné sa vue,
« *Porte à qui tu voudras la faveur qui m'est due,*
» *Ingrate, m'a-t-il dit; et, ce jour expiré,*
» *Pleure à loisir l'époux que tu m'as préféré.* »
A ces mots j'ai frémi, mon âme s'est troublée (4);

---

(1) On dirait mieux aujourd'hui : *juges-en*.

(2) *La vengeance à la main*, pour l'instrument de la vengeance à la main, un poignard à la main; figure hardie, d'un effet terrible.

(3) On connaît le portrait de Jézabel dans le songe d'Athalie; voici comment Virgile avait dépeint Hector dans le songe d'Énée (*Énéide*, l. II) :

« Tout à coup dans mon sommeil se présente à mes yeux Hector, accablé de tristesse, et versant un torrent de larmes, tel qu'au jour où il fut traîné au char de son vainqueur, couvert d'une poussière noire et sanglante, les pieds gonflés par les lanières qui les traversaient. Hélas! quel était son aspect! qu'il était différent de ce brillant Hector qui revenait orné des dépouilles d'Achille, ou radieux d'avoir lancé les feux troyens sur les vaisseaux des Grecs. Sa barbe était souillée, ses cheveux étaient collés par le sang; on voyait sur son corps les blessures qu'il avait reçues en si grand nombre autour des murs de sa patrie. »

(4) « Le songe de Pauline ne forme pas, comme celui d'Athalie, le nœud de la pièce, il la résume : nous apercevons, ou plutôt nous soupçonnons le dénouement à travers un nuage sanglant. L'intérêt s'éveille, un intérêt mystérieux. » (CHARAUX, *Corneille*, II.)

L'importance dramatique de ce songe consiste en ce que les frayeurs qu'il cause à Pauline, deviennent un obstacle pour l'action.

Alarmée par ces tristes présages, Pauline s'opposera aux généreux desseins de Polyeucte, avec d'autant plus de force que sa tendresse croîtra avec les dangers de son époux.

D'autre part, pour le spectateur, ce songe est l'un des fondements de l'intérêt si vif qui l'attache dès maintenant à l'action.

Sous le rapport dramatique, le songe de Pauline a donc un double mérite.

Voltaire reconnaît « qu'il y a de l'intérêt et du pathétique; » comment a-t-il

Ensuite des chrétiens une impie assemblée,
Pour avancer l'effet de ce discours fatal,
A jeté Polyeucte aux pieds de son rival.
Soudain à son secours j'ai réclamé mon père ;
Hélas ! c'est de tout point ce qui me désespère,
J'ai vu mon père même un poignard à la main,
Entrer le bras levé pour lui percer le sein :
Là, ma douleur trop forte a brouillé ces images ;
Le sang de Polyeucte a satisfait leurs rages.
Je ne sais ni comment ni quand ils l'ont tué,
Mais je sais qu'à sa mort tous ont contribué.
Voilà quel est mon songe (1).

STRATONICE.

Il est vrai qu'il est triste ;
Mais il faut que votre âme à ces frayeurs résiste :
La vision, de soi, peut faire quelque horreur (2),

pu ajouter « qu'il ne sert *de rien* dans la pièce, — que ce n'est qu'un morceau de déclamation, — qu'il est un peu hors-d'œuvre ? » Sans doute, absolument parlant, « la pièce pouvait s'en passer ; » mais quel puissant ressort elle aurait perdu ! L'arrivée de Sévère et les situations qu'elle amène, n'auraient point causé les terreurs surnaturelles qu'elles produisent grâce à ce songe.

Pauline le regarde, quoi qu'elle en ait dit dans la seconde scène, comme un avertissement du ciel, et elle agira en conséquence pour en écarter le sanglant présage.

« Je ne sais, dit Voltaire, qui a dit que ce songe est envoyé par le diable. » C'est Corneille lui-même, par la bouche de Néarque, dans la Ire scène. (Voir p. 387.) On reconnaît encore là la légèreté de Voltaire.

Le démon connaissait les saintes aspirations de Polyeucte ; il savait aussi le retour de Sévère, ses intentions et l'appui qu'il trouverait dans la faiblesse de Félix. Il est vraisemblable, dès lors, qu'il ait cherché à troubler l'esprit de Pauline, pour l'opposer à la conversion de son époux. Les anges, bons et mauvais, ont ce pouvoir d'agir sur notre imagination, dans les limites, bien entendu, permises par Dieu.

(1) Le songe de Pauline n'est pas moins remarquable sous le rapport littéraire. Corneille s'est manifestement inspiré du songe d'Énée dans l'*Énéide* (l. II), et il a mérité de servir lui-même de modèle à Racine dans le songe d'Athalie. Les trois morceaux sont faits sur le même type, avec les variétés commandées par le sujet. On y trouve les mêmes procédés littéraires : la description détaillée du fantôme, l'effroi ou l'horreur que sa vue inspire, ses paroles prophétiques ou menaçantes, l'incohérence des images, enfin cette impression de vague terreur que l'ombre laisse dans l'âme en disparaissant.

Voir le *Théâtre choisi de Racine*, Athalie, A. II, sc. V, p. 572.

(2) Le pronom *soi*, condamné ici par Voltaire, est cependant très correct, témoin cet exemple de l'Académie : « Un bienfait porte sa récompense après soi. »

Les meilleurs auteurs du xviie siècle ont parlé comme Corneille. « L'entendement *de soi* est fait pour entendre. » (Boss.) Voir *Gr. fr. hist.*, n. 625.

Mais non pas vous donner une juste terreur.
Pouvez-vous craindre un mort (1)? pouvez-vous craindre un
Qui chérit votre époux, que votre époux révère, [père,
Et dont le juste choix vous a donnée à lui
Pour s'en faire en ces lieux un ferme et sûr appui?

PAULINE.

Il m'en a dit autant, et rit de mes alarmes;
Mais je crains des chrétiens les complots et les charmes (2),
Et que sur mon époux leur troupeau ramassé
Ne venge tant de sang que mon père a versé (3).

STRATONICE.

Leur secte est insensée, impie et sacrilège,
Et dans son sacrifice use de sortilège (4);
Mais sa fureur ne va qu'à briser nos autels :
Elle n'en veut qu'aux dieux, et non pas aux mortels (5).
Quelque sévérité que sur eux on déploie,
Ils souffrent sans murmure, et meurent avec joie,
Et depuis qu'on les traite en criminels d'État,
On ne peut les charger d'aucun assassinat (6).

PAULINE.

Tais-toi, mon père vient.

(1) Le poète insiste sur la mort de Sévère que l'on croyait certaine : la nouvelle de son retour n'en produira que plus d'effet.

(2) *Les charmes*, c'est-à-dire les enchantements, sens primitif du mot. Voir *Horace*, A. III, sc. II, p. 203. Stratonice parlera tout à l'heure dans le même sens des *sortilèges* des chrétiens.

(3) Félix a donc été jusqu'ici un ardent persécuteur des chrétiens; vu son caractère, il ne pouvait être autre chose que l'exécuteur fidèle des édits impériaux. On ne s'étonnera pas de la promptitude avec laquelle il condamnera Néarque, et même Polyeucte.

(4) C'était un des mille griefs à la fois ridicules et odieux que les païens reprochaient aux premiers chrétiens; les apologistes n'avaient pas de peine à en faire justice dans les plaidoyers qu'ils envoyaient aux empereurs et aux magistrats. Voici le défi que leur portait Tertullien :

« On dit que nous sommes des scélérats qui égorgeons un enfant dans nos mystères, et que nous le mangeons. On le dit, et depuis si longtemps qu'on le répète, vous n'avez pas encore eu la curiosité de constater le fait! Ou vérifiez ces accusations, si vous les croyez; ou ne les croyez pas, puisque vous ne les avez pas vérifiées. » (*Apol.*)

(5) Voilà le vrai mot, le mot qui explique la lutte à mort engagée pendant trois siècles entre les Césars et le christianisme : « Vous n'adorez pas les dieux, dites-vous.— Nous avons cessé d'adorer vos dieux, répondait Tertullien, depuis que nous avons reconnu qu'ils n'en étaient pas. — Qu'importe, dites-vous, votre opinion ; ce sont des dieux à nous. — J'en appelle de vous-mêmes à votre conscience. Qu'elle nous juge, qu'elle nous condamne, si elle peut nier que tous vos dieux aient été des hommes. » (*Apol.*)

(6) Stratonice, malgré ses préjugés de païenne, ne peut s'empêcher de faire

SCÈNE IV

FÉLIX, ALBIN, PAULINE, STRATONICE.

FÉLIX.

Ma fille, que ton songe
En d'étranges frayeurs ainsi que toi me plonge !
Que j'en crains les effets qui semblent s'approcher (1) !

PAULINE.

Quelle subite alarme ainsi vous peut toucher ?

FÉLIX.

Sévère n'est point mort (2).

PAULINE.

Quel mal nous fait sa vie ?

FÉLIX.

Il est le favori de l'empereur Décie.

PAULINE.

Après l'avoir sauvé des mains des ennemis,
L'espoir d'un si haut rang lui devenait permis ;
Le destin, aux grands cœurs si souvent mal propice (3),
Se résout quelquefois à leur faire justice.

FÉLIX.

Il vient ici lui-même.

PAULINE.

Il vient !

FÉLIX.

Tu le vas voir.

PAULINE.

C'en est trop ; mais comment le pouvez-vous savoir ?

---

l'éloge des chrétiens qu'elle déteste. Voir plus loin l'hommage que leur rend Sévère, A. IV, sc. VI, et A. V, sc. VI.

(1) Félix aussi est effrayé du songe de Pauline, et cette frayeur ne contribuera pas peu à le rendre injuste et cruel.

(2) « Ce mot seul fait un beau coup de théâtre. » (VOLT.) La suite du dialogue excite le plus vif intérêt ; le poète, en quelques traits, dessine si bien les deux caractères de Pauline et de Félix, qu'on peut pressentir la conduite qu'ils tiendront l'un et l'autre dans la lutte qui s'engage. Félix est envahi par la peur qui ne le quittera plus. Pauline reste calme et noble, attachée à son devoir.

(3) *Mal propice* veut dire contraire, ennemi. Voir *Horace*, A. V, sc. III.

FÉLIX.

Albin l'a rencontré dans la proche campagne;
Un gros de courtisans en foule l'accompagne (1),
Et montre assez quel est son rang et son crédit;
Mais, Albin, redis-lui ce que ses gens t'ont dit.

ALBIN.

Vous savez quelle fut cette grande journée (2),
Que sa perte pour nous rendit si fortunée;
Où l'empereur captif, par sa main dégagé,
Rassura son parti déjà découragé,
Tandis que sa vertu succomba sous le nombre;
Vous savez les honneurs qu'on fit faire à son ombre (3),
Après qu'entre les morts on ne put le trouver :
Le roi de Perse aussi l'avait fait enlever (4).
Témoin de ses hauts faits et de son grand courage,
Ce monarque en voulut connaître le visage;
On le mit dans sa tente, où, tout percé de coups,
Tout mort qu'il paraissait, il fit mille jaloux;
Là bientôt il montra quelque signe de vie :
Ce prince généreux en eut l'âme ravie,
Et sa joie, en dépit de son dernier malheur,
Du bras qui le causait honora la valeur;
Il en fit prendre soin, la cure en fut secrète;
Et comme au bout d'un mois sa santé fut parfaite,

(1) *Un gros de cavalerie, de cavaliers*, etc., une grande troupe de cavalerie... (Ac.); « suivi d'*un gros d'amis fidèles*. » (Rac., *Mithr.*, IV, VI.)

(2) Voltaire reproche au récit d'Albin de manquer de vraisemblance, pour deux raisons : la 1re, c'est que Félix devait savoir depuis longtemps de si grands événements arrivés dans la Perse qui touche à l'Arménie; la 2e, c'est que « Sévère pouvait mieux faire un sacrifice sur les lieux, » au lieu d'aller jusqu'en Arménie; d'autre part, il devait être informé du mariage de Pauline.

La critique de Voltaire n'est nullement fondée.

D'abord, Félix n'a pu savoir la cure de Sévère, puisqu'elle a été faite secrètement : le roi de Perse, voulant l'attacher à sa personne, laissa Dèce dans la conviction que Sévère avait été tué. Il n'en informa l'empereur, que lorsqu'il eut reconnu l'inutilité de ses efforts.

En second lieu, ce n'est pas sans raison que Sévère vient en Arménie; il vient par ordre de l'empereur qui voulait sans doute donner plus de solennité au sacrifice, en le faisant offrir dans la capitale de la province romaine la plus voisine.

Quant au mariage de Pauline, il avait eu lieu quinze jours auparavant, pendant que Sévère se battait avec les Perses, assez loin de l'Arménie; Sévère devait l'ignorer.

(3) *Ombre*, l'âme après qu'elle a quitté le corps :

Quoi! viens-tu jusqu'ici braver l'ombre du comte? (*Le Cid*, A. III, sc. I.)

(4) *Aussi* veut dire ici *en effet, c'est que*.

Il offrit dignités, alliances, trésors (1),
Et pour gagner Sévère il fit cent vains efforts.
Après avoir comblé ses refus de louange,
Il envoie à Décie en proposer l'échange;
Et soudain l'empereur, transporté de plaisir,
Offre au Perse son frère et cent chefs à choisir (2).
Ainsi revient au camp le valeureux Sévère
De sa haute vertu recevoir le salaire;
La faveur de Décie en fut le digne prix.
De nouveau l'on combat, et nous sommes surpris.
Ce malheur toutefois sert à croître sa gloire;
Lui seul rétablit l'ordre, et gagne la victoire,
Mais si belle et si pleine, et par tant de beaux faits (3),
Qu'on nous offre tribut, et nous faisons la paix.
L'empereur, qui lui montre une amour infinie (4),
Après ce grand succès l'envoie en Arménie;
Il vient en apporter la nouvelle en ces lieux,
Et par un sacrifice en rendre hommage aux dieux.

FÉLIX.
O ciel! en quel état ma fortune est réduite (5)!

ALBIN.
Voilà ce que j'ai su d'un homme de sa suite,
Et j'ai couru, Seigneur, pour vous y disposer.

FÉLIX.
Ah! sans doute, ma fille, il vient pour t'épouser :
L'ordre d'un sacrifice est pour lui peu de chose;
C'est un prétexte faux dont l'amour est la cause.

PAULINE.
Cela pourrait bien être : il m'aimait chèrement.

FÉLIX.
Que ne permettra-t-il à son ressentiment?
Et jusques à quel point ne porte sa vengeance
Une juste colère avec tant de puissance?
Il nous perdra, ma fille (6).

(1) *Alliance* est pris dans le sens de mariage.
(2) Dèce offre *le frère du roi de Perse*, son captif, en échange de Sévère.
(3) *Pleine*, c.-à-d. complète. « Sobieski a gagné une bataille si *pleine* et si entière, qu'il est demeuré quinze mille Turcs sur la place. » (Mme de Sév., 1673.)
— « Que l'homme contemple donc la nature dans sa haute et *pleine* majesté. » (Pasc., *Pensées*.)
(4) Pour le genre d'*amour*, voir *le Cid*, A. V, sc. VII, p. 137.
(5) Ces frayeurs de Félix rappellent celles de Prusias dans *Nicomède* A. II, sc. I, II et III).
(6) « Corneille excelle dans les dialogues à la fois familiers et tragiques :

PAULINE.

Il est trop généreux.

FÉLIX.

Tu veux flatter en vain un père malheureux :
Il nous perdra, ma fille (1). Ah! regret qui me tue
De n'avoir pas aimé la vertu toute nue!
Ah! Pauline, en effet, tu m'as trop obéi;
Ton courage était bon, ton devoir l'a trahi (2).
Que ta rébellion m'eût été favorable!
Qu'elle m'eût garanti d'un état déplorable!
Si quelque espoir me reste, il n'est plus aujourd'hui
Qu'en l'absolu pouvoir qu'il te donnait sur lui;
Ménage en ma faveur l'amour qui le possède,
Et d'où provient mon mal, fais sortir le remède (3).

PAULINE.

Moi, moi! que je revoie un si puissant vainqueur,
Et m'expose à des yeux qui me percent le cœur!
Mon père, je suis femme, et je sais ma faiblesse;
Je sens déjà mon cœur qui pour lui s'intéresse,
Et poussera sans doute, en dépit de ma foi,
Quelque soupir indigne et de vous et de moi.
Je ne le verrai point (4).

FÉLIX.

Rassure un peu ton âme.

PAULINE.

Il est toujours aimable et je suis toujours femme;
Dans le pouvoir sur moi que ses regards ont eu,
Je n'ose m'assurer de toute ma vertu (5).
Je ne le verrai point.

familiers par le langage, tragiques par le sujet et par les personnages... Les intérêts et les sentiments sont grands, les paroles sont simples; et ce contraste plaît à l'esprit. » (SAINT-MARC GIRARDIN, *Litt. dram.*, IV.)

(1) Un cœur bas et égoïste ne peut croire à la générosité d'un ennemi.

(2) *Ton courage*, c.-à-d. ton jugement, ton sentiment.

(3) Conseil indigne d'un homme de cœur aussi bien que d'un père. Félix ne sera jamais ni l'un ni l'autre, tant il tremble pour son crédit et pour sa vie!

(4) Pauline craint jusqu'à l'ombre d'une faiblesse; sa résistance, exprimée deux fois par ce mot si énergique : *je ne le verrai pas*, indique une résolution ferme et arrêtée qui ne cèdera qu'à la volonté expresse de son père.

(5) La défiance de soi-même et la fuite des occasions sont les deux remèdes souverains pour ne point faillir. — *S'assurer de*, c.-à-d. compter sur.

ACTE I, SCÈNE IV

FÉLIX.

Il faut le voir, ma fille,
Ou tu trahis ton père et toute ta famille.

PAULINE.

C'est à moi d'obéir, puisque vous commandez ;
Mais voyez les périls où vous me hasardez (1).

FÉLIX.

Ta vertu m'est connue.

PAULINE.

Elle vaincra sans doute (2) ;
Ce n'est pas le succès que mon âme redoute :
Je crains ce dur combat et ces troubles puissants
Que fait déjà chez moi la révolte des sens ;
Mais puisqu'il faut combattre un ennemi que j'aime,
Souffrez que je me puisse armer contre moi-même,
Et qu'un peu de loisir me prépare à le voir.

FÉLIX.

Jusqu'au-devant des murs je vais le recevoir (3) ;
Rappelle cependant tes forces étonnées (4),
Et songe qu'en tes mains tu tiens nos destinées.

PAULINE.

Oui, je vais de nouveau dompter mes sentiments,
Pour servir de victime à vos commandements (5).

(1) *Où* pour *dans lesquels.* « L'usage (de *où* pour le relatif) est élégant et commode ; par exemple, *le mauvais état où je vous ai laissé*, est incomparablement mieux que *le mauvais état auquel je vous ai laissé*. Le pronom *lequel* est d'ordinaire si dur en tous les cas, que notre langue semble y avoir pourvu, en nous donnant de certains mots plus doux et plus courts, pour substituer en leur place, comme *où, dont, quoi.* » (VAUGELAS, 1647.)

(2) « Voilà les cœurs honnêtes et braves, qui savent le danger et qui savent aussi y résister, non en l'oubliant, mais en s'armant de la force que donne l'idée du devoir. Pauline se décide à affronter le danger, sûre de le vaincre, mais toujours modeste comme le sont les forts, et prenant sa force dans sa défiance d'elle-même. » (SAINT-MARC GIRARDIN, *Litt. dram.*, IV.)

(3) Ce double départ motive l'interruption de l'action ; le poète indique aussi par là ce qui se fera pendant l'entr'acte.

(4) *Tes forces étonnées*, comme en latin *attonitas*, abattues, foudroyées.

(5) Le Ier acte de *Polyeucte* peut être regardé comme un chef-d'œuvre d'exposition dramatique. Le poète a mis le spectateur au courant de tout ce qu'il lui importe de savoir, avec une clarté et une aisance parfaites ; il y a joint dès l'abord l'intérêt le plus vif en engageant l'action par trois combats préliminaires entre Néarque et Polyeucte, entre Polyeucte et Pauline, entre Pauline et Félix. Les grandes luttes approchent : Félix les envisage en tremblant ; Pauline s'y prépare dans le recueillement de la solitude, et Polyeucte par la grâce du baptême.

QUESTIONS SUR LE 1er ACTE.

Quel est le sujet du 1er acte?
Comment s'ouvre la Ire scène?
Quel est le sujet de la discussion qui s'engage entre Polyeucte et Néarque?
Comment Néarque expose-t-il la doctrine de la grâce? Pourquoi insiste-t-i sur ces vérités?
A qui Néarque attribue-t-il le songe de Pauline?
Comment expose-t-il le précepte de la charité?
Que dit-il de la persécution de Dèce?
Quelles sont les dispositions de Polyeucte?
Comment se termine la Ire scène?
Comment se fait l'exposition?
Quel est le sujet de la IIe scène? de la IIIe scène?
Comment Corneille motive-t-il la confidence de Pauline?
Que nous apprend-elle sur Sévère?
Racontez le songe de Pauline.
Quelle en est l'importance dramatique? quel en est le mérite littéraire?
Comment Stratonice dépeint-elle les chrétiens?
Quelle nouvelle apporte Félix?
Que nous apprend Albin sur les exploits de Sévère?
Que demande Félix à sa fille? Quelle est la réponse de Pauline?
Pourquoi Félix et Pauline se séparent-ils?
Que se passe-t-il dans l'entr'acte?
Quel est le mérite du 1er acte?

ACTE SECOND

L'entrevue; le départ pour le temple.

SCÈNE I
SÉVÈRE, FABIAN.

SÉVÈRE (1).

Cependant que (2) Félix donne ordre au sacrifice (3),
Pourrai-je prendre un temps à mes vœux si propice?
Pourrai-je voir Pauline, et rendre à ses beaux yeux
L'hommage souverain que l'on va rendre aux dieux?
Je ne t'ai point celé que c'est ce qui m'amène;
Le reste est un prétexte à soulager ma peine;
Je viens sacrifier, mais c'est à ses beautés
Que je viens immoler toutes mes volontés (4).

FABIAN.

Vous la verrez, Seigneur.

SÉVÈRE.

Ah! quel comble de joie!

---

(1) Le héros, si brillamment annoncé au Ier acte, ne peut manquer, à son entrée en scène, d'exciter la plus vive sympathie.

Sévère est tout à la joie et à l'espérance : il ignore encore le mariage de Pauline; Félix n'a eu garde de lui en dire un mot. Pour le spectateur qui sait où en sont les choses, la situation de Sévère est pleine d'intérêt.

(2) *Cependant que* ne se dit plus qu'en poésie. La Fontaine en a fait un bel usage dans la fable du *Chêne et du Roseau* (l. I. 22) :
    Cependant que mon front au Caucase pareil...

(3) Corneille s'explique dans son *Examen* sur cet empressement de Félix à préparer le sacrifice : « Il est hors de doute que, si nous appliquons ce poëme à nos coutumes, le sacrifice se fait trop tôt après la venue de Sévère, et cette précipitation sortira du vraisemblable par la nécessité d'obéir à la règle. Quand le Roi envoie ses ordres dans les villes pour y faire rendre des actions de grâces pour ses victoires..., on ne les exécute pas dès le jour même; mais aussi il faut assembler le clergé, les magistrats et les corps de ville... Nos acteurs n'avaient ici aucune de ces assemblées à faire. Il suffisait de la présence de Sévère et de Félix, et du ministère du grand-prêtre, et ainsi nous n'avons eu aucun besoin de remettre ce sacrifice à un autre jour... D'ailleurs, comme Félix craignait ce favori..., il était bien aise de tâcher à gagner son esprit par une prompte complaisance, et montrer tout ensemble une impatience d'obéir aux volontés de l'empereur. »

(4) Corneille se souvient encore trop des romans de l'époque.

Cette chère beauté consent que je la voie?
Mais ai-je sur son âme encor quelque pouvoir?
Quelque reste d'amour s'y fait-il encor voir?
Quel trouble, quel transport lui cause ma venue?
Puis-je tout espérer de cette heureuse vue?
Car je voudrais mourir plutôt que d'abuser
Des lettres de faveur que j'ai pour l'épouser (1);
Elles sont pour Félix, non pour triompher d'elle;
Jamais à ses désirs mon cœur ne fut rebelle,
Et si mon mauvais sort avait changé le sien,
Je me vaincrais moi-même, et ne prétendrais rien (2).

FABIAN.

Vous la verrez, c'est tout ce que je vous puis dire (3).

SÉVÈRE.

D'où vient que tu frémis, et que ton cœur soupire?
Ne m'aime-t-elle plus? éclaircis-moi ce point.

FABIAN.

M'en croirez-vous, Seigneur? *ne la revoyez point.*
Portez en lieu plus haut l'honneur de vos caresses :
Vous trouverez à Rome assez d'autres maîtresses!
Et dans ce haut degré de puissance et d'honneur,
Les plus grands y tiendront votre amour à bonheur (4).

SÉVÈRE.

Qu'à des pensers si bas mon âme se ravale (5)!
Que je tienne Pauline à mon sort inégale!

(1) *Lettres de faveur,* lettres de recommandation de l'empereur.

(2) *Prétendre* est actif dans le sens de *demander, réclamer comme un droit :* je prétends une moitié dans cette société; je n'y prétends rien. Quand il signifie simplement *aspirer à une chose*, il est neutre : *il prétend à cette place.* (Ac.)

(3) On ne saurait trop admirer avec quel art le poète prépare Sévère à la foudroyante nouvelle du mariage de Pauline.
Fabian, qui a cette triste mission à remplir, jette d'abord de l'inquiétude au cœur de Sévère; il l'engage ensuite à ne pas revoir Pauline, à chercher à Rome une épouse digne de sa nouvelle fortune; pressé enfin par les instances de Sévère, il prononce en tremblant le mot fatal.
Comparez *le Cid*, A. I, sc. V; *Cinna*, A. III, sc. IV; *Œdipe*, A. IV, sc. III et IV; A. V, sc. II et III; *Andromaque*, A. IV, sc. III.

(4) La locution *tenir à*, signifiant *tenir pour, regarder comme*, était fréquente au XVIIe siècle. L'Académie en cite encore deux exemples : « *Je tiendrai* cela *à honneur; il tient* ce propos *à injure.* »

(5) « L'usage, disait la Bruyère, a préféré *pensées* à *pensers*, un si beau mot, et dont les vers se trouvent si bien. » (*De quelques usages.*) — Voir *le Cid*, A. I, sc. VI, p. 73.

Elle en a mieux usé, je la dois imiter;
Je n'aime mon bonheur que pour la mériter.
Voyons-la, Fabian; ton discours m'importune;
Allons mettre à ses pieds cette haute fortune :
Je l'ai dans les combats trouvée heureusement
En cherchant une mort digne de son amant;
Ainsi ce rang est sien, cette faveur est sienne (1),
Et je n'ai rien enfin que d'elle je ne tienne.

FABIAN.

Non, mais encore un coup ne la revoyez point (2).

SÉVÈRE.

Ah! c'en est trop, enfin éclaircis-moi ce point;
As-tu vu des froideurs, quand tu l'en as priée?

FABIAN.

Je tremble à vous le dire ; elle est...

SÉVÈRE.

Quoi ?

FABIAN.

Mariée (3).

SÉVÈRE.

Soutiens-moi, Fabian; ce coup de foudre est grand,
Et frappe d'autant plus, que plus il me surprend.

---

(1) Quoi qu'en dise Voltaire, ces sentiments sont très naturels. Sévère n'est parti à l'armée que pour y chercher une belle mort, ou une gloire qui lui fît mériter Pauline ; c'est pour Pauline qu'il a conquis cette gloire ; c'est à Pauline qu'elle revient tout entière.

(2) C'est la cinquième fois que nous rencontrons dans *Polyeucte* ces répétitions de paroles aussi simples qu'énergiques. Voir A. I, sc. I : *Il le faut.* — Dans le même acte, sc. IV : *Il nous perdra, ma fille.* — Dans la même scène : *Je ne le verrai point.* — Enfin dans cette 1re scène : *Vous la verrez, Seigneur...*, suivi bientôt de ce grave conseil : *ne la revoyez point.*
Les personnages de Corneille, profondément convaincus de la réalité de leur rôle, cherchent avant tout la vérité du dialogue; ils ne se servent de la parole que pour arriver au but. Quand l'expression répond à leur pensée, ils la répètent, ce semble, avec d'autant plus d'insistance qu'elle est plus simple et plus familière.

(3) Cette révélation produit un effet vraiment tragique. Voltaire, toujours en quête d'objections, trouve que « ce petit artifice (de Fabian) est peut-être un ressort indigne de la tragédie; » puis il plaisante sur le *Quoi?* de Sévère, qui « n'est là — selon lui — que pour faire dire à Fabian, *mariée*. » Le détracteur de Corneille excelle à travestir les plus beaux passages, en les enlevant de leur cadre naturel pour leur donner plus facilement un tour comique. Il est obligé de convenir cependant « qu'il règne dans cette scène un très grand intérêt, et c'est là ce qui fait le succès des tragédies. »

FABIAN.

Seigneur, qu'est devenu ce généreux courage?

SÉVÈRE.

La constance est ici d'un difficile usage.
De pareils déplaisirs accablent un grand cœur;
La vertu la plus mâle en perd toute vigueur;
Et quand d'un feu si beau les âmes sont éprises,
La mort les trouble moins que de telles surprises.
Je ne suis plus à moi, quand j'entends ce discours.
Pauline est mariée!

FABIAN.

Oui, depuis quinze jours (1),
Polyeucte, un seigneur des premiers d'Arménie,
Goûte de son hymen la douceur infinie (2).

SÉVÈRE.

Je ne la puis du moins blâmer d'un mauvais choix;
Polyeucte a du nom, et sort du sang des rois (3).
Faibles soulagements d'un malheur sans remède (4)!
Pauline, je verrai qu'un autre vous possède!
O ciel, qui malgré moi me renvoyez au jour,
O sort, qui redonniez l'espoir à mon amour,
Reprenez la faveur que vous m'avez prêtée,
Et rendez-moi la mort que vous m'avez ôtée.
Voyons-la toutefois, et dans ce triste lieu
Achevons de mourir en lui disant adieu;
Que mon cœur, chez les morts emportant son image,
De son dernier soupir puisse lui faire hommage!

FABIAN.

Seigneur, considérez...

SÉVÈRE.

Tout est considéré.
Quel désordre peut craindre un cœur désespéré?
N'y consent-elle pas?

---

(1) Corneille, par ce mot, a répondu d'avance aux reproches de Voltaire; l'ignorance de Sévère est parfaitement expliquée.

(2) Le plus sûr moyen de consoler les grandes douleurs est de les partager, en reconnaissant avec la personne affligée le prix du bien qu'elle a perdu.

(3) *Du nom*, c.-à-d. de la noblesse; *un nom* signifierait *de la réputation*.

(4) Ce vers rappelle le mot touchant de Virgile (*Én.*, l. XI, 62):
  Solatia luctus Exigua ingentis,
« Faible consolation d'une immense douleur. »

ACTE II, SCÈNE I

FABIAN.
Oui, Seigneur, mais...
SÉVÈRE.
N'importe.
FABIAN.
Cette vive douleur en deviendra plus forte.
SÉVÈRE.
Et ce n'est pas un mal que je veuille guérir;
Je ne veux que la voir, soupirer, et mourir (1).
FABIAN.
Vous vous échapperez sans doute en sa présence (2) :
Un amant qui perd tout, n'a plus de complaisance;
Dans un tel entretien il suit sa passion,
Et ne pousse qu'injure et qu'imprécation.
SÉVÈRE.
Juge autrement de moi : mon respect dure encore;
Tout violent qu'il est, mon désespoir l'adore.
Quels reproches aussi peuvent m'être permis?
De quoi puis-je accuser qui ne m'a rien promis?
Elle n'est point parjure, elle n'est point légère :
Son devoir m'a trahi, mon malheur et son père (3).
Mais son devoir fut juste, et son père eut raison (4) :
J'impute à mon malheur toute la trahison;
Un peu moins de fortune et plus tôt arrivée
Eût gagné l'un par l'autre, et me l'eût conservée (5);
Trop heureux, mais trop tard, je n'ai pu l'acquérir :
Laisse-la-moi donc voir, soupirer, et mourir (6).

(1) Corneille, en prêtant ce langage à Sévère, oublie que c'est un Romain du IIIe siècle. On retrouvera encore plus loin ces sentiments romanesques plus dignes des héros de la Calprenède.
Racine, plus tard, paya de même son tribut, et bien plus largement que Corneille, au goût dépravé de son temps. Dans *Bérénice*, ce n'est pas un héros seulement qui soupire après la mort, c'est Titus, Bérénice et Antiochus qui l'un après l'autre forment le dessein de se tuer, pour échapper au désespoir d'un amour malheureux. (Voir *Théâtre choisi de Racine*, p. 242.)

(2) *S'échapper*, au figuré, signifie s'emporter inconsidérément à dire ou à faire quelque chose contre la raison ou la bienséance. (Ac.)

(3) « Voilà où il est beau de s'élever au-dessus des règles de la grammaire. L'exactitude demanderait : *son devoir et son père et mon malheur m'ont trahi;* mais la passion rend ce désordre de paroles très beau. » (VOLT.)

(4) Noble désintéressement; Sévère justifie la vertu de Pauline, et absout les misérables calculs de Félix.

(5) *L'un*, c'est-à-dire Félix; *l'autre*, c'est-à-dire Pauline.

(6) Sévère a déjà prononcé ce vers plus haut; ces refrains sont familiers à la douleur.

FABIAN.

Oui, je vais l'assurer qu'en ce malheur extrême
Vous êtes assez fort pour vous vaincre vous-même.
Elle a craint comme moi ces premiers mouvements
Qu'une perte imprévue arrache aux vrais amants,
Et dont la violence excite assez de trouble,
Sans que l'objet présent l'irrite et le redouble.

SÉVÈRE.

Fabian, je la vois (1).

FABIAN.

Seigneur, souvenez-vous...

SÉVÈRE.

Hélas! elle aime un autre, un autre est son époux.

SCÈNE II
SÉVÈRE, PAULINE, STRATONICE, FABIAN.

PAULINE.

Oui, je l'aime, Seigneur, et n'en fais point d'excuse (2);
Que tout autre que moi vous flatte et vous abuse,
Pauline a l'âme noble, et parle à cœur ouvert (3).
Le bruit de votre mort n'est point ce qui vous perd;
Si le ciel en mon choix eût mis mon hyménée,
A vos seules vertus je me serais donnée,
Et toute la rigueur de votre premier sort
Contre votre mérite eût fait un vain effort.
Je découvrais en vous d'assez illustres marques
Pour vous préférer même aux plus heureux monarques;
Mais puisque mon devoir m'imposait d'autres lois,
De quelque amant pour moi que mon père eût fait choix,
Quand à ce grand pouvoir que la valeur vous donne
Vous auriez ajouté l'éclat d'une couronne,
Quand je vous aurais vu, quand je l'aurais haï,
J'en aurais soupiré, mais j'aurais obéi,

---

(1) Pauline, informée par Fabian du désir de Sévère, arrive suivant la promesse qu'elle a faite à son père à la fin du Ier acte.

(2) Pauline entre vivement dans la conversation, en reprenant le dernier mot de Sévère, comme Rodrigue l'avait fait dans *le Cid*, A. III, sc. IV. Il y a, du reste, entre les deux scènes, plus qu'une analogie de forme : la situation de part et d'autre présente le même genre d'intérêt, et produit la même émotion tragique. (Voir *le Cid*, p. 98.)

(3) Cette brusque et fière franchise a quelque chose de sublime. On est saisi d'admiration devant une vertu qui s'affirme avec une si noble liberté.

Il ne faut pas oublier que Pauline parle à ce puissant Sévère, à ce favori de l'empereur, que son père lui a commandé de désarmer.

ACTE II, SCÈNE II

Et sur mes passions ma raison souveraine
Eût blâmé mes soupirs et dissipé ma haine (1).

SÉVÈRE.

Que vous êtes heureuse! et qu'un peu de soupirs
Fait un aisé remède à tous vos déplaisirs!
Ainsi, de vos désirs toujours reine absolue,
Les plus grands changements vous trouvent résolue;
De la plus forte ardeur vous portez vos esprits
Jusqu'à l'indifférence, et peut-être au mépris;
Et votre fermeté fait succéder sans peine
La faveur au dédain, et l'amour à la haine.
Qu'un peu de votre humeur ou de votre vertu
Soulagerait les maux de ce cœur abattu!
Un soupir, une larme à regret épandue
M'aurait déjà guéri de vous avoir perdue (2);
Ma raison pourrait tout sur l'amour affaibli,
Et de l'indifférence irait jusqu'à l'oubli;
Et mon feu désormais se réglant sur le vôtre,
Je me tiendrais heureux entre les bras d'un autre.
O trop aimable objet, qui m'avez trop charmé,
Est-ce là comme on aime, et m'avez-vous aimé?

PAULINE.

Je vous l'ai trop fait voir, Seigneur (3), et si mon âme
Pouvait bien étouffer les restes de sa flamme,
Dieux, que j'éviterais de rigoureux tourments!
Ma raison, il est vrai, dompte mes sentiments;
Mais quelque autorité que sur eux elle ait prise,
Elle n'y règne pas, elle les tyrannise :
Et quoique le dehors soit sans émotion,
Le dedans n'est que trouble et que sédition (4).

(1) L'obéissance filiale atteint ici le dernier degré de l'abnégation et de l'héroïsme.
(2) Nous assistons au combat de deux grandes âmes, mais d'inégale vertu encore. Sévère, tout en admirant la fermeté de Pauline, se contenterait d'un regret. Pauline avouera le trouble de son âme; mais le regret que Sévère attend, son devoir ne saurait le lui donner. Ce devoir, comme elle le dira dans un instant,
   Déchire son âme, et ne l'ébranle pas.
(3) Sévère vient de laisser échapper un reproche qui accuse un secret dépit. Pauline se voit obligée d'en corriger l'amertume, pour éviter un éclat qui retomberait sur son père. C'est ce qui motive les aveux bien délicats qu'elle croit devoir faire; mais en les faisant, elle se gardera de sacrifier quoi que ce soit de son devoir.
(4) Tableau touchant d'un cœur qui soutient contre lui-même une lutte généreuse.

Un je ne sais quel charme encor vers vous m'emporte;
Votre mérite est grand, si ma raison est forte;
Je le vois encor tel qu'il alluma mes feux
D'autant plus puissamment solliciter mes vœux,
Qu'il est environné de puissance et de gloire,
Qu'en tous lieux après vous il traîne la victoire,
Que j'en sais mieux le prix, et qu'il n'a point déçu
Le généreux espoir que j'en avais conçu.
Mais ce même devoir qui le vainquit dans Rome,
Et qui me range ici dessous les lois d'un homme (1),
Repousse encor si bien l'effort de tant d'appas,
Qu'il déchire mon âme et ne l'ébranle pas (2).
C'est cette vertu même, à nos désirs cruelle,
Que vous louiez alors en blasphémant contre elle :
Plaignez-vous-en encor, mais louez sa rigueur
Qui triomphe à la fois de vous et de mon cœur;
Et voyez qu'un devoir moins ferme et moins sincère
N'aurait pas mérité l'amour du grand Sévère (3).

SÉVÈRE.

Ah! Madame, excusez une aveugle douleur
Qui ne connaît plus rien que l'excès du malheur :
Je nommais inconstance, et prenais pour un crime
De ce juste devoir l'effort le plus sublime.
De grâce, montrez moins à mes sens désolés
La grandeur de ma perte et ce que vous valez;
Et cachant par pitié cette vertu si rare,
Qui redouble mes feux lorsqu'elle nous sépare,
Faites voir des défauts qui puissent à leur tour
Affaiblir ma douleur avecque mon amour (4).

PAULINE.

Hélas! cette vertu, quoique enfin invincible,
Ne laisse que trop voir une âme trop sensible.
Ces pleurs en sont témoins, et ces lâches soupirs
Qu'arrachent de nos feux les cruels souvenirs;

(1) *Dessous les lois.* « Tout le monde presque, disait Vaugelas en 1647, emploie indifféremment, et en prose et en vers, *dessus* et *dessous* pour *sur* et *sous*... Je dis que ce n'est pas écrire purement...; on le permet pourtant aux poètes, pour la commodité des vers où une syllabe de plus ou de moins est de grand service. »

(2) « Pauline m'intéresse et m'émeut, parce qu'elle représente la lutte du devoir contre la passion. » (Saint-Marc Girardin, *Litt. dram.*, IV.)

(3) La vertu ne saurait parler un langage plus ferme et en même temps plus éloquent. Sévère est vaincu par tant d'héroïsme.

(4) Pour *avecque*, voir *le Cid*, A. III, sc. IV, p. 99.

ACTE II, SCÈNE II

Trop rigoureux effets d'une aimable présence
Contre qui mon devoir a trop peu de défense !
Mais si vous estimez ce vertueux devoir,
Conservez-m'en la gloire, et cessez de me voir.
Épargnez-moi des pleurs qui coulent à ma honte ;
Épargnez-moi des feux qu'à regret je surmonte ;
Enfin épargnez-moi ces tristes entretiens
Qui ne font qu'irriter vos tourments et les miens (1).

SÉVÈRE.

Que je me prive ainsi du seul bien qui me reste !

PAULINE.

Sauvez-vous d'une vue à tous les deux funeste (2).

SÉVÈRE.

Quel prix de mon amour ! quel fruit de mes travaux !

PAULINE.

C'est le remède seul qui peut guérir nos maux.

SÉVÈRE.

Je veux mourir des miens : aimez-en la mémoire.

PAULINE.

Je veux guérir des miens : ils souilleraient ma gloire (3).

SÉVÈRE.

Ah ! puisque votre gloire en prononce l'arrêt,
Il faut que ma douleur cède à son intérêt.
Est-il rien que sur moi cette gloire n'obtienne ?
Elle me rend les soins que je dois à la mienne.
Adieu : je vais chercher au milieu des combats
Cette immortalité que donne un beau trépas,

(1) Le triomphe du devoir éclate ici dans les faiblesses mêmes de la nature. Pauline, effrayée des larmes que lui arrachent des souvenirs importuns, se hâte de faire un pas de plus ; elle demande à Sévère un adieu éternel. Racine a tiré de ce passage la plus belle scène du rôle de Monime dans *Mithridate* (A. II, sc. VI.) Voir le *Théâtre choisi de Racine*, p. 281.

(2) Le dialogue change de forme, selon les habitudes de Corneille. Après les longs discours où les interlocuteurs ont donné libre carrière à leurs sentiments, les reparties deviennent plus vives ; c'est un vers d'abord, puis la moitié d'un vers.
Comparez *le Cid*, A. I, sc. III, et surtout A. III, sc. IV.

(3) On voit dans ces deux vers toute la distance qui sépare encore la vertu de Sévère de celle de Pauline. Sévère chancelle, prêt à succomber ; Pauline s'élève par la lutte, et en s'élevant elle fait monter Sévère avec elle jusqu'à l'héroïsme du sacrifice.

Et remplir dignement, par une mort pompeuse,
De mes premiers exploits l'attente avantageuse,
Si toutefois après ce coup mortel du sort,
J'ai de la vie assez pour chercher une mort (1).

PAULINE.

Et moi dont votre vue augmente le supplice,
Je l'éviterai même en votre sacrifice ;
Et seule dans ma chambre enfermant mes regrets,
Je vais pour vous aux dieux faire des vœux secrets.

SÉVÈRE.

Puisse le juste ciel, content de ma ruine,
Combler d'heur et de jours Polyeucte et Pauline (2) !

PAULINE.

Puisse trouver Sévère, après tant de malheur,
Une félicité digne de sa valeur (3) !

SÉVÈRE.

Il la trouvait en vous.

PAULINE.

Je dépendais d'un père.

SÉVÈRE.

O devoir qui me perd et qui me désespère !
Adieu, trop vertueux objet, et trop charmant.

PAULINE.

Adieu, trop malheureux et trop parfait amant (4).

(1) Ce merveilleux changement de Sévère rappelle la transformation de Rodrigue sous l'ardente parole de Chimène. Voir *le Cid*, A. V, sc. I, p. 129.

(2) Sévère unit dans ses vœux, avec autant de délicatesse que de générosité, le nom de Polyeucte à celui de Pauline. — Pour *heur*, voir plus haut, p. 391.

(3) Rapprochez de ces adieux ceux de Rodrigue et de Chimène, dans *le Cid*, A. III, sc. IV.

(4) « Cette scène est un des chefs-d'œuvre de la scène française. » (GEOFFROY.)
Il y règne un intérêt vif et continu, un pathétique attendrissant, une noblesse de sentiments et une grandeur d'âme qui maintiennent le spectateur dans les régions de l'idéal. On remarque enfin dans cette peinture achevée de la vertu une sobriété de langage et une simplicité d'attitude qui en relèvent singulièrement le mérite.
Si Pauline s'était jetée de gaieté de cœur dans une situation aussi critique, le moraliste pourrait la taxer d'imprudence et de présomption ; mais elle n'aborde le danger que par obéissance, pour le salut de son père et de sa famille, après y avoir préparé son âme. Il est vrai qu'elle s'attendrit et verse même des larmes ; mais elle rougit de sa faiblesse et réprouve ses larmes ; elle en profite même pour triompher une dernière fois de Sévère, en lui faisant partager son héroïque résignation.

SCÈNE III

PAULINE, STRATONICE.

STRATONICE.

Je vous ai plaints tous deux, j'en verse encor des larmes (1);
Mais du moins votre esprit est hors de ces alarmes :
Vous voyez clairement que votre songe est vain ;
Sévère ne vient pas, la vengeance à la main (2).

PAULINE.

Laisse-moi respirer du moins si tu m'as plainte :
Au fort de ma douleur tu rappelles ma crainte ;
Souffre un peu de relâche à mes esprits troublés,
Et ne m'accable point par des maux redoublés.

STRATONICE.

Quoi ! vous craignez encor ?

PAULINE.

Je tremble, Stratonice ;
Et bien que je m'effraye avec peu de justice,
Cette injuste frayeur sans cesse reproduit
L'image des malheurs que j'ai vus cette nuit.

STRATONICE.

Sévère est généreux.

PAULINE.

Malgré sa retenue,
Polyeucte sanglant frappe toujours ma vue (3).

STRATONICE.

Vous voyez ce rival faire des vœux pour lui.

PAULINE.

Je crois même au besoin qu'il serait son appui (4) ;

---

(1) Stratonice était arrivée avec Pauline, et avait assisté à son entretien avec Sévère. Mme de Sévigné recommandait à Mme de Grignan, sa fille, de ne jamais recevoir, sans avoir auprès d'elle une fille de service ou une dame de compagnie.

(2) Pauline avait employé cette image si frappante dans le récit du songe.

(3) L'attention, un moment détournée par la visite de Sévère, se reporte tout entière sur Polyeucte. Quant à Pauline, ses inquiétudes sont toujours pour son époux.

(4) Ce mot prépare l'intervention de Sévère en faveur de Polyeucte au IVe acte.

Mais, soit cette croyance ou fausse ou véritable (1),
Son séjour en ce lieu m'est toujours redoutable ;
A quoi que sa vertu puisse le disposer,
Il est puissant, il m'aime, et vient pour m'épouser.

SCÈNE IV

POLYEUCTE, NÉARQUE, PAULINE, STRATONICE.

POLYEUCTE.

C'est trop verser de pleurs : il est temps qu'ils tarissent,
Que votre douleur cesse et vos craintes finissent (2) ;
Malgré les faux avis par vos dieux envoyés (3),
Je suis vivant, Madame, et vous me revoyez.

PAULINE.

Le jour est encor long, et ce qui plus m'effraie (4),
La moitié de l'avis se trouve déjà vraie :
J'ai cru Sévère mort, et je le vois ici (5).

POLYEUCTE.

Je le sais ; mais enfin j'en prends peu de souci.
Je suis dans Mélitène, et quel que soit Sévère,
Votre père y commande, et l'on m'y considère ;
Et je ne pense pas qu'on puisse avec raison
D'un cœur tel que le sien craindre une trahison.
On m'avait assuré qu'il vous faisait visite,
Et je venais lui rendre un honneur qu'il mérite.

PAULINE.

Il vient de me quitter assez triste et confus ;
Mais j'ai gagné sur lui qu'il ne me verra plus.

POLYEUCTE.

Quoi ! vous me soupçonnez déjà de quelque ombrage ?

(1) *Soit cette croyance*, pour *que cette croyance soit*..., tour latin hors d'usage.

(2) Corneille supprime souvent le *que* dans les phrases de ce genre devant le second membre ; il faudrait régulièrement : *et que vos craintes finissent*.

(3) *Par vos dieux envoyés*, expression très juste. Les dieux de Pauline ne sont plus les dieux de Polyeucte baptisé ; et ces dieux sont les démons, auteurs du songe qui devait empêcher son baptême : *omnes dii gentium dæmonia*, dit le Prophète royal, tous les dieux des nations sont des démons. (*Ps.* xcv, 5.)

(4) Pour *ce qui m'effraie le plus*, usage fréquent au xviie siècle.

(5) On voit quel parti Corneille tire du songe qu'il a imaginé ; ce songe qui a excité les alarmes de Pauline, les entretient, et même les augmente au moment où le retour de Polyeucte semblait devoir les dissiper.

PAULINE.

Je ferais à tous trois un trop sensible outrage (1).
J'assure mon repos que troublent ses regards,
La vertu la plus ferme évite les hasards ;
Qui s'expose au péril veut bien trouver sa perte (2) ;
Et pour vous en parler avec une âme ouverte,
Depuis qu'un vrai mérite a pu nous enflammer,
Sa présence toujours a droit de nous charmer.
Outre qu'on doit rougir de s'en laisser surprendre,
On souffre à résister, on souffre à s'en défendre (3) ;
Et bien que la vertu triomphe de ses feux,
La victoire est pénible, et le combat honteux (4).

POLYEUCTE.

O vertu trop parfaite, et devoir trop sincère,
Que vous devez coûter de regrets à Sévère !
Qu'aux dépens d'un beau feu vous me rendez heureux,
Et que vous êtes doux à mon cœur amoureux !
Plus je vois mes défauts et plus je vous contemple,
Plus j'admire...

SCÈNE V

POLYEUCTE, PAULINE, NÉARQUE, STRATONICE, CLÉON.

CLÉON.

Seigneur, Félix vous mande au temple (5) :
La victime est choisie, et le peuple à genoux ;
Et pour sacrifier on n'attend plus que vous.

(1) « Ce vers est admirable, » dit très justement Voltaire. Les grandes âmes comprennent à merveille les saintes délicatesses de l'honneur.

(2) « Qui aime le péril, y périra. » (*Ecclésiastique*, III, 27.)

(3) A *résister*, pour *en résistant*, tour fort en usage autrefois et resté très français. Comparez *le Cid*, A. I, sc. VI :
   Mon mal augmente à le vouloir guérir.

(4) On reconnaît dans ce passage le goût de Corneille pour les sentences.

(5) Pour le spectateur qui connaît le baptême de Polyeucte, cet ordre de Félix est un coup de théâtre. Le nouveau chrétien est invité à participer au culte des faux dieux qu'il vient d'abjurer : au temple il se trouvera en présence du persécuteur officiel des chrétiens, et du général victorieux, son ancien rival ; enfin le sacrifice est commandé par l'empereur, pour les victoires de Sévère.

A peine régénéré dans les eaux du baptême, Polyeucte est mis en demeure de faire une profession publique de sa foi, au risque de sa vie. Placé entre Pauline, Félix et Sévère, tous attachés au culte qu'il abhorre, il est appelé aux plus cruels combats. Il est difficile d'imaginer une situation plus critique.

Cependant Polyeucte ne balance pas ; son plan est arrêté, et sa résolution

POLYEUCTE.

Va, nous allons te suivre. Y venez-vous, Madame?

PAULINE.

Sévère craint ma vue, elle irrite sa flamme :
Je lui tiendrai parole, et ne veux plus le voir.
Adieu : vous l'y verrez; pensez à son pouvoir,
Et ressouvenez-vous que sa faveur est grande.

POLYEUCTE.

Allez, tout son crédit n'a rien que j'appréhende;
Et comme je connais sa générosité,
Nous ne nous combattrons que de civilité.

SCÈNE VI

POLYEUCTE, NÉARQUE.

NÉARQUE.

Où pensez-vous aller?

POLYEUCTE.

Au temple où l'on m'appelle (1).

NÉARQUE.

Quoi! vous mêler aux vœux d'une troupe infidèle!
Oubliez-vous déjà que vous êtes chrétien?

POLYEUCTE.

Vous par qui je le suis, vous en souvient-il bien?

NÉARQUE.

J'abhorre les faux dieux.

POLYEUCTE.

Et moi je les déteste.

NÉARQUE.

Je tiens leur culte impie.

---

est prise. Sans le moindre étonnement, sans une ombre de trouble, il répond qu'il ira au temple. Pour le moment, il ne s'en explique pas davantage à cause de Pauline.

Comparez à cette scène celle de *Cinna*, où Évandre vient annoncer que les chefs des conjurés sont mandés par Auguste. (A. I, sc. IV, p. 282.)

(1) Ce début si vif rappelle l'apostrophe de don Diègue :
  Rodrigue, as-tu du cœur?
et la réplique de Rodrigue :
  Tout autre que mon père
  L'éprouverait sur l'heure. (*Le Cid*, A. I, sc. V.)

ACTE II, SCÈNE VI

POLYEUCTE.

Et je le tiens funeste (1).

NÉARQUE.

Fuyez donc leurs autels.

POLYEUCTE.

Je les veux renverser,
Et mourir dans leur temple, ou les y terrasser.
  Allons, mon cher Néarque, allons aux yeux des hommes
Braver l'idolâtrie, et montrer qui nous sommes ;
C'est l'attente du ciel, il nous la faut remplir ;
Je viens de le promettre, et je vais l'accomplir (2).
Je rends grâces au Dieu que tu m'as fait connaître
De cette occasion qu'il a sitôt fait naître.
Où déjà sa bonté, prête à me couronner,
Daigne éprouver la foi qu'il vient de me donner.

NÉARQUE.

Ce zèle est trop ardent, souffrez qu'il se modère.

POLYEUCTE.

On n'en peut avoir trop pour le Dieu qu'on révère (3).

NÉARQUE.

Vous trouverez la mort.

POLYEUCTE.

Je la cherche pour lui (4).

NÉARQUE.

Et si ce cœur s'ébranle ?

POLYEUCTE.

Il sera mon appui.

---

(1) *Déteste* et *funeste* ont ici toute la force de leurs primitifs latins : *détester*, de *de-testari*, maudire, rejeter loin de, condamner publiquement ; c'est exprimer au dehors l'horreur qu'on a dans le cœur.

Funeste vient de *funestus*, funèbre, mortel, fatal (étym. *funus*, funérailles).
Détester enchérit donc sur *abhorrer*, et *funeste* sur *impie*.

(2) Voilà l'héroïsme chrétien : avec quelle spontanéité il jaillit ! Quelle force dans ce premier jet de la grâce !

(3) Les rôles sont renversés : Néarque, au Ier acte, pressait Polyeucte et s'indignait presque de sa lenteur à suivre l'appel de Dieu ; ici, c'est Polyeucte qui s'élance le premier, et Néarque s'efforce de l'arrêter par des raisons de prudence.

Le poète donnera plus loin les motifs de ce double changement.

(4) Nous retrouvons ici un de ces dialogues à la façon de Corneille, où les attaques et les répliques sont si pressées, si vives, qu'elles laissent à peine le temps de respirer. Voir plus loin A. IV, sc. III ; A. V, sc. III ; et dans *le Cid*, A. I, sc. III, vers la fin ; A. III, sc. IV.

NÉARQUE.
Il ne commande point que l'on s'y précipite.
POLYEUCTE.
Plus elle est volontaire, et plus elle mérite.
NÉARQUE.
Il suffit, sans chercher, d'attendre et de souffrir.
POLYEUCTE.
On souffre avec regret, quand on n'ose s'offrir.
NÉARQUE.
Mais dans ce temple enfin la mort est assurée.
POLYEUCTE.
Mais dans le ciel déjà la palme est préparée (1).
NÉARQUE.
Par une sainte vie il faut la mériter.
POLYEUCTE.
Mes crimes en vivant me la pourraient ôter.
Pourquoi mettre au hasard ce que la mort assure?
Quand elle ouvre le ciel, peut-elle sembler dure?
Je suis chrétien, Néarque, et le suis tout à fait;
La foi que j'ai reçue aspire à son effet.
Qui fuit croit lâchement, et n'a qu'une foi morte (2).
NÉARQUE.
Ménagez votre vie, à Dieu même elle importe;
Vivez pour protéger les chrétiens en ces lieux.
POLYEUCTE.
L'exemple de ma mort les fortifiera mieux.

(1) Tout ce dialogue est d'une beauté incomparable. On peut y admirer la perfection des vers et la vivacité du tour; mais ce qui est au-dessus de tout, ce qui fait que ce passage *enlève*, comme disait Mme de Sévigné, c'est la force irrésistible du raisonnement, tiré de ce qu'il y a de plus sublime dans les maximes de la foi.

Néarque représente la prudence et la défiance de soi-même; Polyeucte a l'enthousiasme de l'amour divin, et les saintes audaces d'une confiance illimitée dans le secours de Dieu. Néarque est inépuisable dans ses objections, il revient à la charge dix et onze fois; Polyeucte est invincible dans ses réponses; la foi même parle par sa bouche, et ses réponses sont sans réplique :

Ce zèle est trop ardent. — On n'en peut avoir trop pour Dieu.
Vous trouverez la mort. — Je la cherche pour lui.
Et si ce cœur s'ébranle. — Il sera mon appui.
Mais la mort est assurée. — Mais la palme est préparée.
Vous voulez donc mourir? — Vous aimez donc à vivre?

Autant de réponses, autant de traits sublimes, autant d'éclairs divins.

(2)   La foi qui n'agit point, est-ce une foi sincère? (*Ath.*, A. I, sc. I.)

ACTE II, SCÈNE VI

NÉARQUE.

Vous voulez donc mourir ?

POLYEUCTE.

Vous aimez donc à vivre (1) ?

NÉARQUE.

Je ne puis déguiser que j'ai peine à vous suivre :
Sous l'horreur des tourments je crains de succomber.

POLYEUCTE.

Qui marche assurément n'a point peur de tomber (2) :
Dieu fait part, au besoin, de sa force infinie.
Qui craint de le nier, dans son âme le nie :
Il croit le pouvoir faire, et doute de sa foi.

NÉARQUE.

Qui n'appréhende rien présume trop de soi.

POLYEUCTE.

J'attends tout de sa grâce, et rien de ma faiblesse.
Mais, loin de me presser, il faut que je vous presse (3) !
D'où vient cette froideur ?

NÉARQUE.

Dieu même a craint la mort (4).

POLYEUCTE.

Il s'est offert pourtant ; suivons ce saint effort (5) ;
Dressons-lui des autels sur des monceaux d'idoles.
Il faut (je me souviens encor de vos paroles)
Négliger, pour lui plaire, et femme, et biens, et rang,
Exposer pour sa gloire et verser tout son sang (6).
Hélas ! qu'avez-vous fait de cette amour parfaite

---

(1) Ces superbes hémistiches rappellent ceux du *Cid* (A. II, sc. II) :
    LE COMTE.   Es-tu si las de vivre ?
    RODRIGUE.   As-tu peur de mourir ?

(2) *Assurément*, c.-à-d. *avec assurance*. L'Académie n'indique plus ce sens.

(3) *Loin de me presser*, tour vif et concis, pour *loin que vous me pressiez*.

(4) Notre-Seigneur ressentit cette crainte et ces angoisses dans le Jardin des Olives, avant de marcher à la mort : « *Et cœpit pavere*, dit S. Marc, et Jésus commença à avoir peur..., et il dit : Mon Père, si vous le voulez, éloignez de moi ce calice. » Mais il ajoutait immédiatement : « Cependant que votre volonté se fasse et non la mienne. » (LUC, XXII.)

(5) *Il s'est offert pourtant*. Quelle réplique triomphante ! L'exemple du Sauveur, allégué par Néarque, se retourne contre lui. C'était l'argument suprême. Polyeucte profite de sa victoire pour attaquer à son tour la pusillanimité de son ami.

(6) Bel argument *ad hominem*. Néarque s'était servi de ces grandes maximes pour stimuler les lenteurs de Polyeucte. Voir A. I, sc. I, p. 390.

Que vous me souhaitiez et que je vous souhaite?
S'il vous en reste encor, n'êtes-vous point jaloux
Qu'à grand'peine chrétien j'en montre plus que vous?
NÉARQUE.
Vous sortez du baptême, et ce qui vous anime,
C'est sa grâce qu'en vous n'affaiblit aucun crime ;
Comme encor tout entière, elle agit pleinement,
Et tout semble possible à son feu véhément (1).
Mais cette même grâce en moi diminuée,
Et par mille péchés sans cesse exténuée (2),
Agit aux grands effets avec tant de langueur (3),
Que tout semble impossible à son peu de vigueur.
Cette indigne mollesse et ces lâches défenses
Sont des punitions qu'attirent mes offenses;
Mais Dieu, dont on ne doit jamais se défier,
Me donne votre exemple à me fortifier (4).
Allons, cher Polyeucte, allons aux yeux des hommes
Braver l'idolâtrie, et montrer qui nous sommes (5).
Puissé-je vous donner l'exemple de souffrir (6),
Comme vous me donnez celui de vous offrir!
POLYEUCTE.
A cet heureux transport que le ciel vous envoie,
Je reconnais Néarque, et j'en pleure de joie.
Ne perdons plus de temps : le sacrifice est prêt;
Allons-y du vrai Dieu soutenir l'intérêt;
Allons fouler aux pieds ce foudre ridicule (7)
Dont arme un bois pourri ce peuple trop crédule (8);

(1) Telle est en effet la vertu du baptême. Il donne à l'âme comme une nouvelle naissance; il la purifie de tous ses péchés, la revêt de la beauté surnaturelle des enfants de Dieu, et avec la lumière de la foi lui communique une vigueur merveilleuse pour le bien. Obéissant au souffle puissant de la grâce qu'aucune faute n'a encore affaiblie ou contrariée, l'âme se laisse emporter vers Dieu, et devient capable de l'héroïsme le plus sublime.

(2) *Exténuée*, affaiblie, de même origine qu'*atténuée*, mais plus énergique.

(3) *Agit* a le sens latin de *agere*, conduire, pousser ; de là le régime *à*.

(4) A *me fortifier*, en latin *ad me muniendum*; tour élégant en poésie.

(5) Néarque répète avec enthousiasme les paroles ardentes de Polyeucte.

(6) Ce vœu sera exaucé avant la fin du jour.

(7) Arme de Jupiter. — Voir plus haut, p. 363, n. 1.

(8) Vers énergique, où l'on peut admirer, outre la périphrase si expressive d'*un bois pourri* (pour *idole*), un bel effet d'inversion.
On a vu plus haut, dans le songe de Pauline, une inversion non moins heureuse, calquée, comme celle-ci, sur le latin :
Il semblait triomphant, et tel que sur son char
Victorieux dans Rome entre notre César. (A. I, sc. III.)

Allons en éclairer l'aveuglement fatal;
Allons briser ces dieux de pierre et de métal :
Abandonnons nos jours à cette ardeur céleste;
Faisons triompher Dieu : qu'il dispose du reste (1).

NÉARQUE.

Allons faire éclater sa gloire aux yeux de tous,
Et répondre avec zèle à ce qu'il veut de nous (2).

(1) Le vieil Horace disait aux deux champions de Rome et d'Albe (*Hor.*, A. II, sc. VIII) :
Faites votre devoir, et laissez faire aux dieux.
C'est le sublime humain. Polyeucte, en s'écriant :
Faisons triompher Dieu : qu'il dispose du reste,
atteint le sublime divin.

(2) Cette scène, l'une des plus belles du théâtre français, est admirable d'un bout à l'autre par l'originalité et l'élévation du sentiment tragique, comme par la perfection du dialogue.

Elle suffirait à elle seule à montrer à quelle hauteur peut atteindre le drame chrétien, et quelle puissance il a pour remuer les âmes. A entendre ces accents enflammés d'un cœur qui ne vit plus que pour Dieu, on se sent transporté dans une sphère supérieure; un idéal nouveau se découvre; l'âme est envahie par le surnaturel, par le divin.

Le IIe acte est digne du Ier. L'un et l'autre renferment deux grandes scènes où les deux éléments de la tragédie, le profane et le sacré, l'humain et le divin, sont présentés dans un sublime contraste. Au Ier acte, c'est l'exhortation au baptême et la confidence de Pauline; au IIe, c'est l'entrevue et l'exhortation au martyre.

L'acte finit de la manière la plus dramatique. On voit les deux héros s'élancer au combat, sans qu'il soit possible d'en prévoir l'issue.

QUESTIONS SUR LE IIe ACTE.

Que se passe-t-il au IIe acte?
Par quelle scène s'ouvre-t-il?
Quelle nouvelle Sévère apprend-il de Fabian?
Quelle est l'attitude de Pauline devant Sévère?
Comment répond-elle à ses reproches? que lui demande-t-elle? comment se font-ils leurs adieux?
Pourquoi Pauline continue-t-elle de craindre pour Polyeucte?
Quelle nouvelle vient-on annoncer à Polyeucte?
Quelle est sa résolution? comment la soutient-il devant Néarque?
Objections de Néarque; réponses de Polyeucte.
Quelle est l'issue de leur entretien? Beautés de cette scène.
Comment finit le IIe acte? quel en est le mérite?

ACTE TROISIÈME

Le sacrifice; la mort de Néarque.

SCÈNE I
PAULINE.
Que de soucis flottants, que de confus nuages
Présentent à mes yeux d'inconstantes images!
Douce tranquillité, que je n'ose espérer,
Que ton divin rayon tarde à les éclairer!
Mille agitations que mes troubles produisent,
Dans mon cœur ébranlé tour à tour se détruisent :
Aucun espoir n'y coule où j'ose persister;
Aucun effroi n'y règne où j'ose m'arrêter (1).
Mon esprit, embrassant tout ce qu'il s'imagine,
Voit tantôt mon bonheur, et tantôt ma ruine,
Et suit leur vaine idée avec si peu d'effet,
Qu'il ne peut espérer ni craindre tout à fait.
Sévère incessamment brouille ma fantaisie (2) :
J'espère en sa vertu, je crains sa jalousie;
Et je n'ose penser que d'un œil bien égal
Polyeucte en ces lieux puisse voir son rival.
Comme entre deux rivaux la haine est naturelle,
L'entrevue aisément se termine en querelle :
L'un voit aux mains d'autrui ce qu'il croit mériter;
L'autre, un désespéré qui peut trop attenter.
Quelque haute raison qui règle leur courage,
L'un conçoit de l'envie, et l'autre de l'ombrage;
La honte d'un affront que chacun d'eux croit voir
Ou de nouveau reçue, ou prête à recevoir,
Consumant dès l'abord toute leur patience,
Forme de la colère et de la défiance;
Et saisissant ensemble et l'époux et l'amant,
En dépit d'eux les livre à leur ressentiment.

(1) Ce monologue offre une peinture intéressante et poétique d'une âme inquiète, de ses vagues pressentiments, de ses craintes, de ses espérances.

(2) *Fantaisie* veut dire ici *l'imagination*, comme le mot grec φαντασία dont il dérive; il n'est guère d'usage dans ce sens que dans le didactique. » (Ac.)

Mais que je me figure une étrange chimère,
Et que je traite mal Polyeucte et Sévère!
Comme si la vertu de ces fameux rivaux
Ne pouvait s'affranchir de ces communs défauts!
Leurs âmes à tous deux d'elles-mêmes maîtresses
Sont d'un ordre trop haut pour de telles bassesses :
Ils se verront au temple en hommes généreux;
Mais, las! ils se verront, et c'est beaucoup pour eux (1).
Que sert à mon époux d'être dans Mélitène,
Si contre lui Sévère arme l'aigle romaine,
Si mon père y commande, et craint ce favori (2),
Et se repent déjà du choix de mon mari?
Si peu que j'ai d'espoir ne luit qu'avec contrainte (3);
En naissant il avorte, et fait place à la crainte ;
Ce qui doit l'affermir sert à le dissiper.
Dieux! faites que ma peur puisse enfin se tromper (4)!

SCÈNE II
PAULINE, STRATONICE.

PAULINE.

Mais sachons-en l'issue (5). Eh bien, ma Stratonice,
Comment s'est terminé ce pompeux sacrifice?
Ces rivaux généreux au temple se sont vus?

STRATONICE.

Ah! Pauline!

PAULINE.

Mes vœux ont-ils été déçus?
J'en vois sur ton visage une mauvaise marque.
Se sont-ils querellés?

---

(1) *Las*, interjection plaintive, qui s'emploie encore aujourd'hui comme *hélas!* son composé : « *Las!* que j'ai souffert! » (Ac.) C'est l'adjectif *las* (latin, *lass-us*) employé comme interjection; autrefois il était variable : « Quand la royne oy ce, elle commença à mener moult grant deul, et dit : Hé *lasse!* ce ai-je tout fet. » (JOINVILLE.) Voir *Gr. fr. hist.*, 482.

(2) Pauline repasse dans son esprit les raisons par lesquelles Polyeucte cherchait à la rassurer (A. II, sc. IV) :
   Je suis dans Mélitène, et quel que soit Sévère,
   Votre père y commande, et l'on m'y considère.

(3) *Si peu que* suivi de l'indicatif, s'employait au xviie siècle pour *le peu que* : « Ils consumaient *si peu qu'ils* avaient de force. » (MÉZERAY.)

(4) Les craintes de Pauline entretiennent l'inquiétude au cœur des spectateurs, et les préparent aux terribles nouvelles qui vont arriver.

(5) *En* se rapporte au sujet général du discours : sachons l'issue de la rencontre de Polyeucte avec Sévère au temple.
Cet emploi est fréquent au xviie siècle.

STRATONICE.

Les chrétiens (1)...
Polyeucte, Néarque,

PAULINE.

Parle donc : les chrétiens (2)...

STRATONICE.

Je ne puis.

PAULINE.

Tu prépares mon âme à d'étranges ennuis.

STRATONICE.

Vous n'en sauriez avoir une plus juste cause.

PAULINE.

L'ont-ils assassiné ?

STRATONICE.

Ce serait peu de chose.
Tout votre songe est vrai, Polyeucte n'est plus...

PAULINE.

Il est mort !

STRATONICE.

Non, il vit; mais, ô pleurs superflus !
Ce courage si grand, cette âme si divine,
N'est plus digne du jour, ni digne de Pauline.
Ce n'est plus cet époux si charmant à vos yeux ;
C'est l'ennemi commun de l'État et des dieux (3),
Un méchant, un infâme, un rebelle, un perfide,
Un traître, un scélérat, un lâche, un parricide,

(1) Ce passage offre un bel exemple de suspension.
Comparez *le Cid*, A. I, sc. V, p. 70; *Iphigénie*, A. III, sc. V. (*Théâtre choisi de Racine*, p. 363.)

(2) Ce seul mot, *les chrétiens*, doit bouleverser Pauline. Dans le songe dont le souvenir l'obsède toujours, elle a vu que
Des *chrétiens* une impie assemblée
A jeté Polyeucte aux pieds de son rival. (A. I, sc. III.)

(3) Ce portrait fameux du chrétien tracé par une femme du peuple en fureur, est conforme à l'idée que les païens se faisaient généralement des disciples de Jésus-Christ ; il n'y avait pas de crime que le préjugé ou la calomnie ne leur imputât : « Vous croyez, disait Tertullien aux persécuteurs, vous croyez *qu'un chrétien est coupable de tous les crimes,* qu'il est l'ennemi des dieux, des empereurs, des lois, des mœurs, de la nature entière ; et néanmoins vous le forcez de nier. C'est prévariquer contre les lois. Cette étrange procédure peut vous faire comprendre qu'il n'est ici question d'aucun crime, mais du nom seul de chrétien. » (*Apol.*)

Une peste exécrable à tous les gens de bien,
Un sacrilège impie, en un mot un chrétien (1).

PAULINE.

Ce mot aurait suffi sans ce torrent d'injures (2).

STRATONICE.

Ces titres aux chrétiens sont-ce des impostures?

PAULINE.

Il est ce que tu dis, s'il embrasse leur foi (3);
Mais il est mon époux, et tu parles à moi (4).

STRATONICE.

Ne considérez plus que le Dieu qu'il adore.

PAULINE.

Je l'aimai par devoir : ce devoir dure encore.

STRATONICE.

Il vous donne à présent sujet de le haïr :
Qui trahit tous nos dieux, aurait pu vous trahir.

PAULINE.

Je l'aimerais encor, quand il m'aurait trahie;
Et si de tant d'amour tu peux être ébahie (5),

(1) Le mot *chrétien* termine à la fois *l'accumulation* et la *suspension*. C'était le premier mot de Stratonice, c'est le dernier. On ne peut imiter avec plus d'art le langage de la passion.

(2) Le calme de Pauline fait le plus heureux contraste avec la véhémence de sa confidente.

(3) D'Aubignac disait à propos de tout ce passage : « Stratonice, qui n'est qu'une simple suivante, et quelques autres acteurs, font plusieurs discours en faveur de la religion des païens et disent une infinité d'injures contre le christianisme, qu'ils ne traitent que de crimes et d'extravagances, et l'auteur n'introduit aucun acteur capable d'y répondre et d'en détruire la fausseté; cela fit un si mauvais effet que feu M. le cardinal de Richelieu ne le put jamais approuver. » (*Pratique du théâtre fr.*)

Ce reproche est mal fondé; il suffit de se rappeler l'éloge des chrétiens que la vérité avait arraché dès le 1er acte à cette même Stratonice, et surtout l'apologie si belle, si désintéressée, que Sévère en fait par deux fois, sans parler du rôle de Polyeucte qui, à lui seul, est une preuve éclatante de la vérité du christianisme.

(4) Cette construction met bien le pronom en relief; Pauline le fait à dessein pour faire comprendre à Stratonice combien elle est blessée d'entendre ainsi parler de son époux.

On trouve souvent cette tournure au XVIIe siècle : « Je parle *à vous* comme à un ami. » (MALH.) — « Je dis que voilà un homme qui veut parler *à vous.* » (MOL., *Mal. imag.*, II, 2.)

(5) *Ebahi* est devenu familier; l'Académie le dit du moins du verbe *s'ébahir*.

Apprends que mon devoir ne dépend point du sien.
Qu'il y manque, s'il veut; je dois faire le mien.
Quoi! s'il aimait ailleurs, serais-je dispensée
A suivre, à son exemple, une ardeur insensée?
Quelque chrétien qu'il soit, je n'en ai point d'horreur;
Je chéris sa personne, et je hais son erreur (1).
Mais quel ressentiment en témoigne mon père (2)?

STRATONICE.

Une secrète rage, un excès de colère,
Malgré qui toutefois un reste d'amitié (3)
Montre pour Polyeucte encor quelque pitié.
Il ne veut point sur lui faire agir sa justice,
Que du traître Néarque il n'ait vu le supplice (4).

PAULINE.

Quoi! Néarque en est donc?

STRATONICE.

Néarque l'a séduit :
De leur vieille amitié c'est là l'indigne fruit.
Ce perfide tantôt, en dépit de lui-même,
L'arrachant de vos bras, le traînait au baptême.
Voilà ce grand secret et si mystérieux
Que n'en pouvait tirer votre amour curieux.

PAULINE.

Tu me blâmais alors d'être trop importune.

STRATONICE.

Je ne prévoyais pas une telle infortune.

PAULINE.

Avant qu'abandonner mon âme à mes douleurs (5),
Il me faut essayer la force de mes pleurs :

(1) Les réponses de Pauline sont admirables. C'est le devoir dans sa pure et noble austérité.

(2) *Ressentiment*, c.-à-d. sentiments, impressions; ce sens a vieilli; *ressentiment* signifie aujourd'hui, au moral, le souvenir qu'on garde d'une injure, avec désir de s'en venger. (Ac.)

(3) On dit mieux aujourd'hui *malgré lequel*. Voir *Gr. fr. hist.*, 640.

(4) *Que*, c.-à-d. *avant que*, emploi fréquent après une proposition négative : « Ne venez point ici *que* vous n'ayez de mes nouvelles. » (Sév.) — Voir *Gr. fr. hist.*, 860.

(5) *Avant que* avec l'infinitif est une tournure poétique. Voir *Gr. fr. hist.*, 879. Vaugelas réclamait déjà, en 1647, la préposition *de* entre *avant* et l'infinitif.

En qualité de femme, ou de fille, j'espère
Qu'ils vaincront un époux, ou fléchiront un père.
Que si sur l'un et l'autre ils manquent de pouvoir,
Je ne prendrai conseil que de mon désespoir.
Apprends-moi cependant ce qu'ils ont fait au temple.

STRATONICE.

C'est une impiété qui n'eut jamais d'exemple;
Je ne puis y penser sans frémir à l'instant,
Et crains de faire un crime en vous la racontant.
Apprenez en deux mots leur brutale insolence.
  Le prêtre avait à peine obtenu du silence,
Et devers l'Orient assuré son aspect (1),
Qu'ils ont fait éclater leur manque de respect.
A chaque occasion de la cérémonie,
A l'envi l'un et l'autre étalait sa manie (2),
Des mystères sacrés hautement se moquait,
Et traitait de mépris les dieux qu'on invoquait (3).
Tout le peuple en murmure, et Félix s'en offense;
Mais tous deux, s'emportant à plus d'irrévérence,
« Quoi ! lui dit Polyeucte en élevant sa voix;
» Adorez-vous des dieux ou de pierre ou de bois? »
Ici dispensez-moi du récit des blasphèmes
Qu'ils ont vomis tous deux contre Jupiter mêmes (4).
L'adultère et l'inceste en étaient les plus doux.
« Oyez, dit-il ensuite, oyez, peuple, oyez tous (5) :
» *Le Dieu de Polyeucte et celui de Néarque*
» *De la terre et du ciel est l'absolu monarque,*

(1) Vaugelas s'exprimait ainsi sur *devers* : « Cette préposition a toujours été en usage dans les bons auteurs; par exemple, il se tourna *devers lui*, cette ville est tournée *devers l'Orient*... Mais depuis quelque temps ce mot a vieilli et nos modernes écrivains ne s'en servent plus dans le beau langage. Ils disent toujours *vers*, comme se *tournant vers lui, vers l'Orient*. » (*Remarques*.)
  Le prêtre commençait le sacrifice le visage tourné vers l'Orient. On trouve dans les anciennes liturgies cette invitation du diacre : « *Accedite, o viri, cum tremore, et ad Orientem respicite;* Avancez, mes Frères, avec une sainte frayeur, et regardez vers l'Orient. »
(2) *Sa manie*, sa folie, son extravagance; du grec μανία, folie, fureur.
(3) On dit aujourd'hui *avec mépris*. Voir plus haut, p. 392.
(4) Au XVIIe siècle, on écrivait l'adverbe *même* avec ou sans *s* : « *Même* et *mêmes*, adverbes; tous deux sont bons. » (VAUGELAS.)
  Que si mêmes un jour le lecteur gracieux... (BOIL., *Ep.* X.)
  Des blasphèmes qu'ils ont vomis, métaphore énergique, approuvée par Vaugelas; elle est restée dans le style noble, malgré « les femmes de la cour qui la trouvaient peu délicate. »
(5) Pour *oyez*, voir p. 386. — Le discours direct coupe très heureusement le récit de Stratonice. Comparez dans *Cinna*, le récit de la conjuration, A. I, sc. III; de même les songes de Pauline et d'Athalie.

» Seul être indépendant, seul maître du destin,
» Seul principe éternel, et souveraine fin.
» C'est ce Dieu des chrétiens qu'il faut qu'on remercie
» Des victoires qu'il donne à l'empereur Décie ;
» Lui seul tient en sa main le succès des combats ;
» Il le peut élever, il le peut mettre à bas (1) ;
» Sa bonté, son pouvoir, sa justice est immense ;
» C'est lui seul qui punit, lui seul qui récompense (2)
» Vous adorez en vain des monstres impuissants. »
Se jetant à ces mots sur le vin et l'encens,
Après en avoir mis les saints vases par terre,
Sans crainte de Félix, sans crainte du tonnerre,
D'une fureur pareille ils courent à l'autel.
Cieux! a-t-on vu jamais, a-t-on rien vu de tel (3)?
Du plus puissant des dieux nous voyons la statue
Par une main impie à leurs pieds abattue,
Les mystères troublés, le temple profané,
La fuite et les clameurs d'un peuple mutiné (4),
Qui craint d'être accablé sous le courroux céleste.
Félix (5)... Mais le voici qui vous dira le reste.

PAULINE.

Que son visage est sombre et plein d'émotion !
Qu'il montre de tristesse et d'indignation !

(1) Réminiscence du *Magnificat* : « *Deposuit potentes de sede, et exaltavit humiles*, Dieu a fait descendre les puissants de leur trône, et il a élevé les humbles. »

(2) Ces vers donnent une idée sublime de Dieu, de sa grandeur et de sa puissance. On y retrouve aussi l'accent de foi des martyrs et leur sainte indépendance devant leurs juges.

Racine a exprimé les mêmes pensées d'une manière non moins sublime dans la tragédie d'*Esther* (A. III, sc. IV) :

    Ce Dieu, maître absolu de la terre et des cieux,
    N'est point tel que l'erreur le figure à vos yeux.
    L'Éternel est son nom, le monde est son ouvrage,
    Il entend les soupirs de l'humble qu'on outrage,
    Juge tous les mortels avec d'égales lois,
    Et du haut de son trône interroge les rois.
    Des plus fermes États la chute épouvantable
    N'est qu'un jeu, quand il veut, de sa main redoutable.

Il y a plus d'harmonie dans Racine ; il y a plus de fierté et de virilité dans Corneille. Esther ne devait point parler au roi Assuérus comme Polyeucte et Néarque devant une multitude idolâtre.

(3) On reconnaît à ces traits la femme du peuple avec son éloquence vive et passionnée.

(4) *Clameurs* se rapporte régulièrement à *voyons* ; l'effet n'en est pas choquant à cause des compléments de même nature dont *clameurs* finit l'énumération.

(5) Nouvel exemple de suspension dramatique.

SCÈNE III
FÉLIX, PAULINE, STRATONICE.

FÉLIX.

Une telle insolence avoir osé paraître (1) !
En public! à ma vue! il en mourra, le traître (2).

PAULINE.

Souffrez que votre fille embrasse vos genoux.

FÉLIX.

Je parle de Néarque, et non de votre époux.
Quelque indigne qu'il soit de ce doux nom de gendre,
Mon âme lui conserve un sentiment plus tendre :
La grandeur de son crime et de mon déplaisir
N'a pas éteint l'amour qui me l'a fait choisir.

PAULINE.

Je n'attendais pas moins de la bonté d'un père.

FÉLIX.

Je pouvais l'immoler à ma juste colère ;
Car vous n'ignorez pas à quel comble d'horreur
De son audace impie a monté la fureur ;
Vous l'avez pu savoir du moins de Stratonice.

PAULINE.

Je sais que de Néarque il doit voir le supplice.

FÉLIX.

Du conseil qu'il doit prendre il sera mieux instruit (3),
Quand il verra punir celui qui l'a séduit.
Au spectacle sanglant d'un ami qu'il faut suivre,
La crainte de mourir et le désir de vivre
Ressaisissent une âme avec tant de pouvoir
Que qui voit le trépas, cesse de le vouloir (4),
L'exemple touche plus que ne fait la menace :

---

(1) Infinitif d'exclamation imité du latin. Voir *Gr. fr. hist.*, 758. — Le récit de Stratonice n'a été qu'une préparation à la scène de terreur que fait pressentir cet éclat de Félix.

(2) Ce dernier hémistiche est peut-être une réminiscence du fameux vers de Théophile : *Il en rougit, le traître.* Voir *Cinna*, p. 321.

(3) *Conseil*, c.-à-d. résolution. Encore aujourd'hui, « *conseil* se prend quelquefois pour résolution, parti : *Le conseil* en est pris ; je ne sais *quel conseil* prendre. » (Ac.)

(4) « Voilà où les maximes générales sont bien placées : elles ne sont point ici dans la bouche d'un homme passionné qui doit parler avec sentiment, et éviter les sentences et les lieux communs. C'est un juge qui parle et qui dit des raisons prises dans la connaissance du cœur humain. » (VOLT.)

Cette indiscrète ardeur tourne bientôt en glace (1),
Et nous verrons bientôt son cœur inquiété
Me demander pardon de tant d'impiété.

PAULINE.

Vous pouvez espérer qu'il change de courage (2)?

FÉLIX.

Aux dépens de Néarque il doit se rendre sage.

PAULINE.

Il le doit; mais, hélas! où me renvoyez-vous,
Et quels tristes hasards ne court point mon époux,
Si de son inconstance il faut qu'enfin j'espère
Le bien que j'espérais de la bonté d'un père?

FÉLIX.

Je vous en fais trop voir, Pauline, à consentir (3)
Qu'il évite la mort par un prompt repentir.
Je devais même peine à des crimes semblables;
Et mettant différence entre ces deux coupables (4),
J'ai trahi la justice à l'amour paternel (5);
Je me suis fait pour lui moi-même criminel;
Et j'attendais de vous, au milieu de vos craintes,
Plus de remercîments que je n'entends de plaintes.

PAULINE.

De quoi remercier qui ne me donne rien?
Je sais quelle est l'humeur et l'esprit d'un chrétien (6) :
Dans l'obstination jusqu'au bout il demeure :
Vouloir son repentir, c'est ordonner qu'il meure (7).

(1) *Glace*, au figuré, froideur. Voir *le Cid*, A. I, sc. III, p. 66.
(2) Pour *courage*, voir p. 362 et p. 394.
(3) *A consentir*, pour *en consentant*, voir p. 417.
(4) *Même peine*, et dans le vers suivant *mettant différence*. La suppression de l'article est fréquente dans Corneille.
(5) *Trahi à...*, c.-à-d. livré à, sacrifié à, sens étymologique du latin *tradere*, d'où est venu aussi *traître* (*traditor*), celui qui livre par perfidie. Ce sens de *trahir* a vieilli.
(6) *Quelle est*; pour ce singulier fém., voir *Gr. fr. hist.*, 671.
(7) Pline le Jeune, dans sa fameuse lettre à Trajan, parlait de même des chrétiens : « Quelques accusés ont nié formellement qu'ils fussent chrétiens; par mon ordre, ils ont invoqué les dieux et maudit le Christ. *On me dit qu'il est impossible d'obtenir rien de semblable de ceux qui sont vraiment chrétiens;* j'ai donc cru qu'il fallait les absoudre. »
Pauline, encore prévenue des préjugés du vulgaire, attribue à l'obstination ce qui chez les chrétiens n'était qu'une héroïque fermeté. L'obstination est l'entêtement, l'opiniâtreté dans l'erreur, dans le mal : les chrétiens défendaient la vérité et la justice.

ACTE III, SCÈNE III 433

FÉLIX.
Sa grâce est en sa main, c'est à lui d'y rêver (1).

PAULINE.
Faites-la tout entière.

FÉLIX.
Il la peut achever.

PAULINE.
Ne l'abandonnez pas aux fureurs de sa secte.

FÉLIX.
Je l'abandonne aux lois, qu'il faut que je respecte.

PAULINE.
Est-ce ainsi que d'un gendre un beau-père est l'appui?

FÉLIX.
Qu'il fasse autant pour soi comme je fais pour lui (2).

PAULINE.
Mais il est aveuglé.

FÉLIX.
Mais il se plaît à l'être (3) :
Qui chérit son erreur, ne la veut pas connaître.

PAULINE.
Mon père, au nom des dieux....

FÉLIX.
Ne les réclamez pas,
Ces dieux dont l'intérêt demande son trépas.

PAULINE.
Ils écoutent nos vœux.

FÉLIX.
Eh bien! qu'il leur en fasse.

PAULINE.
Au nom de l'empereur dont vous tenez la place...

(1) *D'y rêver*, c.-à-d. d'y penser, d'y réfléchir. L'Académie a conservé ce sens.

(2) *Autant comme*; il faut aujourd'hui, *autant que*. Voir *Gr. fr. hist.*, 840.
Soi, si fréquent au XVIIe siècle, est ici nécessaire à cause de son opposition avec *lui*; en latin, on aurait dit de même *sibi* dans le premier cas, et *pro eo* dans le second. Voir *Gr. fr. hist.*, 624.

(3) Encore un de ces dialogues cornéliens, où le naturel et la vivacité sont portés à leur perfection. Rien de plus pressant que ces hémistiches d'un même vers opposés l'un à l'autre. Voir plus haut, p. 419.
« Cette scène est supérieurement dialoguée. » (VOLT.)

FÉLIX.

J'ai son pouvoir en main; mais s'il me l'a commis,
C'est pour le déployer contre ses ennemis.

PAULINE.

Polyeucte l'est-il?

FÉLIX.

Tous chrétiens sont rebelles (1).

PAULINE.

N'écoutez point pour lui ces maximes cruelles :
En épousant Pauline, il s'est fait votre sang.

FÉLIX.

Je regarde sa faute, et ne vois plus son rang.
Quand le crime d'État se mêle au sacrilège,
Le sang ni l'amitié n'ont plus de privilège.

PAULINE.

Quel excès de rigueur!

FÉLIX.

Moindre que son forfait.

PAULINE.

O de mon songe affreux trop véritable effet!
Voyez-vous qu'avec lui vous perdez votre fille?

FÉLIX.

Les dieux et l'empereur sont plus que ma famille.

PAULINE.

La perte de tous deux ne vous peut arrêter!

FÉLIX.

J'ai les dieux et Décie ensemble à redouter (2).
Mais nous n'avons encore à craindre rien de triste :
Dans son aveuglement pensez-vous qu'il persiste?
S'il nous semblait tantôt courir à son malheur,
C'est d'un nouveau chrétien la première chaleur.

PAULINE.

Si vous l'aimez encor, quittez cette espérance
Que deux fois en un jour il change de croyance :

---

(1) Rebelles aux lois de l'empire qui défendaient d'adorer le vrai Dieu, et obligeaient d'adorer de vaines idoles. Dès lors, ils méritaient la mort. C'était la loi, ou plutôt, selon le langage de saint Thomas (*Somme théol.* 2. 2, q. 60, art. 5), *une perversion de la loi*. Le juge, en conséquence, ne pouvait pas juger selon les édits des empereurs. Mais les juges païens n'avaient point de ces scrupules.

(2) *Les dieux*, Félix ne s'en soucie guère; *l'empereur*, voilà celui qu'il redoute.

Outre que les chrétiens ont plus de dureté,
Vous attendez de lui trop de légèreté.
Ce n'est point une erreur avec le lait sucée,
Que sans l'examiner son âme ait embrassée :
Polyeucte est chrétien, parce qu'il l'a voulu,
Et vous portait au temple un esprit résolu.
Vous devez présumer de lui comme du reste (1) :
Le trépas n'est pour eux ni honteux ni funeste;
Ils cherchent de la gloire à mépriser nos dieux;
Aveugles pour la terre, ils aspirent aux cieux (2);
Et croyant que la mort leur en ouvre la porte,
Tourmentés, déchirés, assassinés, n'importe (3),
Les supplices leur sont ce qu'à nous les plaisirs,
Et les mènent au but où tendent leurs désirs;
La mort la plus infâme, ils l'appellent martyre (4).

(1) *Comme du reste*, c.-à-d. comme des autres chrétiens.

(2) Pauline montre par cette magnifique tirade qu'elle connaît parfaitement les chrétiens. La peinture qu'elle fait de leur détachement, de leur magnanimité, de leurs désirs célestes, révèle même un certain respect, une estime secrète, et presque de l'admiration.

(3) Les participes se rapportent au pronom *leur*; tournure latine très vive. Voir *Gr. fr. hist.*, 799.

(4) *Martyre* (du grec μαρτύριον), c.-à-d. le *témoignage* par excellence, le témoignage du sang rendu à Notre-Seigneur Jésus-Christ : « Vous me servirez de *témoins*, » avait dit le Sauveur à ses Apôtres.
Tel fut le langage de leurs disciples. Dès le IIe siècle, l'an 107, l'illustre pontife d'Antioche, saint Ignace, condamné aux lions par Trajan, écrivait aux chrétiens de Rome pour les conjurer de ne pas s'opposer à sa mort : « De grâce, souffrez que je sois immolé à Dieu pendant que l'autel est prêt. Alors vous chanterez un hymne au Père et à Jésus-Christ, son Fils, remerciant le Seigneur d'avoir couronné l'évêque de Syrie, et de l'avoir appelé d'Orient en Occident pour y consommer son *martyre*... Je vous en conjure, laissez-moi devenir la pâture des bêtes féroces; par elles j'arriverai à Dieu. Je suis le froment de Dieu; il faut que je sois moulu sous la dent des bêtes, pour devenir le pain immaculé du Christ. Caressez plutôt ces lions, qu'ils ne laissent rien de mon corps. Quand j'aurai souffert, je serai l'affranchi de Jésus, et en lui je ressusciterai libre. En ce moment, dans les fers, j'apprends à ne rien désirer de terrestre et de vain. C'est à Jésus-Christ que je vais. Les flammes, la croix, les meutes de bêtes farouches, la torture, la dislocation des os, les membres coupés en morceaux, que tous ces tourments tombent sur moi, pourvu que j'atteigne Jésus-Christ! A quoi me serviraient et les plaisirs de ce monde et les royaumes du siècle? Mourir pour Jésus-Christ vaut mieux que régner sur l'univers. Je cherche celui qui est mort pour nous; je veux celui qui est ressuscité pour nous. Ah! si quelqu'un a l'amour de Jésus-Christ dans son cœur, il comprendra mon langage... »

Il faudrait citer la lettre tout entière : on n'entend d'un bout à l'autre que les accents de l'amour le plus pur, le plus généreux, le plus ardent pour Dieu et pour Notre-Seigneur Jésus-Christ.

FÉLIX.

Eh bien donc! Polyeucte aura ce qu'il désire (1) :
N'en parlons plus.

PAULINE.

Mon père...

SCÈNE IV
FÉLIX, ALBIN, PAULINE, STRATONICE.

FÉLIX.

Albin, en est-ce fait?

ALBIN.

Oui, Seigneur, et Néarque a payé son forfait.

FÉLIX.

Et notre Polyeucte a vu trancher sa vie?

ALBIN.

Il l'a vu, mais, hélas! avec un œil d'envie.
Il brûle de le suivre, au lieu de reculer ;
Et son cœur s'affermit, au lieu de s'ébranler (2).

PAULINE.

Je vous le disais bien. Encor un coup, mon père,
Si jamais mon respect a pu vous satisfaire,
Si vous l'avez prisé, si vous l'avez chéri...

FÉLIX.

Vous aimez trop, Pauline, un indigne mari.

PAULINE.

Je l'ai de votre main (3) : mon amour est sans crime;
Il est de votre choix la glorieuse estime ;
Et j'ai, pour l'accepter, éteint le plus beau feu
Qui d'une âme bien née ait mérité l'aveu.

---

(1) Euphémisme cruel dans la bouche d'un père.

(2) Ces vers de Corneille trouveraient de magnifiques commentaires dans les *Actes des martyrs*. Le touchant épisode de saint Laurent suffira. Huit ans après la mort de saint Polyeucte, le 6 août 258, le pape saint Sixte II était saisi à Rome, et conduit au martyre. Laurent, son archidiacre, le suivait en pleurant, et lui disait : « Où allez-vous, mon père, sans votre fils? Où allez-vous, saint pontife, sans votre diacre ? » Sixte lui répondit : « Ce n'est pas moi qui t'abandonne, ô mon fils. Mais un plus grand combat t'est réservé, tu me suivras dans trois jours. » Comme il achevait ces mots, un soldat lui trancha la tête. Trois jours après, le saint jeune homme, étendu sur un gril de fer, rendait vaillamment son âme à Dieu.

(3) « *Je l'ai de votre main* est admirable. » (VOLT.)

ACTE III, SCÈNE V

Au nom de cette aveugle et prompte obéissance
Que j'ai toujours rendue aux lois de la naissance,
Si vous avez pu tout sur moi, sur mon amour,
Que je puisse sur vous quelque chose à mon tour!
Par ce juste pouvoir à présent trop à craindre;
Par ces beaux sentiments qu'il m'a fallu contraindre,
Ne m'ôtez pas vos dons : ils sont chers à mes yeux,
Et m'ont assez coûté pour m'être précieux (1).

FÉLIX.

Vous m'importunez trop : bien que j'aie un cœur tendre,
Je n'aime la pitié qu'au prix que j'en veux prendre;
Employez mieux l'effort de vos justes douleurs :
Malgré moi m'en toucher, c'est perdre et temps et pleurs;
J'en veux être le maître, et je veux bien qu'on sache
Que je la désavoue alors qu'on me l'arrache.
Préparez-vous à voir ce malheureux chrétien,
Et faites votre effort, quand j'aurai fait le mien.
Allez : n'irritez plus un père qui vous aime;
Et tâchez d'obtenir votre époux de lui-même.
Tantôt jusqu'en ce lieu je le ferai venir :
Cependant quittez-nous, je veux l'entretenir.

PAULINE.

De grâce, permettez...

FÉLIX.

Laissez-nous seuls, vous dis-je.
Votre douleur m'offense autant qu'elle m'afflige
A gagner Polyeucte appliquez tous vos soins;
Vous avancerez plus en m'importunant moins (2).

SCÈNE V

FÉLIX, ALBIN.

FÉLIX.

Albin, comme est-il mort (3)?

(1) Cette prière touchante est un modèle de délicatesse filiale, et le témoignage de l'amour conjugal le plus sincère. Rien de forcé, rien d'exagéré : tout est simple, naturel, réservé, comme il convient à une fille devant un père irrité, mais chaque parole est un soupir qui révèle les angoisses du cœur.

(2) C'est sans doute à dessein que le poète nous montre Félix aussi dur, aussi inflexible. Il faut que Pauline n'ait plus rien à attendre de son père, pour que son effort auprès de Polyeucte ait toute la violence du désespoir.

(3) *Comme* ne s'emploie plus dans l'interrogation directe; il faudrait aujourd'hui, *comment est-il mort?*
Au XVIIe siècle, Corneille, Pascal, Molière, continuaient, malgré Vaugelas,

ALBIN.

　　　　　　　En brutal, en impie,
En bravant les tourments, en dédaignant la vie,
Sans regret, sans murmure, et sans étonnement (1),
Dans l'obstination et l'endurcissement,
Comme un chrétien enfin, le blasphème à la bouche (2).

FÉLIX.

Et l'autre?

ALBIN.

　　　　Je l'ai dit déjà, rien ne le touche.
Loin d'en être abattu, son cœur en est plus haut;
On l'a violenté pour quitter l'échafaud.
Il est dans la prison où je l'ai vu conduire;
Mais vous êtes bien loin encor de le réduire.

FÉLIX.

Que je suis malheureux (3)!

ALBIN.

　　　　　　　Tout le monde vous plaint.

FÉLIX.

On ne sait pas les maux dont mon cœur est atteint;
De pensers sur pensers mon âme est agitée (4),
De soucis sur soucis elle est inquiétée (5);
Je sens l'amour, la haine, et la crainte, et l'espoir,
La joie et la douleur tour à tour l'émouvoir;
J'entre en des sentiments qui ne sont pas croyables;
J'en ai de violents, j'en ai de pitoyables,
J'en ai de généreux qui n'oseraient agir,
J'en ai même de bas, et qui me font rougir (6).

à suivre l'exemple de Malherbe qui avait toujours dit *comme*; peu à peu cependant *comment* prévalut dans l'interrogation directe. Voir *Gr. fr. hist.*, 462.

(1) *Sans étonnement*, c'est-à-dire sans stupeur, sans épouvante. Voir p. 403.

(2) C'est un païen qui parle.

(3) Ce mot que le pauvre père n'a pas voulu, ou plutôt n'a pas osé dire à sa fille, touche profondément. Le spectateur, en entendant ce cri du cœur, se rapproche de Félix par la compassion que lui inspire son malheur.
Il écoutera avec moins de répulsion les tristes révélations qui vont suivre.

(4) Pour *pensers*, voir p. 406.

(5) « Il n'y a pas là d'élégance, mais il y a de la vivacité de sentiment. » (VOLT.)

(6) On a dans cette tirade une peinture vive du combat de deux passions contraires dans un cœur qui manque de générosité.

ACTE III, SCÈNE V

J'aime ce malheureux que j'ai choisi pour gendre,
Je hais l'aveugle erreur qui le vient de surprendre;
Je déplore sa perte, et le voulant sauver,
J'ai la gloire des dieux ensemble à conserver;
Je redoute leur foudre, et celui de Décie (1);
Il y va de ma charge, il y va de ma vie (2).
Ainsi tantôt pour lui je m'expose au trépas,
Et tantôt je le perds pour ne me perdre pas.

ALBIN.

Décie excusera l'amitié d'un beau-père;
Et d'ailleurs Polyeucte est d'un sang qu'on révère.

FÉLIX.

A punir les chrétiens son ordre est rigoureux;
Et plus l'exemple est grand, plus il est dangereux.
On ne distingue point quand l'offense est publique;
Et lorsqu'on dissimule un crime domestique,
Par quelle autorité peut-on, par quelle loi,
Châtier en autrui ce qu'on souffre chez soi?

ALBIN.

Si vous n'osez avoir d'égard à sa personne,
Écrivez à Décie, afin qu'il en ordonne.

FÉLIX.

Sévère me perdrait, si j'en usais ainsi :
Sa haine et son pouvoir font mon plus grand souci (3).
Si j'avais différé de punir un tel crime,
Quoiqu'il soit généreux, quoiqu'il soit magnanime,
Il est homme, et sensible, et je l'ai dédaigné;
Et de tant de mépris son esprit indigné,
Que met au désespoir cet hymen de Pauline,
Du courroux de Décie obtiendrait ma ruine.
Pour venger un affront tout semble être permis,
Et les occasions tentent les plus remis (4).
Peut-être, et ce soupçon n'est pas sans apparence,
Il rallume en son cœur déjà quelque espérance;
Et croyant bientôt voir Polyeucte puni,

(1) Pour le genre de *foudre*, voir *le Cid*, A. II, sc. I, p. 76.

(2) Ce vers est caractéristique. Félix ne tremble que pour sa place et pour sa vie. Le reste lui importe peu.

(3) Les conseils d'Albin sont très sensés; mais « Félix est un vieux courtisan, et en cette qualité non seulement il ne doit croire ni à la loyauté, ni à la vertu, mais il doit voir partout des pièges. Ce caractère concourt à rehausser la vertu et le courage de Polyeucte. » (AIMÉ MARTIN.)

(4) *Remis*, calme, tranquille, comme *remissus*, en latin. Ce sens a vieilli.

Il rappelle un amour à grand'peine banni.
Juge si sa colère, en ce cas implacable,
Me ferait innocent de sauver un coupable,
Et s'il m'épargnerait, voyant par mes bontés
Une seconde fois ses desseins avortés.
Te dirai-je un penser indigne, bas et lâche?
Je l'étouffe, il renaît; il me flatte et me fâche :
L'ambition toujours me le vient présenter,
Et tout ce que je puis, c'est de le détester.
Polyeucte est ici l'appui de ma famille;
Mais si, par son trépas, l'autre épousait ma fille (1),
J'acquerrais bien par là de plus puissants appuis
Qui me mettraient plus haut cent fois que je ne suis.
Mon cœur en prend par force une maligne joie;
Mais que plutôt le ciel à tes yeux me foudroie,
Qu'à des pensers si bas je puisse consentir,
Que jusque-là ma gloire ose se démentir (2)!

ALBIN.

Votre cœur est trop bon et votre âme trop haute.
Mais vous résolvez-vous à punir cette faute!

FÉLIX.

Je vais dans la prison faire tout mon effort
A vaincre cet esprit par l'effroi de la mort;
Et nous verrons après ce que pourra Pauline.

ALBIN.

Que ferez-vous enfin si toujours il s'obstine!

FÉLIX.

Ne me presse point tant : dans un tel déplaisir,
Je ne puis me résoudre, et ne sais que choisir.

(1) « Voilà le sentiment le plus bas qu'on puisse jamais développer, mais il est ménagé avec art... Cependant j'ai toujours remarqué qu'on n'écoutait pas sans plaisir l'aveu de ces sentiments tout condamnables qu'ils sont; on sentait qu'il n'est que trop vrai que souvent les hommes sacrifient tout à leur propre intérêt. Enfin, Félix dit au moins qu'il déteste ces pensers si lâches; on lui pardonne un peu. » (VOLT.)

(2) On pourrait se demander pourquoi Félix fait cette pénible confidence, pourquoi il découvre un sentiment qu'il condamne et qu'il repousse. C'est le triste sort des âmes pusillanimes : elles ont besoin de s'ouvrir, de chercher du secours contre leur propre faiblesse.

La protestation si énergique qui termine le discours de Félix, ne laisse aucun doute sur sa sincérité. Mais un homme dominé par l'égoïsme devient capable, dans un danger pressant, de toutes les bassesses et de tous les crimes.

Comparez la confidence de Mathan dans *Athalie* (A. III, sc. III) et d'Aman dans *Esther*. (A. II, sc. I.)

ACTE III, SCÈNE V　　　　　441

ALBIN.
Je dois vous avertir, en serviteur fidèle,
Qu'en sa faveur déjà la ville se rebelle (1),
Et ne peut voir passer par la rigueur des lois
Sa dernière espérance et le sang de ses rois (2).
Je tiens sa prison même assez mal assurée :
J'ai laissé tout autour une troupe éplorée;
Je crains qu'on ne la force.

FÉLIX.
　　　　　　　Il faut donc l'en tirer,
Et l'amener ici pour nous en assurer (3).

ALBIN.
Tirez-l'en donc vous-même, et d'un espoir de grâce
Apaisez la fureur de cette populace.

FÉLIX.
Allons, et s'il persiste à demeurer chrétien,
Nous en disposerons sans qu'elle en sache rien (4).

(1) *Se rebeller*, que Voltaire croyait avoir disparu de la langue, a été conservé par l'Académie.
(2) Ce vers explique l'émotion de la ville en faveur de Polyeucte. Le peuple, indigné tout d'abord de l'action de Polyeucte, lui rend toute sa faveur, dès qu'il connaît son danger.
(3) Invention heureuse pour conserver l'unité de lieu.
(4) L'acte se termine en laissant tout en suspens. Polyeucte va subir un double assaut; s'il résiste, le dernier mot de Félix nous laisse entrevoir quel sera son sort.

QUESTIONS SUR LE IIIe ACTE.

Que se passe-t-il au IIIe acte?
Quels sentiments exprime Pauline dans le monologue qui ouvre l'acte ?
Quelle nouvelle lui apporte Stratonice ?
Comment raconte-t-elle la scène du temple ?
Quelle réponse lui fait Pauline ?
Par quoi se distingue la profession de foi de Polyeucte ?
Dans quels sentiments revient Félix ?
Comment répond-il aux instances de Pauline ?
Comment Pauline dépeint-elle les chrétiens ?
Comment Néarque a-t-il subi le martyre ?
Quelle impression ce martyre a-t-il faite sur Polyeucte ?
Quel est le plan de Félix ?
Quelle confidence fait-il à Albin ?
Que se propose-t-il de faire en quittant Albin ?

ACTE QUATRIÈME

La lutte.

SCÈNE I

POLYEUCTE, CLÉON, TROIS AUTRES GARDES.

POLYEUCTE.

Gardes, que me veut-on ?

CLÉON.

Pauline vous demande.

POLYEUCTE.

O présence, ô combat que surtout j'appréhende (1) !
Félix, dans la prison j'ai triomphé de toi (2),
J'ai ri de ta menace, et t'ai vu sans effroi :
Tu prends pour t'en venger de plus puissantes armes;
Je craignais beaucoup moins tes bourreaux que ses larmes (3).
   Seigneur, qui vois ici les périls que je cours,
En ce pressant besoin redouble ton secours;
Et toi qui, tout sortant encor de la victoire,
Regarde mes travaux du séjour de la gloire,
Cher Néarque, pour vaincre un si fort ennemi,
Prête du haut du ciel la main à ton ami (4).

(1) Polyeucte est prêt à la lutte, et cependant il la redoute; il connaît la faiblesse naturelle de son cœur : c'est pourquoi il nous touche. L'attente est vive; la lutte est imminente.

(2) Félix avait annoncé cette entrevue dans la dernière scène de l'acte IIIe :
   Je vais dans la prison faire tout mon effort
   A vaincre cet esprit *par l'effroi de la mort.*
Sur une âme aussi forte que celle de Polyeucte, les menaces ne pouvaient avoir aucune prise.

(3) *Ses larmes,* les larmes de Pauline.

(4) La croyance à l'intercession des Saints était établie dès les premiers temps du christianisme. Saint Ignace d'Antioche écrivait aux Tralliens : « Puisse mon esprit vous sanctifier, non seulement à cette heure, mais encore lorsque je posséderai Dieu. »
On lit dans les Actes des martyrs Scillitains (l'an 200) : « C'est le 17 juillet que ces martyrs du Christ ont été couronnés, et ils intercèdent désormais pour nous auprès de Notre Seigneur Jésus-Christ. »

ACTE IV, SCÈNE II

Gardes, oseriez-vous me rendre un bon office?
Non pour me dérober aux rigueurs du supplice :
Ce n'est pas mon dessein qu'on me fasse évader,
Mais comme il suffira de trois à me garder,
L'autre m'obligerait d'aller quérir Sévère (1);
Je crois que sans péril on peut me satisfaire :
Si j'avais pu lui dire un secret important (2),
Il vivrait plus heureux, et je mourrais content.

CLÉON.

Si vous me l'ordonnez, j'y cours en diligence.

POLYEUCTE.

Sévère à mon défaut fera ta récompense.
Va, ne perds point de temps, et reviens promptement.

CLÉON.

Je serai de retour, Seigneur, dans un moment.

SCÈNE II

POLYEUCTE (3).

(Les gardes se retirent aux coins du théâtre.)

Source délicieuse, en misères féconde,
Que voulez-vous de moi, flatteuses voluptés?
Honteux attachements de la chair et du monde,
Que ne me quittez-vous, quand je vous ai quittés?
Allez, honneurs, plaisirs, qui me livrez la guerre :
   Toute votre félicité,
   Sujette à l'instabilité,
   En moins de rien tombe par terre;
   Et comme elle a l'éclat du verre,
   Elle en a la fragilité (4).

(1) *Quérir* a vieilli. (Ac.) — Étym. : lat. *quærere*, chercher.
(2) Préparation de la scène IV de cet acte.
(3) « Le grand, le sublime de la pièce redouble, éclate au IVe acte, au moment où Polyeucte attend Pauline et fait demander Sévère. Resté seul, et les gardes éloignés, il chante et prie, ou plutôt l'Esprit divin qui le transporte, chante et s'exalte dans son cœur. » (SAINTE-BEUVE, *Port-Royal*.)
Les stances de Polyeucte sont un admirable monologue; le poète lui a donné la forme lyrique, pour mieux rendre les saints transports du martyr.
Comparez les stances du *Cid*, A. I, sc. VI, p. 71, n. 5.
Eschyle et Sophocle avaient aussi employé les strophes lyriques pour exprimer les plaintes de Prométhée et d'Antigone.
(4) « J'ai ouï dire souvent à M. Corneille qu'il avait fait dans son *Polyeucte*, au sujet de la Fortune, ces deux vers célèbres :
   Et comme elle a l'éclat du verre,
   Elle en a la fragilité,
sans savoir qu'ils fussent de M. Godeau, évêque de Vence... Il est assez

Ainsi n'espérez pas qu'après vous je soupire ;
Vous étalez en vain vos charmes impuissants ;
Vous me montrez en vain par tout ce vaste empire
Les ennemis de Dieu pompeux et florissants.
Il étale à son tour des revers équitables,
    Par qui les grands sont confondus ;
    Et les glaives qu'il tient pendus (1)
    Sur les plus fortunés coupables,
    Sont d'autant plus inévitables,
    Que leurs coups sont moins attendus.

Tigre altéré de sang, Décie impitoyable,
Ce Dieu t'a trop longtemps abandonné les siens ;
De ton heureux destin vois la suite effroyable :
Le Scythe va venger la Perse et les chrétiens (2).
Encore un peu plus outre, et ton heure est venue (3) ;
    Rien ne t'en saurait garantir ;
    Et la foudre qui va partir (4),
    Toute prête à crever la nue,
    Ne peut plus être retenue
    Par l'attente du repentir.

Que cependant Félix m'immole à ta colère ;
Qu'un rival plus puissant éblouisse ses yeux ;
Qu'aux dépens de ma vie il s'en fasse beau-père,
Et qu'à titre d'esclave il commande en ces lieux :

ordinaire de se rencontrer ainsi dans la pensée et dans l'expression des autres. » (MÉNAGE.)

La rencontre est d'autant plus naturelle que les deux poètes devaient avoir sous les yeux le vers original de Publius Syrus :
    Fortuna vitrea est; tum quum splendet, frangitur.

« La Fortune est de verre ; quand elle est le plus brillante, elle se brise. »

(1) *Pendus;* on dirait aujourd'hui *suspendus.* — Cette image rappelle le trait de l'épée de Damoclès.

(2) Dèce périt en décembre 251 dans une bataille contre les Goths, sur les bords du Danube. Les saints Pères ont reconnu dans cette mort un coup de la vengeance divine contre l'un des plus cruels persécuteurs de l'Église. Cette vue prophétique ne doit pas étonner en Polyeucte ; Dieu aimait à fortifier ses fidèles serviteurs au milieu de la tempête, en leur annonçant la fin prochaine de leurs maux. Du reste, l'expérience du passé pouvait faire présager le sort de Dèce. Le monde commençait à voir la main de Dieu dans la mort tragique des ennemis du christianisme, et Lactance bientôt pourra écrire son magnifique livre *De morte persecutorum.*

(3) *Un peu plus outre*, expression vieillie ; *outre*, lat. *ultra*, au delà du moment présent.

(4) Image sublime, d'un effet terrible. Cette strophe est d'une grande énergie de pensée et de style.

ACTE IV, SCÈNE II

Je consens, ou plutôt j'aspire à ma ruine (1).
    Monde, pour moi tu n'as plus rien :
    Je porte en un cœur tout chrétien
    Une flamme toute divine ;
    Et je ne regarde Pauline
    Que comme un obstacle à mon bien (2).

Saintes douceurs du ciel, adorables idées,
Vous remplissez un cœur qui vous peut recevoir :
De vos sacrés attraits les âmes possédées
Ne conçoivent plus rien qui les puisse émouvoir.
Vous promettez beaucoup et donnez davantage :
    Vos biens ne sont point inconstants,
    Et l'heureux trépas que j'attends,
    Ne vous sert que d'un doux passage
    Pour nous introduire au partage
    Qui nous rend à jamais contents.

C'est vous, ô feu divin que rien ne peut éteindre,
Qui m'allez faire voir Pauline sans la craindre (3).
    Je la vois ; mais mon cœur, d'un saint zèle enflammé,
N'en goûte plus l'appas dont il était charmé ;
Et mes yeux, éclairés des célestes lumières,
Ne trouvent plus aux siens leurs grâces coutumières (4).

(1) *J'aspire à ma ruine ;* c'est le même emploi que dans le fameux vers de *Cinna* (A. II, sc. I, p. 287) :
    Et monté sur le faîte, *il aspire à descendre.*

(2) Il est impossible d'entrer plus avant dans les sentiments qu'éprouvaient les martyrs à la veille de leur triomphe. Condamnés à mourir pour Dieu, ils tressaillaient de joie à la vue de la couronne déjà suspendue sur leur tête. Dès lors, tout ce qui pouvait empêcher ou retarder leur entrée dans la gloire, ils le réputaient comme *un obstacle à leur bien,* quelque cher que pût être à leur cœur l'objet qui menaçait de les arrêter.
  C'est ainsi que saint Ignace d'Antioche écrivait aux fidèles de Rome : « Enchaîné pour Jésus-Christ..., plaise à Dieu que rien ne fasse *obstacle à mon bonheur.* Je crains que votre charité pour moi ne me soit funeste. Car il vous est facile d'obtenir ce que vous demandez, et à moi il me serait difficile d'arriver à mon Dieu, si votre tendresse persistait à me sauver aujourd'hui... Prenez parti pour Dieu et pour moi... Si je suis admis au martyre, vous aurez voulu mon bonheur ; si je suis rejeté, je l'attribuerai à votre haine... »
  Tel est précisément le cas de Pauline vis-à-vis de Polyeucte.

(3) Le but de cette divine extase est atteint : par la contemplation des biens éternels, l'âme de Polyeucte s'est armée contre l'attrait des biens de la terre. Un amour trop humain pour Pauline aurait pu ébranler l'amour qu'il devait à Dieu : ce danger n'est plus à craindre maintenant que l'Esprit-Saint a éclairé et fortifié le cœur du martyr.

(4) *Coutumières.* « Ce mot, dit Littré, a repris faveur, et il est très bon aujourd'hui. » — Pour *appas* au sing., voir plus loin, p. 473.

SCÈNE III

POLYEUCTE, PAULINE, GARDES.

POLYEUCTE.

Madame, quel dessein vous fait me demander?
Est-ce pour me combattre ou pour me seconder?
Cet effort généreux de votre amour parfaite
Vient-il à mon secours, vient-il à ma défaite (1)?
Apportez-vous ici la haine ou l'amitié,
Comme mon ennemie, ou ma chère moitié (2)?

PAULINE.

Vous n'avez point ici d'ennemi que vous-même (3) :
Seul vous vous haïssez, lorsque chacun vous aime ;
Seul vous exécutez tout ce que j'ai rêvé :
Ne veuillez pas vous perdre, et vous êtes sauvé.
A quelque extrémité que votre crime passe,
Vous êtes innocent si vous vous faites grâce.
Daignez considérer le sang dont vous sortez,
Vos grandes actions, vos rares qualités :
Chéri de tout le peuple, estimé chez le prince,
Gendre du gouverneur de toute la province.
Je ne vous compte à rien le nom de mon époux (4) :
C'est un bonheur pour moi qui n'est pas grand pour vous ;
Mais après vos exploits, après votre naissance,
Après votre pouvoir, voyez notre espérance ;
Et n'abandonnez pas à la main d'un bourreau
Ce qu'à nos justes vœux promet un sort si beau.

POLYEUCTE.

Je considère plus ; je sais mes avantages,
Et l'espoir que sur eux forment les grands courages :
Ils n'aspirent enfin qu'à des biens passagers,
Que troublent les soucis, que suivent les dangers ;
La mort nous les ravit, la fortune s'en joue ;
Aujourd'hui dans le trône, et demain dans la boue (5) ;

---

(1) Pour *amour*, v. p. 137. — *A ma défaite* ; l'emploi de *à* au lieu de *pour*, est ici amené naturellement par le complément précédent *à mon secours*.

(2) Ces interrogations donnent une grande solennité à la situation.

(3) La règle aujourd'hui est de supprimer *point* ou *pas* entre *ne... que...* La négation *point* ajoute cependant de l'énergie, et il semble qu'on peut l'employer toujours, en mettant un arrêt devant *que*.
On sous-entend le mot *autre* dans ces locutions.

(4) On dit aujourd'hui *compter pour rien*.

(5) Belle antithèse ; le tour elliptique lui donne une plus grande énergie.

Et leur plus haut éclat fait tant de mécontents,
Que peu de vos Césars en ont joui longtemps.
J'ai de l'ambition, mais plus noble et plus belle (1);
Cette grandeur périt, j'en veux une immortelle,
Un bonheur assuré, sans mesure et sans fin,
Au-dessus de l'envie, au-dessus du destin.
Est-ce trop l'acheter que d'une triste vie (2),
Qui tantôt, qui soudain me peut être ravie;
Qui ne me fait jouir que d'un instant qui fuit,
Et ne peut m'assurer de celui qui le suit (3)?

PAULINE.

Voilà de vos chrétiens les ridicules songes;
Voilà jusqu'à quel point vous charment leurs mensonges :
Tout votre sang est peu pour un bonheur si doux!
Mais pour en disposer, ce sang est-il à vous?
Vous n'avez pas la vie ainsi qu'un héritage;
Le jour qui vous la donne en même temps l'engage :
Vous la devez au prince, au public, à l'État (4).

POLYEUCTE.

Je la voudrais pour eux perdre dans un combat;
Je sais quel en est l'heur, et quelle en est la gloire.
Des aïeux de Décie on vante la mémoire (5);
Et ce nom, précieux encore à vos Romains,
Au bout de six cents ans lui met l'empire aux mains.
Je dois ma vie au peuple, au prince, à sa couronne;
Mais je la dois bien plus au Dieu qui me la donne;
Si mourir pour son prince est un illustre sort,
Quand on meurt pour son Dieu, quelle sera la mort (6)!

(1) La vivacité que l'ellipse communique à ce tour, en fait oublier l'incorrection; la phrase au complet serait : mais *une ambition* plus noble...
(2) *Que* suppose l'ellipse du verbe *de l'acheter*; on supprime aujourd'hui *que* après *trop*.
(3) Toute cette tirade est remarquable par l'élévation de la pensée et par la beauté de l'expression.
(4) Le malheur de Pauline, et de toute cette société païenne dont elle faisait partie, c'était de ne pas voir Dieu au-dessus de l'État. Il a fallu que le sang des chrétiens coulât pendant trois siècles, pour apprendre aux peuples « qu'il vaut mieux obéir à Dieu plutôt qu'aux hommes. »
(5) Publius Décius Mus, nommé consul en 340, convint avec son collègue, avant la bataille qu'ils allaient livrer aux Latins au pied du Vésuve, que celui dont les troupes viendraient à plier, se dévouerait aux dieux infernaux pour assurer la victoire à sa patrie. Décius, ayant vu ses soldats fléchir, se jeta au milieu des ennemis, et tomba percé de coups; mais les Romains furent vainqueurs. Son fils et son petit-fils firent preuve du même dévouement.
(6) Cette réplique est superbe de vérité, de conviction et d'éloquence.

PAULINE.

Quel Dieu!

POLYEUCTE.

Tout beau, Pauline : il entend vos paroles (1),
Et ce n'est pas un Dieu, comme vos dieux frivoles,
Insensibles et sourds, impuissants, mutilés,
De bois, de marbre, ou d'or, comme vous les voulez (2) :
*C'est le Dieu des chrétiens, c'est le mien, c'est le vôtre;
Et la terre et le ciel n'en connaissent point d'autre* (3).

PAULINE.

Adorez-le dans l'âme, et n'en témoignez rien.

POLYEUCTE.

Que je sois tout ensemble idolâtre et chrétien!

PAULINE.

Ne feignez qu'un moment : laissez partir Sévère,
Et donnez lieu d'agir aux bontés de mon père (4).

POLYEUCTE.

Les bontés de mon Dieu sont bien plus à chérir :
Il m'ôte des périls que j'aurais pu courir,
Et sans me laisser lieu de tourner en arrière,
Sa faveur me couronne entrant dans la carrière (5);

Polyeucte parle en citoyen généreux, en chrétien parfait. C'est la mise en pratique, jusqu'à l'héroïsme, de la divine parole : « Rendez à César ce qui est à César, et à Dieu ce qui est à Dieu. »

(1) *Tout beau*; voir *Horace*, A. III, sc. VI, p. 211.

(2) Les païens adoraient réellement les statues de leurs dieux; on ne saurait le révoquer en doute, tant les témoignages abondent. « Je m'étonne, disait sainte Cécile à Tiburce, son beau-frère, je m'étonne que tu n'aies pas compris déjà que des *statues de terre, de bois, de pierre, d'airain, ne sauraient être des dieux*. Ces vaines idoles sur lesquelles les araignées tendent leurs toiles, comment peut-on les estimer des dieux, et placer sa confiance dans de tels objets? Dis-moi, Tiburce, y a-t-il une différence entre un cadavre et une idole? (*Actes de sainte Cécile*.)

(3) Magnifique hommage rendu au vrai Dieu, avec une fermeté d'affirmation et un ton d'autorité qui ne souffrent point de réplique.

(4) Pauline, aveuglée par son amour, conseille la dissimulation, la feinte, le mensonge : c'est une faiblesse. Elle, si fidèle à toutes les délicatesses de l'honneur humain, semble ignorer ce que réclame l'honneur suprême dû à Dieu. La conscience païenne avait grand besoin d'être redressée sur ce point, même dans les âmes héroïques.

(5) Ces images sont fréquentes dans les Évangiles, dans les écrits des Apôtres et des saints Pères. Les grands poètes savent prendre le style de leur sujet. *Polyeucte* est écrit dans le style chrétien, comme *Esther* et *Athalie* dans le style biblique. (Voir *Théâtre choisi de Racine*, p. 433.)

ACTE IV, SCÈNE III

Du premier coup de vent il me conduit au port,
Et sortant du baptême, il m'envoie à la mort.
Si vous pouviez comprendre, et le peu qu'est la vie (1),
Et de quelles douceurs cette mort est suivie!
Mais que sert de parler de ces trésors cachés
A des esprits que Dieu n'a pas encor touchés?

PAULINE.

Cruel! car il est temps que ma douleur éclate,
Et qu'un juste reproche accable une âme ingrate,
Est-ce là ce beau feu? sont-ce là tes serments?
Témoignes-tu pour moi les moindres sentiments?
Je ne te parlais point de l'état déplorable
Où ta mort va laisser ta femme inconsolable;
Je croyais que l'amour t'en parlerait assez,
Et je ne voulais pas de sentiments forcés;
Mais cette amour si ferme et si bien méritée
Que tu m'avais promise, et que je t'ai portée,
Quand tu me veux quitter, quand tu me fais mourir,
Te peut-elle arracher une larme, un soupir?
Tu me quittes, ingrat, et le fais avec joie;
Tu ne la caches pas, tu veux que je la voie;
Et ton cœur, insensible à ces tristes appas,
Se figure un bonheur où je ne serai pas (2)!
C'est donc là le dégoût qu'apporte l'hyménée?
Je te suis odieuse après m'être donnée!

POLYEUCTE.

Hélas (3)!

PAULINE.

    Que cet hélas a de peine à sortir!
Encor s'il commençait un heureux repentir.
Que, tout forcé qu'il est, j'y trouverais de charmes!
Mais courage, il s'émeut, je vois couler des larmes.

---

(1) Auguste, dans le fameux monologue de *Cinna*, se disait avec mélancolie:
    La vie est peu de chose, et le peu qui t'en reste
    Ne vaut pas l'acheter par un prix si funeste.
Combien le mot de Polyeucte est plus pénétrant et plus expressif, surtout mis en face des réalités éternelles!

(2) De tous les reproches de Pauline, celui-ci devait être le plus sensible à Polyeucte; il vise directement la sincérité de son amour. Polyeucte y répondra tout à l'heure, en montrant à Pauline que son plus grand chagrin est précisément de ne pouvoir partager avec elle le bonheur suprême où il aspire.

(3) Polyeucte pousse un soupir de profonde compassion. Son *hélas* n'est pas seulement attendrissant, comme dit Voltaire; il est vraiment tragique; il donne comme un frisson d'inquiétude pour la constance du martyr.
Comparez l'*hélas* de Camille dans *Horace*, A. IV, sc. II, p. 216 et p. 247.

POLYEUCTE.

J'en verse, et plût à Dieu qu'à force d'en verser,
Ce cœur trop endurci se pût enfin percer (1)!
Le déplorable état où je vous abandonne
Est bien digne des pleurs que mon amour vous donne;
Et si l'on peut au ciel sentir quelques douleurs,
J'y pleurerai pour vous l'excès de vos malheurs;
Mais si, dans ce séjour de gloire et de lumière,
Ce Dieu tout juste et bon peut souffrir ma prière,
S'il y daigne écouter un conjugal amour,
Sur votre aveuglement il répandra le jour.
Seigneur, de vos bontés il faut que je l'obtienne;
Elle a trop de vertus pour n'être pas chrétienne (2) :
Avec trop de mérite il vous plut la former (3),
Pour ne vous pas connaître et ne vous pas aimer,
Pour vivre des enfers esclave infortunée,
Et sous leur triste joug mourir comme elle est née (4).

PAULINE.

Que dis-tu, malheureux? qu'oses-tu souhaiter?

POLYEUCTE.

Ce que de tout mon sang je voudrais acheter (5).

PAULINE.

Que plutôt...

POLYEUCTE.

C'est en vain qu'on se met en défense :
Ce Dieu touche les cœurs, lorsque moins on y pense.
Ce bienheureux moment n'est pas encor venu;
Il viendra; mais le temps ne m'en est pas connu.

PAULINE.

Quittez cette chimère, et m'aimez.

POLYEUCTE.

*Je vous aime,
Beaucoup moins que mon Dieu, mais bien plus que moi-même.*

---

(1) Ces larmes ne sont pas indignes du héros chrétien; c'est l'affection la plus vraie et la plus sainte qui les fait verser.
  Polyeucte pleure sur l'infortune de Pauline, que son attachement au paganisme privera du bonheur éternel. Voilà son unique souci, l'objet de sa douleur et de sa prière.
(2) « Ce vers est admirable. » (VOLT.)
(3) *Il plaît* demande aujourd'hui *de* après lui : *il vous plut de la former.*
(4) Prière sublime et attendrissante, toute pénétrée de l'onction chrétienne.
(5) Cette scène justifie pleinement le jugement de la Bruyère : « Quelle plus grande tendresse que celle qui est répandue dans tout *le Cid*, dans *Polyeucte* et dans *les Horaces*? » (*Caractères*, ch. I.)

PAULINE.

Au nom de cet amour, ne m'abandonnez pas.

POLYEUCTE.

Au nom de cet amour, daignez suivre mes pas.

PAULINE.

C'est peu de me quitter, tu veux donc me séduire?

POLYEUCTE.

C'est peu d'aller au ciel, je vous y veux conduire (1).

PAULINE.

Imaginations!

POLYEUCTE.

Célestes vérités!

PAULINE.

Étrange aveuglement!

POLYEUCTE.

Éternelles clartés!

PAULINE.

Tu préfères la mort à l'amour de Pauline!

POLYEUCTE.

Vous préférez le monde à la bonté divine!

PAULINE.

Va, cruel, va mourir : tu ne m'aimas jamais (2).

POLYEUCTE.

Vivez heureuse au monde, et me laissez en paix (3).

PAULINE.

Oui, je t'y vais laisser; ne t'en mets plus en peine;
Je vais...

(1) « Voilà ces admirables dialogues à la manière de Corneille, où la franchise de la repartie, la rapidité du tour et la hauteur des sentiments ne manquent jamais de ravir le spectateur. Que Polyeucte est sublime dans cette scène! quelle grandeur d'âme, quel divin enthousiasme, quelle dignité! La gravité et la noblesse du caractère chrétien sont marquées jusque dans ces *vous*, opposés aux *tu* de la fille de Félix : cela seul met déjà tout un monde entre le martyr Polyeucte et la païenne Pauline. » (CHATEAUBRIAND.)

Pour l'emploi des pronoms *vous* et *tu*, voir *le Cid*, A. III, sc. IV; A. V, sc. I.

(2) C'est le langage de la passion. Corneille a donné cette faiblesse à la vertu de Pauline pour la rendre plus tragique.

(3) Cette expression *laisser en paix* avait alors plus de noblesse qu'aujourd'hui.

SCÈNE IV

POLYEUCTE, PAULINE, SÉVÈRE, FABIAN, gardes.

PAULINE.

Mais quel dessein en ce lieu vous amène,
Sévère ? aurait-on cru qu'un cœur si généreux
Pût venir jusqu'ici braver un malheureux (1) ?

POLYEUCTE.

Vous traitez mal, Pauline, un si rare mérite :
A ma seule prière il rend cette visite.
  Je vous ai fait, Seigneur, une incivilité,
Que vous pardonnerez à ma captivité.
Possesseur d'un trésor dont je n'étais pas digne,
Souffrez avant ma mort que je vous le résigne (2),
Et laisse la vertu la plus rare à nos yeux
Qu'une femme jamais pût recevoir des cieux,
Aux mains du plus vaillant et du plus honnête homme
Qu'ait adoré la terre et qu'ait vu naître Rome.
Vous êtes digne d'elle, elle est digne de vous;
Ne la refusez pas de la main d'un époux :
S'il vous a désunis, sa mort vous va rejoindre.
Qu'un feu jadis si beau n'en devienne pas moindre :
Rendez-lui votre cœur, et recevez sa foi;
Vivez heureux ensemble, et mourez comme moi;
C'est le bien qu'à tous deux Polyeucte désire (3).
  Qu'on me mène à la mort, je n'ai plus rien à dire.
Allons, gardes, c'est fait.

SCÈNE V

SÉVÈRE, PAULINE, FABIAN.

SÉVÈRE.

                    Dans mon étonnement,
Je suis confus pour lui de son aveuglement;
Sa résolution a si peu de pareilles,
Qu'à peine je me fie encore à mes oreilles.

---

(1) Nous retrouvons Pauline dans cette sévère apostrophe.

(2) C'est le testament du martyr, dicté par un détachement absolu, et accompli avec une héroïque sérénité.

(3) Comme le caractère de Polyeucte grandit et s'élève ! il parle et agit comme si déjà il ne touchait plus à la terre. La vertu de Sévère et de Pauline pâlit et disparait devant cette éclatante manifestation de la grâce divine. Le spectateur reste interdit de stupeur et d'admiration comme Pauline et Sévère.

Un cœur qui vous chérit (mais quel cœur assez bas
Aurait pu vous connaître, et ne vous chérir pas?),
Un homme aimé de vous, sitôt qu'il vous possède,
Sans regret il vous quitte (1); il fait plus, il vous cède;
Et comme si vos feux étaient un don fatal,
Il en fait un présent lui-même à son rival!
Certes, ou les chrétiens ont d'étranges manies,
Ou leurs félicités doivent être infinies,
Puisque, pour y prétendre, ils osent rejeter
Ce que de tout l'empire il faudrait acheter.
  Pour moi, si mes destins, un peu plus tôt propices,
Eussent de votre hymen honoré mes services,
Je n'aurais adoré que l'éclat de vos yeux,
J'en aurais fait mes rois, j'en aurais fait mes dieux;
On m'aurait mis en poudre, on m'aurait mis en cendre (2),
Avant que...

PAULINE.

            Brisons là; je crains de trop entendre (3),
Et que cette chaleur, qui sent vos premiers feux,
Ne pousse quelque suite indigne de tous deux.
Sévère, connaissez Pauline tout entière.
  Mon Polyeucte touche à son heure dernière (4);
Pour achever de vivre il n'a plus qu'un moment :
Vous en êtes la cause, encor qu'innocemment.
Je ne sais si votre âme, à vos désirs ouverte,
Aurait osé former quelque espoir sur sa perte;
Mais sachez qu'il n'est point de si cruels trépas
Où d'un front assuré je ne porte mes pas,
Qu'il n'est point aux enfers d'horreurs que je n'endure,
Plutôt que de souiller une gloire si pure,

---

(1) *Il* est exprimé par pléonasme, pour rappeler le sujet.

(2) « Sévère étant un personnage de pure invention, on doit moins reprocher à Corneille de n'avoir pas consulté les mœurs romaines en traçant son portrait : sous l'empire de Dèce, on n'avait pas même l'idée de l'espèce de galanterie héroïque qui domine dans ce caractère. Sévère est peint d'après les maximes de la chevalerie... On reconnaît l'enthousiasme galant des paladins dans ces vers pleins de chaleur, mais où les spectateurs froids pourraient ne voir qu'une exagération ridicule. » (GEOFFROY.)

(3) Voilà de nouveau Pauline, avec sa vertu franche et fière, rude même dans les scrupules de son honneur conjugal. Une âme vulgaire eût pu se croire dégagée de sa foi par l'héroïsme de Polyeucte. Pauline y répond par un héroïsme non moins extraordinaire : elle ose demander à Sévère lui-même de l'aider à sauver son époux.

(4) *Mon Polyeucte*, ce seul mot doit faire entendre à Sévère combien profonde est l'affection de Pauline pour Polyeucte.

Que d'épouser un homme, après son triste sort,
Qui de quelque façon soit cause de sa mort;
Et si vous me croyiez d'une âme si peu saine,
L'amour que j'eus pour vous tournerait tout en haine (1).
Vous êtes généreux; soyez-le jusqu'au bout.
Mon père est en état de vous accorder tout,
Il vous craint; et j'avance encor cette parole,
Que, s'il perd mon époux, c'est à vous qu'il l'immole.
Sauvez ce malheureux, employez-vous pour lui;
Faites-vous un effort pour lui servir d'appui.
Je sais que c'est beaucoup que ce que je demande;
Mais plus l'effort est grand, plus la gloire en est grande.
Conserver un rival dont vous êtes jaloux,
C'est un trait de vertu qui n'appartient qu'à vous;
Et si ce n'est assez de votre renommée,
C'est beaucoup qu'une femme autrefois tant aimée,
Et dont l'amour peut-être encor vous peut toucher,
Doive à votre grand cœur ce qu'elle a de plus cher :
Souvenez-vous enfin que vous êtes Sévère (2).
Adieu : résolvez seul ce que vous voulez faire;
Si vous n'êtes pas tel que je l'ose espérer,
Pour vous priser encor, je le veux ignorer (3).

SCÈNE VI

SÉVÈRE, FABIAN.

SÉVÈRE.

Qu'est-ce-ci, Fabian? quel nouveau coup de foudre
Tombe sur mon bonheur et le réduit en poudre?
Plus je l'estime près, plus il est éloigné;
Je trouve tout perdu quand je crois tout gagné;
Et toujours la fortune, à me nuire obstinée,
Tranche mon espérance aussitôt qu'elle est née.
Avant qu'offrir des vœux, je reçois des refus (4);
Toujours triste, toujours et honteux et confus
De voir que lâchement elle ait osé renaître,
Qu'encor plus lâchement elle ait osé paraître,

---

(1) *Tournerait* est pris dans le sens neutre, pour *se tournerait*.

(2) Voltaire dit avec raison que cette scène « est une des plus belles qui soient au théâtre. » On chercherait en vain dans toute l'antiquité classique un trait d'héroïsme aussi merveilleux.

(3) Le départ de Pauline, laissant Sévère à ses réflexions, est d'une dignité incomparable et produit l'effet le plus dramatique.

(4) *Avant qu'offrir*, voir plus haut, p. 120.

ACTE IV, SCÈNE VI

Et qu'une femme enfin dans la calamité
Me fasse des leçons de générosité (1).
  Votre belle âme est haute autant que malheureuse,
Mais elle est inhumaine autant que généreuse,
Pauline ; et vos douleurs avec trop de rigueur
D'un amant tout à vous tyrannisent le cœur.
C'est donc peu de vous perdre, il faut que je vous donne,
Que je serve un rival, lorsqu'il vous abandonne,
Et que, par un cruel et généreux effort (2),
Pour vous rendre en ses mains, je l'arrache à la mort.

FABIAN.

Laissez à son destin cette ingrate famille ;
Qu'il accorde, s'il veut, le père avec la fille,
Polyeucte et Félix, l'épouse avec l'époux.
D'un si cruel effort quel prix espérez-vous ?

SÉVÈRE.

La gloire de montrer à cette âme si belle
Que Sévère l'égale, et qu'il est digne d'elle (3) ;
Qu'elle m'était bien due, et que l'ordre des cieux
En me la refusant m'est trop injurieux.

FABIAN.

Sans accuser le sort ni le ciel d'injustice,
Prenez garde au péril qui suit un tel service ;
Vous hasardez beaucoup, Seigneur, pensez-y bien.
Quoi ! vous entreprenez de sauver un chrétien !
Pouvez-vous ignorer pour cette secte impie
Quelle est et fut toujours la haine de Décie ?

---

(1) Tel est en effet le magnifique rôle de Pauline vis-à-vis de Sévère : elle l'élève à une vertu qui l'étonne lui-même.
  C'est là, du reste, un trait caractéristique de la plupart des héroïnes de Corneille : de Chimène, de Pulchérie, de Cornélie, d'Émilie, de Viriate, pour ne citer que les principales.
  Racine reprocha un jour à Corneille, dans un moment de mauvaise humeur, « ces femmes qui donnent des leçons de fierté à des conquérants. » (*Première Préface de Britannicus.*)
  Le théâtre profane de Racine mériterait, hélas ! en plus d'un endroit, le reproche contraire.
  Des deux poètes, c'est Corneille sans contredit qui a le mieux compris la grandeur de la femme ; il a jugé avec raison que le plus noble usage qu'elle puisse faire de son ascendant sur l'homme, c'est de soutenir sa vertu et de le grandir du côté de Dieu.

(2) *Cruel et généreux effort* : on ne saurait mieux qualifier l'étonnant sacrifice que Pauline impose à la magnanimité de Sévère.

(3) Glorieuse émulation de générosité. C'est le lieu de répéter le mot de Voltaire : « Corneille a établi sur le théâtre *une école de grandeur d'âme.* »

C'est un crime vers lui si grand, si capital (1),
Qu'à votre faveur même il peut être fatal.

SÉVÈRE.

Cet avis serait bon pour quelque âme commune.
S'il tient entre ses mains ma vie et ma fortune,
Je suis encor Sévère, et tout ce grand pouvoir
Ne peut rien sur ma gloire, et rien sur mon devoir.
Ici l'honneur m'oblige, et j'y veux satisfaire;
Qu'après le sort se montre ou propice ou contraire,
Comme son naturel est toujours inconstant,
Périssant glorieux, je périrai content (2).
Je te dirai bien plus, mais avec confidence :
La secte des chrétiens n'est pas ce que l'on pense (3);
On les hait; la raison, je ne la connais point,
Et je ne vois Décie injuste qu'en ce point.
Par curiosité j'ai voulu les connaître;
On les tient pour sorciers dont l'enfer est le maître (4),
Et sur cette croyance on punit du trépas
Des mystères secrets que nous n'entendons pas (5).
Mais Cérès Éleusine, et la Bonne Déesse (6),
Ont leurs secrets comme eux à Rome et dans la Grèce;

---

(1) Il faudrait aujourd'hui *envers lui*. Voir *Horace*, A. IV, sc. II, p. 217.

(2) Le caractère de Sévère se montre ici dans toute sa grandeur.

(3) Le discours qui va suivre est un abrégé fidèle et éloquent des célèbres apologies de saint Justin et de Tertullien.

(4) On appelle *sorcier* un homme qui a un pacte avec le démon pour opérer des maléfices. Étym. *sortiarius*, qui use de *sortilèges*, qui jette des *sorts*.

Les miracles étaient très nombreux dans les premiers siècles de l'Église; il n'est pas étonnant que la haine des païens les attribuât à la puissance des démons. Ainsi avaient fait les Juifs pour les miracles de Notre-Seigneur.

Une fois persuadés de ces communications avec les esprits infernaux, les païens, superstitieux comme ils étaient, devaient tout naturellement mettre sur le compte des chrétiens les malheurs qui leur arrivaient.

(5) L'Église avait imposé à ses enfants la loi du secret pour ne pas exposer les saints mystères aux risées et aux profanations de ses ennemis. Mais quand la persistance des plus atroces calomnies obligea les chrétiens de se justifier publiquement, ils ne craignirent pas d'exposer au grand jour tous les mystères de la foi chrétienne, le baptême, l'eucharistie, et tout ce qui se passait dans les assemblées. C'est ce que fit saint Justin dans l'Apologie qu'il déposa, l'an 150, entre les mains de l'empereur Antonin, de Marc-Aurèle et de Lucius Vérus.

On put voir alors que la sainteté des rites chrétiens n'avait rien de commun avec les mystères infâmes de Cérès à Éleusis, et les abominations qui souillaient les fêtes secrètes de *la Bonne Déesse*.

(6) La *Bonne Déesse* était une divinité mystérieuse de Rome, dont les femmes seules connaissaient le nom; on croit que c'était Cybèle ou la Terre, *Tellus*, regardée comme la source de tous les biens.

ACTE IV, SCÈNE VI

Encore impunément nous souffrons en tous lieux,
Leur Dieu seul excepté, toute sorte de dieux (1) :
Tous les monstres d'Égypte ont leurs temples dans Rome ;
Nos aïeux à leur gré faisaient un dieu d'un homme ;
Et leur sang parmi nous conservant leurs erreurs,
Nous remplissons le ciel de tous nos empereurs.
Mais à parler sans fard de tant d'apothéoses,
L'effet est bien douteux de ces métamorphoses.
Les chrétiens n'ont qu'un Dieu, maître absolu de tout,
De qui le seul vouloir fait tout ce qu'il résout.
Mais si j'ose entre nous dire ce qu'il me semble,
Les nôtres bien souvent s'accordent mal ensemble ;
Et me dût leur colère écraser à tes yeux,
Nous en avons beaucoup pour être de vrais dieux (2).
Enfin chez les chrétiens les mœurs sont innocentes,
Les vices détestés, les vertus florissantes ;
Ils font des vœux pour nous qui les persécutons (3) ;
Et depuis tant de temps que nous les tourmentons,
Les a-t-on vus mutins ? les a-t-on vus rebelles ?
Nos princes ont-ils eu des soldats plus fidèles (4) ?

(1) Ce vers rappelle le mot sublime de Bossuet : « Tout était Dieu, excepté Dieu lui-même. » (*Hist. univ.*, IIe P.)

(2) Sur les origines de l'idolâtrie, voir Bossuet, *Hist. univ.*, IIe P. ch. 2 ; de même sur les honteuses divinités du paganisme, ch. 16.
Corneille avait d'abord inséré dans ce passage quatre vers où le stoïcien Sévère parlait en libre-penseur des croyances publiques. Craignant de fournir une arme aux *libertins* de son temps, et peut-être un sujet de scandale aux esprits chancelants dans leur foi, Corneille les supprima dans l'édition de 1664.

(3) « Remarquez ici que Racine, dans *Esther*, A. III, sc. IV, exprime la même chose en cinq vers :

> Tandis que votre main, sur eux appesantie,
> A leurs persécuteurs les livrait sans secours,
> Ils conjuraient ce Dieu de veiller sur vos jours,
> De rompre des méchants les trames criminelles,
> De mettre votre trône à l'ombre de ses ailes.

Sévère, qui parle en homme d'État, ne dit qu'un mot, et ce mot est plein d'énergie : Esther, qui veut toucher Assuérus, étend davantage cette idée. Sévère ne fait qu'une réflexion ; Esther fait une prière : ainsi l'un doit être concis, et l'autre déployer une éloquence attendrissante. Ce sont des beautés différentes, et toutes deux à leur place. On peut souvent faire de ces comparaisons ; rien ne contribue davantage à épurer le goût. » (VOLT.)

(4) Ces deux vers ont été imités par Racine dans la même scène :

> Quelle guerre intestine avons-nous allumée ?
> Les a-t-on vus marcher parmi vos ennemis ?
> Fut-il jamais au joug esclaves plus soumis ?

Ainsi parlaient les apologistes aux magistrats qui les condamnaient. « Nous a-t-on vus jamais chercher à nous venger? Pourtant il nous suffirait d'une seule nuit et de quelques torches... Que si nous en venions à des représailles

Furieux dans la guerre, ils souffrent nos bourreaux,
Et lions au combat, ils meurent en agneaux (1).
J'ai trop de pitié d'eux pour ne les pas défendre.
Allons trouver Félix ; commençons par son gendre ;
Et contentons ainsi, d'une seule action,
Et Pauline, et ma gloire, et ma compassion (2).

ouvertes, manquerions-nous de forces et de troupes? Nous ne sommes que d'hier, et nous remplissons vos villes, vos forteresses, vos assemblées, vos camps, le palais, le sénat, le forum; nous ne vous laissons que vos temples. Combien n'aurions-nous pas été hardis à combattre, nous qui nous faisons égorger si volontiers, si notre religion ne nous obligeait plutôt à mourir qu'à tuer? » (TERTULLIEN, *Apol.*)

(1) Vers d'une trempe toute cornélienne, un des plus beaux d'une tragédie qui en contient tant de magnifiques.

(2) Corneille aime à résumer ainsi dans un vers final les divers arguments qui ont fait l'objet d'une discussion. Ce procédé de dialectique donne à la marche de l'action plus de clarté et de fermeté, en mettant les motifs en relief.

Le IVe acte a été ce qu'il doit être dans toute tragédie, le point culminant de l'action, la mêlée générale des passions, des intérêts et des caractères, et par suite le moment le plus intense de l'émotion tragique. Le poète a porté au comble la terreur, la pitié et l'admiration dans trois scènes capitales, celles où Polyeucte soutient l'assaut de Pauline, où il remet Pauline entre les mains de Sévère, où Pauline fait appel à la grandeur d'âme de Sévère.

Le dénouement est plus indécis que jamais. L'intervention de Sévère est la ressource suprême de Pauline : triomphera-t-il des frayeurs de Félix? on le désire, mais on n'ose l'espérer.

QUESTIONS SUR LE IVe ACTE.

Que se passe-t-il au IVe acte?
Pourquoi Polyeucte arrive-t-il, et comment?
Que demande-t-il aux gardes?
Quels sont les sentiments qu'il exprime dans son monologue? sous quelle forme? citez les traits les plus frappants.
Quel était le but, quel est l'effet de cette extase?
Analysez la scène de la lutte entre Polyeucte et Pauline.
Quels sont les reproches de Pauline? que demande-t-elle?
Quelle est la réponse de Polyeucte?
Quel est le plus beau passage de cette scène?
Quel est le testament de Polyeucte?
Quelle grâce Pauline demande-t-elle à Sévère?
A quoi se résout Sévère?
Comment juge-t-il le christianisme et l'idolâtrie?
Quel portrait trace-t-il des chrétiens?
Quel est le mérite du IVe acte?

ACTE CINQUIÈME

Le martyre. — Dénouement.

SCÈNE I
FÉLIX, ALBIN, CLÉON.

FÉLIX.

Albin, as-tu bien vu la fourbe de Sévère (1)!
As-tu bien vu sa haine? et vois-tu ma misère?

ALBIN.

Je n'ai vu rien en lui qu'un rival généreux,
Et ne vois rien en vous qu'un père rigoureux.

FÉLIX.

Que tu discernes mal le cœur d'avec la mine (2)!
Dans l'âme il hait Félix et dédaigne Pauline;
Et s'il l'aima jadis, il estime aujourd'hui
Les restes d'un rival trop indignes de lui.
Il parle en sa faveur, il me prie, il menace,
Et me perdra, dit-il, si je ne lui fais grâce;
Tranchant du généreux, il croit m'épouvanter (3) :
L'artifice est trop lourd pour ne pas l'éventer.
Je sais des gens de cour quelle est la politique,
J'en connais mieux que lui la plus fine pratique.
C'est en vain qu'il tempête et feint d'être en fureur :
Je vois ce qu'il prétend auprès de l'empereur (4).

(1) Ce premier mot de Félix jette l'effroi dans l'âme. Sévère a donc échoué, et Félix attribue à une haine perfide l'effort d'un grand cœur.

(2) Le mot *mine* s'employait au XVIIe siècle dans le style le plus relevé : « Cet inconnu est d'une haute mine : tout paraît héroïque en lui. » (FÉNELON, *Télémaque*, l. XXI.)

(3) *Trancher du généreux*, faire le généreux.

(4) « N'espérez plus de candeur, de franchise, d'équité, de bons offices, de services, de bienveillance, de générosité, de fermeté, dans un homme qui s'est depuis quelque temps livré à la cour, et qui secrètement veut sa fortune. » (LA BRUYÈRE, *Caract.*, *De la cour.*)
Comme on reconnaît Félix dans ce portrait! Vieux courtisan, il prête ses propres vices à l'âme noble et loyale de Sévère.
C'est là un des plus habiles ressorts de l'intrigue.

De ce qu'il me demande il m'y ferait un crime ;
Épargnant son rival, je serais sa victime ;
Et s'il avait affaire à quelque maladroit,
Le piège est bien tendu, sans doute il le perdroit (1) ;
Mais un vieux courtisan est un peu moins crédule.
Il voit quand on le joue, et quand on dissimule ;
Et moi j'en ai tant vu de toutes les façons,
Qu'à lui-même au besoin j'en ferais des leçons.

ALBIN.

Dieux ! que vous vous gênez par cette défiance (2) !

FÉLIX.

Pour subsister en cour c'est la haute science ;
Quand un homme une fois a droit de nous haïr,
Nous devons présumer qu'il cherche à nous trahir (3) ;
Toute son amitié nous doit être suspecte.
Si Polyeucte enfin n'abandonne sa secte,
Quoi que son protecteur ait pour lui dans l'esprit,
Je suivrai hautement l'ordre qui m'est prescrit...

ALBIN.

Grâce, grâce, Seigneur ! que Pauline l'obtienne !

FÉLIX.

Celle de l'empereur ne suivrait pas la mienne,
Et loin de le tirer de ce pas dangereux,
Ma bonté ne ferait que nous perdre tous deux.

ALBIN.

Mais Sévère promet...

FÉLIX.

Albin, je m'en défie,
Et connais mieux que lui la haine de Décie ;
En faveur des chrétiens s'il choquait son courroux,
Lui-même assurément se perdrait avec nous.
　Je veux tenter pourtant encore une autre voie :
Amenez Polyeucte ; et si je le renvoie,
S'il demeure insensible à ce dernier effort,
Au sortir de ce lieu qu'on lui donne la mort (4).

　(1) *Maladroit, perdroit.* Voir pour cette rime *Gr. fr. hist.*, 44.
　(2) Pour *gêner*, voir *Cinna*, A. III, sc. II, p. 305. Racine a dit dans *Andromaque*, A. I, sc. IV :
　　　　Et le puis-je, Madame ? Ah ! que vous me *gênez.*
　(3) Maxime détestable du monde. « La charité, dit saint Paul, ne pense pas le mal, *non cogitat malum.* » (I. *Cor*. XIII, 5.)
　　C'est cette politique affreuse qui va tout mener désormais.
　(4) Un dernier assaut décidera du dénouement. L'intérêt et l'anxiété seront

ALBIN.

Votre ordre est rigoureux.

FÉLIX.

Il faut que je le suive,
Si je veux empêcher qu'un désordre n'arrive.
Je vois le peuple ému pour prendre son parti ;
Et toi-même tantôt tu m'en as averti.
Dans ce zèle pour lui qu'il fait déjà paraître,
Je ne sais si longtemps j'en pourrais être maître ;
Peut-être dès demain, dès la nuit, dès ce soir,
J'en verrais des effets que je ne veux pas voir ;
Et Sévère aussitôt, courant à sa vengeance,
M'irait calomnier de quelque intelligence (1).
Il faut rompre ce coup qui me serait fatal.

ALBIN.

Que tant de prévoyance est un étrange mal !
Tout vous nuit, tout vous perd, tout vous fait de l'ombrage ;
Mais voyez que sa mort mettra ce peuple en rage ;
Que c'est mal le guérir que le désespérer (2).

FÉLIX.

En vain, après sa mort, il voudra murmurer ;
Et s'il ose venir à quelque violence,
C'est à faire à céder deux jours à l'insolence (3) :
J'aurai fait mon devoir, quoi qu'il puisse arriver.
Mais Polyeucte vient, tâchons à le sauver.
Soldats, retirez-vous, et gardez bien la porte.

SCÈNE II

FÉLIX, POLYEUCTE, ALBIN.

FÉLIX.

As-tu donc pour la vie une haine si forte,
Malheureux Polyeucte (4) ? et la loi des chrétiens
T'ordonne-t-elle ainsi d'abandonner les tiens ?

---

au comble. Racine a reproduit cette situation dans *Bajazet* (A. V, sc. III) ;
Roxane dit à sa confidente :

Oui, tout est prêt, Zatime :
Orcan et les muets attendent leur victime.
Je suis pourtant toujours maîtresse de son sort :
Je puis le retenir. Mais, *s'il sort, il est mort.*

(1) *Calomnier de* ne se dit plus.
(2) On dirait aujourd'hui *que de le désespérer*.
(3) *C'est à faire à céder...* veut dire ici *en être quitte pour*. Voir *Cinna*, A. I, sc. II, p. 275.
(4) Félix a le désir sincère de sauver Polyeucte : c'est son gendre. Le mal-

462 POLYEUCTE

POLYEUCTE.

Je ne hais point la vie, et j'en aime l'usage,
Mais sans attachement qui sente l'esclavage,
Toujours prêt à la rendre au Dieu dont je la tiens :
La raison me l'ordonne, et la loi des chrétiens ;
Et je vous montre à tous par là comme il faut vivre,
Si vous avez le cœur assez bon pour me suivre.

FÉLIX.

Te suivre dans l'abîme où tu te veux jeter ?

POLYEUCTE.

Mais plutôt dans la gloire où je m'en vais monter.

FÉLIX.

Donne-moi pour le moins le temps de la connaître :
Pour me faire chrétien, sers-moi de guide à l'être (1),
Et ne dédaigne pas de m'instruire en ta foi,
Ou toi-même à ton Dieu tu répondras de moi.

POLYEUCTE.

N'en riez point, Félix, il sera votre juge ;
Vous ne trouverez point devant lui de refuge :
Les rois et les bergers y sont d'un même rang.
De tous les siens sur vous il vengera le sang (2).

FÉLIX.

Je n'en répandrai plus, et quoi qu'il en arrive,
Dans la foi des chrétiens je souffrirai qu'on vive :
J'en serai protecteur (3).

POLYEUCTE.

Non, non, persécutez,
Et soyez l'instrument de nos félicités :
Celle d'un vrai chrétien n'est que dans les souffrances ;
Les plus cruels tourments lui sont des récompenses.
Dieu, qui rend le centuple aux bonnes actions,
Pour comble donne encor les persécutions.

heur est qu'il veut plus encore sauvegarder sa place et sa vie, qu'il croit compromises, si Polyeucte reste chrétien ; il lui demandera donc le sacrifice de sa foi. Comme Polyeucte ne peut y souscrire, Félix se trouve lui-même dans une situation fort dramatique ; c'est ce qui fait supporter plus facilement le rôle étrange qu'il va jouer dans cette scène.

(1) A *l'être*, pour l'être. Voir plus haut, p. 417.
(2) Dieu, dit Esther au roi Assuérus (*Esther*, A. III, sc. IV) :
   Juge tous les mortels avec d'égales lois,
   Et du haut de son trône interroge les rois.
(3) Il faudrait aujourd'hui l'article : *le protecteur*.

Mais ces secrets pour vous sont fâcheux à comprendre (1) :
Ce n'est qu'à ses élus que Dieu les fait entendre.

FÉLIX.

Je te parle sans fard, et veux être chrétien.

POLYEUCTE.

Qui peut donc retarder l'effet d'un si grand bien?

FÉLIX.

La présence importune...

POLYEUCTE.

Et de qui? de Sévère?

FÉLIX.

Pour lui seul contre toi j'ai feint tant de colère :
Dissimule un moment jusques à son départ (2).

POLYEUCTE.

Félix, c'est donc ainsi que vous parlez sans fard?
Portez à vos païens, portez à vos idoles,
Le sucre empoisonné que sèment vos paroles (3).
Un chrétien ne craint rien, ne dissimule rien;
Aux yeux de tout le monde il est toujours chrétien.

FÉLIX.

Ce zèle de ta foi ne sert qu'à te séduire,
Si tu cours à la mort plutôt que de m'instruire.

POLYEUCTE.

Je vous en parlerais ici hors de saison :
Elle est un don du ciel, et non de la raison;
Et c'est là que bientôt, voyant Dieu face à face,
Plus aisément pour vous j'obtiendrai cette grâce (4).

FÉLIX.

Ta perte cependant me va désespérer.

POLYEUCTE.

Vous avez en vos mains de quoi la réparer :
En vous ôtant un gendre, on vous en donne un autre

(1) « Nous pensons qu'ici *fâcheux* vaut mieux que *difficile*. Il exprime la mauvaise volonté que les impies opposent aux fâcheuses vérités du christianisme, fâcheuses pour eux puisqu'elles les condamnent. L'expression est donc très poétique. » (A. MARTIN.)

(2) Félix fait la même proposition que Pauline. Voir A. IV, sc. III.

(3) Le mot *sucre* est ici bien expressif, parce qu'il fait antithèse à *empoisonné*. » (A. MARTIN.)

(4) Préparation lointaine de la conversion de Félix.

Dont la condition répond mieux à la vôtre;
Ma perte n'est pour vous qu'un change avantageux.

FÉLIX.

Cesse de me tenir ce discours outrageux (1).
Je t'ai considéré plus que tu ne mérites;
Mais, malgré ma bonté, qui croît plus tu l'irrites (2),
Cette insolence enfin te rendrait odieux,
Et je me vengerais aussi bien que nos dieux.

POLYEUCTE.

Quoi! vous changez bientôt d'humeur et de langage!
Le zèle de vos dieux rentre en votre courage (3)!
Celui d'être chrétien s'échappe! et par hasard
Je vous viens d'obliger à me parler sans fard (4)!

FÉLIX.

Va, ne présume pas que, quoi que je te jure,
De tes nouveaux docteurs je suive l'imposture (5):
Je flattais ta manie, afin de t'arracher
Du honteux précipice où tu vas trébucher (6);
Je voulais gagner temps pour ménager ta vie
Après l'éloignement d'un flatteur de Décie.
Mais j'ai fait trop d'injure à nos dieux tout-puissants:
Choisis de leur donner ton sang, ou de l'encens.

POLYEUCTE.

Mon choix n'est point douteux. Mais j'aperçois Pauline:
O ciel (7)!

(1) *Outrageux* a été maintenu par l'Académie : *paroles outrageuses, il est outrageux en paroles. Outrageant* ne se dit que des choses. (Ac.)

(2) Ce tour si bref est perdu; il faut maintenant les deux corrélatifs : ma bonté, qui croît *d'autant plus que* tu l'irrites *davantage*.

(3) *En votre courage*, en votre cœur. Voir plus haut, p. 362.

(4) Polyeucte reprend pour la seconde fois avec une légère ironie la parole hypocrite de Félix, pour montrer qu'il n'a pas été dupe de son artifice.
Ces répliques empreintes d'une ironie calme et fière n'étaient pas rares sur les lèvres des martyrs.

(5) *Imposture*, action de tromper, d'en *imposer*.

(6) *Trébucher*, faire un faux pas, il signifie quelquefois *tomber;* ce sens est vieux. (Ac.)

(7) Après l'entrevue infructueuse de la prison, ce nouvel effort de Félix devait faire peu d'impression sur un chrétien aussi décidé que Polyeucte. La ruse a échoué comme la menace.
Cette scène, dans la pensée du poète, ne devait servir que de prélude à la grande lutte qui va s'engager avec Pauline. Son retour inopiné est un véritable coup de théâtre. Félix la redoutait aussi bien que Polyeucte.

SCÈNE III

FÉLIX, POLYEUCTE, PAULINE, ALBIN.

PAULINE.

Qui de vous deux aujourd'hui m'assassine (1)?
Sont-ce tous deux ensemble, ou chacun à son tour?
Ne pourrai-je fléchir la nature ou l'amour?
Et n'obtiendrai-je rien d'un époux ni d'un père?

FÉLIX.

Parlez à votre époux.

POLYEUCTE.

Vivez avec Sévère.

PAULINE.

Tigre, assassine-moi du moins sans m'outrager (2).

POLYEUCTE.

Mon amour, par pitié, cherche à vous soulager :
Il voit quelle douleur dans l'âme vous possède,
Et sait qu'un autre amour en est le seul remède.
Puisqu'un si grand mérite a pu vous enflammer,
Sa présence toujours a droit de vous charmer (3).
Vous l'aimiez, il vous aime, et sa gloire augmentée (4)...

PAULINE.

Que t'ai-je fait, cruel, pour être ainsi traitée,
Et pour me reprocher, au mépris de ma foi,
Un amour si puissant que j'ai vaincu pour toi?
Vois, pour te faire vaincre un si fort adversaire,
Quels efforts à moi-même il a fallu me faire;
Quels combats j'ai donnés pour te donner un cœur
Si justement acquis à son premier vainqueur;
Et si l'ingratitude en ton cœur ne domine,
Fais quelque effort sur toi pour te rendre à Pauline :

---

(1) Racine a dit de même dans *Mithridate* (A. II, sc. V) :
   Un fils audacieux insulte à ma ruine,
   Traverse mes desseins, m'outrage, *m'assassine*.

(2) *Tigre*. Corneille a employé cette expression figurée dans *Horace* (A. II, sc. VII) et dans *Cinna* (A. I, sc. III).

(3) Ce sont les propres paroles de Pauline (A. II, sc. IV) :
   Depuis qu'un vrai mérite a pu nous enflammer,
   Sa présence toujours a droit de nous charmer.

(4) Polyeucte, sans le vouloir, blesse au vif le cœur de Pauline en lui parlant de Sévère. Quoique plein d'admiration pour la haute vertu de sa femme, il n'a point mesuré encore dans toute son étendue l'inviolable attachement qu'elle lui a voué.

Apprends d'elle à forcer ton propre sentiment;
Prends sa vertu pour guide en ton aveuglement;
Souffre que de toi-même elle obtienne ta vie,
Pour vivre sous tes lois à jamais asservie.
Si tu peux rejeter de si justes désirs,
Regarde au moins ses pleurs, écoute ses soupirs;
Ne désespère pas une âme qui t'adore.

POLYEUCTE.

Je vous l'ai déjà dit, et vous le dis encore,
Vivez avec Sévère, ou mourez avec moi.
Je ne méprise point vos pleurs, ni votre foi;
Mais de quoi que pour vous notre amour m'entretienne,
Je ne vous connais plus, si vous n'êtes chrétienne (1).
  C'en est assez : Félix, reprenez ce courroux,
Et sur cet insolent vengez vos dieux, et vous.

PAULINE.

Ah! mon père, son crime à peine est pardonnable;
Mais s'il est insensé, vous êtes raisonnable.
La nature est trop forte, et ses aimables traits
Imprimés dans le sang ne s'effacent jamais.
Un père est toujours père (2), et sur cette assurance
J'ose appuyer encore un reste d'espérance.
  Jetez sur votre fille un regard paternel :
Ma mort suivra la mort de ce cher criminel;
Et les dieux trouveront sa peine illégitime,
Puisqu'elle confondra l'innocence et le crime,
Et qu'elle changera, par ce redoublement,
En injuste rigueur un juste châtiment.
Nos destins, par vos mains rendus inséparables,
Nous doivent rendre heureux ensemble, ou misérables;
Et vous seriez cruel jusques au dernier point,
Si vous désunissiez ce que vous avez joint.

---

(1) Ce mot qui sonne si dur à l'oreille de la nature, est l'expression sublime du détachement chrétien. Polyeucte, placé entre l'apostasie et la mort, ne soupire plus qu'après la mort. Pauline lui demande l'apostasie, ou ce qui la vaut, la dissimulation de sa foi. Dès lors, il faut qu'il renonce à Pauline, à moins qu'elle ne revienne à lui en devenant elle-même chrétienne.
  Le vers si énergique de *Polyeucte* rappelle celui d'*Horace* (A. II, sc. IV) :
Albe vous a nommé : je ne vous connais plus.
  Le mot du jeune Horace est sauvage et brutal, parce que le patriotisme ne lui demandait pas le sacrifice de ses affections légitimes. Pour Polyeucte, ce sacrifice était exigé par le service de Dieu.

(2) Ce cri spontané de la nature, cet appel touchant à la tendresse d'un père, cet effort suprême d'une épouse au désespoir, remue profondément les cœurs.

ACTE V, SCÈNE III

Un cœur à l'autre uni jamais ne se retire ;
Et pour l'en séparer, il faut qu'on le déchire.
Mais vous êtes sensible à mes justes douleurs,
Et d'un œil paternel vous regardez mes pleurs (1).

FÉLIX.

Oui, ma fille, il est vrai qu'un père est toujours père (2) ;
Rien n'en peut effacer le sacré caractère :
Je porte un cœur sensible, et vous l'avez percé ;
Je me joins avec vous contre cet insensé (3).
   Malheureux Polyeucte, es-tu seul insensible ?
Et veux-tu rendre seul ton crime irrémissible ?
Peux-tu voir tant de pleurs d'un œil si détaché ?
Peux-tu voir tant d'amour sans en être touché ?
Ne reconnais-tu plus ni beau-père, ni femme,
Sans amitié pour l'un, et pour l'autre sans flamme ?
Pour reprendre les noms et de gendre et d'époux,
Veux-tu nous voir tous deux embrasser tes genoux ?

POLYEUCTE.

Que tout cet artifice est de mauvaise grâce (4) !
Après avoir deux fois essayé la menace,
Après m'avoir fait voir Néarque dans la mort ;
Après avoir tenté l'amour et son effort,
Après m'avoir montré cette soif du baptême,
Pour opposer à Dieu l'intérêt de Dieu même,
Vous vous joignez ensemble ! Ah ! ruses de l'enfer !

(1) La prière de Pauline est un des morceaux les plus pathétiques du théâtre français. La piété filiale et l'affection conjugale ont rarement trouvé des accents aussi tendres, aussi expressifs, aussi déchirants.
Comparez avec les prières d'Iphigénie et de Clytemnestre (*Iphig.*, A. IV, sc. IV ; A. III, sc. V).

(2) Racine a exprimé la même pensée dans *Phèdre* (A. III, sc. III) :
    Un père en punissant, Madame, est toujours père.

(3) La situation est également tragique pour Pauline, pour Félix et pour Polyeucte. Corneille nous montre en cette occasion une des plus heureuses applications du grand principe d'Aristote : Les actions les plus tragiques sont celles qui se passent entre proches. « La raison en est claire, dit-il. Les oppositions des sentiments de la nature aux emportements de la passion ou à la sévérité du devoir, forment de puissantes agitations ; l'auditeur se porte aisément à plaindre un malheureux opprimé ou poursuivi par une personne qui devrait s'intéresser à sa conservation, et qui quelquefois ne poursuit sa perte qu'avec déplaisir, ou du moins avec répugnance. » (Voir en tête du *Cid* le *Discours* de Corneille *sur la Tragédie*, p. 22.)

(4) Quoique les efforts de Félix et de Pauline soient inspirés par l'amour le plus sincère, ils ne laissent pas que d'être un piège pour la foi de Polyeucte.

Faut-il tant de fois vaincre avant que triompher (1)?
Vos résolutions usent trop de remise :
Prenez la vôtre enfin, puisque la mienne est prise.
Je n'adore qu'un Dieu, maître de l'univers,
Sous qui tremblent le ciel, la terre et les enfers;
Un Dieu qui, nous aimant d'une amour infinie (2),
Voulut mourir pour nous avec ignominie,
Et qui, par un effort de cet excès d'amour,
Veut pour nous en victime être offert chaque jour (3).
Mais j'ai tort d'en parler à qui ne peut m'entendre.
Voyez l'aveugle erreur que vous osez défendre :
Des crimes les plus noirs vous souillez tous vos dieux;
Vous n'en punissez point qui n'ait son maître aux cieux :
La prostitution, l'adultère, l'inceste,
Le vol, l'assassinat, et tout ce qu'on déteste,
C'est l'exemple qu'à suivre offrent vos immortels (4).
J'ai profané leur temple, et brisé leurs autels;
Je le ferais encor, si j'avais à le faire (5),
Même aux yeux de Félix, même aux yeux de Sévère,
Même aux yeux du sénat, aux yeux de l'empereur.

FÉLIX.

Enfin ma bonté cède à ma juste fureur :
Adore-les, ou meurs.

POLYEUCTE.

Je suis chrétien.

FÉLIX.

Impie !
Adore-les, te dis-je, ou renonce à la vie.

(1) *Avant que triompher*, construction poétique; voir p. 120. — Dans le dialecte normand, on faisait sonner l'*r* à l'infinitif de la 1re conjugaison ; la rime de *triompher* avec *enfer* n'était donc pas seulement pour l'œil.

(2) Dans cette nouvelle profession de foi, Polyeucte insiste plus particulièrement sur la bonté de Dieu et son amour infini. On sent, à ses accents émus et inspirés, un vif désir de convertir des âmes qui lui sont chères.

(3) Pressé par le proconsul d'Achaïe de sacrifier aux idoles, l'apôtre saint André parlait en ces termes du sacrifice de la messe : « Pour moi, j'offre tous les jours en sacrifice au Dieu tout-puissant, non pas la chair des taureaux, mais l'Agneau sans tache que j'immole sur l'autel ; sa chair est ensuite mangée par le peuple fidèle, sans qu'il cesse de rester entier et plein de vie. » (*Actes de son martyre.*)

(4) Les apologistes, à côté des preuves positives du christianisme, s'attachaient aussi à faire ressortir ce qu'il y avait d'absurde et de honteux dans l'idolâtrie, pour faire rougir les païens de leur aveuglement.

(5) « Ce vers est dans *le Cid*, il est à sa place dans les deux pièces. » (VOLT.)

POLYEUCTE.

Je suis chrétien (1).

FÉLIX.

Tu l'es ? O cœur trop obstiné !
Soldats, exécutez l'ordre que j'ai donné (2).

PAULINE.

Où le conduisez-vous ?

FÉLIX.

A la mort.

POLYEUCTE.

A la gloire (3).
Chère Pauline, adieu : conservez ma mémoire (4).

PAULINE.

Je te suivrai partout, et mourrai si tu meurs (5).

POLYEUCTE.

Ne suivez point mes pas, ou quittez vos erreurs.

FÉLIX.

Qu'on l'ôte de mes yeux, et que l'on m'obéisse.
Puisqu'il aime à périr, je consens qu'il périsse (6).

SCÈNE IV
FÉLIX, ALBIN.

FÉLIX.

Je me fais violence, Albin; mais je l'ai dû ;
Ma bonté naturelle aisément m'eût perdu.

(1) « Ce mot *je suis chrétien*, deux fois répété, égale les plus beaux mots d'*Horace*. Corneille, qui se connaissait si bien en sublime, a senti que l'amour pour la religion pouvait s'élever au dernier degré d'enthousiasme, puisque le chrétien aime Dieu comme la souveraine beauté, et le ciel comme sa patrie. » (CHATEAUBRIAND.)

(2) Un frisson de terreur parcourt l'auditoire à ce commandement. Le spectateur se rappelle la terrible menace de Félix (A. V, sc. I) :
Si je le renvoie,
Au sortir de ce lieu qu'on lui donne la mort.

(3) C'est le sublime de l'antithèse : d'un côté les horreurs de la mort, et en face les splendeurs de l'éternité.

(4) « Dialogue admirable et toujours applaudi. » (VOLT.)
Voilà *ces divins endroits de Corneille* qui jetaient Mme de Sévigné dans le ravissement, et comme elle disait encore, *ces tirades qui font frissonner, ces divines et sublimes beautés qui transportent.* Voir en tête du *Cid*, p. 9.

(5) Le dévouement conjugal ne saurait aller plus loin.

(6) Bel exemple d'euphémisme. Félix donne sous la forme la plus douce une sentence foudroyante.

Que la rage du peuple à présent se déploie,
Que Sévère en fureur tonne, éclate, foudroie,
M'étant fait cet effort, j'ai fait ma sûreté.
Mais, n'es-tu point surpris de cette dureté?
Vois-tu comme le sien des cœurs impénétrables (1),
Ou des impiétés à ce point exécrables?
Du moins j'ai satisfait mon esprit affligé;
Pour amollir son cœur, je n'ai rien négligé;
J'ai feint même à tes yeux des lâchetés extrêmes;
Et certes, sans l'horreur de ses derniers blasphèmes,
Qui m'ont rempli soudain de colère et d'effroi,
J'aurais eu de la peine à triompher de moi.

ALBIN.

Vous maudirez peut-être un jour cette victoire
Qui tient je ne sais quoi d'une action trop noire,
Indigne de Félix, indigne d'un Romain,
Répandant votre sang par votre propre main.

FÉLIX.

Ainsi l'ont autrefois versé Brute et Manlie (2);
Mais leur gloire en a crû, loin d'en être affaiblie (3);
Et quand nos vieux héros avaient de mauvais sang,
Ils eussent, pour le perdre, ouvert leur propre flanc.

ALBIN.

Votre ardeur vous séduit; mais quoi qu'elle vous die (4),
Quand vous la sentirez une fois refroidie,
Quand vous verrez Pauline, et que son désespoir
Par ses pleurs et ses cris saura vous émouvoir...

FÉLIX.

Tu me fais souvenir qu'elle a suivi ce traître,
Et que ce désespoir qu'elle fera paraître,
De mes commandements pourra troubler l'effet;
Va donc; cours y mettre ordre, et voir ce qu'elle fait;
Romps ce que ses douleurs y donneraient d'obstacle;

---

(1) *Impénétrable* veut dire ici inflexible, dans lequel la pitié ne peut pénétrer.
Ce mot aujourd'hui se dit au figuré de ce qui est caché, de ce qu'on ne peut connaître, d'une personne dissimulée, qui cache ses sentiments.

(2) Pour ces terminaisons françaises des noms latins, voir *Horace*, A. I, sc. I, p. 173.

(3) La différence est grande entre Félix et les illustres exemples dont il s'autorise. Il y avait de l'héroïsme pour Brutus et Manlius à sacrifier leurs fils à l'intérêt de la patrie; Félix, en immolant son gendre, n'a obéi qu'à son intérêt propre, à sa peur : c'est un acte inique et lâche.

(4) *Die*, archaïsme, pour *dise*. Voir le *Cid*, A. IV, sc. I, p. 111.

ACTE V, SCÈNE V 471

Tire-la, si tu peux, de ce triste spectacle ;
Tâche à la consoler. Va donc ; qui te retient ?

ALBIN.

Il n'en est pas besoin, Seigneur, elle revient (1).

SCÈNE V
FÉLIX, PAULINE, ALBIN.

PAULINE.

Père barbare, achève, achève ton ouvrage :
Cette seconde hostie est digne de ta rage (2);
Joins ta fille à ton gendre ; ose : que tardes-tu ?
Tu vois le même crime, ou la même vertu :
Ta barbarie en elle a les mêmes matières.
Mon époux en mourant m'a laissé ses lumières ;
Son sang, dont tes bourreaux viennent de me couvrir,
M'a dessillé les yeux, et me les vient d'ouvrir (3).
Je vois, je sais, je crois, je suis désabusée (4) :
De ce bienheureux sang tu me vois baptisée ;

---

(1) « La pièce semble finie quand Polyeucte est mort. » C'est la réflexion de Voltaire.
Le poète chrétien ne pouvait avoir les vues étroites du philosophe. Corneille savait par l'histoire de l'Église que le martyre a d'ordinaire, sur la terre même, un rayonnement merveilleux, et que, suivant la parole de Tertullien, « le sang des martyrs est une semence de chrétiens. »
Un auditoire chrétien, après le spectacle d'un héroïsme aussi touchant, aussi sublime, attend ces prodiges de la grâce. Aussi Pauline et Félix seront les premières conquêtes de S. Polyeucte.

(2) *Hostie*, archaïsme, pour victime. « Ce mot n'était pas fort bien compris de tout le monde, même au XVII° siècle, s'il faut en croire l'anecdote si souvent racontée de ces spectateurs qui, après avoir entendu sans rien dire les maximes hardies débitées par Séjanus dans *la Mort d'Agrippine* de Cyrano, se levèrent en tumulte à ce passage de la scène IV du IV° acte :

Frappons ! Voilà *l'hostie*, et l'occasion presse,

et s'écrièrent : « Oh ! le méchant, il veut tuer Notre-Seigneur. » (MARTY-LAVEAUX.) C'était en 1653.

(3) Pauline est transformée ou plutôt transfigurée. La grâce a éclairé son esprit et touché son cœur ; elle a reçu le don de la foi, avec la force des martyrs.
Cette conversion de Pauline est une des plus heureuses conceptions de la tragédie : le spectateur est charmé de voir une si haute vertu couronnée enfin par la grâce de Dieu, et cela par l'entremise et l'intercession de son saint époux.

(4) Chaque mot de ce vers est comme un cri de victoire.
La soudaineté de la grâce, la lumière éclatante de la foi, la certitude qui l'accompagne, la ferme adhésion de l'intelligence et de la volonté, enfin le bonheur d'être en possession de la vérité : tout cela est exprimé en quatre mots, avec une justesse, une concision, une gradation admirables.

Je suis chrétienne enfin, n'est-ce point assez dit?
Conserve en me perdant ton rang et ton crédit ;
Redoute l'empereur, appréhende Sévère :
Si tu ne veux périr, ma perte est nécessaire ;
Polyeucte m'appelle à cet heureux trépas ;
Je vois Néarque et lui qui me tendent les bras.
Mène, mène-moi voir tes dieux que je déteste :
Ils n'en ont brisé qu'un, je briserai le reste ;
On m'y verra braver tout ce que vous craignez,
Ces foudres impuissants qu'en leurs mains vous peignez,
Et saintement rebelle aux lois de la naissance (1),
Une fois envers toi manquer d'obéissance.
Ce n'est point ma douleur que par là je fais voir ;
C'est la grâce qui parle, et non le désespoir.
Le faut-il dire encor, Félix? je suis chrétienne (2) !
Affermis par ma mort ta fortune et la mienne :
Le coup à l'un et l'autre en sera précieux,
Puisqu'il t'assure en terre en m'élevant aux cieux.

SCÈNE VI
FÉLIX, SÉVÈRE, PAULINE, ALBIN, FABIAN.

SÉVÈRE (3).

Père dénaturé, malheureux politique,
Esclave ambitieux d'une peur chimérique (4) ;
Polyeucte est donc mort! et par vos cruautés
Vous pensez conserver vos tristes dignités !
La faveur que pour lui je vous avais offerte,
Au lieu de le sauver, précipite sa perte !
J'ai prié, menacé, mais sans vous émouvoir ;
Et vous m'avez cru fourbe, ou de peu de pouvoir !
Eh bien! à vos dépens vous verrez que Sévère
Ne se vante jamais que de ce qu'il peut faire ;

---

(1) *Saintement rebelle.* Racine s'est peut-être souvenu de cette belle alliance de mots, quand il a dit dans *Athalie* (A. IV, sc. IV) :
    De leurs plus chers parents *saintement homicides.*

(2) *Félix!* Ce n'est plus la fille qui s'adresse à son père ; c'est la chrétienne qui parle à son juge, au bourreau des chrétiens. Ses reproches, du reste, comme son exemple, sont pour son malheureux père non seulement une leçon, mais encore une grâce qui ne tardera pas à porter ses fruits.

(3) Sévère a joué dans la pièce un rôle trop important pour que le poète pût se dispenser de le ramener sur la scène. Il revient comme le héraut de la justice divine plus encore que pour venger sa propre injure. Mais sur lui aussi le sang du martyr exercera sa douce influence.

(4) Félix est parfaitement peint dans ces deux vers.

ACTE V, SCÈNE VI

Et par votre ruine il vous fera juger
Que qui peut bien vous perdre, eût pu vous protéger.
Continuez aux dieux ce service fidèle ;
Par de telles horreurs montrez-leur votre zèle.
Adieu ; mais quand l'orage éclatera sur vous,
Ne doutez point du bras dont partiront les coups.

FÉLIX.

Arrêtez-vous, Seigneur, et d'une âme apaisée
Souffrez que je vous livre une vengeance aisée.
  Ne me reprochez plus que par mes cruautés
Je tâche à conserver mes tristes dignités :
Je dépose à vos pieds l'éclat de leur faux lustre.
Celle où j'ose aspirer est d'un rang plus illustre ;
Je m'y trouve forcé par un secret appas (1) ;
Je cède à des transports que je ne connais pas ;
Et par un mouvement que je ne puis entendre,
De ma fureur je passe au zèle de mon gendre.
C'est lui, n'en doutez point, dont le sang innocent
Pour son persécuteur prie un Dieu tout-puissant (2) ;
Son amour épandu sur toute la famille
Tire après lui le père aussi bien que la fille (3).
J'en ai fait un martyr, sa mort me fait chrétien (4).
J'ai fait tout son bonheur, il veut faire le mien.

(1) *Appas*, attraits, charmes, ne se dit plus qu'au pluriel. *Appât*, au singulier, se dit, au propre, de la pâture avec laquelle on attire les oiseaux et les poissons, et, au figuré, de tout ce qui attire.

(2) Polyeucte avait promis de prier pour son beau-père (A. V, sc. II) :
  Et c'est là que bientôt, voyant Dieu face à face,
  Plus aisément pour vous j'obtiendrai cette grâce.
Le spectateur a été ainsi préparé à la conversion de Félix.

(3) Pour l'explication doctrinale de ce passage sur la grâce, voir p. 382.

(4) Voltaire blâme la conversion de Félix comme invraisemblable et peu intéressante.

Corneille a répondu d'avance aux deux reproches dans son *Examen* : « Félix se convertit après Pauline ; et ces deux conversions, quoique miraculeuses, sont si ordinaires dans les martyres, qu'elles ne sortent point de la vraisemblance, parce qu'elles ne sont pas de ces événements rares et singuliers qu'on ne peut tirer en exemple ; et elles servent à remettre le calme dans les esprits de Félix, de Sévère et de Pauline, que sans cela j'aurais eu bien de la peine à retirer du théâtre dans un état qui rendît la pièce complète en ne laissant rien à souhaiter à la curiosité de l'auditeur. »

Félix seul ne mériterait évidemment aucune sympathie ; mais en Félix nous voyons encore Pauline, et l'intérêt si vif qu'a su inspirer la fille, ne permet pas qu'on la croie complètement heureuse sans son père. Pauline le dit elle-même plus loin :

  Cet heureux changement rend mon bonheur parfait.

C'est ainsi qu'un chrétien se venge et se courrouce,
Heureuse cruauté dont la suite est si douce !
Donne la main, Pauline. Apportez des liens ;
Immolez à vos dieux ces deux nouveaux chrétiens :
Je le suis, elle l'est, suivez votre colère.

PAULINE.

Qu'heureusement enfin je retrouve mon père !
Cet heureux changement rend mon bonheur parfait.

FÉLIX.

Ma fille, il n'appartient qu'à la main qui le fait.

SÉVÈRE.

Qui ne serait touché d'un si tendre spectacle (1)?
De pareils changements ne vont point sans miracle,
Sans doute vos chrétiens qu'on persécute en vain,
Ont quelque chose en eux qui surpasse l'humain;
Ils mènent une vie avec tant d'innocence,
Que le ciel leur en doit quelque reconnaissance :
Se relever plus forts, plus ils sont abattus,
N'est pas aussi l'effet des communes vertus.
Je les aimai toujours, quoi qu'on m'en ait pu dire;
Je n'en vois point mourir que mon cœur n'en soupire;
Et peut-être qu'un jour je les connaîtrai mieux (2).
J'approuve cependant que chacun ait ses dieux,
Qu'il les serve à sa mode, et sans peur de la peine.
Si vous êtes chrétien, ne craignez plus ma haine ;

(1) « En avançant vers le dénouement, la figure de Sévère reçoit une teinte continuelle et croissante de beauté. La mort de Polyeucte, la conversion de Pauline, celle de Félix lui-même, le touchent, l'ébranlent sans toutefois l'entraîner : il reste humain; mais plus sympathique que jamais, il s'écrie :
   Qui ne serait touché d'un si tendre spectacle?
Il se reprend pourtant; et, gardant sa mesure, sa limite humaine et strictement philosophique, il ajoute aussitôt :
   J'approuve cependant que chacun ait ses dieux.
Sévère est donc dans cette pièce l'idéal, sous l'empire, de l'honnête homme païen déjà entamé et touché, du philosophe stoïcien à la Marc-Aurèle, mais plus ouvert, plus accessible et compatissant. » (SAINTE-BEUVE, *Port-Royal*, I.)
Il faut avouer cependant que ce philosophe idéal manque singulièrement de logique, en *approuvant que chacun ait ses dieux*. Il connaît tout le faible de l'idolâtrie (A. IV, sc. VI) : comment alors sa raison peut-elle approuver un culte qui outrage plus la Divinité qu'il ne l'honore? « Quand *chacun a ses dieux*, il n'y a de Dieu pour personne ; quand *chacun les sert à sa mode*, il n'y a point de religion : la religion est essentiellement un frein ; mais quel homme est retenu par le frein qu'il a forgé lui-même et que par conséquent il peut briser à son gré? » (GEOFFROY.)

(2) C'est tout ce que le poète laisse entrevoir pour Sévère : l'espoir de sa conversion future.

ACTE V, SCÈNE VI

Je les aime, Félix, et de leur protecteur
Je n'en veux pas sur vous faire un persécuteur.
  Gardez votre pouvoir, reprenez en la marque ;
Servez bien votre Dieu, servez notre monarque (1).
Je perdrai mon crédit envers sa Majesté,
Ou vous verrez finir cette sévérité (2) :
Par cette injuste haine il se fait trop d'outrage.

FÉLIX.

Daigne le ciel en vous achever son ouvrage,
Et pour vous rendre un jour ce que vous méritez,
Vous inspirer bientôt toutes ses vérités !
  Nous autres, bénissons notre heureuse aventure (3).
Allons à nos martyrs donner la sépulture,
Baiser leurs corps sacrés, les mettre en digne lieu (4),
Et faire retentir partout le nom de Dieu (5).

(1) « Rendez à César ce qui appartient à César, et à Dieu ce qui appartient à Dieu. » (MATTH., XXII, 21.)

(2) La persécution de Dèce ne finit qu'avec sa mort, pour se rallumer bientôt sous Gallus.

(3) *Notre heureuse aventure*, notre heureux sort. Le mot *aventure* a perdu un peu de sa noblesse.

(4) Allusion au culte des saintes reliques, établi dès les premiers temps du christianisme.

(5) Une tragédie de martyr ne pouvait mieux se terminer que par la gloire et le triomphe de Dieu.

QUESTIONS SUR LE Ve ACTE.

Que se passe-t-il au Ve acte ?
Quelles sont les dispositions de Félix ? Comment juge-t-il l'intervention de Sévère ?
Quel rôle joue Albin dans cette Ire scène ?
Quel ordre reçoit-il de Félix ?
Comment Félix essaie-t-il de faire céder Polyeucte ?
Polyeucte succombe-t-il au piège ?
Quel effet produit l'arrivée de Pauline ?
Quels discours adresse-t-elle tour à tour à Polyeucte et à Félix ?
Quelles réponses reçoit-elle de l'un et de l'autre ?
Comment Polyeucte confesse-t-il la foi de Jésus-Christ ?
Dans quels sentiments marche-t-il au martyre ?
Que fait Pauline à son départ ?
De quoi s'entretiennent Félix et Albin pendant son absence ?

Comment s'est faite la conversion de Pauline? comment vient-elle l'annoncer, et que demande-t-elle?
Pourquoi Sévère revient-il sur la scène?
Que lui répond Félix? sa conversion est-elle vraisemblable et intéressante?
Quels sont les sentiments de Sévère à la fin de la pièce?
Comment se termine la tragédie?

EXAMEN DE *POLYEUCTE*

PAR CORNEILLE

L'histoire. — Ce martyre est rapporté par Surius sur le neuvième de janvier. Polyeucte vivait en l'année 250, sous l'empereur Décius. Il était Arménien, ami de Néarque, et gendre de Félix, qui avait la commission de l'empereur pour faire exécuter ses édits contre les chrétiens. Cet ami l'ayant résolu à se faire chrétien, il déchira ces édits qu'on publiait, arracha les idoles des mains de ceux qui les portaient sur les autels pour les adorer, les brisa contre terre, résista aux larmes de sa femme Pauline, que Félix employa auprès de lui pour le ramener à leur culte, et perdit la vie par l'ordre de son beau-père, sans autre baptême que celui de son sang. Voilà ce que m'a prêté l'histoire; le reste est de mon invention.

Félix, Sévère. — Pour donner plus de dignité à l'action, j'ai fait Félix gouverneur d'Arménie, et ai pratiqué un sacrifice public, afin de rendre l'occasion plus illustre, et donner un prétexte à Sévère de venir en cette province, sans faire éclater son amour avant qu'il en eût l'aveu de Pauline.

Sainteté du héros. — Ceux qui veulent arrêter nos héros dans une médiocre bonté, où quelques interprètes d'Aristote bornent leur vertu, ne trouveront pas ici leur compte, puisque celle de Polyeucte va jusqu'à la sainteté, et n'a aucun mélange de faiblesse. J'en ai déjà parlé ailleurs (1); et pour confirmer ce que j'en ai dit par quelques autorités, j'ajouterai ici que Minturnus, dans son *Traité du Poète*, agite cette question, *si la*

---

(1) Dans le *Discours de la Tragédie*, Corneille s'exprimait en ces termes : « L'exclusion des personnes tout à fait vertueuses qui tombent dans le malheur, bannit les martyrs de notre théâtre. Polyeucte y a réussi contre cette maxime, et Héraclius et Nicomède y ont plu, bien qu'ils n'impriment que de la pitié. » Il faut en conclure que la maxime était trop absolue pour être juste.

On comprend que l'impassibilité stoïcienne ne soit point dramatique. Mais Polyeucte, pour être un saint, n'a pas un cœur de bronze. Ses hésitations, ses craintes, ses combats, montrent à quel point son âme était sensible. Cette sensibilité suffit pour faire naître l'émotion tragique.

Passion de Jésus-Christ et les martyres des saints doivent être exclus du théâtre, à cause qu'ils passent cette médiocre bonté, et résout en ma faveur. Le célèbre Heinsius (1), qui non seulement a traduit la *Poétique* de notre philosophe, mais a fait un *Traité de la constitution de la Tragédie* selon sa pensée, nous en a donné une sur le martyre des Innocents. L'illustre Grotius (2) a mis sur la scène la Passion même de Jésus-Christ et l'histoire de Joseph ; et le savant Buchanan (3) a fait la même chose de celle de Jephté, et de la mort de saint Jean-Baptiste. C'est sur ces exemples que j'ai hasardé ce poème, où je me suis donné des licences qu'ils n'ont pas prises, de changer l'histoire en quelque chose, et d'y mêler des épisodes d'invention : aussi m'était-il plus permis sur cette matière qu'à eux sur celle qu'ils ont choisie. Nous ne devons qu'une croyance pieuse à la vie des saints, et nous avons le même droit sur ce que nous en tirons pour le porter sur le théâtre, que sur ce que nous empruntons des autres histoires (4) ; mais nous devons une foi chrétienne et indispensable à tout ce qui est dans la *Bible*, qui ne nous laisse aucune liberté d'y rien changer. J'estime toutefois qu'il ne nous est pas défendu d'y ajouter quelque chose, pourvu qu'il ne détruise rien de ces vérités dictées par le Saint-Esprit. Buchanan ni Grotius ne l'ont pas fait dans leurs poèmes ; mais aussi ne les ont-ils pas rendus assez fournis pour notre théâtre, et ne s'y sont proposé pour exemple que la constitution la plus simple des anciens. Heinsius a plus osé qu'eux dans celui que j'ai nommé : les anges qui bercent l'enfant Jésus, et l'ombre de Mariamne avec les furies qui agitent l'esprit d'Hérode, sont des agréments qu'il n'a pas trouvés dans l'Évangile. Je crois même qu'on en peut supprimer quelque chose, quand il y a apparence qu'il ne plairait pas sur le théâtre ; pourvu qu'on ne mette rien à la place ; car alors ce serait changer l'histoire, ce que le respect que nous devons à l'Écriture ne permet point...

Succès. — Je reviens à *Polyeucte*, dont le succès a été très heureux. Le style n'en est pas si fort ni si majestueux que celui de *Cinna* et de *Pompée ;* mais il a quelque chose de plus touchant, et les tendresses de l'amour humain y font un si agréable mélange avec la fermeté du divin, que sa représentation a satisfait tout ensemble les dévots et les gens du monde. A mon gré, je n'ai point fait de pièce où l'ordre du théâtre soit plus beau et l'enchaînement des scènes mieux ménagé. L'unité d'action,

(1) Heinsius, célèbre philologue hollandais, né à Gand en 1580, mort en 1655. Élève de J. Scaliger, il fut longtemps secrétaire de l'Université de Leyde.

(2) Grotius (Hugues de Groot), né à Delft en 1583, mort à Rostock en 1645. Ce fut le plus savant protestant du xviie siècle ; dans ses derniers écrits, il se rapprocha en plus d'un point de la vérité catholique.

(3) Buchanan, né en Écosse en 1506, mort en 1582.

(4) Comparez la Préface d'*Andromaque* et celle de *Britannicus*. (*Théâtre choisi de Racine*, p. 34 et p. 147.)

et celle de jour et de lieu, y ont leur justesse ; et les scrupules qui peuvent naître touchant ces deux dernières se dissiperont aisément, pour peu qu'on me veuille prêter de cette faveur que l'auditeur nous doit toujours, quand l'occasion s'en offre, en reconnaissance de la peine que nous avons prise à le divertir.

Le sacrifice (1). — Il est hors de doute que, si nous appliquons ce poème à nos coutumes, le sacrifice se fait trop tôt après la venue de Sévère ; et cette précipitation sortira du vraisemblable par la nécessité d'obéir à la règle. Quand le Roi envoie ses ordres dans les villes pour y faire rendre des actions de grâces pour ses victoires, ou pour d'autres bénédictions qu'il reçoit du ciel, on ne les exécute pas dès le jour même ; mais aussi il faut du temps pour assembler le clergé, les magistrats et les corps de ville, et c'est ce qui en fait différer l'exécution. Nos acteurs n'avaient ici aucune de ces assemblées à faire.

Il suffisait de la présence de Sévère et de Félix, et du ministère du grand prêtre ; ainsi nous n'avons eu aucun besoin de remettre ce sacrifice en un autre jour. D'ailleurs, comme Félix craignait ce favori, qu'il croyait irrité du mariage de sa fille, il était bien aise de lui donner le moins d'occasion de tarder qu'il lui était possible, et de tâcher, durant son peu de séjour, à gagner son esprit par une prompte complaisance, et montrer tout ensemble une impatience d'obéir aux volontés de l'empereur.

Unité de lieu. — L'autre scrupule regarde l'unité de lieu, qui est assez exacte, puisque tout s'y passe dans une salle ou antichambre commune aux appartements de Félix et de sa fille. Il semble que la bienséance y soit un peu forcée pour conserver cette unité au second acte, en ce que Pauline vient jusque dans cette antichambre pour trouver Sévère, dont elle devrait attendre la visite dans son cabinet (2). A quoi je réponds qu'elle a eu deux raisons de venir au-devant de lui : l'une, pour faire plus d'honneur à un homme dont son père redoutait l'indignation, et qu'il lui avait commandé d'adoucir en sa faveur ; l'autre, pour rompre plus aisément la conversation avec lui, en se retirant dans ce cabinet, s'il ne voulait pas la quitter à sa prière, et se délivrer, par cette retraite, d'un entretien dangereux pour elle ; ce qu'elle n'eût pu faire, si elle eût reçu sa visite dans son appartement.

Confidence de Pauline (3). — Sa confidence avec Stratonice touchant l'amour qu'elle avait eu pour ce cavalier, me fait faire une réflexion sur le temps qu'elle prend pour cela. Il s'en fait beaucoup sur nos théâtres d'affections qui ont déjà duré deux ou trois ans, dont on attend à révéler le secret justement au jour de l'action qui se représente, et non seulement sans aucune raison de choisir ce jour-là plutôt qu'un autre pour le décla-

(1) Voir Acte II, sc. I, p. 405.
(2) Voir Acte II, sc. II, p. 410.
(3) Voir Acte I, sc. III, p. 392.

rer, mais lors même que vraisemblablement on s'en est dû ouvrir beaucoup auparavant avec la personne à qui on en fait confidence. Ce sont choses dont il faut instruire le spectateur, en les faisant apprendre par un des acteurs à l'autre ; mais il faut prendre garde avec soin que celui à qui on les apprend, ait eu lieu de les ignorer jusque-là, aussi bien que le spectateur, et que quelque occasion tirée du sujet oblige celui qui les récite, à rompre enfin un silence qu'il a gardé si longtemps...

Pauline ne s'ouvre avec Stratonice que pour lui faire entendre le songe qui la trouble, et les sujets qu'elle a de s'en alarmer ; et comme elle n'a fait ce songe que la nuit d'auparavant, et qu'elle ne lui eût jamais révélé son secret sans cette occasion qui l'y oblige, on peut dire qu'elle n'a point eu lieu de lui faire cette confidence plus tôt qu'elle ne l'a faite.

Mort de Polyeucte. — Je n'ai point fait de narration de la mort de Polyeucte, parce que je n'avais personne pour la faire ni pour l'écouter, que des païens qui ne la pouvaient ni écouter, ni faire que comme ils avaient fait et écouté celle de Néarque ; ce qui aurait été une répétition et marque de stérilité, et, en outre, n'aurait pas répondu à la dignité de l'action principale, qui est terminée par là. Ainsi j'ai mieux aimé la faire connaître par un saint emportement de Pauline, que cette mort a convertie, que par un récit qui n'eût point eu de grâce dans une bouche indigne de le prononcer.

Conversion de Pauline et de Félix. — Félix son père se convertit après elle ; et ces deux conversions, quoique miraculeuses, sont si ordinaires dans les martyres, qu'elles ne sortent point de la vraisemblance, parce qu'elles ne sont pas de ces événements rares et singuliers qu'on ne peut tirer en exemple ; et elles servent à remettre le calme dans les esprits de Félix, de Sévère et de Pauline, que sans cela j'aurais eu bien de la peine à retirer du théâtre dans un état qui rendît la pièce complète, en ne laissant rien à souhaiter à la curiosité de l'auditeur (1).

(1) Voir Acte V, sc. VI, p. 473.

SUJETS DE COMPOSITIONS LITTÉRAIRES

SUR LA VIE ET LE THÉATRE DE P. CORNEILLE

Questions générales (1).

1. Vie de Corneille; sa carrière poétique, son caractère. I, 1-4, 8; II, Préface.
2. Le génie de Corneille; son genre, son trait caractéristique, et son système dramatique : I, 4; II, 2, 46.
3. Le style de Corneille : I, 47, 56, 169, 377; II, 2, 64.
4. Sentiments de Corneille sur l'art dramatique en général, sur la tragédie, sur les trois unités ; I, 12-31.
5. Corneille et le théâtre français : I, 5, 7; II, 64, 168.
6. Corneille, poète lyrique : I, 6, 71, 377, 443.
7. Corneille, poète comique : I, 2; II, 64.
8. Corneille, historien : I, 6, 169, 260-261, 377-380; II, 24, 197, 313, 353-357, 366.
9. Gloire de Corneille : I, 2; jugements de Racine, de Boileau, de Mme de Sévigné, de la Bruyère, de Voltaire, I, 6-11.
10. Les théâtres à Paris au XVIIe siècle, I, 11.
11. Expliquez cette parole de la Bruyère : « Le *touchant* et le *pathétique* n'ont pas manqué à Corneille. » (*Caract.*, ch. I.) Voir surtout *le Cid*, et *Polyeucte*.
12. Le dialogue dans Corneille : I, 67, 78, 104, 413, 417-418.
13. Les rôles d'hommes dans le théâtre de Corneille.
    I. Rodrigue, le Comte et don Diègue, 53; Horace et Curiace, le vieil Horace, 167; Auguste, Cinna, Maxime, Euphorbe, 263; Polyeucte, Sévère et Félix, 372-376.
    II. César et Ptolémée, 24, 26; Antiochus et Séleucus, 88; Phocas, Héraclius et Martian, 126; don Sanche, 168; Nicomède, Prusias, Flaminius et Attale, 196-197; Sertorius et Pompée, 298; Othon et Galba, Lacus et Martian, 340.
14. Les rôles de femmes dans le théâtre de Corneille (2).
    I. Chimène, 54; Sabine et Camille, 168; Émilie, 264; Pauline, 374.

---

(1) Nous renvoyons dans ces dernières pages aux deux volumes de notre *Théâtre choisi de Corneille* ; le chiffre I indique le volume des quatre pièces de l'ancien Théâtre classique, *le Cid, Horace, Cinna* et *Polyeucte*; le chiffre II indique le volume des autres pièces de Corneille.

Les chiffres arabes indiquent les pages.

(2) « Le théâtre de Corneille n'offre pas une femme faible; toutes ses héroïnes ont une énergie supérieure à leur sexe : c'est une Chimène qui sacrifie l'amour le plus tendre aux devoirs de la piété filiale ; c'est une Camille

COMPOSITIONS LITTÉRAIRES

II. Médée, 5, 10; Cornélie, 24; Rodogune et Cléopâtre, 88; Pulchérie et Léontine, 126; Arsinoé, 197; Viriate et Aristie, 298; Camille et Plautine, 340.

15. Les récits dans Corneille.
Voir *le Cid*, A. IV, sc. III; *Horace*, A. I, sc. III; A. III, sc. VI; A. IV, sc. II; *Cinna*, A. I, sc. III; *Polyeucte*, A. I, sc. III et IV; A. III, sc. II; *Pompée*, A. II, sc. II; A. III, sc. I; A. V, sc. I; *le Menteur*, A. I, sc. V.

16. Les scènes de délibération dans Corneille.
Voir *Cinna*, A. II, sc. I; *Pompée*, A. I, sc. I; *Rodogune*, A. II, sc. III; *don Sanche*, A. I, sc. III; *Sertorius*, A. III, sc. 1; *Othon*, A. II, sc. IV; *Attila*, A. I, sc. II.

17. Les monologues dans Corneille.
Voir *Médée*, A. I, sc. IV; *le Cid*, A. I, sc. IV et VI; *Cinna*, A. I, sc. I; A. III, sc. III; A. IV, sc. II; *Polyeucte*, A. IV, sc. II; *Rodogune*, A. III, sc. III; A. V, sc. I.

18. Les *Examens* de Corneille : I, 5.
Voir aussi l'*Examen* de chaque tragédie.

19. L'exposition dans les tragédies de Corneille : I, 60, 171, 184, 270, 390; II, 205.

20. Les plaidoyers dans Corneille.
Voir *Horace*, A. V, sc. II et III.

21. L'admiration, ressort principal de Corneille : II, 2.
Voir aussi *Préface* et *Examen* de *Nicomède*, II, 190-194.

Sujets donnés au baccalauréat.

Questions générales.

22. Lettre du maire de Rouen au doyen de la Comédie française pour inviter la Compagnie à assister aux fêtes du bi-centenaire de Corneille, et pour le prier de vouloir bien donner une représentation en l'honneur de cette solennité. (Paris, 1884.)

23. Dire ce qui fait la grandeur de Corneille comme poète tragique; quels sont ses mérites propres. (Caen, août 1882.)

dont la douleur et le désespoir bravent toutes les lois de la nature et de la patrie : ici, l'on voit Émilie aiguiser des poignards contre le maître du monde; là, Pauline remporter sur son propre cœur la plus pénible et la plus glorieuse victoire. La veuve de Pompée force l'admiration et le respect de César; Pulchérie fait trembler Phocas, Léontine le tourmente; Viriate s'élève au-dessus des sens, et Aristie au-dessus de la vanité; Laodice déconcerte la politique romaine. L'amour, dans toutes ces femmes, est subordonné à des sentiments plus nobles : c'est une des principales raisons qui conserva tant de grandes dames dans le parti du vieux Corneille, lorsque son jeune rival se présenta dans la lice avec des grâces si touchantes. » (GEOFFROY.)

24. Voltaire a dit du théâtre de Corneille qu'il était *une école de grandeur d'âme*. Le prouver en analysant les plus beaux types d'honneur, de générosité, de dévouement, de vaillance et de patriotisme que le grand tragique a mis sur la scène. (Poitiers, 1882.)
25. Quelles sont les vertus que Corneille a le plus particulièrement exaltées dans ses tragédies? Montrer, en citant quelques-uns de ses principaux personnages, comment Corneille concevait le développement de ses caractères de héros.
26. Nicole, dans son traité *de la Comédie* (1659), avait dénoncé l'immoralité du théâtre en général, et des tragédies de Corneille en particulier. Supposer une lettre de Corneille à Nicole pour démontrer que *le Cid, Horace, Cinna* et *Polyeucte*, n'inspirent que des pensées hautes et vertueuses. (Poitiers, 1882.)
27. A quelle source Corneille a-t-il puisé pour la composition de ses tragédies? (Sorbonne, 1884.)
28. Apprécier le théâtre de Corneille au point de vue de la composition et du style. (Caen, 1882.)
29. Corneille a poussé la vivacité, la force et la justesse du dialogue au plus haut degré de perfection. (MARMONTEL.) Prouver la justesse de cette observation par des exemples empruntés au *Cid* et à *Cinna*. (Paris, 1884.)
30. Apprécier, en les caractérisant par leurs traits principaux, Corneille et Racine. (Bordeaux, 1882.)
31. Montrer que Racine et Corneille ont connu, comme les tragiques grecs, les deux ressorts de la tragédie : la terreur et la pitié.
32. Corneille et Racine, poètes comiques.
33. Dans sa lettre à l'Académie, Fénelon a accusé Corneille et Racine de n'avoir pas fait parler assez simplement les héros grecs et romains. Que pensez-vous de ce reproche? (Rennes, 1883.)
34. Qu'entend-on, lorsque l'on dit que les personnages de Corneille raisonnent trop? (Bordeaux, 1882.)
35. Trouvez-vous, comme la Bruyère, que Corneille ressemble plus à Sophocle et que Racine doive plus à Euripide? Comment vous expliquez-vous, chez un critique éclairé, ce double jugement? Auquel des trois tragiques grecs Corneille, d'une part, et Racine, de l'autre, vous paraissent-ils ressembler réellement? (Nancy, 1883.)
36. Pourquoi a-t-on comparé Corneille et Sophocle? (Bordeaux, 1882.)
37. Corneille, vieilli et négligé par la Cour, avait été rayé une année de la liste des pensions; il y fut rétabli sur les instances de Boileau. Celui-ci écrivit à Colbert qu'il serait confus d'avoir part aux bienfaits du roi, tandis qu'un homme comme Corneille serait laissé dans l'abandon et la misère. — Vous composerez la lettre de Boileau à Colbert. (Paris, 1884.)

Questions spéciales.

38. Parmi les tragédies de Corneille, quelle est celle que vous préférez, et pour quelles raisons? (Sorbonne, oct. 1881.)
39. Que savez-vous sur les pièces romaines de Corneille? (Sorbonne, nov. 1883.)
40. Lettre de Rotrou à un ami de Rouen pour lui raconter la première représentation du *Cid* de Corneille. (Sorbonne, août 1881.)
41. Analyser le *Cid* de Corneille. (Bordeaux.)
42. Donner une idée de la querelle du *Cid*. (Sorbonne, 1881.)
43. Lettre de P. Corneille à M. de Châlon. Corneille remercie M. de Châlon de lui avoir signalé cet admirable sujet du *Cid*. Sans doute, il n'est pas facile d'accommoder une telle action, éparse en maints épisodes, à la scène française, si jalouse de l'unité dramatique, mais il saura bien réduire ou écarter la plupart de ces incidents, pour concentrer le drame dans son principal intérêt, c'est-à-dire dans ce qui se passe au cœur de Rodrigue et de Chimène. (Nancy, 1883.)
44. Après le succès éclatant du *Cid*, Georges de Scudéry publia « que le sujet n'en vaut rien du tout, qu'il choque les principales règles du poème dramatique, qu'il manque de jugement en sa conduite, qu'il a beaucoup de méchants vers, que presque tout ce qu'il a de beautés sont dérobées, et qu'ainsi l'estime qu'on en fait est injuste. » (Douai, 1884.)
45. Quels sont les griefs que Richelieu avait contre le *Cid*? (Rennes, 1883.)
46. Corneille, dans *le Cid*, peut-il être accusé de faire l'apologie du duel? (Lyon, 1882.)
47. De la vérité des mœurs chevaleresques peintes dans *le Cid* de Corneille. (Sorbonne, 1882.)
48. La tragédie d'*Horace* est-elle vraiment romaine? De la vérité des mœurs antiques peintes dans *Horace* de Corneille. (Paris, 1882.)
49. Étudier le *Cinna* de Corneille au point de vue de la composition et du style. (Caen, 1882.)
50. Auguste dans l'histoire, Auguste dans *Cinna*. (Sorbonne, 1882.)
51. Quel est, dans *Cinna*, le principal personnage? Est-ce Auguste, Émilie, ou Cinna? Des trois, lequel exprime les sentiments les plus dramatiques? (Douai, 1882.)
52. Analyser la tragédie de *Polyeucte*. (Bordeaux, 1882.)
53. Apprécier le rôle de Sévère dans *Polyeucte*. (Paris, 1882.)
54. Comparer le rôle du père dans *le Cid* et dans *Polyeucte*. (Sorbonne, 1881.)
55. Comparer le rôle d'Émilie à celui de Chimène. (Sorbonne, 1881.)

56. Le rôle du père dans *le Cid* et dans *Horace*. (Sorbonne, 1882.)
57. Différence entre l'héroïsme du *Cid*, de *Cinna* et de *Polyeucte*. (Lyon, 1883.)
58. Du monologue du *Cid* et de celui de *Polyeucte*, dans les deux tragédies de ce nom. Parler de la versification, de la forme lyrique. (Paris, 1882.)

LISTE DES MOTS

EXPLIQUÉS DANS LES NOTES

Les chiffres indiquent les pages.

A, au lieu de *en*, *pour*, 58, 175, 291, 308, 393, 417, 422, 446, 452.
Adjectifs pris subst., 124, 203, 291, 319.
Affliger, 174.
Agir à, 422.
Agnition, 13.
Alfange, 118.
Aller (s'en), 279.
Amour, 137, 331, 401, 446.
Appas, 445, 473.
Article omis, 326, 392.
Aspirer, 287, 445.
Assurer, 220; (s'—), 402.
Attendant que, 183.
Aussi, 400.
Autant plus, 107, 319.
Autre, 192.
Avant que (inf.), 120, 434, 468.
Avecque, 99, 412.
Aventure, 475.
Aye pour *ait*, 326.

B. *Beau* (tout), 211, 275, 448.
Bonace, 80.
Brave, 123.
Brigade, 116.

C. *Calomnier* de, 461.
Cavalier, 61, 365.
Cependant que, 119, 405.
Change, 107.
Charmes, 203, 398.
Chef (tête), 90.
Comédie, 364.
Contribuer, 237.
Convier, 281, 392.
Courage, 332, 362, 394, 402.
Coutumier, 445.
Crayon, 278.
Croître, act., 92.
Croyance, 384.

D. *Davantage que*, 44.
De, pour *par*, *avec*, 185, 387, 392.
Dedans, *dessus*, *dessous*, prép. 63, 205, 289, 412.

Delà (par), 311.
Démon, 289.
Déplaisir, 391.
Dessiller, 386.
Devenir, 226.
Die, 111, 204, 272, 470.
Discord, 131, 203.
Dont, 236, 272.

E. *Efficace*, f., 388.
Empereur, 271, 276.
En, 172.
Encore, 189.
Endroit (à l'), 280.
Ennui, 80, 204.
Ensuite de, 84.
Entreprendre, 338.
Épandre, 325.
Épithète, 47.
Estomac, 127.
Étage, 204.
Étonner, 197, 209, 403.

F. *Faire*, 189, 195, 275, 461.
Feindre, 344.
Fortune, 188.
Foudre, 76, 201, 223, 236, 363.
Franchise, 324.
Fratricide, 232.

G. *Gêne*, *gêner*, 62, 460.
Glace, 66.
Gros, subst., 400.

H. *Heur*, 106, 173, 221, 336, 369.
Hier, 174.
Honnête, 394.
Honte, 115.
Hostie, 202, 461.

I. *Impénétrable*, 470.
Intrique, *intrigue*, 20.

J. *Journée*, 84, 174.
Jusques, 192.

L. *Laisser*, 324.
Las! 200.

M. *Majesté*, 233.
Mal, 240, 399.
Mânes, 275.
Mélancolie, 308.
Même, 78, 122.
Mille, 271.
Mine, 459.
Miracle, 233.
Mol, 209, 291.
Moteur, 347.
Mutin, *mutiner*, 319.

N. *Ni*, 59, 189, 193, 208, 395.
Noms latins, 173, 337.

O. *Offenseur*, 72.
Ombre, 400.
Onzième (l'), 291.
Orrai, *ouïr*, 97, 386.
Où pour *auquel...*, 132, 386, 403.
Outre, 444.

P. *Païen*, 366.
Parmi, 395.
Parricide, 232.
Participe passé, 95, 236, 277, 291.
Passer pour, act., 291.
Pays, 198.
Pendu, 444.
Penser (un), 73, 178, 225, 406.
Plaît (il), 231, 460.
Plus, 307, 416, 464.
Point, nég., 211, 446.
Pour grands que, 64.
Prêt de, 189, 231.
Prétendre, 406.
Presser (se), 191.
Province, 326.

Q. *Que*, après *trop*, 447.
Quérir, 443.
Qui des deux, 323.
Quitte, 137.

R. *Race*, 114.
Regard (au — de), 214.
Remettre (s'en), 314.
Revancher, 138.

Rêver, 384.
Rien, 361, 446.
Rompre, 303, 341.
Rougir, 321.

S. Satisfaire, 274.
Seigneur, 235.
Sentiment, 239.
Sire, 235.
Soi, 397.
Songer, 385.
Sorcier, 456.

Sororicide, 232.
Souverain sur, 313.
Stupide, 339.
Succès, 171.
Sus, 196.

T. Tâcher à, 319, 385.
Tandis pour cependant, 218.
Tant que, 100, 105.
Tenir à, 406.
Tirer raison, 73.
Tourner, neutre, 454.

Tout, 186, 281, 217, 321.
Trame, 95.
Trancher de, 459.
Trébucher, 464.
Trône, 279.

U. Unique, 176.

V. Valoir, 323.
Vers pour envers, 217, 239, 290, 466.
Voi (je), 94, 115.

TABLE

Préface	1
Notice biographique sur P. Corneille.	1
Le génie de Corneille.	4
Sentiments de Corneille sur l'art dramatique	12
Discours du poème dramatique (Extraits).	13
Discours de la tragédie . . . —	21
Discours des trois unités. . . —	25

Le Cid	33
Horace	153
Cinna.	251
Polyeucte	353

Sujets de compositions littéraires.	476
Liste des mots expliqués dans les notes.	479

— Lille. Typ. J. Lefort. 1885. —

www.ingramcontent.com/pod-product-compliance
Lightning Source LLC
Chambersburg PA
CBHW050603230426
43670CB00009B/1241